टेढ़ी लकीर

इस्मत चुग़ताई

लिप्यंतरण
शबनम रिज़वी

प्रस्तुति एवं संपादन
इरफ़ान

राजकमल पेपरबैक्स

पहला पुस्तकालय संस्करण
राजकमल प्रकाशन प्राइवेट लिमिटेड द्वारा
2000 में प्रकाशित

राजकमल पेपरबैक्स में
पहला संस्करण : 2004
ग्यारहवाँ संस्करण : 2024

राजकमल पेपरबैक्स : उत्कृष्ट साहित्य के जनसुलभ संस्करण

राजकमल प्रकाशन प्रा.लि.
1-बी, नेताजी सुभाष मार्ग, दरियागंज
नई दिल्ली-110 002
द्वारा प्रकाशित

शाखाएँ : अशोक राजपथ, साइंस कॉलेज के सामने, पटना-800 006
पहली मंजिल, दरबारी बिल्डिंग, महात्मा गांधी मार्ग, प्रयागराज-211 001
1, अनमोल सोराबजी संतुक लेन, धोबी तलाव, मरीन लाइंस, मुम्बई-400 002

वेबसाइट : www.rajkamalprakashan.com
ई-मेल : info@rajkamalprakashan.com

बी.के. ऑफसेट
नवीन शाहदरा, दिल्ली-110 032
द्वारा मुद्रित

मूल्य : ₹499

TEDHI LAKEER
Novel by Ismat Chughtai

ISBN : 978-81-267-0858-1

इस्मत चुग़ताई

जन्म : 21 जुलाई, 1915, बदायूँ (उत्तर प्रदेश)।

इस्मत ने निम्न मध्यवर्गीय मुस्लिम तबक़े की दबी–कुचली–सकुचाई और कुम्हलाई लेकिन जवान होती लड़कियों की मनोदशा को उर्दू कहानियों व उपन्यासों में पूरी सच्चाई से बयान किया है।

इस्मत चुग़ताई पर उनकी मशहूर कहानी *लिहाफ़* के लिए लाहौर हाईकोर्ट में मुक़दमा चला, लेकिन ख़ारिज हो गया। *गेंदा* उनकी पहली कहानी थी जो 1949 में उर्दू साहित्य की सर्वोत्कृष्ट साहित्यिक पत्रिका 'साक़ी' में छपी। उनका पहला उपन्यास *ज़िद्दी* 1941 में प्रकाशित हुआ। *मासूमा, सैदाई, जंगली कबूतर, टेढ़ी लकीर, दिल की दुनिया, अजीब आदमी, एक क़तरा ख़ून* और *बाँदी* उनके अन्य उपन्यास हैं। *कलियाँ, चोटें, एक रात, छुई–मुई, दो हाथ, दोज़ख़ी, शैतान* आदि कहानी–संग्रह हैं। हिन्दी में *कुँवारी* व अन्य कई कहानी–संग्रह तथा अंग्रेजी में उनकी कहानियों के तीन संग्रह प्रकाशित हैं जिनमें *काली* काफ़ी मशहूर हुआ। कई फ़िल्में लिखीं और *जुनून* में एक रोल भी किया। 1943 में उनकी पहली फ़िल्म *छेड़–छाड़* थी। कुल 13 फ़िल्मों से वे जुड़ी रहीं। उनकी आख़िरी फ़िल्म *गर्म हवा* (1973) को कई अवार्ड मिले।

'साहित्य अकादेमी पुरस्कार' के अलावा उन्हें 'इक़बाल सम्मान', 'मख़दूम अवार्ड' और 'नेहरू अवार्ड' भी मिले। अदबी दुनिया में 'इस्मत आपा' के नाम से विख्यात इस लेखिका का निधन 24 अक्टूबर, 1991 को हुआ। उनकी वसीयत के अनुसार मुम्बई के चन्दनबाड़ी में उन्हें अग्नि को समर्पित किया गया।

शबनम रिज़वी

जन्म : गाज़ीपुर (उत्तर प्रदेश)।

शिक्षा : एम.फिल. (दिल्ली यूनिवर्सिटी), मास कम्यूनिकेशन मीडिया (जवाहरलाल नेहरू यूनिवर्सिटी), पीएच.डी. (लखनऊ यूनिवर्सिटी)।

प्रकाशित पुस्तकें : इस्मत चुग़ताई की *नाविक निगारी* (उर्दू अकादमी उत्तर प्रदेश से प्रकाशित)।

राजकमल प्रकाशन से प्रकाशित लिप्यंतरित पुस्तकें : *टेढ़ी लकीर, मासूमा, दिल की दुनिया* (उपन्यास); *छुई मुई, कलियाँ* (कहानी)।

सम्पर्क : प्रवक्ता उर्दू विभाग, करामत हुसैन मुस्लिम गर्ल्स पी.जी. कॉलेज, निशातगंज, लखनऊ (उत्तर प्रदेश)।

उन यतीम बच्चों के नाम
जिनके
वालिदैन बक़ैदे-हयात[1] हैं

1. माँ-बाप ज़िंदा हैं

पेश-लफ़्ज़[1]

जब नॉवेल *टेढ़ी लकीर* शाया[2] हुई तो कुछ लोगों ने कहा मैंने एक जिंसी-मिज़ाज[3] और बीमार ज़ेहनियत[4] वाली लड़की की सरगुज़श्त[5] लिखी है। इल्म-ए-नफ़सियात[6] को पढ़िए तो ये कहना मुश्किल हो जाता है कि कौन बीमार है और कौन तंदुरुस्त। एक पारसा हस्ती जिंसी बीमार हो सकती है और एक आवारा और बदचलन इनसान सेहतमंद हो सकता है! जिंसी[8] बीमार और तंदुरुस्त में इतना बारीक फ़ासला होता है कि फ़ैसला दुश्वार है। मगर जहाँ तक मेरे मुताले का ताल्लुक़ है, 'टेढ़ी लकीर' की हीरोइन न ज़ेहनी[7] बीमार है और न जिंसी। जैसे हर ज़िंदा इनसान को गंदे माहौल और आस-पास की ग़लाज़त से हैज़ा, ताउन हो सकता है, इसी तरह एक बिलकुल तंदुरुस्त ज़ेहनियत का मालिक बच्चा भी अगर ग़लत माहौल में फँस जाए तो बीमार हो जाता है और मौत भी वाक़े[9] हो सकती है।

मगर 'शम्मन' ज़िंदा ही नहीं है, जानदार है। उस पर मुख़्तलिफ़[10] हमले होते हैं। लेकिन हर हमले के बाद वह फिर हिम्मत बाँधकर सलामत उठ खड़ी होती है। वह हर इम्तिहान से गुज़रकर पुरसुकून अंदाज़ में अपना सिर तकिए पर टिका देती है और ठंडे दिल से सोच-विचार करने के बाद दूसरा क़दम उठाती है। ये उसका क़सूर नहीं है कि वह बेहद हस्सास है और हर चोट पर मुँह के बल गिरती है मगर सँभल जाती है। नफ़सियाती उसूलों से टक्कर लेकर वह उन्हें झुठला देती है—हर तूफ़ान सिर से गुज़र जाता है।

'शम्मन' की सबसे बड़ी बदनसीबी ये है कि कोई उसे समझ नहीं पाता। वह प्यार, मुहब्बत और दोस्ती की भूखी है और उन्हीं नेमतों की तलाश में भयानक जंगलों की ख़ाक छानती है। उसका दूसरा ऐब है—ज़िद। या शायद यही उसकी ख़ूबी है। हथियार डाल देना उसकी तबीयत नहीं।

कुछ लोगों ने ये भी कहा है कि 'टेढ़ी लकीर' मेरी आपबीती है—मुझे ख़ुद ये आपबीती लगती है। मैंने इस नॉवेल को लिखते वक़्त बहुत कुछ महसूस किया है। मैंने शम्मन के दिल में उतरने की कोशिश की है। उसके साथ आँसू बहाए हैं और क़हक़हे

---

1. प्राक्कथन 2. प्रकाशित 3. सेक्सी नेचर 4. बीमार मानसिकता 5. जीवनी 6. मनोविज्ञान 7. मानसिक 8. शारीरिक 9. घटित 10. विभिन्न

लगाए हैं। उसकी कमज़ोरियों से जल भी उठी हूँ, उसकी हिम्मत की दाद भी दी है। उसकी नादानियों पर रहम भी आया है और शरारतों पर प्यार भी आया है। उसके इश्क़-ओ-मुहब्बत के कारनामों पर चटख़ारे भी लिए हैं और हसरतों पर दुःख भी हुआ है। ऐसी हालत में अगर मैं कहूँ कि ये मेरी आपबीती है तो कुछ ज़्यादा मुबालग़ा[1] तो नहीं।

और, जगबीती और आपबीती में भी तो बाल बराबर का फ़र्क़ है। जगबीती अगर अपने आप पर बीती महसूस न की हो तो वह इनसान ही क्या ? और बग़ैर परायी ज़िंदगी को अपनाए हुए, कोई कैसे लिख सकता है !

शम्मन की कहानी किसी एक लड़की की कहानी नहीं है। ये हज़ारों लड़कियों की कहानी है। उस दौर की लड़कियों की कहानी है, जब वो पाबंदियों और आज़ादी के बीच एक ख़ला[2] में लटक रही थीं। और, मैंने ईमानदारी से उनकी तस्वीर इन सफ़ात[3] में खींच दी है, ताकि आने वाली लड़कियाँ उससे मुलाक़ात कर सकें और समझ सकें कि एक लकीर क्यों टेढ़ी होती है और क्यों सीधी हो जाती है। और, अपनी बच्चियों के रास्ते को उलझाने के बजाय सुलझा सकें और बजाय तंबीहुल ग़ाफ़लीन[4] के अपनी बेटियों की दोस्त और रहनुमा बन सकें।

–इस्मत चुग़ताई

1. अतिशयोक्ति 2. शून्य 3. पृष्ठों 4. बात-बात पर बग़ैर विचार किए नसीहत करने वाले माता-पिता

पहली मंज़िल

एक

वह पैदा ही बहुत बेमौक़ा हुई। बड़ी आपा की चहेती सहेली सलमा की शादी थी और वह बैठी छपाछप सुरमई क्रेप के दुपट्टे पर लचका टाँक रही थीं। अम्मा इतने बच्चे जनने के बाद भी नन्हीं ही बनी हुई थीं। बैठी झाँवे से एड़ियों की मुर्दा खाल घिस-घिसकर उतार रही थीं कि एका-एकी घटा झूम कर घिर आई और वह दुहाई डाली कि मेम को बुलाने का सारा अरमान दिल का दिल ही में रहा और वह आन धमकी। दुनिया में आते ही बग़ैर गले में घाँटी किए ऐसा दहाड़ी कि तौबा भली।

नौ बच्चों के बाद एक का इज़ाफ़ा। जैसे घड़ी की सुई एकदम आगे बढ़ गई और दस बज गए। कैसी शादी और किसका ब्याह ! हुकुम मिला, नन्हीं-सी बहन के नहलाने के लिए गर्म पानी तैयार करो। पानी से ज़्यादा खौलते आँसू बहाती आपा ने कोसते हुए चूल्हे पर पतीली चढ़ा दी। पानी भी मज़ाक़ में ज़रा-सा छलक गया और सारा हाथ उबलकर रह गया।

'खुदा ग़ारत करे इस मुन्नी-सी बहन को। अम्मा की कोख क्यों नहीं बंद हो जाती,' हद हो गई थी। बहन भाई और फिर बहन भाई, बस मालूम होता था, भिखमंगों ने घर देख लिया है। उमड़े चले आते हैं। वैसे ही क्या कम मौजूद थे जो और पै-दर-पै चले आ रहे थे !

कुत्ते, बिल्लियों की तरह, अज़ल के मरभुक्खे अनाज के घुन टूटे पड़ते हैं। दो भैंसों का दूध तबर्रुक[1] हो जाता फिर भी उनके तंदूर ठंडे ही पड़े रहते।

और, ये सब अब्बा का क़सूर था। क्या मजाल जो अम्मा दूध पिला जाएँ। इधर बच्चा पैदा हुआ उधर आगरे से गवालन बुलवा ली। वह दूध पिलाए और बेगम की पट्टी से पट्टी जुड़ी रहे। फिर भला बच्चे क्यों साँस लेते ! घर क्या था, जैसे गाय-बैलों का बाड़ा। खाना है तो पतीलियों, पीना है तो घड़ों, सोना है तो घर का कोना-कोना ज़िंदगी से लबरेज़, छलकने को तैयार।

और ये पेट की खुरचन काली-पीली, धुनिया-सी नाक, चियाँ-सी आँखें, परचील से ज़्यादा तेज़। बड़ी आपा और मंझो, दोनों ने कई दफ़ा उसके चूहे के बच्चे जैसे मुँह को मुस्कुराते हुए देखा। गोया वह उन्हें छेड़ने को मुस्कुरा रही हो। वह ख़ूब समझती थी कि ये उसकी ज़रख़रीद लौंडियों[2] की तरह ख़िदमत करेंगी। अम्मा को क्या कम फ़िक्र

---

1. प्रसाद 2. दासियों।

हो रही होगी। आख़िर ये इतनी ढेर सी लड़कियों का नसीबा कहाँ खुलेगा। माना कि रुपया भी है और लड़की को दिखाने का फ़ैशन नहीं, फिर भी कहाँ तक ताले डाले जाएँगे, क्या होगा ?

न उसका पेट फूला न बीमार हुई और रोज़-बरोज़ फूलकर कुप्पा होती गई। दो एक भाई, बहनों तक तो ज़रा चाव से चोंचले किए पर अब बड़ी आपा का भी जी भर चुका था। और वह बेज़ार थीं। ख़ैर, अन्ना मौजूद थी और वह पल रही थी।

अन्ना बिलकुल जवान थी। सोलह-सत्रह बरस की थी तो रातों को वह घंटों ग़लाज़त में लिथड़ी पड़ी रहती और उसकी आँख भी न खुलती। अन्ना को जगाना गो आसान काम न था। मगर दूध ख़ूब होता था। दूसरे अन्ना का आशिक़ जब उसे कंधे पर बैठाकर घोड़े की तरह दौड़ता तो वह सब दुख-दर्द भूलकर किलकारियाँ मारने लगती। वह तीनों घरवालों की आँख बचाकर भैंसों के भूसे वाली कोठरी में दुबक रहती। अन्ना भूसे पर लोटें लगाती और उसका आशिक़ उसके पीछे-पीछे लुढ़कता, तब वह भी तालियाँ बजा-बजाकर घुटनियों दौड़ती मगर ज़ब वह अन्ना से लड़ना शुरू करता तो वह मुँह बिसूरकर अपना निचला होंठ आगे फैला देती। उसे लड़ाई से सख़्त परेशानी होती थी। जब दो कुत्ते आपस में भौं-भौं करके लिपट जाते तो उसका सारा जिस्म ख़ौफ़ से लरज़ने लगता और वह बेतरह बिलबिलाने लगती। यहाँ तक कि कुत्ते भी परेशान होकर अलाहेदा हो जाते। जब तक वह जागती रहती, अन्ना को कोई हाथ भी नहीं लगा सकता था। यूँ ही अगर उसे छेड़ने को अन्ना का आशिक़ उसका हाथ पकड़ कर कहता, "अन्ना हमारी है।" तो वह फ़ौरन चीख़ने लगती और उसे छोड़ना पड़ता।

मगर उसे अपनी इस सीनाज़ोरी का जल्द ही ख़ामियाज़ा भुगतना पड़ा। एक दिन जब वह तीनों हस्बे-मामूल ख़ुश्क पयाल पर लोटें लगा रहे थे, तो न जाने कब उसकी आँख लग गई। और वह अपनी नन्हीं-सी दुनिया के मासूम ख़्वाबों में खो गई—आगे-पीछे, दाएँ-बाएँ अन्नाएँ ही अन्नाएँ बिखरी हुई थीं। ख़ुशी से दीवानी होकर एक गोद से दूसरी गोद में हुमक-हुमक कर लपकने लगी। मगर फिर उसने देखा, एकाएक सारी अन्नाएँ कहीं ग़ायब हो गईं। उसका जी कुम्हला गया। नदीदी[1] कुतिया की तरह सूँघ-सूँघकर वह ढूँढ़ने लगी। उसने पा लिया। पयाल के एक कोने में उसकी नर्म-गर्म अन्ना पके आम की तरह गोल-मटोल सी हो रही थी। कूँ-कूँ कर के वह उसमें घुसने लगी। उसके होंठ हिलने लगे और हलक़ की रगें फड़क उठीं। जैसे दूध के घूँट के घूँट हलक़ में होते हुए पेट में जा रहे हों। उसे उच्छू-सा लग गया। कुछ पकड़ने के लिए उसने अपने मोटे-मोटे हाथ बढ़ाए मगर एक भयानक बला ने उसे दूर झटककर अन्ना को दबोच लिया और भँभोड़ना शुरू किया। हलक़ फाड़कर वह दहाड़ी जैसे उसे साँपों ने डस लिया हो। उसकी मासूम आँखें उस करीह[2] मंज़र को देखकर पथरा गईं। उसकी घिग्घी बँध गई। चीख़ें सुनकर बाहर से भिश्ती, भंगी और बावर्ची दौड़ पड़े और मुल्ज़िम गिरफ़्तार हो गए।

---

1. लालचीं 2. घृणित।

बिसूर-बिसूरकर वह अन्ना के प्यारे मुखड़े को तकती। गोया आँखों ही आँखों में पूछ रही हो—चोट तो नहीं लगी ?—मैंने तुम्हें बचा लिया ना ? मगर अन्ना कुछ बेमज़ा सी थी और उसकी शरारतों पर बजाय प्यार से हँसने के, रुखाई से सिर झटक रही थी। अपने तमाम मासूम और कमज़ोर हर्बे[1] उसने अन्ना को मनाने के लिए कर डाले मगर वह हँसा न सकी। काश! वह पूछ सकती कि वह क्यों रूठी हुई थी। मगर आज तो अन्ना ने उसकी आँखों की ज़बान समझने से भी इनकार कर दिया था।

उसी दिन शाम की गाड़ी से उसकी अन्ना को आगरे वापस भेज दिया गया। उसे ऐसा मालूम हुआ कि वह यतीम हो गई। आँखें फाड़-फाड़कर वह कई दिन और कई रात रोती रही। सारा घर उसके चारों तरफ़ जमा हो गया मगर उसे चैन न पड़ा। वह गर्म-गर्म अन्ना जिसके सीने से चिमटकर बिलकुल माँ के पेट में सोने का मज़ा आता था, भला वह अब कहाँ मिल सकती थी ! उसे वह बोतल देखकर ही सदमे का दौरा पड़ जाता था जिससे उसे दूध पिलाने की कोशिश की गई। कहाँ वह साँवली-साँवली गुदगुदी अन्ना और कहाँ शीशे की ज़लील बोतल। मगर पेट की आग ने उसे सब कुछ बर्दाश्त करने पर मजबूर कर दिया। मंझो बी ने जब उसे गोद में लेकर बोतल पिलाई और चंद क़तरे भूले से उसके हलक़ में चले गए तो वह ख़ामोश हो गई। फिर भी एकदम से वह बोतल को छोड़कर जल्दी से मंझो से चिमट जाती और पिल्ले की तरह उसके कपड़ों में अपनी अन्ना को ढूँढ़ने लगती। मंझो घबराकर उसे दूर लिटा देती और बड़ी आपा से शिकायत करती कि वह उसके बेतरह गुदगुदी करती है।

तजुर्बे ने उसे बहुत कुछ सिखा दिया, और बिलकुल जैसे गाय-बैल चारा खाते हैं वह दूध ज़हरमार[2] कर लेती। मगर उसके हाथ भटकते ही रहते। बोतल की चिकनी-चिकनी सतह पर वह प्यार से अपनी हथेलियाँ चिपकाकर उसे कलेजे से भींच लेती। शुरू-शुरू में तो दूध पीते-पीते एकदम उसे अन्ना की आँखें, उसकी नाक की नन्हीं-सी बाली और कान की लौंगें याद आ जातीं। उसका दिल भर आता और वह थोड़ी देर को चुसनी छोड़कर दर्दनाक आवाज़ में रोने लगती। मगर पेट की पुकार उसे चौकन्ना करती और वह ख़ामोश हो जाती।

जबसे अन्ना छिन गई थी, मंझो ने उसे ले लिया था। पता नहीं मंझो को उस पर क्यों प्यार आ गया। शायद जिस दिन उसने उसके कपड़ों में अन्ना को ढूँढ़ने की कोशिश की थी उसी दिन से मंझो को उस पर तरस आने लगा था। बोतल से दूध पिलाकर मंझो बी उसे सीने से चिपका लेती और पलंगड़ी पर लेट जाती वरना उसे नींद ही न आती। मंझो के पहलू में उसे कुछ-कुछ अन्ना की गर्मी मिल जाती और वह अपने छोटे-छोटे हाथों से मंझो की गर्दन और गाल सहलाया करती जिसका मंझो बिलकुल बुरा न मानती।

फिर एक दिन जब मंझो नहा रही थी तो वह अंदर घुसती चली गई। "अरे आपा

---

1. हथियार 2. अनिच्छा से ग्रहण करना

उसे पकड़ो,'' मंझो लरज़कर चिल्लाई।

'उई' वह क्या समझे, इत्ती ज़रा-सी तो है ! मगर उसने मंझो को ऐसी बुरी तरह से घूरा कि वह शरमा गई। वह सकते के आलम में उसे घूरती रही। ''चल यहाँ से !'' मंझो ने लोटे की आड़ लेकर उसे डाँटा। मगर वह तो जैसे जादू से उसकी तरफ खिंचने लगी। मंझो ने ख़ौफ़ज़दा होकर उसे फिर दुतकारा और जब वह चमकती हुई आँखों से मुस्कुरा-मुस्कुराकर उसे मानीख़ेज़ नज़रों से ताकती बढ़ती ही चली गई तो उसने चुल्लू भर पानी लेकर उसके मुँह पर छींटा मारा।

पानी की मार से ठिठककर वह ज़ोर से रो पड़ी और सिसकियाँ भरती हुई बाहर रेंग आई। उस दिन उसने न तो जी भर के दूध पिया और न ही हँसी-बोली। वह मंझो की तरफ़ शिकायत-भरी नज़रों से देखती गोया उसने उसके साथ कोई ज़बर्दस्त बेईमानी की है। और वह फूट-फूटकर रो पड़ी। जब मंझो ने उसे पहलू में लिटाकर रज़ाई ओढ़ ली तो वह ख़िलाफ़-ए-मामूल[1] ख़ामोश उसे घूरने लगी।

''क्या है ?'' मंझो ने प्यार से पूछा और वह हसरत से मुस्कुरा पड़ी। आहिस्ता से उसने उसकी गर्दन पर अपनी उँगलियों से खुजाना शुरू किया और आँखें गड़ोए उसके तिल को देखती रही जो बाएँ गाल पर चमक रहा था।

''नहीं, बुरी बात।'' मंझो ने उसका भटकता हुआ हाथ उठाकर पहलू में रख दिया। वह बिसूरने लगी और ऐसी इल्तिजा[2] भरी नज़रों से देखा कि मंझो पसीज गई। उसका हाथ उठाकर गर्दन में डाल लिया और कलेजे से लगाकर सो गई।

मंझो ने उसके लिए फूल जैसी फ्राकें और टोपियाँ सीं। घड़ी-घड़ी नहलाया जा रहा है। सुरमा, काजल और मिस्सी से लैस, वह अपनी सारी गतें ख़ामोश बैठी बनवाया करती। मगर क्या मजाल जो कोई उसे हाथ भी लगा जाए। मंझो से तो आँखों में साबुन भी लग जाता तब भी वह कुछ यूँ ही सा बिसूरकर चुप हो जाती। मंझो आख़िर मंझो ही थी।

मगर ज्यों-ज्यों बढ़ती गई वह मंझो की सफ़ाई से आजिज़ आ गई। वह उसे सजा बनाकर नादिरशाही हुक्म सादिर[3] कर देती कि ''एक बाल भी इधर से उधर हुआ और मौत आई।'' पर ये उसके बस की बात न थी। चलती हुई टाँगों और हाथों को रोकना उसके क़ाबू में न था। थोड़ी देर तो वह कलेजे पर सब्र की सिल रखे बैठी रहती। मगर ज्यों ही मंझो की आँख बचती वह बाहर खिसक जाती और फिर शाम को जो वह क़दम रखती तो ये मालूम होता कोई दीवानी कुतिया कीचड़ की कुंडी में लोटकर आई है ! गुब्बारा जैसी फ़्राक मानो सड़े हुए चूहे की खाल और उस पर बारीक-बारीक धूल की अफ़्शाँ[4] छिड़की हुई। सर, बाल और आँखें धूल में अटी हुईं। दोनों नथने ग़लाज़त से ऐसे ठसाठस जैसे सीमेंट से दरवाज़े चुने हुए हों। जामुनों, अमरूदों, बेरों और आमों का, या मौसम के मुताबिक़ जो फल मौजूद होते उनका पलस्तर किया हुआ और ऊपर से ताऊनी[5] चूहे जैसी बू।

---

1. रोज़ की आदत के विरुद्ध 2. प्रार्थना 3. जारी 4. गर्द 5. प्लेग के

सबसे पहला काम मंझो बी ये करती कि घूँसों, थप्पड़ों और चाँटों से जितनी धूल झाड़ सकती, झाड़ देती। वह ज़ोर से भैंस के पड्डे की तरह डकराती...पलकों की रेत आँसुओं से धुल जाती और खार की वजह से दोनों नथने सट से खुल जाते जैसे अटकी हुई नाली में तेज़ाब डाल दिया हो। फिर घूँसों और गरजदार धमोकों के शादियानों[1] के साथ गुस्ल-ए-मय्यत[2] शुरू होता, फिर साफ़ सुथरा फ्राक पहनकर वह अपनी ग़लती को बड़ी तेज़ी से महसूस करती और पिछले गुनाहों से तौबा करके आइंदा नेकचलनी का इरादा बाँधती। वह पुख़्ता फ़ैसला कर लेती कि अब कीचड़ और मिट्टी से कोई वास्ता न रखेगी। धूल में लोटना तो क़तई बंद। उस वक़्त उसके चेहरे पर तारकुद्दुनिया[3] साधू का-सा इस्तक़लाल[4] छा जाता जो अपने जिस्म के किसी अज़ा[5] को मुअत्तल[6] कर लेने का क़स्द[7] कर चुका हो। चील जैसी चौकन्ना आँखें कबूतर की तरह मासूम होकर ऊँघने लगतीं।

मगर ज़माना साज़गार न था। दूसरे दिन जब ऐन उसी वक्त उसी इबरतनाक[8] हालत में एक बदमस्त शराबी की तरह झूमती धूल की अफ़्शाँ में जगमगाती नज़र आती तो देखने वालों को सख़्त इबरत होती और जब धूल झड़ती तो ज़मीन-आसमान काँप उठते।

वह फिर तौबा करती, हलफ़ उठाती...मगर सब भूल जाने के लिए। शैतान उसे फिर बरग़लाता[9]। ज्योंही वह सज-धजकर बाहर निकलती जुम्ला अनासिर[10] को उसके साफ़ कपड़ों से बैर हो जाता। खेतों की साँवली-साँवली कीचड़, ताल के किनारे की सरग़ोशियाँ करती हुई रेत उसे फुसलाती। अस्तबल की भीगी-भीगी महकती हुई घास आग़ोश फैलाकर उसके पीछे दौड़ती। मुर्ग़ियों का गंदा दड़बा उसे फूलों से लदी सेज की तरह अपनी तरफ़ खींचता...वह सब कुछ भूल जाती। अपने ज़मीर[11] से वह क़सम जो कई बार खाई थी, मंझो से वादा और ख़ुद उसकी अपनी ख़ुद्दारी[12] जिसे रोज़-रोज़ की धूल छुड़ाई चकनाचूर किए देती थी...वह उन बेपनाह शैतानी रानाइयों[13] से बचने के लिए बहुत बेचैन हो जाती मगर फिर वह पुकार-पुकारकर बुलाती तो वह कटी हुई पतंग की तरह इस अबदी[14] गुनाह के ग़ार[15] में जा गिरती जिसकी वजह से वह रोज़ दुख झेला करती।

थोड़ी-सी देर में वह लह्वोलएब[16] में ग़र्क़ नज़र आती। कीचड़ के रेशमी लड्डू, भूरी-भूरी भुनी हुई सूजी जैसी रेत की नन्हीं-नन्हीं ढेरियाँ...घोड़े की घास से बनाई हुई छोटी-सी झाड़ू, मुर्ग़ी के दुम के झड़े हुए पर और पिनियाँ—उसकी अज़ीज़तरीन सहेली, भंगन की लड़की। मंझो के बाद दुनिया में यही पिनियाँ थी। वह दोनों भैंसों के पीछे जाकर एक-दूसरे के गले में हाथ डाले टहला करतीं, फिर रेत में बैलों की तरह गोल-गोल लोटें लगातीं। मुट्ठियाँ भर-भर के रेत पानी के चुल्लू की तरह उछालतीं। यहाँ तक कि

---

1. नगाड़ों 2. मृत्यु के बाद मुर्दे का स्नान 3. असांसारिक 4. दृढ़ संकल्प 5. अंग 6. स्थगित 7. संकल्प 8. दयनीय 9. भ्रमित करता 10. कुछ लोगों 11. अंतरात्मा 12. आत्माभिमान 13. हरकतों 14. दैवी 15. गड्ढा 16. भोग-विलास

वह बिलकुल मिट्टी की खौफ़नाक मूर्तियाँ मालूम होने लगतीं। उनकी रग-रग में रेत रेंगने लगती, फिर भी उनके जी मिट्टी से न भरते और वह सूखे हुए पत्तों के चमचे बनाकर रेत फाँकना शुरू कर देतीं। ख़स्ता भुरभुरी रेत वह मज़ेदार पँजीरी की तरह खा जातीं। पेट वालियों की तरह उन्हें सोंधी-सोंधी मिट्टी बहुत ही भाती थी। न जाने उनके फूले हुए कचौरियों जैसे पेटों में कौन से सपूत परवान चढ़ रहे थे।

उनकी हालत थी भी कुछ हामला[1] औरतों जैसी। चिकनी, सुरमई रंगतें पीली पड़ गई थीं और ज़बानों पर सफ़ेद फफूँदी लग गई थी। आँखों में भूरे-भूरे डोरे पड़ गए थे। पिनियाँ का इज़ारबंद[2] इतना छोटा हो गया था कि उसकी घघरिया में आगे ताक़चा खुला रहता था। रोज़-ब-रोज़ सुस्ती बढ़ती जा रही थी। मुँह का मज़ा ख़राब रहता था। लड़ाई में उन्होंने दाँतों और नाख़ूनों का इस्तेमाल ज़रूरत से ज़्यादा कर दिया था। चनन-मनन वह हर वक़्त मिनमिनाती ही रहती, जैसे किसी ने भुतनी को डिब्बे में क़ैद कर दिया हो। इसलिए सबने उसका नाम भुतनी रख दिया।

जब सब उसे छेड़ने के लिए 'भुतनी-भुतनी' कहते तो वह वाक़ई चुड़ैलों की तरह आँखें निकालकर गुर्राती। बिल्ली की तरह वह दुश्मन पर झपट्टा मारती और जहाँ-जहाँ उसका नाख़ून लगता, खाल ही उतरी चली आती। जब वह दाँतों से किसी को चबाती तो ऊपर-नीचे के दाँत गोश्त में आर-पार होकर आपस में बज उठते।

वह सपूत जो उसके पेट में पल रहा था, उसकी सोंधी मिट्टी के शौक़ को बढ़ाता ही गया। उसकी ज़बान पर नमक छिड़का गया, फिर क़ुनेन लगाई गई मगर किसी सज़ा से भी मिट्टी की चाट न गई। किसी ने राय दी, "चुड़ैल की ज़बान जला दो।" किसी ने तरकीब बताई, "सुइयाँ चुभो दो कमबख़्त के।" मगर कोई इलाज कारगर न हुआ। जब वह मिट्टी खाती पकड़ी जाती तो मंझो उसके मुँह ही मुँह तमाँचे मारती कि होंठ कटकर खून निकल आता मगर वह कुछ नहीं तो कोयले ही चबा जाती, दीवार पर से चूना ही नाख़ूनों से खुरचकर खा लेती।

एक दिन जब वह और पिनियाँ रफ़ा हाजत[3] की ग़रज़ से पास-पास बैठीं गप्पें हाँक रही थीं कि वह सपूत वारिद[4] हो गया...एक खौफ़नाक चीख़ के साथ वह मंझो के पास रपटी।

"साँप..." उसने मंझो की टाँगों में अपना मुँह छुपा लिया। मंझो ने उसे परे धकेल दिया। तहक़ीक़ात के बाद डॉक्टर ने बताया कि उसके पेट में केंचुए पड़ गए हैं।

लेकिन उसे यक़ीन न आया और रात भर वह 'साँप'-'साँप' चिल्लाती रही। पूरे वक़्त उसे पेट में साँप लहराते हुए महसूस हो रहे थे। साँपों के गुच्छे के गुच्छे जैसे सँपेरे की टोकरी में कुलबुलाते हैं, उसके पेट में ऊधम मचा रहे थे। एक के पीछे दूसरा और दूसरे के पीछे तीसरा, हजारों साँप आँख-मिचौली खेल रहे थे।

उस दिन से पिनियाँ के साथ सूखे हुए पत्तों के चमचों में भर-भरकर मिट्टी खानी

---

1. गर्भवती 2. नाड़ा 3. टट्टी करने 4. प्रकट

छोड़ दी। ललचाई हुई नज़रों से वह रेत के ज़र्रों को घूरती और एकदम वह बढ़-बढ़कर साँपों के फन बन जाते जो लप-लप अपनी ज़बानें निकालकर आँखें मटकाने लगते। मुट्ठी में लेकर वह रेत को प्यार से सहलाती। जी चाहता भर-भर मुट्ठियाँ खाना शुरू कर दे और सारी दुनिया की मिट्टी को अपनी ज़बान के नीचे थूक में रोल डाले और फिर ये लेसदार खोया-सा उसके हलक़ के नीचे फिसलता चला जाए। मगर फ़ौरन ही उसके पेट में साँप अँगड़ाइयाँ लेने लगते। एकदम दीवानों की तरह वह रेत उछालना शुरू कर देती, ज़मीन पर लोट जाती और ठंडी-ठंडी मिट्टी पर अपने गाल रगड़ती। उसके जिस्म की रगें एक हँसिए की तरह तन जातीं और वह चाहती कि ज़मीन के कलेजे में घुस जाए। जब ज़रा जोश ठंडा हो जाता तो आहिस्ता-आहिस्ता वह अपना माथा ज़मीन से खट-खट टकराती।

दरवाज़ा खोलो। उसका माथा इल्तिजा करता मगर ज़मीन उसी तरह ढीठ बनी पड़ी रहती। उसे ज़मीन से क्यों इतना प्यार था ? वह उसी में समा जाना चाहती। फिर अगर कोई देख लेता तो वह सारी रेत झाड़ देती। मगर जहाँ मौक़ा मिलता वह मिट्टी में जज़्ब होने की कोशिश करती।

"ख़ाक में मिले कमबख़्त। जितनी दफ़ा नहलाओ उतनी दफ़ा गंदी।" मंझो कहती और वह सोचती, काश, कोई जानता कि ख़ाक में मिलना उसके लिए कोसना नहीं बल्कि दुआ थी—यही तो उसकी आरज़ू थी !

दो

लोगों को शादी-ब्याह का अरमान होता है मगर शम्मन को कुछ दिन से किसी को मारने का अरमान हो गया था। बैठे-बैठे उसका जी फड़फड़ाने लगता कि वह किसी को मारे। अपने मोटे से घूँसे से धमाधम किसी को कुचलकर रख दे ! बारहा ऐसा हुआ कि वह कुछ सोच रही है। वैसे उसकी आँखें दाना खाती हुई मुर्ग़ी की दुम पर जमी हुई हैं जहाँ सूखी हुई बीट का नन्हा सा क़ुमक़ुमा[1] उसकी हर जुंबिश[2] पर लरज़ने[3] लगता है। या उस नन्हीं सी चुहिया की तरफ़ जो सुबह से तीन बार सहमी हुई नज़रों से संदूक़ के पीछे से झाँक चुकी है या वह किसी और चीज़ को घूर रही है कि एकदम से उसे मारने का शौक़ चर्राता। घर में ऐसा दयालु कौन था जो उससे पिट लेता ! मंझो क्या मज़े से जब चाहती धम से उसकी कमर पर घूँसा जमा देती ? उसका भी दिल चाहता कि एक दिन वह भी मंझो बी की ठोस कमर पर एक तगड़ा-सा घूँसा जमाए...फिर ख़यालों में वह मंझो बी को पीटने लगती। दो थप्पड़ गाल पर मारकर उसके कपड़े उतार डालती

1. झाड़फ़ानूस में लटकने वाली काँच की गोली 2. हिलना 3. काँपने

और नहलाने लगती। इस वक़्त उसे कहीं से अपनी भूली-बिसरी अन्ना का धुँधला-सा ख़ाका याद आ जाता और उसका जी भर आता और गुस्सा चढ़ने लगता और मंझो के सर पर बेसन डालकर ख़ूब घिस्से लगाती, ज़ोर-ज़ोर के झाँवे से उसकी कोहनियाँ और घुटने छीलने लगती। फिर ख़ुरदुरा सा तौलिया लेकर इतना रगड़ती कि मंझो की खाल उतर जाती और नाक लाल चुक़ंदर हो जाती। एक कान की लौ टूटकर तौलिए ही में उलझ आती। फिर वह उसे एक उम्दा सी फ्राक पहनाकर कहती, ''ख़बरदार जो हिली, टाँगें तोड़ डालूँगी।'' मगर जब वह विचारों की दुनिया से जागकर वापस आती तो देखती कि कुछ भी नहीं, उसके दोनों हाथ पत्थर की मूर्ति की तरह गोद में अकड़े हुए हैं। गर्दन की रगें तने-तने दुख गई हैं...वह एक इंतक़ाम-भरी लंबी साँस खींचकर जिस्म को और तान लेती और एकदम पागलों की तरह ज़ोर-ज़ोर से बिस्तर पर घूँसों की बारिश कर देती। जब वह जी भरकर कूट चुकती तो थक जाती। जिस्म ढीला छोड़ देती और बड़ा ही सुकून मिलता।

एक दिन उसे बैठे-बैठे अपनी गुड़िया को मारने का दौरा पड़ा। पहले तो उसने इसके हौले-हौले दो-तीन तमाचे मारे, फिर एकदम उस पर भूत सवार हो गया। धड़ाधड़ उसने घूँसों और लातों की बौछार कर दी। दाँतों और नाखूनों से इसके पुरज़े कर दिए गोया वह अपने किसी ख़ौफ़नाक दुश्मन से लड़ रही हो।

गुड़िया का चूरा-चूरा हो गया। उसके जिस्म में भरा हुआ बुरादा बिखर गया और कुछ शम्मन की ज़ुबान पर चिपक गया। इसके बाद उसका पेट भर गया और वह इत्मीनान की साँस लेकर हाँफती हुई चित पड़ गई। बुरादे का मज़ा बड़ी देर तक उसकी ज़ुबान पर बासी ख़ून की तरह जमा रहा।

फिर एकदम उस पर ख़ौफ़ तारी हो गया। जैसे उसने सचमुच किसी को क़त्ल कर डाला हो। डरकर वह घिघियाने लगी और जल्दी-जल्दी गुड़िया के पुरज़े संदूक़ के नीचे छिपा दिए। वह मंझो बी की तरफ़ पनाह लेने के लिए भागी। मंझो बेख़बर बैठी अपना कुर्ता सी रही थी। उसकी रान से लगकर लिपट गई और उसकी गर्दन पर अपनी सहमी हुई उँगलियाँ फेरने लगी।

मंझो बी फ्राकें सीना ही नहीं जानती थी बल्कि एक दिन उसने एक 'अलिफ़ बे' का क़ायदा[1] मँगाकर मशीन से सी डाला। शम्मन पास बैठी मशीन के दाँतों को कट-कट काग़ज़ चबाते देखती रही। दाँतों में हलकी सी लतीफ़[2] खुजली होने लगी। इन दाँतों पर उँगली फेरकर अजीब सी लहर अपने जिस्म में दौड़ती हुई महसूस की। क़ायदा सी कर मंझो ने उसे गोद में बैठा लिया।

''आज से तुम पढ़ना शुरू करोगी, अच्छा।''

''अच्छा !'' शम्मन ने मान लिया और क़ायदा देखने के लिए उचकने लगी। ये पहली या दूसरी किताब इसकी ज़िंदगी में दाख़िल हो रही थी। एक तो वह, जिसे पढ़ते

---

1. अरबी वर्णमाला की पुस्तक 2. मज़ेदार

में परेशान करने पर मंझो बी उसे मार दिया करती थी। वैसे घर में पढ़ने लिखने का सारा दिलचस्प सामान उसकी पहुँच से दूर रखा जाता था। मारने के काम का तो था नहीं ये क़ायदा। इससे बेहतर तो वह अख़बार होता था जिससे अब्बा लिफ़ाफ़ा-सा बनाकर प्यार में इसके सर पर मारा करते थे। ''देखें—देखें मंझो बी।'' उसने किताब लेकर देखना शुरू की। फिर फ्राक में उसकी फुकनी-सी बनाकर मंझो के सीने पर मारी।

''अरे गधी, तमाम मोड़कर रख दी।'' मंझो ने उससे क़ायदा ले लिया।

''देखो ये अलिफ़ है—अलिफ़।''

''काँ ?'' उसे बिलकुल य़कीन न आया।

''ये....ये अलिफ़ से अनार।''

''ऐं हाँ, अलिफ़ से अनार का होता है ? अनार तो आतिशबाज़ी से छूटता है फ़र-फ़र, है ना ?''

''हट, ये देख, ये अलिफ़ है। अलिफ़ से अनार...कहो, अलिफ़ से अनार।''

''कहो अलिफ़।''

''यूँ कहो...अलिफ़ !''

''नहीं, हम नहीं कहते। पहले ये बताओ, ये क्या है....ये, ये ?''

''ये जीम है।''

''और ये ?''

''ये स्वाद, ज़्वाद।''

''उँह—स्वाद ज़्वाद नहीं है। ये तो चायदानियाँ हैं।''

''चल पगली, ये देखो, अलिफ़ से अनार—कहो।''

''कहो।'' वह बेवक़ूफ़ों की तरह मंझो का मुँह तकने लगी।

''अरे मैं कहती हूँ, अलिफ़ कहो।'' सब्र का पैमाना छलका।

''अलिफ़ कहो।''

''उँह चुड़ैल !'' मंझो ने धक्का देकर उसे अपनी गोद से उँडेल दिया और उठकर बरामदे में चली गई। शम्मन ने क़ायदा उठा लिया। बिलकुल सूअर कमबख़्त, सूअर था क़ायदा, काली-काली टेढ़ी तस्वीरें। सिवाय लोटे की शक्ल के 'स्वाद ज़्वाद' के कुछ न भाया और जीम को तो वह देखकर जल ही गई। किस क़दर इतराई हुई मेहतरानी की शक्ल की थी ! तौबा।...अलिफ़ से अनार।...हुँह, भला कैसे ? ये मटके की शक्ल का अनार, न लाल-लाल चिनगारियाँ न कुछ...बिलकुल रद्दी। ख़ैर अलिफ़ तो वह पढ़ लेगी। मगर 'जीम' तो वह मर जाए, जब भी नहीं पढ़ेगी। बहुत होगा मंझो घूँसे मारेगी। मगर हर्ज ही क्या है। मारने दो। अपना क्या जाता है ! धम से जैसे मुहर्रम में ढोल बजा उस पर। फिर किसी को मुहर्रम के ढोल की तरह पीट डालने का जुनून सवार हुआ। मगर वह ज़ब्त कर गई। उसने ध्यान बँटाने के लिए क़ायदा उठा लिया। कट-कट मशीन के दाँतों के निशान देखकर उसके अपने मसूड़ों में सुइयाँ सी चुभने लगीं। यूँ ही जो सिरे पर लटकता हुआ डोरा पकड़कर खींचा तो कच्चे ज़ख़्म की तरह टाँके टूटते चले

आए। बड़ा मज़ा आया जैसे वह जल्दी-जल्दी छोटी-छोटी सीढ़ियों से उतर रही हो। क़ायदे के वर्क़[1] बिखर गए।

अरे ! मंझो शर्तिया बुरा मानेगी और क्या अजब जो मार भी बैठे। उसने जल्दी से क़ायदे के वर्क़ समेटकर मशीन के दाँतों के नीचे रख दिए और हैंडिल घुमाती रही। कट-कट-कट-कट वह इधर से उधर बड़ी मश्शाक़ी[2] से चलाया की, यहाँ तक कि क़ायदा सोज़नी[3] की तरह टाँकों से भर गया। ख़ैर अच्छा हुआ। 'स्वाद ज़्वाद' कमबख़्त चायदानी की शक्ल के, ग़ारत हो गए और 'जीम' भी मिट गया।

मगर जब मंझो ने क़ायदे की सूरत देखी तो तमाम गुज़श्ता[4] घूँसों से ज़्यादा वज़नी घूँसा जमाया। इसके बाद थप्पड़ और चाँटे। वह देर तक बैठी बेआँसुओं की सूखी-सूखी सुबकियाँ भरती रही। अगर हर बार मार पड़ने पर आँसू गिराना लाज़मी[5] होता तो यक़ीनन मुसीबत हो जाती और उसकी आँखों के डेले कभी के बह गए होते। इधर मंझो के थप्पड़ों का ख़ज़ाना कम होता नज़र न आता और जो वह हर थप्पड़ पर एक आँसू भी बहाती तो सात समुंदर का पानी होता सो भी खुश्क़ हो जाता। इसलिए वह अब बस गले से रोया करती थी। दिमाग़ बिलकुल पुरसुकून और ग़ैरमुतास्सिर[6] रहता।

ये दूसरी किताब थी जिससे उसे लिल्लाही बुग्ज़ हो गया। एक तो वह नॉवेल ही क्या कम थी जिसे पढ़ते वक़्त मंझो बी उसकी किसी आह-ओ-ज़ारी[7] पर कान नहीं धरती थी। अब दूसरी ये, जिसकी आमद ही मनहूस साबित हुई।

मगर ये किताब तो उसकी जान को चिमट गई ऐसी कि छुटना दुशवार[8] हो गया। अलिफ़ तो ख़ैर दिल पर पत्थर रखकर पढ़ लिया गया मगर जीम। हद तो ये है कि स्वाद-ज़्वाद कमबख़्त भी पढ़ना पड़े। हैरत तो उसे तब हुई जब उसे मालूम हुआ कि...

इब्तेदाए इश्क़ है रोता है क्या,
आगे आगे देखिए होता है क्या।

बात यूँ हुई कि उसने एक दिन मंझो से पूछा, "मंझो बी ! जब क़ायदा ख़त्म हो जाएगा तो मिठाई बँटेगी ना ?"

"हाँ, और फिर दूसरी किताब शुरू होगी।"

"दूसरी !...फिर ?"

"फिर बड़े भाई जैसी मोटी-मोटी किताबें पढ़ा करना..." मंझो ने निहायत मासूमियत से बताया। किस सादगी से वह उसे आने वाली बलाओं से दो-चार कर रही थी !

ख़ामोश, अपनी गोद में हाथ समेटे वह बैठी रही और ऐसा महसूस हुआ कि थोड़ी-थोड़ी देर के बार एक मोटी-सी भयानक किताब उसके सर पर पत्थर की सिल की तरह गिरती है जिसमें 'स्वाद ज़्वाद' और 'जीम' से भी ज़्यादा कमीने और ग़ैरदिलचस्प अल्फ़ाज़ मौजूद हैं।

---

1. पन्ना 2. कौशल 3. कथरी 4. विगत 5. अनिवार्य 6. अप्रभावित 7. रोना-पीटना 8. कठिन

बहुत से बहन-भाइयों और भरे-पूरे ख़ानदान में ज़िंदगी के दिन माज़ी[1] की तारीकी[2] में डूबते चले गए। जैसे कोई बहुत से कंकरों को सूप में डालकर फटक रहा है और हर कंकर सूप के दंदानों में पंजे गाड़े जमा हुआ है। साँय-साँय लंबे-लंबे पींगों की तरह ज़िंदगी गुज़रने लगी।

तीन

मंझो बी मारती थी तो क्या था, दुलार भी तो करती थी ! पीट-कूटकर जब उसे .ख़ूब रुला चुकती तो सीने की गर्मी से उसके सारे ज़ख़्म सेंक देती पर अब उसकी ज़ुबान चल निकली थी। जब मंझो मारती तो वह उसे कोसने देने लगती जो उसने नौकरानियों से सीख लिए थे।

''मर जाए। अल्ला करे मंझो बी मर जाए।'' अम्मा अपनी लाडली को कोसते देखकर ख़ूब बिगड़ीं।

''खोद के गाड़ दूँगी जो मेरी बच्ची को कोसा, कलमुँही कहीं की !'' वह ख़ुद तो अम्मा की बच्ची थी नहीं, उसकी बदमाश अन्ना के जाने के बाद से मंझो ही उसकी माँ थी।

''यूँ कहो कि अल्ला मियाँ, मंझो का ब्याह हो जाए।'' अम्मा ने सिखाया और उसने यूँ ही कहना शुरू किया !

''अल्ला मियाँ, मंझो का ब्याह हो जाए। मंझो बी का ब्याह हो जाए।'' इस कोसने का काफ़ी असर होता। पहले मंझो बी बिगड़ती। ज़ोर-ज़ोर से धमोके मारती। मगर फिर उसके हाथ ढीले पड़ जाते और वह मुस्कुरा-मुस्कुराकर शरमाने लगती।

दुआ न जाने कैसे बुरे वक़्त से निकली थी कि झट क़बूल हो गई। कुछ ऐसी गड़बड़ थी कि उसकी समझ में ही न आया कि क्या हो रहा है। घर उथल-पुथल हो गया। मंझो घेरघार कर एक कमरे में बिठा दी गई और ख़ूब गुल मचाया गया।

उलटी-सीधी मिठाइयाँ और ज़र्क़-वर्क़ कपड़े चारों तरफ़ फैल गए। अच्छा ख़ासा घर हाट बन गया। दुनिया-भर की औरतें लाल-हरे कपड़ों में लिपटकर दौड़ पड़ीं। धवाँ-धौं बाजे बजने लगे। जब औरतें मंझो का दूल्हा देखने दौड़ीं तो वह भी बिलक गई। किसी ने उसे गोद में लेकर दूल्हा दिखाना चाहा, मगर वह न देख सकी। ''ये तो आदमी है, दूल्हा।'' वह चिल्लाई और मचल गई, फिर किसी ने उसे दूल्हा दिखाना ज़रूरी न समझा। वह भी उकताकर उबटने में बसी हुई मंझो से लिपटकर सो गई। रस्मों के वक़्त लोगों ने चाहा दूल्हा के मेहँदी लगा दे मगर वह इस पर भी बिगड़ खड़ी हुई कि

1. अतीत 2. अंधकार

अव्वल तो वह दूल्हा नहीं, सीधा-सादा आदमी है और आदमी मेहँदी नहीं लगाते। इस पर उसे दीवानी कहकर दूर धकेल दिया गया।

मंझो तो दुल्हन बनी बैठी थी। इसलिए वह बेनथे बैल की तरह घूमती रही। पहले तो उसने बरी की शक्कर ले जाकर ख़ूब ग़ुसलख़ाने के मटकों में घोली जिससे बीवियाँ इस्तंजा करके बदहवास हो गईं। उसके बाद बावर्चीख़ाने की तरफ़ मुतवज्जा[1] हुई और वहाँ ख़ूब हाँडियों में नमक, कोयला और राख झोंकी। बावर्ची किसी दूसरी तरफ़ लगे हुए थे। वह खीर के प्याले गिनने लगी। चाँदी के वर्क़ और पिस्तों की हवाइयाँ लगे हुए प्याले कामदार शतरंजी की तरह बिछे हुए थे, बड़े ही भले मालूम हुए। बे-इख़्तयार[2] उसका जी चाहा उनके बीचोबीच में जो ख़ाली जगह है वहाँ पैर रख-रखकर चले। वह तौल-तौलकर क़दम उठाने लगी—एक...दो...तीन। किसी ने देख लिया और वह गड़बड़ा कर जो भागी तो धड़ाम से खीर के कीचड़ में सर से पैर तक लतपत।

न जाने किसने उसे नहलाने की कोशिश की मगर वह तो मंझो के नहलाने की आदी हो चुकी थी। यूँ रसाँ-रसाँ नहलाने से वह चिढ़ गई और ख़ूब ज़िदें कीं। पानी के छींटे उड़ाए। वह औरत तो कमर-बंद की लकड़ी ढूँढ़ने लगी, इधर उसने तौलिया बाँधकर टहलना शुरू किया।...मंझो बी के भारी-भारी जहेज़ के जोड़े दिखाने के लिए एक कमरे में सजा दिए गए थे। उसने सितारे नोंच-नोंचकर थूक से माथे पर चिपकाए। सलमे के तार खींचकर उनके छल्ले बनाए, दुपट्टों की तहें खोलकर ख़ूब फैला दिए। इतने में उसकी नज़र गोटा लगी हुई तौलियों पर पड़ी। झिलमिल करती ज़रकार[3] डोरियाँ। उसे उन्हें पहनने का कितना अरमान था, मगर उसे तो देखने को भी नहीं मिलती थीं ! अम्मा तो ग़ुसलख़ाने में ऐसा छिपकर पहनतीं जैसे मोटी-सी गाली हो ! और मैले कपड़ों के डब्बे में उसका हाथ भी तो न जाता था। जल्दी-जल्दी उसने चारों तरफ़ देखकर उल्टे सीधे सुराखों में हाथ डालकर डोरियाँ गले में कस लीं। फिर उसने भारी क्रेप का दुपट्टा निकालकर ओढ़ा और अतलस का पाजामा देखकर तो उसके दिल में हूकें-सी उठने लगीं। जाँघिए पहनते-पहनते उसका जी मितलाने लगा था। झाड़-झंकाड़ फूलों का ढेर उसने घसीटकर टाँगों में फँसा लिया। फिर क्रेप के दुपट्टे का घूँघट निकालकर वह चारों तरफ़ फ़र्ज़ी मेहमानों को झुक-झुककर सलाम करने लगी। "जीती रहो बेटी, दूधों नहाओ, पूतों फलो !" उसने उन्हें कहते सुना और फिर ठोड़ी अपनी हथेली पर टिकाकर घरवालियों की तरह हो बैठी।

"अरी रसूलन ! ओ रसूलन, कहाँ मर गई मालज़ादी ! जा अलीबख़्श से कह—के सौदा नहीं लाए। हाँ, जल्दी से लाएँ, मूँग की दाल और...और भुनी हुई गर्म-गर्म मूँगफलियाँ, हाँ, शम्मन बी के लिए, और शकर की गोलियाँ भी।" वह ख़याली मा-मा को डाँटने लगी। बातें करते-करते उसे याद आया कि अरे ! नन्हा तो घुटने पर सो रहा है। जाग गया। उसने फुर्ती से घुटना हिलाना शुरू किया जैसे बच्चे को हलकोरे दे रही है।

---

1. ध्यानाकर्षित 2. सहसा 3. ज़री के काम वाली

"नाईं मेरा चाँद, मेरे कलेजे का टुकड़ा...ले भूखा है, दूध पिएगा ?" ऊँ-ऊँ...कुर्ता सरकाकर वह नक़ल में घुटने को दबोचने लगी...मगर फ़ौरन ही किसी आवारा मच्छर के काटे हुए निशान ने उसकी सारी तवज्जो खींच ली। बच्चा-वच्चा भूलकर वह होंठ लटका कर ददोड़ा देखने लगी।

"काट खाया मरीपीटे ने !" वह अपने घुटने पर चपत्तें लगाने लगी...और फिर उसे किसी को मारने का दौरा पड़ गया। धमाधम उसने जहेज़ की चीज़ों को दोनों हाथों से कूटना शुरू किया। ज़रा-सी देर में खेत का खलिहान करके रख दिया। लोग आ गए और उसे यूँ ही घसीटकर बाहर निकाल दिया गया। इतनी फ़ुर्सत किसे थी जो उसका पाजामा ढूँढ़कर पहनाता। लिहाज़ा शाम तक वह तौलिया लपेटे इधर-उधर घूमती रही।

मगर उसे एक तजर्बा ज़रूर हुआ कि तौलिया पाजामे से कहीं ज़्यादा आरामदेह और फ़ायदेमंद होता है। एक तो घड़ी-घड़ी ढीला कमरबंद तंग कराने की ज़रूरत नहीं पड़ती। दूसरे इस अजीबो-ग़रीब हुलिए में देखकर बहुत से बच्चे तो जलन की आग से भुने जा रहे थे। दो-चार इस ताक में लगे थे कि तौलिया हट जाए तो उसे नंगा देख लें। मगर वह उन्हें जूतियों से मार-मारकर भगा रही थी। उसे उस खेल में बड़ा मज़ा आ रहा था।

"हम सो रहे हैं। हमें जगाना मत।" वह बनकर सो जाती और बदज़ात बच्चे उसका तौलिया छीनने लगते। फिर वह जाग जाती और ख़ूब नाख़ूनों और दांतों से उनकी ख़ातिरदारी करती।

जिधर वह निकल जाती सब उसे डाँटते, बहनें चपतें लगाकर दुतकार देतीं। मगर किसी को इतनी तौफ़ीक़ न हुई कि ताला खोलकर उसका पाजामा निकाले। खुदा-ख़ुदा करके शाम को जब दूल्हा के आँचल या किसी दूसरी ज़रूरी रस्म का वक़्त आया तो उसकी तलाश हुई और वह पिछले दालान में अजीबो-ग़रीब खेल खेलती हुई पकड़कर मारी गई।

दूल्हा आया ! ग़ुल[1] मचा। किसी ने उसे जूता छुपाने को दिया। बड़ी देर तक तो वह उस जूते से खेलती रही। फिर सो गई। रात को जब दूल्हा जाने लगा तो जूते की ढुँढइया पड़ी। लोगों ने उसे जगाया तो वह बौखलाकर उनसे लिपट गई। कोई ख़्वाब देख रही थी, बेतहाशा चिल्लाई :

"दुअन्नी...अरे मेरी दुअन्नी !"

कहते हैं, दूल्हा निगोड़ा नंगे पैर गया। सुबह को जूता पीने के पानी में लाश की तरह फूला हुआ मिला। ख़ूब समधनों ने इसका शरबत पिया। लाख लोगों ने चाहा कि वह बता दे कि उसने जूता मटके में किसलिए डाला था। मगर वह कुछ भी न बता सकी।

"जूता ?...मटका ?" वह यही पूछती रही। मगर फूला हुआ जूता देखकर उसके दिल में गुदगुदी होने लगी और वह हँसते-हँसते बेहाल हो गई।

---

1. शोर

चार

जब मंझो ब्याह कर जाने लगी तो शम्मन ज़रा भी न रोई बल्कि चुपके से पालकी में जाकर बैठ गई। मंझो जाने से पहले उसे याद करती रही। मगर वह न मिली। जब दुल्हन और उसके साथवालियाँ पालकी में बैठीं तो उनमें से सबसे मोटी औरत शम्मन की गोद में चढ़ बैठी। वह ज़ोर से चिल्लाई। मगर मौक़े की नज़ाक़त को देखते हुए ज़ब्त कर गई और मोटी औरत के कूल्हों में कचकचा कर दाँत गाड़ दिए। एक ग़दर मच गया। पालकी लौटते-लौटते बची मगर शम्मन पकड़ी गई। लोगों ने उसे घसीटकर उतार लिया। हज़ार लातें चलाईं, कोसा, गालियाँ बकीं मगर कोई सुनवाई नहीं हुई।

मंझो बी चली गई, घर में जैसे मौत हो गई। सारा घर सो गया मगर शम्मन के हिस्से की नींद ग़ायब थी। कई दफ़ा वह मंझो को पुकार-पुकारकर रोई। हिचकियाँ लेते-लेते हलक़ दुख गया, आवाज़ फट गई मगर कौन सुनता ?

"मंझो बी...मंझो बी...हाय मंझो बी !" वह रात-भर सिसकियों से पुकारती रही। शादी के थके-हारे मेहमान और मेज़बान दुनिया से बेख़बर सो रहे थे और वह अकेली इधर से उधर भटकती फिर रही थी।

मंझो के जाते ही उसकी गत बन गई। कई दिन तक तो किसी को याद ही नहीं आया कि वह भी घर में है या नहीं ! नहलाने या कंघी करने की ज़रूरत भी है ! जब बहुत ही उसमें से बिसांद[1] फूटने लगी तो सड़ती हुई नाली की तरह लोग उससे दूर-दूर रहने लगे। मैल और खुजली से बेक़रार होकर वह रातों को चिल्लाती और दिन-भर कोनों खदरों में भटकती फिरती। तब अम्मा को नहलाने का ख़याल आया।

सर के बाल चिपककर चटाई बन गए थे और बदन पर मैल की पपड़ियाँ बँध-बँधकर उखड़ रही थीं। नाइन के बस की कहाँ थी ! जब उसने नहलाना चाहा तो उसे मारने लगी। बाल नुचे तो उसे पछाड़कर नंगी-बुच्ची भागी। दोनों में बड़ी देर तक बरामदे में रेस होती रही। शम्मन आगे-आगे और नाइन पीछे-पीछे। आख़िर को मोरी के पास फिसलकर गिर पड़ी। नाइन ने पकड़-धकड़कर नहला तो दिया मगर कैसे ये वह खुद ही जानती थी। उलझे बाल वैसे ही मैल और चीकट का जूना बने रहे। मैल ज़रा पानी डालने से फूल गया और मैले कपड़े की रगड़ से नमी दूर हो गई। प्लास्तर वैसा ही जमा रहा और उसने कपड़े पहन लिए। फिर तो ये हाल हो गया कि जिस दिन वह नहाती अम्मा मोटी-सी क़मच्ची लेकर बैठ जातीं और सचमुच की लाश नहलाई जाती। क्योंकि ऐसी-वैसी मार को वह ख़ातिर ही में कब लाती थी !

दिन-भर वह मंझो को भूली रहती मगर रात को वही मंझो बी की रट लगाती। तंग आकर अम्मा ने बूढ़ी ददूदा से कहा, "बुआ ! तुम ही सुला लो अल्लामारी को।" मगर शम्मन ने सोते में उन्हें अपने पास लेटा देखकर उनके बाल खसोट डाले और ढकेल

---

1. दुर्गंध

दिया। अकेली पड़ी अपनी हथेलियों को चबाया की। जब सब सो जाते, वह जागा करती। उसके हाथ मंझो की गर्दन की तलाश में खुर्री पट्टियों पर रेंगा करते। उसका जी चाहता बस एक बार वह गर्म-गर्म गर्दन उसकी गिरफ़्त में आ जाए। फिर तो वह मर जाएगी पर नहीं छोड़ेगी। पड़ी-पड़ी वह मंझो के कमीने दूल्हा को कोसा करती। जो उसे चील की तरह झपट्टा मारकर छीन ले गया। वह मंझो के उस नाबकार[1] दूल्हा को कोसना भी शायद ख़ुदा ने सुन लिया और एक दिन तार आया और घर में मातम होने लगा।

"तुम्हारे दूल्हाभाई मर गए, तुम रोती नहीं ?" तहसीलदारनी के लड़के ने उससे कहा।

"कौन, मंझो बी का दूल्हा ?" वह ख़ुशी से चौंकी।

"नहीं, बड़ी आपा के दूल्हा," ख़ाक पड़े बड़ी आपा के दूल्हा के मरने का किसे अरमान था बदमिज़ाज कहीं के।

पिछली दफ़ा गन्ने लाए थे तो सारे अम्मा को भिजवा दिए एक पोरी भी न छूने दी। उसे सख़्त नाउम्मीदी हुई और वह रो पड़ी। सब समझे वह ग़म में शरीक हो रही है इसलिए सब बच्चों के साथ बहलाने को उसे तहसीलदारनी के यहाँ भिजवा दिया गया जहाँ उसे भुने हुए मीठे अंडे खिलाए गए।

जब मंझो बी का दूल्हा मरेगा तो उससे भी मज़ेदार अंडे मिलेंगे ! वह अंडों का मज़ा देर तक मुँह में क़ायम करने की कोशिश करके सोचती रही।

बड़ी आपा बेवा होकर मैके में आन रहीं। उसके दोनों बच्चे भी आ गए, जिन्हें छूने की किसी को इजाज़त न थी। कबूतरी के घोंसले में हाथ डालो तो किस ज़ोर की ठोंग मारती है। ऐसे ही जब बड़ी आपा के बच्चों को कोई छूता तो चिंघाड़ती हुई लपकतीं।

जब ख़ुदा-ख़ुदा करके मंझो ससुराल से आई, तो शम्मन का मारे ग़ुस्से के बुरा हाल हो गया। वह तो समझती थी जैसे वह बग़ैर उसके दीवानी कुतिया बन गई है, मंझो बी मैली-कुचैली चुहिया रोती-बिसूरती उतरेगी। मगर उसे पहले से भी मोटा और ज़्यादा लाल देखकर उसे अपनी सख़्त हतक महसूस हुई। झूठी कहीं की, अम्मा को लिखा करती थी, "मुझे अपनी शम्मन की बहुत याद आती है," ख़ाक ! याद आती होती तो यूँ तबाक़-सा चेहरा न होता। सर से पैर तक रेशमी कपड़ों में लदी, बजते ज़ेवर, कानों में लंबे-लंबे झुमके, जिन्हें बात करते में वह जान-बूझकर झुलाती और नाक की चमकती हुई कील। शरमाकर बात करते में वह हमेशा इस कील को नज़ाकत से आँख नीची करके देखने का अंदाज़ और वह बारीक रेशम की जाली का कुर्ता जिसके अंदर से गोटे की चोली बादलों में छिपे चाँद की तरह झिलमिला उठती।

आते ही वह पागलों की तरह सबके गले से लटकने लगी। मगर उसने शम्मन को देखा भी नहीं। वह बदल भी तो बहुत गई थी। सारी फूल जैसी फ्राकें मुरझा गई थीं।

---

1. नालायक़

और जाँघियों के बजाय उटंगे बदशक्ल पाजामे पहनने लगी थी। बड़ी देर बाद न जाने कैसे वह उसे याद आ ही गई। "शम्मन कहाँ है," उसने पूछा और उसके दिल को बुरी तरह ठेस लगी। ओ हो ! तो अब मंझो उसे पहचानेगी भी नहीं। ये घंटे-भर से दरवाज़े से लगा कौन टकटकी बाँधे उसे देखे जा रहा है ? किसने कई बार इसका रेशमी दुपट्टा छूकर मुतवज्जे[1] करने की नाकाम कोशिशें कीं ? और ये कौन सब्र किए दीवार से ख़ामोश लगा खड़ा है। शम्मन नहीं तो फिर और कौन हो सकता है ? मगर उसे माँ-बहनों के गले लगने से फुर्सत मिले तो किसी और का भी धड़कता हुआ दिल ज़रा सुकून पाए। आपा की लड़की नूरी को तो आते ही कलेजे से लगा लिया और शम्मन जैसे पिच्छलपैरी[2] चुड़ैल थी कि लोगों को नज़र भी न आई।

मगर फिर भी जब मंझो ने उसे अपने महकते हुए सीने से लगाया तो उसके दिल में हज़ारों सोते फूट निकले और सूखी-सूखी हिचकियाँ लेती वह उसके शाने से टिक गई।

"जूएँ, जूएँ ! ऐ है मंझो ! मुई के हज़ारों जूएँ भरी पड़ी हैं।" आपा और अम्मा चिल्लाईं और मंझो ने डरकर उसे दूर ढकेल दिया।

"गंदी है ये भंगन की लौंडिया।" नूरी इतराई और मंझो की गोद में चढ़ बैठी। मंझो फिर बातों के रेले में बह गई और किसी ने न देखा कि शम्मन धक्का खाकर बाहर चल दी और चुपके से सरककर मैले कपड़ों के गट्ठर में मुँह छुपाकर फूट-फूटकर रोने लगी। आज वह दिल और दिमाग़ दोनों से रो रही थी। खारे-खारे आँसू मैले बदबूदार कपड़ों में जज़्ब हो रहे थे। न जाने कब तक वह पड़ी रोती रही। किसी को याद भी न आई। बच्चे दौड़-दौड़कर मंझो की लाई हुई मिठाई खा रहे थे। नूरी अब भी उसकी गोद में डटी उसकी चम्पाकली से खेल रही थी। मंझो ने गुड़िया निकालकर उसे दी और दूसरी निकालकर शम्मन को पुकारा।

"नहीं, हम दोनों लेंगे।" नूरी मचल गई, वैसे शम्मन इतनी ज़लील न थी जो मंझो की गुड़िया पर उसकी नीयत भटकती। मगर जब दोनों गुड़िया नूरी दाब बैठी तो वह सब्र न कर सकी। उसने मुँह फेर लिया और छत में लटके हुए जालों को देखती रही जिसमें नीममुर्दा[3] मक्खियाँ झूल रही थीं। उस पर फिर दौरा-सा पड़ गया। वह दाँतों से मैले कपड़े घसीटने लगी। बदबूदार पाजामे, सड़ी हुई बनियानें और बिसाँदे कुर्ते। वह ग़ुस्से में उन सबको निगल जाना चाहती थी।

थककर वह बाहर बरामदे में आकर कोने में बैठ गई। आज उसे ऐसा मालूम होता था कि वह नज़रों से ग़ायब हो जाने वाली टोपी पहने है। आज़माने के लिए वह कई बार सामने से गुज़री मगर न मंझो ने उसे देखा और न नूरी ने, जो दोनों गुड़ियाँ समेटे मंझो के पलंग पर बैठी थी।

मंझो के पलंग में अभी तक दुल्हनों वाली बातें मौजूद थीं। तकिए वही लाल साटन

---

1. ध्यानाकर्षित 2. चुड़ैल का ही एक अन्य नाम 3. अधपरी

के जिन पर झाग जैसे कढ़े हुए ग़लाफ़ चढ़े थे। और, वही कारचोबी गोट की रज़ाई। नूरी उसके तकियों पर सर औंधाए क़लाबाज़ियाँ खा रही थी। शम्मन का कितना जी चाहा कि जाकर नूरी को इतनी ज़ोर से धकेले कि वह अंधे कुएँ में जा गिरे और फिर दोनों गुड़ियाँ छीन ले।

देर तक बैठी मंझो के मेहँदी लगे पैरों को पलंग के नीचे से झाँककर देखती रही। लाल-लाल पैर जिसमें घुँघरूदार पाज़ेब। उसका गला दुख से भर आया। काश वह आँख बचाकर किसी तरह पलंग के नीचे रेंगकर पहुँच जाती और उन घुँघरुओं को आहिस्ता से उँगली से बजाकर देखती जो उसकी मेहँदी लगी एड़ी पर हलकी-हलकी जुंबिशों[1] से नाच उठते थे। इतने में उसे नूरी ने देख लिया।

''ख़ाला जान, शम्मन मेहतरानी की लड़की हैं ये, उन्हें नानी ने भंगन से दो पैसे में लिया था।'' वह तुतलाकर बोली और बड़ी आपा ने प्यार से उसके थप्पड़ लगाया। मंझो ने मुड़कर उसे देख लिया मगर वह वहाँ से भाग आंई। फिर मंझो का दूल्हा भी घर में आ गया। मंझो शरमाई, कुछ इतराई बातें करती रही। दूल्हा की आँखें शायद तेज़ थीं। उसने शम्मन का भूत देख लिया।

''अरे भई, ये तुम्हारी बहन शम्मन क्यों अलग खड़ी हैं ?''

''उनके जुएँ हैं।'' नूरी ने जल्दी से बताया।

''ऐं है, जुएँ ! ये तो बुरी बात है, च्च-च्च !''

शम्मन और जल गई। ये कमबख़्त कौन होता है च्च-च्च करने वाला ?

''भई यहाँ आओ।'' उसने फिर बुलाया।

''उन्हें मत बुलाइए, ये बुरी हैं। उनसे कोई भी नहीं बोलता।'' नूरी दूल्हा की गोद में भी चढ़ गई और फिर दूल्हा ने मंझो से आँखों ही आँखों में कुछ कहा। उसने चौंककर शम्मन की तरफ़ देखा। शम्मन समझ गई और फिर गिरती-पड़ती भागी कि अब उसके साथ हमदर्दी जताने की साज़िश हो रही है। फिर अँधेरी कोठरी में जाकर उसने 'मंझो बी, मंझो बी' पुकारना शुरू किया। मगर बेकार। जैसे वह किसी मुर्दे को क़ब्र से खींच बुलाने की नाकाम कोशिश कर रही हो। मुँह औंधाए वह पड़ी थी कि किसी ने ज़ोर से हाथ झटककर उसे चौंका दिया। ''ख़बरदार जो यूँ मैली-कुचैली मंझो के कमरे में गई, मुर्दा कहीं की !'' बड़ी आपा ने बेरहमी से उसे झिंझोड़ियाँ दीं। कोई दूसरा वक़्त होता तो वह कचकचाकर लिपट ही जाती और उनकी बोटियाँ उड़ा देती। मगर उस वक़्त तो किसी ने उसके सारे एहसासात पर चोटें मार-मारकर सुन्न कर दिया था। वह सहमकर दूसरी तरफ़ जाने लगी। इतने में मंझो बाहर निकल आई।

''शम्मन।'' उसने उसके कंधे पर हाथ रखा।

शम्मन को बहुत बहादुरी से काम लेना पड़ा वरना उसके जिस्म का रोंया-रोंया खिंचकर मंझो में जज़्ब हो जाने के लिए तड़प उठा।

''चल इधर कमबख़्त, क्या गत बना ली है ज़रा से दिनों में।'' मंझो ने कस-कस के दो घूँसे जमाए। शम्मन फूट पड़ी। दुख से नहीं, उन तवज्जो-भरे घूँसों की लज़्ज़त

से उसका जी दुख उठा। घसीटती हुई उसे ग़ुसलख़ाने में ले गई। शम्मन का दिल ज़ोर-ज़ोर से धड़कने लगा। आँसू बेताब होकर बह निकले। घुटे हुए बुख़ार उमड़ पड़े। मंझो के घूँसे की मिठास जिसके लिए वह तरस गई थी, उसकी रग-रग में तैर गई। और फिर घूँसों, थप्पड़ों और चाँटों ने न सिर्फ़ उसके जिस्म पर से बल्कि रूह पर से भी मैल का ग़िलाफ़ उतार दिया और उस लाश को दोबारा जगा दिया जो बिलकुल उसके अंदर सड़-गल चली थी। ख़ून तेज़ी से दौड़ने लगा। मछलियाँ फड़कने लगीं और ज़रा सी देर में वह पुरानी शम्मन की तरह बावेला मचाने लगी।

मंझो को भी जैसे बहुत दिन की छूटी शराब हाथ आई। बस टूट ही तो पड़ी। फिर बाल नोंच-नोंचकर कंघी की और सारे दिन खाना-पीना छोड़कर उसकी जूएँ निकालीं। सबने बहुत मना किया मगर उसे तो जैसे गिरते हुए मकान की मरम्मत करनी थी। वह भी बरसात से पहले-पहले। शाम को शम्मन के पैर ज़मीन पर न पड़ते थे।

बदन तो हलका हुआ ही था, जी ऐसा हलका हो गया कि वह धमाधम मंझो के पलंग पर क़लाबाज़ियाँ खाने लगी, धवाँधौं तकियों को पीट डाला और रज़ाई का तंबू तानकर लातें चलाने लगी।

"हैं, हैं, फट जाएगी रज़ाई।" आपा चिल्लाईं। "बस ज़रा ढील दी, और इतराने लगी। कमबख़्त बात करने के लायक़ नहीं, नूरी भी तो है मगर ये दीवानी हरकतें नहीं करती।"

शम्मन ने देखा, नूरी मंझो के दूल्हा की गोद में बैठी मैना की तरह चहक रही थी। उसका जी सुलग उठा। बस चलता तो नूरी की बोटी-बोटी करके फेंक देती। कमीनी कहीं की, हर बात में अम्मा-बेटियाँ ज़लील करने आन मरती हैं। नूरी गोरी है, वह काली। नूरी नाज़ुक, वह भद्दी। नूरी हँसमुख, शर्मीली, बातमीज़ और पढ़ने में तेज़। वह बदमिज़ाज, बदतमीज़ और फूहड़। पढ़ने से दम चुराती। नूरी रोज़ का सबक़ क़ुरान शरीफ़ का झटपट याद कर सुना देती। शम्मन पर हज़ारों फटकारें पड़तीं। वह अपना पिछला सबक़ भी भूल जाती। नूरी नन्हीं सी बधनी से चौकी पर बैठकर वज़ू करती और जानमाज़ पर माँ के बराबर खड़ी होकर नमाज़ पढ़ती। लोग वाह-वाह करते मगर शम्मन ख़ूब जानती थी कि उसे नमाज़ खाक भी नहीं आती, बस बुद-बुद होंठ हिलाया करती है। उसे नमाज़ कुछ ज़्यादा अच्छी न लगती थी। वैसे घर में पढ़ता भी कोई न था। बड़ी आपा ने तो बेवा होने के बाद ज़ोरों-शोरों से नमाज़ पकड़ी। दूसरे वह अमूमन नजिस[1] रहा करती थी इसलिए कोई नमाज़ सिखाता भी तो न था।

उसकी समझ में न आता था, इस वापस पाई हुई मंझो का क्या करे। इससे लिपटते-लिपटते तो वह थक गई थी। छूते-छूते दिल उकता गया था मगर फिर भी भूख बाक़ी थी। रात को खाने पर वह ठुनक-ठुनककर मंझो ही से सब कुछ माँगती रही।

"हुँक, बोटी...सालन...गुर्दा...मुर्ग़े की हड्डी लेंगे, नहीं मिठाई, हमारे मिर्चें लग रही हैं...चमचे से खाएँगे।" मंझो बातों में मशग़ूल उसकी फ़रमाइशें ठीक तरह पूरी नहीं कर

1. अपवित्र

रही थी। और जब शम्मन ने सालन का डोंगा साफ़ दस्तरख़ान पर औंधा दिया तो अम्मा और आपा में आँखों ही आँखों में कुछ बातें हुईं।

"चलो उठो।" मंझो रोकती ही रही मगर बड़ी आपा उसे घसीटकर बरामदे में पटख़ आईं।

"आवाज़ निकाली तो दम घोंट दूँगी।" अगर कोई और होता तो शम्मन उससे लिपटकर खसोटने लगती, मगर आपा से वह डरती थी क्योंकि उन्होंने एक दिन ऐसी बेदर्दी से मारा था कि अम्मा तक के आँसू निकल आए थे। उस बेरहमी में शम्मन को ऐसी करीह[1] नफ़रत पोशीदा[2] नज़र आई थी कि वह सहम गई थी।

उस दिन से बड़ी आपा को बड़ा फ़ख्र था कि घर-भर में किसी की नहीं सुनती मगर उनकी घुड़की से शम्मन काँप उठती हैं और फ़ौरन कहना मान लेती है। मगर उन्होंने ये कभी न देखा कि यूँ कहना मानते वक़्त शम्मन की आँखें किसी खौफ़नाक नफ़रत से दहक उठती हैं। ऐसे ही जैसे पिंजरे में बंद शेर सधानेवाले के चाबुक से डरता है। लेकिन उसकी आँखों में जो ख़ूनी नफ़रत नज़र आती है उसे कुछ सधानेवाले का जी ही जानता है। एक ज़रा देर को जो ये हंटर हाथ से छूट पड़े तो क्या हो। जब वह उसे डाँटती तो शम्मन ख़ामोशी से उन्हें ऐसे देखती कि उनका ग़ुस्सा चौगुना हो जाता और वह उसे चबा डालना चाहतीं।

शम्मन खाने पर से तो हटा दी गई थी मगर मंझो के पलंग पर लेटने का तो पूरा-पूरा हक़ रखती थी। वह ख़ामोश ज़ब्त किए लेटी रही कि कहीं आपा कोई बहाना बनाकर उसकी जगह नूरी को मंझो के पलँग पर न सुला दें। उसकी ये आदत थी कि हर जगह अपनी बेटी को ठूँस जाती थी। लेकिन जब उससे कहा गया कि जाकर अपने पलँग पर सोए तो वह बिखर गई। "नईं हम तो मंझो के पास सोएँगे।"

"रहने दो आपा, यहीं सो रहने दो, क्या है।" मंझो शरमा-शरमाकर अपनी कील देखने लगी। शम्मन ने सोचा कोई उठा न दें। वह जल्दी से सोती बन गई मगर उसे वाक़ई नींद आ गई। वह मंझो के घुटने पर हाथ रखे सोती रही।

रात को जब उसकी आँख खुली तो उसने जल्दी-जल्दी मंझो की गर्दन टटोलने के लिए हाथ फैलाए मगर एकदम वह ग़म व ग़ुस्से से रो पड़ी, क्योंकि उसका हाथ बजाय मंझो की गर्म-गर्म गर्दन के पट्टी पर बेकसी से पड़ा हुआ था। ये तो उसका अपना पलँग था जिससे उसे क़ब्र से ज़्यादा नफ़रत थी। वह जल्दी से उठ बैठी और घुटी-घुटी आवाज़ में मंझो को पुकारने लगी।

"चुप चुड़ैल, ख़बरदार जो आवाज़ निकाली।" पास के पलंग से बड़ी आपा गुर्राईं। ओह अब वह समझ गई। सोते में ज़ालिमों ने उसे मंझो के पास से उठाकर यहाँ फेंक दिया। वह जल्दी से मंझो के कमरे के पास गई। दरवाज़े बंद थे और अँधेरा घुप्प था। मगर मंझो के हँसने और दूल्हा के खुसुर-पुसुर की आवाज़ें आ रही थीं।

---

1. घृणित 2. छिपी

"मंझो, मंझो बी ! ये मैं हूँ, तुम्हारी शम्मन...दरवाज़ा खोलो।" मंझो बी की हँसी एकदम रुक गई, मगर दरवाज़ा न खुला।

"मंझो बी, शम्मन हूँ...दरवाज़ा खोलो।" वह इल्तिजाएँ करने लगी।

"ऐ है, चुड़ैल जान को आ गई है उसकी, इधर चल। अगर अब के पलँग से उठी तो काली कोठरी में बंद कर दूँगी," बड़ी आपा ने उसकी बाँहें पकड़ीं और भगाती हुई लाकर पलँग पर पटख़ गईं।

शम्मन का कलेजा फटने लगा। ख़ौफ़ की वजह से वह दम घोंटे सिसकियों में रोती रही। सब सो रहे थे मगर उसे नींद न आई। बड़ी देर तक रोने के बाद चुप हो गई, मगर सिसकियाँ न रुकीं। उसे पलँग पर लेटना दूभर हो गया और उठकर सहन में चली आई। जाड़े अच्छे-ख़ासे थे। मगर उसे बिलकुल सरदी न लगी। आँगन में नीम का पेड़ भूत की तरह पर फैलाए खड़ा था। वह थोड़ी देर इसके खुरदरे तने से लगी अपनी हथेलियाँ रगड़ती रही फिर बग़ैर किसी इरादे के मुर्ग़ियों के दरबे पर बैठ गई। यहाँ फिर आँसुओं ने हमला कर दिया और गहरी-गहरी साँसों से न जाने कितनी देर तक रोती रही। सुनसान रात में जब हर चीज़ सोई पड़ी थी और सिवाय मुर्ग़ियों की कुड़-कुड़ के बिलकुल सन्नाटा छाया हुआ था, उसकी समझ में न आया कि अपना क्या करे। इतने में एक बिल्ली दीवार पर से कूदी, दरबे में मुर्ग़ियाँ चौकन्नी होकर कुड़कुड़ाईं। वह उठकर बरामदे में वापस भागी। रास्ते में उसकी नजर एकदम क्यारियों पर पड़ी जहाँ धनियाँ और साग बोया हुआ था। अँधेरे में बिलकुल ऐसा मालूम होता था काला-काला ऊन उलझा हुआ पड़ा है। बड़ी आपा की क्यारियाँ !

आनन-फ़ानन में वह भूखी शेरनी की तरह हरी-भरी क्यारियों पर पिल पड़ी। दोनों हाथों से उसने खसोटना शुरू किया। जैसे वह अपने किसी दुश्मन की आँतें निकाल रही हो, और फिर मुट्ठियों में लेकर उसने ज़मीन पर रगड़ डाला।

मिर्चों के पेड़, लौकी की बेल, चमेली और मोगरे के पौधे जिसमें से रोज़ फूल तोड़कर आपा जूड़े में लगाया करती थीं, तोड़-मरोड़कर पैरों से मसल डाले। अब उसे हँसी आने लगी, जैसे किसी ने पिचकारियों से ताज़ा-ताज़ा खून उसके जिस्म में भर दिया। आँसू-भरी फटी-फटी आँखें वहशत से भैंगी हो गईं। घने बाल हवा में सँपोलियों की तरह लहरा रहे थे। और वह बिलकुल एक छोटी सी मरघट की डायन मालूम होती थी, जो क़ब्र खोदकर मुर्दे के कलेजे में नाखून गड़ोकर उसे दाँतों से चबाना शुरू कर देती है। वह थककर शल[1] हो गई और उसका जी भी भर गया। उसे अब बुरी तरह हँसी आ रही थी। सूखे-सूखे पागल कुतिया के से भयानक क़हक़हे लगा रही थी।

"बस-बस, अब ठीक हुई।" उसने तख़य्युल[2] में किसी पर दाँत पीसे और फिर वह वहीं ज़मीन पर लोट गई। मंझो ने आज उसे नहलाया था, बाल सँवारे थे। तो बस अब उसकी यही सज़ा है। उसने भर-भर मुट्ठियाँ रेत की अपने बालों में डालीं, ख़ूब क्यारी

---

1. निढाल 2. ख़याल

की कीचड़ में क़लाबाज़ियाँ लगाईं, ज़मीन पर थूककर हथेलियों से रगड़ा और फिर वही हथेलियाँ अपने मुँह और गर्दन पर फेर लीं। उसका बस न था जो अपने जिस्म को आग लगाकर भस्म कर देती। तब तो मंझो को पता चलता। थोड़ी देर में उसका जी ठहर गया तो थकन और गुस्से का आया हुआ पसीना ख़ुश्क हो रहा था और हवा उसके जिस्म में सुइयों की तरह चुभ रही थी।

सुबह जब नौकरों ने उसे कीचड़ में लिथड़ा हुआ क्यारियों के पास बेहोश पाया तो ख़ौफ़ से उनकी चीख़ निकल गई। मामा समझी उसे किसी ने क़त्ल कर दिया, क्योंकि उसके सारे कपड़े फटे हुए थे और नाक से नकसीर फूटकर सारी ठोड़ी और गर्दन पर ख़ून जमा हुआ था।

चार-पाँच रोज़ तक उसे बुख़ार की वजह से होश न आया। जब उसने आँखें खोलीं तो उसके सीने पर प्लास्टर जकड़ा हुआ था और मंझो बड़ी परेशान बैठी थी। उसका जी ख़ुश हो गया। बड़ी आपा तक फ़िकरमंद नज़र आ रही थीं और रात-रात-भर उसके सिरहाने बैठी रहती थीं।

फिर तो उसे ऐसा मालूम हुआ, दोबारा किसी के यहाँ इकलौती पैदा हो गई। ख़ूब-ख़ूब ज़िदें करती और मंझो तो उसे अच्छा होने पर अपने साथ सुलाने का पक्का क़ौल[1] दे चुकी थी। उसका दूल्हा चला गया था और वह उसके क़रीब ही सोती थी। बीमारी में ख़ूब लाड़ हुए मगर वाए क़िस्मत[2] वह बड़ी तेज़ी से अच्छी होने लगी। बुख़ार बिलकुल ग़ायब और कमज़ोरी नाम को नहीं। बड़ी आपा ने फिर नज़र टेढ़ी कर ली, अनार और अंगूर मिलने बंद और साग व दाना भी खत्म। मगर उसे तंदुरुस्त होकर सख़्त गुस्सा आया। पड़ोस में चुल्ला की माँ रहती थी। क्या मज़े से हमेशा बीमार रहती थी ! क्या अल्ला मियाँ को उसे मर्ज़ देते भी कंजूसी सूझती थी ? उसे अच्छा होना पड़ा।

पाँच

जब मंझो ससुराल जाने लगी तो शम्मन को भी साथ ले लिया। उस वक़्त नूरी की ख़ूब किरकिरी हुई। बुरी तरह बिलकी और पछाड़ें खाईं। सबने उसे मज़ेदार धोखा दे दिया। पहले तो सबने कहा कि हाँ भई नूरी भी जाएगी। मगर मंझो ने चुपके से उसे बताया कि नूरी को फुसला रहे हैं। शम्मन को बड़ा ही मज़ा आया। मंझो जाने लगी तो नूरी पहले ही से गाड़ी में बैठ गई। वह डरी कि बहलाने के बजाय सचमुच ले जा रहे हैं। मगर गाड़ी चलने से ज़रा पहले बड़े चचा ने नूरी से कहा।

"आओ बेटी नूरी, तुम्हें मिठाई दिलाएँ।"

---

1. वादा 2. वाह री क़िस्मत

"नहीं, नहीं, हम मिठाई नहीं लेते," नूरी ऐसे बहुत से चकमे सह चुकी थी।

"बेटी हमारे लिए ले आओ, संग ले चलेंगे," मंझो बी बोली।

"टोकरी में ले चलोगी ख़ाला जान ?" नूरी चहकी और शम्मन मुस्कुराई कि आई अब कमबख़्ती बिचारी की। ज्यूँ ही नूरी चचा की गोद में गई, गाड़ी ने सीटी दे दी। नूरी दहाड़ें मारती रह गई। शम्मन का हँसी के मारे बुरा हाल हो गया। मगर थोड़ी देर बाद उसे बअख़्तियार नूरी याद आने लगी। बेचारी नूरी, दोनों चलतीं तो मज़ा आता।

मंझो का घर उसे बिलकुल पसंद न आया। दो-तीन छोटे-छोटे कमरे और छोटा सा आँगन। मंझो का दूल्हा और मंझो की सास जिसे देखते ही शम्मन ने भाँप लिया कि है दुश्मन का मोरचा। बुढ़िया उसे शुरू से ही बुरी लगी। इसके अलावा मंझो की सास का पोता कुद्दन भी उसे बिलकुल पसंद न आया। लाल चुक़ंदर रंग और नीली-नीली बिल्ले जैसी आँखें, कुप्पा गाल। एक कमरे में मंझो और उसका दूल्हा। दूसरे में मंझो की सास और कुद्दन सोते थे। वहीं शम्मन का पलंग बिछाया गया। वह अब कुछ-कुछ समझ चली थी कि मंझो के दूल्हा की मौजूदगी में तो वह कमरे में सो नहीं सकती। कभी-कभी उसे तश्वीश[1] होती, आख़िर क्यों ? मगर कभी किसी ने उसे इत्मीनान दिलानेवाला जवाब न दिया।

"नहीं, मंझो के पास नहीं सोते।"

"क्यों ?" वह पूछती।

"बस बक-बक न करो।" जवाब मिलता और वह बक-बक न करती।

मंझो से पूछने की कभी हिम्मत न पड़ती, वह कुछ बदल सी गई थी। अगर पास भी लिटाती तो पहले ही से कह देती।

"देख शम्मन हट के लेटो, हाँ भई मुझे गर्मी लगती है।" वह वैसे यूँ ही कभी दिखावे को चिमटा भी लेती। मगर वहाँ अब उसे वो गर्मी न मिलती थी जिसकी कभी वह आदी थी। इसलिए मंझो से कभी लाड़ न करती, कुछ खिंची-खिंची सी रहती। मगर मंझो ने कभी ध्यान न दिया।

मंझो को क़ादिर उर्फ़ कुद्दन से भी इसलिए नफ़रत थी कि उससे बड़ा होकर पिट लेता था क्योंकि उसे लड़ाई-झगड़े से बड़ा डर लगता था। कभी मज़ाक़ ही में शम्मन उससे कुश्ती करने को कहती तो दुबक जाता। बस हर वक़्त दादी बी के पास बैठा पान चबाया करता। कभी सरोते से खेल लेता और दौड़-दौड़कर काम करता।

बुढ़िया को तो शम्मन ने शुरू ही से ढील न दी। बावजूद मंझो की धमकियों के उसने उन्हें दादी बी न कहा। बल्कि हमेशा 'मंझो की सास' ही कहती रही जिस पर बुढ़िया जल उठती और मंझो से उस पर डाँट पड़वाती। फिर तो वह और ज़िद बाँधने लगी और सिवाय 'ऐ' या 'वह' के कुछ न कहकर पुकारती।

कुद्दन दादी के साथ-साथ चूल्हे के पास भी घुसता। यहाँ तक कि वह रफ़ा-ए-हाजत[2]

---

1. चिन्ता 2. टट्टी-पेशाब

को जाती तो बाहर खड़ा जल्दी निकलने के लिए बार-बार कहता। शम्मन से तो वह पहले ही दिन डर गया था। जब उसने उसकी छोटी सी सुराही छुई तो वह ख़ूँखार बिल्ली की तरह झपटी और घूँसों और थप्पड़ों की बारिश कर दी। वह एकदम झिझककर भाग गया था और दादी बी के कंधे से लगकर ख़ूब रोया था।

कुद्दन की भी एक क्यारी थी जिसमें उसने पुदीना और कपास बो रखी थी और शम्मन की क्यारी में सेम बोई हुई थी। कुद्दन की क्यारी पर बुढ़िया दौलत का साँप बनकर पहरा देती। क्या मजाल जो कोई छू भी पाए। एक दिन बुढ़िया ने जान-बूझकर शम्मन की क्यारी से धनिया तोड़ लेना चाहा।

"कुद्दन की क्यारी में से तोड़ो, हमारी क्यारी में से नहीं," वह दोनों हाथ फैलाकर क्यारी के आगे खड़ी हो गई।

"ऐ बेटी, ज़रा सा लूँगी। कुद्दन तो रोएगा।"

"कुद्दन तो रोएगा !" शम्मन के आग ही तो लग गई।

"नहीं," उसने कुछ ऐसे ज़ोर से बुढ़िया को डाँटा कि वह डर के बड़बड़ाती हुई चली गई। कुछ ही दिन में वह मंझो के घर से थक गई। उसे रह-रह के अपना घर याद आता—नूरी, बड़े भाई और मँझले भाई—वह तो उसे इतना मारते भी न थे, पर उसके मोटे-मोटे गाल ख़ूब नोचते थे। बड़ी आपा, बस टेढ़ी खीर थी, लेकिन उनसे नाता रखने की ऐसी ज़रूरत ही क्या थी, मगर यहाँ तो बुढ़िया और कुद्दन, दो जानें जिनसे उसे कोई दिलचस्पी ही नहीं।

मंझो तो दोपहर को कमरा बंद करके सो जाती और उसकी सास दालान में बैठी दालें वग़ैरा चुना करती। शम्मन पागलों की तरह क्यारियों के पास टहलती या मुर्ग़ियों को आँगन में दौड़ाती, कभी किचन में जाकर आलू भूनने लगती। फिर इन सब बातों से भी दिल घबरा जाता तो वह खामोश मुँडेर पर पैर लटकाकर बैठ जाती और सुनसान सड़क पर सूखे हुए पत्तों को एक दूसरे के पीछे दौड़ते देखा करती। पास ही पेड़ों पर बंदर उछल-कूद में मशग़ूल[1] होते, इस डाल से पेंग लेकर उस डाल पर, जैसे सरकस में नट झूलते हैं। एकदम से किसी बंदर का हाथ चूक जाता और वह भद से दीवार पर आ गिरता, तो शम्मन हँसते-हँसते दोहरी हो जाती। काश, वह भी बंदर होती। उनमें मंझो की सास और कुद्दन से तो ज़्यादा इंसानियत होगी। ये नहीं कि हर वक़्त बस दाल बीन रहे हैं या गेहूँ फटक रहे हैं। और, वक़्त मिला तो लाल-पीले चीथड़ों को जोड़कर झाड़-झंकाड़ बलाएँ सी जा रही हैं।

एक दिन कुद्दन ने अपनी रंगीन शीशे की गोलियों का डिब्बा निकाला और बोला, "आओ, शम्मन खेलें।"

शम्मन उसे मुँह तो न लगाती मगर लाल-हरी गोलियों को देखकर इतराई। बड़ी देर तक वह एक-एक गोली आँख से लगाकर इसमें दौड़ते हुए रंग देखती रही जैसे

---

1. व्यस्त

क़ौसक़ज़्ज़ा[1] की झाड़ू से उनके अंदर किसी ने दायरे खींच दिए हों। एक तो बिलकुल ऐसी थी जैसे रेशम का फुँदना शीशे में बंद कर दिया हो। और देखते-देखते वह फुँदना ज़िंदा कीड़े की तरह रेंगने लगता।

"कुद्दन, आओ इन गोलियों को क्यारी में बोएँ।"

"क्यारी में ?"

"हाँ, फिर पेड़ उगेंगे तो हज़ारों गोलियाँ बेरों की तरह लगेंगी और जनाब बस फिर अपन तोड़-तोड़कर जमा कर लेंगे, हाँ।"

"पर दादी बी मारेंगी जो।"

"हूँ दादी बी को क्या पता चलेगा। मगर हाँ जब पेड़ उगेंगे तो बस ख़ुशी के मारे वह मर जाएँगी, देख लेना हाँ।"

"तो चलो"—कुद्दन आज बिना दादी बी के ही कुछ करने को तैयार हो गया। शम्मन को उस पर कुछ यूँ ही सा प्यार आने लगा। गोलियाँ बोकर उन्होंने ख़ूब पानी डाला और घुटनों पर कोहनियाँ रखकर इंतज़ार में बैठ गए।

शम्मन को गोलियाँ उगते देखने का बहुत शौक़ था। जब उसने धनिया बोया था तो सुबह ही सुबह क्यारियों को देखने गई थी मगर किल्ला भी न फूटा था। उसे डर लगा कि कहीं धनिया ख़राब तो नहीं था, लेकिन तीसरे-चौथे दिन उसने देखा बारीक-बारीक कपासी रंग के टाँके ज़मीन पर उठे हुए थे। नन्हें-नन्हें कुंडे ज़मीन का सीना चीरकर बाहर निकल आए थे। उनमें से दो-चार तो बिलकुल ही झुके हुए थे जैसे कोई उनकी गर्दनें फँसाए हुए खींच रहा हो, उनकी कमरों पर बड़ा ज़ोर पड़ रहा था। शम्मन ने चाहा कि तिनके से उन्हें सहारा देकर उनके सर छुड़ा दे मगर वह कुट से बीच में से टूट गए। उसका दिल उस रोज़ किसी काम में न लगा और वह क्यारियों के पास बैठी उन किल्लों के ज़मीन से उभरने की कशमकश देखती रही। कुछ तो जब वह नाश्ता करने गई, निकल आए और कुछ अभी कुश्ती लड़ रहे थे। उनमें से एक तो बिलकुल ज़िंदा कीड़े की तरह बाहर को अपना नाजुक जिस्म खींच रहा था और देखते ही देखते बिल में से सँपोलियों की तरह निकल आया। शम्मन ने ठंडी साँस ली जैसे किल्ले का सारा ज़ोर वही लगा रही थी। किल्ले की नाजुक नाक में धनिए के छिलके का बुलाक़ लटक रहा था जो थोड़ी देर में उसने झटककर फेंक दिया और दोपहर तक तनकर खड़ा हो गया और दोनों हाथ फ़तेहमंद सिपाही की तरह फैला दिए।

आज वह गोलियों के किल्लों का फूटना देखेगी। चिकने-चिकने काँच के पँचरंगे हलके जैसे चोटी मोड़कर कुंडा बना दिया हो। वह उन कुंडों को पिरोकर हार बनाएगी। नहीं-नहीं, फिर पेड़ कैसे बढ़ेंगे। और, फिर जामुनों की तरह रंग-बिरंगी गोलियों के गुच्छे उसकी आँखों के सामने झूमने लगे।

---

1. इंद्रधनुष

तीसरे पहर तक तो किल्ले फूटे नहीं, फिर उसे नींद आ गई। जब शाम को वह उठी तो उसका कलेजा फट गया। मंझो की सास मसाला पीसने के प्याले में बैठी गोलियाँ धो रही थी। 'हैं ! शायद चुड़ैल उन्हें गोश्त में बघारने जा रही है।' शम्मन उस पर पिल पड़ी।

इसके बाद निहायत नाखुशगवार वाक़यात पेश आए। उसने मंझो की सास की कलाई चबा डाली और मंझो ने उसका मुँह चाँटों से तोड़कर रख दिया।

आज उसका दिल व दिमाग़ सब फूट-फूटकर रोने लगे। 'हूँ' गोलियाँ नहीं बोई जातीं, इसका बस चले तो मंझो की सास को उठाकर बो दे। और फिर वह सोचने लगी—उसने गड्ढा खोदकर मंझो की सास को बो दिया है...दूसरे दिन किल्ला फूट रहा है...भूरा-भूरा चित्तीदार—सँपेरे टोकरियों में अज़दहे भरते हैं ना—बिलकुल वैसा—शम्मन ख़ुशी से दीवानी, देख-देखकर मरी जा रही है। फिर वह बढ़ता-बढ़ता नीम के पेड़ से भी ऊँचा हो गया और निमकोलियों की तरह गुच्छे के गुच्छे, मरघिल्ली सड़ी हुई कुबड़ी बुढ़ियों के, लटकने लगे। एक लंबा सा बाँस लेकर वह उन्हें झाड़ने लगी जैसे पक्की-पक्की अमियाँ। सारा आँगन बुढ़ियों से पट गया। हज़ारों, लाखों खाँसती-छींकती बुढ़ियाँ। कोई पानदान खोले जल्दी-जल्दी पान लगा रही है, कोई चौकी पर बैठी छालियाँ कुतर रही है। आठ-दस बावर्चीख़ाने में घुसी हाँड़ियों का नास मार रही हैं। दो-चार अचार की मटकियों के पास फुदक रही हैं, मुन्नी मकड़ियों के बराबर बुढ़ियाँ सारे घर में ऊधम जोत रही हैं और वह एकदम उन बुढ़ियों से घबरा उठी और दोनों हाथों से उन्हें दूर-दूर करने लगी।

शुक्र है जो उसने बुढ़िया को बोने का ख़याल जल्दी परे कर दिया। वरना ग़ज़ब हो गया था। एक ही बुढ़िया ने उसकी ज़िंदगी अजीरन कर दी थी। उसे कुद्दन पर भी बहुत गुस्सा आया कि उसने अपनी चहेती को बता क्यों दिया। जी चाहा, नाख़ूनों से उसकी कंजे बिलौटे जैसी आँखें निकालकर गोलियों की जगह बो दे।

छह

उसे आहिस्ता-आहिस्ता मंझो से और नफ़रत होनी शुरू हुई। यहाँ तक कि उसका खाना-पीना उठना-बैठना सब उसे क़ाबिले-ऐतराज़ लगने लगा। वह रोज़-ब-रोज़ मोटी और काहिल होती जाती। बुढ़िया सास मामा की तरह उसके आगे-पीछे लगी रहती, मगर उसका मुँह किसी वक़्त सीधा न होता।

एक दिन उसने देखा कि मंझो पीली-पीली मिट्टी का टुकड़ा चबा रही है। शम्मन का दिल दहल गया। उसे याद था कि जब वह खुद मिट्टी खाया करती थी तो साँप पैदा हो गया था और अब मंझो मिट्टी खा रही है।

"मंझो बी मिट्टी खाती है।" उसने चुपके से कुद्दन से कहा।

"कौन, मेरी चची ?"

"हाँ, और जभी तो उसका पेट फूल गया है, देख लेना उसके पेट में से एक दिन ये बड़ा सा साँप निकलेगा।" कुद्दन ने दादी से जड़ दिया।

"दादी बी, शम्मन कहती है, चच्ची के पेट में से साँप निकलेगा।"

"ख़ाक पड़े इसके मुँह पर। क्यों रे, मना किया कि इस दीवानी से मत बोला कर, मगर सुना नहीं तूने—लो भला बहन के लिए मरातन ऐसी बातें मुँह से निकालती है।"

बुढ़िया घंटों बैठी बड़बड़ाती रहती। मगर शम्मन की फ़िक्र न गई वह छुप-छुपकर मंझो का पीला उतरा हुआ चेहरा और मरियल जिस्म देखा करती। उसे उसके पेट के मोटे-मोटे फुँकारें मारते हुए साँप बल खाते नज़र आते। फिर उसे मंझो से और नफ़रत हो गई, मगर किसी को इसके बारे में फ़िक्र न थी। बल्कि बुढ़िया तो और ख़ुश नज़र आती थी, कि मज़े से सारे घर में उसी का राज है। वह जान-बूझकर उसके लिए सड़ी-सड़ी मिर्चेदार नुक़सानदेह चीज़ें पकाती और खुद घी, शकर चुराकर खाती होगी।

उसकी अम्मा आईं और मंझो एक दिन बहुत ज़ोर से बीमार पड़ी।

"कुद्दन आज देख लेना, तुम्हारी दादी बी सच कहती थीं या हम—इतना बड़ा साँप है कि क्या बताएँ जभी तो मंझो बी रो रही है बिचारी।"

"चचा तो दौरे पर गए हैं, कौन मारेगा साँप को।"

"थाने में सिपाही जो मौजूद है जनाब।" उसने निहायत इत्मीनान से कहा और वह सिपाहियों से निहायत राज़दाराना अंदाज़ में बोली।

"तुम अपनी बंदूकें ले चलना, अच्छा।"

"क्यों," दारोग़ा जी ने उससे पूछा।

"साँप मारने के लिए, हमारी बहन जो है ना, मंझो बी, उनके पेट में साँप है। अब निकलने वाला है !"

दरोग़ा जी ने सूअर की तरह थूँथनी उठाकर खूँ-खूँ हँसना शुरू कर दिया। दो-चार सिपाही भी हँसने लगे।

रात को एकदम जो शम्मन की आँख खुली तो घंटियों के बजने की आवाज़ आ रही थी, और मंझो के कमरे में ग़दर मचा हुआ था। वह चीख़ें मारती हुई उसके कमरे की तरफ़ भागी। दो-चार औरतों ने उसे पकड़कर दबोच लिया, मगर वह 'मंझो बी हाए मेरी मंझो बी" की रट लगाए रही। मालूम होता था, बाहर भी सारे सिपाही एकदम जाग उठे और ठाँय-ठाँय बंदूक़ें चलने लगीं। वह सहमकर चुप हो गई।

"क्या मर गया ?" उसने एक औरत से पूछा।

"क्या ? कौन ?"

"साँप।" उसने आहिस्ता से कहा।

"अरे बेटी, इससे क्या सर मार रही है, ये दुल्हन की बहन है मुई दीवानी।" मंझो की सास ने कहा और भागी किसी काम को। आज वह बड़ी इतराई हुई फिर रही थी।

इतने में उसकी अम्मा बाहर निकलीं, वह भी सटपटाई हुई थीं। ''अम्मा, मंझो बी।'' उसने सुबकी रोककर पूछा, ''अच्छी है मंझो बी, चल मुन्ना-सा भांजा तो देख।'' आज अम्मा ख़ुशी से फूली न समाती थीं। वह उसे हाथ पकड़कर अंदर ले गईं।

''उफ़।'' हैरत से उसकी आँखें खुली की खुली रह गईं, नन्हा-मुन्ना सा चीनी जैसा बबुआ एक औरत की गोद में रखा था। मंझो चुपकी पड़ी थी।

''और साँप।'' उसने डरते-डरते अम्मा से पूछा।

''चल पगली।''

''ये मुन्ना कहाँ से आया।'' उसने दूसरे दिन पूछा।

''ये वह जो मेम साहब थीं ना, वह मंझो बी के लिए लाई थीं।''

''अच्छा—तो अम्मा एक हमें भी मँगा दो।''

''मंझो की सास तो उसे छूने नहीं देती।''

''अच्छा मँगा दूँगी।'' अम्मा ने कहा और दो-चार औरतें हँस पड़ीं।

''तो फिर साँप यक़ीनन सिपाहियों ने मार डाला, जभी ठाँय-ठाँय बंदूकें चली थीं। अच्छा।'' मगर ये उसकी समझ में न आया कि इतनी कलूटी मेम साहब इतना सफेद बच्चा कहाँ से उड़ा लाई। दूसरे मंझो बी तो बिलकुल पिचककर रह गई थीं।

''दो और दो चार,'' उसने हिसाब लगाया, ''मगर है ज़रूर कुछ गड़बड़।''

अब मंझो बी के यहाँ उसका क़तई दिल न लगा और वह अम्मा के साथ घर चली आई !

सात

मंझो बी के यहाँ से वापस लौटी तो ऐसा महसूस हुआ गोया उसे हमेशा के लिए दफ़न कर आई मगर तआज्जुब है उसे ज़रा भी अफ़सोस न था।

''रहा खटका न चोरी का, दुआ देता हूँ रहज़न को।''

इतना छीना कि बिलकुल ही कंगाल कर दिया। अच्छा ही हुआ एक रोग सा दूर हो गया। ये तो उसकी समझ में आ गया था कि अब मंझो उसे नहीं मिल सकती। उसके लिए जान तजनी उतनी ही बेकार है जितनी पत्थर में जोंक लगाने की कोशिश।

बेवा होकर बड़ी आपा हमेशा के लिए मैके आन रही थीं। वह शम्मन की निगराँ बन गईं। अम्मा को तो दुनिया का बस एक ही काम आता था और वह है बच्चे पैदा करना। उसके आगे न उन्हें कुछ मालूम और न ही किसी ने बताने की ज़रूरत महसूस की। अब्बा जान को बच्चों से ज़्यादा बीवी की ज़रूरत थी।

---

1. चौकीदार

शम्मन को बड़ी आपा पर कभी भरोसा न हुआ। वैसे तो बराबर यही जतातीं कि उन्हें शम्मन की बेहतरी मक़सूद[1] है और उसकी आक़बत[2] सुधारना चाहती हैं। लेकिन असल में उसे नूरी के लिए दरसेइबरत[3] देने का बेहतरीन आला[4] बना रखा था।

"कहना नहीं मानोगी तो शम्मन की तरह फटकारेंगे सब।"

"नहाओगी नहीं तो शम्मन की तरह जुएँ पड़ जाएँगी।"

"पढ़ लो नहीं तो शम्मन की तरह जाहिल रह जाओगी।"

"फिर तुमने शम्मन की तरह ज़िद की।"

"शम्मन की तरह झूठ बोलना ख़ूब आता है और ये शम्मन ही तुम्हें बिगाड़ती है, ख़बरदार जो उसके साथ खेली।" यही नहीं वह और आगे भी न चूकतीं। अम्माजान पर ताने कसे जाते।

"भई मैं अम्मा तो हूँ नहीं, जो तुम्हें भी—"

"मुझे अम्मा जैसे चोंचले तो आते नहीं," वह कहती। हालाँकि दोनों बच्चों को तुख़्मी[5] आम की तरह हर वक़्त चूमा-चाटा करतीं।

इस पर शम्मन की अम्मा शर्मिंदा और खिसियानी होकर उसकी मौत की दुआएँ माँगतीं। ख़ैर, उनकी ज़िंदगी का सहारा। ये तो फ़ख्र था कि इतनी अला-बला के साथ उन्होंने बड़ी आपा जैसी हीरा ऐसी बेटी भी तो जनी।

मगर ये हीरा ऐसी बेटी उठती जवानी में राँड हो गई। दो बच्चे मरहूम ने अपनी निशानी छोड़े। जिन्हें वह चील की तरह निगहबानी करके पाल रही थी। बच्चे क्या थे, तहज़ीब और फ़रमाबरदारी के दो चर्ख़े थे। सूत पर सूत कात लो। क्या मजाल जो तकला टेढ़ा हो जाए। रोज़ सुबह उठकर खटाखट सबको सलाम करना, कोई मेहमान आए तो फ़ौरन उसे ख़ाला, मुमानी, चची, दादी, उम्र के हिसाब से कह बात करना। झटपट—'आता है याद मुझको गुज़रा हुआ ज़माना'—और 'लब पे आती है दुआ।' सुनाना और फिर।

"नूरी नाक को क्या कहते हैं ?"

"नोज़।"

"कान को।"

"इयर।"

"दाँत को।"

"चीक।"

"नहीं भई चीक तो गाल को कहते हैं, दाँत को—?"

"टीथ।" मुन्नू जल्दी से बोला।

"शाबाश, भई वाह, भई वाह—" मेहमान मस्त होकर झूम उठते।

"अच्छा चलो, अब ट्विंकल-ट्विंकल सुनाओ—कुर्सी पर खड़े होकर। और, और भई

---

1. चाहती 2. अन्त 3. सीख 4. उपकरण 5. बीजू

इशारा करते जाना–''

फिर नूरी कुर्सी पर बँदरिया की तरह फुदक-फुदककर अंग्रेज़ी गाने सुनाती और मुन्नू जिस्म के मुख़्तलिफ़ हिस्सों की अंग्रेज़ी बताता। हालाँकि उस वक़्त उसकी तमामतर तवज्जो उन लड्डुओं पर होती जो मेहमान के सामने रखे होते और उसका हाथ कमरबंद से खेलता रहता।

लेकिन अमूमन मेहमानों के आने के वक़्त शम्मन कहीं खो जाती और मैली-कुचैली घूमती हुई अगर आ भी निकलती तो कोई उसका तआर्रुफ़ ही न कराता। बहुत सी बड़ी आपा की सहेलियाँ उसे पड़ोसन की लड़की समझकर कभी बिस्कुट वगैरह दे देतीं तो फ़ौरन बड़ी आपा याद दिला देतीं !

''बस, जाओ अब खेलो।'' और वह खेलने चली जाती। बड़ी आपा ग़रीब की ज़िंदगी का सहारा ये दो नन्हीं-नन्हीं जानें ही तो थीं। और उसकी ज़िंदगी में रह ही क्या गया था सिवाय आहों और सिसकियों के। ये उम्र और रँडापा ? मगर वह अब पहले से भी ज़्यादा बदमिज़ाज हो गई थी। गोया बेवा होकर वह बड़ा तीर मार कर आई थी। चूड़ियाँ और रंगीन दुपट्टा नहीं ओढ़ती तो ये सब लोगों के ऊपर एहसान नहीं था तो क्या था।

रँडापे में ज़िंदगी के दिन गुज़ार कर वह मरे हुए मियाँ के साथ-साथ जीते जागते सास-ससुर और माँ-बाप का भी सोग कर रही थी। जब कोई ख़ुशी का त्यौहार आता वह अपना नाटक शुरू कर देती। एक कोने में मुँह लपेटकर पड़ जाती और बैन शुरू कर देती। जल्दी से घुली हुई मेहँदी फेंक दी जाती, चूड़ीवाली को हिश-हिश करके टाल दिया जाता, सेवइयों का ज़र्दा पकना टाल दिया जाता। ईद की चवन्नी ऐसे मिल जाती गोया अम्मा पे क़र्ज़ बाक़ी था या वह अपनी जान का सदक़ा निकाल रही है।

मगर बिन बाप की मासूम बच्ची नूरी के ख़ूब लाड़ होते। उसके बहाने ख़ूब मेहँदी घुलती और उसके हाथों-पैरों में बेलबूटे बनाए जाते मगर शम्मन के मेहँदी लगाने के ख़याल को इस क़दर फ़िज़ूल और हक़ीर[1] समझा जाता कि वह ख़ुद लगवाने से इनकार कर देती।

''बुरी लगती है हमें कीचड़ जैसी मेहँदी।'' वह नफ़रत से कहती, ''वाह भई, जब हाथ धो डालो तो कैसे प्यारे लगते हैं,'' नूरी अपने लाल हाथों को देखकर कहती।

''हुँह ! गँवारियों जैसे लाल हाथ, जैसे पान की पीक लथेड़ दी हो। हमारे तो मेमों जैसे साफ़ हाथ।''

गो वह ख़ूब जानती थी कि मेमों के हाथ क़तई इतने गंदे और काले नहीं होते, लेकिन जब वह ऐसी बातें करती तो बिचारी नूरी की मेहँदी का मज़ा भी किरकिरा हो जाता और यूँ उसका जी कुछ ठंडा हो जाता।

---

1. तुच्छ

कहीं कोई ये न समझ ले कि बड़ी आपा रंगीन दुपट्टा नहीं ओढ़ती थी तो उसने बिलकुल संन्यास ही ले लिया था, उसके सफ़ेद कपड़ों में भी वो रंगीनियाँ होतीं कि वह खिल उठती। और एक दफ़ा तो नई दुल्हन का सुहागजोड़ा मंद पड़ जाता। सफ़ेद क्रेप या शिफ़ोन का दुपट्टा जिस पर बिचारी विधवा नाजुक-सी बंबई की बेल चिपका लेती, सफ़ेद चिकन-कारगे का कुर्ता, सारा गला महीन बेलों और रेशमी डोरियों से सजा रहता, जगह-जगह सितारों का जाल और मोतियों के...फुँदने—हाँ, पाजामे पर रँडापा उतारने की ज़रूरत नहीं, सब्ज़ काही या आसमानी पोत का झोलदार पाजामा। हाथों में वही रँडापा उतारते वक़्त जो मामू ने दो-दो नाजुक़ सी बाँकें डाल दी थीं, पड़ी हुई थीं। और मरने वाले की निशानी ज़मुर्रद[1] की अँगूठी और बस। हाँ, सँझली बुआ अगर कभी ज़बरदस्ती आवेज़े[2] पहना देती तो ख़ैर, वरना वही अपनी मोतियों की लौंगें पड़ी रहतीं। काले ग़ुरग़ाबी और सफ़ेद फूलदार मोज़े, रेशमी हुए तो रेशमी, वरना सूती ही सही। माँग की तो बिचारी को इजाज़त न थी। वैसे कौन रोकता था, पर उसका अपना ही दिल मुर्दा हो गया था। इसलिए बाल ऊपर चढ़ाकर फूले-फूले गुप्पे कानों पर छोड़ देती। बस इतने नीचे कि कानों की लवें झाँकती रहें। रोते-रोते आँखें ख़राब हो गई थीं। इसलिए कहीं आते-जाते वक़्त सुनहरी ज़ंजीर वाली ऐनक लगा लेती थी।

पर जब बड़ी आपा रँडापे में यूँ सज-धजकर निकलतीं तो लोग दाँतों तले उँगली दबा लेते। "अरे वह तो सादे कपड़ों में फूटी निकली है।" एक दफ़ा बुआ सँझली का पैग़ाम लाईं तो बीवियाँ बड़ी आपा को देखकर उस पर फैल पड़ीं।

"अम्मा ने कहा लो और सुनो, वह निगोड़ी तो बेवा है।" बड़ी आपा फ़ख़्र से इस ग़लतफ़हमी का ज़िक्र किया करतीं कि लोग उस दो बच्चों की अम्माँ को कुँवारी समझ लेते थे। उसका मुँह था भी तो कच्चा-कच्चा कुँवारियों जैसा।

ज्यों ही कोई आपा के दूल्हा का ज़िक्र करता, अम्मा ठंडी आहें भरने लगतीं और उल्टी-सीधी मरनेवाले की तारीफ़ शुरू कर देतीं।

"ज़बान तो निगोड़े के थी ही नहीं, और सीना ये चौड़ा, मुँह तबाक़ सा।"

अम्मा सदा की गप्पन थीं और हमेशा बात में कली-फुँदने लगा देतीं। दो अंगुल की चीज़ को गज़-भर की बना देना तो उनके लिए कोई बात ही न थी।

"फ़लानी—जैसे उल्टा तवा—उसकी जैसे मैदा शहाब।" हालाँकि न फ़लानी बिचारी उल्टे तवे जैसी और न उसकी मैदा शहाब, मगर फिर भी लोग उनकी बातों का यक़ीन कर लेते थे और वह शरीफ़ बुज़ुर्गों में गिनी जाती थीं।

कपड़ों के मामले में तो अम्मा ने कभी सच बोलकर ही नहीं दिया।

"ये तीन रुपए गज़ है, दिल्ली से मँगाया है।" हालाँकि सब जानते थे कि कटपीस बेचने वाली चुंधी बुढ़िया चार रुपए सेर के हिसाब से दे गई होगी। अम्मा का एक झूठ होता तो बताया जाता।

---

1. क़ीमती पत्थर 2. झुमके

बड़ी आपा तो ख़ैर मियाँ के फ़िराक़ में घुल-घुलकर बदमिज़ाज हो गई थी। मगर नूरी और मुन्नू पर कौन-सा रँडापा टूटा था जो वह चंगेज़ेदौराँ[1] बनके सीनों पर खड़े मूँग दलते थे ! जिसकी चीज़, जब जी चाहता, मचलकर माँग लेते और वह मिल जाती। बात ये थी कि उनका बाप जो मर गया था, पर ये मुर्दा बाप सौ बापों पर भारी था। सारा घर बल्कि सारा कुनबा मरनेवाले के भूत से लरज़ता था। ओह, कभी तो शम्मन बिलबिलाकर दुआ माँगती कि काश वह भी बेवा हो जाएँ या कम से कम माँ-बाप ही मर जाएँ, फिर ज़रा वो ख़बर ले लोगों की।

बड़ी आपा माँ-बाप की इज़्ज़त समेटे बैठी जैसे सारे घर की जान पर एहसान कर रही थी। नफ़्स[2] को मारकर उसमें हुकूमत करने की ताक़त बढ़ती जा रही थी। यूँ वह बाप की इज़्ज़त की ख़ातिर अपनी निस्वानियत[3] का ख़ून कर रही थी। मगर शम्मन ज़रा भी उसकी एहसानमंद न थी। शौक़ से वह कोठे पर जा बैठती तो भी शम्मन को परवाह न होती। उसकी बला से। और फिर बड़ी आपा के बच्चों से ज़्यादा वह ख़ुशनसीब शायद ही कोई होगा—आह—बेवा और यतीम !

आठ

उसकी क़िस्मत से जो चीज़ ज़िंदगी में आती थी, तूफ़ान की तरह आती। एकाएक लोगों को उसकी तालीम का ख़याल आया और बस ताऊन[4] की तरह सबके दिमाग़ को जकड़ लिया। सभी तो उसके पीछे 'पढ़ो' का डंडा लेकर पिल पड़े। बड़ी आपा तो पढ़ाती कम, नूरी से मुक़ाबला करके ज़लील-हक़ीर ज़्यादा करती। मौलवी और मास्टर भी आकर अपने दाँत उस पर तेज़ करते।

"पुल पर जा ?"

"क्यों ?" वह मालूम करना चाहती।

"ये उसका देवर है।" हुआ करे। शम्मन को क्या। उसका देवर तो नहीं। वह जल़ जाती। उसे किसी के देवर से क्या नाता जोड़ना था जो वह याद करती।

"दस तक गिन।" बस अब सब्र का पैमाना लबरेज़ हो जाता और उसका जी चाहता, एक हथौड़ा लेकर खटाखट-खटाखट मास्टर साहब की खोपड़ी पर सौ तक गिन दे—और फिर पाँच छक्के तीस। ये लीजिए, ये क्यों ? पाँच छक्के सोलह क्यों नहीं ?—फिर जोड़ना, घटाना, ज़रब[5], तक़्सीम[6]। काश उसे मालूम होता कि वह किसकी बोटियाँ बाँट रही है। और किसका खून घटा रही है तो शायद उसको रहम आ जाता और वह कुछ दिलचस्पी लेने लगती। मगर दिलचस्पी न लेना मास्टर साहब की मौजूदगी में मुमकिन न था।

---

1. आधुनिक चंगेज़ 2. इंद्रियाँ 3. स्त्रीत्व 4. प्लेग 5. गुणा 6. भाग

अमूमन तो वह किसी का सवाल आँखें टेढ़ी करके नक़ल कर लेती और सबके बाद में जाकर अपनी सलेट दिखाती। मगर बाज़ वक़्त मास्टर साहब कुछ ताड़ जाते और उसकी ही सलेट के पीछे पड़ जाते। उस वक़्त बड़ी मुसीबत आती और वह घबरा-घबराकर हथेलियों में थूक लेकर स्लेट पर थोपने लगती। ऐसे मौकों पर अमूमन उसका हलक़ सूख जाता जिस पर झल्लाकर पेट में दर्द या और कोई हाजत महसूस करने लगती। लेकिन मास्टर साहब के चाँटों का जादू मसीहाई का काम करता और दम भर में छू-मंतर हो जाती। एक नौकर के लड़के का नाम लउवा था जो टीबी का मरीज़ था। अपनी माँ के कलेजे पर मातम किया करता था, बस इबारती सवाल तो उसकी जान को लउवा बनकर चिपक गए थे। और बेतरह उसकी रूह को झिंझोड़ देते।

कम का ज़रब, ज़्यादा की तक़्सीम।

मगर ये उसकी समझ में कभी न आया कि कम और ज़्यादा में फ़र्क़ कितना है।

"एक पैसे की दो नारंगियाँ तो डेढ़ रुपए की कितनी ?"

पहले तो सिरे से ये गुलछर्रे ही उसकी क़िस्मत में नहीं लिखे कि वह एक पैसे की दो नारंगियाँ ख़रीद सके, दूसरे ज़्यादा से ज़्यादा दो पैसे की नारंगियाँ काफ़ी होतीं। भला डेढ़ रुपए की कौन भर गाड़ी नारंगियाँ ख़रीदेगा। सड़ नहीं जाएँगी सारी की सारी...पिछली गर्मियों में आगरेवाली ख़ाला ने दो टोकरे ख़रबूज़े भेजे, सारे सड़-सड़कर ही तो फिंके। मगर फ़ौरन ही उसे आगरेवाली ख़ाला का छिदरी दाढ़ी वाला मियाँ याद आ जाता जिसकी यतीम की मिट्टी की उसने और नूरी ने कुलियाँ बना डाली थीं और शायद उसी दिन से उसने ख़रबूज़े भेजने बंद कर दिए। अच्छे होते थे बिचारे ख़रबूज़े, बीच जमीन पर लेस-लेसकर छलनियों में धोए जाते और फिर... तड़ से एक चाँटा पड़ता और वह ख़रबूज़े के बीजों पर से फिसलती हुई जाग पड़ती और उस मौक़े पर स्लेट की नोक जो ताक में निशाना बाँधे हुए बैठी होती उसकी नाक में आ लगती।

"सुन—अगर तुझे एक पैसा दिया जाए तो कितनी नारंगियाँ ख़रीदेगी।" अगर ख़ुदा की क़ुदरत जोश मारती और सच में उसे पैसा दिया जाता तो वह भला पागल हुई थी जो खट्टी चूना नारंगियाँ लेती। और क्या, सच तो है। भला पैसे की दो वाली नारंगियाँ खट्टी न होंगी तो और कैसी होंगी। मास्टर साहब तो सदा के सिड़ी थे। बिलावजह खट्टी नारंगियाँ ख़रिदवाए देते थे। पैसा मिलता तो कभी से फ़ैसला किए बैठी थी कि चाहे कुछ भी हो जाए कुटी हुई पिस्ते लगी गज़क ख़रीदेगी और चखने के बहाने एक रेवड़ी भी माँग लेगी।

"अरे बोल—कितनी नारंगियाँ आएँगी ?"

"नारंगियाँ ?...आँ—वह।" अभी वह फैसला भी न कर चुकती कि नारंगियाँ ले ही डाले या गज़क के लिए पैसा उठा रखे कि मास्टर साहब बेसब्र हो जाते।

"कूढ़मग़ज़[1] कहीं की—अरे हाँ नारंगियाँ—एक पैसे की दो, तो डेढ़ रुपए की ?"

"डेढ़ ?—डेढ़ रुपए की ! ज़रा सोचिए।"

"हाँ, डेढ़ रुपए की।"

"रुपए के आने बनाने आते हैं ?"

मास्टर साहब के सामने 'नहीं' में सिर हिलाने की इजाज़त न थी। लिहाज़ा हाँ।

"तो फिर बना।" और वह आने बनाने शुरू कर देती—काफ़ी तो होंगे डेढ़ रुपए के आने। ख़ासे ढेर से, और क्या !—ईद पर कोई ग्यारह आने हो गए थे तो वॉस्केट की जेब लटक गई थी। अम्मा ने न जाने किस काम के लिए तीन आने क़र्ज़ माँगे थे तो उसकी जान निकल गई थी। अम्मा थीं भी छटी हुई नादेहन[2]। जहाँ किसी के पास चार पैसे देखे और उन पर ग़रीबी छाई। फिर वापस देने की नौबत कभी न आती। कौन था जो तक़ाज़ा कर सकता।

"अरी बोल डेढ़ रुपए के कितने पैसे हुए ?"

"डेढ़ रुपए के पैसे ?"

"हाँ कमबख़्त।"

"सोलह," वह उठे हुए थप्पड़ से बचकर कह देती, "सोलह पैसे हुए !"

और मास्टर साहब पर भूत सवार हो जाता, जैसे सोलह पैसे देकर कोई उन्हें ठगे ले रहा था। वह जी भरकर मार चुकने के बाद ख़ुद ही पैसे बना लेते।

"हाँ।"

"अब तू बाज़ार जाती है।"

"हाँ," गो उसे यक़ीन था कि कोई उसे बाज़ार न जाने देगा और न ही इतनी कुटाई के बाद इतनी हिम्मत रह जाती। दूसरे ये सब बहाने बनाए जा रहे हैं, उसे उल्लू बनाने के लिए; मगर उसे ये फ़र्ज़ करना ही पड़ता क्योंकि फ़िज़ा में चाँटा मँडलाता दिखाई देता।

"अब तू वहाँ एक पैसे की दो के हिसाब से नारंगियाँ ख़रीदती है।"

"च्च ! फिर वही खट्टी नारंगियाँ।" ख़ैर, वह मजबूरन ख़रीदती।

"कितनी हुईं ?"

"ऐं ?" वह ऐसी शक्ल बनाती गोया बस कोई दम में सोचकर बता ही देगी।

"नारंगियाँ ?"

"अरी बता ? कितनी हुईं तीन नारंगियों के हिसाब से ?" बोले मास्टर साहब "तीन ?" वह हिचकिचा कर सोचती। तीन नारंगियाँ। हाँ, वह शौक़ से कहती, "तीन ! डेढ़ रुपए की तीन नारंगियाँ ?"

"नहीं—नहीं।" वह गिड़गिड़ाकर मास्टर साहब के वार कोहनियों पर रोकती।

"तो फिर—बता, बता—फ़ौरन।"

---

1. मंदबुद्धि 2. कंजूस

इसी तरह शाम हो जाती, मास्टर पसीने में डूबकर निढाल हो जाते। जैसे किसी ने घनचक्कर में बाँधकर घुमा डाला हो। उनके हाथ-पैर बेकाबू होकर उल्टे-सीधे हिलने लगते। मालूम होता इतनी देर वह बच्चों को पढ़ा नहीं रहे थे बल्कि अपनी तक़दीर पढ़ रहे थे ! ख़रीदवाने का वादा करके चले जाते।

झेलम, चनाब, रावी, ब्यास, सतलज—झेलम, चनाब, रावी—एक के बाद दूसरा, दूसरे के बाद तीसरा। जैसे तस्बीह के गोल-गोल दाने। झेलम, झेलम के बाद चनाब—गोल दायरे में एक दूसरे के कुर्ते का पिछला दामन पकड़े जैसे बच्चे रेल-रेल खेलते हैं। झेलम, फिर चनाब, फिर इसके पीछे रावी चली जा रही है। फिर—

"याद हो गया ?" मास्टर साहब एकदम हमलावर होते।

"जी, झेलम, चनाब...।"

"ठीक से बैठ बे मुन्नू के बच्चे। हाँ आगे।"

"झेलम, चनाब, रा—"

"नहीं मानेगा रे अच्छू—अरे, क्या हुई तेरी सलेट। निकाल, बस्ते में क्या अंडे दे रही है।"

मास्टर साहब निहायत चाबुकदस्ती से चौमुखी चाँटे बाँटते जाते। क्या मजाल जो कोई कोना ढीला पड़ जाए।

"हाँ-हाँ झेलम कहाँ से निकलता है—निकाल पेंसिल—हाँ—अरी बोल तो, क्यों चुपकी बैठी है।"

"झेलम—अम।" वह भूलने लगती।

"अरे आगे भी तो पढ़, एक जगह क्यों मर के रह गई—हाँ बता।"

"चनाब।" क़रीब-क़रीब बिलकुल भूलकर वह हाँकती।

"हाँ, हाँ, हाँ, कहाँ से निकलता है ? देख रहा हूँ मुन्नू बदज़ात—"

"अरे हाँ बता।" ऐसा मालूम होता मास्टर साहब मछली-मछली खेल रहे हैं। इधर-उधर वह चारों तरफ़ भौंक-भौंककर पढ़ाते और किसी को भी न पढ़ा पाते।

"बोल मुरदार कहाँ बहता है ?"

"जी ज़मीन पर।"

"ऐं ज़मीन पर।" मास्टर साहब बुरा मान जाते ! गोया दरिया को ज़मीन पर घसीटकर किसी ने उनकी हतक कर डाली, पर कुछ लाजवाब से हो जाते।

"मगर ये तो बता, कहाँ, किस जगह से निकलता है और कौन से ख़ित्ते[1] को सैराब[2] करता है !"

"जी ख़ित्ते ?"

"अरे हाँ, नहीं तो क्या तेरे सर को सैराब करेगा।"

"जी सैराब तो...।" वह याद करने की कोशिश करती।

---

1. भूखंड 2. सिंचित

"हाँ। नहीं याद—अच्छा और इसके साथ कौन-कौन से दरिया बहते हैं ?—इसी ख़ित्ते में।"

"ख़ित्ते में तो—दरिया बहते हैं।"

"नाम बता सब दरियाओं के, चनाब और ?"

"जी चनाब ?"

"अरे भई, हाँ, मनहूस। और ?"

"और...र...अम...आँ...और चनाब...चनाब।" वह दिमाग़ को खूब भींचकर ज़ोर लगाती।

"फिर भूल गई दरियाओं के नाम। ऐं ?"

"जी, वह जमना, गोदावरी, कृष्णा।" वह जल्दी-जल्दी बताती ज़ाती और कोहनी की तिकोन बनाकर सर पर खड़ी कर लेती। मगर मास्टर साहब पर तो जुनून सवार हो चुका होता। और फिर वह फूट-फूटकर रोती। कितनी कूढ़मग़ज़ थी वह ! मास्टर साहब सच कहते थे। उसके दिमाग़ में भूसा भरा था। काश, उसके जिस्म में भी कोई उस क़िस्म का माद्दा ठँसा होता जो मार से ऐसी टीसें तो न उठतीं। उसने कितने-कितने क़लम के ख़ोल में से निकले हुए लहरिएदार तिनके खाए। बदमज़ा और फीके। मगर दिमाग़ वैसा ही कुंद रहा और मास्टर साहब तो कह चुके थे कि वह बिलकुल नहीं पढ़ सकती। भेजा है ही नहीं सर में। और ये तो वही चनाब था, झेलम चनाब, रावी-व्यास, सतलज वाला चनाब। ख़ुदा ग़ारत करे, उसे याद ही न आया। फिर उसके दिमाग़ में गोल-गोल तस्बीह के दानों की तरह झेलम, चनाब, रावी चक्करों में रक़्स[1] करने लगे—मगर मास्टर साहब तो कहते हैं दरिया बहते हैं। अच्छा...तो बहते हैं ! मगर ये कमबख़्त कहाँ उल्टे-सीधे बहा करते हैं ? काश, वह घर के पास आकर ही बहे होते तो यूँ उसकी ज़िंदगी में कुढ़नबंद न बँध जाते। उन कमबख़्त दरियाओं से तो हज़ार गुना अच्छा वह नाला था जो खेत के बीचोबीच रुपहले साँप की तरह लहराया करता था। उसके किनारे बिलकुल मक्खी के बराबर मेंढकियाँ घास में फुदका करती थीं। और जब काग़ज़ की नाव में वह इन नन्हें मेढकों को मुसाफ़िर बनाकर नाले के धारे में छोड़ देती तो किश्ती किस शान से सीना ताने बहती चली जाती। वह तालियाँ बजाती। उसके साथ-साथ दौड़ती और जब कोई तिनका या लकड़ी नाव में फँसकर उसे चकफेरियाँ देती तो उसके जोड़ खुल जाते और नन्हें मेढक बहादुर तैराकों की तरह पानी में छलाँग मारकर किनारे पर आन लगते। उस नाले में कभी-कभी कहीं से मछलियाँ भी बह आतीं। तब तो किनारे पर सैकड़ों जानवर दावत उड़ाने आन डटते। बड़ा मज़ा। मगर झेलम, चनाब, रावी, व्यास, सतलज—उन्हें भी तो याद करना था।

1. नृत्य

नौ

नूरी थी तो बड़ी आपा की लड़की। साँप का बच्चा सँपोलिया। शम्मन ने उससे दोस्ती बड़ी सोच-विचार के बाद की थी क्योंकि घर में वह थी या नूरी। बाक़ी सारे लड़के जिनसे उनकी एक मिनट भी न निभती। इसलिए नहीं कि वो लोग उसे मारते थे। मारने में वह ख़ुद कुछ कम न थी। सबसे बड़ी मुसीबत तो ये थी कि वह मौक़ा-बे-मौक़ा उसकी गुड़िया भी चीर डाला करते थे। और नूरी के पास तो गुड़ियाँ भी थीं जिनकी वह दोनों मिलकर रोज़ शादियाँ किया करतीं। घंटों सामान के कमरे में खिड़की पर चढ़ी सर जोड़े गूदड़ से खेला करतीं। जी घबरा जाता तो गली में खेलते हुए लड़कों को देखा करतीं। गली क्या थी थिएटर की स्टेज थी ! वह गई चुंधी बुढ़िया की नौजवान बहू—खिड़की में से सिद्दीक़ ने आवाज़ लगाई—दो लड़के एक-दूसरे को नोंचते, खसोटते, गालियाँ देते गुज़र गए—बेर लो बेर, मीठे बेर—गुर्दे कलेजी—बैल साबुन मोती—और फिर छज्जे पर बैठी सुघड़ बँदरियाँ जो अपने बच्चों की जुँएँ बिन-बिनकर खाया करती थीं। पुरानी मस्जिद के मुल्ला जी जिनके आते ही डरकर दोनों खिड़की से नीचे दुबक जातीं। दिल धड़कने लगते और नाकों पर पसीने आ जाते। मगर फिर उनके दिलों में खुदबुद होती। रह-रहकर झाँकने को जी चाहता। वह डरी हुई चुहियों की तरह आहिस्ता से ऊपर उभरतीं। मुल्ला जी दीवार से नाक लगाए घंटों खड़े अजीब भयानक हरकतें किया करते। पहले दिन जब वह बिलकुल बेख़बर उन्हें गौर से देख रही थीं तो वह उनसे न जाने क्या कहने लगे। पहले तो उनको सुनाई न दिया कि वह क्या ज़रूरी बात कहना चाहते हैं। मगर जब वह ज़रा आगे झुकीं तो मारे ख़ौफ़ के वह वहीं जमकर रह गईं। जैसे अज़दहे को देखकर बंदर मसहूर[1] हो जाते हैं ! उसी तरह साँसें रोके मुट्ठियों से जँगला पकड़े वह लटकी घूरा करतीं। फिर न जाने कैसे वह एक बर्क़ी[2] ताक़त से झटका खाकर ज़ख़्मी चिड़ियों की तरह पीछे गिरीं और उठकर ऐसे बेतहाशा भागीं जैसे मुल्ला जी छलाँग मारकर जँगले में उनकी गर्दन पकड़ ही तो लेते। बड़ी देर तक उनके होश ग़ायब रहे। गला खुश्क हो गया था और हाथ-पैर बेक़ाबू।

पानी पीकर ज़रा दम में दम आया तो डरते-डरते एक दूसरे की तरफ देखने की हिम्मत हुई। गोया आँख ही आँख में पूछती हैं।

"कहो भई मिज़ाज तो अच्छे हैं ?"

उसके बाद एकदम से खोखले क़हक़हे लगाकर बेदम होने लगीं और किन आँखों से एक-दूसरे को देखकर हँसी दबाती रहीं गोया उनके सीनों में बड़े ही राज़ दफ़न ख़ामोश ऊधम मचा रहे हैं। उन्होंने आपस में कोई तबादला-ए-ख़यालात[3] न किया जैसे वह बड़ी जहाँदीदा[4] हैं हालाँकि उनके चेहरे सवालिया निशान बने हुए थे, और ऐसी सोच में डूबी हुई थीं कि बात भूल-भूल जाती थीं।

---

1. मंत्रबिद्ध 2. वैद्युत 3. विचार-विमर्श 4. सूझ-बूझवाला

खाने के वक़्त शम्मन का जी मतलाने लगा। बहुत बार ज़ख़्म के ग़ार की तरह उसके ज़ेहन में कोई चीज़ फैलने लगती। अगर वह गाड़ी के पहियों में किसी इनसान को पिसता हुआ देखती तब भी ऐसी दहशत उसके जी पर न बैठती। उसके तमाम एहसासात पर जैसे किसी ने ऊँचाई से भारी पत्थर पटख़ दिया हो जिसके नीचे वह जख़्मी कीड़ों की तरह दबे हुए तिलमिला रहे थे।

कई दिन तक वह उस दिलचस्प खिड़की की तरफ़ नज़र उठाकर भी न देख सकीं जैसे वहाँ वह कोई क़त्ल करके भाग आई थीं और लाश अब भी पड़ी सड़ रही थी। फिर दूर ही दूर से वह मानीखेज़[1] नज़रें डालती गुज़र जातीं। उनका तख़्युल[2] खिड़की से बाहर को चला जाता और फिर वहाँ से दहशतज़दा होकर भागता। मगर धीरे-धीरे उनकी हैबत कम हो गई और वह सिर्फ़ उस वक़्त भाग आतीं जब ज़ोहर की नमाज़ से लोग फ़ारिग़ होते और गली क़ब्रिस्तान की तरह सुनसान हो जाती। फिर तो वह और दिलेर होती गईं। और अब ये हाल था कि जान-बूझकर मुल्ला जी को आते देखकर दुबक जातीं और फिर उचक-उचककर झाँका करतीं। हर बार उनके जी मतलाते। सूखी-सूखी क़ै के झटके लगते और तबीयत बिगड़ने लगती और दिमाग़ हिल-हिल जाते !

नूरी की गुड़िया शम्मन का गुड्डा बिलानाग़ा[3] ब्याहे जाते और पुराने जूते के डिब्बे की पालकी में दुल्हन ला बिठाई जाती। मोतियों के कंगन से आरास्ता[4] हाथ से दुल्हन सबको सलाम करती और मसहरी पर सो जाती। फिर गुड्डा दोनों टाँगों पर कूदता हुआ आता और कुर्सी पर खड़ा हो जाता—खेल ख़त्म !

पड़ोस में सिद्दीक़ की ख़ाला की शादी हुई तो अलावा मुँडेर पर से गहमागहमी देखने के, उन्होंने बहुत सी रस्में सीख लीं। दुल्हन की गोद में आईना रखा गया और दूल्हा ने उसका मुँह देखा।

"बीवी मैं तेरा गुलाम—मुँह खोलो," खिसियाने दूल्हा को कहना पड़ा था। और फिर खीर चटाई गई थी। दूल्हा ने क्या हँस-हँस के दुल्हन के मेहँदी लगे शरमाए हुए हाथ पर से खीर चाट ली थी कि सब खिलखिलाकर हँस पड़े थे जैसे किसी ने उनकी बग़लों में गुदगुदी कर दी हो। दूल्हा-दुल्हन की हर प्यारी-सी लगावट वाली रस्म पर बीवियाँ चहक-चहककर क़हक़हा लगाती थीं। शम्मन को भी अरमान-भरी गुदगुदी महसूस होती थी और नूरी तो बज़िद कि चलो अँधेरी कोठरी में दूल्हा-दुल्हन खेलें। यही नहीं, बल्कि शादी के बाद औरतें दूल्हा को छेड़-छेड़कर मज़े ले रही थीं। गोया वह कोई मीठा-सा लड्डू था जिसे चख-चखकर चटख़ारे भर रही थीं। फिर रात को ख़ूब दूल्हा को खिसयाना किया गया। जिसमें चंद नौजवान, शौक़ीन बीवियाँ हिस्सा ले रही थीं और कुँवारी लड़कियों को डाँट-डाँटकर भगाया जा रहा था। न जाने क्या हो रहा था। दरवाज़ों की दराज़ों, रौशनदानों पर बीवियाँ मक्खियों की तरह चिपकी पड़ी थीं जबकि उनके बच्चे और शौहर घरों में पड़े वावैला[5] मचा रहे थे।

---

1. अर्थपूर्ण 2. ध्यान 3. प्रतिदिन 4. सजा हुआ 5. शोर शराबा

गुड्डे-गुड़िया की शादी अबकी बार और धूम से हुई। निकाह के छुआरों के बजाय मुरमुरे उछाले गए और दूल्हा ने दुल्हन की हथेली पर से खीर चाटी। नूरी अंधी ने सारा गुड़िया का दुपट्टा खीर में लथेड़ दिया। इसलिए शम्मन ने उठाकर बहू को दहलीज़ पर पटख़ दिया। जिस पर नूरी और वह ख़ूब गुत्थम-गुत्था हुई और एक-दूसरे के बाल भर-भर बुकट्टे नोच फेंके।

गुड़िया वैसे भी मैली हो गई थी। घोड़े का-सा मुँह। इसलिए जब नई गुड़िया बड़ी आपा ने बनाकर दी तो उन्होंने उसकी नाक डोरे के बजाय कपड़े की बनाई और चुटिया भी काला मोज़ा उधेड़कर लगाई। लंबा-सा मोबाफ़[1] डाला। फिर भी उन्हें इत्मीनान[2] न हुआ तो हाथों में डोरे की उँगलियाँ लगवा लीं। फिर एक दिन बड़ी हिम्मत के बाद उन्होंने निहायत ही पोशीदा जगह जाकर उसकी वास्कट में रुई की दो गोलियाँ रख दीं। मगर उससे उन्हें इतनी शरम आई कि आँख भर कर गुड़िया को न देख सकती थीं। महीन क्रेप का दुपट्टा ओढ़कर कपड़े की नाक और डोरे की उँगलियों वाली गुड़िया बिलकुल जीती-जागती औरत लगने लगी। तौबा ! उनका दिल किसी काम में न लगा। और वह दिन-भर उसका ब्याह करती रहीं। लेकिन एक दिन गूदड़ की तलाश में जो बड़ी आपा ने गुड़ियों का जायज़ा लिया तो उनकी चोरी पकड़ी गई। उसकी और नूरी की वह गत बनाई गई कि दोनों मौत की दुआएँ माँगने लगीं। उन्होंने एक सिरे से गुड़िया की सदरी ही छीन ली और कुर्ते में कमर पर टाँके लगा दिए। उस दिन से उनका जी गुड़ियों की तरफ़ से बिलकुल खट्टा हो गया। वह उन्हें बिलकुल कपड़े के चिथड़े नज़र आने लगीं जिनकी नाक की जगह तिकोनी कली लगी थी और उँगलियों की जगह डोरे लटक रहे थे।

दस

अम्मा शम्मन से आजिज़ थीं। सारे दिन भाइयों को कोसना, पीटना, नौकरों से लड़ना। उनके काम में दख़ल देना। भावजों की ज़िंदगी अजीरन और भतीजियों के लिए मुसीबत का सामान। मास्टर साहब ने तौबा कर ली और क़ुरआन पढ़ाने वाली मुल्लानी बी ने कान ऐंठ लिए कि "तौबा, नौज किसी की औलाद यूँ हाथ से निकल जाए।"

और, सबसे ज़्यादा तो वह नूरी को ख़राब किए देती थी। वही हुआ जिसका बड़ी आपा को धड़का लगा हुआ था। शम्मन ने नूरी को कौड़ी-काम का न रखा और वह रोज़-ब-रोज़ गई गुज़री होती जाती थी। उस वक़्त उसे मरने वाला और भी याद आ रहा था क्योंकि एक तो नूरी हाथ से निकली जा रही थी, दूसरे उसकी अपनी सेहत

1. जूड़ा बाँधने का कपड़ा 2. निश्‍चिंत

रफ़्ता-रफ़्ता गिर रही थी। खाना तो किसी दिन ही हज़्म होता होगा। नींद तो उसके हिस्से की अल्ला मियाँ के यहाँ ख़त्म ही हो गई थी। उसका एक रिश्ते का देवर हाल ही में डॉक्टरी पास करके आया था। वही बिचारा भाभीजान में जान डाले हुए था। उसके दौरों का इलाज दुनिया-जहान के हकीम-डॉक्टर हार गए, न हो सका। अगर थोड़ा-बहुत किया तो रशीद ही ने किया !

वैसे दौरों का क्या ठीक, कह-सुनकर थोड़े ही पड़ते हैं। बस इतना इत्तेफ़ाक़ या ख़ुदा की मेहरबानी कहो कि दौरे के वक़्त रशीद कहीं आस-पास ज़रूर ही मिल जाता। वरना न जाने क्या होता ! हज़ारों दवाएँ पी डालीं मगर दौरों से पीछा न छूटा। लोगों ने बहुत चाहा कि वह सँझली के मुहाँसों का इलाज कर दे मगर वह टाल ही गया। आख़िर को बिचारी संझो की शादी एक वकील साहब से हो ही गई। संझो बिचारी उन जानों में से थी जो निहायत सलीक़े से पैदा होती हैं। शरीफ़ों की तरह घर में रहती हैं। फिर कोई अल्ला का नेक बंदा ब्याह ले गया। वहाँ जब तक जी में ताक़त रही, बच्चे पैदा किए, पाले पोसे। फिर किसी ख़त्म न होने वाले मर्ज़ में दुख झेलती रहीं और एक दिन अल्ला ने मिट्टी अज़ीज़ कर ली। वह मर गई। सबके मुँह से एक साथ निकला, ''वाह क्या जन्नती बीवी थी !''

पर संझो अभी मरी नहीं थी। उसकी तो अब ज़िंदगी शुरू हो रही थी। इधर वह ब्याहकर गई और उधर बड़ी आपा को दौरों ने आ दबोचा, और इस बुरी तरह कि तौबा भली ! तबीयत निढाल और कुछ खोया-खोया सा रहता। दिल बहलाने को उसने हारमोनियम भी सीखना शुरू किया। 'इब्ने मरियम हुआ करे कोई।' घंटों बे-ताल-सुर हारमोनियम की पें-पें के साथ चलता मगर दिल और भी बेक़ाबू होता गया। रशीद आकर घंटों बैठता। उसे मर्ज़ के बारे में तरह-तरह की हिदायतें देता। कभी एक-आध सुई भी उसके बाज़ू में लगा देता। बाज़ू में सुई लगवाते वक़्त उसके बड़ी गुदगुदी होती और वह लोट-पोट हो जाती पर दो-चार दिन को दौरे रुक जाते।

मगर बड़े भइया को रशीद से ख़्वामख़ाह का बैर पड़ गया। बात ये हुई कि उनकी दुल्हन, जो सदा की बहानेबाज़ थी, पेचिश का नुस्ख़ा लिखवाने का तक़ाज़ा किए जाती थी और रशीद बेचारा भूल-भूल जाता था। पर उनका कहना था वह जान-बूझकर, किसी के बहकाने की वजह से टाल-मटोल करता था और बड़ी आपा अपने दोनों बच्चों की क़सम खाकर कहती थीं कि बड़े भइया का नौकर ही ऐसा मकरहाया[1] था कि नुस्ख़ा लिखने को रशीद मियाँ ने कई दफ़ा काग़ज़ माँगा मगर वह सुनी-अनसुनी कर गया।

''वह बिचारे तो सभी को भुगतने को तैयार हैं।'' वह कहतीं, फिर भइया ने जो शिकायत की तो बड़ी आपा बिगड़ खड़ी हुईं कि, ''वह किसी के नौकर नहीं हैं। मेरी वजह से आ जाते हैं तो सारे घर को मर्ज़ उठ खड़े होते हैं।''

---

1. बहानेबाज़ (मक्कार)

और, बात भी सच थी। ससुराल वालों पर उन्हीं का हक़ सबसे ज़्यादा था। मियाँ मर गया तो क्या। उसका ख़ानदान तो ज़िंदा था। वह आज चली जाती तो कौन उसका हाथ पकड़ लेता। ये तो उसी का जी था कि मन मारे बैठी थी।

कहते हैं कि बड़े भइया के दिल में ये बात बैठ गई। उन बिचारे के दिल में कहाँ से बैठती, ये उनकी लाडली बेगम ही की करतूत थी। सो बस वह पीछे लग गए। जहाँ रशीद आया, वह आ बैठते और वह बेचारा जल्दी से चला जाता। अरे कहीं तो यूँ लशतम-पशतम भी दौरे ठीक हुए हैं !

ग़ज़ब तो तब हुआ जब उन्होंने उसके ख़त पकड़ लिए और साफ़ बड़ी आपा से कहलवा दिया कि अगर ये पत्तेबाज़ी बंद न हुई तो अब्बाजान तक नौबत पहुँच जाएगी। अगर ऐसा ही है तो निकाह कर लो शराफ़त से। बड़ी आपा की सास के कान में भी भनक पहुँची और बुढ़िया सलावातें[1] सुनाती, दुहाई देती चढ़ दौड़ी। वह ले-दे मची कि रशीद बेचारे का आना बंद। उस दिन से दौरे भी फीके पड़ गए। किसके बूते पर पड़ते। मगर बड़ी का गुस्सा तीन-ताव खा गया और बस तो उसे फिर अपने बच्चों की मामता ने बेचैन कर दिया। यही वजह थी कि उससे नूरी की बरबादी शम्मन के हाथों न देखी गई। मजबूरन उसे स्कूल भेज दिया गया।

ग्यारह

शम्मन ने जब स्कूल में क़दम रखा तो पहले उसने चारों तरफ़ से इत्मीनान कर लिया कि किधर-किधर से दुश्मन के हमले का ख़तरा है। सबसे पहले तो उसने मैट्रन को समझा दिया कि मेहरबानी करके न तो उसके सर पर प्यार से हाथ फेरे जाएँ और न उसे घर की याद न आने के लिए प्यार करने की कोशिश की जाए। वह इस क़िस्म के दिखावे को अच्छी तरह जानती थी और मंझो को परख चुकने के बाद उसे यक़ीन हो गया था कि किसी से मुहब्बत करना या करवाना हद से ज़्यादा मक्कारी है। प्यार से वह ऐसा भड़कती जैसे नई चिड़िया फटकी से। वह इन बातों की आदी ही न रही थी। न जाने कितने दिन से नर्म और प्यार-भरी बातें उसके कानों के पास भी न फटकी थीं। हर बात के जवाब में घुड़की सुनने की आदत पड़ चुकी थी। लिहाज़ा वह कोई काम शाबाशी सुनने के लिए करना ही न जानती थी। बल्कि जब तक हर क़दम पर उसे डाँट न मिलती, वह कुछ नाउम्मीद सी हो जाती।

जमात में जब दाख़िल हुई तो उसने एक बेएतबारी[2] की नज़र सब नए चेहरों पर

---

1. गालियाँ 2. अविश्वास

डाली। उसे उनका घूरना और मुस्कुराकर आपस में कानाफूसी करना बहुत नागवार[1] हुआ। जब टीचर कमरे में आईं तो सब खड़ी हो गईं। मगर वह उल्लुओं की तरह बैठी रही उस पर लड़कियों के क़हक़हे निकल गए और वह एक-दूसरे को कुहनियाँ मारकर उस पर बातें करने लगीं।

"क्या आपकी पीठ में दर्द है। जो आपसे खड़ा हुआ नहीं जाता।" रौबदार मिस मुमताज़ ने कटते हुए लहजे में मालूम करना चाहा।

"ऐं ?" उसने मुँह फाड़ दिया।

लड़कियाँ हँसी से लोट गईं और ख़िफ़्फ़त[2] की वजह से शम्मन के कान लाल हो गए। उसे मिस मुमताज़ शुरू ही से क़ाबिले-नफ़रत लगीं। वह उससे आप करके बोल रही थीं जिसमें अलावा इंतहाई तकल्लुफ़[3] के ज़रा तंज़[4] की चाशनी भी मौजूद थी। मिस मुमताज़ ने कोई और बात नहीं की। उस दिन क्या पढ़ाया गया और क्या पढ़ा गया, ये उसकी ख़ाक समझ में न आया, क्योंकि घबराहट और परेशानी पर क़ाबू पाने में उसे इस क़दर कशमकश का सामना करना पड़ रहा था कि वह कुछ सुन न सकी।

तीन-चार दिन क्लास में वह ख़ामोश बैठी रही और अब उसमें इतनी समझ आ गई थी कि सब लड़कियों के साथ खड़ी हो जाती, बैठ जाती, अंदर-बाहर आती-जाती और हाज़िरी के वक़्त बजाय, "क्या है ?" के अब वह "जी हाज़िर" बोलने लगी थी। मगर बोलने के बाद बड़ी देर तक उसके कान तमतमाया करते, क्योंकि जब पहले रोज़ उसने हाज़िरी दी थी तो लड़कियों का हँसते-हँसते पतला हाल हो गया था। यहाँ तक कि मिस मुमताज़ के रोबदार चेहरे पर भी देर तक मुसकुराहट मँडलाती रही थी।

हफ़्ते-भर बाद उसे नीची जमात में उतार दिया गया। उसके लिए यह कोई नई बात न थी। मगर लड़कियों ने इस मामले की कहानी बना डाली। जिधर जाती, इशारे होने लगते। लड़कियाँ उसकी बेवक़ूफ़ी के चर्चे करके ठहठहे लगातीं और अब हर एक ज़बान पर ये था कि वह उतार दी गई। मिस मुमताज़ ने रिपोर्ट दी कि वह बहुत कमज़ोर है और उस दरजे में काम नहीं चला सकती।

इस नई छोटी जमात में छोटी लड़कियों के बीच वह उन सबकी अम्मा मालूम होती क्योंकि ये लड़कियाँ ज़रा उससे डरती थीं। थोड़े ही दिनों में उसे मालूम हो गया कि वह उन सबसे अक़्ल, उम्र और इल्म में बहुत आगे है। उसको सबक़ वग़ैरा कुछ याद करने की ज़रूरत नहीं है। उसने तेज़ी से लड़कियों पर रोब गाँठ लिया। दो महीने बाद जब वह घर वापस गई तो पहले से चौगुनी बद-ज़ुबान, ज़िद्दी और ढीठ हो गई थी। अब उसे मार लेना भी आसान न था। वह निहायत गुस्ताख़ निगाहों से घूरकर तड़ से जवाब दे देती। उसके अलावा उसे खाने की चीज़े चुराने की बड़ी महारत हो गई थी। इधर-उधर देखकर वह झट नेमतख़ाने में से कुछ निकालकर मुँह में रख लेती और ऐसे मज़े से थोड़ा-सा चुराकर बग़ल में दबा लेती कि ख़ूब हाथ हिलाकर चलती जब भी किसी

---

1. आपत्तिजनक 2. लज्जा 3. बेहद संकोच 4. व्यंग्य

को पता न लगता और मुँह में लुक़्मा[1] लेकर वह गुनगुनाती हुई निकली चली जाती ताकि कोई सोचे उसका मुँह ख़ाली है। इसके अलावा पैसे और रुपए तक उड़ा लेती मगर किसी को उसकी तरफ़ शुब्ह करने का ख़याल तक न आता। चोरी की चीज़ वह निहायत तनदेही[2] के साथ सबके साथ मिलकर ढूँढ़ती। ये तरीक़ा उसकी बेगुनाही को और मज़बूत बना देता। लड़कियों से उसने और भी ग़लीज़-ग़लीज़ बातें सीख ली थीं जो वह निहायत फ़ख़्र से नूरी को सिखाती।

फिर जो वह स्कूल आई तो उसे एक नई टीचर से पाला पड़ा। ये टीचर बहुत कम उम्र सी मालूम होती थीं। लिहाज़ा आते ही उसने उन्हें दिक़[3] करना शुरू किया। कुछ दिन उसकी शरारत-भरी जंग जारी रही। लेकिन जल्द ही उसे महसूस हुआ कि वह हार रही है। उन्होंने उसकी शरारतों पर कोने में या बीच में खड़ा कर देने के बजाय बिलकुल तवज्जो[4] न दी और जैसे हर बात को टाल जातीं। कोने में खड़े होकर तो वह मज़े से लड़कियों को मुँह चिढ़ा-चिढ़ाकर हँसाया करती थी जिस पर टीचर जलकर उसे बेंच पर खड़ा कर देतीं। बेंच पर खड़े होकर लड़कियों पर बन-बनकर गिरती और ख़ूब हँसी पड़ती !

मगर चंद ही दिनों में उसने अपने आपको हज़ारों ज़िम्मेदारियों में जकड़ा पाया। क्लास की मॉनीटर वह, बोर्ड वह साफ़ करे, चाक की फ़िक्र उसे रखनी पड़ती। नक़्शा टाँगने की कील मज़बूत है या नहीं। लड़कियाँ शोर मचाएँ तो उसकी मुसीबत। इसके अलावा वह मिस चरन यानी उस नई टीचर की किताबें और छतरी अपने डेस्क में कभी-कभी रखे और कभी-कभी उनके कमरे पर इम्तिहान की कॉपियाँ पहुँचाने जाए ! कमरे में मिस चरन बिलकुल टीचर नहीं लगती थीं बल्कि बड़ी बेतकल्लुफ़ी[5] से उससे कुर्सी पर बैठने को कहतीं।

"अच्छा भई ! चाय पियोगी या नीबू का शर्बत।" वह पूछतीं और उसे शर्म आने लगती। कभी किसी ने उससे ऐसी अजीब बातें न की थीं। थोड़ी देर में दोनों सहेलियों की तरह हँस-हँसकर बातें करने लगतीं। उसने उन्हें तमाम घर के क़िस्से सुनाए। बड़ी आपा से वह बड़ी ख़फ़ा थीं और शानू और सत्तो की शरारतों पर तो उनके उच्छू लग-लग गए। नूरी उन्हें कुछ-कुछ पसंद थी।

मिस चरन ने उसे घर का काम करने के लिए अपने कमरे में बुलाना शुरू किया। शम्मन को इस क़दर फ़ख़्र महसूस होता कि काम ख़त्म हो जाता तो उसे बड़ा रंज होता। मिस चरन ने उसे स्कूल के अलावा काम देना शुरू किया और दूसरे इम्तहान पर उसे डबल दरजा चढ़ा दिया गया। ख़ुशी तो उसे इस बात की हुई कि मिस मुमताज़ जिस दर्जे को पढ़ाती थीं वह उससे भी आगे हो गई।

मिस चरन अब भी उसे अपने कमरे पर पढ़ाती रहीं और मंझो के बाद उसे पहले इनसान ने मुतास्सिर[6] करके अपने क़ाबू में कर लिया। अगर मिस चरन कहतीं तो वह मुश्किल से मुश्किल काम अंजाम दे लेती। उनके लिए उसे किसी को क़त्ल

---

1. निवाला, कौर 2. तन्मयता 3. परेशान 4. ध्यान 5. निःसंकोच 6. प्रभावित

करने में भी दरेग़[1] न होता।

उसकी ज़बान पर हर वक़्त मिस चरन का नाम रहने लगा। लड़कियों ने उसे छेड़ने की कोशिश की जिससे बजाय कम होने के, उनका ख़याल एक रोमानी चीज़ बनकर उसके दिमाग़ पर छाने लगा। मिस चरन को देखकर आप ही आप उसका दिल उनकी तरफ़ खिंचने लगता। वह कहीं भी होतीं, उसे उनके वजूद का एहसास नब्ज़ की तरह धड़कता, अपनी रग-रग में घूमता मालूम होता। वह अगर सामने से गुज़र जातीं तो शम्मन जो काम करती होती, उसे गड़बड़ा देती। बात करती होती तो ज़ुबान लड़खड़ा जाती। अगर वह किसी और क्लास को कोई खेल खिलाती होतीं तो उसके लिए पढ़ना मुश्किल हो जाता। रह-रहकर उनके क़हक़हे उसे सर से पैर तक लरज़ा देते। सबका ख़याल था—मिस चरन काली चमड़ी और कम बोलने वाली हैं। लेकिन शम्मन की आँखें कुछ और ही देखा करतीं। उसकी समझ में न आता कि मिस चरन से भी ख़ूबसूरत कोई शख़्स हो सकता है क्या ? उसे अपने रिश्तेदारों से लगाव था, कुछ यूँ ही ख़ुदा से डरती थी मगर उसके ख़याल में डूबी नहीं। लेकिन मिस चरन उसके लिए अपने ख़ून और इनसान से भी ज़्यादा बढ़ गई थीं। वह हमेशा उनकी ख़याली मूर्ति को बनाकर उनके ख़यालों में खोई पूजती रहती—वह आईं मिस चरन—वह गईं—वह उनकी साड़ी हिली और ब्लाउज़ चमका।

उसका पढ़ने में भी ज़्यादा दिल न लगता। मारे-बाँधे से सिर्फ़ मिस चरन की वजह से पढ़ लेती थी। हाँ, घर के काम करके वह मिस चरन के क़दमों में अक़ीदत[2] के फूल चढ़ा देती थी। और उसे अब महसूस होने लगा था कि उसका जिस्म भी मिस चरन के क़रीब रहने लगा है। वह हर वक़्त अपने आप को उनके पास महसूस करती—वह खड़ी है—मिस चरन का ख़याली हुलिया पास से गुज़र गया है। वह खुद सो रही है, मिस चरन उसे थपक रही हैं। वह प्यासी है, हलक़ चटख़ रहा है और मिस चरन उसके मुँह में ठंडे-ठंडे ख़ुशबूदार अरक़ निचोड़ रही हैं। उनका हाथ उसके माथे पर है। वह बर्फ़ की बनी हुई है और इस एहसास से वह बग़ैर नींद के ऊँघने लगती। वह देखती, रात को अँधेरे में रोती हुई भटकती फिर रही है। ठंडी घास पर पड़ी सर्दी से काँप रही है। मिस चरन उसे अपने परों-भरे फूलदार तकिए पर लिटाए हुए हैं। वहाँ वह डर के मारे मक्कर साधे पड़ी है कि अगर होश में आ गई तो सारा ख़्वाब बिखर जाएगा।

मिस चरन का ख़याल उसे बीमारी की तरह लग गया। कुछ उन दिनों बोर्डिंग में आलू खाते-खाते लड़कियों के हाज़मे भी ख़राब हो जाते थे। मगर एक शम्मन तो हर अला-बला डटकर खा जाती थी। उसकी नींद बहुत ख़राब हो गई थी। रातों को उठकर बड़बड़ाती और जैसे ही आँख खुलती उसे महसूस होता कि मिस चरन खड़ी हैं, अगर वह हिली तो ग़ायब हो जाएँगी। अँधेरे में उनके वजूद को घूर-घूरकर वह सोने की कोशिश करती !

---

1. अफ़सोस 2. श्रद्धा

एक रात को उसने अपने आपको बरामदे में मिस चरन के कमरे के आगे कुछ टटोलते पाया। वह एकदम डर गई। वह कैसे इतनी दूर तक सोती हुई चली आई। जल्दी-जल्दी कमरे में आकर बिछौने में दुबक गई। ये क्या हो गया था उसे ? वह ख़ुद थी या उसका भूत ? जो रातों को उसे घसीटे फिरता था।

दो-तीन दिन बाद फिर उसने अपने आपको मिस चरन के कमरे के आगे हिचकियों से रोते हुए पाया। डर से उसकी घिग्घी बँध गई। वह क्यों रो रही थी ? ये उसे नहीं मालूम हुआ। उसे वापस अपने कमरे तक आने में बहुत डर लगा। बरामदे में अँधेरा था और जाड़ों की वजह से सब कमरे बंद थे। वह डरपोक न थी और बिल्ली वग़ैरह से डरती भी नहीं थी। मगर लौटते वक़्त वह तेज़-तेज़ भागने लगी। गोया बहुत सी रूहें उसका पीछा कर रही थीं। जब वह मैट्रन के कमरे के पास पहुँची तो हलकी सी लालटेन जल रही थी। मोड़ पर एक भयानक साया ज़ोर से उसके आगे झपटा चला गया। उसकी चीख़ निकल गई और आँखें डर से फट गईं !

मैट्रन जाग गई और निकलकर उसने आवाज़ दी "कौन है ?" शम्मन दौड़कर उससे चिपट गई। मैट्रन भी बौखला गई कि ये क्या बला है ! और उसने ज़ोर से उसे परे ढकेल दिया !

"मैं हूँ शमशाद, शम्मन" उसने जल्दी-जल्दी ज़मीन से उठते हुए कहा, "यहाँ भूत दौड़ा मेरे पीछे।" अभी वह बुरी तरह सहमी हुई थी। "भूत ! कहाँ है भूत ? चलो अपने कमरे में !" मैट्रन उसे कमरे की तरफ़ ढकेलने लगी। वह ख़ुद डरी हुई मालूम होती थी।

"रात को भी आफ़त मचाती है।" वह बड़बड़ाई। उसके कमरे में आकर मैट्रन ने बिजली जलाई, तो वही भूत बिलकुल शम्मन के पास खड़ा था।

वह फिर चिल्लाई, "भूत !"

"कहाँ है ! अरे ये तो तुम्हारी अपनी परछाईं है। पगली लड़की।" शम्मन को बहुत शर्म आई और वह चुपके से पलँग पर लेट गई। मैट्रन बिजली बुझाकर बड़बड़ाती चली गई। मगर उसे बड़ी देर तक नींद न आई। उसका दिल बराबर धड़क रहा था और तमाम जिस्म तना हुआ था !

उसने रात की बात किसी से न कही। तौबा ! अगर मिस चरन को मालूम हो जाता कि वह रात को भूत बनकर उनके दरवाज़े पर रोया करती है तो वह ज़रूर उससे नफ़रत करने लगतीं। वह तो उन्हें इतना भी न बताना चाहती थी कि वह उसके दिमाग़ पर इस बुरी तरह छाई हुई हैं। मगर ये बात औरों से ज़्यादा दिन छुपी न रही और प्रिंसिपल साहेबा ने एक दिन मिस चरन से कह दिया कि वह लड़कियों की एख़लाक़ी[1] हालत को ख़राब कर रही है। बात ये थी कि मिस मुमताज़ उनकी छोटी बहन थीं और जब से मिस चरन आई थीं उनकी क़ीमत बहुत गिर गई थी। अलावा शम्मन जैसी मरने

---

1. व्यवहारगत

वाली लड़कियों के, क़रीब-क़रीब सारी लड़कियाँ उन्हें बहुत पसंद करती थीं। मिस मुमताज़ बैडमिंटन खिलाती थीं और मिस चरन बास्केटबाल। ज़्यादतर लड़कियों को बास्केटबाल पसंद थी और मिस मुमताज़ का कहना था कि मिस चरन लड़कियों से ज़रूरत से ज़्यादा बेतकल्लुफ़ होकर टीचरों का रौब कम किए देती थीं। उन्हीं के भड़काने से लड़कियाँ बैडमिंटन के बजाय बास्केटबाल खेलने लगी थीं। ये मिस मुमताज़ की हतक[1] थी और साथ-साथ उनकी बहन प्रिंसिपल की। शम्मन को बैडमिंटन से नफ़रत थी, क्योंकि मिस मुमताज़ उन लड़कियों को बहुत ज़लील करती थीं जो ज़रा कमज़ोर थीं। उन्होंने टीम बनाई थी—सबसे अच्छी खेलने वाली लड़कियाँ एक तरफ़ और फिर सबसे बुरा खेलने वाली जिनमें शम्मन भी थी दूसरी तरफ़। ज़रा अच्छा खेलने वाली लड़कियाँ जीततीं और ये हारतीं। इसलिए इस ज़िल्लत से बचने के लिए जिस दिन बैडमिंटन की बारी होती, शम्मन सिरदर्द या कोई और बहाना बनाकर मिस चरन को खिलाते हुए देखती। उनकी हर हरकत का अक्स वह अपने दिल व दिमाग़ में बसा लेना चाहती थी। यूँ उन्होंने गेंद उछाली, यूँ अपने पतले से हाथ को टेढ़ा करके जुंबिश दी। वह गई गेंद—लड़कियाँ कहती थीं कि उनके हाथ सूखे और काले हैं। मगर शम्मन को वह संगमरमर के-से नज़र आते थे।

रातों को वह अब भी बरामदों में सिसकियाँ भरती भटका करती थी। एक बार जो रात को उसकी आँख खुली तो हक्का-बक्का रह गई। प्रिंसिपल टार्च लिए मिस चरन के कमरे में लंबा सा चोग़ा पहने खड़ी थीं और मिस चरन परेशान शम्मन को सीधा बिठाने की कोशिश कर रही थीं। उसे मालूम भी न था कि वह चीख़-चीख़कर रो रही है। फिर एकदम से वह चुप हो गई और मुँह फाड़े मिस चरन को तकती रही। वह मिस चरन के पलँग पर बैठी थी। सचमुच का पलँग। वह ख़्वाब वाला वहम नहीं बल्कि सब्ज़ फूल कढ़ा हुआ तकिया, भूरा कंबल जिसमें किशमिशी गोट लगी थी।

उसे घसीटकर उसके कमरे में पहुँचा दिया गया। सुबह प्रिंसिपल ने उससे बहुत से सवाल किए। मगर उसने मुँह फुला लिया और किसी बात का जवाब न दिया। भला वह कैसे इतनी बहुत सी बातें बता देती जो वह सोचा, देखा और महसूस किया करती थी!

तीसरे दिन मिस चरन स्कूल छोड़कर चली गईं। वह किसी लड़की से मिलने भी न आईं। बस एकदम चौकीदार उनका सामान ले गया। और इसके बाद वह पर्स हाथ में लिए निकलीं और सीधी फाटक से बाहर चली गईं। स्कूल में खलबली पड़ गई। लड़कियाँ एक-दूसरे से सवाल करने लगीं। कुछ मालूम न हो सका। बस इतना पता चला कि कुछ शम्मन पर बात उठी थी जिस पर प्रिंसिपल और मिस चरन में खट-पट हो गई। लड़कियों ने शम्मन को चारों तरफ़ से घेरकर सवालों की बारिश शुरू कर दी। मगर वह कुछ न बता सकी। जब मिस चरन के जाने की ख़बर पक्की हो गई तो उनकी

---

1. बेइज़्ज़ती

सारी चाहनेवालियों ने रोना शुरू किया। उस पर प्रिंसिपल साहिबा और मिस मुमताज़ ने आकर सबको ख़ूब डाँटा। लड़कियाँ बड़बड़ाकर चुप हो गईं।

मगर शम्मन ने एक आँसू न बहाया। वह ख़ामोश चोर बनी सबसे अलग-अलग फिरती रही। मगर सारे वक़्त तौल-तौल के क़दम रखती थी। जैसे कोई चटख़ी हुई चीज़ उठाए फिर रही है जिसमें ठेस लग गई तो चकनाचूर होकर बिखर जाएगी।

मिस चरन के जाने के बाद वह बहुत सख़्तदिल हो गई। उसे इतना तो तजुर्बा हो गया कि मंझो का कोई क़सूर न था। क़सूर ख़ुद उसमें ही कहीं छुपा हुआ था और ये मानने के लिए वह क़तई तैयार थी। उसे अपने दिमाग़ के उस हिस्से से सख़्त नफ़रत थी जो हमेशा सारा इल्ज़ाम उसी पर थोप दिया करता था।

उसने मिस चरन के बारे में सोचना बिलकुल छोड़ दिया। उनका ख़याल उसके दिमाग़ में छुपे हुए ज़ख़्म पर ठहाके लगाता। जिससे उसकी रूह तक ज़ख़्मी हो जाती!

वह उस साल फ़ेल हो गई। लिहाज़ा उसे मुक़ामी मिशन स्कूल में दाख़िल करा दिया गया। यहाँ नूरी भी उसके साथ जाती। मिशन में मिस चरन से भी ज़्यादा स्याहफ़ाम[1] टीचरें थीं। मगर शम्मन को उनमें से एक भी पसंद न आई। नूरी बड़ी तेज़ थी और बड़ी आपा भी उसे बराबर मार-मार कर पढ़ाती रहती थीं इसलिए वह बहुत जल्दी स्कूल में जम गई। मगर शम्मन से न जाने लोगों को कहाँ का बैर था कि वह मुस्तैदी से काम करके भी ले जाती तो वह उससे और बेहतर काम करने की उम्मीद लगाते। उसे पक्का यक़ीन था कि वह कमअक़्ल थी और याददाश्त तो उसकी बहुत ख़राब थी। सब कहते थे कि वह बहुत जल्दी सब भूल जाया करती थी। मिस चरन को वह आख़िर भूल ही गई और उसे ग़ौर करने पर भी उनका नाक, नक़्शा, हँसी, उनका बास्केटबाल खिलाना याद न आता। जब शम्मन उनके कमरे में पढ़ती थी तो वह उनका हलके-हलके गुनगुनाते जाना, ऐसे कि शम्मन को बजाय ख़लल[2] के, एक तरह की मदद सी मिल जाती थी, माहौल कुछ और चिकना और सुहाना-सा कर जाता। बहुत बार ऐसा होता कि वह किसी मुश्किल सवाल पर अटक गई है ! कि मिस चरन के गुनगुनाने की छोटी-छोटी लहरें उसके सवाल की गुत्थी से टकरातीं और वह ढीली होकर खुल जाती। मगर नहीं, वह ये सब कुछ भूल चुकी थी।

दो बरस उसने मिशन में पढ़ा। उसे एक दफ़ा बड़ा दर्जा मिला और दो-चार इनाम मिले। मगर उसने वह सब लापरवाही से फेंक दिए। उसे किसी चीज़ की क़दर करते हुए डर मालूम होता। वही ज़ख़्म-सा उसके दिमाग़ में टीसें मारने लगता जो मिस चरन के ख़याल से दुखा करता था। दो बरस उसने बाइबिल पढ़ी और ईसा मसीह की तारीफ़ में बहुत सी 'नातें' सीख गई। मगर उसे ये बात बिलकुल पसंद न थी कि गिरजे में घुटने टेकने के लिए मूँज के गद्दे थे जिनमें सुइयाँ सी लगी थीं जो बहुत चुभती थीं।

---

1. बिलकुल काला 2. विघ्न

कई दफ़ा उसका इरादा हुआ कि वह भी चुपके से ईसा मसीह की भेड़ बन जाए। मगर अम्मा के डर के मारे हिम्मत न पड़ी। उसे ये बात मालूम करके बहुत हैरत हुई कि ईसा ख़ुदा के बेटे थे मगर फिर भी लोगों ने उनको चैन से न छोड़ा। आख़िर ये दुनिया इस क़दर गुनाहगार क्यों है ? लोग झटपट अच्छी बातें सीखकर मज़े से जन्नत में क्यों नहीं चले जाते !

मुक़द्दस[1] माँ कुँवारी थी। ये सोचकर ज़रा उसे हँसी आती। और वह खुद भी तो कुँवारी थी। अगर खुदा न करे बैठे-बिठाए, खुदा बाप उसके यहाँ भी ऐसा ही भोला-भाला मुन्ना सा ईसा पैदा कर दे तो वह क्या करे! यक़ीनन अम्मा तो उसके लिए दूध देंगी नहीं। और, कपड़े तो ख़ैर वह पुराने कुर्तों के बना लेगी। मगर फिर उसे याद आता कि जब उसके धोबी की लड़की के ऐसा ही मुन्ना पैदा हो गया था तो सबने कैसी थू-थू की थी। शम्मन ने उसको बहुत समझाया कि वह बेवा है तो क्या 'ख़ुदा बाप' की क़ुदरत में किसी को क्या दख़ल है ! वह जो चाहे कर सकता है। मगर वह यही कहती थी कि, ''नहीं बीबी, मैंने तो पाप किया है।''

और, बावजूद घंटों सोचने के उसकी समझ में न आता था कि ये पाप होता क्या है और लोग क्यों करते हैं। घर आकर उसने अम्मा वग़ैरह को जब ईसा मसीह की तारीफ़ में 'नातें' सुनाईं तो उन्होंने अपना सर पीट लिया और उसे बहुत डाँटा कि क्या अब वह ईसाई होने का इरादा रखती है। इसलिए उसे वापस उसी पुराने स्कूल में भेज दिया गया जहाँ पहुँचकर मिस चरन का दाग़ फिर हरा हो गया और मिस मुमताज़ से नफ़रत चौगुनी बढ़ गई !

बारह

इस बार स्कूल की नई ज़िंदगी नई बलाओं से शुरू हुई, जो उस पर एकाएक टूट पड़ीं। निहायत गंदी, शर्मनाक और नफ़रत करने लायक़ मुसीबतें। कई दिन तो वह ख़ुदकुशी के मंसूबे[2] बाँधती रही क्योंकि यूँ रिस-रिसकर मरने से तो एक बार ज़हर निगल लेना हज़ार दर्जा आसान था। मगर घर में किसी क़िस्म का ज़हर दस्तेयाब[3] होना भी तो मुश्किल था। जिस्म था कि दिन पर दिन बदलता ही जा रहा था जिससे वह परेशान होने लगी और घंटों तनहाई में आँसू बहाया करती। उसे पहली जमात की वह भयानक उस्तानी[4] याद आ जातीं, जो बिलकुल गोश्त का बेहंगम लोथड़ा थीं। वैसे हाथ-पैर तो उनके सूखे मारे थे मगर पेट और कलेजे पर गोश्त के पुलंदे लदे हुए थे। लड़कियाँ उनका मज़ाक़ उड़ाया करतीं थीं और अजीब-अजीब बेहूदा लतीफ़े उनसे वाबस्ता[5] कर लिए थे।

---

1. पवित्र 2. योजनाएँ 3. प्राप्त 4. अध्यापिका 5. सम्बद्ध

उनकी नफ़रत, सिर्फ़ नफ़रत ही न थी बल्कि उसमें एक तरह का डर और कराहियत[1] छिपी हुई थी। असली घिन तो शम्मन को उनसे उस दिन से हो गई थी जिस दिन वह भूले से उनके गुसलख़ाने में घुसी चली गई थी। वह हमेशा नहाते वक़्त, दरवाज़े में कुंडी चढ़ाना भूल जाया करती थीं। मुल्लाजी के बाद ये दूसरी हस्ती थी जिसे देखकर उस पर फ़ालिज[2] की सी हालत तारी हो गई थी। वह ख़ामोश तनहाइयों में पड़ी न जाने क्या-क्या सोचा करती। मुस्तक़बिल[3] भयानक ख़्वाबों के नए-नए चोले बदलकर उसके सामने नाचा करता। काश, ऐसी दवा होती जिसे खाकर वह चुहिया बराबर हो जाती। वह बहुत ही तेज़ी से बढ़ रही थी। जिस्म के अलग-अलग हिस्से अलग-अलग वक़्त में बढ़ रहे थे। पहले तो जैसे उसकी टाँगों को जिस्म से नफ़रत हो गई और वह बे-तरह लंबी होने लगीं। रात को वह महसूस करती उसकी टाँगें बढ़ रही हैं। लंबी लकीरों की तरह लहराती, पलँग पर से उतरकर दीवार पर से रेंगती हुई नामालूम मंज़िल की तरफ़ बह रही हैं। वह जल्दी से कुहनी का सहारा लेकर टाँगों को देखती तो वह झट से केंचुए की तरह सिकुड़ जातीं। गोया उसने उन्हें ऐन उसी वक़्त पर पकड़ लिया वरना भाग ही गई होतीं। वह कनखियों से लेटकर देखती कि अब क्या कर रही हैं, उसकी टाँगें। मगर वह होशियार साँपों की तरह कुंडली मारे पड़ी रहतीं। यही नहीं, उसके जिस्म का हर हिस्सा ग़ैर-सा हो चला था। नाक एकदम से चेहरे से रूठकर अपने रास्ते चलने लगी। उसने एक कहानी पढ़ी थी जिसमें एक शहज़ादे की नाक तीन फ़ीट लंबी हो गई थी। बेचारा शहज़ादा। कोई उससे बात भी न करता। उसकी चोटी भी कुछ बेतुकी सी हो गई थी, जैसे चायदानी का कुंडा। ऐंठी हुई, छोटी सी दुम, जो उसकी लंबोतरी गर्दन पर किसी तरह न जमती। एक मर्ज़ का इलाज तो इत्तेफ़ाक से उसके हाथ लग गया। उसने अम्मा की बीमारी को भाँप लिया था। गो उससे छुपाई गई थी। मगर उसकी तेज़ निगाहों ने उस शीशी को देख लिया था जिसने उनकी जान बचाई थी। मौक़ा पाकर उसने वह दवा चढ़ा ली। असर फ़ौरन हो गया और वह बिलकुल अच्छी हो गई। भला अगर वह किसी को अपना मर्ज़ बता देती तो इतनी जल्दी कोई दवा थोड़ी कर देता। उसकी तो हर बात को टाला जाता था। दूसरे सँझली बहन ने उसे एक बार इस क़िस्म की बात करने पर बहुत बेशर्म कहकर डाँट दिया था। और, ग़ज़ब तो ये था कि नूरी उसके तमाम शर्मनाक राज़ों की टोह में लगी रहती। मगर वह हमेशा उससे दूर रहती। वह जानती थी कि नूरी नफ़रत से मुस्कुराएगी। और सबसे जाकर शिकायत कर देगी। अपने दुखों में वह आप ही घुला करती। मगर ख़ाक घुला करती थी। गोश्त तो जगह-बे-जगह थुपा चला जा रहा था।

उसने भागना-दौड़ना कम कर दिया था। जैसे हवा से भी टीसें चुभती थीं। जिस्म पक्का फोड़ा हो गया था और पिंडलियों में ऐंठनें होती थीं। बड़े क्लास की लड़कियों से उसे बहुत नफ़रत थी और वह उनका हमेशा मज़ाक़ उड़ाया करती थी। धपा-धप

---

1. घृणा 2. लकवा 3. भविष्य

जब वो रस्सी कूदते वक़्त ज़मीन पर पैर पटख़तीं तो उनके कुर्तों में बिल्लियाँ-सी लड़तीं मालूम होतीं। मगर शम्मन किसी न किसी तरह खेल खेलने में शिरकत से बच ही जाती। उसे हर रोज़ सज़ाएँ मिलतीं, लेकिन वह सब बर्दाश्त करती। यहाँ तक कि एक दिन उसने कोई माक़ूल[1] बहाना न पाया तो कच्च से ब्लेड से अपना पैर काट लिया और बड़ी देर तक अपनी कामयाबी पर मुस्कुराती रही।

एकदम उसकी तबीयत ख़राब रहने लगी। खड़े-खड़े चक्कर आ जाते, हाज़मा ख़राब रहता, मुँह पर काले और सफ़ेद-सफ़ेद चकत्ते पड़ गए, माथा फुंसियों से लद गया और सारे जिस्म में खलबली मचती रहती। ख़ून, जैसे खौलते हुए तेल की तरह भारी-भारी उसे जिस्म में लहराता हुआ महसूस होता।

उसे सुस्त देखकर किसी ने परवाह न की। बस सज़ाएँ बढ़ती गईं। यहाँ तक कि अम्मा-अब्बा के पास भी बहुत बुरी शिकायत गई।

उसी ज़माने में सालाना डॉक्टरी मुआइना[2] का वक़्त आया तो उसे हज़ारों फ़िक्रों ने घेर लिया। वह कई दिन पहले से सहमी हुई रहने लगी। ये स्कूल में उसका पहला मुआइना था। वह हज़ारों बहाने तलाश करने लगी। मगर जब जल्लाद तलवार उठा लेता है तो फिर बचाव मुश्किल हो जाता है।

जब मैट्रन ने उसके कपड़े उतारने को कहा तो उसने उसे 'गधी' कह दिया। जिस पर मैट्रन को रोते-रोते दौरा पड़ गया। सूखी मारी बुढ़िया मैट्रन भला उसके दुखों को क्या समझ सकती।

लेडी डॉक्टर ने उसके दो तमाचे लगाए, मगर वह उससे भी कुश्ती लड़ती रही। डॉक्टरनी ने उससे बहुत से बेहूदा सवाल किए जिसका उसने नहीं में ही जवाब दिया। जान-बूझकर वह उसके पीछे ही पड़ गई।

इसके बाद उसका दोबारा जो मुआइना हुआ तो उसने बहुत ही फ़ैल मचाए। उस मुर्दार डॉक्टरनी को लोगों को टटोलने का वो शौक़ था कि हद नहीं। बला की तरह चिपट गई।

उसे ज़बर्दस्ती दवा पिलाई और चंद ही दिनों में उसका खौफ़नाक मर्ज़ फिर से फूट निकला। और, ग़ज़ब ये कि सारे स्कूल में धूम मच गई। लड़कियाँ मारे तजस्सुस[3] के न जाने क्या सोचने लगीं। नूरी उसे देखने के बहाने भेद लेने कई बार आई मगर शम्मन ने उसे डाँट ही पिलाई।

"सच्ची बताओ शम्मन।" वह बोली।

"क्या ?"

"यही—कि—कि बिर्जीस कहती है—कि तुम्हारे बच्चा पैदा हुआ है !"

डर के मारे वह चीख़ें मारने लगी। अच्छा तो ये बात थी, मगर डॉक्टरनी ने तो कुछ न बताया। हद हो गई ज़्यादती की। किसी ने अगर अब्बा को लिख दिया तो मौत

---

1. उपयुक्त 2. परीक्षण 3. जिज्ञासा

समझ लो। गेंदा की जो गत बनी थी, वह याद थी। मगर फिर उसका नन्हा-मुन्ना बच्चा उसे बेतरह याद आने लगा।

"तो फिर गया कहाँ ?" उसने दिल ही दिल में सोचना शुरू किया। शायद छुपा दिया गया हो। लेकिन वह पालती भी कैसे ? स्कूल का काम, इम्तिहान सर पर, भला बच्चे को कौन पालता ! लेकिन ये उन लोगों की नाइंसाफ़ी थी कि उसे दिखाया भी नहीं गया। वह देखती, शक्ल, सूरत किसकी सी होगी, बहुत ही ज़रा-सा होगा। और, परेशानी दूर होकर उसे एक तरह की फ़िक्र सी लग गई।

उसका बुख़ार उतरा और वह अपने कमरे में आ गई। तब भी किसी ने बच्चा नहीं दिखाया। एक दिन उसने बातों-बातों में सआदत से ज़िक्र भी किया। सआदत आँखें फाड़े उसे देखती रही और फिर बोली।

"मगर तुम्हारी शादी तो हुई नहीं।"

"हैं ?—शादी नहीं हुई तो फिर सआदत ?" वह चुप रह गई। उसने जो अपनी सोच में नन्हा-मुन्ना चूहे बराबर बच्चा बना रखा था, आहिस्ता-आहिस्ता धुँधला होने लगा।

"मगर नूरी जो कहती थी।"

"नूरी को क्या मालूम।" सआदत बुज़ुर्गों के से अंदाज़ में बोली, "किसी से कहना भी मत, पगली कहीं की।"

फिर सआदत ने उसे बहुत सी बातें बताईं और वह हँसते-हँसते बेदम हो गई। शम्मन को भी हँसी आ गई।

जब वह तनहा पलँग पर लेटी तो उसे उस ख़याली बच्चे के खो जाने का बहुत दुख हुआ। नूरी की जानकारी के बाद वह सचमुच का एक नन्हा-सा मुन्ना कुलबुलाता हुआ बच्चा कहीं अपने से क़रीब ही महसूस करने लगी थी। बाज़वक़्त तो उसे यह भी शुब्हा होने लगता कि वह उसके पहलू में पड़ा सो रहा है और अगर ज़रा भी हिली तो जाग जाएगा। इस एहसास के साथ ही उसके आज़ा[1] अकड़ से जाते और वह साँस रोके देर तक पलँग पर हिले बग़ैर पड़ी रहती। अक्सर सोते-सोते उसे बच्चे के रोने की आवाज़ आती और वह हड़बड़ाकर उठ बैठती और आँखें फाड़-फाड़कर रात के अँधेरे में उस वाहमे[2] को तलाश करती रहती। हत्ता[3] कि फिर उसकी आँख लग जाती। वह उस नन्हीं सी जान के साथ न जाने कब तक इसी तरह आँख-मिचौली खेलती रहती अगर सआदत उस पर हक़ीक़त का इन्केशाफ़[4] न कर देती, और अब ? अब न जाने क्यों बच्चे के ख़याल ही से उसे शर्म आने लगती। तौबा ! कैसी बुरी बात थी।

ज़िंदगी जैसे धुँधलकों में से निकलकर रोशनी में आती जा रही थी। आहिस्ता-आहिस्ता उसके सब दुख दूर होने लगे। गो उसकी साँस घुटती, मगर वह सब बातों की आदी हो गई। ज़िंदगी ने रख-रखाव खुद ही सिखा दिया।

---

1. अंग 2. भ्रम 3. यद्यपि

तेरह

बात ख़त्म हो गई थी। मगर इस वाक़ये[1] की नूरी ने वह थुड़ी पीटी[2] कि एक दिन पकड़कर उसे ठोंक दिया। घर में वह नूरी को बड़ी आपा से छुपाकर चार चोट की मार दिया करती थी। मगर मजाल थी जो वह शिकायत कर जाती। बड़ी आपा तो ख़ैर उसे मार लेतीं, मगर फिर वह नूरी को ज़िंदगी का मज़ा चखा देती। यहाँ आकर तो नूरी बड़ी तमीज़दार बनने लगी थी। चिड़िया की बीट तक को वह बाथरूम कहने लगी थी और बड़ी इतराकर 'देखिए, देखिए' कहकर बोलती थी। फिर उसे शम्मन ने उसकी सहेलियों के सामने मारा। नूरी जवान औरतों की तरह मातम कर-करके रोने लगी और शाम तक अपना बिस्तर-बोरिया उठाकर अपनी सहेली जलीस के यहाँ जा पड़ी। बड़ी आपा को एक निहायत ही दर्दनाक ख़त लिखा। जिस पर वह उसके मरहूम बाप को याद करके ख़ूब रोईं और प्रिंसिपल को एक मिन्नत-भरा ख़त लिखा कि यतीम बच्ची नूरी को शम्मन के पंजे से बचाएँ।

नूरी हँसी-ख़ुशी जलीस के कमरे में रहने लगी और शम्मन के कमरे में बड़ी-बड़ी आँखों वाली रसूल फ़ात्मा आ गई।

रसूल फ़ात्मा से शम्मन को जो नफ़रत थी वह जुनून की हद से भी आगे बढ़ी हुई थी। उसकी बाहर को उबली हुई आँखें ज़रूरत से ज़्यादा बड़ी और बे-रौनक़ थीं, जैसे चिपटी थाली में दो मेंढ़क रखे हों, बारीक सीधी-सीधी तिनकों जैसी पलकें और खुरदुरे भूरे रंग के पपोटे। हर वक़्त उनमें बेबसी, गुरबत[3] और बेवक़ूफ़ी छलकती रहती थी। बैठे-बैठे शम्मन को एकदम उन आँखों पर गुस्सा आने लगता, और जी चाहता उनमें गर्म लोहे की कीलें ठोंक दे।

वह बात-बेबात उसे झिड़क देती। अगर भूले से उसका मैला दुपट्टा या फटी किताब शम्मन की मेज़ या बिस्तर पर रखी रह जाती तो उसका दिमाग़ ख़राब होने लगता और वह झल्लाकर उसे दूर फेंक देती। ये नफ़रत और भी बढ़ती गई जब उसके हर जुल्म के जवाब में रसूल फ़ात्मा बहुत डरी-सहमी-सी अपने सिकुड़े हुए होंठों में से टेढ़े-मेढ़े दाँत निकालकर घिघियाने लगती और कभी तो वह चीज़ों को बेरहमी से ऐसे फेंकती कि वो उसके मुँह पर जा लगतीं।

"ऊँ, भई हमें ये मज़ाक़ नहीं अच्छा लगता।" वह उसे मज़ाक़ समझती थी। गोया शम्मन इतनी गिरी-पड़ी थी कि रसूल फ़ात्मा से मज़ाक़ करेगी। वह फन कुचले हुए साँप की तरह भन्ना जाती। मगर रसूल फ़ात्मा उसकी तरफ़ प्यार से देखकर अपनी मुरझाई हुई आँखों में मिठास पैदा करने की कोशिश करती।

स्कूल में साथ सोने की सख़्त मुमानियत[4] है, मगर रसूल फ़ात्मा को इस क़दर डर लगता था कि वह आख़िरी घंटी बज जाने के बाद शम्मन के पलँग के क़रीब पलँग ले

---

1. प्रकरण 2. थू-थू की 3. निर्धनता 4. मनाही

आती। शम्मन ने कई बार नफ़रत से उसे दुत्कारा भी लेकिन वह सचमुच उसके पैर छूने लगी। उसने बताया कि जबसे उसकी माँ ताऊन में मरी हुई दो दिन तक घर में पड़ी रही थी, तबसे उसे मुर्दों से बहुत डर लगने लगा है और अँधेरा होते ही उसे चारों तरफ़ से रूहें घेरना शुरू कर देतीं।

"अच्छा चुप रहो।" नफ़रत से शम्मन उसकी हर बात पर डाँटती और वह ख़ामोश होकर हौले-हौले क़ुरान शरीफ़ की आयतें पढ़कर चारों तरफ़ फूँकती। मगर जब उसने उन पाक आयतों की बरकत शम्मन पर फूँकना चाही तो उसने एक चाँटा उसके मुँह पर मार दिया।

"सुअरिया। हमारे मुँह पर थूक दिया।" उसने दाँत पीसकर रसूल फ़ात्मा को उसके पलँग पर गिरा दिया। रसूल फ़ात्मा बहुत ही सूखी मारी थी। ज़रा से टहोके[1] से बेदम हो जाती।

एक बार रात को शम्मन को अपनी गर्दन पर चूहा सा फुदकता महसूस हुआ। अँधेरे में वह हड़बड़ाकर उठ बैठी। चूहा, रसूल फ़ात्मा के पलँग पर भाग गया। वह फिर लेट गई। हलकी नींद में उसे फिर चूहा पट्टी पर रेंगता मालूम हुआ। धुँधलके में बड़े ध्यान से देखने पर मालूम हुआ कि चूहा नहीं बल्कि सोते में रसूल फ़ात्मा का हाथ हिल रहा था। वह करवट बदलकर सो गई।

जैसे उसने ख़्वाब में देखा कि चूहा फिर रेंगा और क़ब्ल[2] इसके कि वह उसे झटक सके, वह उसे पछाड़कर उस पर पूरी तरह हावी हो गया। उसके जिस्म की सारी रगें अकड़कर ताँत की तरह तन गईं। सारी ताक़त एकदम से उसके जिस्म से निकल गई। अब वह कभी हिल तक न सकेगी। रसूल फ़ात्मा की सूखी हुई उँगलियाँ कीलों की तरह चुभ रही थीं। मगर वह उसे न रोक सकी। जैसे शेर अपने शिकार को झिंझोड़-झिंझोड़कर निगलता है बिलकुल उसी तरह...वह सहमी हुई ख़ामोश लेटी रही, और चूहे दौड़ते रहे। फिर आहिस्ता-आहिस्ता उसकी डूबी हुई ताक़त उभरने लगी। एक ही बार उसका सारा जिस्म बग़ावत पर तन गया और उसने चाहा एक ही झटके में वह रसूल फ़ात्मा को पछाड़कर उठ भागे। मगर वह हिली भी नहीं। ज़िल्लत के एहसास ने उसकी सारी ताक़त ख़त्म कर दी थी। उफ़ ! उसकी ये गत और वह भी रसूल फ़ात्मा के हाथों। अगर वह अपने जागने का ऐलान करती है तो फिर तो उसे रसूल फ़ात्मा को मार डालना चाहिए। उसने सोचा वह ऐसा हिले जैसे सो रही है। मगर कुछ देर में जाग जाएगी तो शायद रसूल फ़ात्मा डरकर उसे छोड़ देगी—मगर भला, वह एक भुतनी थी और फ़ैसला जल्दी चाहता था। इसलिए एकदम उसने झल्लाकर इतनी ज़ोर से करवट ली कि उसकी कोहनी रसूल फ़ात्मा की उबली हुई आँख में लगी मगर ज़रा और अच्छी करवट लेकर उसने अपने जागने का ऐलान कर दिया।

"कौन है ?"

---

1. उँगली से की गई हल्की-सी चोट 2. पूर्व

"मैं–मैं हूँ, तुम्हारी रसूल फ़ात्मा !"

क्या ? उसकी रसूल फ़ात्मा ! अगर वह इतनी डरी हुई न होती तो उसे एक गुस्ताख़ी का उसी दम मज़ा चखाती। मगर मौक़ा न था। उसने बड़बड़ाते हुए ज़ोर से अपनी चारपाई दूर ढकेली। ऐसे कि रसूल फ़ात्मा का पुराना पिचका हुआ संदूक़ चूरा हो गया।

सुबह उठकर रसूल फ़ात्मा से आँख मिलाने की हिम्मत न पड़ती थी। मगर वह भरी बैठी थी कि वह बोले तो बस उसकी जान को ही आ जाए। लेकिन रसूल फ़ात्मा भीगी बिल्ली बनी, शम्मन का ताज़ा रँगा हुआ दुपट्टा चुन रही थी। ये देखकर वह जल ही गई और ऐसे ज़ोर से झटका देकर दुपट्टा छीना कि रसूल फ़ात्मा गिर पड़ी होती। सारी उसकी हाथों की कलाइयाँ छिल गईं। मगर वह बुरा न मानी बल्कि रहम पाने वाली नज़रों से उसे देखने लगी। जैसे चंगेज़ी मज़ालिम[1] उसे बहुत ही भाते हैं। शम्मन ने भन्नाकर जो दुपट्टे की चुन्नट खोली तो कई बल खाया हुआ दुपट्टा मसक गया। अब तो उसने वाक़ई उसे ऐसे ढकेला कि बिचारी की नए तीन पैसे की सुराही चकनाचूर हो गई। उसकी बड़ी-बड़ी बेजान आँखें ज़ख़्मी मेंढकों की तरह फूलकर और उभर आईं और उनमें ग़लीज़ नमी झलकने लगी।

ज़रा-ज़रा-सी बात पर शम्मन उसे दुत्कारती रही लेकिन वह तो चुपकी हँसती रही या हें-हें करके बेजान हँसी हँसने लगती, गोया उसकी ठोकरों में जफ़ा की चाशनी भरी थी।

भई ऐसा भी मज़ाक़ किस काम का, कि सारी चूड़ियाँ तोड़ दीं। ज़ालिम कहीं की ! वह उसे इस क़दर प्यार से देखने लगी कि शम्मन घबराकर कमरे से भागी। उसका जी चाहा सब कुछ जाकर मैट्रन से कह दे। मगर उसके पैर रुक गए। क्या कहेगी वह उससे जाकर ? अभी पिछले महीने छोटी क्लासों की बच्चियों को बेहूदा खेल खेलने पर सज़ा मिली थी। वह लिहाफ़ों में दुबकी हुई एक दूसरे को बच्चे जनवा रही थीं। तौबा !

रसूल फ़ात्मा की सूरत देखकर उसके तन-बदन में आग लग जाती। शाम को वह सआदत के साथ बैठी घर का काम कर रही थी कि एक छोटी-सी बच्ची ने दरवाज़े की आड़ से उसे बुलाया, "याँ आइए, शम्मन बाजी !"

ये छोटी बच्चियाँ बोर्डिंग में बड़ी लड़कियों की लौंडियों की तरह होती हैं। छोटे-मोटे काम, ख़त और पैग़ाम ले जाना, चमन में से फूल चुरा लाना। किताबें लादकर इधर से उधर ले जाना और इसके बदले में कभी-कभी बड़ी लड़कियों का सर और पैर दबाने की इज़्ज़त हासिल करना। जितनी ज़्यादा हरदिलअज़ीज़[2] लड़की होगी उतनी ही ज़्यादा छोटी लड़कियाँ उसकी ख़िदमत में हाज़िर रहेंगी। शम्मन उन छोटी लड़कियों में ज़्यादा अज़ीज़ नहीं थी क्योंकि वह ख़ुद निहायत छिछोरी-सी थी।

"क्या है ?" उसने रुखाई से दरवाज़े के पास जाकर पूछा।

---

1. जुल्म 2. लोकप्रिय

"ये रसूल फ़ात्मा आपा ने दिया है"—एक पर्चा देकर वह लड़की शरमाती हुई भाग गई। रसूल फ़ात्मा ने न जाने कितनी ख़ुशामदें की थीं और रिश्वत दी थी कि वह लड़की ये पैग़ाम देने के लिए राज़ी हो गई थी। क्योंकि आम लड़कियाँ, ख़ासतौर पर छोटी लड़कियाँ, उससे बहुत नफ़रत करती थीं।

पर्चा लेकर शम्मन के हाथ काँपने लगे उसने सआदत की नज़र बचाकर जल्दी से स्वेटर के अंदर छुपा लिया और वापस पढ़ने आ बैठी। लेकिन परेशानी की वजह से उससे ख़ाक भी न पढ़ा गया। ऐसा लगता था जैसे किसी ने उसे अग़वा[1] करने का ख़त लिखा है और वह वाक़ई ख़तरे में है।

उसने चाहा कोई बहाना करके बाहर चली जाए। ख़त पढ़ने के लिए वह बेचैन होने लगी। इसलिए वह बाथरूम जाने के बहाने उठ गई। ख़त में लिखा था—

"मेरे मनमंदिर की देवी ! आह अपनी आशिक़ से क्यों नाराज़ हो, कब तक ख़फ़ा रहोगी। अगर ऐसी ही मुझसे नफ़रत है, तो अपने प्यारे-प्यारे हाथों से गला घोंट दो—ये तुमने क्या जादू कर दिया है—एक दफ़ा अपने पैरों पर सर रखकर माफ़ी माँग लेने दो—"

तुम्हारे हुस्न की परवाना
रसूल फ़ात्मा

हैबत[2] के मारे वह शल[3] हो गई। किस क़दर बदमाशी का ख़त लिखा गया था। अब ? कमरे में वापस जाने के ख़याल से उसका दम निकलने लगा। वह कोई ऐसा बहाना करे कि सआदत उसे अपने कमरे में पनाह दे दे। सोने की घंटी बज गई और वह कोई बहाना न तलाश कर सकी। घंटी की आवाज़ों के साथ उसका दिल भी ऊँची आवाज़ से धड़कने लगा और वह डरी कि सआदत न सुन ले।

बेख़याली में क़दम बढ़ाती वह कमरे में आई। उसने रात के कपड़े नहीं बदले। पैर लटकाए पलँग पर बैठी रही। रसूल फ़ात्मा के रोमानी ख़याल उसे परेशान करने लगे। एक लंबी आह कमरे में सरसराई और रसूल फ़ात्मा ने करवट ली। शम्मन, आहिस्ता से तकिए पर सर रखकर लेट गई। अब अँधेरे में उसने महसूस किया कि रसूल फ़ात्मा की बड़ी-बड़ी आँखें उसके जिस्म में चुभ रही हैं।

उस पर एकदम से अजीब-सा ख़ौफ़ तारी हो गया और जी चाहा किसी की आग़ोश में यूँ छुप जाए, जैसे चील झपट्टा मारती है तो चूज़े दौड़कर मुर्ग़ी के परों के नीचे छुप जाते है। फिर उससे बरदाश्त न हो सका और वह बाहर निकल आई और बरामदे में खंभे से लगकर खड़ी हो गई।

"यहाँ क्यों खड़ी हो, सर्दी लग जाएगी," रसूल फ़ात्मा उसके साथ-साथ रेंग आई थी। मगर उसने उसका हाथ झटक दिया और गुसलख़ाने की तरफ़ चल दी। जब वहाँ

---

1. अपहरण 2. भय 3. निढाल

से निकली तो रसूल फ़ात्मा खड़ी थी। वह कुछ नहीं ओढ़े थी और उसके अजीबोग़रीब रात के कपड़ों में से उसका मरियल जिस्म ज़ाहिर हो रहा था। वह उसे धक्का देती हुई हाथ धोने के नल के पास जा खड़ी हुई और ग़ैरइरादी तौर पर पानी की धार अपनी उँगलियों में से छानने लगी।

"चलोगी नहीं शम्मन ?"—रसूल फ़ात्मा मुनमुनाई। शम्मन ने कुछ जवाब न दिया। नल बंद करके वह अपने हलक़ में गीली उँगलियाँ डालने लगी। हलक़ में गुदगुदी हुई, कव्वा ऐंठा।

"ओं—ओंक," वह क़ै करने लगी। बावजूद ढकेलने के, रसूल फ़ात्मा उस पर चढ़ी चली आई और घबरा-घबराकर उसकी पीठ सहलाने लगी। वाक़ई उसे क़ै होने लगी। हर झटके पर उसके गले की नसें फटने लगतीं और मालूम होता ज़बान टूट आएगी। जब ज़रा जी ठहरा तो रसूल फ़ात्मा दीवानों की तरह रोती हुई मैट्रन को बुलाकर लाई। मैट्रन ने बावर्ची को बुरा-भला कहा और उसे इलायची खाने को दी।

"मुझे मरीज़ों के कमरे में पहुँचा दीजिए—न जाने जो फिर क़ै हुई तो।"

रसूल फ़ात्मा बोर्डिंग के उसूलों के बावजूद उसके साथ जाने की ज़िद करने लगी। मगर मैट्रन ने उसे डाँट बताई, "क्या अजब, कोई छूत की बीमारी हो !"

देर तक वह बदबू वाली रज़ाई ओढ़े बीमार बनी मुस्कुराती रही—उसका हलक़ बुरी तरह जकड़ रहा था और कनपटी दुख रही थी। मगर उसे मालूम होता था कि वह चील से बचकर मुर्ग़ी के परों में दुबकी है। एक तो रात का खाना निकल गया और दूसरे सुबह जो बदबूदार बिस्कुट मिलते थे वह भी बंद कर दिए गए। तो मजबूरन उसे दोपहर तक ठीक होना पड़ा। खाने पर वह हस्बेमामूल[1] रसूल फ़ात्मा के पास नहीं बैठी। चूँकि दुआ हो चुकी थी इसलिए रसूल फ़ात्मा उठकर उसे बुलाने न आ सकी। खाना खाते में जो एक दफ़ा उसकी नज़र मेज़ के दूसरे सिरे पर गई तो उसने देखा कि वह कुछ खा नहीं रही है और शम्मन के लिए खाना निकालकर लगा दिया है। उसकी घिनौनी शक्ल और फैली हुई आँखें देखकर शम्मन का दिल फिर क़ै करने को चाहने लगा। उसने उसी दिन मैट्रन से कह दिया कि वह खाने पर अपनी जगह बदलना चाहती है। सआदत के पास एक जगह थी। वहाँ वह बैठने लगी।

नमाज़ के वक़्त वह कुछ न बोल सकी। जब रसूल फ़ात्मा उसके क़रीब नीयत बाँधकर खड़ी हो गई तो पूरे वक़्त वह ये कोशिश करती रही कि सजदा करते वक़्त उसकी कोहनी रसूल फ़ात्मा से न छू जाए। इसलिए वह बार-बार आयत भूल जाती।

रात फिर मुसीबत बनकर छाने लगी और उस पर परेशानी ने हमला कर दिया। आज वह बिलकुल बेबस हो गई थी। कोई बचाव की सूरत नज़र नहीं आ रही थी। बड़ी देर तक वह नफ़िलें[2] पढ़ती रही। फिर उसने 'या हाफ़िज़ो'[3] का विर्द[4] किया। आज उसे ख़ुदा बेतरह याद आ रहा था और वह गिड़गिड़ाकर दुआएँ माँग रही थी। मगर क्या

---

1. हमेशा की तरह 2. नमाज़ें 3. ऐ रक्षा करने वाले (ईश्वर) 4. जाप

दुआ उसने माँगी ? उसके मुँह से तो एक लफ़्ज़ भी न निकला, और पास ही रसूल फ़ात्मा दोज़ानू[1] बैठी हाथों को ऊपर किए हुए हिल-हिलकर दुआ माँग रही थी। शम्मन का जी और परेशान हो गया। उसको ऐसा मालूम हुआ कि रसूल फ़ात्मा के पल्लू में ढेर सी दुआ जमा हो गई है और जी चाहा, एक हाथ ऐसा मारे कि सारी दुआ बाजरे के दानों की तरह बिखर जाए और जब रसूल फ़ात्मा उसे बटोरने झुके—तो...मगर इस ख़याल के साथ ही उसे तरकीब सूझी। रात हो चुकी थी और मैट्रन अपना चक्कर ख़त्म करके अपने कमरे में जा चुकी थी। उन दोनों को इबादत में मशग़ूल देखकर वह कुछ न बोली, क्योंकि ये मज़हबी मामला था। एक दफ़ा उसने लड़कियों को मैदान में शबे-क़दर[2] मनाने से रोका था तो गुल मच गया था। दूसरे दिन मुक़ामी अखबारों की सुर्ख़ियाँ ईसाई मैट्रन के ख़िलाफ़ ज़हर उगल रही थीं।

वह चुपके से उठी और आहिस्ता से नमाज़ के कमरे की कुंडी चढ़ा, सीधी अपने कमरे में। रसूल फ़ात्मा ने चौंककर उसे पुकारा, "शम्मन !" मगर वह तेज़-तेज़ क़दम चल पड़ी। कमरे में पहुँचकर उसका दिल आज़ाद चिड़िया की तरह हलका हो गया। पलँग पर लेटकर वह ख़ामोश दबे क़हक़हों में डूब गई।

नमाज़ का कमरा दूर था। इतनी दूर कि अगर रसूल फ़ात्मा चीख़ती तब कहीं उसकी आवाज़ सुनाई देती। ख़ामोश सर झुकाए, वह उसकी आवाज़ का इंतज़ार करती रही लेकिन सिवाय झींगरों की चीं-चीं के वह और कुछ न सुन सकी। सुबह रसूल फ़ात्मा उसकी शिकायत कर देगी। फिर ? फिर ? वह तरह-तरह के बहाने सोचने लगी। उसे ऐसा मालूम होता था जैसे वह एक ख़ौफ़नाक साँप पर एक पत्थर पटख़कर भाग आई है और अब वह वहाँ पर पड़ा दम तोड़ रहा था। कहते हैं साँप को मार डालो तो नागिन बदला लेने आती है। लेकिन रसूल फ़ात्मा के बाद तो उसे किसी नागिन का ख़ौफ़ न था। रसूल फ़ात्मा दुनिया में तनहा ही आई थी, तनहा ही रहती थी और तनहा ही चली जाएगी। कल से वह अपना कमरा भी बदल लेगी। मगर ये रसूल फ़ात्मा गुल क्यों नहीं मचाती ?

सुबह नमाज़ के कमरे के आगे लड़कियाँ ऐसे जमा थीं गोया रात कोई चोरी हो गई है और ताला टूटा पड़ा है। वह भी बेग़र्ज़[3] बनी उधर से गुज़री। रसूल फ़ात्मा जानमाज़[4] में लिपटी हुई पड़ी थी। चार लड़कियाँ उसे सहारा दे रही थीं। दो भागकर मैट्रन को बुलाने गई थीं। रसूल फ़ात्मा बुख़ार में जल रही थी और उसकी मुर्दा आँखें अंगारों की तरह जानदार हो रही थीं।

मैट्रन ने उसे बीमारों के कमरे में जाकर लिटाया और बहुत पूछा कि कौन उसे वहाँ बंद कर गया। मगर वह यही कहती रही कि "कोई नहीं, वह ख़ुद नमाज़ पढ़ते-पढ़ते सो गई थी।"

---

1. घुटनों के बल बैठना 2. मुसलमानों के विश्वास के अनुसार एक पवित्र रात जो रमज़ान के महीने में होती है 3. निःस्वार्थ 4. नमाज़ पढ़ने की दरी

"फिर दरवाज़ा किसने बंद किया ?"

"किसी ने भी नहीं।" वह बराबर टालती रही।

शम्मन के दिल पर रसूल फ़ात्मा की ऐसी दहशत बैठी कि उसने मैट्रन से खुशामद करके अपना कमरा बदलवा लिया। सआदत अकेले कमरे में रहती थी। इसलिए उसके साथ रहने की इजाज़त मिल गई। शम्मन की ख़ुशी की कोई हद न रही। अब वह दोनों साथ-साथ पढ़ेंगी, साथ रहेंगी। सआदत से उसकी बहुत बनती थी।

चौदह

जब उसने दौड़कर सआदत को उसके कमरे में आने की ख़बर सुनाई तो बजाय ख़ुशी से उछल पड़ने के, वह ख़ामोश हो गई। एकदम से उठकर वह मैट्रन के पास गई, जहाँ देर तक बड़बड़ाती रही। जब वह बाहर निकली तो मैट्रन चिल्ला रही थी। उसने ज़ोर से दरवाज़ा भेड़ दिया और मुँह फुलाए लौट आई।

शम्मन की सारी ख़ुशी ख़ाक में मिल गई। वह तो समझती थी कि सआदत उसके कमरे में आने से ख़ुश होगी। उसे बड़ी ज़िल्लत महसूस हुई। मगर उसने जी को समझा लिया कि चूँकि सआदत हमेशा से बोर्डिंग में बेहतरीन कमरे में रहती आई है इसलिए वह उसके आने को अपनी हक़तलफ़ी[1] समझ रही है। सआदत उसे ख़ामोश देखकर स्कूल का काम करने बैठ गई। और वह तारीख़[2] व जुग़राफ़िया[3] के चक्कर में पड़कर सब कुछ भूल गई।

दो दफ़ा रसूल फ़ात्मा ने उसे चुपके से बुलाया मगर वह न गई। रसूल फ़ात्मा के पास जाने की मनाही भी हो गई थी क्योंकि डॉक्टर ने उसे टी.बी. बता दी थी। ये भी सुना था कि गर्मियों की छुट्टियों के बाद उसे वापस न आने दिया जाएगा।

सआदत वैसे तो अब खुश रहने लगी थी लेकिन फिर भी बाज़ वक़्त शम्मन को महसूस होता कि वह उससे नफ़रत करती है। जैसे उसकी मौजूदगी से कमरा घुटा जा रहा हो क्योंकि उसने ये मामूल बना लिया था कि वह पढ़ने के बाद फ़ौरन उठकर अपनी एक सहेली के कमरे में चली जाती थी।

उसकी ये सहेली नजमा, हाईस्कूल के ज़माने में उसके साथ रहती थी। फिर जब टायफ़ाइड के वजह से सआदत फ़ेल हो गई तो वह उससे एक दरजा आगे हो गई थी। वह एफ़.ए. में थी और हाईस्कूल की लड़कियों से बहुत बुज़ुर्गाना बर्ताव करती थी। जब वह सआदत के कमरे में आती तो शम्मन को देखकर ज़रा देर को भड़क जाती। बैठती तो बिलकुल ख़ामोश, वरना जल्दी से बहाना करके चली जाती। नजमा से शम्मन

---

1. अधिकार छीनना 2. इतिहास 3. भूगोल

बिलकुल बेतकल्लुफ़ न थी और अमूमन उसे देखकर ज़रा परेशान हो जाती थी। कभी शम्मन अपने कमरे में आती तो नजमा भी, जो हँस-हँसकर सआदत से बातें करती होती, एकदम से ख़ामोश हो जाती और फ़ौरन ही उसे बहुत ज़रूरी काम निकल आता और वह चली जाती। मगर नजमा को देखकर शम्मन कुछ अजीब तरह से बेचैन हो जाती। जितनी देर खड़ी वह बातें करती रहती, शम्मन का दिल तेज़ी से धड़का करता। वह जल्दी से उसकी तरफ़ से मुँह फेर लेती और बहुत ही बेकार के कामों में लग जाती। मगर जब वह चली जाती तो शम्मन को बहुत अफ़सोस होता कि आख़िर उसने उसे अच्छी तरह देखा क्यों नहीं। वह उसकी ऊदी फूलदार सलवार की तड़पती हुई सलवटें, सफ़ेद चिकन का कुर्ता, जिसका गला ज़रा नीचे को खिंचा हुआ था और कमर पर चुस्त करने के लिए लगातार प्लेटें पड़ी थीं, कंधे पर फूला-फूला झोल उसकी कमर को और भी पतला बना देता; और उसका बैंगनी चुना हुआ दुपट्टा कंधों पर से होता हुआ बग़ल में घूम जाता था, और आँचल ताज़ा फूलों के गुच्छे की तरह सिमटकर बाज़ू पर झूला करता। जब वह मुड़कर जाने लगती तो उसकी चोटी का फुँदना उसके कूल्हों पर ठुमकियाँ लेता, और ऊदी शलवार के पायचों में से उसकी साँवली एड़ियाँ ख़ासी गोरी मालूम होतीं जैसे मोर के भूरे रंग के अंडे।

नजमा बड़ी नाजुक थी। मालूम होता था उसके जिस्म में एक भी पक्की हड्डी नहीं। शम्मन का दिल उसे छूने के ख़याल से घबराने लगता। गर्म और नर्म ऐसी कि अगर हाथों में लेकर ज़ोर से दबाओ तो उबले हुए अंडे की तरह फिसल जाए।

एक दिन यूँ ही वह शम्मन के पास ही पलँग पर बैठ गई। शम्मन परेशान हो गई। और जब उसने अपने दुपट्टे का आँचल झटका तो वह शम्मन के बाज़ू पर आन गिरा। शम्मन को ऐसा मालूम हुआ जैसे छत पर से उसके ऊपर साँप टपक पड़ा। वह सुन्न बैठी रही, फिर आहिस्ता से खिसककर आँचल गिरा दिया—लेकिन फ़ौरन ही उसे अफ़सोस होने लगा, जैसे उसने गोद में से कोई बड़ी प्यारी चीज़ फेंक दी हो। वह दिल ही दिल में दुआ माँगने लगी कि काश फिर नजमा उसी अल्हड़ अंदाज़ में आँचल फेंके और उसके बाज़ू से आन उलझे—मगर नजमा चली गई थी।

बाज़ वक़्त जब नजमा सआदत से बातें करती होती तो शम्मन उसे निगल जाने वाली नज़रों से घूरने लगती। वह उसके होंठों की ख़फ़ीफ़[1] सी जुम्बिश[2], वह सर मोड़कर ज़रा अपने शाने[3] पर देखना, जैसे वहाँ किसी की प्यार-भरी नज़रों का जवाब दे रही हो। या जब वह अपनी उँगली में अँगूठी घुमाकर मासूमियत से छत की तरफ़ देखती तो शम्मन पागलों की तरह उस नन्हें से ड्रामे को देखा करती। नजमा उसे महसूस करते ही एकदम ख़ामोश होकर होंठ भींच लेती गोया पूछ रही हो, "क्या कहती हो ?—कह भी चुको न—" मगर शम्मन खिसिया जाती और ठंडा-ठंडा पसीना उसकी रीढ़ की हड्डी में रेंगने लगता। पेट में जैसे एकदम शूल चुभती और फिर प्यास लगने लगती। मगर

1. हल्की 2. कंपन 3. कंधों

वह बेदिली से कोई ऊटपटाँग काम किया करती।

फिर उसे और कुछ होने लगा। बैठे-बैठे उसे नजमा के होंठों की जुम्बिश, आँचल का गुच्छा और कमर पर लगी हुई प्लेटें याद आ जातीं। वह थोड़ी देर तो उनसे लुत्फ़ लेती। मगर फिर झुँझलाकर उन्हें दूर ढकेल देती।

एक दिन, एक अजीब वाक़या हुआ। सआदत, नजमा के कमरे में से उसकी साटन की सदरी पहन आई। क्लास में जब शम्मन ने उसकी पीठ पर हाथ रखा तो ऐसा महसूस हुआ जैसे उसने कोई गर्म-गर्म प्लेट पकड़ ली हो। उसने जल्दी से घबराकर हाथ हटा लिया मगर दूसरे लम्हे वह सआदत की पीठ पर हाथ रखने का कोई बहाना ढूँढ़ने लगी। उसे ऐसा मालूम हुआ गोया चिकने-चिकने साँप उसकी हथेली में सरक रहे हैं। दोपहर के वक़्त गर्मी की वजह से सआदत नें सदरी उतारकर कुर्सी पर लटका दी और खाना खाने चली गई। शम्मन ने खाने पर से आकर जो सदरी को देखा तो ज़ोर-ज़ोर से उसका दिल धड़कने लगा। दोबारा स्कूल शुरू होने की घंटी बज गई मगर शम्मन बहाने बनाती रही।

"चलती हो कि नहीं—मिस चरन का घंटा है, देर हो गई तो खा लेगीं।"

"तुम चलो—मैं ज़रा..." वह लोटा उठाकर ग़ुसलख़ाने जाने की तैयारी करने लगी।

जब सब लड़कियाँ बोर्डिंग से चली गईं तो डरते-डरते ज़मीन पर लोटा रखकर उसने सदरी की तरफ़ देखा। फिर भी उसको इत्मीनान न हुआ और वह जाकर दरवाज़ा बंद कर आई। आहिस्ता-आहिस्ता दबे पैर वह बढ़ी। धड़कन एकाएकी इतनी तेज़ हो गई कि मालूम हुआ, सीना ही फट जाएगा। एक मस्त करने वाला भपका उसकी नाक में पहुँचा और उसे चक्कर आने लगा। बाहर किसी ने कूड़े के टीन को ठोकर मारी और जल्दी से उसने सदरी पलंग पर फेंकी, मगर दरवाज़े से वह लौट आई। जल्दी में उसने सदरी बजाय कुर्सी के, पलँग पर डाल दी। और जो सआदत देख लेती तो ? ग़ज़ब हो जाता। वह ज़रूर भाँप जाती कि सदरी जगह से बेजगह की गई है।

क्लास में मिस चरन ने कैसा डाँटा। उसे कुछ सुनाई न दिया। वह सर झुकाकर ख़ामोश बैठ गई—मगर बड़ी देर तक उसकी उँगलियाँ सदरी के छूने-भर से झनझनाती रहीं जैसे उनमें मीठी-मीठी मिर्चें लग गई हों।

स्कूल ख़त्म हुआ तो वह वहीं क्यारियों के पास मुँडेर पर बैठ गई। पेंसिल को ईंट पर घिसते हुए उसने सोचना शुरू किया। आज उसे मालूम हो रहा था गोया उसने कोई हसीन चोरी की है। एक दफ़ा स्कूल में पार्टी हुई थी तो उसने चुपके से एक रसगुल्ला उठा लिया था। मगर किसी के पैर की चाप सुनकर वह जल्दी से उसे निगल गई और हाथ धोने के नल में से पानी पीने लगी। उस रसगुल्ले का ज़ायक़ा मुश्किल से चंद सेकेंड उसकी जुबान पर ठहरा होगा। मगर वह जब चाहती तख़य्युल[1] की मदद से उसकी मिठास मुँह में खींच लाती और उसका सारा मुँह लज़्ज़त से भर जाता। आज भी वह

---

1. कल्पना

सदरी की ख़ुशबू को अपने नथुनों में खींचने लगी। इत्र तो न था, मगर था ज़रूर कुछ। सआदत में तो वह हमेशा से जानती थी कि मुर्ग़ी के बच्चे जैसे बू आती थी। मगर उस ख़ुशबू में तो कुछ लौंगों के बघार की-सी महक थी। बिलकुल नई और आसानी से खिंचकर नथुनों में घुटने लगती थी।

अब तो उसे नजमा की तरफ़ आँख उठाते भी शर्म आती थी। मगर क़ूव्वत-ए-अहसास[1] उसे सब कुछ बता देती थी—कि अब नजमा किधर देख रही है—उसके बिखरे हुए बाल किधर को ज़्यादा झुक गए हैं—आज उसने संदली सिंघाई का रेशमी जोड़ा पहना तो वह ऐसा जिस्म पर चिपक गया है जैसे जिस्म पर संदली वार्निश चढ़ा दी गई हो—आज उसके ख़ूबसूरत चमकीले दाँत दँदासा लगाने से ऐसे मालूम हो रहे थे जैसे शराब के गिलास में मोती तैर रहे हों। सफ़ेद-सफ़ेद चमकीले धारदार मोती। नजमा के दाँत दूर से देखने में बहुत तेज़ मालूम होते थे जैसे नेवले के नुकीले दाँत। शम्मन आहिस्ता-आहिस्ता अपने दाँतों पर ज़बान फेरती तो बड़ी गुदगुदी मालूम होती।

शम्मन जब कमरे में पहुँची तो नजमा के क़हक़हे ने उसके पैर पकड़ लिए। सआदत और नजमा पिछले असबाब[2] के कमरे में हँस-बोल रही थीं। अब कुछ दिन से नजमा जब आती, सआदत से कोई ऐसी चीज़ माँगती जिसे निकालने के लिए उसे संदूक़ खोलना पड़ता। वह उठकर अंदर जाती, और पीछे-पीछे नजमा भी चली जाती। फिर वह घंटों वहाँ बैठी हलके-हलके बोला करतीं। शम्मन का दिल किसी काम में न लगता और वह साँस रोके नजमा की आवाज़ पर कान लगाए बैठी रहती। उसकी इतनी हिम्मत न होती कि वह भी उठकर अंदर जा बैठे। मगर उसे सआदत से नफ़रत होने लगी कि वह जान-बूझकर उसे नजमा से दूर रखती है।

स्कूल में फ़ैंसी ड्रेस हुआ तो उन्होंने कॉलेज की लड़कियों की भी दावत की। वैसे बोर्डिंग दूर न था और लड़कियों को मिलने की भी मुमानियत न थी, मगर अमूमन[3] उनके जलसे और त्योहार जुदा होते थे। ईद का मौक़ा था और डिनर बड़ा शानदार होने वाला था। हर लड़की का दिल मर्दाना लिबास पहनने को चाहता था। लिहाज़ा डे-स्कालर लड़कियाँ हस्बे-फ़रमाइश[4] अपने-अपने घरों से ले आईं। शम्मन ने भी एक सूट मँगवा लिया।

मर्दाने कपड़े पहनकर लड़कियाँ शर्म के मारे गिर-गिर पड़ीं। ख़ुसूसन वह तो बेहाल हो गईं जिन्होंने दाढ़ी-मूँछ लगाई थी। कुछ तो कमरे में घुसी बैठी थीं, शर्म के मारे चादरें ओढ़े हुए, और ज़्यादा बहादुर लड़कियाँ उन्हें घसीट-घसीटकर निकाल रही थीं।

अख़्तर मोटी ने मौलाना शौक़त अली की तरह की दाढ़ी और टोपी पहन रखी थी जिसे देखकर लड़कियों की चीख़ें निकली जा रही थीं। मगर वह मज़े से टहल रही थी। एक लड़की ने अरब नौजवान का लिबास पहन लिया था जिसमें वह बिलकुल ज़नानी

---

1. अनुभवशक्ति 2. सामान 3. प्रायः 4. आदेशानुसार

मालूम हो रही थी। उसके पास नूरी रेशमी साड़ी पहने फुदक रही थी। बिचारी नूरी ने साड़ी भी तो नई पहनना शुरू की थी। इसलिए उसके लिए वही अजीबो-ग़रीब चीज़ थी—मगर वह अरब नौजवान खुर्शीद के पीछे लगी थी जो मिश्री लिबास में बिलकुल पंजाबन लग रही थी।

शम्मन अपना काला सूट पहने तीन बार दरवाज़े में से निकली। मगर फिर डरकर भाग गई। दो-चार लड़कियों ने उसे घसीटा मगर छोड़ दिया। सूट पहने तो कई लड़कियाँ घूम रही थीं मगर शम्मन का बुरा हाल था, गोया नंगी हो। सब मेहमान हाल में जमा थे और बराबर कॉलेज की लड़कियाँ गुज़र रही थीं। उसने देखा सआदत धोबी बनी हुई है। सफ़ेद पगड़ी और लंबी-लंबी मूँछें और कपड़ों की गठरी कंधे पर और उसके साथ—उसके साथ नजमा धोबन बनी हुई थी !—नाम को धोबन थी पर वह तो पूरी पद्मिनी बनी हुई थी।

घूम-घेर का झिलमिल करता लहँगा और शोख़ गोटे से थुपा हुआ बारीक दुपट्टा और वही सदरी। वही लौंगों के बघार की महक में बसी हुई साटन की सदरी। आज उसने दँदासा भी लगाया था और लिपस्टिक भी और गाल भी हलके रंगदार थे। और पैर ? उसके पैर देखकर शम्मन का दम निकल गया। मोर के अंडों जैसी एड़ियों में लाल रोशनाई—वह नंगे पैर... और चाँदी की पाज़ेब ज़मीन पर घिसट रही थी। माथे पर उसने टीका लगा रखा था जो बिलकुल हीरे की तरह दमक रहा था। शम्मन शरमाना-वरमाना सब भूलकर उसे एकटक देखती रह गई।

अरे शमशाद को देखना ! नजमा ज़ोर से हँसी और सब लड़कियाँ उसे देखकर क़हक़हे लगाने लगीं।

"हाय अल्ला। बिलकुल लड़का लग रही है"—नजमा का मुँह लाल हो गया।

"तुम क्यों नहीं चलतीं—चलो ना"—सआदत ने रुखाई से कहा।

"आओ—भई धोबी, तुम तो हो जाहिल और ये साहब बहादुर। हमें तो ये पसंद हैं।" नजमा मज़ाक़ में शम्मन का हाथ पकड़कर घसीटने लगी। और शम्मन को ऐसा मालूम हुआ वह सो रही है—ये सब ख़्वाब में हो रहा है।

शम्मन के लिबास से कोई भी मुतास्सिर न हुआ। मगर मालूम होता था कि जब भी नजमा उसकी तरफ़ देखती उसका मुँह तमतमा उठता और वह क़हक़हे मारने लगती। शम्मन भी उसे बराबर देख रही थी। आज वह उसके बिलकुल क़रीब बैठी थी। ऐसे कि कई दफ़ा नजमा का जालीदार दुपट्टा उसके हाथों पर आन गिरा।

मगर सआदत कुछ मुकद्दर[1] सी बैठी थी। उसे नजमा का हँसना और बात-बेबात शम्मन से बेतकल्लुफ़ होना ज़रा भी अच्छा न लगा। खाने पर मारे घबराहट और जोश के शम्मन से कुछ न खाया गया। कई दफ़ा नजमा की पाज़ेब खुल गई तो उसे बाँधनी पड़ी। फिर भारी झुमकों से उसके कान दुख रहे थे। बार-बार उनकी फ़िक्र करनी पड़ती थी।

---

1. दुःखी, नाराज़

गो जुबान से नजमा की बहुत कम बातों का जवाब देती थी लेकिन उसका भोला-भाला चेहरा, उस पर बदमाशों जैसी मूँछें। बाल जो बार-बार हैट से बाहर फिसल आते थे। हर बात पर शरमाकर घबरा जाना और फिर ख़ामोशी से खिसियाकर मुस्कुरा देना—ऐसी बातें थीं कि नजमा को शम्मन से बेतकल्लुफ़ हुए बग़ैर न रहा गया और वह उसे शम्मन कहने लगी।

जब शम्मन ने कुछ कहा तो उस पर भी नजमा को बहुत हँसी आई। सआदत बहुत संजीदा बनी बैठी अपनी एक टीचर से आने वाले इम्तिहान पर बातें कर रही थी। उसने मूँछें उतार दी थीं और साफ़े को दुपट्टे की तरह ओढ़े हुए थी। बजाए धोबी के वह बड़ी बी मालूम हो रही थी।

जब इनाम दिए जाने का वक़्त आया तो नजमा घबरा-घबराकर सआदत को ढूँढ़ने लगी लेकिन सआदत अपने कमरे में थी—नजमा भागी हुई गई। शम्मन का दिल बैठने लगा। नजमा सआदत पर मरी जा रही थी। उसका जी न माना तो वह भी कमरे में गई। वहाँ उसने देखा, सआदत बुरी तरह पलँग पर पड़ी रो रही है। नजमा उसे मना रही है। मगर सआदत के गुस्से की इंतेहा नहीं। उसे देखकर वह चुप हो गई। इतने में चंद लड़कियाँ भागती हुई आईं और बोलीं कि नजमा बाजी ! 'मिस जर्मी' बुला रही हैं। नजमा मजबूरन उठकर चल दी। शम्मन भीगी बिल्ली की तरह साथ-साथ। हाल में तमाम फ़ैंसी ड्रेसवालियाँ दो-दो के जोड़ों में गुज़र रही थीं। जब कोई अजीब जोड़ा गुज़रता था तो ख़ूब तालियाँ बजती थीं।

"अरे धोबन कहाँ है—नजमा।" मिस जर्मी पुकार रही थीं। "हैं ! तुम्हारा धोबी कहाँ है ?"

"सआदत की तबीयत ख़राब हो गई"—नजमा ने मुर्दा आवाज़ से कहा।

"ये तो बुरा हुआ—अच्छा तो तुम किसी और के साथ चली जाओ—जल्दी करो, अब तुम्हारी बारी है।"

बग़ैर कुछ कहे-सुने नजमा ने शम्मन का हाथ पकड़ लिया और आगे बढ़ गई। न जाने शम्मन कहाँ पैर रखती थी और कहाँ पड़ता था। उसे तो बस इतना एहसास था कि नजमा के हाथ में उसका हाथ है और वह हवा में झूल रही है। नजमा को इनाम मिला। इनाम तो तीन थे, मगर लड़कियों ने एक दूसरे को देना शुरू किए। यहाँ तक कि हर लड़की के लिए इनाम का ऐलान हो गया।

नूरी को उसकी सड़ी हुई दोस्त बिर्जीस ने दिया और बिर्जीस को अफ़सर ने। फिर तीनों इनामों पर फ़ख्र[1] करने लगीं।

नजमा ने शम्मन से और कोई बात नहीं की। इनाम लेने के बाद वह वापस सआदत के पास आ गई और जब जलसा ख़त्म होने का आख़िरी गीत गाया जा रहा था तो शम्मन की आवाज़ गले में घुट गई। सआदत बिलकुल ख़ामोश खड़ी थी और

1. गर्व

नजमा उसकी कमर में हाथ डाले सर से सर मिलाए आख़िरी गीत गा रही थी। वह दोनों एक दूसरे में डूबी हुई दुनिया से बहुत दूर थीं। रात को जब शम्मन पलँग पर लेटी तो बड़ी देर तक हिचकियों के मारे उसका बुरा हाल रहा—ख़ामोश वह अपनी हथेलियों में दाँत गड़ाए अपनी आवाज़ को घोटती रही। सआदत आज कमरे में नहीं थी, आज चूँकि छुट्टी थी इसलिए लड़कियों को एक दूसरे के कमरे में जाने की इजाज़त थी। वह नजमा के यहाँ थी। ये उसे क्या हो गया था। ख़ौफ़ से उसकी आँखें फट गईं। बिलकुल बड़ी आँखों वाली रसूल फ़ात्मा की तरह। आज उसे रसूल फ़ात्मा याद आने लगी और ऐसा मालूम हुआ कि वही उसकी क़ातिल थी। उसने ही तो रात-भर उसे सर्दी में अकड़ने को बंद कर दिया था।

और अब वह भी रसूल फ़ात्मा की तरह--उफ़ ! शर्म और नफ़रत से उसे पसीना आ गया—ठंडी-ठंडी आग से उसका सीना दहक रहा था। 'नजमा, नजमा' उसकी रूह पुकार रही थी।

रसूल फ़ात्मा ! उसकी सूखी कलाइयाँ और चूहे की शक्ल के हाथ। ख़राब सेहत और बदवज़ा[2] जिस्म। एक-एक करके उसकी आँखों के सामने आ गए। ओह, वह उसकी क़ातिल थी। वह उसकी आख़िरी मिन्नतें करती हुई साँसें—वह घुटी हुई आहें—शम्मन को मालूम हुआ जैसे मकड़ियों की तरह उसके जिस्म पर रेंग रही हैं !

मगर वह तो मरी नहीं थी—मैट्रन ने कहा था, वह पहाड़ पर चली जाए तो अच्छी हो जाएगी—"काश...काश ! वह पहाड़ पर चली जाए !" शम्मन दुआएँ माँगने लगी।

मगर नजमा ? रसूल फ़ात्मा के बारे में पशेमान[2] होकर उसे नजमा के ख़याल में डूबने का थोड़ा सा हक़ महसूस होने लगा।

नींद न आई। बेचैनी से वह पलँग पर लोटती रही। मगर नजमा एकाएक डरावने बेरहम ख़्वाब की तरह उसके दिमाग़ में भरी हुई थी। जिस वक़्त उसने रसूल फ़ात्मा से छुटकारा पाया था तो उसे ख़याल हुआ था कि साँप को मार डालो तो नागिन आकर बदला लेती है।...तो...ये नजमा उससे बदला ले रही है।

डर के मारे उसे फिर रोना आने लगा। अपने पलँग के चारों तरफ़ नागिनों की फुंकारें, सुन-सुनकर वह अधमरी हो गई। तड़प-तड़पकर वह न जाने कब सो गई।

---

1. बेढंगा 2. पश्चात्ताप

पंद्रह

वह हर मुमकिन करवट बदल के लेटी। मगर नींद न आई। नजमा एक भयानक ख़्वाब की तरह उसके दिमाग़ में भरी हुई थी। जब उसने रसूल फ़ात्मा से रिहाई पाई थी तो उसे ऐसा मालूम हुआ था जैसे उसने साँप को कुचल डाला। मगर जभी उसके दिल में दबा छुपा ख़ौफ़ भी समाया हुआ था कि अगर नाग को मार डालो तो नागिन बदला लेने आती है। वह अपने नाग की मुर्दा आँखों में दुश्मन की तस्वीर देखकर उसे डँसने पर तुल जाती है। तो ये नजमा उससे रसूल फ़ात्मा के जख़्मों का बदला ले रही थी। दुख और खौफ़ से वह तड़पकर रो दी। सारी रात पलँग के चारों तरफ़ नागिनों की फुंकारें सरसराती रहीं, जिन्हें सुनकर वह अधमरी हो गई।

सुबह उठकर उसने सआदत से बात न की। वह खुद कुछ खिंची-खिंची नज़र आ रही थी। शम्मन ख़ामोश लाइब्रेरी में बैठकर पढ़ने की कोशिश करने लगी। छुट्टियों के तीन दिन पहाड़ बन-बनकर उसके तनहा और ज़ख़्मी जिस्म को पीसते रहे। सआदत रोज़ रात को ग़ायब हो जाती और भरे बोर्डिंग में शम्मन को क़ब्रिस्तान का-सा सन्नाटा छाया नज़र आता। लाइब्रेरी में वह न जाने कितनी देर बैठी मोटी-मोटी डिक्शनरियों को बेमतलब घूरती रही। उनमें से एक में भी तो उसके मर्ज़ का इलाज न था। किसी खौफ़नाक अंजाम की आमद के डर से वह सहमी जा रही थी। ये उसके दिल का ग़ुबार जो आहिस्ता-आहिस्ता सुलग रहा था, कब फूट चुकेगा !

जैसे किसी ने उसकी ख़ामोश दुआओं की आहट सुन ली। उसका दिल ग़ुब्बारे की तरह फूलना शुरू हुआ। ऐसा मालूम हुआ कि अगर थोड़ी देर और नजमा इसी तरह दरवाज़े में खड़ी रही तो ये ग़ुब्बारा फूट ही जाएगा। मगर नजमा आहिस्ता से बढ़कर अलमारियों में किताबें देखने लगी। वह शम्मन की पीठ के पीछे खड़ी थी और ऐसा मालूम हो रहा था जैसे उसकी पीठ पर कोई अँगीठी दहक रही है। सारे जिस्म पर गर्म-गर्म तिनके से फुदकते मालूम हो रहे थे। वह साँस रोके किताब के सफ़े पर झुकी रही। ग़ुब्बारा आहिस्ता-आहिस्ता पिचकने लगा। ''अरे तुम्हारे पास है ये किताब। मैं कह रही थी कौन ले गया उठकर।''

नजमा ने आहिस्ता से उसके पास की कुर्सी घसीटी। शम्मन ने जल्दी-जल्दी किताब के वर्क़ पलटने शुरू कर दिये।

थोड़ी देर नजमा बैठी बातें करती रही। इधर-उधर की फ़िज़ूल बकवास। इतनी देर शम्मन चोरी-छिपे, उसकी साटन की सदरी, जिसके दो बटन टूटे हुए थे और बग़ल में दबा हुआ काफ़ूरी[1] दुपट्टे का गुच्छा देखती रही। नजमा बेचैनी से टाँगें हिला रही थी। उसकी काही[2]-अतलस[3] की मचलती हुई शलवार आहिस्ता-आहिस्ता लहरा रही थी। फिर वह एकदम चुप हो गई और बड़े ग़ौर से शम्मन के डरे हुए मगर खुशी भरे हुए चेहरे को देखने लगी।

---

1. कपूरी 2. गाढ़ा हरा, माशी 3. विशेष प्रकार का कपड़ा

शम्मन ! नजमा ने इतने आहिस्ता कहा जैसे किसी ने दो बारीक बालों को आपस में रगड़ दिया हो। शम्मन की आँखें लरज़ती हुईं उठीं और फ़ौरन झपक गईं। नजमा ने अपनी दो उँगलियाँ आहिस्ता से शम्मन की हथेली पर रख दीं। उसकी हथेली में कुछ हुआ और वह सिमटकर उसकी उँगलियों को निगलने लगी। दरवाज़े में सआदत खड़ी मुस्कुरा रही थी। नजमा ने तेज़ी से अपनी उँगलियाँ छीन लीं और अजब थकी हुई हँसी उसके होठों पर मचलने लगी।

"सआदत !" उसने हिम्मत करके कहा "आओ न ! कहाँ चली गई थीं ? मैं तुम्हें..." मगर सआदत ने एक तल्ख़ जुम्बिश से उसकी बात टाल दी और बड़ी मशग़ूलियत[1] से किताबें देखने लगी।

नजमा सआदत के पीछे-पीछे गई। शम्मन ने देखा कि वह किसी अहम मसले का फैसला करने के लिए गैलरी के आख़िरी कोने पर रुक गई। नजमा कुछ कहना चाह रही थी जिसे सआदत टालकर जाना चाहती थी ? मगर नजमा ने उसका हाथ मज़बूती से पकड़ रखा था।

जल्द ही यह बात बोर्डिंग में फैल गई कि सआदत और नजमा की जंग हो गई। नीज़[2] शम्मन पर भी मुश्तबह[3] नज़रें पड़ने लगीं। गो यक़ीन तो नहीं फिर भी अहलेनज़र[4] का ख़याल था कि कुछ उसका भी दख़ल है। सआदत का पुराना दर्दे-सर का मर्ज़ ऊद[5] कर आया और नजमा को गोश्त की बू से क़ै होने लगी। लेहाज़ा दोनों ने खाना न खाया। लड़कियों के गिरोह खुसुर-फुसुर करने और क़हक़हे लगाने लगे। सआदत की अलालत[6] तो तवील[7] हो गई मगर नजमा बदस्तूर खाने के कमरे में आने लगी।

वह एकदम से बहुत मिलनसार हो गई। जिन लड़कियों से वह कभी बात भी न करती उनसे हँस-हँसकर मज़ाक़ करने लगी। लेकिन बैठे-बैठे उसकी आँखों में एक छुपी हुई फ़िक्र झलकने लगती। उसका हर मज़ाक़ का जुमला ज़बरदस्ती ढाला हुआ मालूम होता। वैसे तो लड़कियाँ उसकी बात का जवाब बड़ी खुश हो-होकर देतीं लेकिन उसके जाते ही जली-कटी कहने लगतीं। वह ख़ूब जानती थीं कि उसकी दिखावटी खुशमिज़ाजी की असल वजह क्या थी। उसे सिर्फ़ सआदत का ग़म मिटाने के लिए उनकी मदद की ज़रूरत थी मगर किसी को उसे रुखाई से जवाब देने की हिम्मत न थी क्योंकि वह टीचरों में काफ़ी पसंद की जाती थी और अपने क्लास में वह हमेशा फ़र्स्ट आती थी !

मौक़े की मुनासिबत[8] को देखते हुए शम्मन आहिस्ता-आहिस्ता किसी न किसी तौर से उसके क़रीब रहने की कोशिश करने लगी। कुछ नहीं तो वह उसकी डाक ही पकड़ने की कोशिश करती ताकि उसे देने के बहाने ही उसके कमरे में जा सके। बार-बार किसी जुम्ले का मतलब जानने या मुफ़ीद किताब का पता मालूम करने उसके पास चली जाती। नजमा का रवैया बड़ा सुलझा हुआ होता। अगर ग़लती से वह ज़रा खुलकर हँस बोल लेती तो फ़ौरन वापस खिंच जाती और जल्दी से उसे कमरे में से टाल देती।

1. व्यस्तता 2. एवं 3. संदेहात्मक 4. विद्वान 5. उभर आया 6. बीमारी 7. लम्बी 8. अनुकूलता

यहाँ तक कि कभी-कभी तो शम्मन को उसकी रुखाई से बड़ी चोट लगती। तीन दिन हो गए, सआदत और नजमा के बीच पर्चेबाज़ी चलती रही लेकिन मिलाप की कोई सूरत न दिखी। इस बीच नजमा कई बार शम्मन के कमरे में भी आई। हँस-हँसकर बातें भी कीं। मगर कुछ दुखी होकर फ़ौरन चल दी। कई बार दोनों बाग़ में भी मिलीं। मगर ख़ामोशी ने जल्द ही उन दोनों को भाग जाने पर गजबूर किया।

इम्तिहान शुरू होने वाले थे। ये इम्तिहान भी बोर्डिंग में शानदार त्योहारों की तरह आते हैं। कई दिन पहले से लड़कियाँ एक दूसरे को विश करना शुरू कर देती हैं। फल-फूल का लेन-देन शुरू हो जाता। और, बहुत सी तो दुपट्टे-साड़ियाँ-चूड़ी वग़ैरह लेती देती हैं। आपस में लेन-देन से ज़्यादा वह एकतरफ़ा देन हो जाता है। यानी वह लड़कियाँ जो दूसरों पर मरती हैं, वह बड़े दिल खोलकर देती हैं। वह ख़्वाह[1] कितनी ग़रीब हैं, वज़ीफ़े[2] पर गुज़ारा कर रही हैं, ख़ैरात[3] में किताबें और हदिए[4] मिलते हैं मगर जिस पर वह मरती हैं उसके लिए चोरी करेंगी, डाके डालेंगी, भीख माँगेंगी मगर अपनी चहेतियों को दस-दस रुपए की चूड़ियाँ, पाँच-छह रुपए के हार-फूल और गजरे ज़रूर पहना देंगी।

जिस लड़की की ज़्यादा मरनेवालियाँ होंगी, उतनी ही ज़्यादा उसे चीज़ें मिलेंगी। इसके अलावा ऐन इम्तिहान की सुबह गजरों से लाद देंगी। और, कई चहेतियाँ तो ऐसी फूलों में छुप जाती हैं कि मालूम होता है कि किसी बड़े लीडर का जुलूस निकल रहा हो। कई मरनेवालियाँ फूलों और गोटे के गहने पहनाकर बिलकुल दुलहन बना देती थीं और फिर ये दुलहन शरमाती-लजाती इम्तिहान के कमरे में चली जाती। हर मरनेवाली का हार पहनाना ज़रूरी था। कई लड़कियों का ख़याल था कि इतने हार मरनेवालियों के नहीं होते थे बस दिखाने को ये लड़कियाँ ख़ुद मँगाकर पहन लिया करतीं थीं ताकि लोग समझें उनकी इतनी मरनेवालियाँ हैं।

शाम ही से शम्मन ने भी नजमा के लिए सवा रुपए का मोटा सा गजरा मँगाया था। रात को जब तक वह जागती रही उस पर पानी छिड़कती रही। बार-बार उसने उन खुशनसीब पत्तियों को छुआ जो कल नजमा के गले में पड़ने वाली थीं। अगर उसका बस चलता तो वह उन पत्तियों की आड़ में छुप रहती।

सुबह उसने घबराहट में नाश्ता भी न किया। गजरे को कभी इस हाथ में लेती कभी उसमें। वह किस तरह नजमा के गले में हार डालेगी। शायद सीताजी को रामचंद्र जी के गले में वरमाला डालते वक़्त भी इतनी उलझन न हुई होगी। बला से उन्हें मज़ाक उड़ाने वाली लड़कियों और मैट्रन की तेज़ नज़रों का डर तो न था। और ये उजड्ड ग़ैर-शायराना दिमाग़ की लड़कियाँ तो बस इनसान के पीछे हाथ धोकर पड़ जाती थीं। वह बरामदों में खड़ी हो जातीं और चूँकि ख़ुद किसी पर न मरती थीं इसलिए हर मरनेवाली की घबराहट और गजरों का मज़ाक़ उड़ातीं। जिससे चाहनेवालियों का दिल भी टूट जाता और सब खिसिया-सी जातीं। मरनेवालियाँ बिगड़तीं तो दूसरी लड़कियाँ जो उन्हें बाज़ारू

---

1. यद्यपि 2. छात्रवृत्ति 3. दान 4. उपहार

समझती थीं, चुभते हुए तानें देतीं। मगर ये मरनेवालियाँ भी बड़े पत्थर के कलेजेवाली होती हैं। कोई ताना, कोई मलामत[1], उन्हें उनके रास्ते से न हटा सकता। कई तो ऐसी मरनेवालियाँ थीं जिनके उस जनून से उनके घरवाले तक परेशान थे। अगर उन पर थोड़ी भी पाबंदी लगती तो वह पागल-सी हो जातीं और उन पर तरस खाकर उन्हें ढील देनी ही पड़ती।

जब फूलों से लदी-फँदी नजमा अपने कमरे में से निकली तो शम्मन के हाथ-पैर काँप गए। जैसे-तैसे करके उसने नजमा के गले में हार डाल दिया। नजमा ने हलकी सी मुस्कुराहट से उसकी क़ीमत अदा कर दी। लेकिन वह इम्तिहान के कमरे में नहीं गई बल्कि वह सआदत के पास बीमारों वाले कमरे में चली गई। न जाने क्यों शम्मन के पैर भी उसके पीछे-पीछे उठ गए।

उलटे पैरों वह वापस हुई और बोझल पैरों को घसीटती हुई खोई-खोई क्लास में चली गई। वहाँ तो उसके दिल पर जैसे मनों मिट्टी पड़ गई। सआदत बिलकुल तंदुरुस्त और ख़ुश बैठी थी। उसका गजरा जो उसने इतने अरमानों से नजमा को दिया था। जूड़े में लपेटे हुए थी।

सआदत और नजमा फिर ऐसे ही मिलने लगीं गोया कोई बात ही नहीं हुई थी। नजमा के इम्तिहान ख़त्म हो गए और अब सआदत और शम्मन के इम्तिहान शुरू हुए। शम्मन ने नजमा को सवा रुपए का गजरा पहनाया था। उसने सआदत के लिए तो झोरों हार-फूल मँगाए मगर शम्मन के लिए शायद हार मँगाना भूल गई। उसे किसी ने भी हार न पहनाए। अगर उसे मालूम होता तो वह चोरी छिपे खुद ही हार मँगाकर पहन लेती। फूलों में लदी हुई लड़कियों की क़तार में आख़िर में लगकर वह सर झुकाए इम्तिहान के कमरे में जाने लगी।

"शम्मन...भई मुझे गजरे नहीं अच्छे लगते। ये फूल मैं घर से लाई हूँ। अच्छे हैं ना—" बिलक़ीस ने उसे मुड़ के खिले फूलों का गुच्छा दिया। बिलक़ीस डे स्कालर थी और आठवें में पढ़ती थी। शम्मन को मालूम हुआ जैसे किसी ने उसका नंगा तन ढाँक दिया और उसे बाग़ के बाग़ बख़्श दिए। पर्चा करने में उसका दिल न लगा और इसका नतीजा ये निकला कि उसे रियायती तरक़्क़ी मिली।

रिज़ल्ट निकलते ही छुट्टियाँ हो गईं और दो महीने के लिए लड़कियाँ अपने-अपने घरों को चल दीं। बसेरा लेने के लिए चिड़ियाँ फुर्र से उड़ गईं। दो महीनों का बसेरा।

---

1. बुरा-भला, डाँट-डपट

दूसरी मंज़िल

सोलह

दोबारा जो वह स्कूल में आई तो दुनिया ही बदल गई थी। बिलक़ीस की बड़ी बहन जो हाल ही में इंग्लैंड से आई थीं, प्रिंसिपल हो गई थीं। बिलक़ीस और उसकी छोटी बहन जलीस, मय पूरे अपने ख़ानदान के प्रिंसिपल साहब के बँगले में स्कूल के हाते में रहने आ धमकी थीं। सआदत को डॉक्टरों ने एक साल के लिए पढ़ने को मना कर दिया था। उसकी सेहत में घुन-सा लग गया था। नजमा पास होकर किसी और कॉलेज में लाहौर चली गई थी। शम्मन को दुनिया सुनसान और उजाड़ लगती थी। दिल में तनहाई की हूकें-सी उठती थीं। नजमा का ख़याल फोड़ा बनकर टीसें मारता। इसमें किस क़दर दुःख भरा हुआ था मगर ज़िंदगी की चाशनी भी तो थी। नजमा ने उसे अपनी एक तस्वीर दी थी जिसे उसने अपना हमदर्द पाया था। सआदत भी उसे अब बहत्तर रंग में याद आती। वैसे जहाँ तक नजमा का सवाल था, वह उसकी बेहतरीन दोस्त थी। काश ! उसने नजमा को कभी देखा न होता। अगर देखा था तो ?

वह आगे कुछ न जानती थी। मगर उसे सआदत से दोस्ती टूट जाने का ग़म था। नजमा तो एक शोला थी कि कभी-कभार हाथ तापने की ज़रूरत हो तो...मगर सआदत एक मीठा चशमा थी जिससे क्लास के बाहर खेलकूद में भी बहुत-सी रंगरेलियाँ और हमदर्दियाँ वाबस्ता थीं। सआदत को हँसने का मर्ज़ था। हर बात में खूब हँसना उसे भाता था। सआदत बहुत होशियार थी और वह एक मुअल्लिम[1] जैसी मदद भी देती। यही नहीं, वह आकर शम्मन को दुःखी या बहुत मस्त देखती तो बड़ी सख़्ती से डाँटती। शम्मन को उसकी डाँट में मादराना[2] प्यार और फ़िक्र की झलक नज़र आती और कभी-कभी वह इतराने के लिए फ़ख़्र से नख़रे दिखाती ।

"तुम्हारी बला से, हमें फ़ेल हो जाने दो," वह इतराकर कहती।

"बस जी बस, ज़्यादा बकवास न करो वरना..." सआदत डाँटती।

"वरना...वरना क्या ?"

"वरना ये कि...कुछ नहीं, मेरी प्यारी बहन कैसी...आओ," और वह शम्मन के गले में बाँहें डाल देती। मगर जब नजमा आई तो सारा शीराज़ा[3] बिखर गया और शम्मन सआदत की मौत की दुआएँ माँगने लगी। उसके सिफ़ली[4] जज़्बात बिलकुल शैतानी आमाल[5] बन गए। तौबा ! बिलक़ीस से शम्मन की दोस्ती भी अजीबो-ग़रीब तरीक़े पर

---

1. उपदेशक 2. मातृत्व 3. संगठन 4. निम्नकोटि के 5. काम

हुई। एक दिन बिलक़ीस और वह, बैडमिंटन खेलकर पसीना सुखाने के लिए चमन की बेंच पर बैठी थीं कि एकदम से बिलक़ीस ने पूछा, "तुम नजमा पर मरतीं थीं न !"

"नहीं, नहीं तो, वाह।" शम्मन घबरा गई और क़समें खाने लगी।

"अरे हमसे झूठ बोलती हो, हुँह। जैसे हम जानते नहीं और सआदत तुम्हारी जलती थी—क्यों ?"

"जी हाँ, कभी भी नहीं।"

"तो इसमें बात ही क्या है, मैं ख़ुद पहले नजमा पर मरती थी। मगर आपा बी ने मुझे बताया की लड़कियों का हमेशा लड़कों पर मरना चाहिए।"

"तौबा।" शम्मन ने बिदककर कहा।

"हाँ, और क्या ! उनसे तो शादी कर के हमेशा साथ भी रह सकते हैं। क्यों, है न भई।"

"मगर...ये तो...हाए अल्ला बुरी बातें न करो, बिलक़ीस।"

"इसमें बुरी बात क्या है। जभी तो अब मुझे कौड़ियाले अच्छे लगते हैं। मैं बड़ी भी तो हूँ तुमसे।" बिलक़ीस रविश[1] पर से कँकरियाँ चुनकर हवा में उछालने लगी।

"कौड़ियाले ?"

"हाँ—अरे ? कौड़ियाले ! तुम नहीं जानतीं क्या होते हैं—च्च ! हटो भी उल्लू हो तुम।" बिलक़ीस क़हक़हे लगाकर घास पर लोट गई।

"अरे कौड़ियाले पगली—काले और सफ़ेद। उसने ठंडी घास पर गाल रगड़कर हल्की सी फुरेरी ली—ज़हरीले नफ़..." नमाज़ की घंटी बज गई और दोनों बात ख़त्म न कर पाई !

दो-तीन दिन बिलक़ीस खेलने ही बोर्डिंग में न आई, जो शम्मन की उलझन दूर होती। उसके जी में खुदबुद हो रही थी। उसका जी न माना और उसने लुग़त[2] में देखा, मगर उसमें लिखा था—कौड़ियाले...चित्तीदार साँप, काले और सख़्त ज़हरीले...जिन के काटे... उसकी समझ में न आया कि कौड़ियाले साँप बिलक़ीस को क्यों पसंद हैं !

"बिल्ली, बताओ न कौड़ियाले कौन होते हैं।" उसने मौक़ा पाकर पूछा।

"कौड़ियाले। दिल के टुकड़े, जान होते हैं और कौन होते हैं।"

"ऊँह, तो बताओ न।"

कई दिन शम्मन पूछती रही और बिलक़ीस हँस-हँसकर टालती रही।

मगर एक दिन उसने शम्मन को एक तस्वीर दिखाई। ये एक ख़ूबसूरत नौजवान की थी जो काली शेरवानी और सफ़ेद पैजामा पहने था। एकदम से वह दोनों क़हक़हे लगा-लगाकर हँसने लगीं। अच्छा, तो ये थे कौड़ियाले। काली शेरवानी, यूनिवर्सिटी का यूनिफ़ार्म था और ये तस्वीर रशीद की थी।

---

1. बाग़ की पगडंडी 2. शब्दकोष

वैसे बिलक़ीस और जलीस बोर्डिंग में नहीं रहती थीं। पर जब कभी उनका दिल चाहता, वह सारे क़ायदे-क़ानून तोड़कर बोर्डिंग में आ धमकतीं। प्रिंसिपल की बहनें थीं, भला किसकी मजाल कि जो चूँ भी कर जाए। फिर उनका दिल लगने लगा और बिलक़ीस शम्मन के कमरे में ही रहने लगी। मगर जब जी चाहता बग़ैर इजाज़त भाग जातीं। जलीस बदमिज़ाज थी और नूरी के क्लास में थी। वो दोनों एक कमरे में रहतीं मगर रोज़ जूता चलता। शम्मन और बिलक़ीस निहायत बुज़ुर्गों की तरह उन्हें समझाने जातीं और मिलाप हो जाता और फिर दोनों एक दूसरे का दुपट्टा ओढ़े, गले में हाथ डाले चमन में घूमने लगतीं।

पहले-पहल तो नूरी ने बिलक़ीस पर मरने की कोशिश की और जलीस ने शम्मन पर। मगर बिलक़ीस ने बहुत ही जँगलीपन से दोनों को खिसियाना कर दिया और फिर कुछ सोच-विचार कर नौंवी क्लास की एक लड़की को दोनों ने चाहना शुरू कर दिया। मगर बिलक़ीस ने वहाँ भी नाक में दम कर दिया। जहाँ कोई चीज गुम जो जाती वह फ़ौरन चिल्ला-चिल्लाकर जलीस और नूरी पर इलज़ाम लगाती कि वह अपनी चहेती को दे आई होगी। बात ये थी कि एक बार बिचारियाँ बिलक़ीस और शम्मन के मँगाए हुए फलों में से दो नारंगियाँ चुराके दे आई थीं। मगर अब बिलक़ीस की सड़ी हुई चप्पल भी गुम हो जाती तो वह यही कहती कि नूरी और जलीस अपनी दोस्त को खिला आईं। इस पर नूरी और जलीस खूब रोतीं और खुशामदें करतीं कि हौले-हौले बोलो, कहीं वह सुन न ले। शाहजहाँ इन दोनों से दोगुनी बड़ी थी और ज़्यादा मुँह न लगाती। पर जब उसने बिलक़ीस का डकराना सुना तो दोनों को कमरे से निकाल दिया। दोनों रोती हुईं बिस्तर में जा पड़ीं। ऊपर से बिलक़ीस और शम्मन ने छेड़ना शुरू किया। ख़ूब गीत जोड़-जोड़कर टहल-टहलकर गाए। नूरी और जलीस क़स्में खाकर कहती थीं कि शाहजहाँ आपा ने हमें निकाला थोड़ी। ये कहा, मेहरबानी से चली जाइए। मगर बिलक़ीस कहती थी कि शाहजहाँ ने पहले तो धक्का दिया, ऊपर से चप्पलें लगाईं। बेचारियों के दिल टूट गए और उस दिन से शाहजहाँ की जानी दुश्मन बन गईं। जलीस वैसे ही दिलजली थी। बिचारी का हिलना-डुलना भी बंद हो गया। इस कड़वे तजुर्बे के बाद दोनों ने मरने की और कोशिश न की और ज़्यादातर वक़्त बदज़ाती करने, कच्चे आम तोड़ने और मरनेवालियों को दिक़ करने में सर्फ़ करतीं।

बिलक़ीस की पाँच बहनें थीं। इनमें से सबसे बड़ी प्रिसिंपल थी। बड़ी हसीन नाज़ुक और शर्मीली सी। किसी तरह प्रिंसिपल न लगतीं। सारी की सारी लड़कियाँ उन पर लट्टू हो गई थीं। शम्मन ख़ुद लट्टू हो जाती अगर उसने बिलक़ीस से उनका कच्चा चिट्ठा न मालूम कर लिया होता। जनाब बहुत डरपोक थीं। बैडमिंटन खेलने में हार जातीं तो लड़ने लगतीं और कम से कम ग्यारह आदमियों से एक साथ इश्क़ लड़ा रहीं थीं जिनमें से दो तो प्रोफ़ेसर थे और बाक़ी कौड़ियाले।

प्रिंसिपल की बहन होने की वजह से बिलक़ीस बोर्डिंग में उलटे-सीधे हुकुम चलाया करती थी। खाने के कमरे से सिवाय बीमार लड़कियों के, और किसी को खाना कमरे

पर मँगवाने की इजाज़त न थी और एक गिलास भी इधर से उधर हो जाता तो आफ़त आ जाती। मगर बिलक़ीस के कमरे में छोटी प्लेटों के ढेर सड़ा करते। मैट्रन देखतीं और खून का घूँट पीकर रह जातीं। क्योंकि इससे पहले की मैट्रन सिर्फ़ इसलिए निकाल दी गई थी कि वह आए दिन लड़कियों की शिकायत प्रिंसिपल ऑफ़िस में ले जाती थी और लड़कियों में बिलक़ीस, जलीस और उनकी चंद लाडलियाँ थीं। और लड़कियाँ भी बिलक़ीस, जलीस की ख़ुशामदों में लगी रहतीं। ख़ुसूसन वह बदनसीब बच्चियाँ जिन्हें बोर्डिंग से खाना मुफ़्त मिलता था या फ़ीस माफ़ थी वो अपनी दानिस्त[1] में प्रिंसिपल साहिबा की ख़ैरात पर पलती थीं।

बिलक़ीस कौड़ियालों के नित नये क़िस्से आकर सुनाती। वह और जलीस काफ़ी छोटी थीं जभी से उनके कौड़ियालों की गिनती ठीक-ठाक थी। पाँचों बहनों के सारे आशिक़ अगर जमा किए जाते तो ख़ासी पलटन बन जाती। आहिस्ता-आहिस्ता बोर्डिंग में कौड़ियालों का ज़िक्र आम होने लगा। डे स्कालर लड़कियों के भाईबंद चुटकुलों और क़िस्सों के ज़रिए बोर्डिंग की नीममुर्दा ज़िंदगी में रास रचाने आने लगे। छोटी-मोटी चीज़ों की ख़रीद-फ़रोख़्त पुरानी किताबों की अदला-बदली के सिलसिले से ज़िंदगियाँ चलने लगीं। फ़िल्म धुलवाने या प्रिंट बनवाने के बहाने इश्क़ लड़ने लगे। बिलकुल जैसे हज़ार साल पहले की दुनिया में लोग तस्वीरों पर आशिक़ हो जाते थे उसी तरह या बिना देखे-भाले इश्क़ भी चलते-चलते लड़खड़ा जाते और गिर पड़ते।

और ये कौड़ियाले थे भी ग़ज़ब के। और कुछ नहीं तो लड़कियों के नाम ईद कार्ड ही चले आ रहे हैं। बिगड़ रही हैं, कोस भी रही हैं लेकिन सारे बोर्डिंग में घुमाए जा रहे हैं। हर एक को फ़ख्र भी। दिखाए जा रहे हैं ऐसे गोया कुछ परवाह ही नहीं। देख-देखकर लड़कियाँ—ऊई और हाए तौबा चिल्ला रही हैं। एक औरत और मर्द एक-दूसरे को चूम रहे हैं। नीचे टेढ़े-टेढ़े शेर लिखे हैं।

आहिस्ता-आहिस्ता ये मर्ज़ और फैला। हर लड़की ने अपने चचेरे, ममेरे, ख़लेरे भाई का रोमांस जोड़-जाड़कर सुनाना शुरू किया। बिलक़ीस के आशिक़ों की गिनती की कोई हद ही न थी। उसके भाई के जितने दोस्त थे वह सब तो रजिस्टर्ड आशिक़ थे। और भी जिसे पेंग बढ़ाना होती वो भाई रशीद से दोस्ती कर लेता। और इस बहाने मज़े से उम्मीदवारों के नाम डालकर रोज़ आन मौजूद होता। जितने भी कॉलेज में रौशनख़याल इंक़लाबी जोशीले नौजवान थे वहाँ पर समाजी और सियासी बहसें किया करते और आने वाले जनरेशन को किस तरह रौशनख़याल किया जाए। इस पर बहसें होतीं। सब बहनें बहुत रौशनख़याल थीं। अमूमन नाइट सूट में भी मिल लिया करतीं। ताश, कैरम का ज़ोर बँधता, गाने गाए जाते। बाग़ियाना बहसें होतीं। ओने-कोने में नहीं, सबके सामने इश्क़ चलते। प्रिंसिपल साहिबा का बँगला रोशनी से मामूर था जिसमें पाँचों बहनें सितारों की झुरमुट की तरह जगमगाती रहतीं।

---

1. जानकारी में

रात को खुसुर-फुसुर बिलक़ीस उनके क़िस्से सुनाती। बारह बज जाते मगर क़िस्से ख़त्म न हो पाते ! एक दो हो तो कोई भुगते। ये उन आशिक़ों की फ़ौज से कौन न उकता जाएगा। बाबर मिर्ज़ा, थे तो आपा बी के आशिक़, मगर गुदगुदियाँ बिलक़ीस के भी किया करते। हैदर रज़ा साहब तो अब्बा की उमर के थे मगर उस पर दीवाने थे। वह तीन क़लम उनसे छीन चुकी थी, जिसमें से एक उसने शम्मन को दे दिया था। वह तो उनकी अँगूठी भी छीन लेती मगर उन्होंने हँसकर कहा था कि वह दिल्ली से नन्ही-मुन्नी अँगूठी मँगवा रहे हैं !

"ये अँगूठी तो तुम्हारी कमर में आ जाएगी"—उन्होंने उसको दोनों टाँगों में भींचकर उसकी कमर को अपनी उँगलियों के छल्ले में लेने की कोशिश की जिससे उसको बड़ी गुदगुदी हुई थी। शम्मन ये क़िस्से सुनते शल पड़ जाती।

"तो क्या तुम उनसे शादी कर लोगी ?"

"भई क्या पता, देखो क्या होता है।"

"अगर तुम हैदर साहब से शादी कर लोगी तो बिचारे अब्बास का क्या होगा ? अंसार तो अल्लाक़सम मर जाएगा। और इशरत, ये डेढ़ बालिश्त का इशरत भी तुम से मुहब्बत करता है। च्च...तौबा।" शम्मन को उन सब पर तरस आने लगा। "हा ! बेचारे आशिक़। अच्छा तो मैं क्या करूँ ? आख़िर ये सब जलीस पर...इस बेचारी का एक कालिया है और एक बेचारा आधा-अधूरा नफ़ीस—च्च...नफ़रत, मैं तो थक गई।" वह आजिज़ होकर कहती और सच्ची बात थी, इन इंक़लाबियों में ज़्यादातर ग़रीब, जिस्मानी[1] तौर पर ठिठरे, चेचक मारे और दरस्याह ही थे जो अपनी रूह को तसल्ली[2] देने की ख़ातिर हुस्न की जिला चाहते थे और परवानों की शमाओं के मुतलाशी[3] थे। जलीस सबसे छोटी थी फिर भी आसार ये कहते थे कि अपने ज़माने की नादिरशाह निकलेगी। टूटे-फूटे रंगरूट अभी से क़तारें बाँध रहे थे। काश ! बिलक़ीस अपने आशिक़ों में से रद्दी-रद्दी छाँटकर बोर्डिंग की लड़कियों को दे देती जो बेचारियाँ ख़याली पुलाव सूँघा करती थीं।

"तुम भी अपनी बातें बताओ।" बिलक़ीस कहती।

"वाह, हमारी कोई भी बात नहीं।"

"च्च...कैसी हो तुम। तुम्हें कोई नहीं चाहता ?"

शम्मन का दिल बुझ जाता। शर्म और एहसासे-कमतरी[4] से उसके गाल तमतमा जाते। इसलिए एक दिन उसने सोच-बिचार के बाद नाम ले ही दिया। हालाँकि उसे अपने सारे सगे-सौतेले और रिश्ते के भाइयों से नफ़रत थी और वह भी तो उसे तकलीफ़ ही पहुँचाया करते थे। उनमें से किसी ने भी तो वैसी भाइयों जैसी हरकत न की जिसका दूसरी लड़कियाँ मज़े ले-लेकर बयान करतीं थीं। मजबूर होकर उसने इसहाक़ भाई का नाम ले दिया था। लेकिन उसे खूब मालूम था कि अगर उनके या उनकी बीवी के कान

---

1. शारीरिक 2. सांत्वना 3. खोज में 4. हीन भावना

में इस बात की भनक भी पहुँच जाती कि शम्मन उनके इश्क़ के क़िस्से गढ़कर सुनाती रही है तो आफ़त आ जाती। वह अम्मा से जूते लगवाए जाते कि सारा नशा हिरन हो जाता। उसे वैसे सिवाय इसहाक़ भाई के, और सब नापसंद थे। उनकी बड़ी लड़की से उसकी दोस्ती भी रह चुकी थी।

"तो वह तुम्हें प्यार करते हैं ?"

प्यार से शम्मन को नफ़रत थी। दूसरे इसहाक़ भाई से प्यार करने के ख़याल से उसका दम लौटने लगा था। लस्सी पीकर जब वह दूध के झाग को मूँछों में से चूस लेते तो उसे उबकाई आ जाती थी।

"वाह, प्यार नहीं करते, तुम्हें तो क्या चाहते हैं !" बिलक़ीस को उस पर रहम आने लगा। तो शम्मन ने जी कड़ा करके सोचा कि अगर इतनी दूर से वह इसहाक़ भाई से प्यार करवाले तो उसका जी कैसे मतला सकता है ! इसलिए उसने शर्माते हुए मान ही लिया कि उसने प्यार किया था। इसहाक़ भाई से एक क़लम छीनने का ज़िक्र भी उसने ख़ूब मज़े ले-लेकर बयान किया। हालाँकि वह ख़ूब जानती थी कि इसहाक़ भाई के पास सिर्फ़ सड़े हुए निब और खुरचे हुए होल्डर थे जो कोई बेवक़ूफ़ भी छीनने का अरमान न करेगा। पर बिलक़ीस को क्या ख़बर ?

बिलक़ीस और शम्मन की दोस्ती ऐसी बढ़ी कि दिन-रात साथ रहतीं, साथ उठती बैठतीं और साथ ही पढ़तीं। बिलक़ीस उसे बहुत पसंद थी, सआदत से भी ज़्यादा। पता नहीं, नजमा से कम या ज़्यादा। नजमा और चीज़ थी। दहकती हुई शराब और बिलक़ीस साफ़ निथरा हुआ मीठा पानी। गो वह बड़ी बेशर्म थी और बग़ैर किसी झिझक के कपड़े उतार देती थी। नहाने जाने से पहले वह कपड़े उतारकर चींटियों और मच्छरों के काटने के निशान अपने जिस्म पर ढूँढ़ा करती थी। अगर कोई आ जाता तो वह खुद झेंपकर लौट जाता। बिलक़ीस को ज़रा भी एहसास न होता।

"वाह भला लड़कियों से क्या शर्म ?" वह ढिठाई से कहती। एक दफ़ा मैट्रन ने डाँटा तो बिलक़ीस ने उनसे कह दिया कि, चूँकि तुम्हारा जिस्म छकड़े जैसा है इसलिए मुझसे जलती हो। इस पर मैट्रन रोई-पीटी और बिलक़ीस को भी डाँट पड़ी। मगर वह कहीं सुनने वाली थी। उसका जिस्म बड़ा ख़ूबसूरत और सुडौल था जिसे देख-देखकर वह आइने में आप ही आप मुस्कुराया करती। कभी उसके होंठ झूठ-मूठ रूठने के अंदाज़ में अपने आप उभर आते और कभी ख़ुद-ब-ख़ुद झेंपकर आइने के पास से भाग आती। नहाने का इरादा करके वह कपड़े कभी भी न निकालती बल्कि नहाकर यूँ ही लेहाफ़ में दुबक जाती। जब ख़ूब गर्म हो जाती और सारे जिस्म के रोएँ सोने के तारों की तरह चमक उठते तो वह कपड़े निकालती। लेकिन वह घंटों फैसला न कर पाती कि ऊदी शलवार पर कपासी दुपट्टा ओढ़े या कासनी ! वह इस बारे में शम्मन की राय लेती। शम्मन बेचारी गर्दन मोड़े-मोड़े बता देती। उसे कुछ डर-सा लगता था बिलक़ीस से, क्योंकि कई बार बातें करते में उसका दिल बेअख़्तियार उसकी गर्दन पर उँगलियाँ फेरने को चाहने लगता। वह नर्म-नर्म सुडौल-सी गर्दन जिसे वह बड़े प्यारे अंदाज़ से एक तरफ़ मोड़े रहती।

भाई रशीद को पहले तो बिलक़ीस का एक आशिक़ ही समझती थी क्योंकि उनकी एक तस्वीर पर जो उसने कौड़ियालों की तशरीह[1] के सिलसिले में दिखाई थी, मेज़ पर अब भी रखी थी। जब बिलक़ीस ने बताया कि वह उसके सगे भाई हैं, तब वह समझी। ये भी उसी ख़ानदानी ख़ूबी के हामिल थे। जिस कॉलेज या यूनिवर्सिटी में पढ़ा, तीन चार ज़ख़्मी चिड़ियाँ तड़पती छोड़ीं। कॉलेज की बहुत-सी लड़कियाँ उनकी दीवानी थीं। कई अमीर लड़कियाँ तो उनसे ट्यूशन भी लेतीं थीं। वह ख़ुद तो चाहे फ़ेल हो जाते हों मगर जिन लड़कियों ने उनसे दो-चार सबक़ ले लिये हों वह शर्तिया पास हो जातीं।

"ख़ुदा क़सम तुम फ़ौरन मर जाओगी रशीद पर।" बिलक़ीस शम्मन से कहा करती। मगर शम्मन को बोर्डिंग से बाहर क़दम रखने की इजाज़त नहीं, तो फिर भला मरने का मौक़ा कैसे मिलता।

मगर क़िस्मत ने एक अजीब तरीक़े से उसे रशीद से मिलवा दिया। सालाना पिकनिक के मौक़े पर प्रिंसिपल साहिबा अपने भाई और चंद नौजवानों को भी साथ ले गईं। वह सब दूसरी मोटरों में गए और पेड़ों की आड़ में नहाते-धोते रहे। वह तो लड़कों को इस ख़याल से ले गई थीं कि कोई लड़की डूब-डाब जाए तो वो लोग निकाल लें। वह सब दूर ही दूर थे लिहाज़ा परदा ही परदा था। पर लड़कियों के दिल उधर ही उधर लगे हुए थे। वह भूल-भूलकर उधर जा निकलतीं। चीख़-चीख़कर हँस रही थीं और एक दूसरे को धक्के दे रही थीं।

"शम्मन, रशीद से मिलोगी ? वह इधर है, पेड़ के पीछे।" बिलक़ीस ने अलग ले जाकर कहा।

"वाह भाई मेरा परदा है।" शम्मन घबरा गई।

"ऊँह, तुम चलो तो। मैं उसकी आँखें बंद कर लूँगी।" बड़ी मुश्किल से ये तय हुआ कि बिलक़ीस अपने दुपट्टे से उसकी आँखें बंद कर देगी। फिर शम्मन झिझकती हुई गई। रशीद का क़द लम्बा और जिस्म छरेरा। आँखों पर पट्टी बँधी हुई थी। जिससे नाक भी छुप गई। सिर्फ़ होंठ खुले थे और आहिस्ता-आहिस्ता थिरक रहे थे। जैसे उसे सख़्त हँसी आ रही हो। घने बालों का एक जंगल सर पर खड़ा था। मचल-मचलकर दुपट्टे के बीचों में से बाल निकल रहे थे। गरीबान का एक बटन खुला था जिसमें उसकी भूरी गर्दन की नसें हँसी रोकने की वजह से फड़कती नज़र आ रही थीं।

"ही, ही, ही,।" वह एकदम से हँस पड़ा। शम्मन और बिलक़ीस भी हँसने लगीं। रशीद टटोलने लगा।

"अरे भाई, कहाँ है तुम्हारी दोस्त शम...शम...। उनसे कहो हमसे हाथ तो मिलाएँ।" बिलक़ीस ने उसे बहुत घसीटा मगर वह न मानी।

"देखो भई। फिर हम ज़बर्दस्ती पकड़ लेंगे हाँ, फिर बुरा न माने कोई। हम आँखें

---

1. विवरण

खोलते हैं।" रशीद ने धमकी दी।

मजबूरन शम्मन ने अपना डरा हुआ हाथ उसके हाथ में रिंगा दिया। फिर फ़ौरन ही छुड़ाने लगी क्योंकि रशीद ने तो मज़बूत पकड़ लिया।

"अरे ये तुम्हारी शम...शम का हाथ है ?"

"नहीं जी ये तो चुहिया का पंजा है।" शम्मन ने हँसी रोकने के लिए मुँह में दुपट्टा ठूँस लिया।

"तो क्या एक ही हाथ है बस ? और बाक़ी का जिस्म ? अरे बिल्ली इनके पैर भी हैं या नहीं ?"

"हैं।" बिलक़ीस हँसी दबाकर बोली।

"कितने ?"

"दो....खी खी..."

"अच्छा ! और-और बिल्ली इनके कान ?—कान हैं ?"

"हाँ, हाँ भई।"

"और नाक ?" शम्मन हाथ छुड़ाने के लिए दोहरी हो-हो गई। मगर बेकार।

"भाई, ऐसी बातें करोगे तो हम बोलेंगे भी नहीं।" बिलक़ीस ने कहा।

"अच्छा जाने दो—ये बताओ नाक कहाँ है, इनकी नाक !" रशीद ने फिर टटोलना शुरू किया। अंधों की तरह उसकी उँगलियाँ ठिठकती हुई शम्मन के चेहरे का जायज़ा लेने लगीं। भवें, पलकें, नथने, होंठ—यहाँ थोड़ी देर को ठिठक गईं। फिर गालों पर से होती हुई बालों पर।

"अरे बिल्लो इनके चुटिया तो है ही नहीं। कैसी है चिड़िया ?" वह उसका कान टटोलने लगा। हँसी के मारे दोनों का बुरा हाल हो गया और शम्मन झटका मारकर भागी।

"अरे बेइमानी—बेइमानी—अरे पकड़ियो बिल्ली।" रशीद ने दुपट्टा नोचकर शम्मन को पकड़ने की कोशिश की मगर वह भाग निकली।

लेकिन अब उसकी झिझक टूट गई थी। थोड़ी देर बाद बहाना कर फिर बिलक़ीस और वह रशीद के साथ खेतों में ख़रबूज़े चुराने गईं।

वहाँ उसने दोनों को कीचड़ में घुटनों तक फँसा दिया। वहाँ से निकलकर जामुनों की ताक में लग गए। दोनों ने अपने दुपट्टे बिछा दिए और भाग-भागकर कच्ची-पक्की जामुनें बीनने लगीं। रशीद को लड़कियों के दुपट्टों का इस्तेमाल बहुत अच्छा आता था। वह बजाए उन्हें लड़की के कंधों के, अपने सर पर बाँधना ज़्यादा पसंद करता था। और फिर दुपट्टों की गेंदें क्या उम्दा बनतीं थीं। वह ज़ोर की चोट लगती थी कि बस।

जब पिकनिक से लौटकर आई तो शम्मन को मालूम हुआ वह बादलों में झूलकर आई है। पलँग पर लेटकर सोने से पहले उसने पूरी पिकनिक को शुरू से लफ़्ज़-ब-लफ़्ज़ दुहराया। बिलक़ीस के दुपट्टे में से रशीद के मचलते हुए बालों के लच्छे, वह उसके बेचैन होंठ और गर्दन की कँपकँपाती हुई नसें और फिर ऐसा मालूम हुआ कि रशीद का हाथ रेंग रहा है—उसके माथे पर, बालों पर, नथनों पर। होठों पर आकर रुक गया। जल्दी

से उसने गर्दन दीवार की तरफ़ मोड़ ली और सो गई।

सुबह ही बिलक़ीस ने बताया कि रशीद उस पर बेतरह आशिक़ हो गया है।

"हटो ! तुम्हें कैसे मालूम ?" शम्मन का दिल धड़कने लगा।

"मैं पहचान लेती हूँ। जैसे ही तुम्हारा नाम लो, सुर्ख़ हो जाता है। और क्या।"

शम्मन रशीद के नाम से लाल सुर्ख़ हो गईं। और फिर दोनों घुल मिलकर रशीद की बातें करती रहीं। मगर किसी बहाने से भी वह रशीद से न मिल सकी न ही उसका दिल ऐसा बेक़रार था। अच्छी भारी ख़ुराक मिल चुकी, अभी वही हज़म नहीं हुई थी। चलते-फिरते, उठते-बैठते पिकनिक की बहारें आँखों में समायी रहतीं।

लेकिन ख़ुदा शकरख़ोरे को शकर दे ही देता है। बिलक़ीस की सालगिरह ने दुनिया ही बदल दी। इसकी क्लास की सारी लड़कियाँ और कई सहेलियाँ जिन में शम्मन भी शामिल थी, मदऊ की गईं। शम्मन के पास कोई तोहफ़ा भी न था, सिर्फ़ एक सर पर बाँधने का रेशमी रूमाल था, वही इसने काग़ज़ में लपेटकर चुपके से बिलक़ीस को दे दिया। मगर बिलक़ीस मारे शरारत के सारे हॉल में उसे नचाती फिरी। शम्मन ने दरवाज़े की आड़ में देखा कि वह उसे अपने सर पर बाँध रही थी कि रशीद ने आकर छीन लिया और दुपट्टे की तरह ओढ़कर मुँह चिढ़ाने लगे।

"ऊँ ! शम्मन देखो ये रशीद नहीं मानते—भई हमारा रूमाल ?" मगर रशीद रूमाल लेकर बाहर भाग गया।

"देखो भई मना कर लो रशीद को, हमारा रूमाल छीन लिया।" उसने शम्मन से शिकायत की। फिर वह खिड़की में से रूमाल का हश्र देखने लगी। रशीद उसे गले में डालकर हॉकी खेल रहे थे।

शाम को सब लड़कियाँ बग़ैरह तो चली गईं मगर शम्मन को प्रिंसिपल साहिबा की खुशामद कर के बिलक़ीस ने रोक लिया। वह दोनों और जलीस मिलकर कैरम खेल रही थीं कि रशीद दर्राते चले आए।

"रशीद, अरे रशीद ! पर्दा है पर्दा !" बिलक़ीस और जलीस चिल्लाईं और शम्मन को दुपट्टों में छुपाने लगीं।

"किसका पर्दा है ? लड़कियाँ तो गईं !"

"नहीं भई, शम्मन नहीं गई। और भई रशीद। आपा बी रशीद नहीं मानते।"

"देखो जी अगर आपा बी से शिकायत की तो हाँ बस।" रशीद ने धमकी दी। "पर्दा हो या न हो हम कैरम ज़रूर खेलेंगे।" वह शुरू हो गए।

थोड़ी सी हील व हुज्जत के बाद ये तय हुआ कि रशीद अपना मुँह ढँककर खेलेंगे। बिलक़ीस और शम्मन एक तरफ़। और जलीस और रशीद थोड़ी सी हील व हुज्जत के बाद दूसरी तरफ़।

"भई, कुछ बदकर खेलो, ऐसे मज़ा नहीं आएगा।"

---

1. बहस

''इकन्नी-इकन्नी,'' जलीस बोली।

''नहीं भई, रशीद लूटकर रख देगा हमें, दो-दो पैसे।'' बिलक़ीस चिल्लाई।

''अच्छा भई, मैं हारा तो इकन्नी दूँगा तुम हारी तो दोगी चंटी।''

''नहीं, नहीं जनाब चंटी की नहीं। ऐसा ज़ोर से मारेगा कि क्या बताऊँ।''

बिलक़ीस ने दहशतज़दा होकर कहा।

बड़ी मुश्किल से ये तय हुआ कि रशीद की इकन्नी और उन दोनों की चंटी। मगर हल्के-से। ज़ोर से मारने की नहीं। पर्दे की वजह से रशीद वही रेशमी रूमाल का घूँघट काढ़कर बैठ गए और अब खेल शुरू हुआ।

छेड़ने के लिए उन्हें सब दुल्हन-दुल्हन कह रहे थे। रूमाल बारीक था और उसमें से उनकी आँखें साफ़ चमक रही थीं।

''बिलक़ीस, ये तो सब देख रहे हैं।'' शम्मन ने चुपके से शिकायत की।

''ख़बरदार रशीद, जो तुमने शरारत की। ख़ुदा क़सम मार डालूँगी।'' बिलक़ीस ने डाँटा। खेल पूरे शबाब पर आ गया तो पर्दा-वर्दा सब ग़ायब। रशीद ने बेईमानी की। लेहाज़ा बिलक़ीस ने हर बार उसका हाथ हिला दिया और वह हार गया। दूसरे खेल में रशीद ने ज़रा संजीदगी से खेलना शुरू किया और बिलक़ीस और शम्मन का दम निकला। वह चीख़कर उसका हाथ हिला देतीं ताकि वह गड़बड़ा जाए। मगर क़िस्मत में मार ही बदी थी। खेल जीतकर रशीद ने बड़ी एहतियात से रूमाल का घूँघट काढ़ लिया और आस्तीन चढ़ा ली।

''चलिए, दिलवाइए चंटी।'' उसने शम्मन का हाथ पकड़ लिया और दो उँगलियाँ जोड़कर हथियार तैयार किया।

''भई, ज़ोर-ज़ोर से मारने की नहीं है।'' बिलक़ीस उसके ऊपर चढ़ बैठी।

''ख़ूब मेरी इकन्नी निकल गई, तो कुछ नहीं। और अपनी बारी पे चली रोने को। ख़ुदा क़सम आज हड्डी न तोड़ दूँ, तो बात नहीं।'' उसने फिर उँगलियाँ तौलीं, जैसे ही उसने मारने का इरादा किया शम्मन ने 'हाए' करके हाथ छुड़ा लिया।

''देखा तुमने ! तुम्हारी दोस्त हद से ज़्यादा मक्कार है। यानी मैंने मारा भी नहीं और, 'हाए'। इनसे कहो सीधी बैठें। जगह-बेजगह लग जाए तो हम ज़िम्मेदार नहीं।''

बड़ी देर तक वह चंटी मारे बग़ैर डराता रहा। मार चुकता तो छुट्टी होती। भई, एक ही तो बेचारी चंटी है। मज़े ले-लेकर मारेंगे हम तो। इतने में प्रिंसिपल साहिबा के नौकर ने आकर हुक्म दिया कि बोर्डिंग की सब लड़कियाँ जाएँ—सबको—रह कौन गया था सिवाय शम्मन के।

''अच्छा तो ये चंटी उधार रही।'' रशीद ने उसका हाथ छोड़ दिया।

''अच्छे रशीद, हमें बोर्डिंग तक पहुँचा आओ।'' बिलक़ीस गिड़गिड़ाई।

''हिश्त ! हम सोने जा रहे हैं।'' रशीद इतराए।

''अच्छा, हमारा भइया कैसा।'' बिलक़ीस उनकी गर्दन में झूल गई।

पाँच मिनट का रास्ता हँस-हँसकर आधे घंटे में तय किया। देर तक फाटक पर

खड़े होकर बहस होती रही। रशीद कहते थे, शम्मन को हाथ मिलाकर मुहज़्ज़ब[1] लोगों की तरह ख़ुदाहाफ़िज़ कहना चाहिए और शम्मन खिसियानी खड़ी फाटक की वार्निश हाथों से खुरचती रही। जब बड़ी देर तक बहस होती रही तो जलकर बिलक़ीस ने शम्मन को उस पर धक्का दे दिया। बहुत सिमटी मगर फिर भी उसे दोनों हथेलियाँ उसके सीने पर टिकानी पड़ीं। घबराकर रशीद अरे करके हट गया और शम्मन अंदर भाग गई।

बहुत देर तक वह बिलक़ीस के चुटकियाँ नोचती और कोसती रही।

सत्रह

नुमाइश[2] आई और बिलक़ीस की वजह से शम्मन को कई दफ़ा जाने की इजाज़त मिल गई। नुमाइश भी एक अज़ीम आलीशान त्योहार है। साल के साल मैदान-ए-हश्र[3] बरपा हो जाता है। साल-भर के सोए हुए मुर्दे सूर[4] की पुकार पर जाग उठते हैं और पंद्रह दिन के लिए अरमानों की दुनिया में बसंत खिल उठता है। ख़रीदने-बेचने के लिए टके किसके पास होते हैं। दूसरे नुमाइश में कौन बेवक़ूफ़ ख़रीदने-बेचने में वक़्त गँवाए। एक आफ़त बरपा[5] होती है। जिस दुकान पर जाओ, काली शेरवानी और काले बुर्क़ों का जमघट। बुर्क़ों की मजाल नहीं जो एकदम के लिए उन शेरवानियों के साए से दूर रह सकें। बुंदे ख़रीदो, वहाँ मौजूद। चूड़ियाँ छाँटो, हाथ घुसाए देते हैं। साड़ियों की दुकान पर खड़े आवाज़ें कस रहे हैं। खिलौनोंवाली की दुकान पटी पड़ी है। ग़र्ज़ जहाँ देखो कौड़ियाले फुँकार रहे हैं। लड़कियाँ हैं कि बदहवास हुई जाती हैं। अगर शिकायत करती हैं तो उल्टा अपना आना बंद। ग़र्ज़ सूली पर जान टँगी है। वैसे बग़ैर कौड़ियालों के भी दुनिया तल्ख़[6] और उजड़ी हुई। डाँट-डपटकर दूर हटा दिया तो बाक़ी क्या रह गया नुमाइश में ? ये जगमगाते जवाहरात, वह ज़र्री-मल्बूसात[7] ? जी नहीं ये औरों की दौलत हैं। मुफ़लिस तालिब-इल्म[8] को तो अपनी ज़िंदादिली में ही हज़ारों नुमाइशें मिल जाएँगी।

बिलक़ीस बहुत दिन से शम्मन से तस्वीर के लिए कह रही थी। रशीद अपने दोस्त को इंग्लैंड भेजकर इनलार्ज कराने को कहते थे। मैट्रन की आँख बचाकर दोनों खिसक गईं और रुपए की आठ वाली तस्वीरें खिंचवाने लगीं।

"जल्दी से खींचिए।" उन्होंने वहाँ खड़े हुए फ़ोटोग्राफ़र से कहा। यूनिवर्सिटी के लड़कों की तरह वह भी स्याह और सफ़ेद था।

"आप तस्वीर खिंचवाएँगी।" वह ख़ंदापेशानी[9] से मुस्कुराया।

"और क्या, भई जल्दी कीजिए।"

---

1. शिष्ट 2. प्रदर्शनी 3. प्रलय का मैदान 4. प्रलय के लिए ईश्वरीय ध्वनि यंत्र 5. मुसीबत खड़ी होना 6. कडुआ 7. जड़ाऊ कपड़े 8. निर्धन छात्र 9. हँसमुख

"जल्दी ही लीजिए। तो आइए, यहाँ बैठिए स्टूल पर।" उसने नया सिगरेट सुलगाया। शम्मन और बिलक़ीस की राय हुई, ज़रा-सा पाउडर और लिपिस्टिक लगा ली जाए तो अच्छा रहे। तस्वीर में कुछ तो आ ही जाएगा।

"आइना नहीं है आप की दुकान में...ज़रा।" उन्होंने पूछा।

"आइना होगा क्यों नहीं...इधर आइए।" वह उन दोनों को पिछले कमरे में आइना दिखाने ले गया। वह पाउडर लगाती रहीं और वह खड़ा मुस्कुराता रहा।

"इत्र भी तो लगाइए।" शरारत से बोला और जेबें टटोलने लगा।

"इत्र—इत्र ?"

"हाँ, हाँ, साहब। इत्र की ख़ुशबू भी तो आती है, तस्वीर में। ये देखिए मेरे पास है।"

उसने उँगलियों में इत्र ले लेकर उनके कपड़ों में लगाना शुरू किया और बड़ी बेतकल्लुफ़ी[1] से।

"रहने दीजिए," शम्मन ने झल्लाकर उसका हाथ झटक दिया।

"अच्छा, अच्छा साहब...बैठिए स्टूल पर। ज़रा अच्छी तरह बैठिए।" और वह दोनों बैठकर अदाएँ लेने लगीं।

"यूँ बैठिए...और दुपट्टे को सँभालिए। मेरे ख़याल में दुपट्टा तो उतार ही दीजिए।" वह कैमरे से ज़्यादा उनके दुपट्टे वग़ैरह पर तवज्जो दे रहा था।

"हाए अल्ला ! कितना बेहूदा फ़ोटूग्राफ़र है।" शम्मन ने बिलक़ीस के कान में कहा।

"आपको तस्वीर खींचना हो तो खींचिए, वर्ना।" वह हिम्मत करके डाँटने लगी।

"मगर ये आपके गाल पर पाउडर"—उसने शरारत से मुस्कुराकर प्यार से बिलक़ीस का गाल छुआ और सिगरेट का धुआँ बिलकुल उनके मुँह पर छोड़ने लगा।

दोनों ऐसी घबराईं कि फ़ोटोग्राफ़र को शायद रहम आ गया और वह हट गया।

"अच्छा साहब रेडी"—दोनों रेडी हो गईं। दो-चार बार कपड़े में सर डालकर फिर बोला, "उँह हूँ। ये आपने बाल कैसे बनाए हैं। लाइए मैं ठीक कर दूँ।"

"आपको उससे क्या ? आप तस्वीर खींच रहे हैं। चलो शम्मन चलें।"

"अरे, अरे आप तो ख़फ़ा हो गईं। बैठिए। भई, शम्मन—ओह माफ़ कीजिएगा। च...मैं तो आप के फ़ायदे के लिए ही कह रहा था। बिलकुल ख़राब आए, तो फ़ोटूग्राफ़र को इल्ज़ाम देंगी आप कि तस्वीर बिगाड़कर रख दी और क्या।"

वह कुछ रूठ-सा गया। फिर वह दोनों राज़ी हो गईं और उसने उनकी ठोड़ियाँ पकड़-पकड़कर बाल सँवारना शुरू किए। बिलक़ीस ने छिटककर उसके सीने पर से सर हटा लिया। जिसे वह बुरी तरह खींचकर बाल बना रहा था। वह शरारत से हँसा और शम्मन की तरफ़ चला कि इतने में कुछ लोगों के बोलने की आवाज़ आई और थोड़ी-सी देर में तीन-चार आदमी और आ गए। शम्मन और बिलक़ीस को डर लगने लगा।

---

1. बेहिचक

"हम जाते हैं। आप तस्वीर खेंचते हैं कि बातें...।"

"तो...जाइए...ख़ुदा हाफ़िज़–" वह हँसता हुआ बाहर चला गया।

"ऐं ?...हम तस्वीर खिंचवाने आए थे...मगर...इतनी देर लगा दी।"

"तो तशरीफ़ लाइए अंदर–माफ़ कीजिएगा। ज़रा मैं खाना खाने गया था।"

"और–और...वह...वह फोटोग्राफर जो अभी-अभी यहाँ था ?"

"जी मैं ही हूँ फोटोग्राफर। तो आइए।" उसने फ़ख्र से अपनी काली शेरवानी देखकर कहा, "आइए, तशरीफ़ लाइए।"

"तो वह कौन था ?" बिलक़ीस हकलाई।

"कौन ?"

"वह...वह हमीद–अरे साहब वह तो कॉलेज के एक साहब हैं। प्रिंट लेने आए थे। ...आइए अंदर आ जाइए।" उसने बात टालना चाही।

"हैं ?" बेवक़ूफ़ों की तरह वह एक दूसरों का मुँह तकने लगीं।

"आइए–फिर।" फ़ोटोग्राफ़र ने अपने औज़ारों से खड़-बड़ करनी शुरू की।

"नहीं, नहीं, अब हम कल खिचवाएँगे...आज देर हो गई।"

दोनों घबराई हुई भागीं वहाँ से। दिल धड़क रहे थे, मैट्रन उनकी तलाश में सर गाड़ी, पैर पहिया किए फिर रही थी। ये दोनों मिलीं, तो पड़ी डाँट।

"अरे ! और हम आपको ढूँढते फिर रहे हैं।" दोनों झूठ बोलीं उस दिन बिलक़ीस की वजह से बात बन गई वर्ना मैट्रन इन बहानों को ख़ूब जानती थी। कितनी लड़कियाँ रोज़ इसी तरह खोकर मिल जाया करती थीं। और मज़ा भी बड़ा आता है। यूँ जान-बूझकर खो जाने में। जी भी तो नहीं चाहता वापस मिलने को, काश किसी तरह सारी उम्र के लिए यूँ ही नुमाइशों में भटकते फिरें और मैट्रन न पकड़ सके।

दूसरे दिन वह तस्वीर खिंचवाने न जा सकीं। मगर नुमाइश में वही कौड़ियाला हमीद बराबर आहें भरता, शेर पढ़ता, उनके पीछे लगा रहा। उसे उन दोनों के नाम तो मालूम ही हो गए थे। शरारत में वह अपने दोस्तों को शम्मन और बिलक़ीस कहता तो वह फ़ौरन चमककर जवाब देते–"हाँ फ़ोटोग्राफ़र साहब।"

"आओ शम्मन बुंदे ख़रीदें।" एक इतराता और लड़कियों की नक़ल करके अपने दोस्त को छेड़ता।

"हाँ बिलक़ीस चलो तस्वीर खिंचवाएँ।" दूसरा इठलाकर जवाब देता।

शम्मन और बिलक़ीस जल जातीं मगर उन्हें हँसी भी आ रही थी। जब तक वह साथ रहते वह जलती रहतीं मगर जैसे ही वह बिछुड़ जाते, उनकी आँखें बेचैनी से तलाश करके उन्हें ढूँढ़ लातीं और फिर ढके-छुपे जुमले कसे जाने लगते। नुमाइश के फाटक के पास शम्मन और बिलक़ीस को एक छोकरे ने एक बंडल लाकर दिया कि वह दुकान पर भूल आई थीं।

"तुम्हारा होगा बिलक़ीस।"

"नहीं तो, मैंने तो कुछ ख़रीदा ही नहीं। खोलो तो देखें क्या है इसमें ?"

खोलकर देखा तो टॉफ़ियाँ ! चाकलेट !! और मिठाइयाँ !!! मारे खुशी के दोनों की चीख़ें निकल गईं और दोनों बंडल पर टूट पड़ीं। फ़ौरन उनकी निगाहें उठीं और उस कौड़ियाले की आँखों से टकराईं। हलकी सी सर की जुंबिश से उसने उन्हें सलाम किया और फ़ौरन दोनों बिगड़ गईं। बिलक़ीस ने राय दी, "फेंक दो।" मगर भूख का तक़ाज़ा हुआ, ये बेवक़ूफ़ी होगी। बोर्डिंग में जेबख़र्च ही कितना मिलता है। दोनों वहाँ से चल दीं। कुछ सोच के बाद दोनों ने जेबों में मिठाइयाँ भर लीं।

जब नुमाइश ख़त्म हो गई तो शम्मन और बिलक़ीस के नाम आशिक़ाना ख़त आए। बड़े जूते पड़ते अगर बिलक़ीस प्रिंसिपल साहब को सब साफ़-साफ़ न बता देती। वह तस्वीरें खिंचवाने का वाक़या गोल कर गई। बात दब-दबा गई। बिलक़ीस ने बताया कि ग़रीब कौड़ियाला कितने ही ख़त भेज चुका है। मगर सब प्रिंसिपल साहिबा ने फाड़कर जला दिए। जब बात बहुत बढ़ी तो उन्होंने सारे ख़त उठा के पी.वी.सी. को भेज दिए। उसके बाद ये मामला ख़त्म हो गया। कौड़ियाले का ज़हर भी फ़ीका पड़ गया। रशीद को भी उस मामले में ख़बर मिल गई और उसने ये बात और लड़कों में फैला दी और सारे लड़कों ने मिलकर निगोड़े कौड़ियाले को नाकों चने चबवाने शुरू किए। बिलक़ीस की राय थी कि ख़्वामख़ाह[1] बेचारे को परेशान न किया जाए। आख़िर उसने ऐसा क्या जुर्म किया था। उल्टा उसी का तो हर तरह का नुक़सान हुआ था।

सालाना जलसे का ड्रामा हुआ था तो उसकी तस्वीरें खींचने के लिए रशीद को बुला लिया गया। वैसे ड्रामे की सारी लड़कियाँ उसके सामने आती थीं। बाहर का कोई आदमी बुलाया जाता तो बेकार गुल[2] मचाता, जोहला[3] को ऐतराज़[4] होता।

शम्मन लड़का बनी थी। और मूछें लगाकर तो शर्म के मारे उसका दम निकलने लगा। बिलक़ीस उसकी महबूबा रोज़ालैंड बनी थी।

"अरे बिल्ली ! ये छोकरा कौन है ?" रशीद ने हैरत से पूछा और शम्मन अपनी तलवार फेंककर झाड़ियों में छिप गई और तस्वीरें खिंचवाने से क़तई इंकार कर दिया। मगर तस्वीरें खिंचवाना ज़रूरी थीं ओर उसे महबूबा रोजालैंड का हाथ चूमना था और यहाँ तो उसे खड़ा होना ही वबाल[5] मालूम हो रहा था। टाँगे लरज़ीं जाती थीं और हाथ ठंडे थे !

"अरे छोकरे, ज़रा परे हटकर खड़ा हो।" रशीद ने कहा और शम्मन चिढ़कर मिनमिनाने लगी। बिलक़ीस ने रशीद को डाँटा।

"वाह, शम्मन तो ड्यूक का बेटा है। छोकरा-छोकरा कहे जाते हो।"

"अच्छा तो ड्यूक के बेटे कमबख़्त की मंझन की मूँछें थीं। खूब।"

"हिश्त झूठे, मूँछें थोड़ी, काजल है।" बिलक़ीस ने प्यार से शम्मन की मूँछ को देखा।

"हाय बिलकुल ही असली लग रही हैं।"

---

1. अकारण 2. शोर 3. मूर्खों 4. शिकायत 5. मुसीबत

"अगर प्रिंसिपल साहिबा आकर न डाँटतीं तो मज़ाक़ कभी ख़त्म न होता और न तस्वीरें खिंचतीं।"

"आपा बी, अबके ड्रामा हो तो हमें लड़की बनाइएगा।" रशीद ने प्रिंसिपल साहिबा से कहा।

"भई जब कालौंच[1] लगाकर लड़कियाँ मर्द बन सकतीं है तो फिर मैं क्यों नहीं लड़की बन सकता—भई वाह !"

जब सब जाने लगे तो रशीद ने चुपके से शम्मन से कहा, "अए...देखो जी मियाँ लड़के, हमारी चंटी उधार है, कहीं हज़्म न कर जाना।" वह हँसी रोकती झल्लाती भाग आई।

अठारह

शम्मन और रशीद का रोमान पींगें बढ़ाता रहा। रोज़ाना बिलक़ीस उसका एक पर्चा शम्मन को लाकर देती, उस पर्चे में कुछ भी न होता, सिवाए उस पुरानी चंटी के अरमान भरे ज़िक्र के। उसे रशीद शम-शम या मियाँ लड़के लिखता। सिवाय रशीद के, शम्मन को कुछ भी तो याद न रहा। शशमाही[2] इम्तहान में वह बुरी तरह फ़ेल हुई और घंटों शर्म से रोती रही। रिआयती दर्जा मिल गया। हिसाब में वह हमेशा से कमज़ोर थी। प्रिंसिपल साहिबा ने उसे ट्यूशन दिलवा दी। कह-सुनकर रशीद ही उसे ट्यूशन देने पर मुक़र्रर किया गया। और कोई शरीफ़ व माक़ूल[3] आदमी मिलता ही कहाँ था।

ये तालिब-इल्म और मुअल्लिम का रिश्ता भी किस क़दर रोमान-अंगेज़ होता है। बात-बेबात इश्क़ उबल पड़ता है। पढ़ाई तो ख़ाक भी न होती। शम्मन और रशीद घंटों आसानी से बातें किया करते। जब बहुत देर हो जाती तो दूसरे दिन की उम्मीद दिल में लेकर जुदा हो जाते। पढ़ने के लिए शम्मन को प्रिंसिपल साहिबा के बँगले पर ही जाना पड़ता। शाम ही से बँगला इंद्रसभा का अखाड़ा बनना शुरू हो जाता।

दोस्तों के जमघट शुरू हो जाते। ख़ासा बेतकल्लुफ़ जमाव जमता। जिसमें बेतकल्लुफ़ ज़िंदगी पर मुबाहसे[4] होते, इंसानी हक़ूक़[5] पर लेक्चर दिए जाते।

पाँच चाँद के टुकड़ों के गिर्द सितारों के परे जमते। मोहज़्ज़ब और लतीफ़ मआशक़े[6] चलते और बँगला क़हक़हों से गूँज उठता।

एक दिन वह और बिलक़ीस बरामदे की सीढ़ियों पर बैठी रशीद की ताज़ा शरारतों पर बातचीत कर रही थीं कि फाटक खुला और किसी नई लड़की का सामान आना शुरू हुआ। सामान बहुत था। मालूम होता था कि कई बहनें आई थीं। मगर सामान

---

1. कालिख 2. छमाही 3. उपयुक्त 4. बहसें 5. मानवाधिकारों 6. प्रेम प्रसंग

के साथ कोई न आई। उस दिन चूँकि मैच था और रशीद गए हुए थे, लेहाज़ा शम्मन बँगले पर नहीं गई थी।

दूसरे दिन प्रिंसिपल साहिबा दो लड़कियों को लिए हुए अपने दफ़्तर में चली गई। लड़कियाँ खूबसूरत ही नहीं, अमीर भी मालूम होती थीं। एक तो उनमें से छह-सात साल की थी और दूसरी पंद्रह-सोलह की। उनके रेशमी मलबूसात[1] और फ़ैशन से मुतास्सिर[2] होकर लड़कियाँ क्लासों में से निकल-निकलकर झाँकने लगीं।

खाने पर प्रिंसिपल साहिबा ने बिलक़ीस और जलीस को बुलाकर उन दोनों लड़कियों को उनके सुपुर्द कर दिया। और चारों निहायत मोहज़्ज़ब बनी बँगले से आया हुआ खाना मेज़ के साफ़तरीन कोने पर बैठी खाती रहीं। खाने पर आज वैसे भी ज़रूरत से ज़्यादा सफ़ाई थी। टूटे हुए तामचीनी के डोंगे और बेक़लई रकाबियाँ उस ख़ास मेज़ पर न थीं।

बल्कि नई प्लेटें, जो कभी दावतों पर निकाल ली जाती थीं, लगी हुई थीं। खाना भी बहुत था, चूँकि जुमा था इसलिए मक्खन निकले हुए दूध की फीकी-फीकी खीर भी थी। इतने में प्रिंसिपल साहिबा और एक लहीम-शहीम, हसीन बेगम निहायत ज़र्री[3] लिबास पहने दाख़िल हुईं और उन नई लड़कियों के पास जाकर बातें करने लगीं। लड़कियों की खुसुर-फुसुर से मालूम हुआ कि वह उनकी अम्माजान थीं।

नौवारिद[4] लड़कियों की अम्मा ने भी खाना चखा और मुनतज़मीन[5] की तारीफ़ करती रहीं। "ऐसा मज़ेदार खाना तो घर पर भी नहीं मिलता।"

मुरग़्ग़न खानों का इश्तहार, चर्बी की पुट, नवाबज़ादी बोलीं "लज़ीज़ और सेहत बख़्श!" मोटापे से आजिज़ कबाब पराँठों से थकी हुई बेगम की ज़बान में इतना एहसास ही कब रहा होगा कि जो खाने की अच्छाई-बुराई परख सकें। खानें के दरमियान ही से लड़कियाँ और बेगम प्रिसिंपल के साथ वापस जाने लगीं। तो बज़िद बिलक़ीस और जलीस को भी साथ ले लिया।

शाम को बिलक़ीस उन दोनों लड़कियों को लिए हुए वापस आई। वह अब तक भड़कीले लिबास पहने थीं और साथ-साथ बिलक़ीस भी एक ख़ूबसूरत-सा दुपट्टा ओढ़े हुए थी। सारे वक़्त वह उन लड़कियों के हमराह रही। बोर्डिंग में तो ये लड़कियाँ क्या आईं, अजायबात[6] आ गईं। अपना काम छोड़छाड़ कर सारी लड़कियाँ देखने टूट पड़ीं। इतनी देर में उनका कमरा भी सजकर तैयार हो गया था। अलावा ख़ूबसूरत मसहरियों के सिंगार-मेज़, जो निहायत ही अजीब चीज़ मालूम होती थी। और मेज़ जो लैंप, क़ालीन, ग़लीचे, रेशमी पर्दे, ग़र्ज़ मालूम होता था कि जंगल में किसी ने फूलों से लदा हरा-भरा गुलदस्ता खड़ा कर दिया।

शम्मन उनके कमरे के सामने से भी न गुज़री। बोर्डिंग में जबसे उसकी बिलक़ीस से दोस्ती हुई थी, वह दूसरी लड़कियों से बहुत दूर हट गई थी। प्रिंसिपल साहिबा की

---

1. कपड़े 2. प्रभावित 3. जड़ाऊ 4. नवागंतुक 5. प्रबंधकों 6. आश्चर्य

मंज़ूरे-नज़र[1] होकर वह सब की नज़रों से गिर चुकी थी। वह उसे .ख़ुशामदी, मग़रूर[2] और .ख़ुदग़र्ज़[3] समझने लगी थीं। आज जब बिलक़ीस नए मेहमानों की आवभगत में ग़र्क़ थी वह बेसहारा और तनहा उल्लू की तरह अपने कमरे में बैठी रही। खाने पर बिलक़ीस लड़कियों के साथ बँगले पर चली गई और मुस्कुराती हुई ताअन-आमेज़[4] नज़रों के दरम्यान वह ख़ामोश अपनी जगह बदबूदार सालन और ख़ुश्क चावल निगलती रही।

बिलक़ीस कुछ चीज़ें लेने कमरे में आई तो शम्मन ने मुँह फुलाकर शिकायत करना चाही। मगर बिलक़ीस बड़ी जल्दी में थी।

''अच्छी ! नवाब साहब आज आए हुए हैं। बेहद ख़ूबसूरत कपड़े हैं। नसीमा ने ज़बर्दस्ती मुझे ये दुपट्टा दे दिया। आपा बी का हुक्म है कि लड़कियों का दिल न घबराए। कोई बात भी है। कहती हैं, परसों नवाब साहब को पहुँचाने देहली तक चलो।'' वह जल्दी-जल्दी चीज़ें समेटती रही।

''और कूक तो ग़ज़ब की प्यारी है। रशीद पर तो फ़िदा है। सारे दिन कंधे पर चढ़ी रही।'' वह ज़रा झेंपती हुई सी जल्दी से चल दी।

दो-चार रोज़ की छुट्टियाँ आ गईं। बिलक़ीस, जलीस उन लड़कियों के साथ उनके वालदैन[5] को ख़ुदा हाफ़िज़ कहने देहली चली गईं। जब वह आईं तो भी बिलक़ीस से कोई बात न हुई। रशीद किसी मैच में गए हुए थे। इसलिए शम्मन फिर बँगले से दूर ही रही। फिर वह पढ़ने पहुँची तो उसने कुछ फ़िज़ा बदली पाई। हालाँकि रशीद को वह तीस रुपए अब्बा से हज़ारों चालें चलकर दिलवाती थी। मगर वहाँ आज इस तरह बर्ताव किया जा रहा था गोया वह कोई यतीम लड़की है जिस पर रहम खाकर वह पढ़ा दिया करता था।

रशीद मौजूद न थे। वह लड़कियाँ ज़्यादातर बँगले पर ही रहतीं और साथ-साथ बिलक़ीस भी आहिस्ता-आहिस्ता बोर्डिंग से अपनी चीज़ें बीन-बीनकर घर ले जा रही थी।

रशीद आए तो उस दिन बिलकुल पढ़ाई न हुई। अव्वल तो नसीमा के साथ कैरम खेलना था। दूसरे कुकू बराबर कंधों पर कूद रही थी। अलावा बिलक़ीस और जलीस के क़रीब-क़रीब हर एक फ़र्द[6] उन लड़कियों पर मक्खियों की तरह चिपका हुआ था। उन दोनों ने तो जिस दिन से वह आई थीं, अपने कपड़े छोड़कर उनके ही पहनने शुरू कर दिए थे। प्रिंसिपल साहिबा तक को ज़बर्दस्ती करके नसीमा ने अपना शनान[7] का सितारों टँका दुपट्टा उढ़ा रखा था। नसीमा पीछे पड़ जाती थी और अपना ज़ेवर और कपड़ा उन्हें पहनाकर ही दम लेती।

नसीमा की सिंगार-मेज़ जैसे केमिस्ट की दुकान। बिलक़ीस, जलीस तो हर वक़्त मुँह पर अला-बला पोता करतीं। सारे बोर्डिंग की लड़कियाँ उनके कमरे पर जमा उन की तारीफ़ों में चहका करतीं। नसीमा ने थोड़े ही दिनों में मैदान पर पूरा क़ब्ज़ा कर लिया। क़रीब-क़रीब हर लड़की पाउडर, लिपस्टिक, पुराने रेशमी जंपर-दुपट्टा या चप्पल

---

1. चहेती 2. घमंडी 3. स्वार्थी 4. व्यंग्यपूर्ण 5. माँ-पिता 6. सदस्य 7. एक तरह का कपड़ा

के एहसान के नीचे दब गई। उनके साथ उनकी बचपन की खिलाई भी थी। जिसे सारा बोर्डिंग उनकी नक़ल में बेबे कहता था। मोटी-चौड़ी मर्दमार-सी औरत ख़ुशामदी लड़कियों को हज़ार धुत्कारें बताती पर वह उसके क़दम चूमने को तैयार रहतीं।

नसीमा और कुकू पर बोर्डिंग की कोई पाबंदी आयद[1] न थी। नौकरों के रहने की इजाज़त न थी मगर उनके केस में मजबूरन प्रिंसिपल साहिबा ने दे दी। वह लोग खाना अपने कमरे में खातीं। खाना तो ख़ैर उनकी बेबे ख़ुद अपने हाथों से पकाती थीं। चीनी के बर्तन भी उनके अपने थे। उन्हें दो कमरे, दो गुसलख़ाने और असबाब[2] के कमरे मिले हुए थे। अच्छा ख़ासा घर था उनके बरामदे की तरफ़ से किसी को गुज़रने की इजाज़त न थी।

जल्दी ही सिंगार का मर्ज़ फैलने लगा। ग़रीब लड़कियों ने लाल रंग की रोशनाई और चार आने वाला फुंसियों पर लगाने का पाउडर ही थोप लिया। जिधर देखो लाल-पीले गाल और मसनूई[3] घुँघरवाले बाल नज़र आते। बिजली के आले न मिले तो सलाखें गर्म करके ही बाल उलझा लिए। सच्चे सितारे और गोटे न जुड़े तो पिन और झूठे पतरे ही चिपका लिए। उन लड़कियों की वजह से बोर्डिंग में बज़ाज़ चूड़ीवाले और फलवाले को भी आने की इजाज़त मिल गई। और कुछ नहीं तो क़र्ज़ पर ही ख़रीद-फ़रोख़्त शुरू हो गई। कमबख़्तों के पास न जाने कहाँ से क़ारूँ[3] का ख़ज़ाना आन टूटा था कि सारे बोर्डिंग को क़र्ज़ देने के बाद रोज़ाना टोकरियों फल और बंडलों बिस्कुट आते और लंगर बँटते। हलवे बनते और पार्टियाँ होतीं। आज कुकू की सालगिरह है। सारे बोर्डिंग की दावत, प्रिंसिपल साहिबा के ख़ानदान-भर की दावत। आज नसीमा का जी घबरा रहा है। बिलक़ीस की सालगिरह की दावत वह ख़ुद कर रही है। मय सारे ख़र्चे के, ऊपर से बिलक़ीस और जलीस को जोड़ा भी मिल रहा है। ख़ैरात में मरनेवालियों का भी भला हो रहा है।

शम्मन अब हिसाब में उतनी कमज़ोर न रही थी जितनी नसीमा उर्दू में। उसने सारी उम्र कान्वेंट में गुज़ारी थी। अब इस इस्लामी स्कूल की आक़बत[5] सुधारने भेजी गई थी। लेहाज़ा रशीद उसे पचहत्तर रुपए पर उर्दू, जुग़राफ़िया और हिसाब पढ़ाने लगे थे। नसीमा नवीं जमात में थी। गो उसकी अंग्रेज़ी कई उस्तानियों से अच्छी थी और उर्दू में दूसरी जमात की भी क़ाबलीयत न थी। अंग्रेज़ी के घंटे में वह शम्मन की क्लास में भी आ जाती। सवाल सुनने से पहले वह जवाब दे देती और इतना सही कि उस्तानियों की बाँछें खिल जातीं। नीज़[6] दूसरी लड़कियों पर और जूता-बारी होती। सारा वक़्त नसीमा या कुछ-कुछ बिलक़ीस बोला करतीं और उस्तानियाँ उन्हें शाबाशी दिया करतीं। बाक़ी की लड़कियाँ घबराई और शर्मिंदा बैठी फटकारें सुना करतीं।

यही नहीं, खेल के मैदान में नसीमा ने सबको चित कर दिया। वह कभी धाँधली भी कर जाती। बाज़पुर्स[7] पर निहायत तेज़ इंग्लिश में बोलने लगती जिस पर सारी

1. लागू 2. सामान 3 बनावटी 4. धनकुबेर 5. परलोक 6. तथा 7. पूछताछ

लड़कियाँ झिझक जातीं और अंग्रेज़ी की मद्दाह[1] उस्तानी उसकी सारी गुस्ताख़ियाँ अंग्रेज़ी के प्यारे से जुमले से माफ़ कर देती। न जाने क्यों शम्मन ने पहली नज़र में नसीमा को दुश्मन मान लिया था। हर मौक़े पर उसकी और नसीमा की टक्कर हो जाती। दोनों की गुस्ताख़ नज़रें टकरातीं मगर झिझक जातीं। अब भी जब रशीद मिलता, उससे दो-चार मीठीं बातें कह देता। मगर वह बात न रही थी। ऐसा मालूम होता था वह कुछ भूलता जा रहा है। प्रिंसिपल की नज़रों से भी वह उतर गई थी और बोर्डिंग में तो उसकी हैसियत थी ही एक ग़ैर जैसी। नूरी तो जलीस के साथ कुकू का दुमछल्ला बन चुकी थी। ग़र्ज़ एक बार फिर उसे एक नाक़ाबिल-ए-बयान[2] सुनसान तनहाई का एहसास हुआ, और इस शिद्दत से कि उसने हर चीज़ से बग़ावत कर दी।

सबसे पहले तो वह किताबों पर टूट पड़ी। नसीमा की ज़बान तेज़ थी मगर मालूमात सिफ़र[3] के बराबर थी। थोड़े ही दिनों में उसने नसीमा की क़ैंची का जवाब बिगड़ी मगर हिफ़्ज़[4] की हुई अंग्रेज़ी में देना शुरू किया। पूरे-पूरे सफ़े रटकर उसने नसीमा को चित कर दिया। अड़ियल घोड़े की तरह वह पैर जमाकर खड़ी हो जाती और सारी मुस्कुराहटों और क़हक़हों का जवाब वह रुकती हुई ज़ुबान में देती रही। उसे खेल से नफ़रत थी मगर जलती धूप में उसने मश्क़[5] की। यहाँ तक कि वह खेल में भी चोट खाई शेरनी की तरह सब पर हावी हो गई।

नसीमा के एहसानात तो ख़ैर थे ही जादू के मंतर। शम्मन की जिदें, हठधर्मियाँ और गुस्ताख़ियाँ भी बेकार न गईं। रफ़्ता-रफ़्ता सारी वो लड़कियाँ जो किसी तरह नसीमा की नज़रों से उतर गई थीं, शम्मन के झंडे तले आ गईं। नसीमा को अब बोर्डिंग में बहुत कम वक़्त गुज़ारने को मिलता था क्योंकि स्कूल से आकर फ़ौरन वह उर्दू की कमज़ोरी दूर करने बँगले पर चली जाती थी। कुकू भी अब वह फूल जैसी गुड़िया न रही थी। बेबे के तो बस की न थी। बदतमीज़ बच्चों के गिरोह में मिली ख़ाक-धूल में लोटा करती। और वह कुकू, जिसे चूमने के लिए लड़कियाँ बेअख़्तियार क्लासों से निकल पड़ती थीं, अब चपतें खाकर कमरों से निकलतीं। फल भी कुछ कम आने लगे थे क्योंकि ज़्यादातर बँगले पर चले जाते। नसीमा तो ज़्यादातर खाना भी वहीं खाती।

शम्मन कमरे में ख़ामोश बैठी थी। वह अब अकेली रहती थी। बिलक़ीस के जाने के बाद उसने किसी को न आने दिया था। वह एक तक़रीर को रटने में मशग़ूल थी जो उसे दूसरे दिन करना थी, कि इतने में बिलक़ीस आई। वह कुछ शर्मिंदा और पशेमान[6] सी थी। किसी किताब के बहाने से वह देर तक मेज़ टटोलती रही, फिर बैठ गई। शम्मन ने बात न की तो ख़ुद ही बोली।

"पोएट्री बुक मेरी खो गई, ज़रा अपनी दे दो।" शम्मन ने किताब उठाकर सामने डाल दी।

"कल के लिए तैयारी कर ली ?"

---

1. प्रशंसक 2. अकथनीय 3. शून्य 4. कंठस्थ 5. अभ्यास 6. पश्चात्ताप करना

"हाँ।"

"लाओ, मैं सुन लूँ।" बिलक़ीस ने क़रीब आकर स्पीच की कॉपी ले ली। शम्मन के गले में आँसू अटकने लगे। जी चाहा, सुनाए खरी-खरी। मगर बिलक़ीस की झुकी हुई नज़रें देखकर वह चुप हो गई।

"च्च ! खुदा क़सम नसीमा मर भी जाए तो नहीं बोल सकती। पता है, उसने अभी तक नोट्स भी तैयार नहीं किए हैं।"

"भई, वह तो बग़ैर नोट्स के बोल सकती है।"

"ख़ाक भी नहीं। रशीद ने इतनी ग़ज़ब की तक़रीर तैयार करके दी, जनाब ने पढ़ी तक नहीं।"

"मेरी और ईसा की लड़ाई हो गई।" वह थोड़ी देर ख़ामोश रहकर बोली।

"हैं ?—हटो !"

"सच !"

"मगर ?"

"कमीना है ? पता है तुम्हें इतवार को..." वह कुछ कहते-कहते रुक गई। शम्मन ने बिलकुल तजस्सुस[1] का इज़हार न किया।

"मुझे कहने लगे कि आठ प्लेटों की फ़िल्म है। चार नसीमा की तस्वीरें खींच लेने दो, फिर तुम्हारी। और जनाब बाद में मालूम हुआ कि सिर्फ़ छह थीं, जिसमें से एक जलीस नेकर पहनकर खिंचवाएगी। जी हाँ, गोया मरती हूँ उनकी फ़िल्मों पर।"

"एक ही फ़िल्म थी ?"

"हाँ, कहने लगे देहली से लाना पड़ेगी। और खुदा क़सम इतनी बेहूदा होती हैं, कई लड़कियाँ; यानी रशीद बेचारे ने जनाब की सैकड़ों तस्वीरें खींची...और अब...च्च हद है।" बिलक़ीस रुहाँसी हो गई। "एक लफ़्ज़ नहीं पढ़ती। आपा बी ने कहा तो फ़ौरन दो महीने की ट्यूशन का चेक लाकर दे दिया। ये आपा बी खुदा क़सम इतनी, इतनी वह हैं—न जाने क्यों देती हैं। आपा बी ग़रीब पाँच बहनों और एक लाडले भाई की अकेली कफ़ील[2] थीं।"

"तुम भी तो देती थी।" शम्मन ने कह ही दिया।

"जी हाँ। जूती दबती है चुड़ैल से—हूँ। वही ज़बर्दस्ती करती थीं। पता भी है ! ईसा को अबके अपने घर मसूरी ले चलने को कहती हैं।"

बिलक़ीस शम्मन से रोना रोकर चली गई। सैपहर[3] को मैट्रन से नसीमा के लड़ने की आवाज़ सुनकर सारी लड़कियाँ खड़ी हो गईं। बात ये थी कि बज़ाज़ आया था। और प्रिंसिपल साहिबा के हुक्म से लौटा दिया गया। मैट्रन से जो नसीमा ने कहा तो वह मजबूरी ज़ाहिर करने लगी। जिस पर नसीमा ख़ूब बिगड़ी। मगर शिकस्त[4] मानना पड़ी। वह बाहर निकलकर जो कुछ ख़रीदना था, ख़रीद लाई। मैट्रन चूँ न कर सकी।

---

1. जिज्ञासा 2. पोषक 3. दोपहर 4. हार

शाम को हॉल के सामने नोटिस लगा कि बोर्डिंग में किसी सौदेवाले को आने की इजाज़त नहीं। ख़रीद-फ़रोख़्त सिर्फ इतवार को होगी। और बोर्डिंग के बाहर के कमरे में सारी लड़कियों ने ये ज़ालिमाना नोटिस पढ़ा और बड़बड़ाईं गोया बड़ी उन्हें ख़रीदारी करनी थी।

तीसरे चौथे दिन शम्मन जो कमरे में गई तो बिलक़ीस को ख़ामोश पलँग पर बैठे देखा। उसे देखकर वह ख़ामोश तकती रही। फिर मुँह फेरकर बिस्तर पर औंधी गिरकर फूट-फूटकर रोने लगी।

"हाए बिल्ली क्या हुआ ?" आज बहुत दिन बाद शम्मन ने उसे प्यार से पुकारा।
"हाए शम्मन।" बिलक़ीस उससे लिपटकर फूट पड़ी। बड़ी देर तक वह उसे ईसा और नसीमा के इश्क़ के क़िस्से सुनाती रही। ईसा आई.सी.एस. के मुक़ाबले में बैठ चुका था और उसके बाप की सिफ़ारिश से यक़ीन था कि वह कामयाब हो जाएगा। और आज बिलक़ीस ने जब उसकी दी हुई एलबम उठाकर फेंक दी तो वह उल्टा बुरा मान गया।

"बिलक़ीस तुम मेरी एलबम ले लेना।" नसीमा ने उसे छेड़ा। "मैं अब दूसरी मँगवा रही हूँ। पेरिस से।"

हूँ, गोया बिलक़ीस किसी की बेकार चीज़ें जमा किया करती है और फिर ईसा ने माफ़ी भी तो नहीं माँगी। ख़ैर वह आज ही अब्बास और अंसार को चाय पर बुलाएगी। शम्मन को भी चलना होगा।

प्रिंसिपल साहिबा के पर्चे पर शम्मन को जाने की इजाज़त मिल गई। आज खूब जमघटा था। बिलक़ीस बहुत सजी हुई थी। मगर नसीमा ने ज़िद में कपड़े न बदले थे !

"बिल्ली इस दुपट्टे के साथ का जम्पर भी ले लेतीं–मेरा तो जी खट्टा हो गया है, छपी हुई जार्जट से।" नसीमा ने छिछोरेपन से सबके सामने ये ज़ाहिर कर दिया कि बिलक़ीस उसी के दिए कपड़े पहने हुए थी। बिलक़ीस खून का-सा घूँट पी गई। मगर उसका पारा चढ़ गया जब उसने अब्बास और अंसार दोनों से अंग्रेज़ी शायरी पर फ़ाज़िलाना बहस करके बिलक़ीस को बिलकुल पसेपर्दा[2] डाल दिया।

रशीद ने शम्मन से कुछ न कहा। उसकी हथेली में कहीं से ऐसी बारीक फाँस लग गई थी कि निकलती ही न थी। शम्मन देर तक उसकी टाईपिन की मदद से फाँस ढूँढ़ती रही, मगर न मिली। खाने पर कुछ नसीमा और बिलक़ीस में तेज़-तेज़ जुमले चले जिन पर सब ने बिलक़ीस ही को डाँटा। यहाँ तक अंसार कमीना भी कहने लगा कि बिलक़ीस बड़ी कठहुज्जती करती है। बिलक़ीस खाना छोड़कर चली गई, जिस पर नसीमा को हँसी आ गई।

बोर्डिंग जाने से पहले नसीमा और बिलक़ीस में फिर चख़ चल गई। बीच-बचाव करवा दिया गया मगर बिलक़ीस को फिर सबने डाँटा। नसीमा के साथ शम्मन को उसने जाने भी न दिया और वह अकेली ही चली गई। ईसा, अब्बास और अंसार साथ जाने

---

1. दार्शनिक 2. पीछे

को बिलबिलाते रहे मगर प्रिंसिपल साहिबा ने कहा कि बोर्डिंग की हदों में लड़कों का जाना ठीक नहीं।

रो-रोकर बिलक़ीस ने शम्मन को रात को अपने कमरे में रख लिया। बड़ी देर तक वह उसका रोना-रोती रही। सोने से पहले रशीद किसी काम से कमरे में आए और इधर-उधर की बातें करते रहे।

''अच्छा बिजली बुझाते जाओ—'' बिलक़ीस ने उठने की तकलीफ़ से बचने के लिए रशीद की ख़ुशामद की।

वह बिजली बुझाकर अँधेरे में बिलक़ीस की नाक पकड़ने की कोशिश करने लगे। उसकी नाक छोड़कर दूसरे हाथ से उन्होंने शम्मन की छुँगलिया को आहिस्ता से दबाकर छोड़ दिया और जल्दी से बाहर निकल गए। शम्मन देर तक सुन्न पड़ी जागती रही।

दूसरे दिन खाने की छुट्टी में हॉल के सामने नोटिस लगा था कि बँगले पर आने के लिए पहले प्रिंसिपल साहिबा की इजाज़त की ज़रूरत होगी। मानीख़ेज़[1] नज़रें नसीमा पर पड़ रही थीं और सर जोड़-जोड़कर बातें हो रही थीं। शाम को एक पोटली में नसीमा की दी हुई सारी चीज़ें उसके कमरे पर बिलक़ीस का नौकर दे गया। नसीमा ने झाड़ू देती हुई मेहतरानी को बुलाकर पोटली ज्यों की त्यों उसे दे दी। न जाने कितने झिलमिलाते दुपट्टे, कुर्ते, जूते, एलबम, पाउडर, लिपस्टिक के डिब्बे, बुंदे, अँगूठियाँ और पिनें—लड़कियों की हसरत-भरी निगाहें देखती रहीं और मेहतरानी सबकुछ समेटकर ले गई।

इम्तहानों से पहले ही गर्मी की वजह से नसीमा और कुकू पहाड़ पर चली गईं और ये भी मालूम हुआ कि वह अब न आएँगी। उनका फ़र्नीचर ग़रीब लड़कियों में बाँटने के लिए छोड़ दिया गया। मगर वह फ़र्नीचर बँगले पर पहुँच गया।

उन्नीस

छुट्टियाँ आईं तो घर जाना ही पड़ता है। वैसे ही घर उसे नापसंद था मगर अबके छुट्टियों में तो हद हो गई। नूरी सीधी अपनी ददिहाल चली गई। उसका दिल, बुरी तरह घबराता। गो वह कई मज़ामीन[2] में कमज़ोर थी मगर किताब उलटकर देखने को तो जी न चाहता। घर वैसे भरापूरा था और ग़ुल-गपाड़ा मचा रहता था मगर शम्मन का कोई दोस्त न था। उसकी एक भावज के बच्चा हुआ। उस ऊधम में तनहाई ज़रा कम हो गई मगर फिर भी उसे हर चीज़ बेतुकी, बेढंगी, अधूरी मालूम होती। कालेज में हर चीज़ कितने इंतज़ाम से होती थी। ये थोड़ी कि हर चीज़ लशतम-पशतम !

---

1. अर्थपूर्ण 2. विषयों

बिलक़ीस का ख़त आया और इसके साथ रशीद का पर्चा भी। बड़े भइया ने ख़त खोल कर देख लिया और बड़ी ले दे मची। मगर शम्मन एक चालाक ! उसने कह दिया कि उसकी सहेली के छोटे भाई ने लिखा है। और रशीद लिखता भी तो बच्चों जैसी बातें था। उसने अपनी वही पुरानी उधार चंटी माँगी थी। बड़ी थकी हुई आवाज़ में डूबी हुई भीख।

कुछ दिन बाद बिलक़ीस पहाड़ पर चली गई और ख़त आने बंद हो गए। एक ख़त से उसे मालूम हुआ कि वह और जलीस नैनीताल में पढ़ेंगी। उसके बाद जब वह कॉलेज वापस गई तो उसे मालूम हुआ कि रशीद इंग्लैंड चला गया।

शम्मन को ऐसा मालूम हुआ जैसे फ़िल्म की रील चलते-चलते बीच में टूट गई और हॉल की बिजलियाँ फक से रौशन हो गईं। उनकी करख़्त[1] रोशनी की नुकीली शआओं[2] से उसकी आँखें चुँधियाकर झपक गईं। ख़ामोश और खौफ़ज़दा, वह साँस रोककर सिमट गई। बच्चा शरारत करने में उँगली काट लेता है तो झट उसे कुर्ते में छुपाए, सहमा हुआ कोने में दुबक जाता है। शम्मन के एहसासात भी दुख और शर्म से ख़ौफ़ज़दा होकर, न जाने दिल के किस सुनसान कोने में औंधे मुँह जा गिरे। शायद हमेशा के लिए।

बिलक़ीस का ख़त आया भी तो उसमें रशीद का कोई ज़िक्र न था, वह भी शायद उसकी तरह आँखें छुपा रही थी। जब कोई अचानक कीचड़ में फिसल पड़ता है तो रहम-दिल जल्दी से अपना मुँह दूसरी तरफ़ फेर लेते हैं ताकि गिरने वाला चोट तो जी खोलकर सहला सके। शम्मन ज़्यादा मरहम-पट्टी की क़ायल न थी। बड़ी बेरहमी से सब कुछ दूर झटककर आगे बढ़ गई।

उसे अब घर पर भी दिलचस्पी मालूम होने लगी थी। उसने छुपे-चोरी साइकिल सीख ली और भाइयों से भी प्रेम बढ़ाना शुरू किया। नूरी जब ददिहाल से आई तो हद दर्जा पक्की हो गई थी। पड़ोस की लड़कियों के साथ छुप-छुपकर उसने अजीबो-ग़रीब कपड़े सीना सीख लिए थे। हालाँकि उसे अभी उनकी बिलकुल ज़रूरत न थी। मगर बड़े पुरइसरार तरीकों से पहने जाते। मैले होते और धोकर बंद संदूक़ों में सुखाए जाते। वह अपने एक रिश्तेदार के भाई से मुहब्बत करना सीख आई थी। जिसके नाम के पहले हर्फ़[3] से वह बन-बनकर शर्माया करती। शम्मन ने उसे रशीद के मुताअल्लिक़[4] कुछ भी न बताया था। और अब बताने को रहा भी क्या था। वह जान-जानकर उसे 'भाई रशीद' कहती। लफ़्ज़ 'भाई' पर ग़ैरमामूली ज़ोर देकर।

बड़ी आपा बिलकुल बदल गई थी। उसकी दोस्ती मूँछों वाली अज़ीज़ बेगम से हो गई थी। अज़ीज़ बेगम के मियाँ उन्हें क़त्ल करने पर तुले हुए थे। मगर वह तो बड़ी आपा से दुपट्टाबदल रिश्ता क़ायम कर चुकी थीं। वह तो घर ही में आन रहतीं मगर लोगों ने ऐसा ग़ुल मचाया कि हद नहीं। बेचारी आपा रो-रोकर अपने मरे मियाँ और ससुराल को कोसती रही। अज़ीज़ बेगम से सारे घर को नफ़रत थी। बड़े लड़के तो उनका नाम सुनकर ही चिढ़ जाते। गो वह पर्दा करने के क़ाबिल न थे, फिर भी वह

---

1. कड़ी 2. किरणों 3. शब्द 4. विषय में

उनसे छुप-छुपकर उन्हें याद दिलातीं कि वह जवान हो रहे हैं, लेहाज़ा ख़तरे की हदों में आ चुके हैं। और छोटे उनकी मूँछों से छिपते थे। जिन्हें वह कुंद चिमटियों से कुछ यूँ ही सा छिदराकर लेती थीं। उन्हें देखकर शम्मन को बेअख़्तियार नजमा याद आ जाती। गो सूरत में बहुत बल था मगर न जाने क्या बात थी जो दोनों में मौजूद थी। वह हल्की-सी मुस्कुराहट, जिसमें ग़ुनूदगी[1] और बेदारी एक साथ डुबकियाँ खाती नज़र आतीं, वह नपी-तुली छोटी-सी चाल, गर्म-गर्म साँसें और दहकता हुआ रंग।

उसी ज़माने में शम्मन की एक ख़ाला का लड़का एजाज़, उनके घर में आकर रहने लगा। एजाज़ का बाप मर चुका था और अम्मा ने दूसरा निकाह कर लिया था। सौतेला बाप उसके हक़ में सौत से बदतर। वह उसे और ख़ाला, दोनों को बुरी तरह कूटता था, इसलिए उसे यहाँ भेज दिया गया। समझ में नहीं आता था कि एजाज़ को कोई किस बात पर मार सकता था। वह अमूमन चुपचाप उल्लू की तरह बैठा बोलने वालों के होंठ ताका करता। शरारत तो वह करना जानता ही न था। लोग अरमान करते हैं कि उनके बच्चे शरीर न हों मगर एजाज़ को देखकर वह भी काँप उठते। वह बिलकुल मार खाए हुए बंदर की तरह, एक जगह बँधा चारों तरफ आँखें दौड़ाया करता। उसकी आँखें एक ही वक़्त में भूखी, नदीदी[2] और मुतहैयर[3] नज़र आतीं। बग़ैर माँगे भी उसकी हर हल्की सी जुंबिश से इल्तिजा[4] और भिखारीपन टपकता। खाने पर सबसे पहले बग़ैर पुकारे पहुँचकर दस्तरख़्वान की सिलवटें दूर करने लगता और चमचों को क़रीने से सजाता। जब तक खाना शुरू न हो जाता वह सब्र से मीठी-मीठी प्यार-भरी नज़रों से देखा करता। एक ही शौक़ के साथ अच्छी बुरी हर चीज़ निगल जाता। नमक, मिर्च, खटास, मिठास के इम्तयाज़ से बेनियाज़[5]। हर खाने की चीज़ उसे मज़ेदार मालूम होती। अमूमन वह सबके बाद खाना ख़त्म करता और बची-खुची रोटी और रकाबी की पोछन का बड़ा सा लुक़्मा वह बड़े इनहेमाक[6] से देर तक चबाता रहता। हाथ-मुँह धोता लेकिन खाने का मज़ा क़ायम रखने के लिए वह कुल्ली हरगिज़[7] न करता। वैसे मुँह-हाथ धोने पर कभी उसे कुछ कहने की ज़रूरत न थी। सुबह ही सुबह बर्तन धोने के नल से मुँह धोकर बड़ी नफ़ासत[8] से कुर्ते के दामन से मुँह पोंछ डालता। मगर देखने में फिर भी निहायत ग़लीज़[9] नज़र आता। गँदली और मुर्दा रंग की जिल्द और मटियाले बाल और मलगजे[10] कपड़े।

घर के काम-काज में वह बड़ी मुस्तैदी दिखाता। अमूमन अपने से छोटों का काम कर देता। उसे मुर्ग़ियों को दाना डालने और कुत्तों को झूठे टुकड़े खिलाने का बड़ा शौक़ था। दस्तरख़्वान से सारा कूड़ा समेटकर, वह अहाते के किसी सुनसान कोने में, मुर्ग़ियों और कुत्तों को पुकारकर डाल देता। लेकिन जल्द ही लोगों को उसके इस शौक़ की असलियत मालूम हो गई। कुत्तों को देने से पहले वह सालन लगे हुए टुकड़े, बची-बचाई हड्डी से चिपकी हुई बोटी और ऐसी ही दूसरी कारामद[11] चीज़ें मुँह में रख लेता। इतना खाने पर भी एक तरह की बेचैन भूख उसकी आँखों में बिलबिलाया करती।

1. झपकी, नींद 2. लालची 3. आश्चर्यचकित 4. अनुरोध 5. बेख़बर 6. ध्यानमग्न 7. कदापि 8. स्वच्छता 9. गंदे 10. गंदे 11. उपयोगी

एजाज़ का प्यार का नाम अज्जू था। न जाने कमबख़्त पर किसको प्यार आता होगा। मगर लोग बच्चों के नाम रखते वक़्त, दूसरों के एहसासात का थोड़े ही ख़याल रखते हैं। वह बड़ा फ़रमाबरदार[1] था। अब्बा को अंग्रेज़ी बालों से सख़्त नफ़रत थी। और लड़के सर मुँड़ाते वक़्त ग़ुल मचा देते थे। मगर जैसे ही नाई आता अज्जू, अपना बेहंगम सर ले बैठता और मुस्कुरा-मुस्कुराकर मुँडवा लेता। इनाम के दो पैसे लेकर वह कमरबंद में बड़ी सी गाँठ बाँध लेता। मगर अब्बा को ये इनाम देकर बिलकुल ख़ुशी न होती। वो अपने उसूल पर क़ायम थे। मगर अज्जू का घुटा हुआ सर देखकर नफ़रत की एक लहर उनके दिल में भी उठती। सबको उसके सर से नफ़रत थी। बचपने में एक ही रुख़ लेटे रहने से उसका सर एक तरफ़ कीड़ा लगे हुए खरबूज़े की तरह पिचका हुआ था। चपत खाकर वह खुशमिज़ाजी से हँस पड़ता जिस पर रहम का जज़्बा[2] ज़रा सर उठाता—लेकिन फ़ौरन ही ये रहम एक ग़ैरफ़ानी[3] नफ़रत में तब्दील[4] हो जाता।

छोटे-बड़े हँसते और उसका मज़ाक़ उड़ाते। नौकर घुड़कियाँ देते और बराबर वाले उससे घिन खाते। उस पर तुर्रा यह कि जब शम्मन पैदा हुई थी तो ख़ाला ने अज्जू के नाम का ठीकरे में रुपया डाल दिया था। ठीकरा तो था नहीं क्योंकि शम्मन के पैदा होने पर मेम आई थी। मगर ज़बानी बात हो गई थी। अम्मा भी चुप हो गई थीं कि ख़ाला का दिल न टूटे। अम्मा ग़रीब, हज़ार जान से बेटे पर क़ुर्बान थीं। जब कोई त्योहार आता, वह नए कपड़े का जोड़ा और तिल के लड्डू लेकर आ जातीं। अज्जू अच्छा बेटा बनकर, वह लड्डू पानदान की थाली में रखकर हर एक के सामने पेश करता। मगर सबके इंकार कर देने पर सारे लड्डू उसी को नेक[5] लगाने पड़ते।

अलावा ग़रीब होने के, ख़ाला बदमज़ाक[6] और पुराने फ़ैशन की थीं। इतने बड़े घोड़े के लिए फूलदार कुर्ता और लाल टूल का रूमाल लातीं। ईद के दिन सुबह तड़के माँ बेटे उठ बैठकर बासी पाँच पानी से ग़ुस्ल फ़रमाते। और कोरे कलफ़दार कपड़े पहनकर अज्जू सबको सलाम करने, उनके बिछौनों पर पहुँच जाता। साथ-साथ दुआओं की पोटली बग़ल में दबाए हँसती-मुस्कुराती ख़ाला होतीं। मगर सब ही तो ख़ललअंदाज़ी[7] पर बड़बड़ाते और कोई भी जी से दुआ न देते।

अज्जू पुडिंग हो या केक सबको पटीन ही कहता। ताश खेलने में जब वह स्पीड और डायमंड के बजाए वही हुकुम और ईंट कहता तो मँझले भइया का ख़ून खौल उठता।

''अज्जू के बच्चे सलाम कर--नाक पकड़कर—इधर—और उधर भी—'' अज्जू नाक पकड़कर चारों तरफ़ सलाम करता। ''अच्छा अब एक टाँग पर खड़े हो...वह उसके गट्टों पर खटाक से छड़ी मारते।'' न भइया ! क्यों मारते हो निगोड़े को। ख़ाला घिघियातीं और फिर अज्जू से खुशामदें। दूसरे बच्चों के बिस्तर वह करवातीं, बिखरे हुए जूते-मोज़े रखवातीं। एक पैसा, आधी चुसी हुई आम की गुठली, झूठे दूध-चावल की

---

1. आज्ञाकारी 2. भावना 3. अमिट 4. परिवर्तित 5. शरीफ़ 6. अशिष्ट 7. अड़ंगेबाज़ी

लालच देकर, अज्जू से हर मुमकिन ख़िदमत[1] ली जा सकती थी। और ग़रीब हज़ारों गुठलियों और झूठी हड्डियों के नीचे दबा हुआ, कौड़िया ग़ुलाम की तरह काम करता।

जब शम्मन अज्जू को देखती तो वह उसे मोटी सी गुस्ताख़ गाली नज़र आता। उसके जज़्बात खौलकर बग़ावत पर आमादा[2] हो जाते और उसका जी चाहता किसी की बोटियाँ दाँतों से चबाकर थूक दे। ऊपर से आक़बत नाअंदेश[3] ख़ाला ने अज्जू की गत देखकर सोचा अगर मँगनी का ज़िक्र छेड़ दिया जाए तो शायद आइंदा दामाद समझकर इस शिद्दत से आज़ार[4] न पहुँचाया जाए। लेहाज़ा वह बीच सेहन[5] में बैठकर अरमान-भरी बातें करने लगीं। सब दम-बखुद[6] रह गए और शम्मन के तो तन-बदन में चिंगारियाँ चटख़ने लगीं। मारे नफ़रत के वह उसके मुँह पर थूक भी तो न सकी। मगर अज्जू पर कुछ अजीब ही असर हुआ। वह हक्का-बक्का थोड़ी देर चारों तरफ़ देखता रहा। फिर, एकदम उसकी चमड़ी पर न जाने जिस्म की किन-किन रगों से ख़ून झलक आया। उठकर वह बेतहाशा बाहर भाग गया।

उस दिन से शम्मन से वह बेतरह शर्माया और झेंपा-सा रहने लगा। शम्मन को देखकर वह मफ़लूज[7] सा हो जाता और अगर वह पास से भी गुज़र जाती तो वह शल हो जाता। उसकी ग़ैरफ़ानी[8] भूख के बाद ये पहला जज़्बा था जो इस शिद्दत से अज्जू पर हमलावर हुआ था। वह घर में क़दम रखता तो शम्मन के पतंगे लगने लगते। उम्मीदवार दामाद की-सी संजीदा शर्म और तकल्लुफ़ देखकर उसका जी चाहता कि उसके मुँह पर जूता मार दे—और बदतरीन जुमले उसकी शान में दुहराए। एक और भी ज़बरदस्त इंक़लाब पैदा हो गया उसमें—वह उसकी चुलबुली बेवक़ूफ़ियाँ जो वह लोगों के ख़ुश करने और हँसाने को किया करता था, यकलख़्त[9] बंद हो गईं। गो वह शम्मन से शर्माया रहता लेकिन छुप-छुपकर घंटों उसकी हर जुंबिश को घूरा करता।

रात को सब बच्चों के पलंग बराबर डाल दिए जाते, अज्जू किसी न किसी बहाने से अपना पलंग शम्मन के क़रीब अड़ा लेता। किसी को ख़याल भी न आता कि वह जान-बूझकर ऐसा करता है क्योंकि लोग उसे हद दर्जे का बेवक़ूफ़ समझते थे। लेकिन शम्मन का ही जी जानता था। जब सब सो जाते तो अज्जू आहिस्ता-आहिस्ता उसके पैरों में अपने पैर का अँगूठा और उँगलियाँ मिलाकर चुटकियाँ लिया करता। वह उसे डाँटकर दूर झटक देती। मगर वह सोता बन जाता और रात को आँख खुलती तो उसे अपने पलँग पर चूहे से फुदकते मालूम होते। शायद वह सारी रात जागा करता था क्योंकि दम-भर को शम्मन चैन से न सो पाती। अज्जू का हाथ या पैर उस की पिंडली या रान को सहलाया करता।

"क्या है अज्जू—हम मारेंगे—" उसने कई बार जूता उठाकर मारा। मगर सोया हुआ अज्जू, आहिस्ता-आहिस्ता उसे खौफ़ज़दा करने लगा।

---

1. सेवा 2. तैयार 3. अदूरदर्शी 4. कष्ट 5. आँगन 6. चुपचाप 7. लकवाग्रस्त 8. अमिट 9. अकस्मात

वह उससे बचने के लिए बूढ़ी अन्ना की पट्टी से पट्टी मिलाकर सोने लगी और दूसरी तरफ़ पलँग दीवार से अड़ा लेती और उनसे वही बादशाह और बादशाहज़ादी की और बोसीदा[1] बदमज़ा कहानियाँ सुना करती। सुनती क्या ख़ाक, कहानियाँ उसे रटी पड़ी थीं। हूँ, हाँ, किया करती। उसके ख़यालात बहुत दूर किसी निहायत ही दिलचस्प हलकी-फुलकी कहानी का ताना-बाना जोड़ने में मशग़ूल[2] होते। इस लतीफ़ कहानी की वह हीरोइन होती और हीरो ? न जाने कौन-कौन ? भला किसकी मजाल थी जो उसकी इन कहानियों का हीरो बनने से इंकार करे। उसने एक बार 'हीर-राँझा' फ़िल्म देखी थी। हीर ने क्या भोलेपन से आँख-मिचौली खेलने में राँझे को पकड़ लिया था। कुछ ऐसी ही दिल धड़काने वाली मासूम सी मुलाक़ात उसकी और रशीद की हुई थी...पिकनिक में, जब...वह...।

वह सो जाती। साएँ-साएँ ख़्वाब उसे लंबे-लंबे पेंग देकर झुलाते। एक बार ही ऊपर चढ़ती चली जा रही है, फिर चढ़ती है, और फिसल पड़ती है। चिकनी-चिकनी ज़मीन उसके पैरों के नीचे गुदगुदियाँ करती मचल-मचलकर भाग रही है। वही बिलक़ीस का कमरा और कैरम का तख़्ता—रशीद बिलक़ीस के दुपट्टे का घूँघट काढ़े है—वह पर्दा करती है न, रशीद से—रशीद की बेईमान आँखें दुपट्टे की महीन चिलमन में से झाँक रही हैं—वह हार गई—जीता हुआ रशीद उसकी कलाई पकड़े दो उँगलियों को मिलाए चंटी मारने को तैयार है—कि एकदम से ठंडी-ठंडी दम घोटनेवाली ख़ला[3] उसे लपेटकर फिरकी की तरह घुमा डालती है—गर्म-गर्म पानी की बेआवाज़ धारें, कंधों और कनपटियों पर से फिसलती रेंगती चली जा रहीं हैं—कि एकदम से वह जाग पड़ती—ओह ! अज्जू के भूखे हाथ !!

दबी हुई ख़ौफ़ज़दा चीख़ के साथ वह देखती कि अज्जू उसके सरहाने से भागकर पानी पीने के मटकों के पास बड़ा मशगूल[4] नज़र आ रहा है, वह उसकी लरज़ती[5] हुई फटकार का कोई जवाब न देता और पानी पीकर ख़ामोश अपने पलँग पर जा गिरता। घंटों ख़ौफ़ से शम्मन काँपा करती। हज़ारों नब्ज़ें, जगह-बे-जगह झनझनाया करतीं।

नफ़रत में ख़ौफ़ का और इज़ाफ़ा हो गया। अज्जू दिन-भर तो बिल्कुल मासूम दिखाई देता। लेकिन रात को भूत की तरह डरावना नज़र आता। उसकी सूरत और भी मस्ख़[6] हो चुकी थी। दिन-रात सर औंधाए पढ़ने में जुता रहता—ताज्जुब तो ये है कि उसकी वह ग़ैरफ़ानी भूख एकदम ग़ायब हो गई थी। कई बार बुलाने पर वह दस्तरख़्वान पर आता—दो चार लुक़मे[7] बेतवज्जही से खाकर चल देता। अब उसे दूध में बिसाँद और खरबूज़ों में हीक और आमों में खटास भी महसूस होने लगी थी। मैट्रिक में रट-रटाकर वह वज़ीफ़ा[8] पाने लगा। लेकिन शायद ही कोई दिन जाता होगा जबकि वह रात को शम्मन के सिरहाने या पाँयती खड़ा नज़र न आता हो। अब वह हाथ नहीं लगाता था बल्कि बेचैनी से टहलता, रुक जाता, झुकता और फिर झिझक जाता। एक दिन शम्मन का दुपट्टा पलँग के नीचे लटक रहा था। उसने झुककर उठाया—फिर

---

1. जर्जर 2. व्यस्त 3. निर्वात 4. व्यस्त 5. कांपती 6. बदसूरत 7. कौर 8. छात्रवृत्ति

घबराकर उसके ऊपर डाल दिया। लेकिन फ़ौरन ही वो पछताने लगा कि आख़िर उसने जल्दी क्यों फेंक दिया दुपट्टा—दोबारा उठाने की सारी कोशिश, उसके लरज़ते हुए हाथों ने ख़ाक में मिला दी—शम्मन को कुलबुलाता देखकर वह जल्दी से पानी पीने लगा।

अमूमन शम्मन जाग भी जाती तो पड़ी-पड़ी उस ख़ामोश ड्रामे को देखा करती। ज्यों ही वह उसे दिलेर होता देखती तो करवट लेकर जागने की धमकी देती। गो वह खूब जानती थी कि उसमें इतनी हिम्मत न थी कि बेदारी[1] का एलान कर सके। करवट लेकर वह कभी-कभी बड़बड़ाने लगती।

''मर जाए—मर जाए, काश ! अज्जू मर जाए—'' वह कुछ न समझता और झुककर उसके हिलते हुए होठों को देखने लगता—मगर एक दिन तो शम्मन के ज़ब्त का पैमाना छलक ही गया। नहाकर वह गीले बाल खोले सो गई—रात को उसे ऐसा मालूम हुआ, कोई उसे बालों से पकड़े झोंके दे रहा है। झल्लाकर उसने दोनों हाथों से अपना सर पकड़ लिया और चीख़ें मारने लगी। उसकी साँस रुक गई। मुँह फटा था मगर आवाज़ न निकलती थी। जब उसकी आँख खुली तो अज्जू उसके बालों में भूखे कुत्ते की तरह मुँह दिए सिसकियों से रो रहा था। भागते हुए अज्जू को उसने ज़ोर से चप्पल उठाकर मारी।

सुबह को उसने घर का कोना-कोना छान मारा, मगर चप्पल न मिली।

''मैंने रात को कुत्ते के खैंच मारी थी—न जाने किधर गई।''

''ऊई ! कुत्ता रात-भर बँधा रहा है—कुत्ता कहाँ से आया''—किसी ने कहा।

''ऐ ! शायद मोरी खुली रह गई हो—कोई, जंगली कुत्ता होगा।''

''हाँ जंगली ही था—ऐसा डरावना।'' शम्मन ने सहारे पर चलना शुरू किया।

''ये कुत्ते मुंडीकाटे, उठा भी तो ले जाते हैं।''

''कुत्ते चप्पल का क्या करेंगे ?''

''ऐ, यूँही अल्लामारे उठा ले जाते हैं, मेरी नई, दिल्ली की जूती कलीम मियाँ की कुतिया उठा ले गई—हरामख़ोर ने सारी छलनी कर डाली।''

बात भटकती हुई कहीं से कहीं पहुँची। मगर शम्मन की उलझन न गई—आख़िर चप्पल गई कहाँ ? उस दिन से अज्जू का पलँग दूसरे चबूतरे पर पहुँच गया। शम्मन ने शुक्र किया। कमबख़्त से जान तो छूटी। उसके बाद उसने अज्जू को हद दर्जा बेतअल्लुक़ और अपने पढ़ने-लिखने में ग़र्क़[2] देखा। जूती खाकर जैसे उसका पेट ही भर गया। छुट्टियाँ ख़त्म हो रही थीं और शम्मन के जाने में दो-चार दिन रह गए थे कि अज्जू को स्कूल से पैदल आने में लू लग गई। वैसे तो किसी को पता न चला, लेकिन शाम को जब उसे सुस्ती से पड़े रहने पर, अब्बा ने डाँटकर पेड़ों में पानी देने के लिए कहा तो लपककर उठ बैठा। दो-चार क़दम चला भी मगर फिर झूमकर ज़मीन पर आ रहा। देखा, तो एक सौ पाँच बुख़ार...

---

1. जागना 2. डूबा

शम्मन को ऐसा मालूम हुआ जैसे ख़ुदा ने उसकी दुआ क़बूल कर ली और अज्जू चला। रात-भर उसे बुख़ार और हिज़ियान[1] ने झिंझोड़ा और दूसरा दिन भी बेहोशी में गुज़र गया। वैसे अब्बा को किसी की ख़बर नहीं रहती लेकिन अगर कोई बीमार हो जाए तो घर को लोट-पोट करके रख देते हैं। यहाँ तक कि अगर मुर्ग़ी की भी टाँग टूट जाती तो एक हंगामा मच जाता।

अज्जू की तबीयत और ज़्यादा ख़राब हो गई। वह उठकर भागता। सारा घर उसका माथा छूने गया मगर शम्मन ने जाकर झाँका भी नहीं। बारी-बारी सब की ड्यूटी लगाई गई तो शम्मन को भी जबरन जाना पड़ा। मगर वह इरादा करके गई थी कि मुरदार को हाथ भी न लगाएगी। मगर जब उसे बेसुध देखा तो तरस आ गया। और वह बर्फ़ की डली लेकर उसके सिर पर रगड़ने लगी। सर में से भभके निकल रहे थे, होंठ पपड़ाए हुए थे और आँखों के कोनों से पानी बह रहा था। अज्जू की हालत क़ाबिले-रहम थी। बाहर बर्फ़ की कुल्फ़ियाँ खुल रही थीं। शम्मन नदीदी[2] न सही पर जी तो लोट रहा था। उसने चाहा चुपके से खिसक जाए मगर अज्जू ने पानी के लिए होंठ चबाना शुरू किया। उसने बर्फ़ की डली लेकर उसके गर्म-गर्म दहकते हुए होंठों से लगा दी। होंठ उसकी उँगली से छू गए। वह उछलकर खड़ी हो गई। अज्जू ने आँखें खोल दीं और बग़ैर आँखें झपकाए उसे देखता रहा। एक मस्ख़ सी मुस्कुराहट उसके चेहरे पर फैल गई। शम्मन भागकर जाने लगी।

"शम्मन," उसने एक बार हलक़ से निकलाने की कोशिश की। मगर वह बाहर आकर मलाई की बर्फ़ खाने लगी। उसके हाथ काँप रहे थे और हलक़ जल रहा था। ठंडी-ठंडी बर्फ़ के छिलके उसका गला भींचने लगे। बर्फ़ की प्याली रखकर, उसने अपनी उँगलियों के पोरे भाप से गर्म करना शुरू किए। जैसे किसी लाश को छू लेने से उनका खून जमकर रह गया हो।

वह खुर्रे पलँग पर पानी छिड़ककर पड़ी रही। जिस्म में गर्म-गर्म सलाख़ें दौड़ती मालूम होती थीं। हलक़ बार-बार काग़ज़ के टुकड़े की तरह ख़ुश्क[3] और बेलज़्ज़त[4] हो जाता। अज्जू की बुख़ार से झुलसी हुई आवाज़ उसके कान में साँप की फुंकार की तरह रेंग रही थी। उसकी समझ में न आया, उसके जज़्बात क्यों बेतरह उथल-पुथल हुए जा रहे हैं।

दूसरे दिन जब अज्जू का बिस्तर बदलने के लिए उठाया गया तो शम्मन की खोई हुई चप्पल वह दोनों हाथों से भींचे हुए औंधा पड़ा था—बुख़ार उतरकर हरारते-अज़ीज़ी[5] से भी पारा नीचे गिर गया था और आँखें पथरा चली थीं !

---

1. बुख़ार की हालत में बड़बड़ाना 2. लालची 3. सूखा 4. निःस्वाद 5. शरीर का सामांन्य तापमान

बीस

सोते-सोते जो आँख खुली, तो शम्मन ने घर में अजीब तरह की चहल-पहल देखी। एक लंबा बाँस लिए, चपरासी कमरों के जाले ले रहा था और मेहतरानी पर मोरी साफ़ न करने पर डाँट पड़ रही थी। बड़ी आपा नाक पर कपड़ा बाँधे तख़्तों के नीचे से कूड़ा निकलवा रही थीं। अम्मा, अल्मारियाँ खोलकर चीनी के बर्तन निकलवा रही थीं। मालूम हुआ कलकत्ते वाले चचा, मय अपने होनहार सपूत अब्बास के, तशरीफ़ ला रहे थे। अब्बास, इकलौते होने के अलावा इग्लैंड से इंजीनियरी पास करके आए थे। कलकत्ते वाले चचा, हददर्जा नालायक़ और निकम्मे थे। मगर ये उनका बेटा न जाने किस तरह हीरा निकल आया। गौरमेंट से वज़ीफ़ा लेकर इंजीनियरी पास कर आया। चचा बिचारे के दिन फिर गए। ख़ानदान में उनकी हैसियत हमेशा एक ख़ौफ़नाक छूत की बीमारी की-सी रही। जहाँ जाकर पड़ जाते, धक्के देकर निकाले बग़ैर न निकलते। अम्मा तो उनसे पर्दा करने लगी थीं। लड़कियाँ यूँ ही दुआ-सलाम करके चली आतीं। और वह नौकरों की धुतकारों और मज़ाक़ का निशाना बनते। जब तक हिम्मत क़ायम रहती, जमे रहते। फ़िर कहीं और ठोकरें खाने चले जाते। अब्बास को एक मास्टर ने तरस खाकर रख लिया था और आज जो वह चमकते सितारे की तरह आँखों में चकाचौंध पैदा करने वापस आया तो सारे ख़ानदान की आँखें उसकी तरफ़ उठ गईं। मँझले और छोटे मामू स्टेशन पर हार-फूल लेकर पहुँचे। ख़ाला बी ने तो चार स्टेशन पहले ही नाश्ते का इंतज़ाम करवा दिया था। शम्मन के यहाँ चीनी के बर्तन और चाँदनियाँ-क़ालीन निकलने लगे थें और कोठे का कमरा सजने लगा था।

ख़ैर .ख़ुदा-.ख़ुदा करके अब्बास मियाँ, मय अपने बदक़िमाश[1] बाप और फूहड़ माँ और चेचकज़दा बहन फ़हमीदा के, दोपहर की गाड़ी से पहुँच ही गए। अम्मा ने अब्बास को भींचकर गले लगाया और चचा को सचमुच दुआ दी।

"ऐ ! फ़हमीदा माशाअल्ला, कितनी बड़ी हो गई।" बड़ी आपा उसे प्यार से लिपटाकर बोलीं।

"तुम नूरी के साथ सोना—अच्छा।" ख़ालाबी जल के कोयला हो गईं।

"उई ! भला अपनी उम्र की लड़कियों को छोड़कर, नूरी के पास क्या जी लगेगा। ऐ बेटी ! तुम अपनी समीना आपा के पास जाओ, वह तुम्हारा हाथ-मुँह धुलवाएँगी। क्या खड़ी-खड़ी तक रही हो मुँह ? ऐ समीना ! बहन को ग़ुसलख़ाने ले जाओ।" बड़ीआपा हैरतज़दा[2] रह गईं। अँधेर है कि नहीं, राँड बेवा का किसी को ख़याल नहीं। लोग अपनी बेटियों के आगे यतीम का हक़ भी मारने से नहीं चूकते। पूरा यक़ीन था कि चचा सबसे पहले हक़दार का ख़याल करेंगे। मगर फ़हमीदा को, समीना और अहमदी सबकी आँखों में धूल झोंककर ले उड़ीं।

---

1. बुरी आदतवाला 2. आश्चर्यचकित

"ऐ शम्मन ! अब्बास के लिए गर्म पानी भिजवा दिया होता कि ढम्मा बनी बैठी हो।" अम्मा ने डरते-डरते कहा। बड़ी का मिज़ाज बड़ा तेज़ था।

"ऐ ! शम्मन ख़ाक इतना सोचेगी...नूरी ?...जाओ तो ज़रा मेरी बिजली की अँगीठी पर पानी गर्म करके ऊपर ले जाओ !" बड़ी आपा बोलीं।

मगर इससे क़ब्ल कि नूरी पानी गर्म करती, छोटी मुमानी मुँह धुलवा फ़ख़्रिया अब्बास मियाँ को लेकर ऊपर से उतर आईं। सबके सब मुँह देखते रह गए और वह मुस्कुराती हुई उसे कुर्सी पर बिठाकर पान लगाने लगीं।

चचा ग़रीब तो बौखला गए और समझे भी नहीं कि क्यों इतनी ख़ातिरें हो रही हैं। बेचारे को बड़ी आलकस-सी महसूस होती। वह तो बेचारे उल्टी ख़ुशामदों के आदी थे। जब आते थे, ड्योढ़ी में पलँग डलवा दिया जाता था, वहीं सीनी में खाना चला जाता। सारे कुनबे की .ख़ुशामदों से वह हौल खा गए। पर जल्दी ही उन्हें मालूम हो गया कि ख़ानदान में ज़रूरत से ज़्यादा लड़कियाँ हैं और लड़के कम और निखट्टे। बौखला-बौखला कर कभी वह अब्बास के लिए समीना को पसंद करते और कभी नूरी पर रहम आ जाता। समीना की उम्र जा रही थी तो नूरी को ये .ख़ुसूसियत[1] हासिल थी कि वह यतीम थी। कभी बिलक़ीस पर मेहरबान, तो कभी हुस्ना पर। कभी शम्मन पर इनायत[2] की बारिश होती तो कभी अहमदी पर। उनका बस चलता तो वह सारी की सारी लड़कियों को एकदम ब्याह लेते।

वह किसी काम को कहते तो सारे घर में खलबली पड़ जाती। माँएँ लड़कियों को दौड़ातीं और वह बेचारियाँ खिसियानी होकर रह जातीं। एक मुक़ाबला हो रहा था, गोया देखें कौन चचा-चची को ख़ातिरों से बेहाल करके ट्राफ़ी यानी अब्बास को जीत ले जाता है। बड़ी आपा ने तो एक नई ही तरकीब निकाली वह ये कि नूरी अंग्रेज़ी के जुमलों के मानी पूछने अब्बास के सर पर सवार कर दी। मगर समीना माशाअल्ला .ख़ुद होशियार थी और अब्बास की ज़्यादातर तवज्जो[3] तो उसकी ही तरफ़ रहती थी। नूरी को वह बच्चा समझते। शम्मन को बदमज़ाक़ और अहमदी के चेहरे पर चेचक के दाग़ थे। उस बेचारी का नतीजा तो साफ़ ज़ाहिर था।

समीना बी कुछ लजाई-शरमाई अब्बास के मज़ाक़ का जवाब देती रहतीं। उनके लिए स्वेटर बुनना शुरू कर दिया था जिसे ख़ालाबी भी बनवाती जातीं। बिलक़ीस हद से ज़्यादा शर्मीली थी पर अम्मा के टहोकों पर मजबूर होकर आगे बढ़ती और पीछे खिंच आती। शाम को ताश-पचीसी का जमाव होता। चचा गालियाँ बक-बककर पुल बाँध देते। एक दफ़ा इसी तरह गाली बकने पर अम्मा ने उनसे पर्दा कर लिया था। पर आज सब मोहज़्ज़ब[4] बीवियाँ खिलखिलाकर हँस पड़तीं, ख़ालाबी पंखे के पीछे मुँह छुपाकर खी-खी हँसतीं। चचा .ख़ूब बेईमानियाँ करते मगर शरीर बच्चा समझकर माफ़ कर दिए जाते। चची उजली दीवारों पर पीक की पिचकारियाँ मारतीं कि अम्मा लरज़-लरज़[5] उठतीं

---

1. विशेषता 2. मेहरबानी 3. ध्यान 4. शिष्ट 5. काँप-काँप

मगर क्या मजाल थी जो कोई बोल जाए। बात ये थी कि अब्बास बावा अम्मा के ग़ुलाम थे !

यूँ तो अब्बास समीना ही से सबसे ज़्यादा मुतास्सिर[1] थे। मगर ज्योंही वह किसी काम से हटती वह अहमदी, शम्मन या बिलक़ीस पर मेहरबान हो जाते। मज़ाक़ तो वह सब ही लड़कियों से करते और उनके मज़ाक़ का रुख़ देखकर ही सियासी[2] हलक़ों में खलबली मच जाती। वैसे समीना सबसे बड़ी थीं। और पहला हक़ उनका ही था। यहाँ तो बहस की गुंजाइश ही न थी। शम्मन के बाप के एहसानात, चचा की जान पर बहुत थे, लेहाज़ा यहाँ भी बहस की कोई कसर न रह गई थी।

नूरी यतीम थी और यहाँ ख़ानदान वालों की शराफ़त और अब्बास की आलाज़रफी[3] का सबको यक़ीन था। फिर फैसला कैसे होगा ? सब मुंतज़िर[4] थे।

वैसे अब्बास बहुत ही दिलचस्प थे। ज्योंही वह अंदर आते लड़कियाँ किसी न किसी बहाने से जमा हो जातीं। और फिर या तो उनका बटन टूट जाता जिसे बिलक़ीस अहमदी या शम्मन टाँकतीं या समीना की छुँगलिया के पासवाली उँगली में नज़र न आने वाली फाँस चुभ जाती जो किसी से न निकलती पर भाले की तरह खटका करती। जब अब्बास उस फाँस को निकालते तो उन्हें ऐसे-ऐसे जुमले सूझते कि समीना पसीने-पसीने हो जाती।

''भई, इस शरीर उँगली का तो बस एक इलाज है।'' वह हँसते।

''भला क्या इलाज है वह ? आप कर दीजिए न।'' समीना शर्मातीं।

''इसका इलाज ये है कि...एक जगमगाती हुई अँगूठी...''

''हटिये !'' वह शर्माकर हाथ खींच लेती। ख़ाला की बाँछें खिल जातीं।

''अच्छा ख़ैर, लाइए अब कुछ न कहूँगा।''

इसके अलावा नूरी रोज़-ब-रोज़ अंग्रेज़ी के अल्फ़ाज़ में कमज़ोर होती जाती। बड़ी आपा ग़म और फ़िक्र से घुलने लगती और डाँटों के मारे नूरी को निगले लेती। चचा मुर्ग़-मुसल्लम खाते-खाते अधमरे हो गए। चची ने गाजर का हलवा इतना निगला की मेदा[5] जवाब दे गया। फ़हमीदा के दुपट्टों को रँगते और चुनते समीना और अहमदी के अँगूठे सूज गए। सब साँस रोके फ़राएज़[6] में ग़र्क़ सब्र से नतीजे का इंतज़ार कर रहे थे। देखिए, ऊँट किस कल बैठता है, किसकी क़िस्मत जागती है।

शम्मन को अब्बास पसंद थे इसलिए नहीं कि उनके बाल घुँघराले और आँखें ग़लाफ़ी[7] थीं, बल्कि वह हँसाते जो बहुत थे। बैठे-बैठे गाल में चुटकी भर लेना। एकदम से सरदर्द का बहाना करके घुटने पर लेट जाना। पान, बजाए हाथ के, मुँह में लेना और लेते वक़्त उँगली दाँतों से दबाने की कोशिश करना। भूले में रान या घुटना मसल देना वग़ैरह। जाड़ों के दिन सब रज़ाइयाँ ओढ़कर बैठ जाते और उन रज़ाइयों के बादलों में अब्बास के हाथ बिजलियों की तरह कौंधते। लड़कियों के गिरोह में नन्हीं-नन्हीं लरज़िशें[8]

1. प्रभावित 2. राजनीतिक 3. बड़प्पन 4. प्रतीक्षारत 5. आमाशय 6. जिम्मेदारियाँ 7. सुन्दर 8. कँपकँपाहटें

मचल-मचलकर बिखर जातीं। वह दूर हटतीं लेकिन फिर सिमट आतीं। घर के बुज़ुर्ग भी 'बच्चों' के हँसी-मज़ाक़ से ज़रा दूर, पान-छालिया में ग़र्क़ बैठे रहते मगर उनके कान उन्हीं की तरफ़ लगे रहते।

रात को जब सब लड़कियाँ खुसुर-फुसुर करतीं तो अब्बास की डाली हुई चिंगारियाँ दहक उठतीं। सिवाए समीना के, वह सब एक दूसरे से बेतकल्लुफ़ थीं और उनके दिलों में ज़रा भी तो रश्क[1] न था। गोपियों की तरह वह मिल-जुलकर एक ही कृष्ण की देखभाल में लगी रहतीं। वह उन्हें अकेले में भाई कहकर छेड़ा करतीं थीं। मगर समीना ने उसे सबके सामने कहने को मना कर दिया था। वह अब अब्बास से और भी ज़्यादा शर्माने लगी थी। ख़ालाबी दिन-रात गोखरू लचकों और किरनों के ज़िक्र किया करतीं। उनकी अँधेरी कोठरी में कुछ दिन से मुरादाबादी और ताँबे के बर्तनों की आवाज़ गूँजने लगी थी।

बड़ी आपा भी ग़ाफ़िल[2] न थीं। उन्होंने चटपट चूहेदत्तियाँ तुड़वाकर नए फ़ैशन के दस्तबंद बनवाने शुरू कर दिए थे और हर वक़्त चीनी के उन सेटों का ज़िक्र करतीं जो कलकत्ते या बंबई से मँगवाने वाली थीं। जो एकदम से सब कुछ साथ तय हो गया तो बेचारी मारे हौल के मर न जाएँगी।

शम्मन की अम्मा दम साधे हुए थीं क्योंकि ज़रा सी देर में बड़ी आपा अपने बे-वक़्त मरे मियाँ को याद करके मातम शुरू कर देतीं थीं। नानी होकर नवासी का पैग़ाम छीन लेतीं ? फिर भी आपा एहतियातन ताने देती रहती।

"ऐ है ! लोग यतीम बेवा का ख़ून चूसने से भी नहीं चूकते। अरे भई लोगों को तो बहुत मिल जाएँगे। यतीम को जुड़ जाए तो बहुत जानो। क़ुरान पाक में भी यही लिखा है कि पहले यतीम बेवा का हक़...फिर...मगर ख़ालाबी ये बातें सुनकर बिलकुल भोली अनजान बन जातीं। वह जहेज़ की तैयारी में मुनहमिक[3] थीं।

इसके अलावा और भी क़यासआराइयाँ[4] होतीं। जैसे घुड़दौड़ के मैदान में लोग मौसम देखकर अंदाज़ा लगा लेते हैं, उसी तरह बड़ी आपा, ख़ालाबी से और छोटी मुमानी से बातें करतीं, "नहीं बी, मेरी बात मानो या न मानो पर देख लेना वह बिलक़ीस से तो करने का नहीं। हाँ, अपनी नूरी..." मुमानी आपा को खुश करतीं।

"ऐ बी ! तेल देखो, तेल की धार देखो। समीना तो क्या, शम्मन ही से करे तो बहुत जानो..." बड़ी आपा जवाब देतीं।

"देखो अब क्या होता है...वैसे तुम्हारी ख़ाला पंजे झाड़कर पीछे तो पड़ गई हैं। ऐ, कल आँख के नशे का लेहाफ़ बनाया है। क्या मुआ छिछोरा रज़ाइयों जैसा...मैंने तो कह दिया बहन..."

ग़र्ज़ ऐसा मालूम होता था मैदान में घोड़े छूट चुके। कभी एक आगे तो कभी दूसरा आगे। या जैसे इंटरव्यू हो रहा है। लोग अपनी-अपनी सी कर चुके हैं। नतीजे का बेसब्री

---

1. ईर्ष्या 2. भूला हुआ 3. तन्मय 4. अटकलबाज़ियाँ

से इंतज़ार है। चचा-चची पैग़ाम दे ही नहीं चुकते और न ही मुँह से फूटते हैं। खाया-पिया और पैर पसार के सो गए। और यहाँ सबकी नींदें हराम हैं। मालूम होता है, हर एक के दरवाज़े पर बारात खड़ी है। मगर दूल्हा अंदर क़दम नहीं रख चुकता।

इधर अब्बास ने आँख-मिचौलियाँ खेलना शुरू कर दी थीं। बिलक़ीस जब पिछले बरामदे से छालियाँ निकाल रही थी तो न जाने अब्बास किधर से आन पहुँचे और पकड़ लिया। बड़ी मुश्किल से भागी। और फिर एक दिन जो शम्मन एकदम ड्राइंगरूम में चली गई तो वह समीना ख़ातून को घेरे खड़े थे। समीना तो भाग गई पर जब शम्मन जाने लगी तो अब्बास ने हाथ पकड़ लिया।

"कहोगी तो नहीं ? क्यों शम्मन।"

"क्यों नहीं कहूँगी, ठहर जाइए ज़रा।" शम्मन ने ज़रा शरारत से कहा और हँसी।

"नहीं। नहीं...देखो किसी से न कहना...सुनो..." और वह कोई बहुत ज़रूरी बात सुनाने क़रीब आ गए।

"अच्छा भाई छोड़िए तो, किसी से न कहूँगी।" वह अपनी जान छुड़ाने लगी।

"ऊँह हूँ...क़सम खाओ...हमारे सर की क़सम खाओ पहले," अब्बास ने घसीटकर उसे और क़रीब कर लिया।

"अच्छा...अच्छा...आपके सर की क़सम...छोड़िए।" वह बौखलाई।

"लेकिन सुनो तो..." उन्होंने उसे भींचना चाहा। "शम्मन," उन्होंने तड़पकर भागती हुई मछली को पकड़ने की नाकाम कोशिश की। देर तक वह झल्लाई हुई हाँफती रही। अब्बास के क़र्ब[1] से न जाने क्यों उसे इतनी घिन आई। वह उनसे मज़ाक कर सकती थी, मगर दूर से। ये इतने क़रीब की चुहलें उसे बड़ी कड़वी मालूम हुईं।

"क्यों ?" वह देर तक सोचती रही। अब्बास के बाल रशीद से कितने मिलते-जुलते थे। वह कुछ क़हक़हे भी इसी तरह लगाते थे।...मगर, तो फिर क्या चीज़ थी जिससे उसे घिन आई। लोग एक ही चमचा मुँह में डाल-डालकर खाते हों तो जी मतला ही जाता है। इस मुँह का लुआब उस मुँह में। तौबा, थोड़ी ही देर पहले समीना भागी थी...और...

अब्बास की छुट्टियाँ ख़त्म हो रही थीं और जाने के ख़याल से वह उदास हो जाता। उसके साथ-साथ लड़कियाँ भी बददिल हो जातीं और सारे बड़े-बूढ़े भी सहम जाते। वह एक-एक दिन टाल रहा था और बड़ी संजीदगी से लड़कियों को अँधेरे-उजाले घेर रहा था। और उधर भी चारों तरफ़ फटकियाँ खुली थीं। दाने डाले जा रहे थे। जाल फेंके जा रहे थे और शिकारी लासा लगाए आस में बैठे थे।

शादी-ब्याह के दिन-रात चर्चे होते मगर चची और चचा मुँह में घुनघुना डाले बैठे थे। आख़िर ख़ालाबी के सब्र का पैमाना छलक ही गया। चचा के जवाब से ऐसा मालूम हुआ एक आँधी आई और आबादियों की आबादियाँ वीरान करती चली गईं। आई.सी.एस. का इन्टरव्यू होता है। कामयाब तुलबा[2] कैसे हश्शाश-वश्शाश[3] मुस्कुराते

---

1. निकटता 2. छात्र 3. खुश-खुश

हुए मिठाइयाँ बाँटते हैं, नज़र न्याज़[1] पूरी की जाती। और जो बेचारे क़िस्मत के मारे रह जाते हैं उनके यहाँ छोटी-मोटी मौत सी हो जाती है। हज़ारों अरमानों का ख़ून और लाखों तमन्नाओं का क़त्ल। लेकिन अगर ये मालूम हो कि गौरमेंट ने धाँधली करके आ़ई.सी.एस. का ओहदा ही तोड़ दिया तो ये एक क़ौमी व मुल्की मौत कहलाएगी। यही हुआ कि चची ने चलने से पहले सबको अब्बास की शादी का ज़बानी बुलावा दे दिया। उस शादी का जो इग्लैंड जाने से पहले ही उन मास्टर साहब की लड़की से तय हो चुकी थी जिन्होंने अब्बास को तालीम दिलवाई थी। लड़की काली भी थी और ग़रीब भी, मगर सुघड़ बहुत थी।

सुघड़ बहू ने न जाने कितने जहेज़ों, चूहेदत्तियों और आँख के नशे के लेहाफ़ों पर झाड़ू फेर दी। एकदम अम्मा को मुर्ग़ियों पर प्यार आने लगा। गाजर के हलवे ख़त्म होकर दोबारा न बने। फ़हमीदा को जो ख़ाला जोड़ा दे रही थीं उसका दुपट्टा न जाने कहाँ कपड़ों के नीचे हो गया और कुर्ते-पैजामे का कपड़ा अहमदी को भा गया। दीवारों पर पीक की पिचकारियाँ लंबे और गहरे जख़्मों की तरह दिलों के पार होने लगीं। चचा और चची एक ज़रूरी काम की वजह से फ़ौरन से फ़ौरन रवाना होने पर मजबूर हो गए। और समीना के हिस्टीरिया के दौरे फिर से शुरू हो गए। नूरी की यतीमी, मवाद-भरी रसोली की तरह उभर आई और मँझली मुमानी बिलक़ीस को 'नामुराद' 'नसीबों जली' के ख़िताब से पुकारने लगीं।

चचा और चची खौफ़नाक फोड़ों जैसी टीसें कलेजों में छोड़ गए। चची दो तकिए बिस्तर में भूले से बाँध ले गईं और फ़हमीदा, समीना के चाँदी के बुंदे उतारना भूल गई। चचा सारे ताश के पत्ते थूक में सान गए। और अब्बास न जाने कितनी आहें और शब्बेदारियाँ[2] चंद मासूम दिलों में छोड़कर चल दिया।

इक्कीस

गर्मियों की छुट्टियाँ ख़त्म होते ही, उसका दाख़ला एक अमरीकन मिशनरी कॉलेज में हो गया। अब शम्मन को मालूम हुआ कि दुनिया कितनी लंबी-चौड़ी है। अब तक तो वह जैसे अंडे की सतह पर रेंग रही थी। चिकनी, बेरंगी और लामतनाही[3] मगर फिर भी महदूद[4]। जितना भी चले जाओ वुसअत[5] ख़त्म नहीं होती, फिर भी जहाँ थे वहीं। कॉलेज में क़दम रखते ही ऐसा मालूम हुआ जैसे डाकगाड़ी में उड़ी चली जा रही थी। जंक्शन आ गया। उसे बहुत जल्द इस जंक्शन के गुलगपाड़े में डूब जाना पड़ा। अदबी जलसे, दिलचस्प लेक्चर, पुरज़ोर तक़रीरें, हंगामाखेंज़ सैरें, क़यामतअंगेज़ इश्क़बाज़ियाँ। पहली

1. मन्नत 2. रतजगा 3. अनन्त 4. सीमित 5. विस्तार

बात जो दो लड़कियाँ करती हैं, वह आशिकों और चाहनेवालों की ही होती हैं। लड़कियाँ एक-दूसरे का भाव इसी ज़रिए से मालूम करतीं है। मसलन मैरी पर सारी यूनिवर्सिटी मरती है। बीनाराय पर सियासत की पूरी क्लास फ़िदा है और कमला पर संस्कृत के पंडित जी तीन साल से मर रहे हैं। किश्वर पर फ़ारसी के उस्ताद नीमजान[1] थे। बाक़ी लड़कियों पर भी हिस्सा रसदान के चचेरे और ममेरे भाई और पड़ोसी फ़िदा थे।

कम-अज़-कम कॉलेज की फ़िज़ा में तो इनका यही हिस्सा था। कॉलेज के क़वानीन[2] बड़े सख़्त थे। वैसे तो किसी का सगा बाप भी बग़ैर छानबीन के मिलने नहीं दिया जाता था। इसके बावजूद भी इश्क़ का अथाह सागर पड़ा ठाँठे मार रहा था। और इस मामले में छिले हुए मुँह और सड़े हुए पीले दाँतों वाली मैट्रन की भी कुछ न चलती थी।

इन मैट्रन से सबको ही बुग़्ज़-लिल्लाही[3] था। शायद जंगे-अज़ीम में उनका आशिक़ मारा गया था, या शायद छोड़छाड़ कर चल दिया और ग़रीब ने इस बहाने की आड़ में पनाह ले ली। वो हर लड़की के राज़ मालूम करने की फ़िक्र में लगी रहतीं। जहाँ दस बजे, वह अल्लाह की बंदी बिजली गुल[4] करने के लिए सर पर सवार। ख़ुद दो घंटे पहले से सोने की तैयारियाँ शुरू कर देतीं। गुस्ल करके मुँह पर पॉलिश की जाती। गिनती के चार बाल उमेठकर घूँघर बनाए जाते। और यही घूँघर, बटी हुई बत्तियों की सूरत में उनकी पेशानी[5] पर थिरकते नज़र आते। ढीला-ढाला जापानी कमूना जिस पर अज़दहों[6] की तस्वीरें बनी हुई थीं और बग़ैर एड़ी की स्लीपरें पहनकर जब वह चलती तो उनका ढला हुआ जिस्म ऐसे कुलबुलाता गोया उन अज़दहों में जान पड़ गयी है।

बावजूद इन्तेहाई नफ़रत के, हर लड़की को उनकी ख़ुशामद में इतवार को उनके मरहूम आशिक की तस्वीर की तारीफ़ करनी पड़ती। ये तस्वीर एक फ़ौजी गोरे की थी। निहायत करीह[7], फ़ुट-भर लंबा, करख़्त[8] चेहरा और ऊपर का तंग होंठ दाँतों पर से खिंचा हुआ, जैसे किसी पर गुस्से में दाँत पीस रहा है। मुँड़ी भवें और छरेरे बाल। बायलोजी की लड़कियों का ख़याल था कि मैट्रन और उस गोरे का बीज मिल जाता तो यक़ीनन घोड़े की कोई अजीबुल खिलक़त[9] क़िस्म पैदा होती।

ये मैट्रन किसी लड़की को बग़ैर आशिक़ के तसव्वुर ही नहीं कर सकती थीं। हालाँकि खुद बेचारी नन थीं। एक दफ़ा प्रेमा का सगा भाई आया तो वह बरामदे ही में खड़ी थीं। इजाज़त लेने का ख़याल भी न आया और वह उससे बातें करने लगी। बल्कि शम्मन को भी साथ घसीट ले गई।

बिचारा नरेंद्र हद से ज़्यादा बौखलाया हुआ रहा फिर भी ज्योंही मैट्रन को पता चला हाँफती हुई मौक़-ए-वारदात[10] पर पहुँची। बहुतेरा प्रेमा ने कहा कि वह उसका सगा भाई है दूसरे निहायत चुग़द है, मगर वह न मानी और रिपोर्ट कर दी। मगर प्रेमा एक

---

1. अधमरा 2. क़ानून 3. दुर्भावना 4. बुझाना 5. माथा 6. अजगरों 7. घृणित 8. कठोर 9. विचित्र जीव 10. घटना स्थल

चलता पुर्ज़ा थी, वह दाँव लगाया कि प्रिंसिपल भी ख़ामोश हो गई। पहले तो मुलाक़ाती कार्ड ढूँढ़कर उन पर मिलने वालों के नाम लिखे गए और फिर उन पर शम्मन और प्रेमा के सरपरस्तों के दस्तख़त कराए गए। जो एक बी.ए. की लड़की ने कर दिए। उन कार्ड़ों की रू[1] से शम्मन को न सिर्फ़ प्रेमा के घरवालों से मिलने की इजाज़त थी बल्कि वह उसके घर छुट्टियों में जाकर दिन-रात रह सकती थी। हालाँकि शम्मन और प्रेमा सिर्फ दो माह से क्लासफ़ेलो थीं। लेकिन इन कार्डों पर लिखा था कि इनके वालिदैन[2] ख़ानदानी दोस्त हैं। ये कार्ड प्रिसिंपल की मेज़ पर चुपके से रख दिए। जब प्रिंसिपल आई तो प्रेमा ने बड़ी मासूमियत से कार्ड़ों का ज़िक्र किया। बल्कि अख़बार के नीचे से निकालकर उनके हाथ में पकड़ा दिए। उल्टी मैट्रन पर डाँट पड़ी।

लेहाज़ा इतवार को शम्मन प्रेमा के साथ उसके घर गई। नरेंद्र के साथ और छह-सात दोस्त भी थे मगर प्रेमा ने ज़बरदस्ती की और मोटर लबालब भर गई। दोपहर का वक़्त, चिलचिलाती धूप, लू के थपेड़े झुलसाए दे रहे थे मगर शम्मन के जिस्म में ठंडी चिंगारियाँ दहक रही थीं। उम्र में पहली बार इतने ढेर से खुरदुरे कोट, बड़े-बड़े जूते और बेज़रूरत हैट उसके इतने क़रीब आए थे। शायद उन दोनों पर रौब डालने के लिए। सब लड़के उतर रहे थे वह प्रेमा से बेहद तकल्लुफ थे। उनमें से एक, जिसे सब बट्टू-बट्टू कह रहे थे, प्रेमा के शाने से लगा ऊँघ रहा था। और हर झोंके के साथ उसका सर प्रेमा के सीने पर आन गिरता। जिस पर प्रेमा दाँत पीसकर उसके घने बालों के गुच्छे झिंझोड़ डालती। अनवर, उसके बरहना बाज़ू[3] पर अपनी तीन दिन की मुँड़ी हुई मूँछें चुभोने की कोशिश कर रहा था। मगर वह निहायत फ़र्राटे से न जाने क्या ऊट-पटाँग क़िस्सा शम्मन को सुनाने में ग़र्क़ थी। मोटर अहाते में घूमती हुई बरामदे के सामने रुक गई। बैठे-बैठे जोड़ सुन्न हो गए थे। बड़ी मुश्किल से टाँगें खींच-खींचकर निकालीं और सब चीख़ते-चिल्लाते अंदर पहुँचे।

शम्मन सबसे पीछे थी। उसने देखा कि प्रेमा किसी से सोफ़े पर कुश्ती लड़ने में मशग़ूल थी और बड़ी मुश्किल से उठने की कोशिश कर रही थी। नरेंद्र और उसके दोस्त चीख़-चीख़कर उन दोनों की हिम्मतअफ़ज़ाई[4] कर रहे थे ! आख़िर को प्रेमा पस्त होकर सोफ़े से लुढ़क गयी।

''शाबाश राय साहब।'' नरेंद्र ने हरीफ़-मुख़ालिफ़[5] की पीठ ठोंककर कहा।

''अरे शम्मन...राय साहब, ये हैं शम्मन।'' प्रेमा ने तआर्रुफ़[6] कराया।

''हूँ।'' वह चश्मे के नीचे से अपनी बड़ी-बड़ी आँखें घुमाकर बोले। उनके होंठों में एक लंबा-सा सिगार झूल रहा था और उसमें से धुएँ की लंबी-लंबी चुस्कियाँ लेकर वह होंठ के कोने से बारीक डोरों की सूरत में फूँक रहे थे। पास ही स्टूल पर रंगों की तश्तरी और ब्रश बिखरे पड़े थे और सामने एक औरत की नामुकम्मल[7] तस्वीर दीवार पर चस्पाँ[8] थी।

---

1. परिप्रेक्ष्य 2. माँ-पिता 3. नंगी बाँह 4. हौसला बढ़ाना 5. दुश्मन, प्रतिद्वंद्वी 6. परिचय 7. अधूरी 8. चिपकी हुई

शम्मन आँख बचाकर ग़ौर से उन्हें देखने लगी। खूब मज़बूत, मगर छैरा जिस्म, ऊँचा क़द और तपे हुए सोने जैसा रंग, उस पर चाँदी से भी ज़्यादा उजले बालों का ढेर ! ये अजीबो-ग़रीब सूरत देखकर शम्मन ऐसी बौखलाई कि उसे याद भी न रहा कि वह कितनी देर से उन्हें घूर रही है, कि एकदम राय साहब बोले।

"ऐ...क्या नाम है इस लड़की का ?"...कुछ जँगली-सी मालूम होती है।

"शम्मन," दो-तीन गले एकदम चिल्लाए।

"चमन ?"

"नहीं...शम्मन।"

"इधर आ...चमन !" राय साहब ने धुएँ की डोरियाँ फूँकते हुए कहा। शम्मन उठकर गई। छोटे-छोटे क़दम रखते। वह उसके क़रीब आ गए और ऐसे तमस्ख़ुर[1] से देखने लगे गोया वह कोई अजीबो-ग़रीब जानवर है। शरारत से उनके चेहरे के छोटे-छोटे अज़लात[2] मुस्कुरा रहे थे और भौंहें फड़क रही थीं। एकदम से उन्होंने आँखों के पपोटे खींचकर देखे।

"ज़ुबान निकालो," उन्होंने संजीदगी से कहा। शम्मन ने बेसाख़्ता ज़बान निकाल दी। जिस पर एक ज़ोरदार क़हक़हा पड़ा और वह घबराकर दो क़दम पीछे हट आई।

"क्या बात है ? कुछ भूकी मालूम होती है। अरे प्रेमा कुछ दाना-पानी तो डाल इस चिड़िया के लिए...क्या है तेरा नाम...चमन।" "शम्मन ! राय साहब" प्रेमा चिल्लाई। "शम्मन ? ये शम्मन क्या होता है ? नहीं हम तो इसे चमन कहेंगे। इसे खाने को दो कुछ। अरे ठहर। तू इतनी पीली क्यों है, क्या तेरे पास पौडर-सौडर कुछ नहीं...इधर आ।" इससे पहले कि शम्मन कुछ समझती, राय साहब ने उसके गालों पर ब्रश से सुर्ख़ रंग लगा दिया। खिसियाकर वह हथेलियों से गाल रगड़ने लगी।

"बड़े ख़राब हैं आप, हटिए," प्रेमा ने उन्हें धकेल दिया और शम्मन को गुसलख़ाने में ले गई।

शाम को राय साहब और सब लोग तैरने के लिए हौज़[3] में उतरे। शम्मन को तैरना नहीं आता था इसलिए वह किनारे पर पानी में पैर डालकर बैठ गई। राय साहब दो-तीन दफ़ा ऊपर से कूदे और बड़ी देर तक तैराकी के कमालात[4] दिखाते रहे। कभी चित तैरते तो कभी पट और कभी देर तक पानी में ग़ोता लगा जाते।

"अरे ये जलकव्वा कैसा बैठा है।" उन्होंने शम्मन को किनारे पर पैर लटकाए देखकर छेड़ा। "ये पानी में क्यों नहीं उतरती।" जब प्रेमा ने बताया कि वह तैरना नहीं जानती तो उन्होंने उसके कान में कुछ कहा और ग़ोता मार गए। शम्मन हैरत से मुँह फाड़े पानी को घूरती रही कि अब निकले और अब निकले कि एकदम से सब चिल्लाए, "मगर...मगर।" और शम्मन गड़ाप से पानी में और बदहवास होकर राय साहब को नाखूनों से खरोचने लगी। जो उसे डूबने से बचाने आए थे !

---

1. ठिठोल 2. मांसपेशियाँ 3. तालाब 4. करतब

"हैं, हैं...अरे, नोचेगी तो फिर मगर को दे दूँगा।"

शम्मन खिसियाकर बिसूरने लगी और सबका हँसते-हँसते बुरा हाल हो गया।

रात को जल्दी-जल्दी खाना खाया गया इसके बाद सब ड्राइंगरूम में जमा हो गए। राय हुई कि नाच ही। पहले तो प्रेमा ने अपने ताज़ा सबक़ का मुज़ाहरा[1] किया और जब वह थक गई तो सब चिल्लाए, "राय साहब, राय साहब।"

पहले तो राय साहब ख़ामोश रहे फिर उन्होंने सिगार तशतरी में डाल दिया और लैंप की तरफ़ पुश्त[2] करके ख़ामोश खड़े हो गए। बाजा बजता रहा और वह पाँव जमाए दीवार पर घूरते रहे। फिर आहिस्ता से उन्होंने कुर्ता उतारकर हवा में उछाल दिया और अपने बरहना[3] बाज़ुओं को सहलाते रहे। फिर...शम्मन का मुँह हैरत के मारे फटा का फटा रह गया। बिजली सी तेज़ी से वह मुड़े और उनका कसरती जिस्म सुरताल पर लहराने लगा। जैसे कोई रंगीन बुत एकाएक अँगड़ाई लेकर जाग उठा हो। वही बदन जो कुछ देर पहले क़दरे[4] बूढ़ा मालूम हो रहा था, खिंचे हुए सितार की तरह बज उठा। सुडौल क़ब्जों की बेपनाह जुंबिश, पिंडलियों का मज़बूत ख़म[5] और चौड़े-चिकने सीने का जलाल[6]।...मालूम होता था, सुर बाजे से नहीं बल्कि उन आज़ा[7] की लोचदार जुंबिश से निकल रहे हैं। उँगलियों की हरकत, पैर का धमाका और मछलियों की हर लरज़िश नग़मा बनकर फैल गई। पुश्त पर रौशन लैंप, चाँदी जैसे घने और ख़मदार[8] बालों को तराशे हुए हीरों की तरह मुनव्वर[9] कर रहा था। एकदम जैसे तूफ़ान की दौड़ तेज़ हो गई। साज़ दुगुन में भागने लगे। क़हर व ग़ज़ब का पुरजलाल देवता, पुरइसरार[10] दुनिया से निकलकर ग़ैज़ो ग़ज़ब के कोड़े बरसाने लगा। धूम गरज के साथ कायनात को हिलाकर रख दिया। राय साहब एक हैबतनाक पहाड़ मालूम हो रहे थे। उनकी सफ़ेद धोती समुंदरी झागों की तरह क़दमों में लहरें ले रही थी। उनके नक़रई[11] बाल बिलकुल ऐसे मालूम हो रहे थे जैसे पहाड़ के पीछे से सूरज तुलू हो रहा हो।

साज़ रुक गए...नाच ख़त्म हो गया मगर शम्मन का दिमाग़ नाचता रहा और जब मज़ाक़ में राय साहब ने ज़ोर से 'हूँ' करके उसके आगे ताली बजाई तो बेसाख़्ता उसकी घिग्घी-सी बँध गई और अगर सब न हँस पड़ते तो वह बिलकुल ही बदहवास हो जाती। वह हैरान सबकी सूरतें देखने लगी और फिर ख़ुद भी क़हक़हे मारकर हँस पड़ी।

"डरपोक चुहिया !" राय साहब ने उसके सर को दोनों हाथों से पकड़कर झकोल डाला और उसके पास बैठ गए।

"बोल ! सीखेगी तू भी ?"

शम्मन ने दाँत निकालकर सर हिला दिया।

"हुँह ! बड़ी आई सीखने वाली, प्रेमा ज़रा इस छोकरी को देखना। कहती है नाच सीखेगी।"

---

1. प्रदर्शन 2. पीठ 3. नंगे 4. तनिक 5. लोच 6. शान-शौक़त 7. शरीर के अंग 8. घुँघराले 9. रौशन, प्रकाशमान 10. भेद से भरा 11. चाँदी जैसे

"अरे भई लाना तो डुगडुगी...मैं ज़रा इस को नाच सिखा दूँ।"

"मैं कोई बंदरिया हूँ...वाह !"

"ओ हो ! बंदरिया नही तो फिर क्या भालू है ?...अच्छा मिठाई ला और शागिर्द बन जा।

"पहले आप सिखाइए तो, फिर मिठाई खिलाऊँगी।"

"वाह भई। खूब रही, पहले फ़ीस दो तभी तो नाच सिखाएँ कि वैसे ही। बस दो महीने में तीतरी की तरह नाचने लगेगी।"

"वाह, मैं तो आप की तरह..."

"शम्मन, राय साहब ने मेरी तो मिठाई हज़म कर ली और कुछ न सिखाया," प्रेमा बोली।

"अरे श्श। ख़ामोश...हाँ क्या नाम है लड़की तेरा...चमन ?"

"अच्छा मिठाई जाने दे। बस तो अबके छुट्टी में आकर हमारे कुर्ते में बटन टाँक दे और हम तुम्हें नाच सिखा देंगे। समझी ?"

"बटन ?"

"हाँ बटन, सब कुर्तों के बटन टूट गए हैं। ये जो प्रेमा है ना, एकदम रद्दी, निकम्मी। बस शोख़ी करना जानती है।"

प्रेमा इस तारीफ़ पर इतरा उठी और राय साहब की गोद में लद गई।

बटन टाँककर नाच सीखने का पक्का इरादा करके प्रेमा के साथ ही हॉस्टल लौट आई। रास्ते-भर वह राय साहब की बातें दुहराकर हँसती रही। जिस्म को पलँग पर डालकर ऐसा मालूम हुआ जैसे वह मीलों की दौड़ लगाकर आई है। नाच के तअस्सुर[1] में अब तक उसकी रूह फँसी हुई पेंच-दर-पेंच घूम रही थी।

न जाने क्यों आज उसका दिल उसकी मक़नातीसी[2] ताक़त के आगे माथा टेक देने को चाहता था। आज उसके दिल में उबूदियत[3] नौख़ेज़ कली की तरह खिल रही थी।

"राय साहब का नाम क्या है ?" उसने हँसती हुई आवाज़ में प्रेमा से पूछा।

"अरे पगली ! मेरे पिता जी हैं, राय साहब।" प्रेमा हँसने लगी।

"मगर...मगर प्रेमा !" वह पलँग पर उठकर बैठ गई।

"क्यों ?" उसने करवट लेकर पूछा।

"कुछ नहीं प्रेमा," वह ख़ामोश हो गई।

"हम उन्हें राय साहब कहते हैं। उन्हें सब ही राय साहब कहते हैं। बड़े अच्छे हैं। मेरे ऊपर जान छिड़कते हैं।"

शम्मन चिढ़ गई। उसका जी चाहा, प्रेमा को डाँटे कि वह क्यों उनसे जान छिड़कवाती है। मगर फिर ये बात उसे इंतहाई बेतुकी मालूम हुई। वह ख़ामोश तकिया अपने सीने से चिमटाए आगे-पीछे झूलती रही। लोहे के पलँग के ज़ँगियाए हुए तारों से उखड़ा-उखड़ा नग़मा निकलकर उसे सोचने में मदद देने लगा।

---

1. प्रभाव 2. चुंबकीय 3. बंदगी

बाईस

शाम को लड़कियाँ ऊँचे-ऊँचे स्याह ब्लूमर और जम्पर पहनकर कॉलेज के मैदान में आज़ादाना[1] छलाँगें लगातीं। माली, बैरे और चौकीदार—बरहना रानों और सुडौल पिंडलियों को घूर-घूरकर आँखें सेंकते। छोटा मेहतर भी शाम को उसी वक़्त बरामदे झाड़ता। मैट्रन को इस मेहतर से खास एनाद[2] था। वह उनके हॉस्टल में सफ़ाई करता था और बक़ौल उनके, निहायत ही बदमाश और बदनिगाह था। ज़्यादातर वो उसे डाँटती ही नज़र आतीं। जब देखो हॉस्टल के सुनसान कोनों में उसे घेरे एक-आध तार मकड़ी के जाले का दो चार आवारा तिनके, दिखा-दिखाकर डाँट रही हैं। मगर वह भी बला का ज़िद्दी था। सर झुकाए अपने सफ़ेद दाँत चमकाया करता। वह उन पर झल्ला-झल्लाकर चढ़ी बैठती थीं। मगर वह उन्हें टूटी हुई झाड़ू से भी ज़्यादा नाकारा समझता। उसकी झाड़ू के सपाटों से साफ़ ज़ाहिर होता कि वह कभी का अपनी दानिस्त[3] में कूड़े के साथ झाड़ चुका है। ये उनका ढीठपन था कि फिर भी टूटी पड़ती थीं। न मालूम उसे देखकर उन्हें क्या हो जाता था। जब वह लड़कियों को घूरता तो वह बिलबिला उठतीं। अपनी छोटी-सी मुंढिया पर बैठकर तास्सुफ़[4] से सर हिलातीं। उन्हें ताज्जुब[5] था कि ज़हन[6] में लड़कियाँ उन ग़ुंडों की आँखें अपनी रानों पर रेंगती हुई भी नहीं महसूस करतीं। वह ख़ुद अपना फँसा हुआ फ्राक और उबलते हुए कूल्हे जो मुंढिया के चारों तरफ़ पहाड़ की चट्टानों की तरह झूलते रहते, समेटने में मशग़ूल[7] रहती। न जाने इतनी नहीफ़[8]-ओ-नज़ार मुंढिया उनका वज़न किस तरह बरदाश्त कर रही थी। वह उस ज़ालिमाना अंदाज़ से इस पर पहलू बदलतीं गोया वह छोटे मेहतर पर सवार उसे दलने की कोशिश कर रही हैं। उनका बस नहीं था वर्ना उसकी हड्डियाँ चीरकर झाड़ू बना डालतीं या उसके ख़ून से फ़र्श धुलवा डालतीं। वह उसकी बदमाशी को हिंदुस्तान की मज़हबी तंगनिगाही[9] पर महमूल[10] करतीं। उनका ख़याल था कि अगर वह ईसाई हो जाए तो यक़ीनन उसकी स्याह रूह पाक हो जाएगी।

बड़े राज़दारी के अंदाज़ से वह लड़कियों से उसके चाल-चलन के बारे में घुमा-फिराकर सवाल करतीं ! वह उन्हें छुपकर झाँकता तो नहीं, कमरा साफ़ करने में कोई फ़हश इशारे[11] तो नहीं करता ?

उसकी मुस्कुराहट बड़ी लरज़ाख़ेज़[12] थी। एक मेहतर था नैनीताल में, जहाँ वह पहले-पहल नौकर हुई थीं। वह अकेले-दुकेले लड़कियों को पकड़कर चूम लिया करता था। एक और भंगी, जबलपुर मिशन स्कूल में उन्हें नहाने में छुपकर देखा करता था। ''ये भंगी लोग हम लोगों को बड़ा हैरान करते, उनकी इज़्ज़त भी बहुत ख़राब करते हैं।'' ये क़िस्सा सुनाते वक़्त उनकी धँसी हुई बेरौनक़ आँखें किसी गुज़िश्ता[13] ज़माने के ख़्वाने-नेमत[14] की याद में भूकी-भूकी हो जातीं और होंठों पर शिद्दत से पसीना फूट

1. स्वतंत्र 2. दुश्मनी 3. समझ 4. अफ़सोस 5. आश्चर्य 6. दिमाग़ 7. व्यस्त 8. कमज़ोर 9. धार्मिक संकीर्णता 10. थोप देना 11. अश्लील इशारे 12. कँपाने वाला 13. बीता हुआ 14. उत्तम भोजन के थाल

निकलता। हा, बेचारी सफ़ेद देवदासियाँ, बजाए वजीह क़बाओं[1] वाले काहनों[2] के, उन काले भंगियों के मत्थे चढ़ रही थीं। उनकी स्याह रूहों को खुदाबाप के क़दमों तक घसीटकर ले जाने में वह खुद ग़लाज़त की दलदल में घिसट जातीं। उन मेमों की ये गत देखकर रोंगटे खड़े हो जाते। एक फ़ातेह[3] क़ौम, हिंदुस्तान की झुलसा देने वाली हवाओं और हिंदुस्तानियों की पागल कर देने वाली तारीक ज़हनियत[4] के आगे बिलकुल हारी हुई और पुरशिकस्ता[5] नज़र आने लगती।

वह गुलाब को शरमा देने वाली रंगतें, तेल में डूबे हुए पुराने चमड़े की तरह सूख जातीं। वह आसमान की नीलाहट से ज़्यादा शफ़्फ़ाफ़[6] आँखें, सूखे तालाब में प्यासे मेढकों की तरह उबल आतीं। बाल और पलकें खिज़ाँरसीदा[7] पत्तों की तरह ग़ायब। जगह-बेजगह गोश्त के उभार, तंग जूतों में से टखनों पर के गोश्त झूलते हुए लोथड़े, ये थीं वह चीज़ें जो बाक़ी रह जातीं। मैट्रन जब हिंदुस्तान आई थीं तो जंगेअज़ीम[8] की लौ से हुलसी हुई मगर नौखेज़[9] कली थीं और अब गोभी की पाला मारी गाँठ की तरह बिखरी जातीं थीं।

भंगी से उनकी ऐसी लाग-डाँट बढ़ी कि एक दिन वह छतरी लेकर उस पर पिल पड़ीं। उसे मारकर वह पसीने में शराबोर, रोती हुई कुर्सी पर गिर पड़ीं। लड़कियों के ठठ कमरे पर टूट पड़े। बज़ाहिर सब हमदर्दी ज़ाहिर करती रहीं लेकिन किसी को भी इतनी तौफ़ीक़[10] न हुई कि उनके हाथ-पैर सहलाती ताकि उनका जी ठिकाने होता। दूसरे हॉस्टल की मैट्रन को ख़बर हुई और वह दौड़ी हुई आईं। लड़कियों को भगाया और उनके जिस्म को जो रबड़ के फीतों और डोरियों से मसनूई[11] गुड़िया की तरह जकड़ा हुआ था, ज़रा फैलाया, तो होश ठिकाने हुए। इल्म-नफ़्सियात[12] की लड़कियाँ आपस में सरग़ोशियाँ करके क़हक़हे लगाने लगीं। बात प्रिंसिपल तक पहुँची। और छोटे मेहतर को मैत्री भवन हॉस्टल में भेज दिया गया।

बेचारी मआमलात[13] की इस उलटफेर के लिए बिलकुल तैयार न थीं और निहायत बुर्दबारी[14] से सर हिलाकर कहतीं कि प्रिंसिपल को अपने इस फ़ैसले पर पछताना पड़ेगा। उनके दबाव से निकलकर भंगी, सारी लड़कियों को ख़राब न कर दे तो बात नहीं।

छोटे भंगी के बजाए बूढ़ा मेहतर जो बानी[15] कॉलेज के ज़माने से काम कर रहा था, निशात महल में सफ़ाई करने लगा। उसे सब जमादार कहते थे। डाकुओं जैसी सूरत, स्याह फटारा जैसी रंगत, शब्बेदारी और भंग की वजह से सुर्ख़ अँगारा आँखें, आवाज़ ऐसी, जैसे गहरी-सी बावली में कोई भूत गुड़गुड़ा रहा हो। निहायत साफ़ और मक़तएदर्दी रोबदार चाल। मैट्रन जो कोई भी हुक्म देतीं, आँखों में आँखें डालकर कहता, ''जानते हैं।'' बेचारी हैबतज़दा होकर रह जातीं। लड़कियों से रुहाँसी आवाज़ में अपनी बेइज़्ज़ती

---

1. सुंदर लम्बे कोट 2. ज्योतिषियों 3. विजेता 4. अंधविश्वास 5. विजित 6. साफ़ 7. पतझड़ के बाद 8. विश्वयुद्ध 9. नई 10. हौसला 11. बनावटी 12. मनोविज्ञान 13. मामले 14. सहन करना 15. संस्थापक

का गिला करतीं, जो ज़्यादा जी-भर आता तो सारा गुस्सा उन्हीं पर उतार देतीं ! केले के छिलके बेजगह क्यों फेंकें ? रद्दी काग़ज़ जमा करके, बड़ी खोज लगातीं कि इस पर किस लड़की ने लिखा है। मालूम कर लेने के बाद वह सारे पुर्ज़े एक कड़ी तंबीह[1] के साथ नोटिस बोर्ड पर टिका देतीं। लड़कियाँ नोच-नाचकर फेंक देतीं। एक दफा प्रिंसिपल ने जो दुनिया-भर की रद्दी बोर्ड पर चिपकी देखी तो ग़रीब को उल्टी डाँट बताई।

दुनिया में उनकी सिर्फ़ एक दोस्त थीं—मिस जॉनसन। छह फुट से भी कुछ निकलता हुआ क़द, सपाट सीना और मर्दों जैसे कटे हुए बाल ! शेव करती थीं जो उनकी लाउबाली[2] आदतों की वजह से दो-दो दिन न होता। ये वर्ज़िश[3] और खेलों की तालीम देती थीं ! नेकबख़्त इस ज़ोर से गेंद में हिट लगातीं कि जी लरज़ उठता। नई-नई लड़कियाँ तो उनके सामने टाँगें खुले जम्पर पहनते शर्मातीं। आवाज़ फटी हुई, जैसे पंद्रह-सोलह बरस के लड़के की होती है। मैट्रन और वह आपस में एक-दूसरे को 'डार्लिंग' कहती थीं और जब कोई स्वेटर या उनका कोई कपड़ा सीतीं तो जान-जानकर लड़कियों को दिखातीं। ज़िक्र करते में वह हमेशा 'डियर मिस जॉनसन' ही कहतीं और उन डियर मिस जॉनसन से लड़कियों को लिल्लाही बुग्ज़[4] था। अव्वल तो वह सिवाए वर्ज़िश के अहकामात[5] के, बहुत कम बोलतीं। शम्मन को तो उनसे बात करते मौत आती। गड़गड़ करती भारी अमरीकी लहजे वाली अंग्रेज़ी ज़बान का एक लफ़्ज़ भी पल्ले न पड़ता और वर्ज़िश करते में ज़रा किसी ने ग़लती की और दीवानी ने झपटकर लगाया एक मुक्का।

एक दिन खेल की नई यूनीफ़ार्म के लिए मिस जॉनसन लड़कियों की नाप ले रही थीं। शम्मन को सख़्त घबराहट मालूम हुई। एक-एक लड़की अंदर जाती और नाप देकर वापस लौट आती। शम्मन की जब बारी आई तो वह हिचकिचाती हुई दफ़्तर में दाख़िल हुई। मिस जॉनसन नापने का फ़ीता लिए एक कॉपी पर झुकी हुई कुछ लिख रही थीं। शम्मन का दिल धकधक करने लगा। "गड़ड़...गड़ड़" न जाने उन्होंने क्या हुक्म दिया मगर वह घबरा-घबराकर दुपट्टे का पल्लू चबाती रही।

"गड़ड़...गड़ड़ !" वह फिर कुछ बड़बड़ाई। शम्मन ने दो क़दम उठाए। आगे न पीछे ! अबके जो उन्होंने डाँटकर ज़रा साफ़ ज़बान में क़रीब आने का हुक्म दिया, तो वह दो क़दम पीछे हट गई।

"ये क्या वाहियात है ?" वह गरजी।

शम्मन खिसियानी, ज़बरदस्ती की मुस्कुराहट जमाए आगे बढ़ी। फ़ीता लेकर उन्होंने नाप लेना शुरू किया।

"हाथ ऊपर करो !" शम्मन कुछ न समझी।

'उँह, बेवक़ूफ़ हाथ ऊपर करो,' शम्मन ने बग़लें भींच लीं। मिस जॉनसन ने एक झंझोड़ी देकर उसे सीधा खड़ा किया, और दो झटके कंधों पर जमाए। शम्मन डरी हुई बकरी की तरह रोती हुई फ़र्श पर गुड़ी-मुड़ी हो गई।

---

1. चेतावनी 2. लापरवाह 3. कसरत 4. चिढ़ 5. आदेश

“सीधी खड़ी हो।” मिस जॉनसन कहती रहीं और वह उसी तरह से कुबड़ी नाक से रोने की आवाज़ निकालती हुई भागकर दरवाज़े से जा टकराई।

“अरे...! सिली गर्ल !” मिस जॉनसन का दो दिन का मुँडा हुआ बालाई होंठ मुस्कुराहट से फड़फड़ाया। मगर शम्मन सीधी अपने कमरे में आकर पलँग पर गिर पड़ी और देर तक घोड़े के हिनहिनानें जैसी दबी आवाज़ें निकालकर रोती रही।

उस दिन से उसे मिस जॉनसन से ऐसी शर्म आई कि वह बराबर नीली चिट्ठी, जो बीमार लड़कियाँ मिस जॉनसन के लेटर बॉक्स में वर्ज़िश से माफ़ी माँगने के लिए डालती थीं, दबे पैर जाकर डाल आती। इन नीली चिट्ठियों की तादाद[1] इतनी बढ़ी कि वह उसकी हेल्थ रिपोर्ट के साथ चिपकाकर हॉस्टल की लेडी डॉक्टर के पास भेजी गईं और फिर एक दिन बोर्ड पर उसका नाम उन लड़कियों की फ़ेहरिस्त[2] में नज़र आया जो मुसलसल[3] ख़राबी-ए-सेहत[4] की वजह से डॉक्टरी मुआइने[5] की मोहताज[6] थीं।

हॉस्टल का ये मुख़्तसर[7] हस्पताल तालीमगाह[8] से ज़रा दूर हटकर अमरूदों और नारंगियों के बाग़ में वाक़ै[9] था। निहायत साफ़-सुथरे, ख़ूबसूरत कमरे और सामने खुला मैदान। आमतौर पर लड़कियाँ इतवार को ग़ुल-ग़पाड़ों से बचने के लिए रात के कपड़े पहनकर उन कमरों में ज़रा सा बीमारी का बहाना करके जा लेटतीं। ये भी मशहूर था कि कॉलेज से मुलहिक़[10] जो यूनिवर्सिटी थी, वहाँ के लड़के आते-जाते उन कमरों की खिड़कियों की तरफ़ ताका करते थे और कई क़िस्से भी उन खिड़कियों से वाबस्ता[11] थे। कई लड़कियाँ बदमाश लड़कों के साथ होने से पहले इन्हीं कमरों में बीमारी का बहाना बनाकर रही थीं।

अस्पताल की नर्स एक स्याहफ़ाम हब्शी नज़ाद[12] अमरीकन नर्स थीं। फैले हुए जिस्म की ठिंगनी-सी औरत, नर्सों के सफ़ेद बुर्राक़[13] लिबास में संगे-मूसा[14] और संगमरमर का बना हुआ मक़बरा मालूम होतीं। आमतौर पर उनकी गुफ़्तगू उन फ़रार होने वाली लड़कियों के मुताल्लिक़ होती, जो भागने से पहले उनके ज़ेरे साया[15] रही थीं। हर लड़की को वह उसूले-सेहत समझाते वक़्त जिस्म की ख़ूबसूरती क़ायम रखने की अहमियत पर मुदल्लिल[16] लेक्चर दिया करतीं, ‘ब्यायज़’ को घेरने के तीरे बहदफ़[17] नुस्ख़े तो उन्हें अज़बर[18] याद थे।

पिंडलियों के बाल फ़लाँ पाउडर से उड़ाओ तो मोटे नहीं निकलेंगे। कमर पर से साड़ी खूब खींचकर बाँधो...ऐसे। वह साड़ी को बिलकुल तहबंद की तरह कस कर बतातीं। इतना तंग बॉडी मत पहना करो, सारा जिस्म लटक जाएगा। इंग्लिश गर्ल्ज़ को देखो, वह इंग्लिश गर्ल्ज़ का ऐसे ज़िक्र करतीं गोया अंग्रेज़ों ने ये सारी मफ़तूहात[19] इन मुँडी हुई टाँगों और चुस्त बॉडियों के ही बलबूते पर ज़ेर[20] कर रखी हैं।

जिस्म से बदबू दूर करने की और मुख़्तलिफ़[21] पोशीदा[22] दवाओं के नाम मुफ़्त

---

1. संख्या 2. सूची 3. लगातार 4. अस्वस्थता 5. परीक्षण 6. ज़रूरत 7. छोटा 8. विद्यालय 9. अवस्थित 10. मिली हुई 11. सम्बद्ध 12. नस्ल 13. बहुत सफ़ेद 14. काला पत्थर 15. सान्निध्य 16. सप्रमाण 17. अचूक 18. ज़बानी 19. विजय अभियान 20. जीत लेना 21. विभिन्न 22. गुप्त

बताया करती थीं। मगर बजाए शुक्रगुज़ार होने के लड़कियाँ उल्टी चराग़पा[1] हो जातीं।

ये नर्स हर वक़्त अमरीका यानी अपने देस की तारीफ़ें किया करतीं, और बड़े-बड़े मोअज्जज़ीन[2] का ऐसा ज़िक्र करतीं जैसे वह उनके सगे चचा, मामू थे। इबादत के लिए जब सारी लड़कियाँ और प्रोफ़ेसर रोज़ दोपहर के खाने से क़ब्ल[3] जमा होतीं तो वह भी अमरीकन उस्तानियों के बीच में काले तिल की तरह मलाहत[4] से चमका करतीं। उनकी आँखें सफ़ेद चमड़ी की क़ुरबत[5] के ग़ुरूर से और भी गढ़ों में जाकर चमकने लगतीं। ऐसा मालूम होता कि वह सब को इस मोजज़े[6] से मुतास्सिर करना चाहती हैं, कि देखो हम सफ़ेदी के कितने पास बैठे हुए हैं। सफ़ेद मेमें भी अपने हर अंदाज़ से यही कहती मालूम होतीं कि लोगो, देखो तुम हमें, और अश-अश[7] करो। हम कितने बुलंद हैं कि कीचड़ हो या कोयला, हम हर एक को पास बिठा लेते हैं। ये देखो हम इस उल्टे तवे के साथ किस ख़ंदा पेशानी[8] से बैठे मुस्कुरा रहे हैं और तुम हमें नकचढ़ा और मग़रूर[9] कहते हो ? न जाने ये सफ़ेद क़ौमें स्याह इंसानों को इंसान समझकर, इसका एहसान किस पर जताना चाहतीं हैं और किस धूम से इसका ढिंढोरा पीटती हैं। इंग्लिश चर्च जुदा[10] है और वहाँ कुत्तों और उनके साथ हिंदुस्तानियों को जाने की इजाज़त नहीं मगर महीने में एक दफ़ा बारी-बारी सफ़ेद उस्तानियाँ काले चर्च में इबादत करके उसे मुक़द्दस[11] बनाने ज़रूर चली जातीं। हिंदुस्तानी लड़कियाँ मारे ग़ुरूर[12] और एहसान के बोझ से, गर्दनें अकड़ाकर इबादतगाह में दाख़िल होतीं।

शम्मन की एक ईसाई दोस्त इल्मा थी। बड़ी मुँहफट और ज़बानदराज़[13]। जनूबी[14] हिंद की मख़्सूस[15] चॉकलेटी रंगत, भँवरे से स्याह बाल और साधुओं की सी सुर्ख़ डोरे खिंची हुई बड़ी-बड़ी आँखें। ऊदे[16] रंग के पके जामुन जैसे फैले हुए होंठ और सुता हुआ चेहरा। उसके गालों की हड्डियाँ उभरी हुई थीं और दाँत ग़ैरमामूली नीलाहट माएल[17] सफ़ेद थे। जब वह ज़ोर से क़हक़हा लगाती तो बहुत से दाँत चमक उठते, जो बड़े धारदार और ज़हरीले मालूम होते। लड़कियाँ उसके मुताल्लिक़ अजीब-अजीब बातें किया करतीं। गो वह ईसाई थी लेकिन गिरजे बहुत कम जाती। और अगर जाती भी तो सिर्फ़ लड़कों के साथ मिलकर हम्द[18] गाने। उसकी आवाज़ बड़ी रसीली थी और गाने का बहुत शौक़ था।

ग़ुस्ल करते वक़्त वह पूरी आवाज़ से ऊट-पटाँग गीत गाया करती। उसके कमरे में बजाए यीशु के, कृष्ण की तस्वीर लगी थी जिसके आगे वह सोने से पहले घुटने टेककर बाइबिल की आयतें पढ़कर, सीने पर सलीब का निशान बनाया करती थी। वह कहती थी, मुझे सफ़ेद रंग से घिन आती है। और सलीब पर लटके हुए मसीह पर रहम आता और रहम के साथ अक़ीदत[19] का जज़्बा बजाए अबूदियत[20] के, दिल में बग़ावत की आवाज़ पैदा कर देता है। दूसरी तरफ़, हँसते-खेलते बाँसुरी बजाते कन्हैयाजी को देखकर दिल नाच उठता है।

---

1. गुस्सा 2. संभ्रांतों 3. पूर्व 4. साँवलापन 5. सामीप्य 6. चमत्कार 7. तारीफ़ करना 8. खुले दिल से 9. घमंडी 10. पृथक 11. पवित्र 12. घमंड 13. अशिष्ट 14. दक्षिणी 15. विशेष 16. बैंगनी 17. हल्का नीला 18. प्रार्थना 19. आस्था 20. बंदगी

फिर एकदम से उसे न जाने क्या हुआ कि कृष्ण की तस्वीर तो निकालकर फेंक दी और उसकी जगह एक और तस्वीर लगा दी जिसमें एक बंदर पेड़ पर बैठा केला खा रहा था, दूसरा बंदर नीचे से एक लकड़ी इसकी पीठ में चुभो रहा था और पहले बंदर का आधा खाया हुआ केला ज़मीन पर गिर रहा था। जिस पर नीचे वाला बंदर मुस्कुरा रहा था। जब लड़कियों ने उससे इस तब्दीली की वजह पूछी तो वह अपने मख़्सूस क़हक़हे लगाकर उल्टी-सीधी बातें करने लगी।

''कृष्ण जी की बाँसुरी को कीड़ा लग गया था, उसमें से मेढ़क टरटरा रहा था'', वह हाँकती, ''मक्खन का बड़ा शौक़ीन था ना, मालूम है ! थोड़ा-सा मक्खन बाँसुरी में लगा रह गया जो दीमक चाट गई।''

और फिर वह मुँह चिढ़ाकर कहती, ''उन्हें सिवाय औरतों से मज़ाक़ करने के और काम ही क्या था ? सुना है, ब्याही औरतें ज़्यादा पसंद थीं।''

इस पर लड़कियों ने बड़ी गत बनाई। प्रिंसिपल से शिकायत कर दी। यही नहीं, वह कई बार शम्मन से उलझ पड़ी।

''ये सब पैग़ंबर औरतों पर क्यों फ़िदा थे।—यूँ तो हेनरी अष्टम भी पैग़ंबर था।...''

मगर शम्मन गुस्से से बेक़ाबू हो गई और आँसू निगल आए। इल्मा ने ख़ामोशी से माँफ़ी माँग ली।

तीन-चार दिन के बाद बंदरों की तस्वीर में तग़य्युर[1] हुआ। पेड़ पर बैठा बंदर जान बिल बन गया। नीचे वाले ने धोती पहन ली और हाथ से छूटकर गिरता हुआ केला हिंदुस्तान का नक्शा बन गया।

इल्मा को ड्राइंग बहुत बुरी आती थी, मगर वह उस भद्दी तस्वीर में नित नई कलाकारियाँ दिखाती और अपने नीलगूँ धारदार दाँत खोलकर लंबे-लंबे क़हक़हे लगाती।

इसकी बेहूदागोई[2] इस क़दर बढ़ी कि एक दिन लड़कियों ने सख़्ती से प्रिंसिपल से शिकायत कर दी। देर तक वह इससे बहस करती रही। जब दफ़्तर से निकली तो बहुत ख़ामोश थी और मुँह उतरा हुआ था। शम्मन को इसकी बातें बुरी मालूम होती थीं, मगर उसे उदास देखकर उसका जी कुढ़ गया। उसने बताया कि प्रिंसिपल ने कहा है कि अगर आइंदा उसके मुतअल्लिक़[3] शिकायत सुनी गई तो रेस्टीकेशन कर दिया जाएगा, और वह बाक़ायदा इबादत में शरीक न हुई तो हॉस्टल से निकाल दी जाएगी। गो शम्मन को इसकी बातों से डर मालूम होता था फिर भी वह उसे समझाती रही। दिसंबर की छुट्टियों के बाद इल्मा ने कॉलेज छोड़ दिया और यूनिवर्सिटी चली गई। वहीं, कैलाश हॉस्टल में, जो यूनिवर्सिटी में लड़कियों के लिए ख़ासतौर पर खोला गया था, चली गई। मगर अक्सर वह शम्मन के पास आया करती।

---

1. बदलना 2. गंदी बातें करना 3. बारे में

शम्मन को इसने कुछ खुश्क़ सी किताबें पढ़ने को दीं। मगर उनमें उसका क़तई जी न लगा। इल्मा यूनिवर्सिटी में जाकर चमक उठी। क्लास में अव्वल रहने के अलावा उसे यूनियन का प्रेसीडेंट भी बना दिया गया, जहाँ वह हंगामाखे़ज़ तक़रीरों[1] से लड़कों और प्रोफ़ेसरों पर छा गई।

तेईस

स्कूल और कॉलेज में कितना लंबा-चौड़ा फ़र्क़ है। कहाँ एक मुस्लिम दर्सगाह[2] और कहाँ अमरीकन मिशन कॉलेज। कहाँ तो ये हाल कि अगर कोई लड़की खेल-खेल में स्याह शेरवानी और तुर्की टोपी पहनकर आ जाए तो लड़कियों को दौरे पड़ जाएँ और तहलका मच जाए, जुर्माने होते फिरें। और कहाँ उस कॉलेज में दूसरी टर्म शुरू होते ही नई लड़कियों को युनिवर्सिटी के लड़कों से मोहज़्ज़ब तरीक़े पर मिलाया जाता और इस मक़सद के लिए एक बाक़ायदा दावत होती। प्रिंसिपल और उस्तानियाँ और प्रोफ़ेसर खुद हर एक लड़की को एक लड़के से मिलवातीं, थोड़ी देर साथ रहतीं, और फिर उनको बेतकल्लुफ़ बातें करने के लिए छोड़ जातीं। इस जलसे की बड़ी ज़ोरदार तैयारियाँ होतीं, चाय-पानी के अलावा ड्रामे और नाच गाने का भी एक प्रोग्राम तैयार किया जाता। लड़कियाँ भी कपड़ों-लत्तों का इंतज़ाम करतीं। खूब शानदार जोड़े तैयार किए जाते।

नई लड़कियाँ तो जलसे की दहशत से ही बेहाल हो जातीं। ऐसा मालूम होता कि कोई सख़्त ऐब की बात होने वाली है। बहुत-सी तो अपने घंटों पर इसका ज़िक्र ही न करतीं बल्कि छिपे-चोरी ही गुनाह कर लेतीं। पुरानी लड़कियाँ उनका मज़ाक़ उड़ातीं।

''सुनो शम्मन, तुम्हें अपने साथी का प्यार लेना होगा।'' प्रेमा ने शरारत से कहा।

''हाए !'' शम्मन को पसीना आ गया।

''और क्या प्यार तो करना ही होता है और फिर दूसरे दिन प्रिंसिपल को एक पर्चे पर लिखकर देना होता है कि तुमने इतने लोगों को प्यार किया।'' औरों ने ताईद[3] की।

''हाँ, और फिर जिसने सबसे ज़्यादा प्यार किए हों, उसको इनाम मिलता है।''

''और...और जो न ले तो ?''

''जो न ले तो! उसको जुर्माना और सालाना रिपोर्ट पर लिख दिया जाता है कि ये लड़की बिलकुल कमज़ोर है...ख़राब !''

मारे परेशानी के शम्मन की नींद उड़ गई। जो अब्बा मियाँ के पास सालाना रिपोर्ट पहुँची, और उन्होंने देखा तो बस ख़ैर नहीं। न जाने कितनी मुसीबतों और सिफ़ारिशों

---

1. ज़ोरदार भाषण 2. शिक्षण संस्था 3. समर्थन

से तो भेजा था ! वर्ना वह तो यही कहते थे कि इसी कॉलेज की क्लासेज़ खुलवाने की कोशिश करनी चाहिए। दूसरे मुहीत भईया जबसे इग्लैंड से आए थे तालीमे-निस्वाँ[1] के हद से ज़्यादा ख़िलाफ़ हो गए थे। ये उल्टी ही बात थी। हमीद भाई ने इंग्लैंड से आकर बूढ़ी नानी तक का पर्दा तुड़वा दिया, बेचारी हज़ार बड़बड़ातीं, पंखों की आड़ लेतीं मगर भंगी, भिश्ती, बावर्ची सब ही घर में आते, जवान-जवान बहुएँ मज़े से लेटी बच्चों को दूध पिलाया करतीं। ख़ाला अम्मा बैठी ख़ूब आराम से खुजवाया करतीं। और बेगम अम्मा निहायत बेतकल्लुफ़ी[2] से लेटी चौदह-पंद्रह बरस की मीरा से राने दबवातीं। बूढ़ी नानी लरज़तीं और थर्रातीं। भिश्ती, भंगी पहले लुंगी सर पर डालकर आते थे अब ये खुद बेचारी घूँघट काढ़ लेती हैं।

"नानी अम्मा इतनी बूढ़ी हो गईं मगर मर्दों से शर्माना न छोड़ा...।" हमीद भाई चिढ़ाते और नानी ग़रीब, टुकुर-टुकुर सूरत देखतीं।

मगर मुहीत भइया न जाने किन मोतअफ़्फ़िन[3] मोरियों की ग़लाज़त[4] में होली खेल कर आए थे कि और ज़्यादा पर्दे के हामी[5] हो गए थे। ख़ानदान की सबसे बेवक़ूफ़ और बेहंगम लड़की से शादी तै की और शम्मन की तालीम के ख़िलाफ़ जिहाद क़ायम कर दिया।

बकरे की माँ कब तक ख़ैर मनाती ! जलसे का दिन भी आ ही गया। शम्मन को तो बुख़ार सा चढ़ आया। रात-भर उसे अजीब-अजीब वाहमे ख़्वाब बन-बनकर सताते रहते। कभी कॉलेज के गुंडे उसे चीख़ते-चिल्लाते अपने पीछे दौड़ते दिखाई देते, कभी देखती वह शीशे जैसे चिकने पहाड़ पर उल्टी फिसल रही है और उसके कपड़े तार-तार हो गए हैं, हथेलियाँ छिल गई हैं। कभी देखती मैट्रन छोटे भंगी की पीठ पर सवार उसे झाड़ू से हाँक रही है। वह गुसलख़ाने में नहा रही है कि हब्शी नज़ाद नर्स ने चौपट दरवाज़े खोल दिए, वह चीख़ मारकर गुड़ीमुड़ी हो गई...जब उसके हवास दुरुस्त हुए तो प्रेमा उसके मुँह पर से चादर उतार रही थी।

"क्या हुआ ? क्या कोई बुरा सपना देखा तूने ?"

"हाँ !" वह घबराकर आँखें मचमचाने लगी।

"पगली कहीं की। ऐसे ज़ोर से चीख़ी, कि मैं डर ही तो गई। उठ न ! चाय की घंटी भी हो गई।"

सारे दिन किसी काम में जी न लगा। आमतौर से लड़कियाँ बड़ी बेफ़िक्र-सी नज़र आ रही थीं। ग़ौर से वह हर लड़की को घूरकर उसके दिल का हाल मालूम क़रना चाहती थी। मगर कुछ भी तो ज़ाहिर न होता उनके चेहरों से। या तो वह वाक़ई बड़ी बहादुर थीं या इस तरह बन रही थीं।

शाम को हर कमरे में कपड़े बदले जाने का ऊधम शुरू हो गया। सुई, धागा, बटन से लेकर साड़ियाँ ब्लाउज़ और बुंदे वग़ैरह एक-दूसरे से मुस्तआर[6] माँगे जाने लगे। शम्मन

---

1. स्त्री शिक्षा 2. निस्संकोच 3. बदबूदार 4. गंदगी 5. पक्षधर 6. उधार

ने अपनी लट्ठे की शलवार और चुना हुआ दुपट्टा निकाला। आज उसे दुपट्टा बहुत नाकाफ़ी मालूम हो रहा था वह इस बारीक चुन्नट को खोल ही रही थी, जो उसने उँगलियों में झाले डालकर बड़ी काविशो[1] से बनाई थी, कि प्रेमा आ गई।

"अरे पगली, शलवार-क़मीज़ पहनकर जाएगी ? वह डाँट बताएगी प्रिंसिपल कि याद करोगी।"

"क्यों ?"

"क्यों कैसी ? मालूम नहीं की साड़ी पहननी चाहिए, कॉलेज की लड़कियों को।"

"मगर मेरे पास तो इस वक़्त बस वही चारख़ाने वाली है, और जम्पर भी नहीं।"

"तुम्हारा तो बिलकुल ही दिमाग़ ख़राब हो गया है। भला इस जलसे में सूती साड़ी चलेगी।"

"मेरे पास है—आओ, वह उसका हाथ पकड़कर घसीट ले गई।

शम्मन ने बहुतेरी कोशिश की, .ख़ुशामदे कीं, मगर प्रेमा ने उसे कासनी रंग की साड़ी जिस पर भारी बनारसी फ़ीता लेगा था और ब्रोकेट का शलूका पहना दिया। वह तो हल्का-सा पाउडर ही लगा लेती और बस। मगर प्रेमा न मानी और ज़बरदस्ती सुर्ख़ी-काजल लगाया फिर भर-भर हाथ चूड़ियाँ और झुमके, जिन पर मुलम्मा[2] किया हुआ था मगर असली मालूम होते थे, उसने खुद ही पहन लिए। निहायत सुबुक एड़ी का जूता पहनकर उसे बिलकुल ऐसा मालूम हुआ जैसे वह पुलसरात[3] पर चल रही है। जूता ज़रा पंजा दबाता था मगर वह सह गई। आज उसने प्रेमा की हिर्स[4] में कुमकुम की बिंदी भी लगाई।

जलसे का शोर शुरू हो गया। जिसे देखो बेतरह सज रहा था। मिस जॉनसन तक ने आज अपनी मर्दाना वज़ा[5] की फ्राक पर फूलों का गुच्छा लगाकर कुछ निस्वानियत[6] सी पैदा कर ली थी। थोड़ा बहुत ज़नानापन, जो उनमें बाक़ी रह गया था, आज उभर रहा था। मैट्रन भी आज तंग फ्राक को और ज़्यादा तंग बनाकर मढ़े हुए थीं। उनके जिस्म पर बँधी हुई डोरियाँ और फ़ीते बिस्तरबंद के तस्मों की तरह उनकी फ्राक में छलक रहे थे। इल्मा भी मेहमानों में आई थी। अपनी सादा दकनी साड़ी और ऊँचे जूड़े में वह बिलकुल ऐलौरा के ग़ारों की देवदासी मालूम हो रही थी।

शम्मन को ऐसा मालूम हो रहा था जैसे सारे मेहमान उसी को घूर रहे हैं और कोई दम में भारी बनारसी फ़ीते की साड़ी उसके जिस्म से फिसलकर उसे बरहना छोड़ जाएगी। साड़ी पहनने की आदी न होने की वजह से कभी पल्लू खींचती, कभी प्लेटों में टटोलती कि खुल तो नहीं गईं। फिर एकदम आँचल बहुत ज़्यादा लंबा लगने लगता तो चुपके से उसे सरकाकर उड़स लेती। एकदम से ऐसा मालूम हुआ कि कुमकुम की बिंदी गोली की तरह माथे में अटकी हुई चुभ रही है, और कोई दम में अनार के दाने

---

1. कठिनाईयों 2. सोने की पॉलिश 3. इस्लामी विश्वास में वह पुल जो नर्क को पार करने के लिए बना है 4. नक़ल 5. रंगढंग 6. स्त्रीत्व

की तरह फूटकर उसके सारे चेहरे पर बह जाएगी। और साथ ही मुलम्मा किए झुमके बोझल होकर कान की लवों को खींचने लगे।

इतने में प्रोफ़ेसर और प्रिंसिपल भी आ गईं और तआर्रुफ़[1] का सिलसिला शुरू कर दिया गया। अंधाधुंध हाथ पकड़कर जोड़े लगाने शुरू कर दिए और थोड़ी ही देर में ज़्यादातर लड़कियाँ एक लड़के के हमराही में नज़र आने लगीं। जब शम्मन इस अजीबो-ग़रीब तमाशे को खूब आँखें फाड़-फाड़कर देख चुकी तो उसे अपने सामने बैठा हुआ परेशानहाल लड़का नज़र आया।

शम्मन ने उसे चौंककर देखा, उसकी मुग़ाएरत[2] भरी नज़रों से वह और भी सटपटा गया, और बुरी तरह हकलाकर अपनी टाई टटोलने लगा, शायद वह भी आज शम्मन की तरह पहली दफ़ा सूट पहनकर आया था।

जब ज़रा हवास दुरुस्त हुए तो उसने निहायत घबराते हुए और लड़कों की नक़ल में चाय बनाकर फल वग़ैरह शम्मन को पेश करने शुरू किए। अंग्रेज़ी में शम्मन शुक्रिया कहती और वह जवाब में मुस्तैदी से 'कोई बात नहीं मैडम' कहता। लेकिन बौखलाहट में कई बार 'मैडम' के बजाए सर कह जाता और फिर शर्म से नीला होकर उसके हलक़ में फंदे पड़ने लगते। उसको इतना घबराया हुआ देखकर शम्मन को हँसी आ गई वह काफ़ी बहादुरी से अंग्रेज़ी के घिसे-घिसाए जुम्लों में उससे बाक़ायदा बातें करने लगी, छोटी-सी बात को निहायत शुस्ता[3] और क़बायद से मुरस्सा[4] अंग्रेज़ी में वह दोनों बातों करने लगे। लेकिन दो-चार जुम्लों ही में गुफ़्तगू[5] का सारा मवाद[6] ख़त्म हो गया। मजबूरन दोनों ने निहायत तनदही से खाना शुरू कर दिया और बाक़ी वक़्त में चाय की प्यालियाँ होठों से चिपकाए रहे क्योंकि चाय पीते हुए बोलना ज़रूरी न था। बीच-बीच में वह निहायत हसरत से, और लोगों को देखते जो एक दाना भी नहीं खा रहे थे। और बराबर क़हक़हे लगा रहे थे। एकदम शम्मन को ऐसा मालूम हुआ जैसे किसी ने गंदे नाले की मोतअफ़्फ़िन[7] कीचड़ उसके हलक़ में घोल दी। बड़ी ज़ोर से उबकाई आई मगर उसने गला भींचकर चाय के बड़े घूँट से लुक़मा निगल लिया। गर्म चाय ने सारे हलक़ और मेदे तक को झुलसा दिया। बेअख़्तयार उसकी आँखों से आँसू फूट निकले, उसका साथी बड़े रहम की नज़रों से उसे देखने लगा। वह समझ गया उसकी तरह वह भी टीन की मछली खाने की आदी नहीं। उस मछली को खाने के लिए मश्क़[8] की ज़रूरत है। और वह मश्क़ ग़ुसलख़ाने में मुसलसल उल्टियों के बाद हासिल हो सकती है मगर उस वक़्त वह दो नई चिड़ियाँ पिंजड़े की तीलियों को हसरत से तक रही थीं और ज़ुबान बंद थी।

शम्मन ने देखा कि इल्मा उसे बड़े ग़ौर से देखकर कुछ चुपके-चुपके अपने साथी से कह रही है !...फिर उसका मख़सूस क़हक़हा फ़िज़ा में खनका और धारदार दाँतों की क़तारें चमक उठीं। घबराकर दोनों ने चाय की प्यालियाँ रख दीं और एक-दूसरे से

---

1. परिचय 2. बेगानगी 3. साफ़, शुद्ध 4. शब्द-विन्यास 5. बातचीत 6. विषय 7. बदबूदार 8. अभ्यास

छुपाकर रूमाल ढूँढ़ने लगे।

इल्मा ने ताककर एक पक्का-सा अंगूर फेंका। शम्मन ऐसी घबराई जैसे डूब ही तो जाएगी उसी रस में। बावजूद तनदही से तलाश करने के रूमाल न मिला कि उसके बौखलाए हुए साथी ने जल्दी से रूमाल निकालकर उसका गाल पोंछ दिया। शम्मन को मालूम हुआ जैसे कुमकुम की बिंदी उसके सारे जिस्म पर बह गई और वह बेचारा भी करने को तो इस क़दर हिम्मत का काम कर गया मगर फिर इस बुरी तरह झेंपा कि शम्मन को तरस आ गया। इल्मा और उसका साथी बेहाल होकर हँसने लगे। फिर वह दोनों अपनी कुर्सियाँ घसीटकर उनकी मेज़ के पास आ गए।

"अरे मिस्टर, तुम तो बहुत चल निकले हो...वाह भई !" इल्मा के दोस्त ने इस ज़ोर से बेचारे की पीठ ठोंकी कि हिलकर रह गया।

"शम्मन अपने दोस्त से मिलाओ ना।" इल्मा ने कहा।

"ये...ये...वह हकला कर बोली।

"हैं ? ऐसी खाने में मशग़ूल[1] हो कि नाम भी न पूछा।"

"जी...नहीं तो।" हिमायत में बोला।

"अरे भाई इतनी देर से बराबर खा रहे हो और..."

"जी हाँ..." वह भी हकलाया, इस पर दोनों ने फिर क़हक़हों की भरमार कर दी।

"और तुम बड़े आवारा होते जाते हो...अभी।"

"मैं सच कहता हूँ...आ...माफ़ कीजिएगा।"

वह जल्दी से शम्मन की तरफ़ मुड़ा।

"मैंने तो यूँ ही पोंछ दिया था कि आप का रूमाल न ख़राब हो।"

शुक्र है कि इल्मा और उसके साथी इफ़्तख़ार के जाने से वह दम घोंटने वाला तिलिस्म[2]-ख़ामोशी तो टूटा। इफ़्तख़ार ने दोनों को छेड़-छेड़कर बेतक़ल्लुफ़ बना दिया। थोड़ी देर में ड्रामा शुरू हो गया। इल्मा इफ़्तख़ार को कहीं छोड़कर शम्मन और उसके साथी के बीच में बैठ गई। थोड़ी देर में जलसे का लुत्फ़ आ गया। अजीब मिज़ाज था इल्मा का भी। इश्क़बाज़ी पर तुल जाती तो सबको नचाकर फेंक देती, और एकदम जी उकता जाता तो सबको सूखे पत्तों की तरह झाड़कर उठ खड़ी होती।

ड्रामा ख़त्म हुआ और जलसा भी बिखर गया। लोग जाने लगे। प्रेमा अपने भाई नरेंद्र के साथ उसे ढूँढ़ने आ पहुँची। दूसरे दिन छुट्टी थी और प्रेमा उसे अपने साथ दो दिन के लिए घर ले जाना चाहती थी। दोनों कपड़े बदलकर जो रजिस्टर में दस्तख़त करने गईं तो मैट्रन ने कहा "पहले प्रिंसिपल से लिखवाकर इजाज़त लाओ। एक हिंदू लड़की के घर जाने के लिए आम दस्तूर से मुख़्तलिफ़[3] और ज़्यादा पुख़्ता[4] इजाज़त की ज़रूरत होती है !"

प्रिंसिपल के पास से प्रेमा रुहाँसी सूरत बनाए वापस आई।

---

1. व्यस्त 2. जादू 3. भिन्न 4. पक्की

"क्यों, इजाज़त मिली ?"

"नहीं...डाँट मिली और जुर्माना।"

"अच्छा हुआ, हम पहले ही कहते थे, ठीक नहीं, बहुत नटखटी करती हो तुम।" मैट्रन खुश होकर बोली।

और फिर प्रिंसिपल साहबा ने कहा है कि क्योंकि जुर्माना आपकी कोशिशों से हुआ है, लिहाज़ा आप ही को चॉकलेट खाने के लिए दे दिया जाए। ये कहकर उसने उनके सामने इजाज़त का पर्चा डाल दिया। जिस में निहायत शुस्ता[1] सख़्ती से याद दिलाया गया था कि उन्हें बेकार बातों के लिए प्रिंसिपल को हैरान न करना चाहिए।

इसके बाद न पूछिए क्या हुआ। मैट्रन ने बेग़ैरती[2] की हद देखते हुए फूट-फूटकर रोना शुरू कर दिया। इस्तीफ़ा देने की धमकी देने लगी, जो वह कभी न दे चुकी थी।

शम्मन और प्रेमा कपड़े बदलकर और दूसरे दिन कपड़ा पहनने की पोटलियाँ बाँधकर नरेन्द्र के साथ मोटर की अगली सीट पर ठँस गईं। कुछ मेहमान अभी रुख़सत हो रहे थे। ज़ोरो-शोर से शब्बख़ैर[3] कह जा रहा था।

जब मोटर अहाते में मुड़कर फाटक से गुज़री तो शम्मन ने देखा उसका जलसेवाला साथी दीवार से लगा खड़ा था, जैसे वह जाते-जाते रुक गया है !

"ओह !" मैंने पहचानकर कहा।

"कौन था," प्रेमा ने पूछा।

"कोई नहीं...एक...एक।"

"लड़का था ? हूँ...ये बात है।" प्रेमा ने ज़ोर से उसकी चुटकी ली और नरेंद्र ने एक निगाह ग़लतअंदाज़ डाली।

शम्मन एक अजीब शीरीं[4] जज़्बे के मातहत[5] मुस्कुरा उठी। कैरम खेलते में निशाना ठीक बैठे तो दिल झूम उठता है। बिलकुल इसी तरह कोई चीज़ दिमाग़ में सर्द[6] और शीरीं की लहर की तरह तैर गई।

रास्ते-भर प्रेमा जम्हाइयाँ लेकर ऊँघती रही और नरेंद्र न जाने ग़लती से या क़सदन[7] उसकी रान को कोहनी से पीसता रहा। मगर वह कहीं और थी, दूर मोटर से कहीं आगे वह उड़ी चली जा रही थी।

चौबीस

रात आराम से गुज़री। दूसरे दिन शम्मन कुर्सी पर बैठी राय साहब के कुर्तों में बटन टाँकती रही और वह उसके पैरों के पास क़ालीन पर फसक्कड़ा मारे बैठे कहानियाँ सुनाते

1. साफ़ 2. बेशरमी 3. शुभरात्रि 4. मीठा 5. अंतर्गत 6. ठंडा 7. जान-बूझकर

जाते और सुई में तागा पिरोकर भी देते जाते।

"उल्टा मत टाँक दीजियो बटन, सुना।" वह बड़ी मासूमियत से बटन को उलट-पलटकर ग़ौर से उल्टा और सीधा देखते।

"ये सीधा," वह बड़ी हिचकिचाहट से कहते और शम्मन हँसती।

फिर वह उसे शहज़ादियों, भटियारिनों और जादूगरनियों के क़िस्से सुनाने लगे। ये कहानियाँ शम्मन ने हज़ारों बार सुनी थीं। मगर राय साहब उनमें दिल से बातें जोड़ते जाते। वह बार-बार भूलकर उस एक भटियारी का ज़िक्र बीच में घसीट लाते जो हर मुसाफ़िर के साथ चौसर खेलती थी और साथ अपनी बिल्ली बिठा लेती थी। जब हारने लगती तो इशारा कर देती और बिल्ली लैंप बुझा देती।

"इतने में वह चाल बदल देती और मुसाफ़िर हार जाता।" राय साहब बड़े जोश से कहते।

"वाह, भला बिल्ली लैंप कैसे बुझा सकती है ?"

"हैं ?" राय साहब बड़े भोलेपन से चौंकते।

"और क्या। बिल्ली कैसे लैंप बुझा सकती है।"

"फू...करके," वह बिल्ली की नक़ल करते।

शम्मन हँसते-हँसते बेहाल हो जाती और राय साहब भी बच्चों की तरह खिलखिला उठते।

"नहीं, असल में भटियारी जो थी, वह चिराग़ जलाकर बिल्ली के सर पर रखी देती और जब इशारा करती तो बिल्ली सर हिलाकर चिराग़ गिरा देती, बस।"

"मगर मुसाफ़िर बड़े बेवक़ूफ़ थे। अव्वल[1] वह चिराग़ बिल्ली के सर पर क्यों रख साँसें लेते थे। भला बिल्ली का सर भी चिराग़ रखने की चीज़ है। दूसरे वह उसके साथ खेलते ही क्यों थे ?"

"चल हट भी; अब मैं ये क्या जानूँ। तू होती तो उनसे ज़रूर पूछती।"

"और क्या, और भटियारी को पुलिस से पकड़वा देती।"

"ऊँह, सारी कहानी का मज़ा किरकिरा कर दिया। पगली कहीं की। भला भटियारिनों को पुलिस पकड़ सकती है ?" कहानी कहते वक़्त उनके चेहरे और दिमाग़ में कितना बचपना आ जाता था ! उनके चेहरे की झुर्रियाँ ख़फ़ीफ़[2] मुस्कुराहटें बन जातीं और आँखों पर से बुढ़ापे का ग़िलाफ़ सरक जाता। यही चेहरा अख़बार पढ़ते वक़्त और दफ़्तर में काम करते में किस क़दर बुर्दबार[3] और .ख़ुश्क[4] हो जाता था।

शाम को राय साहब कुर्सी पर लेट गए और पुकारा, "भई हमारे सर में तेल कौन डालता है ?" प्रेमा और नरेंद्र लड़ने लगे। प्रेमा का कहना था कि वह तो हॉस्टल में रहती थी। नरेंद्र सारा वक़्त राय साहब को हड़प करता रहता था। फिर भी उसका जी नहीं भरता। नरेंद्र कहता था कि प्रेमा को एक सिरे से तेल डालने का सलीक़ा ही नहीं।

---

1. सर्वप्रथम 2. हलकी 3. बोझिल 4. सूखा

''चमन तेल डालेगी। नरेंद्र पैरों के अँगूठे खींचेगा और प्रेमा मेरी गोद में बैठेगी।'' राय साहब ने फैसला किया। प्रेमा फ़ौरन इठलाकर उनकी गोद में पसर गई।

राय साहब के बाल बिलकुल सफ़ेद न थे, उनमें प्लैटिनम की-सी धुँधली स्याही झलकती थी। जैसे पहाड़ों पर जमी हुई बिल्लौरी बर्फ़ पर हल्का-सा शाम का ग़ुबार छाया हुआ हो। बालों में ग़ज़ब का घनाव था और ज़रा-सा छू देने से उनमें बिजली-सी दौड़ जाती थी। राय साहब इन बालों से किस क़दर पुरइसरार[1] और ग़ैरमरई[2] मालूम होते थे !

शम्मन महि्वयत[3] के आलम में उनके पॉलिश किए हुए ज़ख़्मों[4] को डरी-डरी छू रही थी। पास ही प्रेमा घास पर औंधी लेटकर ऊँघने लगी। नरेंद्र बैडमिंटन कोर्ट बनवाने चला गया। और शम्मन राय साहब के बालों के गुंजान[5] कुहरे में डूबती उभरती रही। पुरसुकून अंदाज़ में उनकी आँखें बंद थीं। मगर पलकें काँप रही थीं। वह सोए नहीं थे। अधखुले होठों में से सच्चे मोतियों की तरह चमकते हुए मसनूई[6] दाँत और सोने के तार नज़र आ रहे थे ! उनके तल्ख़[7] तबस्सुम को नींद के हिल्कोरे लेते देखकर शम्मन को हमेशा ऐसा महसूस होता जैसे वह नर्म-नर्म ठंडी दलदल में धँसती चली जा रही है। कनपटी के पास नन्हीं-नन्हीं शरयानें[8], मालूम होता दबी हुई ज़िंदगियाँ फड़क रही हैं। बीचोंबीच माथे पर ऊदे क़श्क़े[9] की तरह खिंची हुई रग, आँखों के ग़ोशों में चिड़िया के पंजों के निशान, पत्थर में से तराशा हुआ मज़बूत जबड़ा, उस पर रोआब[10] और न मालूम सी दहशत[11] तारी हो गई। बेख़याली में उसकी सर्द और सहमी हुई उँगलियाँ, उनकी मुड़ी हुई गर्दन पर जा टिकीं !

''अरे क्या कर रही है...'' दुनिया जाग पड़ी...शम्मन घबराकर अपनी उँगलियों को चटख़ाने लगी। राय साहब ने माथे पर शिकन डालकर ज़ोर-ज़ोर से खाँसना और छींकना शुरू कर दिया। शम्मन को उनकी इस छिछोरी हरकत से सख़्त कोफ़्त[12] हुई। वह जाग पड़ी।

''थक गई ?...चल हाथ धो, आज तुझे चाट खिलाएँगे।'' वह प्यार से बोले। राय साहब उठकर प्रेमा के कान में घास के तिनके से गुदगुदी करने लगे। प्रेमा नन्हें बच्चों की तरह मचल-मचलकर उठी और घास पर बैठकर सबने चाट और कॉफ़ी उड़ाई।

रात के खाने के बाद प्रेमा बैठी इकतारा झाड़-पोंछ रही थी। कॉलेज में फ़ुर्सत न मिलती थी जो मश्क़[13] करे। और यहाँ खेल-कूद ही इतना होता कि कुछ याद न आता। कल राय साहब ने उसे कोई फ़िल्मी गीत गाते सुना तो मलामत[14] करने लगे। राग-रागनियाँ भूलकर वह टें-टें में पड़ती जा रही थी। उन्हें कितना अरमान था कि बहुत नहीं, थोड़ा ही सही कुछ तो आर्ट से इन बच्चों में भी लगाव पैदा हो जाता।

---

1. भेदपूर्ण 2. अदृश्य 3. ध्यानमग्न 4. घावों 5. घने 6. नक़ली 7. तीखा, कड़वा 8. नसें 9. टीका 10. आभा 11. डर 12. बुरा लगता 13. अभ्यास 14. बुरा-भला

तानपूरा उठाकर उन्होंने न जाने किस राग का आलाप शुरू कर दिया। पैर के पंजे से ताल देते जाते। देर तक वह कुछ गाते रहे। शम्मन ख़ाक न समझी मगर वह उनकी गहरी लोचदार आवाज़, रात की ख़ामोशी में मिल-जुलकर उसे नींद के झूले झुलाने लगी। न जाने क्या सुर थे, धीमे और नर्म जो एहसासात पर फुवार की तरह बरसते रहे।

क़रीब-क़रीब हर इतवार को शम्मन उनके घर जाती। हर साल लड़कियों को मिलने-ढूँढ़े वालों का नया कार्ड भरवाना पड़ता था। आमतौर पर लड़कियाँ कार्ड फेंक फाँक देती थीं क्योंकि जो घरवालों के दस्तख़तों के लिए भेजतीं वह कभी वापस न आते। अब कार्ड भरवाने के लिए बड़ी मुसीबत आई। पहले कार्ड पर जो दस्तख़त थे वह जाली थे और इस दफ़ा प्रिसिंपल ने कार्ड बजाए लड़कियों को देने के सरपरस्तों को खुद बराहेरास्त[1] भेज दिए थे ! और वहाँ से शम्मन के लिए ये जवाब आया था कि कहीं जाने की कोई ख़ास ज़रूरत नहीं। अगर कोई रिश्तेदार मिलने आएगा तो वह इजाज़तनामा साथ लाएगा। लेकिन इस तरह बड़ी गड़बड़ हुई। ख़ुद बड़े भइया मिलने आए और घंटों प्रिसिंपल से लड़े। वह अब्बा मियाँ के पास होकर नहीं आ रहे थे। लिहाज़ा इजाज़तनामा नदारद था। गुस्से में आकर वह कार्ड खुद भरकर दस्तख़त करके दे गए। एक और लड़की का गार्जियन मिलने आया लिहाज़ा उससे भी इजाज़तनामा तलब[2] किया गया।

वह बहुत चिराग़पा हुआ। ख़ैर ये तै हुआ कि वह वहीं बैठकर इजाज़तनामा लिखे। मैट्रन सोते से उठाई गई थीं। वह बड़बड़ाती हुई प्रिंसिपल के कमरे से मुलाक़ात के कमरे तक पैग़ामरसानी[3] करती रहीं। फिर क़लम-दवात मँगवाया गया। घंटों लग गए, पर मुलाक़ात न हो सकी। गार्जियन झन्नाकर चल दिया और सरफिरे ने अख़बार में उल्टी-सीधी ख़बरें छाप दीं। एक और लड़की का सगा भाई मिलने आया। इत्तफ़ाक़ से वह सामने ही बरामदे में खड़ी थी। बेअख़्तियार दौड़कर लिपट गई। बड़ी देर बाद ख़याल आया कि इजाज़त तो ली ही नहीं अगर मैट्रन को ख़बर हो गई तो ? और वाक़ई साँप की तरह उसकी पसली फड़की और सर पर मौजूद।

"बग़ैर इजाज़त किससे बात कर रही हो ?"

"अपने भाई से।"

"सबूत क्या है ये तुम्हारा भाई है।"

"सबूत ? अरे ये मेरा सगा भाई है, दूसरे क्या तुम समझती हो ये मेरा आशिक़ है ?"

"क्या मालूम ?"

"मगर ये तो कहता है आप से मिलने आया था...आप का।" लड़की जल गयी।

"हिश्त," उसका भाई बोला और मैट्रन का तो ये हाल कि अंगारों पर लोट गई। लड़की बोली, "अगर आप को ये यक़ीन नहीं कि ये मेरा सगा भाई है तो चलिए साइंस रूम में ख़ून का मुआइना कराके देखिए और क्या !" ग़र्ज़, आए दिन यही झगड़े हुआ

---

1. सीधे तौर पर 2. माँगना 3. संदेशवाहक

करते रोज़-रोज़ के क़िस्सों से मुंतज़मीन[1] भी तंग आ गए थे। लड़कियों की चालों के आगे किसी की न बन आती। बड़ी ले-दे मचती, लिहाज़ा फिर कार्ड भरवाने का तक़ाज़ा हुआ।

अबके शम्मन को दूसरी चाल चलना पड़ी। यानी निहायत सफ़ाई से कार्ड पर दस्तख़तों की नक़लकर डाक से प्रिंसिपल की ख़िदमत में भेज दिया। ये नन्हीं-नन्हीं चोरियाँ बड़ी प्यारी मालूम होतीं। इतने रोबदार बुज़ुर्गों को उल्लू बनाकर लड़कियाँ चुपके-चुपके उनके भोलेपन पर हँसतीं। ढाई-तीन सौ कार्डों में दो-चार जाली चला देना कुछ मुश्किल बात न थी।

शम्मन का जाना सिर्फ़ चंद इतवारों के लिए रुका। और वह फिर जाने लगी। राय साहब से उसकी ख़ूब घुटती। बच्चों में वह बच्चा बनकर खेलते, ख़ूब बेईमानियाँ करते। प्रेमा की तो उनसे बाक़ायदा कुश्ती होती, फिर भी वह प्रेमा की तरह शम्मन के गुदगुदियाँ कर देते या गाल नोच देते तो वह बुरी तरह झेंप जाती और देर तक अलग-अलग रहती। उनके सामने नन्हा-सा बच्चा बन जाने की ख़्वाहिश होने लगी।

एक दिन मज़ाक़ में उन्होंने उसे भींच डाला तो वह खिसियाकर रो पड़ी, राय साहब कुछ मुतहइयर[2] और कुछ परेशान हो गए। इतने ज़ोर से तो उन्होंने भींचा भी न था ! जब शम्मन मुसकुरा दी तो वह बनकर रूठ गए।

खाने पर वह नरेन्द्र से कुछ गाँव वग़ैरह के मुताल्लिक़ बातें करते रहे और फिर किसी काम से अपने दफ़्तर में बंद होकर बैठ गए। शम्मन उनकी बेरुख़ी से रुहाँसी हो गई। अगर वह वाक़ई ख़फ़ा हो गए थे तो ?...बेअख़्तियार उसका दिल बोर्डिंग भाग जाने को चाहा।

पलँग पर चित पड़ी वह सुनसान दोपहर में सोचा की, आख़िर इतनी जल्दी उसके आँसू क्यों निकल पड़े। राय साहब को देखकर उस पर रिक़्क़त[3] क्यों तारी हो जाती थी। फिर उसे नरेन्द्र का ख़याल आ गया। वह सबके सामने कितना चुपका बना रहता था, पर अकेले में बुरी तरह सटपटा जाता। शम्मन उसकी घबराहट से और भी शेर हो जाती। और जब वह शौक़-भरी कनखियों से उसे ताकता तो बुज़ुर्गाना अंदाज़ में मुसकुरा उठती। अब वह बच्चा न थी। उसे मालूम था, नरेन्द्र उसे चाहता है ! ये चाहत क्या होती है ? नरेन्द्र उसे बिलकुल चुग़द मालूम होता। उसकी मुहब्बत कितनी बेतुकी और कितनी बेहंगम थी !

और राय साहब ? वह तो उसे देवता नज़र आते। बैठे-बैठे उसका जी चाहता वह लंबी-लंबी उनके संदल जैसे पाक क़दमों में लेट जाए। वह आहिस्ता से उसे सहारा देकर उठाएँ और उसका चक्कर खाता हुआ सर अपने पुरअसरार सीने से लगा लें। उनका फ़राख़[4] सीना जिसमें से मुक़द्दस[5] मंदिरों की सी मसहूरकुन[6] ख़ुशबू आती थी। एक बार ही वह अपने नथने चौड़े करके इस महक को पी जाए और अबदी ग़नूदगी[7] में डूब जाए।

---

1. प्रबंधक 2. हैरान 3. दिल भर आना 4. चौड़ा 5. पवित्र 6. जादुई 7. चिरनिद्रा

प्रेमा कहती थी कि माँ के मरने के बाद उन्होंने दूसरा ब्याह नहीं किया। दोनों बच्चों के लिए सबकुछ बनकर रह गए। कुछ लोग तो उन्हें छिछोरा कहते थे, और बाज़[1] उन्हें फ़लसफ़ी[2], मजज़ूब[3] और न जाने क्या कुछ समझते थे। शम्मन को वह नारू जी अवतार मालूम होते। प्रेमा के साथ रहकर उसे हिंदू धर्म बहुत मुक़द्दस मालूम होने लगा था। कभी-कभी वह क़ुमक़ुम की टीकी छुपकर लगाती, और आइने में उसे अपनी शक्ल अजीब-सी मालूम होती। नन्हीं-सी ख़ूनी बूँद से उसके चेहरे पर हज़ारों रंगीनियाँ और सिंगार पैदा हो जाते। उसकी आँखें कुछ-कुछ इल्मा की मस्त साधुओं की-सी आँखों से मुशाबा[4] हो जातीं और बाल ज़िंदा साँपों की तरह रेंगने लगते। मालूम होता, वह ठंडे-ठंडे शोलों में लिपटी हुई आहिस्ता-आहिस्ता सुलग रही है...उस वक़्त राय साहब के तिलस्मी बाल और धुली हुई सुबह की तरह झिलमिलाती पेशानी के अलावा उसे कुछ नज़र न आता, और वह न जाने किन नामालूम तारीकियों में भटकने लगती।

शाम को खाना खाने में कुछ धर्म और समाज का ज़िक्र छिड़ गया। प्रेमा ज़ोर-ओ-शोर से लेक्चर देने लगी। नरेन्द्र भी बीच-बीच में बोल उठता। एकाएकी राय साहब बोले, "अरे चमन, तू हिंदू है कि मुसलमान ?"

सब एकदम ख़ामोश होकर एक-दूसरे का मुँह तकने लगे।

"राम-राम, जो कहीं मुसलमान हुई तो अपना धर्म तो भ्रष्ट हो गया समझो।"

"राय साहब, हमारा धर्म ऐसा बोदा[5] नहीं कि कोई उसे भ्रष्ट कर सके। दुनिया की कोई शक्ति हमारे धर्म को आँच नहीं पहुँचा सकती," प्रेमा बोली।

"चल-चल, जाने दे," उन्होंने प्रेमा के जोश को एक तरफ़ झटककर कहा, "क्यों री चमन, तू बता।"

"राय साहब, देखिए मेरी तरफ़," नरेन्द्र जोश से चीख़ा।

"न, न भई, मैं कुछ नहीं देखता। ये जो लड़की है ना, यह अगर मुसलमान हुई तो..."

"राय साहब, आप," प्रेमा ग़ुस्से से बेहाल हो गई। "और आपके कितने दोस्त जो मुसलमान हैं तो..." "ये हमारे दोस्तों की और बात है, वह...मगर ये लड़की तो....मुझे नहीं मालूम था। राम-राम..." मारे शर्म के नरेन्द्र और प्रेमा रुहाँसे हो गए और शम्मन ने सहमकर प्लेट से हाथ खींच लिया। राय साहब के चेहरे पर वैसी ही दुरुश्ती[6] क़ायम थी।

"मज़ाक़ नहीं है, अब हम सब को प्रायश्चित करना पड़ेगा सो अलग। और भई, इस छोकरी को हिंदू बनाना पड़ेगा...क्योंकि फिर..." वह झुककर शम्मन की आँखों में देखने लगे।

"तो ले, तुझे अभी हिंदू बनाए देता हूँ।" गिलास में से पानी लेकर वह नाख़ूनों से शम्मन के मुँह पर छिड़कने लगे, अटरम-शटरम न जाने उन्होंने क्या पढ़ना शुरू किया।

एकदम से प्रेमा दौड़कर उनके बाज़ू में झूल गई और ज़ोर से शाने[7] में दाँत गाड़ दिए।

---

1. अन्य 2. दार्शनिक 3. संत 4. की तरह 5. कमज़ोर 6. सख़्ती 7. कंधे

"ओफ़्फ़ो ! कुतिया !" राय साहब जल्दी-जल्दी अपना कंधा सहलाने लगे।

"अच्छा मत बनाने दो। हम तो कहते थे चलो भई अच्छा रहेगा। कोई मोटा-सा बनिया ढूँढकर शादी कर देंगे मगर..." शम्मन तनतनाती हुई मेज़ पर से उठकर खिड़की में जा बैठी और आँख भींच-भींचकर झूठे आँसू निकालने की कोशिश करने लगी।

"अरे, रे, रे, हमारा बेटा रुठ गया," वह पीछे-पीछे आए। देर तक उसे बहलाते रहे, मगर शम्मन रूठी रही।

"आँखें मींचे कौन आए, आँखें मींचे कौन आए..." उन्होंने आँखें बंद करके उसकी तरफ़ दोनों हाथ फैला दिए। उनकी बायीं आँख खुली हुई थी जिसमें से शर्बती शराब शरारत से झाँक रही थी। शम्मन हँस पड़ी। लपककर राय साहब ने उसे उठा लिया और कुर्सी पर डाल दिया।

शम्मन ने एक कहानी सुनी थी कि एक आदमी अपने एक दोस्त को दफ़न करने गया तो उसकी तस्बीह[1] क़ब्र में गिर गई। बाद में उसे याद आया तो उसने सोचा चलकर ले ही क्यों न आऊँ। उसने जाकर क़ब्र खोदी और नीचे उतरा तो देखा, मुर्दा ग़ायब। हाँ, क़ब्र के सिरहाने एक खिड़की खुली है, उस खिड़की के अंदर दाख़िल हुआ तो सामने उसका दोस्त एक मुरस्सा तख़्त[2] पर जलवा अफ़रोज़[3] नज़र आया।

"यार, बड़े ठाट हैं तुम्हारे तो," उसने कहा। "हाँ भई, तुम्हारी दुआ से मज़े में हैं, और भाई, तुम्हारी तस्बीह रह गई थी सो ये रही।" वह बोला, "हाँ, वही तो लेने चला आया था। ख़ैर, तुमसे भी मुलाक़ात हो गई। अच्छा भई, अस्सलाम अलैकुम।"

"वालेकुमअस्सलाम।"

वह आदमी क़ब्र से निकला तो मालूम हुआ दुनिया ही बदल चुकी है। न घर न बार, न बीवी न बच्चे ! एक, सौ-दो सौ बरस के बूढ़े ने बताया कि उसके नगड़ दादा के नगड़ दादा के सगड़ दादा के ज़माने में सुना जाता था कि कोई आदमी उस नाम का रहता था।

तो ये है क़ुदरते इलाही[4] के करिश्मे। यहाँ तो अलैक-सलैक ही हुई और वहाँ जुग बीत गए। जब राय साहब ने उसे उठाकर कुर्सी पर डाला तो उसे ऐसा मालूम हुआ जैसे वह आसमान पर सितारों के हिंडोले में चकफेरियाँ खाकर एकदम रुक गई। हर चीज़ उसे अपने गिर्द डगमगाती महसूस हो रही थी और मंदिरों जैसी मुक़द्दस .ख़ुशबू से उसका दिमाग़ सुन्न होकर रह गया। जल्दी से उठ खड़ी हुई और लरज़ते हुए हाथों से ठंडे पानी का गिलास उठाकर अपने सदियों के प्यासे होंठों से लगा लिया।

---

1. वह माला जिस पर गिनकर मुसलमान जाप करते हैं 2. जड़ाऊ चौकी 3. आसीन 4. ईश्वर की करनी

पच्चीस

दिसंबर की छुट्टियों में उसे इस मर्तबा कोई घर से लेने न आया। गिनती की दो-चार लड़कियाँ बोर्डिंग में रह गईं। वह भी अपने-अपने मशग़लों[1] में डूबी रहतीं। प्रेमा और शम्मन हर वक़्त साथ रहती थीं। उसके जाने के बाद शम्मन दिन-भर परेशान भटकती रहती। किसी पेड़ के नीचे दरी डालकर नावलें पढ़ा करती। फिर कभी-कभी शाम को दो-चार लड़कियाँ मिलकर सिनेमा चली जातीं, तब तो शम्मन और भी बौखला जाती। ख़ामोश कुर्सी पर लेटकर वह रामायण का तर्जुमा[2] पढ़ा करती। सीता जी की ज़िंदगी पर उसे बड़ा रश्क़[3] आता। किस मज़े से वह रामचंद्र जी और लक्ष्मण जी के साथ जंगलों में पिकनिक मनाया करती होंगी। चौदह बरस की लंबी-चौड़ी हसीन पिकनिक ! इल्मा कहती थी, अच्छा ही हुआ जो रामचंद्र जी को बनवास मिला। कुछ तो ग़रीबों की दुख भरी ज़िंदगी का एहसास हो गया होगा। कितने इंसान हैं, जो जानवरों से बदतर और जंगलियों से भी गई गुज़री ज़िंदगी गुज़ारने पर मजबूर हैं। लेकिन तारीख़[4] में कोई एक लफ़्ज़ भी उनके बारे में नहीं लिखता। ये बड़े लोग अगर ऐशो इशरत[5] से उकताकर संन्यास ले लें तो मुफ़्त की पब्लिसिटी। लेकिन इन जनम-संन्यासियों को कोई आँख उठाकर भी नहीं देखता, जो पैदा ही नंगी दुनिया में होते हैं।

चंद ही दिनों में उसने अनगिनत किताबें पढ़ डालीं जिनमें से 'जीटर अय्यर' ने उसे हद से ज़्यादा मुतास्सिर किया। वह आख़िरी बाब, जहाँ वह अपने अंधे आक़ा के पास लौटकर आती है, उसको इतना प्यारा मालूम हुआ कि तीन-चार बार पढ़कर भी सेरी न हुई। टैगोर की कहानियाँ, ख़सूसन 'कास्ट अवे' पढ़कर तो सचमुच आँसू निकल पड़े। हार्डी के मशहूर नावल 'टीस' ने भी उसे हिलाकर रख दिया।

मगर सबसे ज़्यादा जिस चीज़ ने उसकी रग-रग को नचाकर पस्त कर डाला वह बायरन, शेली और कीट्स की शायरी थी।

जब कल पाँच छुट्टियाँ रह गईं तो प्रेमा और नरेंद्र उसे लेने आ पहुँचे। शम्मन को याद भी न रहा कि वह प्रेमा से नाराज़ थी। नरेंद्र के साथ घुसकर बैठने में भी एतराज़ न हुआ। और जब उसने हस्बेआदत[6] उसका पैर कुचला, शम्मन ने चटाख़ से उसके गाल पर एक थप्पड़ जमाया। प्रेमा भी उसकी हिमायत में नरेंद्र के चुटकियाँ भरने लगी। मोटर उड़ी चली जा रही थी और उससे भी तेज़ शम्मन उड़ी जा रही थी। ऐसा मालूम होता था कि वह रूहानी तौर पर तो पहुँच भी चुकी है...राय साहब, प्रेमा और नरेंद्र से नाराज़ हैं कि वह उसे इतनी देर में क्यों लाए। वह उसके इंतज़ार में किस क़दर थक गए होंगे। उसे देखते ही वह नक़ली मगर असली मोतियों जैसे दाँत एकदम जगमगा उठेंगे।

---

1. व्यस्तताओं 2. अनुवाद 3. ईर्ष्या 4. इतिहास 5. भोगविलास 6. संतुष्टि 7. आदत के अनुसार

मगर घर पहुँचकर न ही दाँत जगमगाए और न उसके इंतज़ार में कोई थका हुआ नज़र आया। राय साहब अपने चंद दोस्तों के साथ शिकार को गए हुए थे। आने के मुताल्लिक़ कुछ नहीं कह गए थे। घर सूना सूना हो रहा था। शम्मन आकर पछताई। ऊपर से नरेंद्र ने मज़ाक़ियाँ शुरू कर दीं। प्रेमा को सोता पाकर उसने शम्मन पर सचमुच ऐलाने-इश्क कर दिया और वह भी इस भोंड़े तरीक़े से कि बस टूट ही तो पड़े। शम्मन को उस पर बजाए ग़ुस्से के प्यार आ गया। वह मुस्कुरा दी और जैसे एक अक़्लमंद माँ बच्चे को शीशे का गिलास माँगने पर बड़े प्यार से बहला देती है, इसी तरह शम्मन ने नरेंद्र को चुमकार दिया और जब वह नाउम्मीद होकर सिसकियाँ लेने लगा तो शम्मन का जी चाहा, उसका बेक़ैफ़ सर अपने सीने से लगाकर थपकियाँ दे, और सुला दे। वह अपने आपको एकदम निहायत अक़्लमंद और बुज़ुर्ग समझने लगी। नरेंद्र उसे बेहद यतीम[1] और बेकस[2] मालूम हो रहा था वह बेचारा उसकी बुज़ुर्गाना बातें सुनकर वैसे ही हैरतज़दा हो रहा था, बिलकुल सटपटा गया। चाय पर कुछ झेंपा, कुछ रूठा बैठा रहा।

शाम को राय साहब अचानक वापस आ गए। गोया शम्मन की ख़ामोश पुकार ने उन्हें खींच बुलाया। ख़ाक और धूल में अटे हुए ख़ाकी कपड़े, रुपहली बालों पर ख़ाक की अफ़्शाँ। जैसे सूरज पर हलके-हलके बादलों की परछाइयाँ। धूप से रंग कुछ और झुलसकर शोख़ हो गया था। और जब पपड़ाए हुए होठों के दरमियान, सितारों की लड़ियाँ चमकीं, तो शम्मन का दिल ज़ोर-ज़ोर से उछलने लगा। और उसकी निगाहें मिट्टी में लिथड़े हुए भारी जूतों पर जम गईं।

आते ही उन्होंने भर गिलास बर्फ़ का पानी पिया और ख़िलाफ़ेमामूल[3], सर हाथों से थामकर बैठ गए। प्रेमा और नरेंद्र वैसे उनसे बेतकल्लुफ़[4] थे, मगर साँसें ख़ामोश देखकर बेचारों की ज़बानें गुँग हो जातीं, उनकी एक तंबीही निगाह[5] की तरह लगती और प्रेमा जैसी बेचैन हस्ती भी दुबककर रह जाती।

"क्या बात है ?" शम्मन ने ख़ामोशी और सुकून से मुतास्सिर हो, आहिस्ता से प्रेमा से पूछा।

"थक गंए हैं, या शायद..." वह रुक गई।

"क्या ?"

"शायद मिस फ़िलिप से लड़ाई हो गई। वह भी तो शिकार को गई थीं।" प्रेमा ने उसे ड्राइंगरूम के आख़िरी कोने में ले जाकर कहा।

"कौन है ये मिस फ़िलिप ?"

"हैं एक, यहाँ इंस्पेक्टर ऑफ़ स्कूल्स हैं। राय साहब की क्लासफैलो थीं। शादी भी तै हो गई थी, मगर जब इग्लैंड में राय साहब मम्मी से मिले, तो बस न जाने क्यों दो दिन में शादी कर डाली। अब...अरे तुमने मम्मी की नई तस्वीर नहीं देखी, जो

---

1. अनाथ 2. बेसहारा 3. आदत के विरुद्ध 4. निःसंकोच 5. डाँटने की दृष्टि से देखना

राय साहब ने बनवाई है ? ठहरो, अभी दिखाऊँगी। हाँ, तो मम्मी की ज़िंदगी ही में ये घंटों आकर बैठा करती थीं। मम्मी आयरिश थीं और इस क़दर सीधी, कि हमारी दादीजी खूब उनसे घर का काम करवातीं थीं। धोती बाँधती थीं और बड़ी काहिल थीं। ये चुड़ैल जब ही से उन्हें फाँसने की फ़िक्र में थी, ये फ़िलिप की बच्ची। राय साहब उसे बहुत चाहते हैं, मगर जलाते भी खूब हैं। मगर जब रोती है तो पछताते हैं।''

''बड़ी बुरी है।'' शम्मन के दिल ने पुकारा।

''हाँ, मगर राय साहब उसे कभी नहीं मनाते।''

''फिर ?''

''फिर ये कि बस मुलाक़ात हो जाती है, किसी पार्टी जलसे में। और राय साहब की तो यही आदत है कि ज़रा देर में हँसा दिया और ज़रा देर में रुला दिया...फिर उस दिन।''

''प्रेमा,'' राय साहब की भर्राई हुई आवाज़ लंबे-चौड़े हॉल में गूँजी।

''अरे चमन भी आया हुआ है ! कब आए दोस्त,'' राय साहब ने गोया अब उसे देखा। वह ज़रा मुस्कुरा उठे। ''ले...भई ज़रा उतार,'' वह कोट में फँसे हुए बोले।

शम्मन कोट उतारने लगी। क़मीज़ बुरी तरह पसीने में डूबी हुई थी और जिस्म जल रहा था। वह पुरइसरार मंदिरों की सी खुशबू का झोंका उसे आहिस्ता से झिंझोड़ गया, मगर वह सँभल गई और ज़मीन पर बैठकर जूता खोलने लगी। राय साहब ने पैर खींच लिए और झुककर हौले से उसके गाल पर दो उँगलियाँ मार दीं। शम्मन घबराकर खड़ी हो गई और बैरा जूते खोलने लगा।

खाने के कमरे में शम्मन को चूहे से रेंगते मालूम हुए। उसने बिजली जलाई तो नरेंद्र नामुराद[1] आशिकों के सारे ज़रूरी तासुरात[2] चेहरे पर जमा किए कुर्सी पर उकड़ूँ बैठा था। शम्मन जैसे उसके हालेदिल[3] से बेख़बर कुर्सी खींचकर पास बैठ गई।

''कितनी गर्मी है !''

नरेंद्र चुप !

''आज तो आइसक्रीम बनती।''

नरेंद्र चुप !

''राय साहब को फ़ालूदा पसंद है ना ?'' उसने बराहेरास्त पूछा।

चुप !

''ऊँह, कोई सामने की खिड़की ही खोल दे। पंखे भी तो बंद हैं। मालूम होता है कहीं आग लग गई है..हाए कोई...''

नरेंद्र ने एक हिक़ारतआमेज़[4] नज़र उस पर डाली और भन्नाता हुआ खिड़की के किवाड़ धड़ाधड़ खोलने लगा।

---

1. बदनसीब 2. भाव 3. दिल का हाल. 4. घृणित

"निरी, क्या बहुत ग़ुस्से में हो ?" उसने प्यार से छेड़ा।

"नहीं।"

"हाँ...? तो फिर आइसक्रीम के नाम पर मुस्कुराए क्यों नहीं ?" बावजूद कोशिशों के नरेंद्र मुस्कुराहट न रोक सका।

"ओह ओ, बन रहे थे जनाब, नदीदे[1] कहीं के ! कहीं जाड़ों में भी कोई आइसक्रीम खाता होगा !"

"तुम नहीं जानतीं कि..."

"हूँ हूँ...जैसे तुम तो बहुत जानते हो।"

"अगर तुम्हें किसी से इतना प्रेम होता," वह अंग्रेज़ी छाँटने लगा।

"अहा, प्रेम ! प्रेम की नइया...प्रेम...कहो न आगे ?"

"ऊँह...मैं..." नरेंद्र भन्नाया।

"देखो नरेंद्र, तुम मुझे डाँटोगे तो...हाँ, अच्छा न होगा, बड़े आए डाँट के बोलनेवाले, और इसी पे कहते हो प्रेम है ? ख़ाक प्रेम है तुम्हें। प्रेम होता तो अपना रैकेट यूँ छुपा के न रखते और लोकाट तोड़ते वक़्त पके-पके खुद न निगल जाते।"

"क्यों झूठ बोलती हो। कितने सारे तोड़े, मगर उसने, प्रेमा ने लपक लिए, हुँ !"

"खैर लोकाट तो प्रेमा ने लपक लिए और रैकेट ? रैकेट की बात गोल ही कर गए। ऊँह ! जैसे मैं खा ही तो जाती तुम्हारा बल्ला।"

एकदम से नरेंद्र पैर पटख़ता चल दिया। शम्मन मुस्कुराती हुई इत्मीनान से कुर्सी पर फैल गई।

"ये लो रैकेट, और मुझसे बात न करना," नरेंद्र ने रैकेट पटख़ दिया। कुछ देर शम्मन उसे देखती रही फिर खिलखिला के हँस पड़ी।

"ओ...फ़्फ़ो निरी !"

"मुझसे मत बोलो जी, सौ दफ़ा कह दिया हाँ...नहीं तो !"

शम्मन मामता के मासूम जज़्बे से बेचैन होकर हँसने लगी। "अगर इस तरह बिलकुल ऐसे ही फ़रहाद, शीरीं के सामने तेशा[2] पटख़कर कहता...हमसे नहीं खुदती नहर...जी, तो यक़ीनन वह शहरयार को छोड़-छाड़ उसी के गले का हार बन जाती, और फिर हुक्म मिलता है—हमसे मत बोलो जी !" वह खूब हँसी। "ओह, निरी डियर !" वह नरेंद्र के शानों[3] पर हाथ रखकर उसका मुँह तकने लगी।

एकदम से नरेंद्र उसकी कमर में हाथ डालकर रीछ की तरह लिपट गया। शम्मन ने घबराकर उसे दूर धकेला। सारे कान और बाल खसोट डाले। बिचारा पिटे हुए कुत्ते की तरह कोने में दुबक गया और शम्मन कुछ ख़ौफ़ज़दा, कुछ शर्मिंदा भागने लगी कि आती हुई प्रेमा से टक्कर हुई।

"अरे क्या हुआ ?"

---

1. लालची 2. एक तरह का औज़ार 3. कंधों

"आ...आ...कुछ नहीं, ये नरेन्द्र मुझे मार रहा था।" वह एकदम से बात पलटकर हँसने लगी। फिर मसनूई गुस्से से गाल फुला लिए।

"हैं, निरी के बच्चे, ये रहा तेरा रैकेट। और कहता था कि गुम हो गया।"

"हाँ, झूठा सारे ज़माने का," शम्मन ने ताईद[1] की।

"क्यों मार रहा था बिचारी शम्मन को ? क्यों, क्यों ?" वह रैकेट के जाल से नरेन्द्र के सर पर टप्पे लगाने लगी।

बिफरा हुआ निरी भभोड़ ही खाता कि इतने में राय साहब कंबल लपेटे आ पहुँचे और बात टल गई।

"आज नरेंद्र को क्या हो गया है ?" राय साहब ने उसे गुस्से और शर्म से सुर्ख़ देखकर कहा। "तुम दोनों ने सताया होगा, क्यों ?"

"प्रेम हो गया है बिचारे को," शम्मन ने दबी ज़ुबान से हँसी रोककर कहा।

"क्या हो गया है ?"

"प्रेम, प्रेम राय साहब !" प्रेमा ने चीख़ना शुरू किया।

"किसे ? अपने निरी को ?" राय साहब बनकर फ़िक्रमंद हो गए।

"हाँ, च्च बेचारा।"

"मैं मारूँगा, हाँ।" नरेंद्र गुर्राया।

"अरे बाप रे। मगर किससे हो गया है प्रेम ?"

"एक है," शम्मन इतराने लगी।

"झूठी, ऊँह।" नरेंद्र मारे शर्म के और भी भन्ना गया।

"हाँ, बेचारा। राय साहब, अब ? अपना निरी तो..."

"मैं छुरी मार दूँगा...प्रेमा की बच्ची।"

"और राय साहब...क़ब्ल[2] इसके कि प्रेमा कुछ बोले निरी ने खट से छुरी का दस्ता[3] उसकी उँगली पर रख दिया।

खाने पर नरेंद्र के इश्क़ ने सबको हँसा दिया। ख़सूसन शम्मन तो बेतहाशा हँसती रही। उसे ये खेल निहायत ही मज़हक़ाख़ेज़[4] मालूम हो रहा था। राय साहब में भी अपनी पुरानी शगुफ़्तगी[5] लौट आई। वह देर तक बैठे काँटों और छुरी की मदद से मेज़ पर मोअम्मे[6] बनाकर इम्तहान लेते रहे। मगर उन्होंने सिर्फ़ शोरबा पिया और जल्दी से जाकर सो गए।

शम्मन और प्रेमा उदासी से निढाल होकर एक ही पलँग पर सो गईं। यानी शम्मन जागती रही और प्रेमा सो गई। शम्मन ने जागते और खुद से बात करने की एक आदत सी डाल ली थी। रोज़ाना सोने से पहले वह खुद अपने हज़ूर[7] में अपने सारे एहसासात और तजुर्बात एक-एक करके पेश करती और उन पर खुद अपना फ़ैसला सुनाती। यहाँ तक कि वह न जाने कब सो जाती। इस सोने में उसे ऐसा मालूम होता जैसे किसी ने

---

1. समर्थन 2. पूर्व 3. हत्था 4. हास्यपूर्ण 5. ताज़गी 6. पहेली 7. अपने तईं

मज़ेदार कहानियाँ सुनाकर सुला दिया हो। राय साहब ने, जो हौले से उसके गाल पर दो उँगलियों छुआ दी थीं, वह एकदम ताज़ा हो गई। साथ ही उसे गुज़रे हुए जनम की भूली हुई बातें याद आ गईं...दूर, बहुत दूर, सदियों पहले, रशीद ने कैरम खेलते में उसकी कलाई को पकड़ा था। चंटी मारने के लिए दो उँगलियों को मिलाकर...फिर छोड़ दिया था। और वह सिसकती हुई चंटी अब भी उसकी रग-रग में चमकें ले रही थी। उसने अपनी कलाई पर सनसनाता हुआ गाल रख दिया और राय साहब की दो उँगलियों का मस[1] कलाई में रेंग गया। इस तरह गोया उसने इस नीममुर्दा[2] चोट में नई जान डाल दी। उसे सकून की नींद आ गई।

सुबह उसकी आँख ख़िलाफ़े-मामूल देर से खुली तो कॉलेज की घंटी की आवाज़ कहीं दूर सुनाई दी। ज़रा होश आने पर मालूम हुआ, वह कॉलेज में नहीं बल्कि प्रेमा के पलँग पर है और ये आवाज़—? किसी ने काँसे की थाली रसोई में गिराई थी। उसका दिल धक-धक करने लगा।

राय साहब अब भी सुस्त नज़र आ रहे थे। शम्मन देर तक मिस फ़िलिप को कोसती रही, जिससे लड़कर वह इतने मुकद्दर[3] हो गए थे। मगर फिर भी उसे देखकर उनकी आँखों में ताज़गी आ जाती और वह एकआध जुम्ला ज़रूर कस लेते।

देर तक बैठकर ताश भी खेले और बेइमानियाँ भी कीं; आज शम्मन का दिल बेअख़्तियार[4] उन्हें छूने को चाह रहा था। लिहाज़ा वह प्रेमा के साथ-साथ भी लड़ने लगी। न जाने किस बात पर उन्होंने ज़ोर से उसकी उँगली चटख़ा दी तो बच्चों की तरह मचल गई। उसका जी चाहता था, एकदम उनके मंदिर जैसे सीने के पट खुल जाएँ और वह सरनगूँ[5] होकर उनमें समा जाए।

मगर वह रूठी ही रही। प्रेमा धोबी को कपड़े देने चली गई और नरेंद्र का दौरा क़ायम था। वह मुँह फुलाए बरामदे में पढ़ता रहा कि राय साहब आए। शम्मन ने बनकर मुँह फुला लिया। उन्होंने उसके फूले हुए गालों की नक़ल में अपने गाल फुला लिए और शम्मन के हँसने पर उसके पास बैठ गए। शम्मन पर तो भुतनी सवार थी। वह न जाने किस बात पर जल उठी, और उनके छेड़ने पर बिखर कर रोने लगी।

"अरे-अरे, मेरा चमन," राय साहब ने उसे छुआ तो वह और बिगड़ गई। वह मताज्जुब[6] होकर सूरत देखने लगे। उन्हें संजीदा देखकर वह डर गई और बुरी तरह उनसे लिपटकर सिसकियाँ भरने लगी।

राय साहब ने हँसते हुए उसे बच्चों की तरह थपकना शुरू किया। वह ख़ामोश उनके सीने से सर लगाए लंबी-लंबी साँसें भरती रही। यहाँ तक कि उस पर ग़ुनूदगी[7] सी तारी हो गई। राय साहब ने झुककर उसका चेहरा देखा तो वह एकदम सोती बन गई। राय साहब उसे थपकते रहे, फिर आहिस्ता से उन्होंने उसे सरकाकर पलँग पर लिटाने का इरादा किया तो वह एकदम उन्हें दोनों हाथों से पकड़कर काँप उठी।

---

1. स्पर्श 2. अधमरा 3. दुखी 4. बेहद 5. सिर झुकाकर 6. आश्चर्य में 7. नींद

"नहीं, नहीं राय साहब," उसने घुटी हुई आवाज़ में कहा।

"क्या है...कुछ...अरे," वह उसकी आँखों की दहशत से डर गए।

"नहीं राय साहब, मुझे गिराइए मत, राय साहब...राय साहब...राय साहब ! मैं...आपसे प्रेम करती हूँ।..."मैं आपसे प्रेम...राय साहब, मैं..." उसकी आवाज़ और घुटकर सहम गई।

"ऐं चमन...अच्छा, सो जाओ।" वह जल्दी से उसकी लिपटती हुई उँगलियाँ अलग करने लगे।

"नहीं...नहीं, राय साहब, मैं मर जाऊँगी...राय साहब, मुझे...राय साहब, मुझे दूर न कीजिए," राय साहब ऐसे झुके जैसे किसी ने उनके माथे पर पत्थर मार दिया।

"राय साहब, मैं अपना धर्म भी बदल दूँगी।" उसने और क़रीब होकर कहा।

राय साहब चारों तरफ़ घबराई हुई नज़रों से देखने लगे।

"अरे प्रेमा...," उन्होंने आवाज़ दी।

"मत बुलाइए किसी को, राय साहब, मैं मर जाऊँगी, मैं प्रेम करती हूँ राय साहब," सामने दरवाज़े में नरेंद्र किताब लिए हैरत से मुँह फाड़े खड़ा था। ज्योंही उसने शम्मन को ये कहते सुना, उसका चेहरा कानों तक लाल हो गया। जैसे किसी ने उसे माँ की गाली दे दी हो। शम्मन की ज़बान लड़खड़ा गई। वह ढीली होकर पलँग पर औंधे मुँह गिर पड़ी।

राय साहब चले गए, बग़ैर दूसरा लफ़्ज़ ज़बान से निकाले। और शम्मन का जी चाहा काश पलँग समेत वह ज़मीन में समाती चली जाए। नीचे...नीचे, इतने नीचे कि बिलकुल ज़मीन के कलेजे में जा छुपे। कैसे हैबत[1] और शर्म से वह आँखें बंद किए, उसी तरह शाम तक पड़ी रही। कोई ऐसी तरकीब होती जो वह बिना कुछ कहे-सुने अपना मुँह ढाँके वहाँ से भाग निकलती। उसके कमरे में कोई न आया। मगर उसे साफ़ मालूम हो गया कि नरेंद्र और प्रेमा दूसरे कमरे में डरे-डरे क्या बातें करते रहे। 'यह उसने क्या कर दिया ? अब क्या होगा ?'

काँपती, लरज़ती आँखें झुकाए जब वह बाहर निकली तो नरेंद्र जल्दी से अपने कमरे में घुस गया। वह भी उसे मुँह दिखाते डर रहा था। प्रेमा ने औरत की पूरी बहादुरी से उसका पूरा मुक़ाबला किया, गोया वह आज पहली मर्तबा[2] उसका, बहैसियत एक अजनबी हस्ती के, इस्तक़बाल[3] कर रही है। वह बड़े एख़लाक़[4] से बोली और दोनों ने जाकर मोहज़्ज़ब लोगों की तरह चाय पीना शुरू की। आज न कचालुओं पर झगड़ा हुआ न बिस्कुटों पर छीना-झपटी हुई। उसकी हिम्मत न पड़ी जो राय साहब का नाम भी लेती। प्रेमा निहायत तपाक से उसे फल वग़ैरा देती रही। शम्मन भी तकल्लुफ़ से खाती रही। कभी-कभी उसे प्रेमा आँख बचाकर देख भी लेती। मगर ऐसे घबरा जाती गोया उसे नहीं पहचान पाई। दोनों बेतरह सहमी हुई थीं। दो बेतकल्लुफ़ सहेलियाँ एक दूसरे से बहुत दूर, ग़ैरत की खुश्की में जा पड़ी थीं।

---

1. डर 2. बार 3. स्वागत 4. व्यवहार

उनके हवास बेतरह भटक गए थे। जैसे दो दोस्तों के बीच में रेगिस्तान उतर आया हो और जो एक-दूसरे को पुकार भी न सकें। शाम तक ख़ामोश रहने के बाद, शम्मन ने बड़ी मुश्किल से उससे बोर्डिंग जाने की इजाज़त दबे अल्फ़ाज़ में तलब[1] की, जो ऐसी तेज़ी से मिली कि उसका मुँह उतर गया। ड्राइवर तो जैसे तुला ही बैठा था।

आनेवाहिद[2] में वह ख़ाली ढँढार बोर्डिंग की चहारदीवारी में थके हुए क़दम उठाती अपने कमरे में पहुँच गई। उसने बिजली नहीं जलाई और जूतों समेत लेहाफ़ में सिकुड़कर लेट गई।

दूसरे दिन, लोगों से आँख मिलाते, वहशत मालूम होने लगी। गो वह कुछ न जानते थे, फिर भी जैसे उसके मुँह पर लंबी-लंबी सतरें[3] खिंची उसके गुनाह का ढिंढोरा पीट रही थीं। वह कुछ छुपाना चाहती उन मुतजस्सुस[4] नज़रों से, जो उस पर अचानक जा पड़तीं और वह झिझककर दूर हो जाती।

वह तो बदमाश थी, परले दरजे की आवारा। उसने एक मुक़द्दस[5] इंसान की पाकदामनी[6] पर स्याह धब्बे डालने चाहे, मगर खुदा ने उसे बचा लिया। ये उसे क्या हो गया था...ये टूटे हुए ज़र्रे अब कैसे जुड़ेंगे ? अब क्या होगा !

छुट्टियाँ ख़त्म होने से पहले ही लड़कियाँ लौटना शुरू हो गईं। अब प्रेमा भी एक दिन बाद आ जाएगी। फिर क्या होगा ? वह उस आइने में अपनी सूरत कैसे देख सकेगी। उसकी वहशत बढ़ती गई।

दूसरे दिन सुबह, लाइब्रेरी में लड़कियाँ सर जोड़े अख़बार पर मक्खियों की तरह जुटी हुई थीं। कुछ बुलंद आवाज़ में पढ़ रही थीं, जैसे कुछ हादसा हो जाता है तो तमाशबीन लाश को चारों तरफ़ से घेरकर खड़े हो जाते हैं, उसी तरह एक के बाद दूसरा गिरोह अख़बार पर जमा हो रहा था।

"च्च...हा...बेचारी प्रेमा..." उसने किसी को कहते सुना, और उसके हाथ से लरज़कर किताबें छूट पड़ीं। मुजरिम की तरह नज़रें नीची किए वह मुंतज़िर[7] रही मगर प्रेमा ने शायद उसे देखा नहीं। उसकी नज़रें अख़बार की तरफ़ उठीं। लड़कियाँ उसे छोड़कर जा चुकी थीं। आहिस्ता से वह बढ़ी, एहतियातन[8] कुर्सी पर बैठ गई। रात को राय साहब हार्टफ़ेल हो जाने की वजह से फ़ौत[9] हो गए। ये उनकी पुरानी बीमारी थी, जिसका एकाएक हमला हो गया। वह ख़ामोश, मेज़ पर कोहनियाँ टेके बैठी रही। किसी ने क्लास चलने के लिए शाना[10] हिलाया और वह चलने लगी, लड़कियों की रौ[11] के साथ।

"कहाँ जा रही हो ?" एफ़.ए. क्लास ने उसे अपनी जमात छोड़कर आगे बढ़ते देखकर रोका।

"हैं ?" वह ठिठक गई।

---

1. माँगना 2. कुछ क्षण 3. लकीरें 4. खोजती हुई 5. पवित्र 6. पवित्रता 7. प्रतीक्षारत 8. सावधानीवश 9. स्वर्गवासी 10. कंधा 11. लाइन

"तुम्हारी क्लास तो पीछे रह गई। यह अब कहाँ जा रही हो ?"

"ओहो, नक्शा लेने जा रही हूँ। कल सिटिंग रूम में भूल आई थी।" उसे ऐन मौक़े पर बात सूझ गई, वर्ना ग़ज़ब हो गया था। वह यक़ीनन पकड़ी जाती। तेज़ क़दम वह सिटिंग रूम की तरफ़ चली मगर वह काफ़ी दूर था। उसने पीछे मुड़कर देखा कि कोई देख तो नहीं रहा है, और वह जल्दी से पलट पड़ी, अपनी क्लास में घुस गई।

न जाने उसने उस दिन क्या पढ़ा और क्या सुना। आँसू तो उसकी आँखों में जब ही ख़ुश्क[1] हो गए थे जब वह दिन-रात मुतवातिर[2] अपनी बदमाश अन्ना की याद में रोयी थी। चेहरे पर कोई आसार[3] लाना कमज़ोरी की निशानी थी। मगर प्रेमा की ख़ाली कुर्सी देख-देखकर यही महसूस होता था कि राय साहब नहीं, प्रेमा मर गई।

राय साहब मर गए ! इस ख़याल से ही उस पर एक नामालूम-सी दहशत तारी हो जाती। उनको जला दिया गया ! ये कैसे हो सकता है ? उनके वह बाल, वह सूरज से ज़्यादा रौशन ताज, जलाया नहीं जा सकता। वह पक्के सोने जैसी रंगत, और सच्चे मोतियों जैसे मसनूई दाँत, नामुमकिन...वह ख़ुद ही फ़ैसला करती।

रातें बड़ी भयानक हो गईं। राय साहब उसके दिमाग़ से किसी तरह न निकलते थे। और फिर तो ये हालत हो गई कि वह बाक़ायदा उनसे डरने लगी। राय साहब से, जिनके क़ुर्ब[4] के ख़याल से ही वह लरज़ उठती थी। एक दिन उसने एक महाऋषि की अर्थी बड़ी धूमधाम से निकलते हुए देखी। महाऋषि को पालकी में बाँधकर बिठा दिया गया था, दाँत खुले हुए और मुँह पर सिंदूर, हल्दी और चंदन के दाग़, जिल्द बासी बैंगन की तरह झुर्रियोंदार और स्याह, उस पर हल्की-हल्की सड़े गोश्त की सी बिसाँद !...फिर तो ये हाल हो गया कि मारे डर के, दिन को अकेले कमरे में जाते, दम निकलता। रात को मालूम होता, वही पालकीवाला मुर्दा उसके सिरहाने बैठा है। वह हिम्मत करके आँखें टेढ़ी करके देखती और वह छप से पलँग के नीचे छुप जाता। कभी पट्टी के नीचे से हाथ फैलाके उसका गला टटोल रहा है, कभी ग़ुस्लख़ाने में उसके पीछे, पकड़ने लपकता। जाते-जाते वह दिलेरी से मुड़कर देखती और ऐसा मालूम होता, कोई तेज़ी से खंभे की आड़ में हो गया, झाड़ियों में दुबक गया, गैलरी में सरक गया। पसीने छूट जाते और घुटने लरज़ा[5] करते।

बाज़ वक़्त रात को खाना खाने में ऐसा मालूम होता कि मुर्दा उँगलियाँ उसके टख़ने मेज़ के नीचे टटोल रही हैं। वह डरकर पैर खींचती तो वह हाथ भी साथ लटका चला आता...चीख़ मारकर अलग करती तो मालूम होता कि वह ख़ुद उसकी शलवार का पाँयचा है।

एक दिन वह पढ़ते-पढ़ते, मेज़ पर सर डालकर सो गई...देखा, राय साहब के साथ बैठी ताश खेल रही है कि एकदम वह उठकर नाचने लगे। उनके बाज़ुओं[6] के पुट्ठे फूल-फूलकर उछलने लगे और बाल ग़ज़-ग़ज़ भर के साँपों की तरह खड़े होकर झूमने

1. सूखा 2. लगातार 3. चिह्न 4. सामीप्य 5. काँपना 6. भुजाओं

लगे। मसनूई दाँत सुर ताल में बजने लगे...ताशों के पत्ते, मशाल की तरह जल उठे और वह शम्मन की तरफ़ बढ़े...उसने एक दिलदोज़[1] चीख़ मारी। लेकिन उन्होंने उसकी आँखों में आग ठूँस दी। शम्मन मुतवातिर चीख़ें मारती रही और दोनों हाथों से मशाल के शोलों को आँखों से दूर हटाती रही।

''ख़न-ख़न,'' कुछ कहा और वह उठकर बेतहाशा भागी। वह भागती चली गई और शायद सारी रात उसी तरह भागती रहती, अगर एकदम चौखट उसके माथे पर उछलकर न लगती। वह गिर पड़ी। जब आँख खोली तो राय साहब उस पर झुके हुए कुछ नाक में ठूँस रहे थे जो दोज़ख़ की आँच की तरह दिमाग़ को जलाए डालती थी...उसने फिर चीख़ मारी और उठना चाहा। मगर दो-तीन सफ़ेद-सफ़ेद लंबोतरी शक्लों ने उसे दबोच लिया।

''चुपचाप लेटी रहो,'' ये प्रिंसिपल की आवाज़ थी।

''मैंने जैसे ही टॉर्च डाली, ये पागलों की तरह नोचने लगी, और फिर भागी।'' मैट्रन खुद निहायत[2] खौफ़ज़दा[3] हो रही थीं।

तो ये मैट्रन थीं, जिन्हें वह राय़ साहब का भूत समझ रही थी। उनके सफ़ेद बाल काग़ज़ की बत्तियों में लिपटे हुए रुपहले ताज की तरह चमक रहे थे...टॉर्च हाथ में थी। और वह खुद, अस्पताल के कमरे में पड़ी थी।

बाद में मालूम हुआ कि उसे बिजली बुझ जाने के बाद भी मेज़ पर औंधा पड़ा देखकर उन्होंने टॉर्च डाली। बस, वह पागलों की तरह भागी...हुस्ने इत्तफ़ाक़[4] से उसका ख़्वाब और मैट्रन का स्यूला[5], एक ही कड़ी में उलझकर, दिमाग़ी हलचल का बायस[6] हो गए। सुबह तक उसे ज़ोर का बुख़ार चढ़ आया और इसी हालत में उसे घर पहुँचा दिया गया। जहाँ तीन महीने उसे टायफ़ाइड ने जी भरकर झिंझोड़ियाँ दीं।

छब्बीस

बीमारी तवील[7] थी और साथ-साथ ग़ैर-दिलचस्प। हाल ही में उसने एक किताब पढ़ी थी, जिसकी हीरोइन शुरू से आख़िर तक बीमार रहती है और इस बीमारी के वसीले[8] से उसके आशिक़ साहब को इस क़दर बेहतरीन मौक़े हासिल होते हैं कि हद नहीं। जब देखो, जनाब मरीज़ा को सहारा दिए दवा पिला रहे हैं, उसके नाज़ुक हाथों की नाज़ुकतरीन नब्ज़ें टटोल रहे हैं, उसके प्यासे लबों में अंगूर का रस निचोड़ रहे हैं। उस नॉवेल को पढ़कर बेअख़्तियार[9] उसका दिल बीमार पड़ने को चाहा करता। वह उन रंगीन लम्हों का हसीन तसव्वुर[10], जिनके ख़याल से ही उसकी नब्ज़ें उछलने लगतीं और हरारत

---

1. दिल दहला देनेवाली 2. बहुत 3. भयग्रस्त 4. अच्छा मौक़ा 5. ख़ाका 6. क़ारण 7. लम्बी 8. बहाने 9. एकाएक 10. कल्पना

तेज़ हो जाती थी।

मगर अब जो वह बीमार पड़ी, तो ये हाल कि तीमारदार तो दरकिनार, मज़े से लोग उसके सामने चीख़-चीख़कर बोलते, बच्चे लड़ते और पिटते, सामने बरामदे में अनाज फटके जाते, हाविन दस्ते[1] में हल्दी, धनिया कूटा जाता। बारहा[2] ऐसा इत्तफ़ाक़ हुआ कि उसकी आवाज़ न निकली। सामने लोग लड़-लड़कर ताश-पच्चीसी खेल रहे हैं, पानी माँगा तो कौन खेल छोड़कर उठे। नौकर को आवाज़ दी जा रही है और वह भी ऐसे चिंघाड़कर कि मुर्दे जी उठें...ज़रा ग़ुनूदगी तारी हो जाती तो फिर, किसी के 'वह मारा' के नारे से, आँख खुल जाती।

सामने रोज़ लंबा-चौड़ा दस्तख़्वान बिछता। तर माल उड़ाए जाते। शम्मन की रूह बिलबिला-बिलबिलाकर खानों पर मँडलाती। आँखें, ख़्वान[3] देख-देखकर पथरा जातीं। क़ूवते शाम्मा[4] खाने की महक के हमले सहते-सहते कुंद पड़ जाती। भाई-बहन मज़ेदार खाने खाते, दिखा-दिखाकर खाते और ऊपर से चिढ़ा देते। सब उसके नदीदेपन को उसकी कमज़ोरी और फ़ितरी पस्ती[5] पर महमूल[6] करते। उसकी बीमारी की वजह से घरवाले परेशान नहीं, आजिज़[7] ज़रूर थे। जी तो उसका एक दिन जला, जब ख़ानदान के दो बूढ़ों को जनाज़े की नमाज़ पर बहस करते सुना। वह दोनों उसकी तरफ़ मुँह किए रिहर्सल सी कर रहे थे और उसे यही मालूम हुआ कि किनायतन[8] उसी की नमाज़े-जनाज़ा पढ़ने की ताक में तैयारियाँ कर रहे थे। उनमें से एक हर वक़्त वज़ू[9] करते थे। मगर इस क़दर बदबू जिस्म से फूटती थी कि दम लौट जाता था। दूसरे क़तई ख़ब्ती[10] थे। शम्मन उन दोनों में से किसी की पढ़ाई नमाज़ से जन्नत में जाने की मोतवक्क़ा[11] न थी। फिर चंद लोग बैठकर कफ़न की लंबाई-चौड़ाई पर बहस करने लगे। दौराने-गुफ़्तगू[12] वह काग़ज़ के नमूने मोड़-मोड़कर तशरीह[13] करते जाते। पीठ मोड़कर उसने सिसक-सिसककर रोना शुरू किया और जब वह सब चले गए, तो उसने डरते-डरते उस काग़ज़ी क़फ़न के नमूने को देखा। किस क़दर नाकाफ़ी था ये लिबास। खुदा-ए-ज़ुल्जलाल[14] के हज़ूर में जाने के लिए भला अगर एक सिला हुआ जोड़ा ख़राब हो जाएगा तो कौन-सा ऐसा टोटा आ जाएगा। मौत से उसे और भी हौल नज़र आने लगा।

मगर मौत इतनी भयानक न थी, जितनी मौत की आवभगत। मालूम होता, सबको उसके मरने का पुरइश्तयाक़[15] इंतज़ार हो रहा है। उसे नफ़रत हो गई। सबसे नफ़रत हो गई। ज़िंदा या मुर्दा, वह उनके लिए मर चुकी थी। या शायद कभी पैदा ही नहीं हुई थी। ये कौन थे सब उसके ? माना कि सब भाई-बहनों ने एक माँ के शिक़्म[16] में तकमील[17] पाई थी। मगर इससे क्या होता है ? एक मकान में हज़ारों किराएदार आते हैं, रहते हैं, चले जाते हैं...सड़क पर कितने इंसान चलते हैं, झगड़ते घिसटते हैं,

---

1. खल-मूसल 2. प्रायः 3. थाल 4. सूँघने की शक्ति 5. जन्मजात कमीनापन 6. थोपना 7. तंग 8. इशारे-इशारे में 9. नमाज़ से पहले हाथ-मुँह धोना 10. पागल 11. आशान्वित 12. बातचीत के दौरान 13. व्याख्या 14. परमेश्वर 15. शौक़ से 16. गर्भ 17. पूर्णता प्राप्त करना

लारियाँ दौड़ती हैं। वह कौन हैं, एक-दूसरे की ?...कोई नहीं, उसने जवाब दिया और वह उसे मिल गया।

तीन महीने के बाद बुख़ार थक गया लेकिन उसे भी बुरी तरह थका गया। एक तो बीमारी, दूसरे इस क़दर ग़ैरदिलचस्प। जब वह काँपती हुई टाँगों से चलकर पलँग से कुर्सी तक जाने के क़ाबिल हुई तो बजाए खुशी के, उसे रोना आ गया। बाल, सब झड़ गए थे। हाथ-पैर जली लकड़ी की तरह खुश्क़। और सूरत ऐसी जैसे मुर्दा कफ़न फाड़कर निकल आया हो।

उसी ज़माने में नूरी भी एक हफ़्ते के लिए आई। वह साल-भर से अपनी ददिहाल रहने चली गई थी। बड़ी आपा भी मैके की रोटियों से तंग आकर, वहीं एक स्कूल में लड़कियों को पढ़ाने लगी थी। जवानी लहराते फुँकारते साँप की तरह पलक झपकते में दौड़ गई। कुछ यूँ ही सी धुँधली लकीर बाक़ी थी। बूढ़ी खुर्राट सास, उसके मुँह पर बार-बार हिक़ारत से उस गुज़रे हुए साँप का तमस्ख़ुर[1] उड़ातीं। वह खुश थीं कि बहू जल्द-अज़-जल्द बूढ़ी होकर ख़तरे की हदों से निकल रही थी। इसीलिए तो उसने कठिन ज़माना गुज़ारने के लिए मैके भेज दिया था, कि कुछ तो बाप-भाइयों की लाज पैरों में बेड़ियाँ डाले रहेगी। वह अब उसे अपना हम-उम्र समझने लगी थी। बात-बात पर उसे गर्दनतोड़ बुख़ार की तरह चढ़ते हुए बुढ़ापे की तरफ़ मुतवज्जा[2] करके रही-सही ज़िंदगी भी निचोड़ लेने की कोशिश करती। बड़ी आपा एक ज़िंदा शहीद की तरह सर ऊँचा किए ख़ामोश रह जाती। उसे इस सास से काफ़ी नफ़रत थी। यही तो वह डायन थी जिसने शादीशुदा ज़िंदगी के तीन मुख़्तसर साल तानों और एतराज़ात से हद दरजा मुक़र्रर बना दिए थे। उसे क्या मालूम था कि ये दुनिया इतनी मुख़्तसर ज़िंदगी लेकर आएगी। वह तो सोचती थी कि आख़िर एक दिन वह होगी और उसका मियाँ। अगर उसे इस दिन की ख़बर होती तो बुढ़िया के मुँह पर ख़ाक डालकर तीन सालों को कलेजे से लगाकर रखती। बुढ़िया इकलौते बेटे पर दीवानी थी मगर जब कभी वह बीवी की तरफ़ ज़्यादा राग़िब[3] नज़र आता तो जलकर ख़ाक हो जाती।

"ऐ भाई, ये हर वक़्त के चोंचले..." वह नाक सिकोड़कर ताना देती और बड़ी आपा शर्म से पानी-पानी हो जाती। वह जल्दी से अपने आपको उसके तरसते हुए हाथों से छुड़ाकर भाग आती। और साग बीनने लगती। दूर बैठा वह हसरत से तका करता। अरमान-भरे इशारे करता। तरसी हुई नज़रों से घूरता। जैसे वह उसकी जायज़ बीवी नहीं पराई औरत हो। मगर वह न जाती।

ज्योंही वह कॉलेज से आता, बुढ़िया अपने अमराज़[4] का पोटला बिखेरकर बैठ जाती और उसे घेरे रहती। ज्योंही वह जान छुड़ाकर बीवी के पास आता, वह बहू को फ़ौरन किसी ज़रूरी काम के बहाने बुला लेती। बहू सब्र की सिल कलेजे पर धरे बैठी रहती। हाथ काम में लगे रहते। मगर दिल मियाँ की अधकही बात में।

---

1. मज़ाक़ 2. आकर्षित 3. आकर्षित 4. बीमारियाँ

"ऐ दुल्हन, काम में जी नहीं लगता तो जाओ, ऐ हाँ...नहीं तो।" वह उसके दिल का हाल मालूम करके नए ताने से उसके क़दम जकड़ देती। जब उसे पक्का यक़ीन हो जाता कि बहू वाक़ई नाउम्मीद हो चुकी है और बेटे का मिज़ाज काफ़ी गर्म हो गया, चाव-चोंचले का ख़तरा ख़त्म हो गया, तब वह उसे छोड़ देती।

मियाँ का पारा उतारने में सारी खुशामदें, सारे लाड़, जिनके आसरे में वह पहाड़ से दिन काटती, मिट्टी में मिल जाते। दबे छुपे लफ़्ज़ों में शिकायत भी करती। माफ़ी माँगती। मगर चढ़ा हुआ भूत यूँ आसानी से थोड़ी उतर जाता। फिर सास को ख़बर हो जाती तो वह और जले पर भूबल[1] झोंकती।

"ऐ...हमने तो कभी मियाँ क़ी जूती पर नाक नहीं रगड़ी। वही बिचारे अल्ला बख़्शे हमारी तीन सौ साठ सुना करते थे, पर आजकल की लड़कियों का तो बस...तौबा है। मिटी जाती हैं ख़सम पर।"

वह ख़ामोशी से ये सबकुछ सुन लेती और ये सोचकर सब्र कर लेती कि कभी तो ताने क़ब्र के कोने में दफ़न हो ही जाएँगे। उसे उल्टा बुढ़िया पर रहम आने लगता। वह उसे तख़्ता-ए-ग़ुस्ल[2] पर लाचार व बेबस आख़िरी सफ़र के लिए तैयार देखती। उसने पक्का इरादा कर लिया था कि उसका तीजा वग़ैरा धूमधाम से करेगी। ताकि लोग ये न कहें कि तालीमयाफ़्ता[3] बहू के हाथों, बुढ़िया की आक़बत[4] भी मिट्टी में मिल गई। हालाँकि उसे पुख़्ता यक़ीन था कि ख़्वाह कितने ही तीजे चालीसवें किए जाएँ बुढ़िया बग़ैर तावान[5] दिए अपनी ज़्यादतियों के अज़ाब[6] से न बच सकेगी। थोड़ा-बहुत तो अज़ाब भोगना ही पड़ेगा। अगर यूँ ही नज़र-नियाज़[7] का काम चल जाता तो फिर क्या कहने थे। और फिर तो वह फ़राख़दिली[8] से तीजा करते भी घबराती।

मगर बुढ़िया उसके गले में चक्की के पाट की तरह लटकी रह गई। और खुद उसकी रातें सूनी हो गईं और दिन भयानक काँटों से भर गए।

नूरी अब जवान हो रही थी। लिहाज़ा सास हर वक़्त बहू को चाल-चलन से रहने की तलक़ीन[9] करती। या तो वह ख़र्चे के डर के मारे किसी से मिलती-जुलती न थी। या अब सारे कुनबे के लड़कों की बलाएँ लेने पर तुल गई। सास-बहू ने मिलकर लड़का घेरने पर कमर बाँध ली। अलावा नूरी की ज़ाती सिफ़ात[10] के उसकी यतीमी का सर्टीफ़िकेट हर जगह कारामद[11] साबित हुआ। और जल्द ही एक निहायत मालदार और इकलौते लड़के को उस पर आशिक़ कर लिया गया। उसके कुनबेवालों ने लाख ऊधम मचाया मगर एक न चली।

नूरी जब आई तो निहायत शर्मीली और फ़र्माबर्दार[12] बनकर आई। बड़ी आपा बड़ी जाँफ़िशानी[13] से जहेज़ जमा करने लगी। उसने एकदम सारे ख़र्च बंद करके तंगी में गुज़र करनी शुरू कर दी। नूरी भी फटे-पुराने कपड़े बड़े शर्मीले फ़ख्र के साथ पहन लेती। हर

---

1. गर्म राख 2. मुर्दे को नहलाने वाला तख़्त 3. शिक्षित 4. परलोक 5. जुर्माना 6. दण्ड 7. पूजापाठ 8. खुले दिल से 9. समझाती 10. व्यक्तिगत गुण 11. उपयोगी 12. आज्ञाकारी 13. जी-तोड़

चीज़ जहेज़ के लिए रख दी गई। गो लड़का अभी मैट्रिक में पढ़ता था और इंग्लैंड जाने वाला था। और इस तरह नूरी को कम-अज़-कम सात साल उम्मीदवारी में गुज़ारने थे। मगर वह आनेवाली ख़ुशगवार ज़िंदगी के हसीन ख़्वाबों के नशे में कुछ भी तो न महसूस करती। वह उन चिथड़ों को चौथी के जोड़े की उम्मीद में कलेजे से लगाकर पहनती।

उसे अब एहसास-ए-बुज़ुर्गी[1] भी हो चला था। उसने सारा चुलबुलापन छोड़ दिया था। एकदम घरवालों की तरह संजीदगी अख़्तियार[2] कर ली। वह शम्मन से अपने आपको कुछ बरतर[3] ख़याल करने लगी थी। उसका मोल इतनी जल्दी हो गया, और जिस तरह दुकान में रखी हुई चीज़ों में से किसी एक चीज़ का मोल-तोल ग़ैरमोतवक़्क़ा[4] क़ीमत पर हो जाए। कोई गाँठ का पूरा आन पहुँचे, तो बाक़ी का माल हक़ीर[5] पड़ा रह जाता है। इसी तरह शम्मन भी कुछ मोतहय्यर और हक़ीर सी रह गई। उसे एक हल्का-सा एहसास-ए-कमतरी[6] भी होने लगा। आख़िर वह क्यों ज़िंदगी के हर शोबे[7] में पीछे रह जाती है ? बीमारी से उठी हुई, दुमनुची मुर्ग़ी की तरह, वह बदहैयत[8] और हक़ीर नूरी की रोमानी कमसिनी के आगे, एक मुतअफ़्फ़न[9] फोड़ा मालूम हुई।

इसी अर्से में कॉलेज से लौटते में एजाज़ दो-चार रोज़ के लिए आया। जब उसका ख़त आया तो किसी को पढ़कर सुनाने की मोहलत भी न मिली। वह ख़ुद ही ताँगे में बैठकर घर तलाश करता आन पहुँचा। लेकिन जब लोगों ने उसे देखा तो अल्लाह की शान याद आने लगी। वही सूखा मारा बदवज़ा[10] जानवर एक वजीह[11] नौजवान बन चुका था। उसका घुटा हुआ सर, चमकीले बालों से आरास्ता[12] था। क़ीमती सूटकेस में रखे हुए कपड़े की तहें भी मुतास्सिर किए बग़ैर न रह सकीं।

उसे देखकर, शम्मन के दिल पर घूँसा सा लगा। मालूम हुआ, वह बरसों की खोई हुई चप्पल, न जाने किस गुमनाम कोने से उछलकर उसके मुँह पर आ लगी। वह ख़ुद-ब-ख़ुद पीछे सिमट गई। मोतीझरा[13] के मारे हुए बाल, और भी बेरौनक़, और सूखे हाथ, ज़्यादा डरावने नज़र आने लगे। उसने उसे देखते ही एकदम उसके ख़िलाफ़ एक मोरचा क़ायम कर लिया। वह अपनी पुरानी नफ़रत को एजाज़ के सामने झिझकता देखकर और भी चिढ़ गई।

एजाज़ बिलकुल नया चोला बदलकर आया था। वह झेंप और छिछोरपन तो कोई उसकी मौजूदा जात से किसी तरह वाबस्ता न कर सकता था। निहायत चर्बज़ुबान[14], हँसमुख और दिलेर। आते ही उसने हैरत से शम्मन को घूरा। वही भूखी आँखें किस गुस्ताख़ी से उसके आर-पार तैरती चली गईं।

"अरे ये शमशाद ! इतनी दुबली...? और तुम्हारी चोटी क्या चूहे कुतर गए...? भई वाह।" उसने क़हक़हे लगाना शुरू किए और शम्मन झल्लाकर रह गई। लोगों ने

---

1. प्रौढ़ता का भाव 2. अपनाना 3. श्रेष्ठ 4. आशा के प्रतिकूल 5. तुच्छ 6. हीन भावना 7. क्षेत्र 8. बदसूरत 9. बदबूदार 10. बेढंगा 11. सुंदर 12. सजा हुआ 13. टायफ़ाइड 14. चिकनी-चुपड़ी बातें

उसे बातों में लगा लिया। किसी ने भी तो ये न बताया कि वह अभी बीमारी से उठी है। ये नहीं कि वह एजाज़ के सामने अपनी बदसूरती का कोई उज़्र पेश करना चाहती थी बल्कि यूँ ही क्यों वह ग़लतफ़हमी में मुबतला[1] रहे।

वह उसकी जान को, एक बला बनकर आया। दिन-भर क़हक़हे लगाता। आया तो दो दिन के लिए था, मगर दो हफ़्ते बाद भी बहाने बनाकर रहे चला जा रहा था। लोग उसमें इस क़दर दिलचस्पी लेने लगे थे कि रोज़ वह किसी न किसी बहाने से रोक लिया जाता। नूरी तो उससे खूब घुलमिलकर बातें करती। वह भी उसके होनेवाले मियाँ की बातें करके छेड़ा करता। वह सारे काम छोड़कर बस एजाज़ से उलझा करती।

शम्मन का जी चाहता कोई एजाज़ को उसकी पुरानी तस्वीर दिखाकर उसे वह ग़लाज़तें[2] भी तो याद दिलाए जो वह पीछे छोड़ आया था। न जाने लोग अपने माज़ी[3] को किस तरह इस क़दर आसानी से भूलकर आगे बढ़ जाते हैं। उसे उन लोगों से सख़्त नफ़रत थी जो पहले वाले ग़रीब बदवज़ा[4] और कमअक़्ल अज्जू को भूलकर, उस नए इंसान की आवभगत करने लगे थे। वह उसे किस क़दर हिक़ारत[5] भरी ठोकरें मार चुके थे मगर आज उस पर फ़िदा थे। वही मँझले भाई, जिनके सामने वह नाक पकड़कर उठक-बैठक कर चुका था, उसे मोटर में लिए-लिए घूमते। वही अम्मा, जो अगर वह कुत्तों का खाना चुरा लिया करता था तो सुबह का नाश्ता बंद कर देती थीं, अब मुरग़्ग़न खाने उसके मुँह में ठूँसे देती थीं। कभी वो दिन भी थे, कि ज़रा देर तक सोता रहता तो अज्जू पर पानी का लोटा औंधाकर उसकी चारपाई उलट दी जाती थी। आज वह, दिन चढ़े तक सोता रहता फिर भी लोग यही कहते, ''अल्लाराखे जवानी की नींद है सोने दो।'' शम्मन सुलगकर रह जाती। लोग सच बोलते क्यों डरते हैं, ये क्यों नहीं कहते रुपए की नींद है। उस जायदाद की नींद है जो उसके चचा ने, अपनी ज़िंदगी ही में, उसके नाम कर दी थी। बड़ा ज़लील था एजाज़। वह उनकी ठोकरें जैसे भूल गया ? नीच कहीं का। जब लोगों ने थूका जब भी ख़ामोश और शाकिर[6] रहा और जब कि वही लोग अपना थूका चाट रहे थे, वह निहायत खुश था। ये क्यों और कैसे ?...मगर शम्मन, अब भी वही शम्मन थी। वह अब भी एजाज़ के वजूद पर थूकने को तैयार थी। वह घंटों बैठकर लोगों के साथ ताश खेलता, हँसी-मज़ाक़ करता। मगर शम्मन उन सबसे दूर किसी निहायत ग़ैरदिलचस्प[7] काम में डूबी रहती। वह एजाज़ से बिलकुल मुख़ालिफ़ सिम्त[8] चलती। अगर वह उससे कभी कुछ कहना भी चाहता, यूँ ही कोई निहायत मामूली-सी बात, तो वह सुनी-अनसुनी कर जाती।

जबसे वह आया था, लोग नए-नए पैंतरों से हर वक़्त उसकी शादी का ज़िक्र करते। बड़ी आपा बेचारी के हाथ कट चुके थे। वह नूरी के लिए हाँ कर चुकी थी। हालाँकि कई दफ़ा उनकी नीयत बहक भी गई। ''साल-दो-साल में एजाज़ नौकर हो जाएगा और वह होने वाला दामाद न जाने कब हल जोतने के क़ाबिल हो ?'' इसके अलावा और

---

1. ग्रस्त 2. गंदगियाँ 3. अतीत 4. बेढंगा 5. नफ़रत 6. कृतज्ञ 7. अरुचिकर 8. दिशा

सारे ख़ानदान की लड़कियाँ उसके क़दमों में डाली गईं मगर वह हर एक में कोई न कोई नुक़्स[1] निकाल देता।

इत्तफ़ाक़ कहिए या क़िस्मत। इन्हीं दिनों बिलक़ीस और जलीस अपनी ख़ाला के यहाँ आईं। ज़नाना क्लब में, अचानक शम्मन से मुलाक़ात हो गई। बिलक़ीस बाल बराबर भी तो न बदली थी। वही चुलबुलापन, चीख़-चीख़कर बोलना और ऊँचे-ऊँचे क़हक़हे। शम्मन से इस क़दर भींचकर गले मिली कि शाने दुखने लगे। घुल-मिलकर दोनों में बातें हुईं। बिलक़ीस अपनी ख़ाला के यहाँ ज़न्नाटे से इश्क़ लड़ाने आई हुई थी। ख़ाला का घर अच्छा-ख़ासा भर्ती का दफ़्तर बना हुआ था। शहर के तमाम शादी के क़ाबिल या क़ाबिल होने वाले लड़के, उनके यहाँ हाज़िरी देते थे। तीन-चार अपनी लड़कियों के अलावा वह अपने अज़ीज़ों की लड़कियों के नसीबे खोलने में मलका रखती थीं। उन्हें इस क़दर मश्क़ हो गई थी कि जिस लड़की का जिस लड़के से चाहतीं, जोड़ लगा देतीं। फ़रीक़ैन[2] जितना भी चाहें, कुछ बस नहीं चलता। निखट्टू और बदक़िस्मत लड़के, मौक़ा देखते ही थूहर की जड़ की तरह चमन-ज़ार[3] से निकालकर फेंक दिए जाते। उनका आना यकलख़्त क़ाबिले-ऐतराज़ हो जाता।

बिलक़ीस, ख़ाला की तमाम सहूलतों को क़बूल करने की सलाहियत रखती थी। पढ़ाई छोड़कर उसने कुछ दिन सलीक़ा और फ़ैशन सीखने के लिए अंग्रेज़ी स्कूल में नाम लिखवा लिया था। और वहाँ से ऐसी धारदार होकर आई थी कि हद नहीं। अजीब बात इस लड़की में ये थी कि वह हर उस निसवानी हर्बे[4] का जो मर्द को मारने के मसरफ़[5] में आता है, फ़ख़्रिया ज़िक्र करती। चालाकियों .ख़ुदग़र्ज़ियों[6] और मक्कारियों का बड़ी मासूमियत से एतराफ़[7] करती।

"ऐसे मुझे ख़ाक पसंद नहीं, पर जब मैंने उसे सितार सुनाया तो कमबख़्त मर गया। जलीस ने वायलिन बजाया मगर बेचारी शर्मा गई।"

"मुनव्वर हद उल्लू है। पता है, कल 'बर्नाड शॉ' मेरे लिए न जाने कहाँ से ढूँढ़कर लाया। बड़ा पढ़ाकू है। कहता है प्रोफ़ेसर बनूँगा। अब भला शम्मन, कितने साल लग जाएँगे। कम अज़ कम चार साल रख लो। भला कौन बैठा रहने देगा मुझे ? अख़्तर सुपरिंटेंडेंट ऑफ़ पुलिस है, जान को आ गया है...मगर मैंने अभी किसी को जवाब नहीं दिया है। ख़ुदा क़सम जो अख़्तर मेरे लिए पद्मा जैसी अँगूठी न लाया तो कभी जो कर जाऊँ मँगनी।"

ख़ाला बी कहती हैं, "अख़्तर ख़ासा है। मगर मैं कहती हूँ, मूसा की जायदाद बेहद बड़ी है ?..पता है तीन मोटरें हैं, और...!"

क्लब के बाद वह शम्मन को अपनी ख़ाला के घर ले गई और दूसरे दिन दोनों बहनें बग़ैर कहे सुने आ धमकीं–शम्मन के घर। यूँ तो घर अच्छा ख़ासा था मगर बेसलीक़ापन और लापरवाई की वजह से ये हाल था कि दो चार टूटी कुर्सियों, मैली

---

1. बुराई, कमी 2. पक्ष-विपक्ष 3. बाग़ 4. औरतों की चालें 5. उपयोग 6. स्वार्थ 7. स्वीकार

दरियों के तख़्त और बान की खुर्री चारपाइयों के सिवा कुछ उठने-बैठने का इंतज़ाम न था।

झेंपती, खिसियाती शम्मन उसे अपने कमरे में ले आई। उसको कमरा कहना बिलकुल बेजा था। उसी जगह कुछ संदूक़, चीनी के बर्तनों की अलमारी भी थी। एक तरफ़ छत में जड़ावल का सामान झूल रहा था। कोने में जाला लेने का बाँस खड़ा था जिसे कभी हरकत[1] न दी जाती। मकड़ियों और छिपकलियों का पुरसुकून राज क़ायम था।

"अपने कमरे में चलो ना," बिलक़ीस ने चुपके से उसके कान में कहा और शर्म के मारे शम्मन का जी मर जाने को चाहा। रुपए की कुछ कमी न थी, पेंशन ही इतनी काफ़ी थी कि अगर चाहते तो ढंग से रहना मुश्किल न था। मगर पेंशन से पहले कौन से ठाठ थे। वैसे घर में पंद्रह-बीस नौकर और मुफ़्तख़ोरे मौजूद। बाहर चार-चार भैंसें, घोड़े, कुत्ते, मुर्ग़ियाँ वग़ैरा भरी पड़ी थीं। बाहर तो बैठने के कुछ लिए मोंढे वग़ैरा थे भी मगर घर में बड़ी-बड़ी बीवियाँ भी आतीं तो लशतम-पशतम पलँगों और तख़्तों पर चादरें बिछ जातीं। उसने कभी किसी को अपने घर की हालत न बताई थी। और बिलक़ीस-जलीस से दो-चार दफ़ा गप्प भी मारी थी। वह तो इस घर में पैदा होकर पछताई थी। काश वह कहीं और जन्म लेती। इतने बहन-भाइयों के बजाए दो एक लायक़-नालायक़ भाई और वह एक अकेली लाडली बेटी होती। कोठी, बँगला होता, सोफ़े और कोचें होतीं। चाहनेवाले चचा और क़ुर्बान होने वाली ख़ालाएँ होतीं...काश, उसके घर में भी एक बाग़ होता और वहाँ नारंगी और लोकाट के फूल महका करते, जिन्हें तोड़ने के लिए उसकी उँगलियाँ हसीन और नाज़ुक हो जातीं। मगर...ये तो उसे ख़्वाब में भी मयस्सर न हुआ। उसने ख़्वाब भी सदा भयानक और डरावने ही देखे, भूतों और चुड़ैलों की दुनिया के।

वह बिलक़ीस-जलीस को लेकर अहाते के एक सुनसान कोने में चली गई। ये कोना भी कूड़े-करकट, टूटी हुई इन्हीं, बोसीदा डेलों और टूटी हुई झलंगों से पटा पड़ा था। मगर बिलक़ीस बड़ी बेतकल्लुफ़ी से दहलीज़ पर अख़बार का काग़ज़ बिछाकर बैठ गई। जलीस, नूरी के रोमान सुनने और इमलियाँ बीनने चली गई।

घंटों सर जोड़े वह न जाने एक दूसरे को क्या बातें बताती रहीं। बिलक़ीस ने उसे बताया कि वह किस तरह तनदही[2] से शादी की तैयारियों में लगी हुई है। और वह तमाम तैयारियाँ ये थीं कि इतने ढेर से लड़कों में से ज़िंदगी का एक साथी चुनना था। इतने जनों में से एक को चुन लेना और बाक़ियों को मूँगफली के छिलकों की तरह झाड़ देना बिलक़ीस जैसी जज़बाती लड़की के लिए कितना मुश्किल था।

"आख़िर तुम्हें मुहब्बत किससे है ?"

"मुहब्बत ! जो सच पूछो तो मुझे अब्बास से है। बचपन से हम एक दूसरे को जानते हैं और हमारे ख़यालात भी एक जैसे हैं !"

---

1. हिलाना 2. तन्मयता

"च्च...झूठी ! पहले कहती थी मैं अंसार पर मरती हूँ, बड़ा क़ौमपरस्त[1] है...ये है, वो है," शम्मन ने चिढ़कर कहा।

"है तो वह क़ौमपरस्त। मगर बहन सच बताऊँ, गुज़र कैसे हो सकती है उसकी ? भई बात ये है कि चाहे कुछ भी हो मुझे सोसायटी पसंद है।"

"बिलक़ीस ! हद मक्कार हो तुम भी। मुहब्बत में तो इंसान इन बातों को सोचता भी नहीं।"

"मगर असल में तो मुझे अख़्तर ही से ज़्यादा मुहब्बत है।"

"ऊँह, अख़्तर से या उसकी नई मोटर से।"

"च्च, भई तुम तो बेवक़ूफ़। मोटर उसकी ख़ाक पसंद नहीं। ख़ुदा क़सम मूसा की मोटर देखो तो बस मर जाओ।"

"तो फिर मुहब्बत ?"

"मुहब्बत तो ग़रीबों ही से ज़्यादा होती है। मगर..."

"मगर ?"

"मगर शादी तो अमीर ही से करना पड़ती है...क्यों है न भई ?"

"क्यों ? ये तो बिलकुल रंडियों जैसी बात हुई।"

"हिश्त, रंडियों जैसी क्यों हुई। और अगर है भी तो क्या हुआ शम्मन, एक ही तो बात है।"

"क्या ?"

"हाँ भई, देखो...आप जैसे...ऊँह भई, मुझे नहीं मालूम तुम तो बहस करती हो। च्च तौबा, हम क्या बातें करने लगे...शम्मन ! कल मैंने नमाज़ पढ़ी थी।"

"अच्छा...?"

"हाँ, अख़्तर ने कहा था मैं शलवार क़मीज़ में बिलकुल लैला मालूम होती हूँ। वह जो मेरा काला शिफ़ान का सितारों वाला दुपट्टा है, मैंने ईरानियों की तरह लपेटकर ओढ़ा, तो कहने लगा..." वह कुछ रुकी।

"क्या कहने लगा ?"

"कहने लगा तुम्हारी तस्वीर खींचकर वीकली में भेजूँगा...मैंने कहा जानमाज़ पर खड़ी हो जाऊँ तो ज़्यादा अच्छी रहेगी...मगर शम्मन मैं तो खड़ी होकर हद बुरी लगी। तो मैं बैठकर दुआ माँगने लगी...तस्वीर खेंचकर...ही....ही," वह हँसी।

"क्या ? क्या ?"

"वही कमबख़्त प्यार कर लिया, बदतमीज़ कहीं का ?" बिलक़ीस बनकर शरमाने लगी !

दोनों हँस रही थीं कि एजाज़ ख़ास माशूक़ाना[2] अंदाज़ से रैकेट घुमाता हुआ, बरामदे में आ निकला।

---

1. राष्ट्रवादी 2. प्रेमियों की तरह

"ओह ? माफ़ कीजिएगा," वह जल्दी से मुड़कर जाने लगा।

"हद !!"

"कौन था ये ? हाए बिलकुल फ्रेड्रिक मार्क्स की सी शक्ल है।" बिलक़ीस ने ज़ोर से शम्मन का बाज़ू मसलकर पूछा।

"है एक, हमारा रिश्ते का भाई।"

"अच्छा, बेईमान क़हीं की।"

"वाह।" शम्मन मुस्कुराई।

"जान है खुदाक़सम, शर्तिया तुम मरती हो उस पर।"

"हुँह कभी भी नहीं।"

"हाय, बड़ी बदमज़ाक़ हो। खुदा क़सम वह...वह देखो इधर ही देख रहा है।"

"तुम्हें घूर रहा होगा वह," फिर इतराई।

"चुप गधी कहीं की।" शम्मन ने उसके खूब चुटकियाँ लीं। कोई ग़ैरमानूस[1] सी चीज़ दिल में कुलबुलाई मगर वह झल्लाती ही रही।

जब बिलक़ीस और जलीस जाने लगीं तो एजाज़ फिर बाहर निकलकर किसी नौकर से फ़िज़ूल बातें करने लगा। जब उनकी मोटर चली गई तो वह शम्मन की तरफ़ मुड़ा। वह जल्दी से अंदर चली आई।

शाम को खाने के वक्त एजाज़ जान-बूझकर उसके पास घुसकर बैठा। कहीं बिलक़ीस की बातें सुन तो नहीं ली बदज़ात[2] ने ? दो-चार मीठी बातें भी करने की कोशिश की। मगर शम्मन ने किसी बहाने से उठकर जगह बदल ली। वह पान लगा रही थी कि पास आ बैठा।

"एक हमें भी। पर भई मुँह न काट देना।"...वह इतराकर बोला। शम्मन ने जब पान दिया तो उसने उसकी उँगली पकड़ने की कोशिश की। शम्मन ने जलकर पान छोड़ दिया। ये, फ़रसूदा[3] रोमान उसे एक आँख ना भाया। उसे उन गूँगे आशिक़ों से सख़्त नफ़रत थी, जिनका रोमान बोलता है पर मुँह से नहीं फूटते।

"लाओ मैं पढ़ा दूँ।" उसे पढ़ता देखकर, वह पास आन बैठा।

"पढ़ चुकी।" शम्मन ने शरारत से किताब बंद कर दी और जूता पहनती चल दी। वह खूब उसकी चालों को पहचान रही थी। वह आज फिर वही पुराना भूखा अज्जू मालूम हो रहा था और इर्द-गिर्द ऐसा मँडरा रहा था जैसे गोश्त पर चील। शम्मन जान-जानकर उसे धुत्कार रही थी। एजाज़ को प्यासा हाँफता देखकर वह दिल ही दिल में तरी महसूस कर रही थी !

दो दिन तक वह तरसता रहा। मगर शम्मन ने उसे बोलने की मोहलत[4] न दी। मगर रात को, जब सब कुछ-कुछ सो चले थे, वह बाहर से किसी बहाने से आया। पहले तो वह हस्बेआदत[5], दिखाने के लिए कुछ ढूँढ़ता रहा, फिर पानी पीने लगा। रुक-रुककर

1. अपरिचित 2. शैतान 3. पुराना, बासी 4. अवकाश 5. आदत के अनुसार

उसने पूरा गिलास चढ़ा लिया। शम्मन हँसी दबाए ख़ामोश पड़ी रही वह मुड़ा तो शम्मन ने आँख के गोशे[1] से देखा कि वह वापस लौटा।

"शम्मन।" उसने आहिस्ता से पुकारा।

"यहाँ बैठ जाऊँ।" मगर क़ब्ल इसके कि वह कोई जवाब दे, एजाज़ पलंग के कोने पर बैठ गया।

"शम्मन एक बात कहूँ ?...कई दिन से..." उसकी आवाज़ अटक गई। शम्मन के हाथ-पैर सुन्न होने लगे। उसने साँस रोक ली।

"तुम जानती हो दो साल की ट्रेनिंग और है। फिर किसी अच्छी जगह पोस्ट हो जाऊँगा। चचा मियाँ की जायदाद भी काफ़ी है। मगर मैं सोचता हूँ, शिमला में एक कोठी ख़रीद ली जाए तो"

"कोठी और बाग़...नारंगी की कलियाँ..." शम्मन की उँगलियाँ ऐठने लगीं।

"मेरे ख़याल में मेरी हैसियत का इंसान एक तालीमयाफ़्ता लड़की के लिए नामौज़ूँ[2] तो नहीं...ठीक है ना।"

"एजाज़।" उसने साँस को फेफड़ों में घोटा।

"हाँ शम्मन...ये लोग तो जाहिल हैं...कुछ नहीं समझते। एहसासे-कमतरी है और कुछ नहीं। तो बस, अब तुम्हारे हाथ में है सबकुछ।

"मेरे...मेरे हाथों में..." शम्मन ने ज़ोर से मुट्ठियाँ भींच लीं ताकि वह नामालूम सी दौलत कहीं रेंग न जाए।

"वह तुम्हारी दोस्त है ना..."

"ऐं ?" शम्मन ने मज़बूती से ट्यूब में हवा रोक दी।

"हाँ...बिलक़ीस, तुम्हारी पुरानी दोस्त है...तुम चाहो तो शादी करवा सकती हो।"

"मगर..."

"भई, देखो बहाने मत बनाओ, हमारी भन्नो। कैसी...खुदाक़सम जो तुम कहोगी...वह तुम्हें हार्डी का चमड़े वाला पूरा सेट पसंद है न..."

"मगर..." उसने उसे रोककर कहा।

"बिलक़ीस का टेस्ट बहुत ऊँचा है...माफ़ करना अज्जू..." वह बज़िद होकर बोली... "वह ज़रा और क़िस्म की लड़की है !"

"मगर शम्मन...मैं काफ़ी आज़ादख़याल हूँ..."

"मेरा मतलब है आज कल लड़कियों को आज़ादख़याली से ज़्यादा, कल्चर चाहिए..."

"तो..."

"और वह ख़ानदान देखतीं हैं, मआशरत[3] देखती हैं बिलक़ीस के उम्मीदवार ज़्यादातर तो नवाबों ही के ख़ानदान से हैं। दूसरे तुम सोचते हो कि तुम्हारी जायदाद

---

1. हिस्से 2. अयोग्य 3. शिकस्त, पराजय

बहुत ही ज़बर्दस्त रियासत है कि...''

''मैं ये तो नहीं कहता...एजाज़ की आँखों में उसे भूख और शिकस्त झलकती नज़र आई।

''फ़िज़ूल बकवास है।''

एजाज़ सर झुकाए चला गया। वह ख़ामोश बेहिस-ओ-हरकत[1] पड़ी रही...कुछ न सोचा। उसे तो बस एक एहसास था कि उसने नारंगी की झाड़ में हाथ डाला और किसी ज़हरीले नाग ने फन मार दिया। ज़हर की तरह कोई चीज़ सनसनाती लहराती उसके दिमाग़ की तरफ़ चढ़ी चली गई, जिसे झटकने की भी उसने कोशिश न की।

क्या उसे अज्जू से मुहब्बत हो चली थी ?...च्च, तौबा कीजिए, इस वाहमे को सोचकर वह हँस पड़ी। फिर ? उसने इसका जवाब पाना ज़रूरी न समझा।

एजाज़ के जाने से पहले उसकी शादी का ज़िक्र छिड़ा। वह कुछ दिल-बरदाश्ता[2] सा रहा। चूँकि शम्मन के वालिद ने उसकी परवरिश में काफ़ी पैसा ख़र्च किया था इसलिए पहला हक़ तो उन्हीं को पहुँचता है। इससे क़ब्ल कि कुछ एजाज़ से कहा जाता, उसने नूरी से कह दिया कि वह एजाज़ के अलावा हर जानवर से शादी कर सकती है। झगड़े उठे। कुछ रोने-धोने के ढोंग रचे। मगर कॉलेज जाकर उसने साफ़-साफ़ इनकार लिख दिया। और इस क़दर बेहयाई से कि ये सानेहा[3] ख़ानदान में तारीख़ बन गया। एजाज़ कुछ खिसियाना और मोतहय्यर सा रह गया। बिलक़ीस का ज़िक्र उसने किसी से न किया...और शम्मन ? ज़ोर लगाकर उसने हर गिरफ़्त से फिसलना शुरू किया। बग़ावत में उसकी रग-रग ग़रूर से फड़क उठी। उसे खुद अपनी ताक़त पर हैरत होने लगी। उसने सबके मुँह पर तमाचा मार दिया। दिल तोड़ दिए। उम्मीदें ख़ाक में मिला दीं। ओह ! कितनी ज़ालिम थी वह ?

सत्ताईस

इल्मा को देखकर तो वह उससे लिपट ही गई। उसके कंधे पर हाथ रखे तो वह दोज़ख़[4] की आग में से भी मुस्कुराती हुई गुज़र जाती। वह इस दफ़ा एक तोहफ़ा लाई थी न, इल्मा के लिए। एक बाग़ी की गोद में वह एक नया बाग़ी डालने लाई थी। इल्मा ने अपनी जादू-भरी आँखें उसकी निडर आँखों में डाल दीं और मुस्कुरा उठी।

''क्यों ?'' उसने सिर्फ़ इतना पूछा।

''मेरा दिल !'' बजाए लंबी चौड़ी तफ़सील के नए बाग़ी ने पैर जमाए मैदान में। ''गुड,'' इल्मा ने मसर्रत[5] से झूमकर कहा, ''ठीक कहती हो, किसी को हमसे *क्यों* कहने

---

1. बिना हिले-डुले 2. दिल को ठेस पहुँचानेवाला 3. दुर्घटना 4. नर्क 5. खुशी

की जुर्रत[1] ही न होना चाहिए। आओ चलो,'' गुरु ने चेले की बाँह पकड़ ली।

उसी दिन इल्मा ने उसे यूनिवर्सिटी के यूनियन के सदर और सेक्रेटरी से मिलाया। बहुत तेज़ी से शम्मन ने दुनिया के उस रुख़ को देख लिया। जहाँ इंसान अपने घोंघे जैसे ख़ोल से बाहर निकलकर अपने वजूद के सिवा भी कुछ देखता है।

वह इल्मा के कमरे में गई तो ज़रा देर को ठिठककर रह गई। उसके पलंग पर यूनियन का प्रेसीडेंट इफ़्तख़ार, लेटा हुआ ताज़ा अख़बार देख रहा था। वह झेंपकर लौटने ही वाली थी कि इल्मा सर पर साफ़े की तरह तौलिया लपेटे गुसलख़ाने से निकली। उसने शम्मन का तआर्रुफ़[2] कराया। गो वह इफ़्तख़ार से अच्छी तरह वाक़िफ़[3] थी मगर बातचीत का मौक़ा नहीं मिला था। इल्मा बाल सुखाने लगी और शम्मन से चाय बनाने को कहा।

''दूध–बिलकुल नहीं। शकर–एक चम्मच,'' इफ़्तख़ार ने तकिए पर सर घुमाकर हुक्म दिया। ''ये सिड़ी चाय में दूध नहीं लेता। बल्कि नींबू निचोड़ लेता है।'' इल्मा ने तशरीह[4] की।

''नीबू।''

''जी हाँ। आपने कभी नहीं पी रूसी चाय।'' इफ़्तख़ार ने बात उठा ली।

''रूसी चाय।''

''हाँ रूसी चाय में नींबू डालते हैं। आप भी आज़माइए। बड़ी मज़ेदार होती है।'' शम्मन ने हिचकिचाते हुए नींबू उठाकर प्याली में निचोड़ लिया।

''और लोग तो अभी तक आए नहीं। सीतल सीधा वहीं पहुँच जाएगा,'' यूनियन के आज़ाद और तरक़्क़ीपसंद ग्रुप की मीटिंग, पिकनिक की सूरत में, खुले मैदान में होना क़रार पाई थी।

''क्या मिस बोगा भी चलेगी ?''

''तो ! मिस बोगा न चलेगी तो फिर जा ही कौन सकता है। मगर क्यों पूछा तुमने ?''

''यूँ ही। ऐसे ही। बात ये है कि मुझे कमबख़्त से नफ़रत है, औरत है कि...'' वह कुछ कहते-कहते रुक गया। फिर तेज़ी से बोला।

''क्या ही अच्छा होता जो हम किसी तरह उसे भूले से छोड़ जाते।''

''अरे वह अपनी मोटरसाइकिल पर दनदनाती चली जाएगी। तुमने देखी। नई मोटरसाइकिल ली है उसने।''

शम्मन बड़े इनहिमाक[5] से चमचा चला रही थी। इफ़्तख़ार ने उसे ग़ौर से देखा।

''ये अब चीनी घुल रही है।'' वह अबरू[6] से इशारा करके बोला। ''मेरा मतलब है, प्याली की चीनी कब तक चलाएँगी। कुछ देर में पेंदे में सूराख़ हो जाएगा।''

---

1. साहस 2. परिचय 3. परिचित 4. व्याख्या 5. लगन के साथ 6. भवें

इल्मा ने दाँत चमकाकर अपनी मख़सूस हँसी उगलना शुरू की और शम्मन ने झेंपकर बड़ा-सा घूँट चढ़ा लिया। ज़ोर से उबकाई आई, वह मुँह पर रुमाल रखकर हिचकियाँ लेने लगी।

"ये...ये चाय ?" नींबू से दूध फटकर गँदले रंग के लोथड़े चाय में डुबकियाँ लगा रहे थे।

"खूब ! भई दूध डालो तो नींबू नहीं निचोड़ना चाहिए। "इफ़्तख़ार ने उसके लिए नई चाय बनाई। "रूसी चाय पीने के लिए मज़ाक़[1] होना चाहिए।"

चाय पीकर गिरोह के गिरोह वो शहर की हदों से बाहर मुक़र्रर[2] मुक़ाम की तरफ़ रवाना हो गए। कुछ ताँगों में, और कुछ साइकिलों पर लड़कियों को बिठाए चल दिए। रास्ते में मिस बोगा अपनी नई मोटर साइकिल पर सीतल सिंह, कॉलेज के मशहूर खिलाड़ी, को बिठाए सबकी आँखों में धूल झोंकती निकल गईं।

आसमान गहरा लाज्वर्दी[3] और शफ़्फ़ाफ़ था। मालूम होता था गाढ़ी-गाढ़ी वारनिश की हुई है। ख़ुश्क़ हवा मौसमे ख़िज़ाँ[4] की नीममुर्दा पत्तियों को इधर से उधर घसीटती फिर रही थी। गो हवा हलकी-फुलकी और नर्म पड़ गई थी मगर उसका हर तमाचा, जिस्म में ज़िंदगी दौड़ा रहा था। लड़कों और लड़कियों के छोटे-छोटे गुच्छे छरेरे पैरों के नीचे बेतकल्लुफ़ी से बिखर गए। दो मुख़ालिफ़ अनासिर[5] के लतीफ़ और अछूते मिलाप से फ़िज़ा[6] में बहार रची हुई मालूम होती थी। मर्दानी आवाज़ें ज़्यादा भारी-भरकम और लड़कियों के क़हक़हे ज़्यादा सुरीले हो गए थे !

लड़कियों की तादाद[7] क़ुदरती तौर पर महदूद[8] थी। लिहाज़ा एक-एक लड़की बतौर तबर्रुक[9] हर ग्रुप में बाँट दी गई। यूँ इल्मा से जुदा होकर, शम्मन एक बिलकुल नए और झेंपू क़िस्म के ग़ैरदिलचस्प गिरोह के हत्थे चढ़ी। क़दम फूँक-फूँककर निहायत आलिमाना[10] और शुस्ता गुफ़्तगू शुरू हो गई। और बहुत जल्द सबकी क़ाबलियतें[11] जवाब दे गईं। बेतरह दम घुटने लगे। इधर-उधर के गिरोह में यूनिवर्सिटी के चुने हुए मोती जगमगा रहे थे। उनकी आब-व-ताब दूर ही से लोगों को ख़ैरा[12] किए दे रही थी।

एक तरफ़ मिस बोगा, चंद बे-फ़िकरों के जमाव में अपनी खुरदुरी आवाज़ में अंग्रेज़ी के मज़ाहिया[13] गीत गाने की कोशिश कर रही थीं, तालियाँ बजाते में उनकी बाहों का पिलपिला गोश्त थलथल हिल रहा था। एक झाड़ी में आधा घिसटा हुआ इफ़्तख़ार सबसे अलग चीटियों की क़तारों को बड़े इनहेमाक से देख रहा था गोया वह आया ही इस ग़ैरज़रूरी काम के लिए था। शम्मन के साथी, जिनमें से अक्सर इल्मा के परस्तार थे, बेचैनी से उसके क़रीब पहुँचने का बहाना ढूँढ़ रहे थे। मगर मजबूरन बैठे शम्मन ही को भुगत रहे थे। वर्ना उनके दिल तो इल्मा और मिस बोगा के क़हक़हों के सुरताल पर नाच रहे थे !

---

1. सलीक़ा, ढंग 2. निर्धारित 3. नीला 4. पतझड़ का मौसम 5. व्यक्ति 6. मौसम 7. संख्या 8. सीमित 9. प्रसाद 10. विद्वत्तापूर्ण 11. योग्यताएँ 12. हैरान 13. हास्य

शम्मन को इस घुटे हुए सुकून से सख़्त घबराहट हो रही थी। उसका बस चलता तो वह .ख़ुद भागकर इल्मा के क़रीब पहुँच जाती। या कम-अज़-कम यही मालूम करती कि इफ़्तख़ार झाड़ी में उलझा हुआ कौन से मुअम्मे[1] सुलझा रहा था। साथियों की बेवक़ूफ़ाना ख़ामोशी से वह जी-ही-जी सुलग रही थी। फ़िज़ा न जाने कितनी देर कुंद रहती। अगर सीतल और इल्मा में पुरजोश जंग न शुरू हो जाती। सीतल और इल्मा का बराबर की चोट का मुक़ाबला था।

गो इल्मा उसे हर मैदान में एक क़दम पीछे छोड़ जाती थी, फिर भी वह जब भी मुड़कर देखती उसे जीता हुआ पाती। उन दोनों में क़ाबिलेरश्क[2] नफ़रत थी। अगर एक दिन था, तो दूसरा रात। जितनी इल्मा पुरइसरार थी, उतना ही सीतल चटियल मैदान की तरह बेलज़्ज़त। इल्मा इंतेहा की तल्ख़ और तेज़। सीतल हददरजा बेफ़िक्र और मसख़रा ! क्रिकेट के अलावा अंग्रेज़ी शायरी में भी टाँग अड़ी हुई। और यहाँ उसकी इल्मा से मुठभेड़ हुई। वह कहती थी कि सीतल के बाज़ू गोरिल्ले के-से और सीना गैंडे का-सा, लेकिन दिमाग़ ऊँट से भी बदतर। वह शायरी से इतना ही दूर रहे जितना टैगोर गुल्ली-डंडे से। इस पर हर मौक़े पर, हर जगह दोनों एक दूसरे की काट करते। ज़बानें दोनों की तेज़ थीं लिहाज़ा लोग बेचैनी से उन दो बदज़ात अनासिर के टकराने का इंतज़ार करते।

आज इल्मा हिंदोस्तान की आबाई गुलामी[3] और नादारी[4] का इलाज, वाहिद एक सिरे से, आम तबाही और क़त्ल तज़वीज़[5] कर रही थी। उसकी राय थी कि इसकी सिसकती हुई क़ौम को आबेहयात नहीं बल्कि ज़हरीली गैस मिलना चाहिए। ताकि एक बार बिलकुल नाम-ओ-निशान मिट जाए। ताउन[6] का इलाज कैलशियम के इंजेक्शन से नहीं बल्कि लोहे से दाग़ने से किया जा सकता है। ये सदियों का समोया हुआ ज़हर मरहमों से नहीं बल्कि ज़हर ही से निचोड़ा जा सकता है।

सीतल नपे-तुले मोहज़्ज़ब जुमलों में उसे एक 'नीम-हकीम ख़तरा-ए-जान' से तश्बीह[7] दे रहा था। वह डॉक्टर नहीं जो इलाज न जाने।

वह डॉक्टर नहीं गधा है जो एक अज़ो के सड़ जाने पर उसे जड़ से काटने के बजाए ज़ंबक[8] की मालिश तज़वीज़ करे। ये सदियों के बजबजाते हुए कीड़े, अबस है उनमें जान डालने की कोशिश करना। मिट्टी का तेल चाहिए थोड़ा-सा।

"वह बेजान तो नहीं, हाँ कमज़ोर हैं।"

"तो क्रिकेट खिलानी चाहिए इन सबको, इल्मा के हक़ में," क़हक़हा पड़ा।

"हाँ, और थोड़ी-सी शायरी की .ख़ुराक..." सिवाए मिस बोगा के, किसी ने दाद[9] न दी। उनकी हँसी में वह चिंघाड़ थी कि सबके क़हक़हे मंद पड़ जाते। इल्मा उसे मादा चर्ख़[10] कहा करती थी। वह ज़िंदगी को हल्के-फुल्के गुब्बारे की तरह हवा में लहराता देखना चाहती थीं। अब एक नए तीसरे मज़मून[11] में एम.ए. कर रही थीं और उनके

---

1. पहेलियाँ 2. ईर्ष्यायुक्त 3. पैतृक दासता 4. निर्धनता 5. प्रस्तावित करना 6. प्लेग 7. उपमा 8. कोई तेल 9. प्रशंसा 10. मादा लकड़बग्घा 11. विषय

रवैये से मालूम होता था कि दुनिया-भर के हर मज़मून को लेकर एम.ए. कर डालेंगी। मगर इल्मा का ख़याल था कि इल्म से ज़्यादा उन्हें कॉलेज की एक आदत सी पड़ गई थी। यूनिवर्सिटी की चहारदीवारी के बाहर उनकी ज़िंदगी सिफ़र[1] के बराबर हो जाती थी। सिवाए प्रोफ़ेसरों और कॉलेज के लड़कों के, उन्हें किसी से बात करनी भी न आती थी। उन्होंने बहुत चाहा कि नई ज़िंदगी की आदत डालें, कहीं नौकरी कर लें। मगर गाड़ी न चली। ताँगे में जुतने का आदी टट्टू, खुले मैदान में कुलेलें करते शर्माता था। ये नहीं कि वह पैदायशी बदशक्ल थीं और सिवाए कॉलेज के उन पर कोई लट्टू न हुआ। बल्कि वह ख़ुद, बावजूद कोशिशों के, किसी पर लट्टू न हो सकीं। लेक्चर हॉल, लाइब्रेरी, रीडिंग रूम, बोर्डिंग का खाना, आए दिन नए-नए इंसानों का दाख़ला और अख़राज[2]। उन्हें इसकी एक लत पड़ गई थी। वह हर नौवारिद[3] पर क़ाबिज़[4] हो जातीं। उसे साथ लिए-लिए तमाम उसूल और यूनिवर्सिटी के अजायबात[5] से दो-चार करातीं। बिलकुल एक मुहब्बत करने वाली माँ की तरह, वह उनको छोटी-मोटी परेशानियों और पुराने और शरीर लड़कों की बदमाशियों से बचा लेतीं। अब्बास, एक बिलकुल ताज़ा फ़र्स्टइयर फ़ैलो को तो वह बिलकुल पोटले तले छिपाए रखतीं। लेकिन हर नया शिकार, कुछ दिन बाद उल्टा शिकारी बन जाता। उनके दस्ते-शफ़क़त[6] की गर्मियों से उकता[7] जाता और उल्टा उन्हें मश्क़े-सितम[8] बना डालता।

जिंसी ऐतबार से वह एक अजीबो-ग़रीब मोअम्मा थीं। सुना है जब वह साइंस में रिसर्च कर रही थीं तो प्रोफ़ेसर रत्नम् से उनकी बड़ी राह-रस्म थी। यहाँ तक कि वह बारह-बारह बजे तक बैठी साइंस की गुत्थियाँ सुलझाया करतीं। लेकिन एक दिन, जब मुश्ताक़ प्रोफ़ेसर ने, जो उन्हें निहायत ही दक़ीक़[9] गुत्थी समझाने की कोशिश की तो उन्होंने तेज़ाब से उन्हें अंधा करते-करते छोड़ा। अब तक नन्हें-से सहमे बच्चे की तरह इस हादसे की तफ़सील बयान करतीं। और इस भोलेपन से लड़कों के हर सवाल का जवाब देतीं कि वह हँसते-हँसते बेहाल हो जाते। वह ज़रा भी न झेंपतीं और प्रोफ़ेसर की दस्तदराज़ियों[10] की तशरीह अमली हरकतों से करती जातीं।

इल्मा कहती थी कि इफ़्तख़ार भी किसी ज़माने में उनका चहेता था। पर उसे उनसे उस दिन से नफ़रत हो गई, जिस दिन उन्होंने इश्क़-ओ-मुहब्बत का कुछ अजीब भोंड़े और घिनौनेपन से ज़िक्र किया। वह सहमकर रह गया। वर्ना यही इफ़्तख़ार, घंटों उनके कमरे में लेटा रहता। वह स्वेटर बुना करतीं और इफ़्तख़ार उनकी रानों पर सर रखे पड़ा रहता। वह उसकी दस्तदराज़ियों को ग़लतियाँ समझतीं और इशारे-किनारे को भोलापन।

आजकल वह बड़े ज़ोर-ओ-शोर से सीतल पर करमफ़रमा[11] थीं। दो स्वेटर बुनकर दे चुकी थीं और उसे दिन-भर मोटर साइकिल पर लादे फिरतीं। उसकी हर बात पर 'वन्डरफ़ुल' और 'मारवेलस' कहतीं। गो इल्मा से अच्छे-ख़ासे तआल्लुक़ात थे मगर सीतल

---

1. शून्य 2. निलम्बन 3. नवागंतुक 4. अधिकार जमाना 5. अजूबे 6. सहानुभूति 7. ऊब 8. सताने का अभ्यास 9. कठिन 10. छेड़-छाड़ 11. मेहरबान

की पीठ थपकना, अपना फ़र्ज़ समझतीं। जब सीतल ने इल्मा के बाग़ियाना[1] ख़यालात का मज़ाक़ उड़ाया तो वह जोश से चीख़ पड़ीं। और जब इल्मा कोई चुभता हुआ सा जुम्ला कह देती तो वह सीतल को पिटे हुए बच्चे की तरह पुचकारतीं, जिस पर उसका मुँह सुर्ख़ पड़ जाता। लड़कों ने मशहूर कर रखा था कि वह उसे गोद लेने वाली हैं। और गुजरात में जो उनके पापा की कपड़ों की मिलें हैं, वह सब उसी को मिलेंगी।

सीतल ने हारते हुए पहलवान की तरह टेटुवे पर हमला किया।

"औरत को सियासत से क्या तअल्लुक़...उसका तो सिर्फ़ एक मक़सद है ! और वह..." इल्मा की आँखें नफ़रत से चमक उठीं। वह सीतल के उस जुमले के आगे कुछ बेदस्तोपा[2] हो जाती। मगर क़ब्ल इसके कि सीतल औरत के इस एक मसरफ़ की तशरीह करता, इफ़्तख़ार ने आकर महफ़िल दरहम-बरहम[3] कर दी। इफ़्तख़ार के उरूज[4] के साथ ही साथ सीतल का वजूद चाँद की तरह फीका पड़ जाता। वह कभी इफ़्तख़ार से न उलझता बल्कि फ़ख़्रिया[5] हार मान लेता।

इफ़्तख़ार ने फ़ौरन निहायत तनदही से आँख-मिचौली का प्रोग्राम बना डाला। एक लड़के की आँखों पर पट्टी बाँधी गई और बाक़ी सब घेरा बनाकर खड़े हो गए। नया और शर्मीला लड़का ज़रा-सी देर में तख़्त-ए-मश्क़[6] बन गया। घंटों चकराता रहा कोई हाथ न आया। इस अर्से में मिस बोगा मसर्रत[7] से चीख़ते-चीख़ते बिलकुल बदहवास हो चुकी थीं। तालियाँ बजाकर और हँसकर वह खेल को और तमाशा बनाए देती थीं। पसीने से शराबोर मुँह, ताज़ा सिंके हुए केक की तरह तमतमाया हुआ था। ढीले बरहना[8] बाज़ू, जिन पर भूरे तिल छापे की तरह जमे हुए थे, हवा में बात-बेबात उछल रहे थे ! बाडी के बंद फिसलकर कंधों पर से नीचे आ रहे थे और साड़ी ऊँची-नीची हो गई थी। जब उनके बताए हुए दाँव-पेंच लगाकर भी वह लड़का किसी को न पकड़ सका तो वह लोगों को जान-बूझकर चोर बन जाने की राय देने लगीं।

"ओ इफ़्तख़ार ! आना आगे को। तू क्यों दुबका हुआ है। थक गया बेचारा। अरे सीतल सिंह। अब भई तेरी बारी, तू बन चोर।"

जब किसी ने न सुना तो वह खेल के तमाम उसूल तोड़कर चोर से बग़लगीर हो गईं। चोर ने उन्हें फ़ौरन बूझ लिया और ग़रीब पर उस मानीखेज़[9] क़हक़हे ने घड़ों पानी उलट दिया जो उसके दोस्तों ने उसके हालेज़ार[10] पर लगाया।

मिस बोगा ने मचल-मचलकर पट्टी बँधवाई और तुतला-तुतलाकर हर एक को पुकारने लगीं। लेकिन बेचारी की ख़ुशी निहायत मुख़्तसर[11] रह गई क्योंकि इफ़्तख़ार ने फ़ौरन आगे बढ़कर अपने आपको पकड़वा दिया। खिसियानी होकर वह उसे थप्पड़ों से मारने लगीं और हँसती हुई फिर तमाशबीनों में आन मिलीं। खेल, बदमज़ा होकर मुसीबत बन गया। क्योंकि इफ़्तख़ार जब किसी को पकड़ता, जान-बूझकर उसका नाम

---

1. विद्रोही 2. मजबूर 3. छिन्न-भिन्न 4. उत्थान 5. सगर्व 6. अभ्यास की वस्तु 7. खुशी 8. नग्न 9. अर्थपूर्ण 10. दुर्दशा 11. संक्षिप्त

सही न बताता और फिर सज़ा के तौर पर चोर बनता। अगर उसके बजाए कोई और होता तो न जाने क्या गत बनती। मगर लोग ख़ंदापेशानी से हँस रहे थे।

शम्मन, खेल से बेतआल्लुक़[1] न जाने किधर देख रही थी और क्या सोच रही थी। खेल से ज़रा हटकर, इल्मा खड़ी सीतल के लंबे-चौड़े जिस्म को, जो सूखी पत्तियों पर लेटा अँगड़ाइयाँ ले रहा था, एक अजीब नफ़रत-भरी नज़रों से देख रही थी। सीतल ने कुछ कहा और इल्मा के ज़हरीले दाँत के भूखे भेड़िए की धारदार कुचुलियों[2] की तरह चमकने लगे। सीतल ने उसकी तल्ख़ियों[3] का जवाब एक तंज़िया[4] मुस्कुराहट से दिया और अपने भारी जिस्म को बेलन की तरह पत्तियों पर लुढ़का दिया। करारी ख़ुश्क़ पत्तियाँ छोटी-छोटी चिंगारियों की तरह चटख़कर ख़ामोश हो रहीं। इल्मा ने इस हतकआमेज़[5] लताड़ से खिसियाकर ज़मीन से एक मिट्टी का ढेला उठाया और ज़ोर से सामने पेड़ के तने पर खींच मारा। सीतल ने बरवक़्त[6] क़हक़हा लगाया और ऐसा मालूम हुआ, वह क़हक़हा उस ढेले में छिपा बैठा था और बारीक ज़र्रों[7] की शक्ल में फ़िज़ा में बिखर गया।

शम्मन ज़ोर लगाकर अपना बाज़ू छुड़ाने लगी। बेख़याली में उसने देखा भी नहीं और इफ़्तख़ार ने उसे पकड़ लिया। वह ऐसी बुरी तरह भड़की जैसे सचमुच के चोर ने दबोच लिया है ! इफ़्तख़ार की उँगलियाँ रस्सी के पेंचों की तरह और मज़बूत हो गईं। वह छोड़नेवाला आदमी न था। ग़ुल मचाकर बेइंसाफ़ी और बेइमानी की दुहाई देने लगा। साथ ही मिस बोगा पर तालियों और चीख़ों का दौरा पड़ गया। शम्मन को मजबूरन ख़ामोश खड़े होकर, अपने आपको बुझवाना पड़ा। हालाँकि इफ़्तख़ार उसे फ़ौरन पहचान गया था, मगर बन-बनकर वह उसे टटोले चला गया। नाक को हाथ, हाथ को पैर बताकर, सबको ख़ूब हँसाया। खुसूसन मिस बोगा तो बिलकुल ही पागल हो गईं।

"अरे सच बताओ, ये हमारे ही ग्रुप का कोई आदमी है या..."

"बिल्ली...इफ़्तख़ार, बिल्ली ही ही," मिस बोगा अपनी जगह पर दोनों पैरों से फुदक रही थीं।

"अरे मूँछें ! नहीं मूँछे नहीं...कौन हो सकता है ? सीतल, अब्बांस, कादरी...? दत्त ?" वह और बना और शम्मन रुहाँसी हो गई। इफ़्तख़ार ने पट्टी खोल दी।

"ओह आप ?...माफ़ कीजिएगा," वह मज़हकाख़ेज़[8] अदब से झुका और मिस बोगा ने फिर हँसी की चीख़ें मारीं।

इफ़्तख़ार ने इतना मज़ाक़ किया कि शम्मन को जैसे गूदड़ की पोटली में से निकालकर ऊँचे चबूतरे पर खड़ा कर दिया ! यूनियन का सदर मामूली हस्ती नहीं। अगर वह किसी में दिलचस्पी लेता है, तो कोई न कोई बात ज़रूर है। वापस लौटते वक़्त दस-बीस साइकिलें पेश की गईं। यहाँ तक कि मिस बोगा ने उसे सीतल के साथ

---

1. लापरवाह 2. दाँतों 3. कड़वाहटों 4. व्यंग्यपूर्ण 5. अपमानजनक 6. ऐन समय पर 7. कणों 8. व्यंग्यात्मक

ही बैठ जाने की दावत दे दी !

"हाँ, हाँ तुम उसकी गोद में बैठ जाना !" वह बड़ी मासूमियत से राय देने लगी। सीतल ने मुस्कुराकर शानों को एक इस्तक़बालिया[1] जुंबिश दी और शम्मन का जी चाहा मिस बोगा के एक ज़ोर की चपत लगाए। जैसे वह अपने बदतमीज़ छोकरे के गंदे गिलास में पानी पिलाने पर लगा दिया करती थी।

रात को शम्मन, इल्मा के साथ ही रुक गई। वह न जाने कहाँ-कहाँ की बातें करती रहीं। घूम-फिर कर सीतल का ज़िक्र आ जाता और इल्मा दाँत पीसकर रह जाती।

"मगर जानती हो ?" उसने बिस्तर पर बैठकर कहा।

"क्या ?"

"ये....कि मुझे सीतल से नफ़रत क्यों है ?"

"पता नहीं।"

"दुनिया में मतज़ाद अनासिर[2] एक-दूसरे के क़ुर्ब[3] से ही भड़क उठते हैं। पानी को क़रीब पाकर आग और भड़कती है, स्याही को देखकर सफ़ेदी और ज़्यादा तनदही से चमकती है।"

"हूँ।" शम्मन सोचने लगी।

"क्या मुझे सीतल में मुहब्बत हो सकती है ? वैसे ही पूछती हूँ।"

"क्या पता, हो भी जाए।"

"हाँ शायद, मगर जानती हो वह...वह मुहब्बत किस क़िस्म की होगी।"

"जाने।"

"उसे देखकर दिल में बड़े ज़लील जज़्बात मुतहर्रिक[4] हो जाते हैं। और ऐसा मालूम होता है, मैं एक गोश्त का हक़ीर[5] लोथड़ा हूँ जैसे..."

"क्या ?"

"कुछ नहीं, तुम नहीं समझोगी।" थोड़ी देर वह ख़ामोश बैठी अपने ख़यालों में डूबी आँखें खोलती बंद करती रही।

"शम्मन....सीतल को देखकर...बदमाशी करने को दिल चाहता है। है ना ?" उसने हौले से कहा।

"हटो...अल्लाह न करे। नफ़रत है मुझे तो।" शम्मन झिझकी।

"हाँ, हाँ, नफ़रत ही तो है...ऊँह, तुम नहीं समझतीं।" वह कुछ उदास हो गई।

"देखो...मगर होता है ऐसा...दुनियाँ में कई तरह के इंसान होते हैं। कुछ तो ऐसे जिन्हें देखकर सोई हुई ममता अँगड़ाइयाँ लेने लगती है। और कुछ ऐसे जिनके साथ दो-चार बातें करके जी भर जाता है।" वह शम्मन से ज़्यादा ख़ुद को समझाने की कोशिश करने लगी।

मगर कुछ ऐसे होते हैं, जिनके साथ लंबा-चौड़ा मुआहदा[6] करके उनके साथ लंबा-

---

1. अभिवादनपूर्ण 2. दो भिन्न 3. निकटता 4. गतिशील 5. तुच्छ 6. समझौता

चौड़ा सफ़र करने को दिल चाहता है।

"सफ़र ?...कैसा सफ़र ?"

"ज़िंदगी का सफ़र !"

"मगर सीतल ?"

"हाँ ठहरो, और चंद ऐसे भी हैं जिनसे एक बार तजुर्बे के तौर पर–"

"तौबा है इल्मा।"

"और फिर उनकी सूरत से घिन आने लगती है, उनके तसव्वुर से जी मतलाता है, जी चाहता है फिर उन्हें उठाकर दूर फेंक दें और भूल जायें।"

कमरे की धुँधली रोशनी में इल्मा का साँवला चेहरा अँधेरे ग़ारों में जमी हुई काई की तरह बेजान हो रहा था। उसकी आँखें और भी ग़ैर-मानूस[1] और बूढ़ी हो रही थीं।

"अजीब लड़की हो।" शम्मन ने जैसे ख़ुद से कहा।

"क्या ? अजीब लड़की। मुमकिन है अजीब लड़की हूँ ...शायद," वह चुप हो गई।

"शम्मन," उसने फिर कहा। "जब मैं अपने दिल को टटोलती हूँ तो वहाँ बड़े वहशियाना ख़यालात छिपे नज़र आते हैं, जिन्हें मैं जल्दी से वहीं बंद करके लौट आती हूँ। मैं डरती हूँ कि कहीं एक दिन वह बाहर निकलकर मुझे दबोच न लें...शमशाद, अगर मैं उन भूतों को बाहर निकल आने दूँ तो..."

"कौन से भूत ?"

"यही...यही, जो मेरे दिल में ऊट-पटाँग नाचा करते हैं, मगर बहुत बुरा हुआ !...बहुत ही बुरा।"

"वहमी हो तुम तो। इल्मा ! पागल कहीं की। भला ये भी कोई बात है !"

"...कमबख़्त सीतल..."

"नहीं, नहीं तुम डरो नहीं। मैं जो बात कह डालती हूँ, कभी नहीं करती। समझीं तुम। जब एक बार कुंछ सोचती हूँ तो...अच्छा सो जाओ तुम थक गई हो।"

"नहीं, नहीं, मुझे नींद नहीं आ रही है। कहो तुम।" "देखो इल्मा, तुम उस कमबख़्त सीतल के मुँह न लगा करो...न जाने मुझे क्यों उससे डर लगता है ?"

"डर ? तो तुम्हें भी उससे डर लगता है ?" इल्मा ने उसके पास झुककर पूछा।

"और क्या भई, ऐसी कमीनी आँखें हैं !"

"अरे पगली ! वह डर...वह डर...अब कैसे बताऊँ, ऊँह तुम समझती क्यों नहीं," इल्मा उसकी कुंदज़हनी[2] से आजिज़[3] आ गई।

"और वह क्या कह रहा था, औरत का एक ही मसरफ़[4] है ! क्या है वह ?"

"ओह वह। यही मसरफ़। जो, जो तुम नहीं समझतीं। वह हमेशा यही कहता है कि औरत, मर्द की दिलचस्पी के लिए पैदा की गई है।"

"च्च, तौबा ! मनहूस कहीं का ! तो तुम्हें गुस्सा आ गया था।"

---

1. अनजानी 2. मंदबुद्धि 3. तंग 4. उपयोग

"ऐं ? नहीं तो, मुझे इस बात पर गुस्सा नहीं आया था बल्कि...जब वह लेटा था, तो तुमने देखा था।"

"क्या ?"

"ऊँह, अब तुम्हें कैसे बताऊँ। हाए तौबा, और ऊई-टुई करने लगोगी, मसलन अभी अगर मैं तुम्हें बताऊँ कि मर्दों की एक क़िस्म ऐसी भी होती है, जिनका...जो..."

"क्या ?" शम्मन ने डरकर पूछा।

"जिन्हें देखकर दिल में एक अजीब ख़्वाहिश जाग उठती है। मसलन जैसे इफ़्तख़ार है। अब मुझे उससे मुहब्बत नहीं। है भी वह बड़ा अजीब मगर मेरा जी चाहता है कि मेरा पहला बच्चा इफ़्तख़ार का...।"

"इल्मा !" शम्मन बेवक़ूफ़ों की तरह, सीने में साँस लाने की कोशिश करने लगी।

"हाँ पगली, और कितना दिल चाहता है मेरा कि वह...वह..."

"मर जाओ ख़ुदा करे।" शम्मन बिगड़ गई।

"लेकिन मैं एक लंबे सफ़र में इफ़्तख़ार को नहीं भुगत सकती...आ...आ..." उसने लंबी-सी जम्हाई ली और लिहाफ़ में फिसल गई।

"थक जाऊँ। मैं तो दो दिन में थक जाऊँ।" उसने सोने से पहले बार-बार थकी हुई जम्हाइयों के दरमियान दुहराया।

अट्ठाईस

इल्मा की चेली बनकर कैलाश हॉस्टल आना पड़ा। प्रिंसिपल उसकी गुमराही पर तंबीह[1] करके हार गईं। मजबूरन उन्हें दर्से-एख़लाक़[2] देने के लिए उसे निकालना पड़ा। आने से पहले क्या-क्या मंसूबे[3] बाँधे थे कि आज़ादी मिली तो यूँ गुलछर्रे उड़ाएँगे। मगर जब चिड़िया के पर कतर दिए जाएँ तो वह पिंजरे के बाहर भी क़ैद ही रहती है। और ये काटे हुए पर, इस जनम में तो निकलते नहीं। निकले भी तो टेढ़े-टेढ़े ! दूसरे जब इंसान पर ख़ुद अपनी निगरानी का बार[4] पड़ता है तो वह बहुत कोताहनज़र[5] हो जाता है। छिछोरे झूठ और बहाने, ख़ुद को देने में क्या लुत्फ़[6] ? लेक्चर में जाने का बहाना करके सिनेमा उड़ जाना, अब उसकी ज़रूरत ही न रही। आज़ादी से जल्द ही जी भर गया। मालूम होता था अब किसी को भी उसकी चाल-चलन की फ़िक्र नहीं रही। वह बला से कुछ कर ले। किसी को क्या ? ऐसा मालूम होता था, लोग अपने काँधों का बोझ फिसलाकर आहिस्ता-आहिस्ता उसके सर पर डालते जा रहे हैं। औरों की क़ैद से छूटकर वह ख़ुद अपनी ज़िम्मेदारी की ज़ंजीरों में जकड़ती जा रही है। उसकी हस्ती[7] दो हिस्सों

---

1. चेतावनी 2. नैतिक शिक्षा 3. योजनाएँ 4. बोझ 5. संकीर्ण 6. आनंद 7. अस्तित्व

में तक़सीम[1] हो गई।

एक मुहाफ़िज़[2] और दूसरी महफ़ूज़[3]।

लाइब्रेरी से निकलते में सीतल से टक्कर हो गई। "यक़ीक़न इतना तो ग़ैर-मरई नहीं हूँ कि दिखाई भी न दूँ।" उसने मसनूई झल्लाहट से कहा। शम्मन ने हाल ही में ऐनक लगाना शुरू की थी। झेंपकर शीशे रूमाल से साफ़ करने लगी।

"जी हाँ, ख़ूब साफ़ करके देखिए। वैसे छह फ़ीट की चीज़ इतनी बारीक तो नहीं कि दूरबीन से देखना पड़े।"

शम्मन को हँसना पड़ा। सीतल भी हँस दिया। वह पेंसिल लेने जा रहा था, लेकिन अब तो उसके क़लम से काम चल जाएगा। इल्मा सच कहती थी कि सीतल के क़ुर्ब में इंसान गोश्त का लोथड़ा बन जाता था। उसने निहायत बेतकल्लुफ़ी से उसके गिरेबान से क़लम लपक लिया। और क़ब्ल इसके कि वह कुछ बुरा मानती वह तेज़ी से माफ़ी माँगता हुआ नोट्स लेने परले कोने में चला गया। शम्मन पिटी हुई शक्ल लिए, दूसरे कोने की मेज़ पर बैठ गई।

बावजूद कोशिश के, शम्मन, सीतल के वजूद को नज़रअंदाज़ न कर सकी। बार-बार उसकी नज़र उसी गोशे की तरफ़ भटक जाती जहाँ वह कुछ किताबें उलट-पुलट कर रहा था। वह मेज़ पर कोहनियाँ टिकाए मोटी-सी डिक्शनरी खोले कुछ ढूँढ़ रहा था। और सोच-सोचकर कुछ लिखता जाता था। बार-बार वह क़लम को होठों पर रगड़कर कुछ सोचने लगता और किताब पर झुक जाता। उसकी फँसी हुई स्पोर्ट्स शर्ट खाल की तरह सीने और शानों पर मढ़ी हुई थी। मज़बूत गर्दन वर्ज़िश की वजह से आहनी[4] साँचे में ढली मालूम होती थी। वह बार-बार पहलू बदलता। उसका कसरती जिस्म बिलकुल अड़ुंस के मुजस्समे[5] की तरह खिंचा हुआ और सुडौल था। भवें ज़्यादा घनी और तिकोनी आँखें अज़हद[6] फुर्तीली और गहरी हो रही थीं। जब वह अपने होंठ रूठने के अंदाज़ में सिकोड़ लेता तो बिलकुल ज़िद्दी बच्चे की-सी शक्ल हो जाती।

शम्मन ने झुँझलाकर किताब बंद कर दी। और न जाने किस पर दाँत पीसने लगी। सीतल के ख़िलाफ ये उसे फ़िज़ूल गुस्सा क्यों आने लगा ? धड़कते हुए दिल से इल्मा के अल्फ़ाज़[7] याद आ गए। तख़य्युल[8] ने उसे न जाने कहाँ से कहाँ पहुँचा दिया। क्या-क्या मंज़र[9] दिखा दिए...अँधेरे ग़ोशे[10], सुनसान गुफ़ाएँ और धुँधले-धुँधले पेड़ों के घने झुंड...ख़िज़ाँ-रसीदा[11] पत्तियों की चुरमुराने की आवाज़...मगर नहीं। ये तो सीतल के पहलू बदलने से मेज़ चरचराई थी—सीतल ! सीतल ! सीतल ! क्यों ! आख़िर क्यों वह उसके दिमाग़ पर चढ़ा चला आता था ? बग़ैर क़लम लिए वह लाइब्रेरी से निकल भागी और कॉमन रूम में जाकर लेट गई।

लेकिन फिर वह ख़ुद-ब-ख़ुद हँसने लगी। ये उसकी कमज़ोरी नहीं, सीतल की

---

१. विभाजित 2. हिफ़ाज़त करने वाला 3. जिसकी हिफ़ाज़त की जाए 4. लौह 5. मूर्ति 6. बहुत 7. शब्द 8. कल्पना 9. दृश्य 10. कोने 11. पतझड़ की

ताक़त थी, जो उसे थकाए दे रही थी। वही ताक़त जो एक हुस्न-फ़रोश[1] बेस्वा[2] में पाकर अच्छे-भले इंसान जबींसाई[3] पर मजबूर हो जाते हैं। उसने इससे पहले किसी से सुना भी न था कि जैसे फ़ाहशा औरतें[4] सीना ताने कमर लचकाती नाज़ोअश्बह[5] की बिजलियाँ गिरातीं लोगों को मसलती चलती हैं, उसी तरह बाज़[6] मर्द भी, अपने जिस्म की सस्ती और छिछोरी नुमाइश किया करते हैं। सीतल की हर जुंबिश से मालूम होता वह चीख़-चीख़कर कह रहा है, 'लो, देख लो ये मज़बूत पुट्ठे, ये रानें, ये चौड़ा-चकला सीना, है हिम्मत—नज़र भर के देखने की ?' वह जो बार-बार क़लम होठों पर रगड़ रहा था, क्या भोंडा तरीक़ा था पैगाम-रसानी[7] का। उसे घिन आने लगी।

कमरे में भारी पर्दे पड़े हुए थे। और अजीब पुरअसरार नर्म अँधेरा फैला हुआ था। कभी-कभी कोई पर्दा हवा में लरज़ता, रोशनी की नन्हीं-सी किरन सिसकियाँ भरती, फिर उसी खुशगवार तारीकी[8] में घुल-मिल जाती। उसके दिमाग़ की नसें, सूखी पत्तियों की तरह ख़स्ता हो रही थीं। डर था कि कहीं ज़रा भी ध्यान भटका और उनका चूरा हो जाएगा।

"अरे आप यहाँ ?" सीतल रबड़ का जूता पहने, बिल्ली की तरह चलता, न जाने कब कुर्सी के पीछे आन खड़ा हुआ। शम्मन उछल पड़ी। जैसे वह बेख़बर मज़े से नहा रही थी और किसी ने दरवाज़े चौपट खोल दिए। उसने जल्दी से अपने हवास समेट लिए और बैठ गई।

"ये आपका क़लम," उसने गाल खुजाने के बहाने उसे गाल से लगाया। उसकी आँखों ने बता दिया कि क्यों क़लम देते वक्त उसकी उँगली ज़रा ज़्यादा देर तक दब गई। शम्मन ने घबराकर क़लम छोड़ दिया।

"अरे हाथ जल गया," वह अपनी फुर्तीली आँखें झुकाकर बनने लगा।

दूर लापरवाही से मुड़कर उसने एक पेंटिंग को देखना शुरू किया। जैसे वह जाते-जाते रुक गया हो। पास रखे हुए स्टूल का सहारा लेकर दो-चार अँगड़ाइयाँ लीं और फिर शम्मन की तरफ़ मुड़ा।

बाहर बरामदे में नौकर-चाकर घूम रहे थे। लाइब्रेरी भी दूर न थी लेकिन शम्मन का दिल ऐसे धड़का जैसे वह सुनसान तनहाइयों में नामालूम ख़ौफ़ से भाग रही है मगर सब रास्ते बंद हैं। बड़े-बड़े हशरातुलअर्ज़[9] लंबे-चौड़े दहाने खोले हुए चारों तरफ़ से लपक रहे हैं। अगर सीतल एक लंबी-सी छुरी लेकर उसका क़ीमा कर डालता तो भी उसमें जुंबिश करने की सकत[10] न आती...मगर सीतल उल्लू न था। उसे कच्चे फूलों से नफ़रत थी। वह निहायत सब्र से पेड़ के नीचे खड़ा होठों पर ज़ुबान फेरा करता। और फल के पककर रसदार हो जाने का इंतज़ार करता। यहाँ तक कि खुद उसकी आग़ोश[11] में रस की बारिश हो जाती, मजबूरन वह उसे चख लेता। बिलकुल ज़बरदस्ती की दावत समझकर।

---

1. सुंदरता बेचने वाली 2. वेश्या 3. सिर झुकाना 4. आवारा औरतें 5. नाज़-नखरे 6. कई 7. संदेश भेजने 8. अंधकार 9. अजगर आदि 10. शक्ति 11. गोद

सीतल चला गया। मगर उसे बड़ी देर तक वह मुल्ला जी याद आया किए, जो बहुत दिन हुए, जब वह और नूरी खिड़की में बैठी गली से झाँका करती थीं और फिर हवास-बाख़ता[1] होकर खिड़की से गिर जाया करती थीं। वह जल्दी से कॉमन रूम से भाग आई।

यूनिवर्सिटी में दो गिरोह थे। एक तो प्रोफ़ेसरों का चहेता और दूसरा हरदिलअज़ीज़। मगर जिसकी हरकतों पर यूनिवर्सिटी के मुंतज़मीन[2] के अलावा हुकूमत की नज़र भी रहा करती थी। इस गिरोह के सरदार—इल्मा और इफ़्तख़ार थे। बाज़ लोगों का ख़याल था कि इफ़्तख़ार मुफ़सिद[3] और मक्कार था। उसकी ज़ुबान इस क़दर तर्रार[4] थी कि चंद लम्हों में सारी यूनिवर्सिटी को बहका देता। मगर ज्योंही दिल में कोई नया ख़याल पैदा होता, बड़े से बड़े फ़साद को ज़रा-सी देर में ख़त्म कर देता। इसीलिए मुंतज़मीन को हर मामले में उसकी मदद की ज़रूरत पड़ती। यहाँ तक कि यूनिवर्सिटी के अहम मौक़ों पर उसी की राय से मेहमान और सदर चुने जाते। यूनिवर्सिटी को कोई बहाना भी तो उसे दफ़ा करने का न मिलता था। वरना वह तो कभी का क्लर्की के जुए में जुता नज़र आता।

शक्ल-सूरत से वह निहायत मामूली दर्जे का इंसान नज़र आता था। आमतौर पर उस पर एक क़िस्म की नासमझी और बेवक़ूफ़ी तारी[5] रहती। लोगों का ख़याल था कि ये उसका असली चेहरा न था। उसका असली चेहरा तो बहुत थोड़ी देर के लिए सिर्फ़ प्रिंसिपल ने अपने दफ़्तर के प्राइवेट लम्हों में देखा था। या कभी-कभी जब वह ख़ुद को भूल जाता तो देखने वाले उसके चेहरे से मुकद्दर ख़ातिर[6] हो जाते। उसके होंठ हमलावर भेड़िए की तरह होठों पर से खिंच जाते और आँखों में सदियों की दबी हुई गुलामी की ख़ामोश बग़ावत सुलगने लगती। उसकी सेहत अमूमन ख़राब रहती थी। वह ज़्यादातर खाँसता-छींकता रहता था।

क़ुदरती तौर पर, शम्मन की नज़र बार-बार इफ़्तख़ार की तरफ़ उठती। गो वह बहुत कम उससे बात करता मगर जब कभी वह मिलते, ऐसा मालूम होता, वह एक दूसरे को बरसों से पहचानते हैं। वह उसकी हर बात पर आँख मींचकर साद[7] करना अपना फ़र्ज़ समझ चुकी थी। अब वह मद्दाहों[8] के ग्रुप से क़दम बढ़ाकर ममदूह[9] बनती जा रही थी। और नए इंतख़ाब[10] पर उसे यूनियन का कारकुन[11] भी बना दिया गया। आहिस्ता-आहिस्ता ख़ुदएतमादी[12] बढ़कर कुछ ग़ुरूर की हदों को छूने लगी थी। अब इल्मा उसे अपनी ही जैसी, मगर ज़्यादा अक़्लमंद और ज़हीन[13] नज़र आती थी। अब वह पहले की तरह मसहूर[14] होकर उसकी पुरअसरार आँखों और जहरीले दाँतों से इतनी मुतास्सिर न होती थी। उसे ख़ुद अपनी हँसी में एक ग़ैरमानूस[15] सी झंकार सुनाई देने लगी थी। हाँ, इफ़्तख़ार और उसकी खोई हुई सी झल्लाहट उसे अब भी मोतहय्यर[16] कर देती थी !

---

1. घबराया हुआ 2. व्यवस्थापक 3. झगड़ालू 4. मुखर 5. छाई 6. अप्रसन्न 7. मुबारक 8. प्रशंसक 9. जिसकी प्रशंसा की जाय 10. चुनाव 11. कार्यकर्त्ता 12. आत्मविश्वास 13. बुद्धिमान 14. जादू किया हुआ 15. अपरिचित 16. आश्चर्यचकित

उसी ज़माने में इलाहाबाद में आल इंडिया स्टूडेंट्स एसोसिएशन का जलसा शुरू हो गया और पुराने हक़दारों को पीछे छोड़कर न जाने कैसे शम्मन का इंतख़ाब नुमाइंदा जमाअत में हो गया।

उनतीस

घर के एक ख़त से मालूम हुआ कि नूरी की शादी हो रही है लिहाज़ा लौटते में रुक गई। नूरी अंदर कमरे में मायूँ[1] बैठी मिली। शम्मन को देखकर वह उससे लिपट गई। नूरी और शम्मन हमेशा इन मसनूआत[2] से पाक रही थीं। मगर न जाने क्यों दोनों तरफ़ से प्यार उबल पड़ा। बड़ी मुहब्बत से दोनों एक ही रज़ाई में लिपटकर सोईं और रात गए तक बातें करती रहीं। आम बातें, जो एक मायूँ बैठी हुई लड़की अपनी बचपन की एक सहेली से करती है। होने वाले शौहर के मुताल्लिक़ सुने-सुनाए अफ़साने सास-ननद के अरमान भरे दुखड़े, टीका, झूमर और पाज़ेबों के ज़िक्र। माँ-दादी और दूसरे रिश्तेदारों की मदद से उसने दूर-ही-दूर से इश्क़ कर लिया था। जहेज़ की तैयारी में गोया रूहानी[3] कोर्टशिप हो गई थी। हर टाँके पर वह होने वाले मियाँ का ख़याल एक लड़ी में पिरोती जाती। सास ननदों का रोमांटिक बर्ताव और बरी[4] और चढ़ावे के ज़रिए से वह होने वाले साथी को बखूबी पहचान चुकी थी। उसकी छोटी-से-छोटी ज़िद और आदत वह जान गई थी।

''उन्हें मेहँदी से नफ़रत है। गहरे रंग से तो चिढ़ते हैं। बड़ी खुशामदों से तो सेहरा बाँध रहे हैं।'' वही आम छिछोरे दूल्हाओं के नख़रे। मगर नूरी उन्हें बेइंतहा[5] अजीबो-ग़रीब बनाकर सुना रही थी।

''कहते हैं घूँघट नहीं काढ़ने देंगे। भला मैं भाईमियाँ के सामने कैसे चलूँगी, मेरा दम तो निकल जाएगा।'' उसने मँगनी के बाद ही से उसके तमाम रिश्तेदारों से नाते जोड़ लिए थे और उन्हें नामों से पुकारती थी जिनसे वह उनका ज़िक्र करता था।

''रोज़ सुबह शेव करते हैं। वर्ना ऐसे खुरदुरे गाल हो जाते हैं कि हद नहीं,'' वह ऐसे कहने लगी गोया वह बरसों से उनके गालों को सहलाने की आदी है। तख़य्युल[6] भी क्या ग़ज़ब की चीज़ है। जहाँ किसी की रसाई[7] न हो, परिंदा पर भी न मार सके, वहाँ मज़े से ख़यालों के हिंडोले में झूलते चले जाओ। मँगनी से पहले ही नूरी का पर्दा करा दिया गया था और अब वह तीन साल इंग्लैंड रहकर आ रहा था। कोई पूछे कमबख़्त, ये सब तुझे किसने बताया कि उसकी दाढ़ी खुरदरी है, मूँछें चुभने वाली हैं, और हथेलियाँ चिकनी हैं !

---

1. माँझा 2. दिखावे 3. आत्मिक 4. वर पक्ष से आया विवाह का सामान 5. अंतहीन 6. कल्पना 7. पहुँच

शम्मन ने उससे बातफ़सील[1] न पूछा। वरना वह उसे शादी के बाद की अपनी पुरसुकून[2] ज़िंदगी, बच्चों के प्यार के नाम, रोज़ाना गोश्त-तरकारी का हिसाब-किताब सबकुछ बता देती। न जाने कबसे वह ज़िंदगी की इस जमा-तफ़रीक़[3] में मशग़ूल[4] थी। और फिर सबका ख़याल था कि नूरी अभी कमसिन[5] है। बोझ न उठा पाएगी। ये भोली माएँ ! इतना नहीं जानतीं कि ज़रा-सी फ़ितनी[6] थीं, जभी से बूढ़ी दादी बन चुकी थीं।

नूरी को छोड़कर वह दूर जिंदगी के हेर-फेर पर ग़ौर करने लगी। ये लड़की ज़ात भी मोअम्मा[7] है। चार-पाँच साल की पक्की नानियों जैसी। जो देखे कानों पर हाथ रखे, कि अभी ये हाल है तो बढ़कर आफ़त का परकाला[8] निकलेगी। जहाँ दस-पाँच साल और बीते एकदम रंग पलटा। वह बुज़ुर्गों जैसी गुफ़्तगू[9] और तौर-तरीक़ा ग़ायब। दुपट्टा कहीं है तो पाजामा कहीं। गरीबान चाक है तो जूती पैरों से निकली भागती है ! बात करने में ज़ुबान सौ बार लड़खड़ाती है। और हज़ार बार चेहरे का रंग बदलता है। क्या नए इनक़लाब और ताज़ा मुसीबतें इस शिद्दत[10] से हमलावर होती हैं कि सुध-बुध ही ग़ायब हो जाती है या एहसास-ए-शबाब एक फिटकार बनकर होश-हवास को मोअत्तल[11] कर देता है।

नूरी ख़्वाबे-बेदारी[12] से जी सेर[13] करके सो भी गई। मगर शम्मन ने उसका सिर अपने बाज़ू से न हटाया। उसका नर्म-गर्म जिस्म, ख़्वाबों से रंगीन चेहरा, उबटने में बसे हुए मैले कपड़े। वह ग़ौर से उसे देखने लगी। औरत ! क्या यही थी औरत, जो हलवे की मुरग़्ग़न क़ाब[14] की तरह सजा-बनाकर कल एक मेहमान के सुपुर्द की जाने वाली थी। उसे नहला-धुलाकर इतर में बसाया जाएगा कि थोड़ी बहुत बिसाँद हो भी तो मालूम न पड़े। ऐसे ही जैसे सड़े गले आलू की चाट बनाने वाला तलख़ी छुपाने के लिए ढेर सारा मसाला छिड़क देता है।

बिलकुल इसी तरह दुल्हन को शीरे में लथेड़कर दूल्हा के हलक़ में उतार दिया जाएगा। और जब एक बार निगल गया तो महाशेरा अपना है। ये वक़्ती वारनिश दो-चार घिस्सों में उतर जाएगी और दुल्हन सिर्फ़ बीवी रह जाएगी ! लफ़्ज़ बीवी के ख़याल ही से शम्मन के जिस्म में कँपकँपी दौड़ गई। नूरी के नौजवान जिस्म से लिपटे हुए दर्जनों बच्चे और हज़ारों फ़िक्रें जोंकों की तरह चिपकी खून चूसती नज़र आने लगीं।

"औरत का सिर्फ़ एक मसरफ़ है..." उसे सीतल के अलफ़ाज़ याद आ गए।

दफ़अतन[15] उसे इलाहाबाद की मीटिंग भी याद आ गई। खुसूसन आख़िरी इज़्तमा[16], जो तारों की छाँव में अलाव लगाकर किया गया था। चारों तरफ़ गुच्छों की सूरत में बैठकर कानाफूसी हो रही थी। दुनिया के अहम मसाएल[17] तय किए जा रहे थे। लड़कों की भारी और मद्धम आवाज़ों के साथ-साथ लड़कियों की महीन बोलियाँ

---

1. सविस्तार 2. शांत 3. जोड़-घटाव 4. व्यस्त 5. कम उम्र 6. शैतान बच्ची 7. पहेली 8. तेज़ लड़की 9. बातचीत 10. तेज़ी 11. स्थगित, खत्म 12. जागने का स्वप्न 13. भरना 14. बहुत-सा घी पड़ा हुआ व्यंजन 15. अचानक 16. रैली-मीटिंग 17. विशेष समस्याएँ

रुपहले घुँघरुओं की तरह बज रही थीं। बीच-बीच में मूँगफलियों के छिलकों की चुड़-चुड़। बिलकुल साज़-संगीत का लुत्फ़ आ रहा था। अलाव धीमा हो गया था सिर्फ़ कभी-कभी जब कोई गिरोह मूँगफलियों की मुट्ठियाँ भर कर फेंकता तो एक-आध शोला लपक उठता।

उस दिन कितनी निगाहें उसे अपने जिस्म में चुभती हुईं महसूस हो रही थीं और उसने बजाए उनको झटक देने के, सीने से लगाकर थपकियाँ दी थीं। उसे सर्दी लगी तो कितने कोर्ट और मफ़लर उस पर बरस पड़े थे। हर एक खुद दुख उठाकर, उसके क़ीमती जिस्म को बचाने की फ़िक्र में था। न जाने इस क़ुर्बानी में क्या लुत्फ़ आ रहा था, कि हर माथा झुका जा रहा था। इत्तफ़ाक़ कहिए या जो कुछ भी, उसके हाथ में इफ़्तख़ार का कोट आया था। पहले तो उसका दम घुटने लगा था। सिगरेट के अलावा और भी बहुत-सी परेशानकुन[1] .ख़ुशबुएँ एकदम दिमाग़ पर चढ़ गई थीं। शम्मन ने ओढ़े ही कौन से हज़ारों कोट थे, जो इन .ख़ुशबुओं को पहचान सकती। उसने छुपे चोरी इस दिलचस्प कोट की जेबें भी टटोल डाली थीं। इफ़्तख़ार बड़ा लापरवाह था। मनो कूड़ा भरा पड़ा था। तंबाकू का चूरा, टूटी हुई दियासलाइयाँ, दो-चार पेंसिल की छीलन के टुकड़े, प्रोग्रामों के तुड़े-मुड़े पर्चे। दूसरी जेब में मूँगफलियों के छिलकों के अलावा एक ख़त् भी था जो वह अलाव की रोशनी में न पढ़ सकी और न जाने क्यों उसे अपनी सदरी में अड़स लिया। जलसा बिखरने लगा तो वह इफ़्तख़ार को ढूँढ़ने लगी।

"कमाल कर दिया आपने तो भई, मैंने तो सबकी हिर्स[2] में दे दिया था, कोट। और आप क़ब्ज़ा ही जमा बैठीं। .ख़ुदा क़सम मरा जा रहा हूँ सर्दी के मारे। या मुझे ही लपेट लीजिए इसी में या..." इफ़्तख़ार को हिज़ियान[3] बकते देखकर शम्मन सहम गई।

"लीजिए अपना कोट," उसने हिम्मत करके कहा।

"हैं ! और आप ? मरने का शौक़ है ?"

"मैं ये पहने हूँ। काफ़ी गरम है।"

"ओह...हो ! जल गया मेरा हाथ तो..." उसने बनकर सदरी का कपड़ा चुटकी से छुआ।

"अच्छा, अब बनिए मत। और जल्दी से कैंप में जाकर बिस्तर में दुबक जाइए।"

"नींद जो नहीं आ रही है। मैं जाकर अपना कोट पहन लूँगी, लीजिए।"

दोनों कैंप में आए और इफ़्तख़ार ने कोट न लिया बल्कि उसकी रज़ाई ओढ़ ली। दोनों बाहर आ गए थे।

"काहे की .ख़ुशबू है ?" इफ़्तख़ार ने बनारसी रज़ाई को नाक से रकड़कर पूछा था। शम्मन ने न जाने क्या जवाब दिया था। एक बेतुकी ख़ामोशी दरमियान में हाएल[4] हो गई थी और दोनों को एक-दूसरे का वजूद बुरी तरह खटकने लगा। इफ़्तख़ार ने सिगरेट सुलगाया और फिर झुंझलाकर मसल डाला।

---

1. परेशान करने वाली 2. ईर्ष्या 3. पागलपन 4. अड़ंगा

"ऊँह !" वह तंज़[1] से गुर्राया।

"जी ?"

"आप चाहती हैं मैं चला जाऊँ। ये सँभालिए अपनी रज़ाई।"

"ऐं।"

इसका ये मतलब नहीं कि आप मुझसे नफ़रत करती हैं...मैं...बल्कि, मेरा मतलब कुछ यूँ नहीं।" उसने दोनों हाथ फैलाकर कंधों को बेमानी सी जुंबिश दी।

"मुझे मालूम है कि तुम मुझे बहुत पसंद करती हो।"

"ये...मैं ?" वह चिढ़कर हकलाई।

"हाँ, और झूठ बोलने से कोई फ़ायदा नहीं। यही वजह है कि मैं आज तुमसे खुलकर बातें करना चाहता हूँ। वह उसे रोककर बोला मैं तुमसे बहुत बड़ा हूँ। दुनिया-भर की ठोकरें खाई हैं। बहुत-कुछ समझने लगा हूँ। मैं तुम्हें पंसद करता हूँ। इसलिए...तो...ख़ैर, जाने दो...तो मैं क्या कह रहा था।" वह एकदम गुम हो गया।

"हाँ, इसीलिए तुमसे कुछ कहना ज़रूरी समझता हूँ।"

"कहिए।"

"तुम बहुत भोली हो...इसमें कोई फ़ख़्र की बात नहीं।" उसने जल्दी से अपने अल्फ़ाज़ की तरदीद[2] की।

"मासूमियत ऐसी दौलत नहीं जिस पर कोई इस दुनिया में नाज़ कर सके...तो मेरे ख़याल में..."

"तुमने किसी से मुहब्बत नहीं की।" वह थोड़ी देर बाद बोला, शम्मन ख़ामोश रही। न जाने क्यों उसे तरदीद करने में एहसास-ए-कमतरी[3] होने लगा।

"और मेरी उम्र उसी दश्त[4] की स्याही में गुज़री है। मैंने इतनी बार मुहब्बत की है कि याद नहीं। माँ की मुहब्बत से लेकर मुझे रंडियों, फ़क़ीरनियों और उन से भी गिरी हुई औरतों की मुहब्बत नसीब हो चुकी...मगर तुमसे जो मुहब्बत...लाहौलबिलाक़ूवत[5]।" वह झल्लाया। "कहीं ये न समझना कि मुझे तुमसे ज़्यादा कभी किसी से मुहब्बत नहीं हुई। नहीं, बल्कि तुम्हें देखकर मेरे दिल में अजीब जज़बात मोजेज़न[6] होने लगते हैं।

"तुम समझ भी तो नहीं सकतीं। तुमसे लगाव पैदा होते देखकर ऐसा मालूम होता है...जैसे...जैसे यूँ समझो, जैसे मैं तुम्हें अपना कोट दे दूँ ओढ़ने के लिए, तो मुझे यक़ीन है कि वह महफ़ूज़[7] रहेगा।"

शम्मन डर गई कि कहीं उसने ख़त निकालते देख तो नहीं लिया।

"तुम इसमें से कुछ न चुरा सकोगी। बरसों के लिए भी अगर मैं अपनी मुहब्बत मय तमाम रानाइयों के सुपुर्द कर दूँ तो भी ख़यानत[8] न करोगी और ये इत्मीनान, बता नहीं सकता, एक मर्द के लिए क्या हैसियत रखता है। मेरा मतलब और मर्दों से नहीं

---

1. व्यंग्य 2. रद्द करना 3. हीन भावना 4. जंगल 5. शैतान को भगाने वाला मंत्र 6. उठने लगना 7. सुरक्षित 8. चोरी

ख़ुद अपनी ज़ात[1] से है।''

''मगर ये क्यों ?'' वह एकदम बोला।

''ये आप ही बता सकते हैं।''

''मैं, मैं कुछ नहीं बता सकता। हुँह, ख़ुद ही नहीं समझता, कि तुम जैसी सीधी-सादी लड़की मुझे क्या दे सकती है, जो मुझे दर-दर की ख़ाक छानकर भी न मिला। मैं तुम्हारे साथ बग़ैर थके बहुत दूर तक जा सकता हूँ...'' शम्मन को इल्मा का लंबा सफ़र याद आ गया।

''मगर हमारे रास्ते जुदा-जुदा हैं...''

''क्यों ?'' शम्मन ने किसी ग़ैबी[2] हाथ से गला छुड़ाकर कहा।

''इसलिए कि...तुम बिलकुल चौकोर हो...और दुनिया के घिस्से खाकर मैं बिलकुल गोल हो चुका हूँ।''

''मगर तराशने से हीरा, औअख़्तियार-बहा[3] हो जाता है।'' शम्मन अपनी ज़बान की तर्रारी पर झेंप गई।

''मैं ? मगर मैं पत्थर हूँ...तुम समझ रही होगी कि मैं बन रहा हूँ।'' वह बिगड़ा।

''नहीं तो।''

''हूँ...जानती हो, मैंने तुम्हारी रज़ाई क्यों ओढ़ी ?'' शम्मन का दिल धड़का। ''उसे देखकर मुझे गुज़री हुई ज़िंदगी की बातें याद आ गईं...तुम्हें नहीं मालूम मेरी एक बहन भी थी हम दोनों में बड़ी दोस्ती थी। मुझे अब तक याद है हम दोनों ऐसी कौसे-क़ज्ज़ह[4] की तरह रंगीली रज़ाई में घुसकर रेल-रेल खेला करते थे। आज उस रज़ाई को देखकर...हँसो मत ! तुम हँसती क्यों हो, हाँ उसे देखकर मेरा दिल बेअख़्तियार रेल-रेल खेलने को चाहा। तुम्हें देखकर मेरा दिल हमेशा छेड़ने को चाहता है। मगर मैं रुक जाता हूँ, कि कहीं तुम इसे कुछ और न समझने लगो। शमशाद, माशूक़ाओं के तो हमने हज़ारों चुटकियाँ लीं हैं। मगर वैसी चुटकी जो मेरी बहन पलँग के नीचे घुसकर मेरी पीठ में भर लिया करती थी। उसकी याद आज भी मेरी रग-रग में समाई हुई है। मेरी बहन मर गई और फिर मुझे वैसी मुहब्बत नसीब[5] न हुई।''

वह थोड़ी देर तक रज़ाई पर टँके हुए सितारे नाखूनों से खुरचता रहा फिर कुछ याद करके बोला, ''हम सुबह नाश्ते पर उरद की खिचड़ी खाया करते थे। वे दुबली-पतली और बड़ी हल्की-सी थी, और मैं पलँग पर बैठकर कूदा करता था तो वह लुढ़ककर मेरे ऊपर आन गिरती। उसे खाँसी की वजह से घी खाने को मना कर दिया गया था, मगर वह ज़िद करती तो अम्मा रोटी की गोली बनाकर खिचड़ी पर रख देतीं। वह क़तई न समझती और मज़े से खिचड़ी खा लेती। एक दिन मैंने उसे बता दिया।''

''सज्जो ये घी थोड़ी है, रोटी है।''

''रोटी ?'' वह हैरतज़दा[6] होकर रह गई। और जब उसे अम्मा की चालाकी मालूम

---

1. स्वयं 2. दैवी 3. बहुमूल्य 4. इंद्रधनुष 5. प्राप्त 6. अचंभित

हो गई तो वह फूट-फूटकर रोई। मुझे बड़ा अफ़सोस हुआ था। तुमने कभी उरद की खिचड़ी खाई है ?''

''हाँ,'' शम्मन का गला भर आया।

''और...और। अरे ये मैं तुमसे किस क़दर बेतुकी बातें कर रहा हूँ, लाहौलबिलाक़ूवत। तुम समझ रही होगी मैं भी निरा चुग़द हूँ,'' वह खिसिया गया।

''अरे, मैं तो बिलकुल भी...''

''झूठ। तुम मुझे क़तई उल्लू समझ रही हो। और नहीं तो क्या है। जब तुम्हें पसंद करता हूँ तो बजाए तुम्हें आग़ोश में लेने के, ये उरद की खिचड़ी...''

''तो क्या हुआ, आप मुझे बहन की तरह चाहते हैं।''

''ऐं ? क़तई नहीं। मैं उन लोगों को परले दरजे का मक्कार समझता हूँ जो ग़ैर लड़कियों को—जो जवान की माशूक़ा बन सकती हैं—बहन कहते हैं। मगर शायद तुम ठीक कहती हो। मैं माशूक़ाएँ बनाते-बनाते थक चुका हूँ। यही वजह है कि मैं लफ़्ज़ भेदी से चिढ़ता हूँ। मगर मैं तुम्हें बहन तो नहीं बनाना चाहता। लाहौलबिलाक़ूवत।''

''क्यों ?''

''क्योंकि ये हो ही नहीं सकता। एक सिरे से मैं झूठ नहीं बोलना चाहता। बहुत दफ़ा मेरे दिल में तुम्हारी तरफ़ से ऐसे ख़याल आए हैं, जो एक बहन के लिए नहीं आते। तुम अभी नहीं समझोगी। एक दिन आएगा जब उन अलफ़ाज़ के मायनी तुम ख़ुद-ब-ख़ुद समझ जाओगी। तुम...क्या ये नहीं हो सकता...तुम भाई नहीं बल्कि दोस्त समझो। ऐसा दोस्त जिससे किसी भी क़िस्म का तकल्लुफ़ न हो।''

''क्यों नहीं।''

''मेरी बहन ज़िन्दा रहती, तो मैं उसे कभी भी सिर्फ़ बहन न समझता। उसकी शादी हो जाती मगर हम बेहतरीन दोस्त रहते।''

''आप शादी नहीं करेंगे ?''

''शादी से तुम्हारा मतलब क्या है ? क्या सेहरा बाँधकर घोड़े पर चढ़ना और एक लड़की को पक्का स्टाम्प लगाकर वसूल करना—यही शादी है, तो मैं क्वाँरा ही भला। और वैसे तो...''

शम्मन कुछ झेंप गई।

''तो उसमें क्या हुआ,'' वह जल्दी से बोला ''मर्द होना कोई ऐब[1] तो नहीं। गो हम कहते नहीं मगर हमारी माँ-बहनें खूब जानती हैं कि : हम मर्द हैं; मैं इसे गुनाह नहीं समझता।''

''आप शादी के ख़िलाफ़ हैं ? मेरा मतलब है निकाह के।''

''क़तई। निकाह एक वादा है जो सिर्फ़ इसलिए पुख़्ता[2] किया जाता है कि कहीं वादा करने वाला मुकर[3] न जाए। ज़रा सोचिए तो सही, जिंदगी के इतने अहम मामले

1. दुर्गुण 2. पक्का 3. पलट

को काग़ज़ी गवाह किस तरह मज़बूत बना सकते हैं ? शादी एक फ़ेल[1] है, क़ौल[2] नहीं।''

शम्मन कुछ न समझी।

''तो फिर लोग निकाह क्यों करते हैं ?''

''गधापन करते हैं।''

''वाह।'' शम्मन लाजवाब होकर हँसी।

नूरी ने करवट ली और उसका सर बाज़ू से ढुलककर तकिए पर टिक गया। शम्मन ने झुककर उसका चेहरा देखा, शायद वह आनेवाले कल के सबसे ज्यादा रंगीन लमहों को समेटकर ख़्वाब देख रही थी। उसके होंठ हिल रहे थे और आँखें नीमदा थीं। रात की तनहा खामोशी में शम्मन का जी चाहा, काश ! वह किसी तरह झाँककर उसकी जगमगाती दुनिया की एक झलक देख सकती। मगर इफ़्तेख़ार के अलफ़ाज़ घूमकर फिर उसे अपनी दुनिया में वापस घसीट ले गए।

''और क्या, गधापन तो है ही। अगर मुझे कोई औरत कहे कि मुझे तुम्हारा ऐतबार[3] नहीं, चार आदमियों के सामने कहो कि तुम मुझे...मुझे...'' शम्मन की घबराहट देखकर वह रुक गया था। मगर फिर जल्दी से बोला।

''तो मैं उससे कहूँगा—बेगम साहिबा ! चलती फिरती नज़र आओ। हमें चार आदमियों की गवाही के बग़ैर ही कोई चीज़ मिल जाए तो फिर...''

''मगर यह तो नाइंसाफ़ी है आपकी !''

वह जल्दी से बोला—''क्यों ?''

''क्योंकि जिन औरतों की ज़िंदगी इस तरह ख़राब हो जाती है वह क्या करें।''

''क्यूँ साहब, औरतों की ज़िंदगी ख़राब हो जाती है तो मर्दों की नहीं होती ?''

''लोग औरतों की ज़िंदगी ही दूभर कर देते हैं।''

''मर्दों की नहीं करते ?''

''मर्द परदा जो नहीं करते !''

''तो औरतों से कौन कहता है कि वो परदा करें ?''

''कह दीजिए—समाज।''

''और क्या।''

''और यह समाज बनाया किसने ?''

''खुद अंडा फूटकर बच्चा निकल आया ?''

''नहीं तो।''

''जब हमने ही समाज बनाया है तो हम ही तोड़ सकते हैं।''

''मगर और भी मुसीबतें हैं जो सिर्फ़ औरतों को भुगतना पड़ती हैं।'' शम्मन ने डरते-डरते कहा।

''यानी बच्चा वग़ैरह ?''

---

1. कर्म 2. वादा 3. विश्वास

"जी हाँ।"

"भई वाह, क्या औरत हैं आप भी, कि अपने अज़ीम-तरीन फ़र्ज़ को मुसीबत समझती हैं। जभी तो लोग कहते हैं कि औरतों को ज़्यादा नहीं पढ़ाना चाहिए।"

"अरे !"

उसकी समझ में न आया कि क्या जवाब दे और वह उसकी बदहवासी पर ज़ोर-ज़ोर से हँसा।

"मगर जो बच्चे होंगे वो..."

"हरामी होंगे वो..."

"हरामी होंगे ?"

"हाँ..."

"हद है। भई, हमारे और आपके नज़रिए बहुत मुख़्तलिफ़[1] हैं। मैं हराम-हलाल और झटका सब एक ही चीज़ समझता हूँ। क़ुदरत के उसूल की पैरवी करके पैदा होने वाला जानदार इंसान बनने का हक़दार है।"

"मगर मेरा मतलब है...इक़्तेसादी मुश्किलात[2]।"

"तो यूँ कहिए—मियाँ नहीं, बैंक की किताब चाहिए।"

"यूँ ही समझ लीजिए।"

शम्मन को लाजवाब-सा देखकर इफ़्तेख़ार को दुख सा हुआ। वह बोला, "ठीक कहती हो। यही तो वह सवाल है जिसका जवाब मैं बरसों से तलाश कर रहा हूँ। अभी तो नहीं, शायद हमारी-तुम्हारी ज़िंदगी में वह वक़्त आ जाए कि उसका जवाब मिल जाए।"

देर हो गई थी और वह वापस कैंप की तरफ़ चल दिए।

"हाँ एक बात और, जो तुमसे कहना भूल ही गया।"

उसने रज़ाई देने के लिए हाथ बढ़ाया। फिर रुक गया।

"हाँ, तुम ये अपनी रज़ाई मुझको दे सकती हो ?"

"रज़ाई ?"

"हाँ। उस कोट के बदले में नहीं, बल्कि मुफ़्त।"

"ले लीजिए।" वह उल्टी एहसानमंद थी।

"सलाम।" उसने मसख़रेपन से माथे को हाथ लगाया।

"एक बात और, वह यह...कि मैं सैनिटोरियम जा रहा हूँ। डॉक्टरों ने मुझे टीबी बता दी है।"

"अरे...?" वह शम्मन की घबराहट पर मुस्कराया।

"जैसे यह कोई नई बात है। पुरानी शिकायत है। दो दफ़ा भुवाली रह आया हूँ। मगर अबके शायद जल्दी न निकल सकूँ।"

---

1. भिन्न 2. आर्थिक समस्याएँ

"लेकिन आप इतने बीमार तो नहीं नज़र आते।"

"नज़र तो नहीं आता, मगर तुम जैसी नज़रों को अंदेशा है कि कहीं मेरे जरासीम[1] दूसरों को न लग जाएँ। यह छूत की बीमारी है।" उसने मानीख़ेज़[2] क़हक़हा लगाया। "बीमारी मेहरबान। गवर्नमेंट ने 'बी' क्लास में मेरे लिए पलँग दिलवा दिया है। सारा ख़र्च यूनिवर्सिटी और हुकूमत के ज़िम्मे।"

"जब शारैआम[3] पर एक गड्ढा होकर उसमें ग़लाज़त भर जाए, जो हर आने-जाने वाले के मुँह पर उछलने लगे तो हुकूमत का फ़र्ज़ है कि आम सेहत की ख़ातिर उसे दूर कर दे...शुक्र करो कि पूना जेल से बच गया...वरना...ओह, यह मैं क्या बकने लगा...।" चलने से पहले उसने कहा, "हाँ, एक वादा करो...ये रज़ाई तो मैंने ले ली। अब एक और भी क़ीमती वादा माँगना चाहता हूँ।"

"कहिए।" वह अब बेसब्र हो चुकी थी।

"कि जब कभी मैं तुम्हें कोई हिदायत दूँ तो तुम उस पर अमल करोगी। मेरा मतलब है कि मेरी वह दख़्वास्त, जिसमें तुम्हारे ऊपर कोई आँच न आए।"

"मैं आँच से नहीं डरती।"

"मुझे मालूम है। मगर तुम्हें अपने तंदूर में नहीं घसीटना चाहता। मैं पुख़्ता[4] वादा नहीं चाहता। सोच लो, अगर तुम समझती हो कि..."

"आपने मेरी ख़ामोशी का ग़लत अंदाज़ा लगाया।"

"तो..."

"मैं वादा करती हूँ।"

"तो आओ।"

क़लम और काग़ज़ लेकर इफ़्तेख़ार ने उसकी कलाई पकड़कर अपने पास बिठा लिया। जब सारा कैंप ग़फ़लत की नींद[5] सो रहा था, दो सिरफिरे इंसानों ने सिर जोड़कर चंद सुतूर[6] लिखीं।

"आँखें बंद करो।" इफ़्तेख़ार ने ठोड़ी पकड़कर उसका मुँह दूसरी तरफ़ फेर दिया।

"हाए !" सुई की नोक शायद उँगली में गहरी उतर गई।

"लिखो।"

"शमशाद !" शम्मन ने लरज़ती[7] हुई उँगलियों से लिख दिया।

"खुदा हाफ़िज़।" वह रज़ाई में मुँह छुपाए तारीकी[8] में डूब गया।

शम्मन जाग उठी। यह ख़्वाब उसने लफ़्ज़-ब-लफ़्ज़ दुहरा लिया। बिखरते हुए हवास[9] समेटकर उसने फिर ज़ंजीर को पकड़ा। मुतहैय्यर[10] आँखें फाड़े, जैसे वह अब भी कैंप के हिलते हुए परदे को देख रही थी। आज उसे किसी ने खूब झिंझोड़ियाँ देकर ज़िंदगी के नए मोड़ पर धक्का दे दिया था। देर तक हवास रस्सियाँ तुड़ाकर भागते रहे।

---

1. कीटाणु 2. अर्थपूर्ण 3. आम रास्ता 4. पक्का 5. गहरी नींद 6. पंक्तियाँ 7. काँपती 8. अंधकार 9. चेतना 10. आश्चर्यचकित

मगर दूर धुँधली रोशनी में उसे बहुत ही लम्बा रास्ता, उठता-गिरता नज़र आ रहा था। आज उसने अपने ख़ून से, अपने देवता पर अबूदियत[1] का क़श्क़ा[2] खींच दिया था। उसे मालूम भी न था कि उसका ख़ून इतना सुर्ख़ है। और यह नाम 'शमशाद' सुर्ख़ परचम[3] की तरह शफ़क़[4] बनकर कितनी दूर तक फैला आ रहा था।

उसने फिर बिनब्याही दुल्हन की तरफ़ देखा। कल वह भी अपने देवता के हुज़ूर में माथा टेक देगी। नूरी धुँधली होकर एक आदमी की औरत रह जाएगी। ग़ुरूर[5] और इत्मीनान की लहरों ने हिलकोरें लेकर उसे सुला दिया।

तीस

शादी के दरमियान उसे मालूम हुआ कि वह अपने कितने ही बुज़ुर्गों से बड़ी हो गई है। उसने बुढ़ियों को ख़ूब छेड़ा। यहाँ तक कि वो मचल-मचल गईं। वही ऐतराज़, जिन्हें सुनकर वह रोया करती थी, उसने तोड़-मरोड़कर उल्टे उन्हीं के सर मार दिए और इस मसख़रेपन से कि मोतरिज़[6] खिसिया गए और लोग हँस दिए। ख़ुसूसन उन बुढ़ियों को तो रुला कर छोड़ा जो हर बात पर...

"ऐ है, नौज जो हमारे ज़माने की लड़कियाँ ऐसी बेशर्म होतीं।"

"तौबा है, गिरेबान तो देखो, सारा आगा पीछा खुला पड़ा है।"

"जब देखो, जब ठी-ठी। जब देखो धमा-चौकड़ी। लड़कियाँ हैं कि घोड़े।"

उन लोगों को जलाकर उसे बड़ा मज़ा आया। निहायत ढिटाई से उसने उनकी हर बात की काट शुरू कर दी। गोया सारी उम्र की डाँट का आज पूरा-पूरा बदला लेकर छोड़ेगी। उसे आज मालूम हुआ कि बजाए गुस्से के उन बुढ़ियों पर रहम आना चाहिए। जवानी कहीं डाँट-फटकार से दबती है ? हार तो हमेशा बुढ़ापे की है। जब क़ुदरत किसी को ख़िज़ाँ के बेरहम हाथों से मसलना शुरू कर देती है, तो वह दाँत कचकचाकर बहार पर जलन उतारता है। मसर्रत[7] भरे क़हक़हे, ठी-ठी; इश्क़, बदमाशी; और जवानी, बेहयाई नज़र आने लगती है। लड़कियों की चिकनी नर्म बाहें और सुडौल जिस्म देख-देखकर बुढ़ियों को अपने खटाई जैसे चमरख़[8] जिस्म पर ग़ुस्सा आता है। जी पर छुरियाँ चल जातीं है। यही जी से दुआ निकलती है कि कोई उनकी तरह जवानी को भी ख़िज़ाँ की चादर में लपेटकर उनके साथ-साथ दफ़न कर दे ताकि वह भी उनकी तरह मुर्दा और बेरंग हो जाएँ।

महफ़िल में जितनी लड़कियाँ नज़र आईं, सब बदमज़ाक़ और छोटी। दो चार लड़के दिखाई दिए, डरपोक और दब्बू से। मगर फिर भी उनमें घुल-मिल गई ताकि एक दफ़ा

---

1. पूजा 2. तिलक 3. झंडा 4. ऊषा 5. घमंड 6. आपत्ति करने वाले 7. खुशी 8. सूखा हुआ

वह भी पढ़ी-लिखी लड़कियों के इख़लाक़ से मुतास्सिर हो जाएँ। चंद लड़कियाँ पढ़ी-लिखी भी थीं। मगर शम्मन की तरह लड़कों से घुल-मिल जाने का मौक़ा न मिला था। उनके लिए लड़के अब भी रोमांटिक, बदमाश और वाहमे बने हुए थे। जिनकी आवाज़ें सुनकर वह अस्तबल में बँधी घोड़ियों की तरह हिनहिनाने लगतीं। गो ज़ुबान से बैठी लड़कों को कोस रही थीं। मगर जान-बूझकर ऐसी जगह जा रही थीं कि उनसे टक्कर हो जाए और फिर वहाँ से ऐसी इतराकर शर्मातीं-लजातीं भागतीं गोया कुछ छिन ही तो गया। फिर घंटों पसीने में डूबी दिल धड़काया करतीं।

लड़के भी भाग दौड़ में जो कुछ न कर जाते कम था।

"कमबख़्त कहीं का—मेरा कलेजा अब तक काँप रहा है।" वह उस पुरलज़्ज़त टक्कर की गुदगुदियाँ याद करके दूसरी टक्कर की एक आरज़ू में लरज़ा करतीं। इसके अलावा कई लड़कियाँ अपनी होने वाली सास, ननदों से वह शानदार इश्क़ चला रही थीं कि क्या कहने। वह उनसे होने वाले शौहर का तसव्वुर वाबस्ता[1] कर लेतीं और उनसे ऐसे शर्मातीं जैसे नई दुल्हन, दूल्हा से शर्माती है। भला इस रोमानी-अय्याशी से कौन रोक सकता है।

कहाँ ये रंगीन फ़िज़ा और कहाँ कॉलेज के खुले मैदान में प्रोफ़ेसरों के ज़ेरेसाया[2] एक-दूसरे से मसनूई हँसी तारी करके पूछना, "आप का मिज़ाज कैसा है ?" गोया एक लड़की को एक लड़के के मिज़ाज ही की तो पड़ी रहती है !

शम्मन को महसूस हुआ कि ये आज़ादी ही क़ैद है। ठीक कहते हैं ये बोसीदा[3] लोग कि औरत को पर्दे में रहना चाहिए। सच तो है, कितने मज़े से पर्दे में आँख-मिचौली खेली जा सकती है। जी चाहा जिससे छिप गए और जी चाहा जिसे दिखा दिया। बदसूरत तो ख़ास फ़ायदे में रहती होंगी। जिसे हल्की-सी झलक दिखा दी वही हसीन समझ बैठा। ये थोड़ी कि मुक़ाबिल[4] बैठे हैं और हर ऐब, सामने रखा दिल दुखा रहा है।

जब ही तो पिछले ज़माने का अदब उठाकर देखो, हर औरत हुस्ने मुजस्सिम[5] रखी है। औरत हसीना थी या दोशीज़ा[6]। और अब उसे उस्तानी, डॉक्टरनी, नर्स, फ़क़ीरनी, भंगन या लड़की कहा जाता है। ये पर्दे से निकलकर हसीना, सिर्फ़ औरत क्यों रह गई ! वह उसके सारे क़त्ल-ओ-ग़ारत[7] के हरबे[8] क्या हुए ? तीर नज़र कुंद और अबरुओं[9] की धार कट्टल ! बात ये है कि परदे से निकल आने पर ग़ाज़े[10] सुर्मा, मिस्सी का राज़ खुल गया। सबको मालूम हो गया कि अबरू[11] नोंचकर कमानें बनाई गई हैं और आँखों से बिजलियाँ मस्कारा की मदद से गिराई जा रही हैं। होंठ टंजी[12] के सदक़े[13] बर्ग[14]-गुल बने हुए हैं और गालों पर रूज़ की शफ़क़[15] खेल रही है। गो वैसे हिंदुस्तान में जितनी हुस्न की क़िल्लत पहले थी अब भी है मगर ये पर्दा हट जाने से तो नज़र का पर्दा ही

---

1. संलग्न 2. अधीन 3. पुराने 4. समक्ष 5. सशरीर 6. कुँवारी कन्या 7. मारकाट 8. हथियार 9. भवों 10. सुर्खी-पाउडर-उबटन 11. भौं 12. लिपस्टिक 13. बदौलत 14. पंखुड़ी 15. ऊषा की लाली

उठ गया, औरत बड़े नुक़सान में रही।

दूल्हा शाम को घर में आया तो गो सन्फेनाज़ुक[1] भूखी मक्खियों की तरह जुट गईं। अच्छी भली परदेवालियाँ पल-भर को सटपटाई। फिर वह भी मस्त हो गईं। मर्द में, ख़्वाह वह दूल्हा ही क्यों न बना हुआ हो, कितनी जाज़्बीयत[2] होती है कि अच्छे-भले दिमाग़ खो बैठते हैं। उस पर सितम ये कि साथ-साथ दो-चार दूल्हा के शहबाले भी रेंग आए। पहले तो दो-चार टूटी-फूटी नाकारा बुढ़ियों ने ग़ुल[3] मचाया। मगर पाला जवान ही मार ले गए। ये तै हुआ कि शहबाले ख़ैर बैठ जाएँ, बशर्ते कि अपने रिश्तेदारों के दुपट्टों में मुँह छुपाने का पुख़्ता वादा करें। उनकी दुपट्टों में से झलकती शरीर आँखों को देखकर शम्मन को बेअख़्तियार बिलक़ीस की सालगिरह याद आ गयी, जब कैरम खेलने में रशीद को रूमाल का घूँघट निकालकर खेल में शरीक होने की इजाज़त मिल गई थी।

"ये भई दूल्हा के दुमछल्ले क्यों आए हैं ?" शम्मन ने मसनूई ग़ुस्से से पूछा, तो उनमें से एक, कबूतरबाज़ों जैसी आँखों वाले, ने कुछ दाँतों ही दाँतों में जवाब दिया जिस पर उसके साथी ने कोहनी मारी।

"पागल है बेचारा।" एक ने शम्मन से सिफ़ारिश की।

"पागल नहीं दीवाना कहो," उसने फिर कबूतरबाज़ जैसी आँखें चलाईं और फिर कुछ बड़बड़ाया जिस पर उसके साथी ने चुप रहने की राय दी।

जितनी देर दूल्हा, दुल्हन से आरसी मुसहफ़[4] की कुश्ती लड़ता रहा, लड़के दूसरे लड़कियों के चुटकियाँ भरने की ताक में लगे रहे। मालूम होता था एक नहीं छह-सात आरसी मुसहफ़ हो रहे थे। लड़कियाँ चिढ़कर बातें सुना रही थीं। मगर हटने का नाम न लेती थीं। जमी हुई मुक़ाबला कर रही थीं।

रुख़सत होते वक्त नूरी कलेजा फाड़-फाड़कर रोई। शम्मन जल गई।

"बन क्यों रही हो ? मरी तो जाती थीं शादी के लिए !"

"वाह !" नूरी खिसियाकर नथ सँभालने लगी।

"या इसलिए खुशी के मारे रो रही हो कि इतनी मुश्किलों से शादी हुई ?"

नूरी चुप हो गई। उसके आँसू भी न जाने कैसे ख़ुश्क़ हो गए।

"कोई ज़बर्दस्ती हो रही है तुम्हारी शादी। क्यों कर ली ? अब तलाक़ ले लो।" शम्मन उसे ख़ामोश देखकर और जले-कटे जुमले सुनाने लगी।

उसे नूरी बिलकुल गाय, बैल की तह लग रही थी। इक्यावन हज़ार में वह अपनी जवानी का सौदा करके एक मर्द के साथ जा रही थी। बेवक़ूफ़ों की तरह नहीं, पक्का काग़ज़ लिखाकर कि अगर वह बाद में तड़पे तो और फंदा उसके गले में तंग होता जाए। और वह चुग़द भी ढोल-ताशे से उसे ख़रीद कर ले जा रहा था। आख़िर फ़र्क़ ही क्या है इस सौदे में ! और आए दिन जो चावड़ी में ख़रीद-फ़रोख़्त होती रहती है, वह छोटा-मोटा व्यापार है। जैसे कचालू-पकौड़ियों की चाट। और ये लंबा ठेका है जब तक एक

1. औरतें 2. आकर्षण 3. शोर 4. शादी के समय दूल्हा-दुल्हन शीशे में एक साथ मुँह देखते हैं

फ़रीक़ ख़यानत[1] न करे, व्यापार चलता रहता है। वर्ना सौदा फट।

मगर दूल्हा जब नूरी को लेकर जाने लगा तो शम्मन के दिल के किसी नामालूम कोने में एक अजीब-सा शुबहा पैदा हुआ। जैसे नूरी फ़रोख़्त नहीं की गई बल्कि ये जो उसे कलेजे से लगाए ले जा रहा है, अपनी ज़िंदगी के पैरों में ज़ंजीरें डालने ले जा रहा है। यही नूरी, ये कमउम्र अल्हड़ लड़की उसकी हस्ती में ऐसे गहरे नेचे गाड़ेगी कि वह दुनिया को छोड़-छाड़कर उसी के हाथ में लगाम देकर, उसी के चलाए रास्ते पर चलता चला जाएगा। हैफ़[2] है कि ये मर्द, औरत को पैर की जूती, नाक़िसुल-अक़्ल[3] और न जाने क्या-क्या कहते हैं। मगर जब ये जूती उनके सर पर बजती है तो एहसासे-ख़ुदी[4] भी फ़ना हो चुकता है। उसे सारे मर्द मज़लूम[5] नज़र आने लगे और सारी सोने-रुपये से लदी हुई बीवियाँ ज़ालिम। जो उनकी कमाइयों पर बिलकुल उसी तरह क़ाबिज़ थीं जैसे खून चूसने वाले सरमाएदार[6] ग़रीबों की मशक़्क़त[7] पर। वह अपने जिस्म की क़ीमत वसूल लेती थीं...बजाए दर्जनों के सिर्फ़ एक से !

फिर ये मर्द औरत को कमज़ोर क्यों कहते हैं। शायद इस तरह ख़ुद उनकी कमज़ोरी आड़ में छुप जाती है। ज़ालिम कभी पुकार-पुकार कर अपने ज़ुल्म का ढिंढोरा नहीं पीटता। बुज़दिल ही शेर की तरह गरजकर दिल की भड़ास निकालते हैं। मगर औरत ? औरत उस हाकिम की तरह है जो 'परजा का चाकर' बनकर उन्हें उल्लू बनाती है। उसकी चालें किस क़दर ख़तरनाक और पुरइसरार हैं। बजाय शर्मिंदगी के उसे अपनी निस्वानियत[8] एक बुलंद चीज़ नज़र आने लगी।

मिरासिनें गा रही थीं। उनकी आवाज़ में रिक्क़त[9] थी !

हम तो बाबुल तोरे खूँटे की गइयाँ,
जिधर हाँको हँक जाएँ।

"क्या कहने हैं इस मासूमियत के ! गोया ये गाय, बैलों से ज़्यादा भोली होती हैं।" शम्मन ने पास बैठी एक लड़की से कहा।

"और क्या, गाय बेचारी तो होती ही सीधी है।"

क्या गाय सींग नहीं मारती ? वैसे बैल बेचारा ज़िंदगी में ज़्यादा उल्लू बनता है। ये कोल्हू का बैल, ग़रीब किसके सीने में सींग मारने जाता है।

हल के बैल को कब फ़ुर्सत मिलती है कि लोगों से मज़ाक़ करने जाए, लेकिन ये गायें ! सिवाए घास चबाने और दूध देने के और क्या काम करती हैं ? उनकी बला से दूध बछड़े ने न पिया, आदमी ने खीर बनाकर खा ली। न हाथ हिलाने की ज़रूरत, न पैर। और फिर भी इंसान गाय की पूजा करता है और बैल को पूछता भी नहीं।

उसका और भी जी जल गया। मिरासिनें बेचारी दूल्हा का मज़ाक़ उड़ा रही थीं। जी चाहा जाकर उनका मुँह मसल दे। कमबख़्तो ! बैलों में भी जान है।

---

1. चोरी 2. अफ़सोस 3. मूर्ख 4. स्वयं को समझना 5. जिस पर अत्याचार किया जाए 6. पूँजीपति 7. मेहनत 8. स्त्रीत्व 9. दर्द

तीसरी मंज़िल

इकत्तीस

शादी से लौटी तो ऐसा मालूम हुआ वह अज़ीज़ों[1] को दफ़न कर आई। एक तो नूरी और दूसरा इफ़्तख़ार। नूरी को तो दूसरे दिन से सिवाए दूल्हा की शरारतों के और किसी झगड़े में दिलचस्पी न रही। सारा दिन बैठी वह हमजोलियों को सरगोशियों में अफ़साने सुना-सुनाकर बेहाल करती रही। पता नहीं इन हमजोलियों को सब कुछ मालूम होने के बाद भी–किस चीज़ की तलाश थी या शायद ये वही जज़्बा था जो लोगों को क़िस्से-कहानियों में जिंसी[2] ज़ायक़े का मुतलाशी[3] बना देता है।

और इफ़्तख़ार...वह इलाहाबाद से सीधा भुवाली चला गया। इंचार्ज प्रोफ़ेसर ने तज़करे[4] के तौर पर बता दिया कि उन्हें बड़ा अफ़सोस है कि इफ़्तख़ार उनके साथ नहीं जा सकता बल्कि वह अपने पुराने मर्ज़ के इलाज के लिए सेनीटोरियम चला गया। इसके बाद उन्होंने चंद दोआइया[5] जुम्ले भी कहे मगर वह साफ़ ढकोसला मालूम हुए। वह ख़ूब जानती थी कि ख़्वाह[6] अल्लाह कितना भी इफ़्तख़ार पर मेहरबान हो, अगर दुनिया न चाहे तो वह कभी भी भुवाली से सेहत पाकर नहीं निकल सकता। गो लोग उसकी मौत का सारा इल्ज़ाम मलकुलमौत[7] और नविश्त-ए-तक़दीर[8] के सर थोप देंगे।

इफ़्तख़ार के बाद सीतल, ख़ुद-ब-ख़ुद यूनिवर्सिटी की बाग़ थामकर खड़ा हो गया। उसकी पुश्त[9] पर प्रोफ़ेसरों प्रिंसिपल की शफ़क़त[10] भी तो थी। न जाने किन हथकंडों की मदद से उसे प्रेसिडेंट बना दिया गया। इल्मा कुछ शशदर[11], कुछ झल्लाई-सी बेतुकी बातें करने लगी। उसने सीतल की मुख़ालफ़त की, न ही यूनियन के किसी झगड़े में दिलचस्पी ली। न जाने वह किस चीज़ से कुछ ख़ौफ़ज़दा सी नज़र आती थी। वह उसकी बुज़ुर्गी में डूबी हुई आँखें किसी नामालूम धमकी से ख़ौफ़ज़दा हो जातीं तो वह बिलकुल मासूम बच्चे की तरह मासूम और भोली मालूम होने लगती। उसकी हँसी में झेंप आ जाती और दाँत मसनूई चीनी के खटल टुकड़े बन जाते।

सीतल के उरूज[12] ने बजाए मरऊब[13] करने के, उसे डरा दिया था। मगर यूनियन की सारी मुर्दनी ग़ायब होकर उसमें नई जान पड़ गई। तरक़्क़ीपसंद गिरोह में मेम्बरों की तादाद बढ़ती चली गई। बड़े जोश-ओ-ख़रोश से मीटिंग पर मीटिंग होने लगी। नए क़वायद[14] बने। कई शाख़ें बनाई गईं। ड्रामा सेक्शन, आर्ट सेक्शन और गाँव-सुधार

---

1. निकट संबंधियों 2. शारीरिक 3. खोजी 4. चर्चा 5. आशीर्वाद 6. चाहे 7. यमदूत 8. भाग्यविधाता 9. पीठ 10. स्नेह 11. हैरान 12. उत्थान 13. प्रभावित 14. नियम

स्कीम बनी और हंगामे शुरू हो गए।

चंद रोज़ तो शम्मन कुछ ग़ैरमुतमईन[1]-सी रही, समझ में न आया कि एकदम से इफ़्तख़ार की जगह सीतल को देखने की कैसे आदत डाल ले। कॉलेज और यूनिवर्सिटी की ज़िंदगी भी पानी का बुलबुला होती है ! जो चंद लम्हे तैरता रहता है तो हज़ारों रंगीनियाँ उसके ख़ोल पर मुनअकस[2] रहती हैं मगर ज्योंही फूटा सब कुछ ग़ायब। वही इफ़्तख़ार जिसका वजूद यूनिवर्सिटी में क़ुतबी[3] सितारे की सी हैसियत रखता था, आज आसमान से टूटकर न जाने गुमनामी के किस ग़ार[4] में जा गिरा था। और दर-ओ-दीवार को उसकी कमी भी तो महसूस न होती थी। गोया ख़ाक का एक हक़ीर-ज़र्रा[5] था जिसे आँधी ने उठाकर दूर पटख़ दिया था तो किसी को पता भी न चला। दो-चार दिन तो लोगों ने ग़लती से बजाए सीतल के, इफ़्तख़ार का नाम लिया। मगर फिर बहुत जल्द ज़ुबानें नए बोल की आदी हो गईं और सीतल की ख़ुशबयानी[6], हसीन और लंबे-चौड़े जिस्म ने इफ़्तख़ार की याद को दिलों से मार भगाया। इल्मा सेक्रेटरी रही लेकिन शम्मन को ख़ज़ांची की कुर्सी सँभालनी पड़ी। नए ओहदे की दहशत ने उसे कुछ ऐसा बदहवास कर दिया कि सोचे-समझे बग़ैर वह तरक्क़ीपसंद ग्रुप की पुरजोश रुक्न[7] बन गई।

हीरा जब तक कान के गुमनाम अँधेरे में रहता है, बेकार कंकरी बना पड़ा रहता है। मुश्क़[8] को जब तक घिसा न जाए तो फ़ासद माद्दे की एक गोली से ज़्यादा वक़त नहीं रखता। सीतल के सिवा किसी ने भी न परखा कि शम्मन की इस परेशान और डरी हुई शख़्सियत की आड़ में इस्तक़लाल[9] और बग़ावत का लावा दबा पड़ा है। इस ख़ामोश और चटियल मैदान के सपाट सीने में आग की तपिश छिपी सो रही है। सिर्फ़ जगाने की देर है और फिर वह सारी ऊँघती हुई ताक़तें पूरे जोश से उबल पड़ेंगी। शम्मन को अपनी हस्ती के इस अनोखे टुकड़े के वजूद का इल्म भी न था। वह इस नई शमशाद के तख़य्युल[10] को पहले तो वाहमा[11] समझी मगर फिर उसने उसे शख़्सी तौर पर देख लिया। वह .ख़ुद उसकी जगमगाती हुई लपक से आँखों में चकाचौंध-सी महसूस करने लगी। दूर बहुत बुलंदी पर उसने इस नई चीज़ को खड़े देखा। बाद मुख़ालफ़त के उन ज़िद्दी थपेड़ों के सामने, दुश्मनों की फ़ौज से मुक़ाबला करती हुई, ये मुक़द्दस ताक़त अब तक कहाँ पेशीदा थी। वह पुरानी शम्मन उसके सामने किस क़दर बोदी और हक़ीर मालूम हो रही थी !

"कोई चीज़ है, जो आम लोगों को छोड़कर सिर्फ़ इसे बख़्शी गई है।" और बहुत जल्द उसने अपने आप में एक पुरइसरार कशिश, एक ख़ामोश दबदबा और छुपी हुई शान पाई। सीतल की राय से उसने इस नई शख़्सियत को, जिसका इंकशाफ़[12] उसे भौचक्का छोड़ गया था, समझने और पहचानने की कोशिश की। अदब और फ़लसफ़े

---

1. अविश्वस्त 2. चिन्हित 3. दिशा सूचक 4. गड्ढा 5. तुच्छ कण 6. बात करने का अच्छा ढंग 7. सदस्य 8. कस्तूरी 9. दृढ़ संकल्प 10. कल्पना 11. भ्रम 12. रहस्योद्घाटन

का मोताला[1] करना शुरू किया। शायरी से दिलचस्पी पैदा की और बहुत तेज़ी से वह पुराना ख़ोल छिलके की तरह चटख़ गया और अंदर से ठोस मींग निकल आई। उस भुरभुरे छिलके को उसने मसलकर दूर फेंक दिया और उसे समझने की कोशिश करने लगी। मगर जितना-जितना वह पहचानती गई मोअम्मा[2]—और पेचीदा[3] और ख़मदार[4] होता गया। ऐसा मालूम होता—नई शम्मन उससे आँख-मिचौली खेल रही है। ज्योंही वह उसे छूना चाहती, वह हवा में तहलील[5] होकर परे चली जाती। कभी तो ऐसा मालूम होता उसने उसे पकड़ ही लिया है। मगर क़ब्ल इसके कि वह ठीक से उसका नाक-नक़्शा पहचान सके, वह हाथ छुड़ाकर ग़ोता मार जाती। फिर वह दुगुने शौक़ से उसके पीछे दौड़ना शुरू कर देती। मगर बाज़ वक़्त इस दौड़ में वह किसी ऐसे भयानक और सुनसान ग़ोशे में पहुँच जाती जहाँ वह ख़ुद अकेली रह जाती और वह तख़य्युल की शम्मन वाहमा बनकर पिघल जाती। इस बेख़बर और ग़ैरमानूस फ़िज़ा से उस पर ख़ौफ़ तारी हो जाता और वह उल्टे पैरों भाग आती। जैसे ग़लत रास्ते पर जाने से इंसान परेशान हो जाता है उसी तरह वह भी वहाँ से कुबीदा ख़ातिर[6] लौट आती।

शम्मन सीतल को क्या समझती थी और वह क्या निकला। गोश्त-पोस्त के शानदार पहाड़ की तहों में एक फ़लसफ़ी शायर पोशीदा[7] था। जिसका दिल इंसानियत से लबरेज़ और मुहब्बत में डूबा हुआ था। जिसकी अंदरूनी ज़िंदगी क़ौम और मुल्क के क़दमों में निछावर होने के लिए बेक़रार थी। ज़ाहिर में वह दुनियादार और खेलकूद का शौक़ीन नज़र आता था मगर किसी को नहीं मालूम था कि इन मुस्कुराहटों में कितने आँसू जज़्ब थे। इन क़हक़हों में उलझी हुई आहें सिर्फ़ सुनने वाले कानों को ही सुनाई दे सकती थीं। वह ख़ौफ़ जो शम्मन हमेशा उसके वजूद से महसूस किया करती थी, क़तई बेबुनियाद साबित हुआ। वह सिर्फ़ देखने में बदमाश मालूम होता था। यूँ तो कितने ही साँप देखने में ज़हरीले मालूम होते हैं मगर चूहे से भी ज़्यादा बेज़रर[8] होते हैं।

वह बदमज़ाक़ भी न था। बाज़ वक़्त तो लोग उसकी बातों पर हँसते-हँसते बेताब हो जाते थे। पर प्रेसिडेंट होने की वजह से उसे हर एक को ख़ुश रखना पड़ता था। मिस बोगा जो खुलेबंदों[9] इस पर अनोखे क़िस्म का इश्क़ बरसाया करती थीं, उसके साथ बड़ी तनदही से काम करतीं। हर संजीदा और ग़ैरसंजीदा मजमे में उनकी मौजूदगी लाज़मी थी। जब तक सूखी और मुश्किल बातें होती रहतीं वह फ़रमाबरदार[10] बच्चे की तरह ख़ामोश बैठी सुना करतीं निहायत इनहिमाक[11] से वह मुक़र्रिर[12] के मुँह से निकले हुए अलफ़ाज़ को सुनने के बजाय देखने की कोशिश करतीं। ज़रा-सी भी आहट होती तो वह परेशान होकर शी-शी करने लगतीं। अगर सख़्त ज़रूरत से उठना होता तो अपनी

---

1. अध्ययन 2. पहेली 3. कठिन 4. टेढ़ा 5. घुलना 6. दुखी 7. छिपा हुआ 8. अहानिकर 9. खुलेआम 10. आज्ञाकारी 11. ध्यान 12. वक्ता

नन्हीं-सी गुरगाबी के नाज़ुक पंजों पर लँगड़े कव्वे की तरह, बग़ैर आवाज़ किए फुदकने की कोशिश करतीं। कोई बात कहना होती तो बिलकुल कान के सूराख़ से मुँह चिपकाकर सहमी हुई खुसफुसा देतीं। लेकिन उनकी ये सारी एहतियातें हाज़िरीन-जलसा[1] की तवज्जो[2] को और भी मुनतशिर[3] करतीं। वह मुक़र्रिर के मज़ाहिए जुमले का बड़ी बेचैनी से इंतज़ार करतीं और ज्योंही मौक़ा मिलता, सबसे पहले तालियाँ और क़हक़हे शुरू करके सबसे आख़िर में बंद करतीं। बाज़ वक़्त कोई दिलचस्प बात सुनाई न देती या समझ में न आती तो बच्चों की तरह परेशान होकर 'ओह ओह' करके पास बैठने वालों से उसका मतलब पूछने लगतीं। इस तरह उनका क़हक़हा ज़रा-ज़रा देर से ज़हूर[4] में आता। सीतल उन्हें बड़े प्यार से झिड़कता तो कमउम्र बच्चियों की तरह ज़बान निकालकर शर्माने लगतीं।

यूनिवर्सिटी में बहुत से मज़ाक़िया लतीफ़े उन्हीं की शख़्सियत से ईजाद किए गए थे। और हर छोटा-बड़ा उन से बेतकल्लुफ़ था। कुछ दिनों से वह फर्स्टइयर के नए लड़कों की चिढ़ मुक़र्रर कर ली गईं थीं। कितनी ही फ़ाख़्ताएँ मिस बोगा से वाबस्ता करके उड़ा ली जातीं। कभी-कभी वह बुरा मान जातीं और फूट-फूटकर रोने लगतीं। रोते में वह बड़ी तेज़ अंग्रेज़ी में ख़ुद अपनी हालत पर रहम खातीं और दूसरों को शर्मिंदा होने की राय देतीं।

कुछ दिन से, यानी इफ़्तख़ार के ज़वाल[5] से और सीतल के उरूज[6] के बाद से वह अवाम की नज़रों में कुछ गिर गई थीं। इफ़्तख़ार की और बात थी अख़्तियार तो उनका अपना आदमी था। उसे तो उनकी इज़्ज़त-अफ़ज़ाई[7] करना लाज़मी[8] था। उसके इंतख़ाब में सबसे बड़ी मदद मिस बोगा की थी। वोट जमा करते वक़्त वह हर एक की जान को आ गई थीं। अपने ख़र्च से पैम्फ़्लेट छपवाकर बाँटे और जब उसे फ़तह[9] नसीब हुई तो किसी को ख़ास हैरत न हुई। पर वह ख़ुशी के मारे पागल हो गईं। लोग छेड़ने के लिए मिठाई माँगने लगे तो उन्होंने सचमुच ही खिला दी।

तरक़्क़ीपसंद गिरोह अब और शिद्दत से इश्तराकी[10] रंग से रँगता गया। मेम्बरों की तादाद बढ़ गई। मिस बोगा ने एकदम गुजराती अतलस छोड़कर खद्दर पहनना शुरू कर दिया और बेचारी हर वक़्त खद्दर और अपनी पीठ पर निकले हुए गर्मी-दानों को अंग्रेज़ी की गालियाँ दिया करतीं। देखने में उनका जिस्म बेमसरफ़ गोश्त का लोथड़ा था मगर ज़रा सी ठेस से छिल जाता और फ़ुरसत के लम्हात[11] अमूमन हर एक को घाव और फुंसियाँ दिखाने में सर्फ़[12] करतीं। नीज़[13] हज़ारों क़िस्म के पाउडर और मरहमों के नाम उन्हें याद हो गए थे। उनका जिस्म तो एक ही था मगर हिंदुस्तान के ख़ित्तों[14] की तरह ज़मीन और आबोहवा[15] मुख़्तलिफ़[16] थी। अगर एक मुक़ाम की फुंसी ज़म्बक से अच्छी होती तो दूसरे हिस्से की क्यूटीक्योर से। अगर पीठ के दाने डस्टिंग पाउडर से सूखते

1. सभा में उपस्थित लोग 2. ध्यान 3. बिखरना 4. प्रगट 5. पतन 6. उत्थान 7. आदर देना 8. आवश्यक 9. विजय 10. समाजवादी 11. अवकाश के क्षण 12. व्यतीत 13. एवं 14. भू-भागों 15. जलवायु 16. भिन्न

तो बग़लों में बोरिक छिड़कने से शफ़ा होती। जितना वह देसी माल की सरपरस्ती में बचा लेतीं उतना ही बिदेसी दवाओं पर ख़र्च हो जाता। बाज़ लोगों की राय से उन्होंने नीम की छाल और हिंदुस्तानी लेप वग़ैरह इस्तेमाल किए मगर उनसे और भी बदहवास होना पड़ा। उनके बरख़िलाफ़ शशि, एक नई लड़की, हर चीज़ देसी इस्तेमाल करती थी। यहाँ तक कि उसके बर्तन ख़ालिस ग्वालियर चीनी के और कमरे का पूरा फ़र्नीचर कश्मीर और मैसूर की सनअतगरी[1] का नमूना था। मुर्शिदाबाद की सिल्क मैसूर की जारजट और मदुरा की साड़ियाँ पहनती। उसका सारा ख़ानदान लीडरों का ख़ानदान कहलाता था। उसके पिताजी बड़े पक्के क़ौमपरस्त थे और हर क़ौमी जलसे में उसे साथ ले जाते थे। जहाँ वह माइक्रोफ़ोन के सामने वंदेमातरम गाया करती थी। उसकी शादी हो गई थी और मियाँ इंग्लैंड गया हुआ था। बावजूद देशभक्त होने के, फ़ैशन घर में काफ़ी था। अंग्रेज़ी ज़बाने-मादरी[2] बनी हुई थी। 'मामा', 'पापा' और आंटी का रिवाज था। सब लड़कियाँ फ्राक पहनती थीं और बाल कटे हुए थे। मगर एक तार भी बिदेसी नहीं इस्तेमाल होता था। गो रूहें योरोपज़दा हो चुकी थीं मगर ख़ोल देसी थे।

उसके ख़ानदान में कोई सरकारी नौकरी नहीं करता था। तायाजी ने तो ख़िताब[3] भी लौटा दिया था। और कई बार जेल भी गए थे। बंबई में रुई का ब्यौपार होता था जिसमें ख़ानदान भर खपता चला जाता था। फिर ग़ुलामी की नौकरी कौन करता ! दूसरे, व्यापार में भारत के माल की उन्नति भी होती है ! गो बाज़ बदमज़ाक़ों का ख़याल था कि लालाजी को भारत की उन्नति से ज़्यादा अपने व्यापार की उन्नति की फ़िक्र थी। खद्दर के प्रचार से भारतवर्ष के ब्यौपारी बेशक वज़नी हो गए। मगर मज़दूर वैसे ही नंगे-भूखे रहे। वह पहले भी मोटा-झोटा पहनते थे और अब भी वही मिलता रहा। हाँ ज़रा जापान के सस्ते माल ने रेशम पहनवा दिया। ग़रीब भी अतलस के लम्स से वाक़िफ़ हो गए। भंगी-चमार भी जापानी खिलौनों से खेल लिए। चीनी के सेट और शीशे के गिलास चपरासियों की लड़कियों तक को जहेज़ में मिलने लगे। मगर ये जापानी माल कब तक ?

तरक़्क़ीपसंद[4] गिरोह की हर मीटिंग ज़्यादा दिलचस्प होती गई। जितने मेम्बर थे सब ही हथेली पर जान रखे काम को तैयार थे। ज़्यादातर ऐसे लोगों की तादाद थी जो दिलशिकस्ता और तक़दीर के ठुकराए हुए थे। और ज़िंदगी की तल्ख़ियों[5] से वाक़िफ़ हो चुके थे। अहमद को एक ईसाई लड़की से इश्क़ हो गया था जो इंतेहाई बेरहमी से मुँह मोड़कर एक प्रोफ़ेसर की हो रही। रहमान अपनी चचाज़ाद बहन के इश्क़ में गिरफ़्तार था जिसके लालची बाप ने उसे सिर्फ़ इसलिए ठुकरा दिया था कि वह सरकारी नौकरी न हासिल कर सका था और वतनपरस्ती का अज़्म[6] कर चुका था। तीन साल वह मुतवातिर[7] मुख़्तलिफ़[8] मुक़ाबलों में शरीक हुआ लेकिन सिर्फ़ ख़ानदानवालों की ज़बरदस्ती से। क़ौम की ख़िदमत से उसे इतनी फ़ुर्सत न मिली जो उन लग़वीयात[9] की तरफ़ तवज्जो देता।

---

1. कारीगरी 2. मातृभाषा 3. सम्मान 4. प्रगतिशील 5. कड़वाहटों 6. प्रण 7. लगातार 8. भिन्न 9. बेकार के काम

अनवर ज़नाना[1] कॉलेज की एक तौबाशिकन[2] लड़की से मुहब्बत करता था जिसकी ख़मीदा ज़ुल्फ़ों और लचकती कमर ने उसे शायर बना दिया था। उम्मीद की जाती थी कि बहुत जल्द वह अपने ज़माने का सबसे ज़्यादा तरक्क़ीपसंद शायर हो जाएगा। उसकी शायरी बिलकुल अनोखी थी। वह पुरानी रविश[3] से हटकर नए रास्तों पर गामज़न[4] थी। उसकी रूमानी हीरोइन ज़हरे-इश्क़, गुलबकावली वग़ैरह की फ़रसूदा महबूबा से बिलकुल मुख़्तलिफ़ एक कॉलेज की रोशनख़याल हसीना थी जो बजाए ज़ुल्म व सितम ढाने के ख़ुद उस पर परवानावार फ़िदा थी। मगर ज़ालिम समाज के हाथों मजबूर होकर एक आई.सी.एस. के पल्ले बँध चुकी थी लेकिन अनवर की शायरी पेशीनगोई करती थी कि इंक़लाब आएगा—जब ये सारी पाबंदियाँ टूट जाएँगी, समाज को मेटकर रख दिया जाएगा, शफ़क़[5] ख़ून बरसाएगी और ज़मीन व आसमान सुर्ख़ हो जाएँगे। और सुर्ख़ आँधियाँ चलेंगी। फिर उसी सुर्ख़ी के शोलों में सारी बलाएँ भस्म हो जाएँगी—आज़ादी का क़िर्मज़ी झंडा लहराएगा। मज़दूर का राज होगा...उस वक़्त वह उस लड़की से जी खोलकर मुहब्बत करेगा और उसकी मुश्कीं[6] चोटी को हसीन रातों की ख़ामोशियों में खोलकर फ़िज़ा में ख़ुशबू फैला देगा ! फिर क्या होगा ? फिर पता नहीं क्या होगा।

इसके अलावा वह आनंद था जिस पर शहर की कुल तवायफ़ आशिक़ थीं। वह उनके यहाँ मुफ़्त जाता था। शराब हर फ़नकार के लिए ज़रूरी होती है और वह एक सच्चा फ़नकार था। उसने रूसी अदब का गहरा मुताला किया था। कुछ साल तराजिम छपवाने के बाद वह और तबाज़द[7] कहानियाँ लिखने लगा था और आसार कहते हैं कि बहुत जल्द वह बुलंद मर्तबा मुसन्निफ़ों की सफ़ में आगे-आगे नज़र आएगा।

बरकत अजब जुनूनी था। वह तारीख़ में एम.ए. कर रहा था। मगर उसका ज़्यादा वक़्त जिंसियात[8] के मुताल्लिक़[9] मवाद फ़राहम करने में सर्फ़ होता था। जेम्स ज्वाएस और डी.एच. लारेंस तो उसके रूहानी देवता थे। जिनका वह हर क़दम पर हवाला देता। और जिन्सी आज़ादी को स्वराज से भी ज़्यादा अहम समझने लगा था। उसकी ज़बान में बड़ी रवानी थी और आमतौर पर लोग क़ायल हो जाया करते थे। शम्मन को इससे कोई ज़ाती अनाद न था और उसके उसूलों की भी कुछ शिद्दत से मुख़ालिफ़ न थी, फिर भी पता नहीं क्यों जब अकेले में मुख़्तलिफ़ नफ़्सियाती नुक़ात[10] की तशरीह करता तो पसीने छूट जाते।

"इंसान जानवर से भी ज़्यादा गया-गुज़रा हो गया कि जब तक उसे मज़हबन[11] रसमन[12] और क़ानूनन सार्टिफ़िकेट न दिया जाए, मोहब्बत ही न करे।" लफ़्ज़ मुहब्बत वह बहुत ही पुर मानी तौर पर इस्तेमाल करता था। वह ऐसे फुसफुसे इश्क़ का कायल न था जिसमें ठंडी साँसें और शब्बेदारी शामिल होती है। उसे तो बस ख़ालिस इश्क़ पसंद था। उसे तवायफ़ों से बड़ी शिद्दत की हमदर्दी थी उनकी ज़िंदगी और रहन-सहन उनकी

1. महिला 2. अति सुंदर, जिसके लिए प्रण त्यागना पड़े 3. रास्ता 4. चलना 5. ऊषा 6. कस्तूरी की सुगंध से युक्त 7. स्वरचित 8. शारीरिक 9. विषय में 10. बारीकियाँ 11. धार्मिक 12. सांस्कृतिक

माली मुश्किलात, गंदे मकानात, मुख़्तलिफ़ अनवाअ-व-एक़साम[1] बीमारियों के बारे में ऐसी-ऐसी बातें सुनाता था कि रोंगटे खड़े हो जाते—कभी तो शम्मन को उससे घिन आने लगती कि कमबख़्त न जाने किन ग़लाज़तों में ग़ोते मारकर आता है, और कभी उसे तवायफ़ों पर गुस्सा आता कि मुर्दियाँ क्यों इतनी गंदी होतीं हैं ! कोई ढंग का काम क्यों नहीं करतीं ! अरे भई चक्की पीसें, कपड़े सियें और इज़्ज़त से रहें...मगर उसे ख़ूब मालूम था कि ये तवायफ़ें इतनी उल्लू नहीं ! अगर चूल्हा-चक्की इतना आसान काम होता तो वह कभी का शुरू कर देतीं !

"इसका इलाज ?" वह कभी बरकत से पूछती।

"सरमाएदारी[2] का ख़ात्मा !"

"वह किस तरह ?"

"जिस तरह रूस में हुआ !" और वह दोनों घंटों रूस के इंक़लाब की परछाइयाँ नापा करते। ग़र्ज़, जो कोई भी इस तरक्क़ीपसंद गिरोह में था, पहुँचा हुआ था। इश्क़-ओ-मुहब्बत, बेवफ़ाई और जफ़ाकारी[3], मुफ़लिसी[4] और बेकारी ने सबको मजबूर बना दिया था।

शम्मन एकदम जो कॉलेज से लौटी तो इल्मा को पलंग पर पैर लटकाए बैठे पाया।

"अरे तुम देर से बैठी हो ?" उसने ख़िजिल[5] होकर पूछा और पास बैठ गई। उसका ज़मीर[6] इल्मा को ख़ामोश देखकर मलामत करने लगा। इफ़्तख़ार के जाने के बाद कैसे-कैसे दोनों में अहदोपैमा[7] हुए थे मगर इस नए इन्तख़ाब के साथ-साथ दोनों के दरमियान फ़ासला पैदा होना शुरू हो गया था। और अब तो ये हाल था कि ये सड़क के इस किनारे पर, तो वह दूसरे पर। कभी भूल-भटके निगाहें मिलीं भी तो जल्दी से बचा लीं। गोया देखा ही नहीं, यूँ ही वहम हुआ था। मगर आज न जाने क्यों शम्मन ने उसके गिर्द बाँहें लपेटकर चिमटा लिया और देर तक उसके चेहरे को तकती रही।

ये इल्मा को क्या हो गया था ! वह इल्मा ही न थी। आँखें और ज़्यादा बूढ़ी हो गई थीं जैसे इन पर सिलोलाइट का ग़िलाफ़ चढ़ा दिया गया हो। गालों की हड्डियाँ ज़्यादा उभर आई थीं और बाल पहले से भी ज़्यादा घनेरे मालूम हो रहे थे। बजाए झुँझलाते हुए क़हक़हे लगाने के, वह ख़ामोश तल्ख़ी से मुस्कुराए जा रही थी, जो बजाए दिली हालात की आइनादारी के बिलकुल एक मसनूई ख़ोल की तरह मँढ़ी हुई थी। इस मुस्कुराहट में न मिठास थी न कड़वाहट और न ही कोई तंज़ पोशीदा[8] था।

फिर वह बातें करने लगीं। देर तक एक-दूसरे के क़रीब लेटीं वह वक़्त से ग़ाफ़िल[9] बकवास करती रहीं। इफ़्तख़ार की बातें, जलसों की बातें, और न जाने क्या-क्या !

"बाज़ वक़्त हमारा हर पाँसा उल्टा ही पड़ता है।" इल्मा एकदम से बोली।

"क्या कहा तुमने ?" शम्मन ने इसके क़रीब झुककर पूछा।

"मैंने कहा...हम क्या सोचते हैं और क्या करते हैं।"

---

1. भाँति-भाँति 2. पूँजीवाद 3. मेहनत 4. ग़रीबी 5. झेंपना 6. अंतरात्मा 7. वादे 8. व्यंग्य छुपा हुआ 9. बेख़बर

"क्या मतलब ?"

"शम्मन ?"

"हाँ !"

"क्या मैं कुछ बदल गई हूँ ?"

"क्यों ? नहीं तो !" शम्मन ने इल्मा को सर से पैर तक देखा, एक धोखा-सा हुआ मगर मिट गया।

"मगर डॉक्टरों का ख़याल है, मैं इम्तेहान में नहीं शरीक हो सकती।" वह और फैल गई।

"तुम...तुम...इल्मा ?" वह हकला गई।

"डरो मत...मेरी बीमारी छूतदार नहीं, वह तुम्हें नहीं लग सकती।" इल्मा ने तंज़ भरा क़हक़हा लगाया। वह इस अर्से में सिर्फ़ एक बार हँसी और क़हक़हा ऐसे खड़खड़ाता हुआ शम्मन के कानों में गूँजा जैसे किसी ने बहुत से पत्थर टीन के ख़ाली डब्बे में डालकर झकोल दिए। इसके दाँत बिलकुल ज़हर में बुझी हुए कीलों की तरह चमके और आँखों में घुटा हुआ धुआँ उठने लगा। अब शम्मन को मालूम हुआ कि इसके रुख़सारों की हड्डियाँ क्यों उभर आई थीं और बाल चेहरे की मुनासबत[1] से ज़्यादा घिनदार मालूम हो रहे थे।

"तुम मुझे कुछ न बताओगी ?" उसने बहुत कुछ जानकर पूछा।

"बताने को है ही क्या ! मेरे पेट में बच्चा है।" शम्मन ऐसी बुरी तरह झिझकी जैसे उसके सर पर छत आन पड़ी मगर फ़ौरन ही खिसियानी होकर सँभल गई। न जाने क्यों समाजी उसूलों के आगे, क़ुदरत के बनाए हुए उसूल, कमज़ोर और नाक़िस[2] हो जाते हैं। अगर बेनज़र-ग़ौर देखा जाता तो क़ुदरत की तरफ़ से माँ बनने की मुकम्मल आज़ादी थी। मगर समाज उससे परवाना-ए-राहदारी[3] माँगता था। शम्मन को ख़ुद अपनी रौशनख़याली पर नाज़ था। मगर रौशनख़याल बनने से पहले हमें आदत डालनी पड़ती है। शम्मन जल्द ही सँभल गई। उसके ख़यालात जंगली हिरनियों की तरह कुलाँचें भरने लगे। अब से बहुत पहले जब पिकनिक से वापस आकर दोनों सहेलियों ने बातें की थीं उस वक़्त शम्मन और भी बेवक़ूफ़ थी। मगर अब तो वह इन अलफ़ाज़ के माने ख़ूब समझती थी। फिर उसे कैंप की वह रात याद आ गई जब उसने एक नए मोड़ की तरफ़ क़दम उठाए थे। इफ़्तख़ार के कोट की ख़ुशबू को, कोशिश करने से वह दोबारा दिमाग़ में खींच ला सकती थी। और फिर उसे अपनी वह रज़ाई याद आई जो इफ़्तख़ार ने उससे माँग ली थी।

"मुझे मालूम है तुम क्या सोच रही हो।" इल्मा ने हौले से कहा।

"मैं ?"

"हाँ, तुम सोच रही हो कि—मैं बड़ी बदनसीब हूँ, मैंने पाप किया है। ये बात नहीं।

---

1. तुलना 2. बेकार 3. रोड परमिट

मैं उसे पाप नहीं समझती। मगर..." उसके चेहरे पर फिर वही बेमानी मुस्कुराहट लौट आई। "तुम नहीं समझ सकतीं—मैंने वाक़ई पाप किया है।"

"इल्मा !"

"मैंने बहुत बड़ा पाप किया है—मैंने अपनी रूह को धोखा देकर जिस्म का पेट भर दिया।"

"क्या बक रही हो इल्मा ! क्या मतलब ?"

"हैं ? नहीं—मैं बहक गई थी..." वह थोड़ी देर को चुप हो गई। फिर बोली, "तुम नहीं समझतीं—तुम भूल गईं—मैंने तुमसे कहा था ना कि..."

"हाँ, तुमने मुझसे कहा था कि तुम इफ़्तख़ार का..."

"हाँ, हाँ—यही तो मुसीबत है। अगर ऐसा होता तो," वह फिर कुछ सोचने लगी। "अगर ऐसा होता तो मैं उसकी अमानत अपने सीने से लगाकर रखती..." वह जल्दी से उठकर बैठ गई और ऊँची आवाज़ में बकने लगी।

"इस वक़्त जो शैतान मेरे जिस्म में साँस भरना सीख रहा है वह सीतल का तोहफ़ा है—और—मैंने अपने जिस्म की आरज़ू पूरी कर दी। मगर मेरी रूह अभी भूखी है। मैं इसी हफ़्ते बैंगलोर जा रही हूँ। वहाँ आपरेशन कराऊँगी।"

आँखें फाड़े, साँस रोके, शम्मन समझने की कोशिश करती रही। "क्यों ?"

"तुम इन बातों को शायद अजीब समझ रही हो। मगर मैं कहती हूँ क्योंकि मुझे सीतल से नफ़रत है, और उसे मुझसे। हम कोई समझौता नहीं कर सकते। भला तुम ही सोचो, मैं उसका ये गुनाह कैसे बरदाश्त कर सकती हूँ ? आपरेशन के ज़रिए मैं अपनी इंतहाई नफ़रत का सबूत दे सकती हूँ कि उसका ये क़ीमती तोहफ़ा ठुकरा दूँ।"

"भला उस कमबख़्त को क्या रंज होगा !"

"ओह—यही तो तुम नहीं जानतीं। फ़र्ज़ करो, तुमने मेरी दावत की, मेरे मुँह में तरबतर निवाला दिया। अब मगर मैं उसे तुम्हारे मुँह पर थूक दूँ तो क्या हाल होगा तुम्हारा ?"

"ओह ! इल्मा !"

मगर इल्मा ने वही ज़ोर-ज़ोर के क़हक़हे लगाने शुरू कर दिए।

"मगर—तुम्हारा भी तो कुछ हिस्सा है इसमें।"

"हाँ, हाँ। मगर जब कोई चीज़ ज़मीन पर गिरकर मिट्टी में लिथड़ जाए तो उसे पोंछकर खाने की ज़रूरत नहीं, बल्कि अपने नुक़सान पर सब्र करके उसे फेंक देने में ही मसलेहत[1] है।"

"सीतल को मालूम है ?" थोड़ी देर ख़ामोश रहकर शम्मन ने पूछा।

"हाँ—जब उसे मालूम हुआ तो नावेल के हीरो की तरह दौड़ा, सीना चौड़ा करके कहने लगा—'मुझसे शादी कर लो'।"

---

1. औचित्य

"फिर तुमने क्या किया ?"

"मैंने कहा, मैं तुमसे चार पैसे का सौदा करने को तैयार नहीं, फिर भला ज़िंदगी भर का पट्टा कैसे लिख दूँ। फिर वह और वादे करने लगा तो मैंने कहा, मैं बैंगलोर आपरेशन के लिए जा रही हूँ। बेचारे का मुँह उतर गया।" वह दिल खोलकर हँसी।

इल्मा चली गई। शम्मन देर तक बैठी सोचती रही। सीतल का मिज़ाज कुछ दिन से बिगड़ा हुआ था। कुछ झुँझलाया-सा रहता था। उसका बेअख़्तियार जी चाहा कि जाकर उसके दिल की बातें पूछे। सीतल जैसा लापरवाह बेरहम इंसान क्या वाक़ई इल्मा के रवैये से कुछ हतक[1] महसूस कर रहा था ? शादी-ब्याह को छोड़कर तख़्लीक़[2] इंसान का पहला फ़र्ज़ है। ख़ुदा ने इंसान को यूनिवर्सिटी से डिग्रियाँ लेकर दफ़्तर में झक मारने के लिए तो यक़ीनन नहीं पैदा किया होगा। तख़्लीक़, ख़्वाह वह किसी सूरत में, इंसान की बेहतरीन कमाई है। तो शायद अपनी कमाई को ज़ाया जाता देखकर उसे कुछ दुख हो रहा था : ऐश-ओ-इशरत और आवारागर्दी का सरेदस्त[3] हामी होते हुए भी वह ख़सलते-इंसानी के हाथों मजबूर हो गया था। शायद अगर इल्मा आम औरतों की तरह रोती-पीटती तो उसके एहसासात कुछ मुख़्तलिफ़ होते। थोड़ा-सा क़ानून और समाज का भी डर होता और फिर वह ख़ुद ही ये तज़वीज़[4] इल्मा के सामने पेश करता। मगर अब तो वह उसकी हिक़ारत-भरी बेरहमी पर भन्ना रहा था। वैसे उसे अपने हिस्से के ज़ाया[5] जाने की परवा न होती। मगर यूँ एक बददिमाग़ लड़की को उसे ज़लील करने का क्या हक़ था ? ये नहीं कि इस नामुकम्मिल[6] शै[7] से उसे कुछ उन्स[8] हो गया था या उसकी आइंदा नस्ल का इनहिसार इसी की ज़ात से वाबस्ता था। फिर भी वह ख़ुश नहीं था। शायद इल्मा की जगह मिस बोगा होती तो उसकी इस कद्र बेक़दरी न होती। और फिर शायद वह इस क़दर हस्सास[9] भी न होता।

दो-तीन दिन बाद इल्मा जुनूबी हिंद रवाना हो गई। शम्मन को इसकी जुदाई का बड़ा रंज हुआ। वापसी के मुताल्लिक़ उसने निहायत मुबहम[10] से जुम्ले कहे। न हाँ न ना। वह अजीब फ़लसफ़ियाना जवाब दे गई। चलते वक़्त स्टेशन पर उसने शम्मन को भींचकर बड़े जोश से प्यार किया।

"मैं अब इफ़्तख़ार से तो मिल न सकूँगी। अब इत्तफ़ाक़ हो मिलने का, तो ये प्यार तुम मेरी तरफ़ से पहुँचा देना। न जाने क्यों मुझे ऐसा मालूम हो रहा है कि जैसे मैं अब ज़िंदा नहीं रहूँगी।"

"क्या बकती हो !"

"पगली, मेरा मतलब ये नहीं—जिस्मानी तौर पर तो मैं वाक़ई अभी बहुत दिन ज़िंदा रहूँगी। मगर मेरी रूह मर चुकी है !"

"तुम्हारे ख़यालात और इतने तारीक[11]।"

---

1. अपमान 2. निर्माण 3. इस समय 4. सुझाव 5. नष्ट 6. अपूर्ण 7. चीज़ 8. लगाव 9. संवेदनशील 10. अस्पष्ट 11. अँधेरा

"मैं जानती थी तुम इसे बकवास कहोगी लेकिन वाक़या ये है कि हम हिंदुस्तानी एक मुक़र्रर[1] हद से आगे बढ़ते तो हैं मगर फ़ौरन धक्का खाकर लौट आते हैं। ये तारीकी हमारे ख़ून में रची हुई है। जहाँ तक तख़य्युल[2] की डोर का सवाल है, कोई हमारे आसपास नहीं पहुँच सकता। ख़्वाबों में तो हम बड़ी आसानी से पाताल तक को फ़तह[3] कर लेते हैं लेकिन जहाँ अमल का सवाल आया हम पीछे गिरे। यही देखो इफ़्तख़ार कितना जोशीला कितना सच्चा है मगर सिर्फ़ वहाँ तक, जहाँ तक थ्यौरी का सवाल है। वह जो कुछ सोच सकता है, काश उसका तिहाई भी अमल की सूरत में ज़ाहिर कर सकता तो वह हिंदोस्तान का सच्चा रहनुमा साबित होता। न जाने क्या हो जाता। लेकिन अगर उसे मालूम हो कि मैंने..."

"इफ़्तख़ार रौशनदिमाग़ है।" शम्मन ने कैंप की आख़िरी मुलाक़ात को याद करके कहा। "कितना भी रौशनदिमाग़ हो, ये स्याही एक दफ़ा तो वहाँ भी अँधेरा कर देगी। मेरी ज़िंदगी में रह भी क्या गया है, सिर्फ़ अपने ज़मीर की मलामतें[4]।"

"क़ौम की ख़िदमत जिसका तुम बीड़ा उठा चुकी हो।"

"इस बीड़े से भी मुँह जल गया...कुछ नहीं दुनिया में हर चीज़ ज़लील है। हम लोग एक चीज़ बड़ी शान से शुरू करते हैं मगर जल्द ही आपस की फूट, ख़ुदग़र्ज़ियाँ, पस्त ख़्वाहिशात और छिछोरे ख़यालात दरमियान में आकर सब कुछ मेट देते हैं। सिवाए ज़बानी बकवास और तालियाँ पीटने के, हमें और कुछ भी तो करना नहीं आता।"

"लेकिन इसकी कोई तो वजह है ?"

"वजह ? हमारी आबाई तोहमपरस्ती...हम ख़्वाह कहीं चले जाएँ, कुछ सीख जाएँ। अपने ख़ून से इस पस्त माद्दे को दूर नहीं कर सकते जो जनम-जनम से हमारी तमाम तबाहियों का बायस बनता चला आ रहा है। हम पैदा ही ग़ुलामी और दूसरों को सजदा करने के लिए हुए हैं। गाँधी ने हमें ग़ुलामी से आज़ाद कराने की कोशिश की, हमने उल्टा उसे महात्मा बनाकर पूजना शुरू कर दिया। सारा क़ौमी जज़्बा एक देवता की मोहमल[5] परस्तिश[6] बनकर रह गया।"

प्लेटफ़ार्म पर टहलते-टहलते, इल्मा फ़िलासफ़र बन गई। शम्मन हैरत से जुज़-ब-जुज़ ख़ामोशी रही। "जब हम एक देवता को पूजते-पूजते उकता जाते हैं, तो दूसरा बना लेते हैं। हमारी बला से, उसका रंग सफ़ेद हो या स्याह। अगर कोई हमसे दुनिया में बग़ैर देवता के रहने को कहे, तो हम कभी तैयार न हों। मैंने तुम्हारे मज़हब के बारे में भी पढ़ा है। मगर मशरक़ी[7] और मग़रबी[8] मज़हब में भी फ़र्क़ है। इतना ही जितना देसी और फ्रांसिसी शराब में। एक सुलझी हुई फ़िलासफ़ी का खुमार है तो दूसरा ठर्रे का जंगली नशा। एक में अक़्ल है तो दूसरे में साँड़ का जोश। यहाँ हिंदुस्तान में कोई मज़हब सलामत नहीं रह सकता। इस पर फ़ौरन भवानी मइया और राक्षसों की हुकूमत शुरू हो जाती है..."

---

1. निर्धारित 2. कल्पना 3. विजय 4. बुरा-भला कहना 5. झूठी, बेकार 6. पूजा 7. पूर्वी 8. पश्चिमी

“मगर तुम लोग तो...ईसाई... ?”

“सब वाहियात। हम, तुम, वह, सब एक ही नाव में झूलते चले जा रहे हैं—बड़े जोश से मैले कपड़े उतारकर नया चोला पहनते हैं मगर दम-भर में कीचड़ में मचल जाते हैं। हम हर नई चीज़ पर झपटते हैं, खुद नया बनने के लिए नहीं बल्कि उसे बोसीदा बनाने के लिए। हम बिलकुल मकड़ी की तरह हैं, जो हसीन से हसीन परवाने को अपने जाले में लथेड़कर फ़ना कर देती है, ऐसे कि पहचाना भी नहीं जा सकता। नमक की खान में जो कुछ भी गिर जाए, नमक बन जाता है।

“तो तुम्हारे ख़याल में हिंदुस्तान का मर्ज़ लाइलाज है ?”

“मर्ज़ तो लाइलाज नहीं,” वह थोड़ी देर सोचकर बोली। “मगर हमारे तबीब[1] अभी तक मरीज़ के सरहाने खड़े मर्ज़ की तश्ख़ीस[2] कर रहे हैं। किसी ने गठिया तजवीज़[3] की है, कोई कहता है सिर्फ़ फ़सादे-खून[4] है। हाँ, ये सच भी है, ये ख़ून, हिंदुस्तानी ख़ून, बहुत ही स्याह हो गया है।”

वह अपनी साधुओं जैसी आँखों से न जाने किस सिम्त घूरने लगी। गो इल्मा की सेहत गिर रही थी। मगर जिस्म पर फलदार दरख़्त की सी भारी-भरकम लताफ़त छाई हुई थी। शम्मन उसे ख़ामोश पाकर ग़ौर से देखने लगी। न जाने क्यों उसका गला भर आया। अगर एक दरख़्त क़ुदरत से जंग शुरू कर दे तो वह कितने दिन ज़िंदा रह सकता है। आम, बौर लगते ही मचल जाए और फल पैदा करने से इनकार कर दे तो ? मगर ऐसा हो ही नहीं सकता। इस बग़ावत का हक़ तो सिर्फ़ अशरफ़ुलमख़लूक़ात[5] को ही हासिल है कि अगर वह क़ुदरत की ज़िदें पूरी करने को तैयार न हो तो कोई उसे मजबूर नहीं कर सकता। मगर ये उसकी समझ में न आया कि ये बग़ावत उसने सीखी कहाँ से ?

इल्मा की ट्रेन रवाना हो गई तो हज़ारों सवाल उसके दिमाग़ में गोरखधंधों की तरह उलझते-सुलझते रह गए। दिल एक भारी से बोझ की शिद्दत से धँसने लगा। वह पुरहसरत बोसा जो इल्मा इफ़्तख़ार के लिए उसके होंठों पर छोड़ गई थी। अंगारे की तरह दहकने लगा। उसकी अमानत महफ़ूज़[6] रहेगी ? काश, इंसान इतना बुज़दिल न होता !

वापसी पर उसने लान की बेंच पर सीतल को बैठे जाना। वह घास के दरमियान झलकती हुई .ख़ुश्क़ ज़मीन पर, किसी गुज़रे हुए कीड़े के नक़्श ढूँढ़ रहा था।

“घास की जड़ तक खा जाते हैं ये कीड़े !” उसने ज़ंजीरनुमा लहरिए की तरफ़ इशारा करके कहा।

“क्या बॉटनी का मोताला[7] शुरू कर दिया है !” शम्मन ने आवाज़ में तंज़ की झंकार पैदा करके जवाब दिया।

“नहीं, नहीं, अभी मैंने माली से पूछा कि ये टेनिस कोर्ट क्यों गंजा होता चला जाता है...तो...” मगर शम्मन के चेहरे पर रुहाँसी मुस्कुराहट देखकर वह चुप हो गया।

---

1. हकीम-डॉक्टर 2. खोज 3. प्रस्ताव 4. खून की खराबी 5. मनुष्य 6. सुरक्षित 7. अध्ययन

"उसे पहुँचाकर आ रही हैं, यहाँ बैठ जाइए," उसने ऐसी लजाजत से कहा कि शम्मन को हँसी आ गई। ये मर्द भी कितने मासूम होते हैं। आग को हमेशा भूभल में दबाने की कोशिश करते हैं। हँसी-हँसी में, जैसे काँच का गिलास तोड़कर बैठा मुँह बिसूर रहा हो। शम्मन उसके पास बैठ गई। ज़ालिम और मज़लूम का फ़र्क़ भी बिलकुल वहम की सी नौईयत[1] रखता है। अगर इल्मा भी सीतल को मुक़र्रर[2] सज़ा दे देती तो वह यूँ ख़ुद अपने ज़मीर की जूतियाँ न खाता। उसकी बेनियाज़ी[3] ने तो ख़ामोश घुटन को और भी बढ़ा दिया। काश सज़ा पर तमाचा मार दिया जाए ताकि एहसास तो ठोकरें खाने से बचे !

"मैंने उससे कहा भी कि मैं पिता जी की धमकियों की परवाह नहीं करता। मेरी माँ की जायदाद काफ़ी है।" वह शिकायतन बोला और शम्मन को उस पर तरस आ गया। लोग अभी तक जायदाद और वालदैन[4] की धमकियों को इस क़दर अहमियत देते हैं, गोया पैसा ही तो ज़मीर का मोल है। मगर सीतल ये उज़्र[5] शम्मन के सामने क्यों पेश कर रहा था। शायद ख़ुद्दारी मज़लूमियत की पनाह में शिकस्तख़ुर्दा[6] रेज़ों को दोबारा जोड़ना चाहती थी।

"टेनिस नहीं खेलोगी ?" उसने शम्मन को उठते हुए देखकर रोका, जैसे उसे तनहाई से ख़ौफ़ आ रहा हो !

"मेरा रैकेट तो कमरे पर है !"—गो वह इरादा करके आई थी कि सीतल की जी भर कर शामत बनाएगी। मगर न जाने ममता की कौन-सी रग फड़क उठी कि वह बिलकुल ही पिघल गई। रोते को और क्या छेड़ना।

टेनिस के तीन सेट ख़त्म करके जब वह हल्की-फुल्की कमरे पर पहुँची तो उसका ज़मीर उस पर फिटकार बरसाने लगा। हैफ़ है कि वह उसकी सबसे प्यारी सहेली के दुश्मन की दिलजोई कर रही थी। वह मुरझाकर बैठ गई, जैसे इल्मा की चिता पर नाच कर आ रही हो ! खौफ़ज़दा होकर उसने मुँह पर ठंडे पानी के ख़ूब छींटे दिए। आइंदा से वह सीतल से बात भी न करेगी।

लेकिन ये उसके बस की बात न थी। यूनियन की इतनी अहम ओहदेदार होते हुए उसे सीतल से निजात मिलना मुश्किल थी। वह जब चाहता उससे ज़रूरी मामलात के मशविरे[7] करने आन धमकता। क्लास में, क्लास से बाहर, लाइब्रेरी में, टेनिस लॉन पर, खाने के कमरे में और यूनिवर्सिटी के हर कोने से सीतल ने उस पर बादलों की तरह उमड़ना शुरू कर दिया। ऐसा मालूम होता जैसे वह एक नन्हें से तिनके में भिंचती चली जा रही है। ये घिराव उसका दम क्यों घोंट देता है ? क़ूव्वते-मुक़ाबला[8] इतनी सुस्त और बदमस्त[9] क्यों होती जा रही है ? सीतल ने तीन घंटे लाइब्रेरी में उसे लग़ो[10] शायरी सुनाई, वह सुनती रही।

---

1. विशेषता 2. निर्धारित 3. लापरवाही 4. माँ-पिता 5. बहाना 6. पराजित 7. सलाह 8. मुकाबले की शक्ति 9. मस्त 10. बेकार

वह पैर सिकोड़े आरामकुर्सी पर उकड़ूँ बैठी पढ़ती हुई तारीकी को आहिस्ता-आहिस्ता रेंगते हुए महसूस कर रही थी। डूबे हुए सूरज की आख़िरी झलक कमरे को मसहूरकुन[1] रंग में डुबोए हुए थी कि अचानक उसके दिमाग़ में घुसकर पिंसलीन और लौंडरीन में मिली-जुली एक शीरीं बिसाँद के छपाके ने चौंका दिया। वह उस नशीली लपट से दिमाग़ को छुड़ाकर पीछे मुड़ी। सीतल वरज़िश के बाद पसीने में नहाया हुआ उससे कुछ पूछ रहा था। उसके लंबे-लंबे बाल-भरे बाज़ू उरियाँ[2] थे और पिंडलियाँ पसीने से चमक रही थीं। न जाने क्या हुआ कि शम्मन का दम घुटने लगा। मालूम हुआ किसी ने उसे गोश्त-ओ-पोस्त[3] के अंबार में लपेटकर चकरा दिया। लंबी-लंबी साँसें भर के वह सँभली और बदहवासों की तरह भागी।

ग़ुस्लख़ाने के नल से उसने गटगटा कर पानी पिया और दीवार से लगकर बिखरे हुए ज़र्रों को समेटने लगी। देर तक एक उबकाई का एहसास उसके दिमाग़ में फँसा रहा और वह निढाल पलँग पर पड़ी रही।

खाने की मेज़ पर, बावजूद सीतल के शदीद इसरार के, वह वहाँ से अपने भागने की कोई माक़ूल वज़ह न बता सकी। न ही उसे कुछ मालूम था। उसके वजूद ने भागना चाहा और बग़ैर कहे-सुने भाग निकला। कहते हैं बहुत से हैवान तूफ़ान की आमद से पहले पनाहगाहों को भाग निकलते हैं।

और इफ़्तख़ार ? उसके ख़याल ही से, ग़रूर से इसका सर भारी हो जाता। क्या बात थी जो इफ़्तख़ार में सीतल से मुख़्तलिफ़ थी, जिसने उसके वजूद में इस बला की कशिश पैदा कर दी थी ? जहाँ तक सूरत-शक्ल और दौलत का सवाल था वह सीतल से मीलों हारा हुआ था। फिर भी सिवाए मिस बोगा के, उससे सब लड़कियाँ चिढ़ती थीं। क्या अजब जो इल्मा ने भी सीतल के जिस्म में इफ़्तख़ार ही की जुस्तजू की हो, और नाउम्मीद होकर लौट पड़ी। इम्तहान सर पर आ गए और सीतल की सारी नफ़रत, ख़ौफ़ और कशिश को भूलकर उसने किताबें सँभाल लीं।

बत्तीस

इम्तहान का नतीजा आने से पहले, सुस्ती और बेकारी के लंबे-चौड़े दिन गपबाज़ी में काटने दुश्वार हो गए। बोर्डिंग में रहते-रहते उसे घर सराय मालूम होने लगा था। बी.ए. के बाद एक तरह से तालीमी[4] जंक्शन पर उतरकर ज़रा इधर-उधर निगाह डालने की फ़ुर्सत मिली। घर में बच्चों की तादाद चौगुनी हो गई थी। भाई कमाने में जुटे हुए थे और भावजें पौध बढ़ाने में मशग़ूल। मालूम होता था, ज़िंदगी को टूटे हुए छकड़े की

1. जादू किया हुआ 2. नग्न 3. मांस और चमड़ी 4. शिक्षण

तरह हर एक आगे घसीटने में मशग़ूल है। कोई भी तो मरम्मत के लिए दम नहीं लेता। चूलें ढीली, फट्टे भाग निकलने को तैयार, छत ग़ायब, पेंदे में छलनी जैसे छेद, मगर बैल की गर्दन पर जुआ मज़बूत और लाठियों के टहोके जारी। जो किसी को रोककर पूछना चाहो कि, "भई कहाँ का क़स्द[1] है ?" तो हक्का-बक्का होकर जवाब मिलता है, "कहीं का नहीं !" इस दुनिया में एक दफ़ा आने के बाद, सिवाए क़ब्र के और कहाँ जाया जा सकता है। गिरते-पड़ते सब एक ही निशान की तरफ़ दौड़ते चले जा रहे हैं ! इस उम्मीद में कि वहाँ जन्नत मिलेगी। दफ़्तर से बेफ़िक्र मज़े से गुज़रेगी। हूरें[2] मिलेंगी और जवाहरात के महल। जो कुछ समेटा जा सके, वहीं के लिए उठा लो ! ठूँसमठास एक बार वहाँ पहुँच जाएँ तो फिर वारे-न्यारे हैं। अगर जन्नत की ताक में, दुनिया दोज़ख़[3] बनती है, तो कुछ परवा नहीं।

छुट्टियों में अनवर, बरकत, अब्बास और सीतल के ख़त आए। इफ़्तख़ार और इल्मा ख़ामोश रहे। शशि का मियाँ इंग्लैंड से मग़रबी[4] बनिया बनकर आ गया। मिस बोगा ने फ़लसफ़े में रिसर्च शुरू कर दी। और शम्मन ? नतीजा सुनने के बाद उसकी समझ में न आया कि इस शम्मन का क्या करे ? ज़िंदगी की गाड़ी घिसटवाने के लिए कई वज़ादार[5] पुट्ठे साथ देने के लिए मौजूद थे। मगर किसी का धुरा कमज़ोर, किसी का हाल ढीला। डिप्टी कलेक्टरियाँ महदूद[6], पुलिस का दायरा मुक़र्रर[7], जंगलात में प्याला लबरेज़[8]। जमाने की अफ़रातफ़री को देखते हुए मिस शमशाद ने एक क़ौमी स्कूल की सरपरस्ती[9] क़बूल कर ली।

स्कूल की इमारत एक दरियादिल रईस की बेकार कोठी थी जो उन्होंने बदज़ुबान लोगों की बकवास से बचने के लिए अपनी मुँहचढ़ी तवायफ़ के लिए आबादी से हटकर बनवाई थी। और जहाँ से हर किराएदार छिपकलियों और मच्छरों से तंग आकर भाग चुका था। स्कूल का बाक़ी सामान किसी और बिगड़ेदिल रईस की नाटक की बेंचों और नीलाम की मेज़ों पर मुश्तमिल[10] था। एक और रईस जिनके बाप-दादा को अदब से लगाव था, लाइब्रेरी मोहय्या करने पर तुल गए थे। चूँकि कूड़ा-करकट फेंकने के लिए कोई कुआँ म्यूनिसिपैलिटी की ज़्यादती से दस्तयाब[11] न हो सका इसलिए दुनिया-भर की वाहियात और लग़ो[12] किताबें, जिन्हें मुसन्निफ़[13] के बाद शायद कातिब[14] ही ने पढ़ा हो, अपनी तमाम भयानक ज़ईफ़ी[15] के साथ आन मौजूद हुईं। जितनी लड़कियाँ रजिस्टर में दर्ज थीं उसकी निस्फ़[16] तो शायद कभी पैदा ही नहीं हुई थीं। चार असिस्टेंट मुअल्लमात[17] थीं जिन्हें बीस रुपया महीना देकर, तीस रुपये की रसीद ली जाती थी। बेचारियाँ ग़ुरबत[18] की लानत में गिरफ़्तार थीं वर्ना महकमा-ए-तालीम[19] से उन दुखियारियों का तो दूर का भी वास्ता न था। दो चपरासिनें थीं, जो ख़ुशहाल दिनों में नाईका की

---

1. इरादा 2. अप्सराएँ 3. नर्क 4. पश्चिमी 5. शक्तिशाली 6. सीमित 7. निर्धारित 8. भरा हुआ 9. संरक्षण 10. सम्मिलित 11. मिलना 12. बेकार-गंदी 13. लेखक 14. टाइपिस्ट 15. बुढ़ापा 16. आधा 17. अध्यापिकाएँ 18. ग़रीबी 19 शिक्षा विभाग

लतीफ़ ख़िदमात बड़ी ख़ुश असलूबी[1] से अंजाम दे चुकी थीं। एक चपरासी था, जो मैनेजर साहब का बावर्ची, बैरा, फ़र्राश और बच्चों की गवर्नेस की ख़िदमात के अलावा इंस्पेक्ट्रेस के आने पर भूरा कोट और सफ़ेद साफ़ा बाँधकर मोअद्दब[2] खड़े होने के काम भी आता था। स्कूल की तमाम कारामद कुर्सियाँ और मेज़ें ख़ाली औक़ात[3] में मैनेजर साहब के ड्राइंगरूम को ज़ीनत[4] बख़्शती थीं। चारों उस्तानियाँ, ज़्यादातर उनके बच्चों की मिरज़इयाँ, लेहाफ़ और मलमल के कुर्ते सिया करती थीं। इसके अलावा उन्हें कशीदे के काम से बहुत लगाव था और ये उस्तानियाँ पँचरंगे डोरों से उनके ग़िलाफ़ों पर 'स्वीटड्रीम' और 'फ़ॉरगेट मी नॉट' बहुत सफ़ाई से काढ़ा करती थीं।

उनमें से एक उस्तानी रज़िया बेगम को तीस रुपए की रसीद पर पैंतीस रुपया तनख़्वाह मिलती थी। हर माह मैनेजर साहब ये ज़ायद पाँच रुपए अपनी जेब से अदा करने की धमकी देते मगर पूरी न करते। उनकी आमद पर मिसेज़ मैनेजर ने फ़िनायल और टिंचर आयोडीन वग़ैरह पीने की अमली धमकियाँ दीं। रज़िया बेगम भारी जिस्म की अधेड़ उम्र बेवा थीं। क़ुरान शरीफ़ के अलावा उर्दू और रस्मी फ़ारसी से भी वाक़फ़ियत[5] रखती थीं। कभी ख़ासी क़बूलसूरत[6] होंगी। मगर बर्स[7] के सफ़ेद दाग़ों ने उन्हें ज़रा बदहैय्यत[8] कर दिया था। लोगों का कहना था कि दाग़ पुराने थे मगर मिसेज़ मैनेजर का ख़याल था कि ये उनके वज़ीफ़ों और उनके पीर की दुआओं का हल्का-सा अक्स था जो रज़िया बेगम पर फिटकार बनकर बरस रहा था।

रज़िया बेगम से सिवाय खुर्रांट चपरासिनों के सब ही मरऊब[9] थे। ये चपरासिनें उनकी गुज़िश्ता ज़िंदगी की बेहतरीन राज़दार थीं। उनसे बहुत बेतक़ल्लुफ़ी थी और बड़ी वाली बुढ़िया तो उन्हें रज्जोबी ही कहा करती थी। रज्जोबी का ज़्यादा वक़्त मूँगफलियाँ टूँगने और मैनेजर साहब के स्वेटर बुनने में सर्फ़[10] होता था। ये स्वेटर, वह इस क़दर पेचीदा नमूनों के बुना करती थीं कि दिमाग़ उलझकर रह जाता। पढ़ाती ख़ाक थीं। लड़कियाँ बैठीं या तो ऊन सुलझाया करतीं या उनके सर में चुटकियाँ भरा करतीं और चपरासिनें बैठीं उन्हें मुहल्ले-टोले की आशिक़ियों के क़िस्से सुनाया करतीं या बड़ी उस्तानीजी, यानी शम्मन, की बदहवासियों पर मुबाहेसा[11] किया करतीं। शम्मन से पहले भी दो हेडमिस्ट्रेस मैट्रिक पास आईं। मगर तीन-तीन महीने बाद भाग निकलीं। शम्मन की आमद पर न जाने क्यों मुस्लिम घरानों की तवज्जो तालीम[12] की तरफ़ तेज़ी से मबज़ूल[13] हो गई। देखते ही देखते दो इसाई औरतों का इज़ाफ़ा[14] हो गया। दाख़िले भी तेज़ी से होने लगे। एक ग्रेजुएट हेडमिस्ट्रेस का लासा लगाकर, मैनेजर साहब आला ख़ानदान की लड़कियाँ भी फाँस लाए। मगर ये आला ख़ानदान साहबज़ादियाँ, अन्नाओं और ऐसी ही घिनी-घिनाई बुढ़ियों की निगरानी में काँच के गिलास बनकर आतीं। चारों तरफ़ इठलाती फिरतीं और फिर उनकी मोटरें, बग्घियाँ आ जातीं और वो चल देतीं।

---

1. अच्छी तरह 2. अदब के साथ 3. समय 4. सुंदरता 5. जानकारी 6. अच्छी सूरत वाली 7. कोढ़ 8. बदसूरत 9. रोब में 10. व्यतीत 11. वाद-विवाद 12. शिक्षा 13. आकर्षित 14. बढ़ोत्तरी

शम्मन की आमद से पूरा इंक़लाब आ गया। आगे-आगे वह, पीछे-पीछे मैनेजर साहब, उसे अजूब-ए-रोज़गार बनाए लिए फिरते।

"साहब, मुसलमानों में हैं कहाँ तालीमयाफ़्ता लड़कियाँ।" और लोग भी उसे ऐसे घूरते गोया उसके मुँह पर सूँड़ लटक रही है। काम की बात ये हुई कि इंस्पेक्ट्रेस शम्मन के कॉलेज की पुरानी तालिबा[1] निकलीं और ये रिश्ता इस क़दर मोअस्सर[2] साबित हुआ कि गवर्नमेंट की ग्रांट बढ़ गई और मैनेजर साहब घंटों बरामदे में सूखने के बजाए ड्राइंगरूम में बैठने लगे। मगर वहाँ बेचारे हद दरजा बदहवास रहते और इंस्पेक्ट्रेस या उनका कुत्ता आ जाता तो हड़बड़ाकर खड़े हो जाते। वैसे भी उसकी क़ौमपरस्ती की धाक बैठ गई।

आनवांहिद[3] में दुनिया बदल गई। स्कूल में नए फ़र्नीचर, नक़्शे और तस्वीरें नज़र आने लगीं। टाट पर बैठने की आदी लड़कियाँ, बेंचों पर उकड़ूँ बैठने की मश्क़ करने लगीं और शम्मन ने बड़ी शद्दोमद[4] से इमारत को पैबंदपारे लगाकर दुरुस्त करना शुरू किया। छिपकलियों के ख़िलाफ़ जेहाद बोल दिया। मिस टॉमस और मिस एलेक्ज़ेंडर नीली और सुर्ख़ रोशनाई से सचमुच के टाइम टेबुल बनाने लगीं। लाइब्रेरी की भुरभुरी बोसीदा किताबों की सँभाल-सँभालकर टाँका-ज़नी[5] की गई। दो-चार दिन तो सीने पर पत्थर रखकर चपरासिनें भी मुक़र्रर बेंचों पर बूढ़े तोते की तरह जमी रहीं। रज़िया बेगम ने भी मूँगफलियाँ डेस्क में छिपा दीं और चपरासी ने दफ़अतन[6] दरवाज़े के बीच में लटके हुए घंटे को पीट दिया। घंटा बजाते वक़्त शिद्दतेएहसास से उसके कान सुर्ख़ हो जाते और गाड़ीवाले अपनी गपबाज़ी और चिलमें छोड़कर टूटे हुए मोटरख़ाने से उसे बग़ौर देखकर मुस्कुराने लगते।

मगर कुछ दिन बाद इन बंदिशों का जादू फ़ना[7] हो गया। रज़िया बेगम कुर्सी पर ही पालती मारकर मैनेजर साहब के पेचीदा स्वेटर बुनने लगीं। चपरासिनें हस्बे-मामूल[8] दहलीज़ पर फसक्कड़ा मारकर पिटारी लगा बैठीं। घंटा बजाने की मुगरी नक़्शे की कील ठोंकने ले जाई गई और फिर क़ुरानवाली उस्तानी जी के कमरे में उनकी छालियों की डलियाँ तोड़ने के लिए महफ़ूज़ मिली। शम्मन ने मग़रबी बुर्दबारी[9] और संजीदगी से बिखरते हुए शीराज़े[10] को समेटने की कोशिश की। मगर वहाँ तो जैसे नमक सत्याग्रह शुरू हो गया। हर चीज़, उसकी आँख बचते ही फिसल पड़ती और मचलकर क़ाबू से बाहर हो जाती। कुर्सियाँ और मेज़ें और गमले, मैनेजर साहब के यहाँ दावत में मुस्तआर[11] गए और फिर लौटकर न आए। चपरासी फिर बाक़ायदा अपने पुराने ओहदे पर वापस चला गया और दोनों ईसाई उस्तानियाँ पड़ोस के क़ौमी स्कूल के मास्टरों से रोज़-ब-रोज़ ज़्यादा मानूस[12] होती गईं। लाइब्रेरी की कुल जानदार किताबें मिसेज़ मैनेजर और उनकी सहेलियाँ पढ़ने को ले गईं, जो फिर अगर वापस आईं तो चिथड़े और दाल-सालन में लिथड़ी हुई।

---

1. छात्रा 2. प्रभावशाली 3. क्षण भर में 4. मेहनत 5. सिलाई 6. अचानक 7. समाप्त 8. आदत के अनुसार 9. सहनशीलता 10. संगठन 11. थोड़े दिनों के लिए माँगा हुआ 12. घुलना-मिलना

रज़िया बेगम ने तो एक मुस्तक़िल[1] मोहाज़ क़ायम कर लिया, जिसमें दोनों चपरासिनें बड़े जोश-ओ-ख़रोश से शरीक हो गईं। लड़कियाँ दिन-भर आम और बेर के दरख़्तों के नीचे कुश्तियाँ लड़तीं और शम्मन को ऐसा मालूम हुआ कि कोई ग़ैबी[2] हाथ उसके बनाए घरौंदों को ढाने पर मुसिर[3] है। जितनी-जितनी उसने सख़्ती बरती, अमला[4] बिफरता[5] ही गया।

रज़िया बेगम और इत्तेहाद[6] की कोशिश ने उसे बदहवास कर ही रखा था कि मिसेज मैनेजर, मय अपने ग़लीज़ और नामाक़ूल बच्चों की फ़ौज के, स्कूल के मुआइने को आ धमकीं। पता नहीं उन्हें ये ओहदा कब और क्यों दिया गया था। असल वजह कुछ और ही थी। उन्हें बड़े मोतबिर[7] ज़रिए से मालूम हुआ कि लड़कियाँ कच्ची अमियाँ बड़ी बेरहमी से खाने में मशग़ूल थीं। ये क़ीमती अमियाँ, अलावा अचार-चटनी के उनके घर का साल-भर का खटाई का स्टोर मुहैय्या करती थीं। और ख़ुद मैनेजर साहब को उनकी हिफ़ाज़त की फ़िक्र घुन बनकर खाए जाती थी।

"ये तो होने से रहा कि मैं लंबा-सा बाँस लेकर निगरानी शुरू कर दूँ।" उसने उनका दुखड़ा सुनकर रुखाई से कहा। "बच्चियों को तो मैंने मना कर दिया है मगर उस्तानियों को क्या कहूँ जो खटाई सुखाने के लिए तोड़ती हैं।"

"हाँ बहन यही तो मुसीबत है। मैंने कितनी दफ़ा कहा इन कमबख़्तों से, मगर नहीं मानतीं। ये रज़िया बेगम तो सबसे पेश-पेश है। भला तुम ही बताओ बहन, भला इनकी उम्र अब कच्ची अमियों की है ? बुढ्ढी घोड़ी !"

"मैंने मना किया तो उन्होंने कहा, वह आप के लिए अचार बना रही हैं।"

"ख़ाक मेरे लिए अचार बना रही है। उसका बस चले तो मेरा ही अचार बना दे...आपको नहीं मालूम..." वह राज़दाराना अंदाज़ में पास सरक आईं।

"बहन क्या बताऊँ–" बड़ी हसरत से बोलीं, "ये स्कूल का तो अल्लामारा बहाना है। छह बच्चों के बाप, मगर गुन देखो तो अल्ला तौबा। इस रज़िया के पीछे दुनिया-ज़माने के गुंडे लगे फिरते हैं। और अल्ला के बंदे ने इसके सुपुर्द शरीफ़ बच्चियों को कर रखा है। मैंने तो ये कह दिया एक दफ़ा कि पढ़ना-वढ़ना तो ख़ाक नहीं, हाँ दो-चार आँख लड़ाने के गुर बेशक सिखा देगी।"

शम्मन हँसी दबाए उनकी बातें सुनती रही। अमियों की रखवाली का पुख़्ता वादा लेकर मिसेज मैनेजर चली गईं तो देर तक शम्मन रज़िया बेगम ही के मुताल्लिक़ सोचती रही। उनकी जवानी ढल चुकी थी, फिर उनमें ऐसी कौन-सी ख़तरनाक अदा बाक़ी रह गई थी, जिसने मिसेज़ मैनेजर को बदहवास कर रखा था। अगर कोई जवान लड़की होती तो ख़ैर एक बात भी थी। मगर अपनी हमउम्र और निस्बतन[8] बदसूरत औरत में उन्हें कहाँ से ख़तरा नज़र आ रहा था।

"अचार मैं भी ख़ासा डालती हूँ मगर उन्हें तो उसी मुरदार के हाथ का पसंद है।

1. स्थायी 2. दैवी 3. तैयार 4. संगठन 5. क्रोधित होना 6. एकता का संगठन 7. विश्वस्त 8. अपेक्षाकृत

उसकी चटनी पे दम जाता है। देख लेना एक दिन उनकी चटनी न बनाकर रख दे तो नाम पलट के रख देना।'' वह किस वुसूक़[1] से कह गई थीं। तो क्या मैनेजर साहब रज़िया की चटनी पर आशिक़ थे। शम्मन होंठँसी आ गई। यक़ीनन इश्क़ निराला था और चटपटा भी। यानी अचार-चटनियों के ज़रिए भी आशिक़ फँसाए जा सकते हैं ! चटनी खाते वक़्त उसे कभी शुब्हा[2] भी न हुआ था कि उसका इतना रोमान-अंगेज़ मसरफ़[3] भी हो सकता है।

शम्मन का कमरा स्कूल से मुलहिक़[4] ज़रा जानदार हिस्से में था। सामने उसने छोटा-सा बाग़ीचा बना लिया था, जहाँ वह शाम को आरामकुर्सी पर लेटकर सामने मैदान में खेलते हुए बच्चों को देखा करती थी। बाज़ू के बरामदे से गुज़रकर एक छोटी-सी कोठरी थी, जो रज़िया बेगम को दे दी गई थी। एक चपरासन दुसराहट के लिए उनके साथ रहती थी। स्कूल के बाद, वह कोठरी के सामने, पलँगड़ी पर बैठकर मैनेजर साहब के तकियों के ग़िलाफ़ काढ़ा करतीं। न जाने उन्हें इतने ग़िलाफ़ों की क्यों ज़रूरत पड़ती थी ! ज़रूर बीवी पार कर देती होगी। रज़िया बी के काढ़े हुए 'स्वीटड्रीम' से उनकी बेचारी की अपनी नींद उड़ जाती होगी। अब, जैसे आमों का मौसम शुरू हुआ था, वह अमियाँ छीलकर चटनियाँ पकाया करती थीं। किताब और अख़बार को भूलकर, शम्मन उनके अफ़साने को पढ़ने की कोशिश करती। रज़िया बेगम, सूरत से काफ़ी होशियार और पक्की मालूम होती थीं। उनकी ज़िंदगी कुछ मासूम न गुज़री होगी। काश, कोई उनकी किताबे-ज़िंदगी के दो-चार वरक़[5] उलट देता। मैनेजर साहब को वह भाईजान कहती थीं। मगर उस लटके से लफ़्ज़ 'जान' पर बेचारी मिसेज मैनेजर की जान ही तो निकल जाती। कहते हैं औरत, औरत को पहचान लेती है। मगर फिर ये क्या चीज़ थी जो उन्हें डराए हुए थी और शम्मन को वहम होता था।

दाख़िले और रोज़ाना हाज़िरी के रजिस्टर बनाने के लिए उसे किसी मददगार की ज़रूरत हुई तो मैनेजर साहब ने अपने जान-पहचान वाले दो मास्टरों को भेज दिया, जो रोज़ शाम को आकर, उसे और दोनों नई ईसाई उस्तानियों को जमा तफ़रीक़ की मश्क़ें अजसरेनौ[6] कराने लगते। ज़रूरत से ज़्यादा बेकार ख़ानों को नुक़्तों से भरना, महीने-भर की हाज़िरी जोड़कर उसे साल-भर की हाज़िरी में से घटाना और फिर दुनिया-भर की अला बला को गड्मड् कर देना। कितनी लड़कियाँ ड्राइंग लेती है और कितनी फ़ारसी। चूँकि ये दोनों मज़मून[7] स्कूल में सिखाए जाते थे इसलिए ये ख़ाने नुक़्तों से पुर करना।

कभी तो हबीब और अकरम दोनों आते और कभी हबीब अकेले। और जब रजिस्टरों का झगड़ा ख़त्म हो गया, तब भी किसी न किसी बहाने फेरा लगाते रहे। कुछ किताबों वग़ैरह का लेन-देन शुरू कर दिया। उनकी ज़रूरत की किताब, सारी लाइब्रेरियों को छोड़कर सिर्फ़ शम्मन की लाइब्रेरी ही में मिलतीं। हद ये कि हबीब की तवज्जो नाक़ाबिले-बरदाश्त हद को पहुँच गई। लिहाज़ा आहिस्ता-आहिस्ता उनके पंजे ढीले करने

1. भरोसा 2. शक 3. उपयोग 4. मिला हुआ 5. पन्ना 6. नए सिरे से 7. विषय

शुरू किए। ऐसे, कि वह महसूस न करें। मगर उन्होंने तो हज़ारपाया की सिफ़त[1] अख़्तियार कर ली।

और जितना उखाड़ा, जमते ही चले गए। वह आते और हकलाए हुए बदहवास से बैठे रहते। उनकी इस क़ाबिले-रहम घबराहटों पर शम्मन मुस्कुराया करती। ज़रूरत से ज़्यादा महँगे सिंगार करके आना शुरू किया और शम्मन की रुखाई पर मुकम्मल मरीज़े-इश्क़ बन गए। मगर ख़ामोश और मिस्कीन[2] ऐसे कि मुजस्सिम[3] सवाल हैं मगर ज़बान बंद। ये बौखलाहट भी कुछ कम मज़हकाखे़ज़[4] न थी।

इसमें उन बेचारे का क्या क़सूर था। जाहिल ख़ानदान के किसी तालीमयाफ़्ता को उम्र में शायद पहली मर्तबा एक ग़ैर और शरीफ़ औरत से आमने-सामने बैठकर गुफ़्तगू करने का मौक़ा हाथ आया। वैसे लड़कियाँ तो बहुत देखी थीं मगर ताक-झाँक कर अब जो ये जीती-जागती, बोलती-चालती मूरत देखी, तो सिवाय आशिक़ होने के और कुछ समझ में न आया। सीधे-सादे आदमियों को चलता-फिरता देखकर हैरत नहीं होती। लेकिन नट को बाँस की नोक पर क़ला लगाते देखकर शशदर[5] होना ही पड़ता है। तो शम्मन ने बेचारे को बाज़ीगर की तरह मसहूर[6] करके गुंग कर दिया था। इस उलझे हुए जज़्बे को वह इश्क़ समझ रहा था और इस बग़ैर माक़ूल वजह के आशिक़ हो जाने से शम्मन को जलन जिंस-ए-मुख़ालिफ़[7] होना तनहा नहाक़ा बनने पर तो मज़बूर नहीं कर सकता। और न ही हर मर्द को हर औरत पे आशिक़ होने का हक़ है।

शम्मन को इस पर तरस भी आता और गुस्सा भी। उसने तख़य्युल[8] ही में उसकी आइंदा ज़िंदगी—एक मुख़्तसर[9] मकान में मामूली-सी बीवी और ग़ैरमामूली तादाद में बच्चे गुरबत की गोद में पलते देख लिए। ये लोग बस ज़िंदगी में एक बार अपने तबक़े को छोड़कर इश्क़ रचा लेते हैं। ख़्वाह वह एकतरफ़ा चीज़ हो मगर नाकामी लाज़मी नतीजा है और शायद ऐसा इश्क़ करके नाकाम होना ही अपनी खुशनसीबी समझते हैं। ये दरमियाना[10] तबक़े का कम-हैसियत लड़का छाँटकर अपने आसूदाहाल[11] प्रोफ़ेसरों की लड़कियों, या जिस सेठ के दफ़्तर में वह चालीस रुपए का नौकर हो उसकी इलकौती लड़की पर आशिक़ हो बैठता है। अगर अचानक कभी ऐसे इश्क़ में कामयाब हो जाए तो भौंचक्का-सा रह जाता है। उसे भगाकर ले जाने से भी ख़्वाब चूर-चूर हो जाता है। दरिया में डूबकर भी प्यासा रह जाता है। वह तो इश्क़ सिर्फ़ नाम रहने के लिए करता है ताकि उसके क़िस्से अपनी नई दुल्हन को ठंडी साँसें भर-भरकर सुनाया करे ! रंडी को अपनी बीवी का रक़ीब[12] बनाने में वह हतक महसूस करता है। निचले तबक़े का होते हुए भी, वह इश्क़ जैसे बुलंद जज़्बे को बुलंदी ही पर रखना चाहता है। अपनी बीवी से कभी मुहब्बत नहीं करता मगर उसके जने हुए कीड़ों की परवरिश में इंसान से चर्ख़ा बन जाता है। उसकी बीमारी पर हाथ-पैर फुला लेता है और ज़रा रूठ जाती

---

1. विशेषता 2. भोला भाला 3. पूर्ण 4. व्यंग्यपूर्ण 5. आश्चर्यचकित 6. जादू किया हुआ 7. विपरीत लिंगी 8. कल्पना 9. छोटा 10. मध्यवर्ग 11. सम्पन्न 12. प्रतिद्वंद्वी

है तो हाथ जोड़कर मना लेता है। अपनी महबूबा का रुतबा बहुत बुलंद समझता है मगर उसे अपनी बीवी से कम मासूम और पारसा[1] जानता है !

इस महबूबा को वह रूहानी तमाज़त[2] के लिए अपनी शख़्सियत में छुपा लेता है। अगर असली नहीं तो ख़याली ही सही। वह हर तरह उससे लुत्फ़अंदोज़[3] हो लेता है। जब बीवी हामला होती है या मैके चली जाती है तो उसे बड़ी एहतियात से निकालकर इश्क़ेहक़ीक़ी[4] से जी बहलाता है। और यही ख़याली रक़ीब दूर बिछड़ी हुई बीवी के सीने में रश्क की आग भड़काकर उसकी मुहब्बत को और भी पुख़्ता कर देता है।

जी घबरा उठा तो वह टहलती हुई आम के पेड़ों की तरफ़ निकल गई। रज़िया बेगम बान के पलंग पर खड़ी, छड़ी से आम झाड़ने में मसरूफ़ नज़र आईं। न जाने क्यों वह उस अधेड़ उम्र औरत को बुलहवस[5] लोमड़ी की तरह कच्ची अमियों की ताक में फुदकता देखकर चिढ़ गई। सच कहती थीं मिसेज मैनेजर, कच्ची अमिया खाने की भी एक बालपन की उम्र होती है। वाक़ई बूढ़ी घोड़ियों को ऐसे बिलककर आमों पर टूट पड़ना ज़ेब[6] नहीं देता। लेकिन फ़ौरन ही उसे याद आ गया कि वह तो मैनेजर साहब की चटनी बनाने के लिए तोड़ रही थीं।

शम्मन को देखकर वह सूए अदब[7] पलँग से उतर आईं और कुँवारी लड़कियों की तरह झेंपकर सर ढाँकने लगीं। उनकी ये चेहरे पर के आसार पैदा करने वाली अदा का मतलब अब तक उसकी समझ में न आया। वह इतनी बड़ी थीं मगर बहुत कम उम्र और छोटी-सी बनकर 'देखिए, देखिए' करके इठलाने लगतीं और घबरा-घबराकर बार-बार सर ढाँकतीं और नीची नज़रों से शरमाकर मुस्कुराने लगतीं। उनकी इस अदा से आग लग उठती मगर शायद उनकी यही अदा मैनेजर साहब के कलेजे पर छुरी चला गई हो !

बड़े प्यार से उन्होंने गिरी हुई कैरियाँ जमा कीं और अपनी कोठरी की तरफ़ चली गईं। रज़िया बेगम बड़ी सुघड़ थीं। ये मुख़्तसर[8] सी कोठरी उनकी सफ़ाई और ख़ुश-मज़ाक़ी[9] का नमूना बनी रहती। सामने दर के ऊपर गुलाबी फूलों की बेल चढ़ा रखी थी। क्यारियों में साग और धनिया-पुदीना बो लिया था। दो-चार गमले भी रखे थे। शाम को छिड़काव करके हल्की पलँगड़ी पर बेगम की तरह साफ़-सुथरे कपड़े पहनकर बैठतीं और चपरासन से मोहल्ले की ख़बरें सुना करतीं। गो वह फ़ैशनेबुल न थीं फिर भी अपनी हैसियत-भर ताज़ातरीन तराश[10] के जम्पर पहनतीं।

पैजामा तंग ही रहता, मगर कुर्ते के बजाए क़मीज़ या जम्पर पहनतीं। तंदुरुस्ती अच्छी थी। कपड़ा ख़ूब खिलता था। अमूमन हल्के खुशगवार इतर में बसी रहतीं। उनके बरख़िलाफ़ मिसेज़ मैनेजर बेचारी हददरजा की फूहड़ और हमेशा बदहवास रहतीं। एक बच्चा किसी न किसी सूरत में उन पर छाया रहता। न तो उन्हें कुर्तों के बजाए जम्पर

---

1. संयमी 2. आत्मिक शक्ति 3. आनंदित 4. वास्तविक प्रेम 5. कामुक 6. शोभा 7. सादर 8. छोटा 9. जिंदादिली 10. नए फ़ैशन

पहनने की मोहलत, और न अचार-चटनियाँ बनाना जानतीं। शादी के बाद से वह ख़ुद एक मुस्तक़िल अचार बनकर रह गई थीं। जैसे गूदड़ की पोटली जिसमें सिर्फ़ चिथड़े और उलझे हुए तागे थे। गो मैनेजर साहब निहायत उजड्ड क़िस्म के बदवज़ा[1] इंसान थे। मगर फिर भी कभी-कभी घबरा उठते और स्कूल की इमारत के मुआइने का बहाना बनाकर रज़िया बेगम की साफ़-सुथरी पलँगड़ी पर आन बैठते और अपने हिसाबों किसी शानदार क्लब का लुत्फ़ उठा लेते। रज़िया बेगम उनसे पर्दा न करती थीं मगर अजब माशूक़ाना[2] अंदाज़ से हमेशा किसी चीज़ की आड़ में ऐसे खड़ी होकर बातें करतीं कि नासाफ़[3] नज़र आतीं। तेज़ कपड़ों की भीनी खुशबू भी थोड़ी-बहुत पहुँच सकती। मैनेजर साहब निहायत खुर्रे और अपनी साफ़गोई की बदौलत बड़े ग़ैरमक़बूल[4] थे मगर उन्हें देखते ही मज़ाक़िया छींटे कसने शुरू कर देते !

"कहिए क्या हाल है आपकी बदमिज़ाजी का ?" वह हमेशा इसी तरह उनकी मिज़ाजपुरसी करते।

"कोई ताज़ा झड़प हुई मेहतरानी से।"

"मेरी क्यों झड़प होती, वह है ही आपकी मुँहचढ़ी," मेरी तो बात भी नहीं सुनती। स्कूल की आम सफ़ाई रज़िया बेगम के सुपुर्द थी। मैनेजर साहब कहते थे कि जब स्कूल बढ़ जाएगा तो बोर्डिंग की मुंतज़मा[5] रज़िया बेगम ही बनाई जाएँगी !

"वह आपके कुर्ते तैयार रखे हैं। चपरासी को दे दूँ या आप ख़ुद लेते जाएँगे।" वह इठलाकर पूछतीं।

"नहीं मैं ख़ुद ही ले जाऊँगा।" वह न जाने क्यों सकपका जाते।

"वह अचारदानी आपके घर में तोड़ डाली गई। अब अगर अचार खाना हो तो घर से बर्तन भिजवाइए।"

"हाँ, वह बच्चों ने तोड़ डाली है। दूसरी भिजवा दूँगा।"

"पुराना स्वेटर भेज दीजिएगा। उधेड़कर नया नमूना डाल दूँगी।"

"हैं। बुना-बुनाया उधेड़ दोगी।" वह हैरत से मुस्कुराते।

"तो क्या हुआ, काम ही क्या है और मुझे ?" वह ठंडी साँस खींचकर कहतीं। हालाँकि चंद रोज़ पहले शम्मन ने उनसे लाइब्रेरी की किताबों पर नंबर लगाने को कहा था तो काम की ज़्यादती की शिकायत शुरू कर दी थी और आज किस मज़े से स्वेटरों की उधेड़बुन को तैयार थीं।

इधर हबीब का रवैया सब्रआज़मा[6] होता गया। अब अगर वह टाल देती और मिल न सकता तो पर्चा ही दे जाता। आहिस्ता-आहिस्ता इस पर्चे की सूरत चंद लाइनों से सफ़ों[7] में तबदील हो गई और अलावा दस्ती[8] आने के डाक से भी आने लगे। कई बार की शदीद कोशिशों के बाद अगर कभी मिलने का मौक़ा भी मिलता तो ग़रीब, बदहवास

1. फूहड़ 2. प्रेमियों के से 3. आधी 4. नापसंद 5. प्रबंधिका 6. धैर्य की परीक्षा 7. पृष्ठों 8. बाई हैंड

...और मबहूत[1] सा बैठा रहता। शम्मन को इससे कोफ़्त[2] होने लगी। न जाने दिल के किस कोने की ख़ुशनूदी[3] के लिए इसे लटका रखा था। इससे किसी क़िस्म का लेन-देन करने का क़स्द[4] न था। मगर उसके वजूद से एक तरह की क़ल्बी तमानियत[5] ज़रूर हासिल थी। जब वह आता तो न ही उसका दिल उल्टा-सीधा धड़कता और न ख़ून में सनसनियाँ पैदा होतीं। फिर भी बाज़ वक़्त तो उसे मुलाक़ात से महरूम[6] करने के लिए ही उसका इंतज़ार करती।

"कह दो आराम कर रही हैं !" वह आता तो कहलवा दिया जाता। अगर वह फिर भी इंतज़ार में ठहरने की धमकी देता तो वह जलकर ख़ाक हो जाती। उसे ये रबड़ की गेंद की तरह हर बार चोट खाकर लौट आने वाली ख़ासियत से और भी नफ़रत थी। उसे चाहिए था कि फ़रमाबरदारी से सर झुका दे। ख़ैर उसकी हिमाक़त[7] की सज़ा वह यूँ देती कि उसे बिठाकर दूसरे दरवाज़े से सिनेमा या ख़रीदो-फ़रोख़्त को चल देती। वहाँ से आते ही वह सबसे पहले ये मालूम करती कि हबीब कितनी देर तक इंतज़ार में बैठा रहा। अगर उसे मालूम होता कि बैठे-बैठे उसकी आँखें पथरा गई थीं, हाथ-पैर सुन्न हो गए थे, तो वह इत्मीनान से मुस्कुराकर दो-चार प्यार भरी मलामतें[8] अपने आपको सुना लेती वरना बात ही टल जाती।

एक दिन चपरासी ने आकर कहा कि कोई साहब मिलने आए हैं। वह हस्बेमामूल[9] कहने ही वाली थी, 'कह दो नहीं मिल सकतीं' कि चिक़ हटी और हाथ में तह किया हुआ कंबल लिए इफ़्तख़ार खड़ा था। न तो वह चौंकी और न ही हैरत के बेपनाह तूफ़ान को अपने किसी अंदाज़ से ज़ाहिर होने दिया। इस ज़बरदस्त भूचाल के झटके को उसने एक मामूली 'अरे' के साथ सह लिया।

इफ़्तख़ार पहले से ज़्यादा दुबला और बदसूरत हो गया था। उसके बाल रूखे और बेतुकेपन से बिखरे हुए थे। जिस्म पर घिसी-घिसाई क़मीज़ और रुई की मिरज़ई थी। गले में एक मैला-सा मफ़लर लिपटा हुआ था।

वह बहुत बदल चुका था। मगर उसके जानने वालों के लिए पहचानना और भी आसान हो गया था। उसने अब वह छिलका अपने चेहरे से उतार फेंका था जो यूनीवर्सिटी में मजबूरन चढ़ाए रखना पड़ता था। उसके नक़्श-ओ-निगार दिली जज़्बात का अक्स[10] बन कर रह गए थे। वह बाग़ी आँखें अब खुलेबंदों[11] तल्ख़ियाँ[12] बिखरेती थीं और होंठ मुस्तक़िल[13] तंज़िया[14] मुस्कुराहट में डूब चुके थे ! निस्बतन ज़्यादा बीमार और चिड़चिड़ा मालूम होता था। हँसी में कड़वाहट के साथ-साथ दीवानगी भी बरसने लगी थी। जिसे वह क़तई छिपाने की कोशिश न करता।

"तुम अब भी वैसी ही डरपोक और दब्बू हो।" उसने बुज़ुगार्ना अंदाज़ से पूछा। "मेरे कपड़ों में बदबू आ रही है और शायद जुएँ भी हों ! तुम्हारे पलंग पर बैठ

---

1. आश्चर्यचकित 2. कुढ़न 3. ख़ुशी 4. इरादा 5. दिली इत्मीनान 6. वंचित 7. दुस्साहस 8. बुरा-भला कहना 9. हमेशा की तरह 10. प्रतिबिंब 11. खुलेआम 12. कडुआहटें 13. स्थायी 14. व्यंग्यपूर्ण

जाऊँ ?" मगर वह बग़ैर इजाज़त ही बैठ गया।

"आप कब आए पहाड़ से ?"

"ऐं ? पहाड़ से ? ओह...हाँ, भूला। मैं पहाड़ पर ही अपनी सेहत दुरुस्त करने गया था ना ! हाँ..." वह हँसा। "तो तुम्हें कुछ नहीं मालूम ?"

"नहीं।"

"मगर मुझे तुम्हारी हर बात मालूम होती रही।" वह कुछ जुज़बुज़ होकर बोला। "मैंने अख़बार में तुम्हारे यहाँ आने की ख़बर भी सुन ली। सोचा चलो तुम से मिल आऊँ। तुम्हें नहीं मालूम कि अब हमारा पहाड़ पूना में क़ायम हो गया है, जहाँ दिन में छह घंटे चक्की, चार घंटे..."

"हैं ? आप जेल में थे ?"

"और क्या होता ? ख़ान बहादुरी का ख़िताब मिलता ?"

"और सबका क्या हुआ ?"

"सारा गिरोह पकड़ा गया।"

शम्मन हैरत से मुँह फाड़े रह गई। कैसा गिरोह ? क्यों गिरोह पकड़ा गया ? ये उसे ठीक से मालूम न था। मगर ख़ुद्दारी ने उसे पूछने भी न दिया। इतना वह जानती थी कि इफ़्तख़ार इशतराकी[1] था और मुश्तबा[2]। मगर ये उसे आज ही मालूम हुआ कि वह दहशतपसंद[3] भी हो गया। एक दफ़ा को उसकी बुज़दिल फ़ितरत[4] दहशतपसंदी के तख़य्युल से झुक गई। मगर फिर फ़ौरन उसकी भागी हुई हिम्मत लौट आई। इफ़्तख़ार अपनी क़ौम और मुल्क की ख़ातिर मिट रहा था। उसने अपनी जवानी और ज़िंदगी की बाज़ी लगाकर आज़ादी छीन लेने का अहद किया था। उसके हमख़यालों का हलक़ा दिन-ब-दिन बढ़ता जा रहा था। और ये मुख़्तसर हलक़ा सारे हिंदुस्तान को अपनी आग़ोश में लेने को तेज़ी से फैल रहा था। बेदारी बढ़ती जा रही थी। किसान और ज़मींदार का पुराना रिश्ता नया चोला बदल रहा था। उसके सारे ख़्वाब अमली जामा पहनते जा रहे थे। मगर इस क़दर सुस्तरफ़्तारी से, जैसे जूँ की चाल। ये हिंदुस्तान की हर चीज़ रेंगने की क्यों आदी है ! सदियाँ चाहिए एक तरफ़ से दूसरी तरफ़ गर्दन फेरने के लिए !

खाने पर इफ़्तख़ार ने बड़ी तेज़ी से सूँघ-सूँघकर निगलने और पहचानने की कोशिश की। मगर उसकी भूख मर चुकी थी।

"ये क्या है ?"

"शलजम गोश्त।"

"शलजम ? और मुझे याद है कि कभी ये मेरी मरग़ूबतरीन ग़िज़ा[5] थी। मेरी अम्मा ताँबे की रकाबी[6] में मोटी घी लगी रोटी के साथ दिया करती थीं। हम चूल्हे के पास ही बैठकर खाया करते थे ! और जब घी जमने लगता था तो चूल्हे में से सुलगते हुए

1. समाजवादी 2. संदिग्ध 3. आतंकवादी 4. कायरता 5. प्रिय भोजन 6. तश्तरी

उपले का टुकड़ा निकालकर उस पर रकाबी रख लिया करते थे। मेरी बहन को नींबू बहुत पसंद थे।" वह गुज़रे हुए ज़माने की सोई हुई यादों को झिंझोड़कर जगाने की कोशिश कर रहा था!

"नींबू मँगाऊँ?"

"नहीं, नहीं। मुझे नहीं मेरी बहन बन्नो को पसंद थे।" फिर वह ख़ामोश होकर बड़े-बड़े निवाले निगलने लगा, गोया कह रहा है कि नींबू मँगाने से रूठा हुआ ज़माना तो वापस नहीं लाया जा सकता। बन्नो क़ब्र की मिट्टी से हमआग़ोश हो गई। अब शलजम और नींबू क्या कर सकते हैं!

"इल्मा ने कोई ख़त लिखा?"

"नहीं तो।"

"वह एक स्कूल में कुछ अला-बला पढ़ाने पर नौकर हो गई है। पहले तो एक स्कूल से कुछ उल्टी-सीधी तालीम देने की वजह से निकाल दी गई थी।" वह मुस्कुराया। "पेट की पुकार हाथ-पैर के साथ-साथ दिमाग़ को भी तो जकड़ देती है! जब तक कॉलेज में रहे, वालदैन के पैसे या तालीमी वज़ीफ़ों से ऐश उड़ा लिए। फिर या तो क्लर्की करो या भूखे मरो। सारी हेकड़ी ख़त्म। जानती हो, दिलीप कहाँ गया? पकड़ा गया और अब उसी वायसराय के दफ़्तर में नौकर है जिसकी मोटर पर बम फेंकने की कोशिश की थी। जब वायसराय की मोटर गुज़र जाती है तो वह पहियों के निशानों और धूल को सलामी देता रह जाता है। मगर ये न समझो कि ये ख़ाक उसकी बग़ावत को दफ़न कर सकेगी। नहीं? ये जज़्बा अंदर ही अंदर पलता रहेगा। जब वह मर जाएगा तो ये नामुकम्मल आरजू उसकी औलाद में ख़सलत[1] बनकर बाक़ी रह जाएगी। महबूब को उसके बाप ने न जाने कैसे बचा लिया और उसे सरकारी वज़ीफ़े से बैरूनजात[2] भेज दिया गया। वहाँ से वह प्रोफ़ेसर बनकर आया है और किसी कॉलेज में प्रोफ़ेसर है।"

"कुछ मिस बोगा का हाल मालूम है?"

"ओह, हाँ भूल गया, उन्होंने नर्सिंग का कोर्स किंग जार्ज हास्पिटल में ले रखा है। जेल के एक हसीन तोहफ़े के सिलसिले में मुझे भी पंद्रह दिन अस्पताल में रहना पड़ा, ज़रा भी नहीं बदली हैं। बड़ी तनदही[3] से कोर्स पूरा करने में लगी हैं।"

"सुना है, शादी कर रही हैं?"

"ऐं? शादी! अरे वह शादी नहीं करेंगी, जब तक..."

"क्या?"

"कुछ नहीं। यही कि जब तक कोई रहमदिल उनका कुँवारापन न ख़त्म कर दे!"

"तौबा!" शम्मन झेंप गई।

"हाँ, हाँ, तुम नहीं समझतीं, वह...वह...च्च अजीब चीज़ है। वह उन औरतों में से है जो पैदा होते ही माँ बन जाती हैं! मगर शादी से काँपती हैं।"

---

1. आदत 2. विदेश 3. तन्मयता

"अरे ! ये कैसे ?" शम्मन कुछ न समझी।

"माँ बनने से मेरा मतलब है कि जज़्बा-ए-मादरी[1] उनमें शिद्दत से मौजूद होता है। मगर शादी को एक घिनौना खेल समझती हैं, जब तक कि..."

"अच्छा छोड़िए, न जाने क्या लेकर बैठ गए, ये बताइए क्या प्रोग्राम है।"

"शाम की गाड़ी से चला जाऊँगा। तब तक के लिए तुम ही बना दो प्रोग्राम !"

"सिनेमा चलिएगा !"

"कह तो दिया कि जैसी तुम्हारी मर्ज़ी। मगर सिनेमा से ज़रा कम दिलचस्पी है। सिवाय जज़्बात को भड़काने के और तो कोई मसरफ़ नहीं उनका। मैं वैसे ही गर्ममिज़ाज हूँ।"

"च्च ! आज न जाने क्या ठानकर आए हैं जी में।"

"भई ठीक तो कह रहा हूँ...भला ख़ुद ही सोचो किसी को इश्क़ लड़ाते देखकर मुझे क्या तमानियते क़ल्ब हासिल हो सकती है। सच पूछो तो कॉमेडी देखकर गुस्सा आता है। वह साला हीरो, कौड़ी काम का नहीं मगर ऐश उड़ा रहा है और हम हैं कि..."

"ख़ैर चलिए ट्रैजडी ही देख लें...देवदास पसंद है।"

"वाहियात, ट्रैजडी पर तो और भी झुँझलाहट आती है और देवदास को तो ठोंकने को दिल चाहता है।"

"या अल्लाह ! ये क्यों ?"

"लीचड़, कमबख़्त ! भाग जाता लड़की को लेकर।"

"ऊँह तो न जाइए, ये क्यों नहीं कहते।"

"यहाँ एक पार्क भी तो है।"

"हाँ।"

"अगर तुम्हारे साथ मेरे जाने से तुम्हें स्कूल से निकाल न दिया जाए तो चलो, ज़रा खुली हवा मिलेगी। न जाने कब से मक़बरों में रहने का आदी हो चुका हूँ।"

"मगर एक फ़ायदा तो है उन फ़िल्मों से।"

"शुक्र है कि कुछ तो मिला आपको।"

"हाँ, हमारे पोशीदा-अमराज़[2] की दवाओं की तो ख़ूब तरक्क़ी हो रही है। ये देखो कि हर फ़िल्म के इश्तहार के साथ उसकी दवा मौजूद है...नहीं समझीं ?" शम्मन के उकताए हुए चेहरे को देखकर हँसा। "तुम लोग बनती हो या वाक़ई बेवकूफ़ हो।"

"जो कुछ भी समझ लीजिए !"

"अरे भाई फ़िल्म का आख़िरी शो देखकर चवन्नी का ठर्रा चढ़ाने के बाद सड़क के किनारे नालियों में क्या होता है ? मज़े से लेटकर फ़िल्मी ड्रामा दोहराया जाता है।"

शम्मन चुप रही।

---

1. मातृत्व भाव 2. गुप्त रोग

"बाज़ ख़ुशनसीब तो बाज़ारे-हुस्न में अपनी सुलोचना और माधुरी ढूँढ़ने निकलते हैं और बाज़..."

"क्या ?"

"कुछ नहीं तुम्हें कराहियत[1] आएगी। जाने दो इन बातों को, दूसरे ये बातें या तो ज़रूरत से ज़्यादा मुक़द्दस हैं या फ़हश कि इनका ज़िक्र मायूब[2] समझा जाता है। न जाने हम अपने उयूब[3] का ज़िक्र सुनकर इस क़दर चराग़पा क्यों हो जाते हैं। ऊँह जाने दो...हाँ बताओ कुछ अपने स्कूल का हाल, उस्तानियों पर बड़ा रोब गाँठती होगी।"

"नहीं तो, बेकार इतराने की मुझे आदत नहीं।"

धीमी-धीमी चाँदनी, फैली हुई ख़ामोशी को और भी पुरइसरार बना रही थी। पार्क में चारों तरफ़ ज़िंदगी का एहसास मौजूद था मगर ख़ामोश और धुँधला मालूम होता था। नीमख़ुफ़्ता[4] रूहें सरगोशियाँ कर रही हैं। चाँदनी और ख़ामोशी ने मिलकर आवाज़ों को भारी और धीमा कर दिया था।

"तुम्हें ताज्जुब होगा।" फ़िज़ा से मसहूर[5] होकर इफ़्तख़ार ने कहा।

"किस बात पर ?"

"अगर मैं कहूँ कि मुझे तुम बहुत पंसद हो।"

"नहीं !" शम्मन ने क़लाबाज़ियाँ खाते हुए दिल को दबोचकर कहा।

"और क्या ये भी ज़रूरी है कि मैं तुम्हें बताऊँ कि तुम पहली लड़की हो जिसने मुझे इस हद तक मुतास्सिर किया है ?"

"लेकिन ये सब क्यों ?"

"पता नहीं !" वह मोतहय्यर[6] सा था। "पता नहीं मैं ये सब कुछ क्यों कह रहा हूँ। तुम्हें मालूम है कि मैंने एक बार नहीं हज़ार बार मुहब्बत की है। कम-अज़-कम यक़ीन तो यही किया है और यक़ीन दिलाने की कोशिश भी की है। मगर तुम्हें...? तुम्हें मैं कुछ यक़ीन नहीं दिलाना चाहता।"

"और न ही मुझे कुछ यक़ीन कराने का हक़ है ?" शम्मन को ख़ामोश देखकर बोला।

"शायद।"

"और ये भी एक वहम ही हो।"

"हो सकता है।"

"तो फिर मैं जेल से छूटकर सीधा तुम्हारी तरफ़ क्यों भागा। जैसे मेरे बरसों के सड़े-बुसे ज़ख़्मों का मरहम तुम्हारे ही पास है। तुमसे मिलते ही शफ़ा हो जाएगी।"

"शायद ये भी वहम हो !"

1. घृणा 2. दोषपूर्ण 3. दुर्गुण 4. उनींदा 5. मंत्रमुग्ध 6. आश्चर्यचकित

"उँह, मुझे जलाओ मत...शम्मन ख़ुदा के लिए मुझे समझने की कोशिश करो और अगर कुछ समझ में आ जाए तो मुझे भी समझा दो। मैं क्या हूँ और क्यों हूँ ?" वह भोले बच्चों की तरह इल्तिजा भरी नज़रों से देखने लगा। शम्मन का दिल भर आया। वह क्या दे सकती है उसे। उसके पास इफ़्तख़ार के दुखों का इलाज कहाँ है ? वह उससे कुछ माँग भी तो नहीं रहा। उसकी हालत उस लावारिस बच्चे की-सी है जो घर से भटक आया हो और वालदैन का नामोनिशान भी न दे सके। कौन कर सकता है उन गुमशुदा लोगों की रहनुमाई !

"शम्मन, जाने क्यों मेरी आरज़ू है, मैं किसी से मुहब्बत करूँ, जी भरकर मुहब्बत करूँ। मगर मेरे दिल से हर चीज़ का ऐतबार उठ गया है। मुझे किसी चीज़ पर यक़ीन नहीं रहा और ख़ुदा के वजूद पर हँसने को जी चाहता है। मुहब्बत से मुझे घिन आती है और ख़ुदा पर गुस्सा कि वह क्यों है ? उसकी क्या ज़रूरत है ? माना कि ये दुनिया उसने बनाई, तो हम पर क्या एहसान किया। उसे सजदे कराने का इतना क्यों शौक़ है। और जो न करो तो दोज़ख़[1] में जलाने की धमकियाँ देता है। सच बताओ ये कुबड़ी, भैंगी दुनिया तुम्हें पसंद है ? कहीं ऊँचाई है। तो ज़रूरत से ज़्यादा, पस्ती है, तो इन्तेहा से ज़्यादा। पानी है, तो पानी ही चला गया है। और फिर ख़ुश्की है तो वह कमबख़्त बेतुकी। जी चाहता है इस दुनिया के गोले को दोनों हाथों से गूँध डालूँ और फिर इतनी सुबुक और नफ़ीस दुनिया बनाऊँ कि लोग पैदा होकर भी ख़ुश हो जाएँ," शम्मन को उसके बचपने पर हँसी आई।

"मगर आप तो कहते थे हर मर्ज़ का इलाज़ हो सकता है। आप इश्तराकी होकर हिम्मत हार जाते हैं।"

"मैं इश्तराकी तो हूँ मगर मेरी रूह तो फ़ासिज़्म की आदी हो चुकी है। इश्तराकियत हमसे इतनी दूर है जितना आसमान ज़मीन से।"

"क्या ये फ़ासला कभी कम न होगा ?"

"मुमकिन है किसी दिन हो जाए, मगर मैं कहाँ ज़िंदा रहूँगा।"

"अरे वह तो आपकी स्कीम ?"

"दो-चार बम फटे, तीन-चार रेलें लड़ीं, वायसराय की मोटर में पंचर होते-होते बच गया।" वह ज़ोर से हँसा। "निस्फ़ से ज़्यादा काम करने वाले जेल में चक्कियों पर जुट गए और किसी के कान पर जूँ तक न रेंगी। ये घट्टे देखो।" उसने हाथ फैलाए।

"च्च ऐ है, न जाने क्यों जाते हैं जेल में।"

"कहते हैं बग़ैर जेल में गए अवाम को क़ौमपरस्ती का यक़ीन नहीं आता जैसे युनिवर्सिटी की मोहर के बग़ैर सरकारी नौकरी नहीं मिल सकती, इसी तरह जब तक जेल का सर्टिफ़िकेट न हो तो क़ौमी स्टेज पर नहीं नाचा जा सकता। इसलिए बाज़ वक़्त तो बड़ी कोशिशों से जेल जाना पड़ता है !"

---

1. नर्क

"च्च, बेकार में।"

"जी हाँ बेकार का ढकोसला, बात यह ये है कि हमारे लीडरों के पास सिवाए जेल जाने के कोई अमली सबूत है भी तो नहीं क़ौमपरस्ती का। अब ये लखपति दो-चार महीने की जेल न कट आएँ तो अवाम उल्लू कैसे बने और इन पर फूल-हार की बारिश कैसे हो।"

"मगर सब तो लखपति नहीं।"

"हाँ और उनके पास कोई हर्बा भी तो नहीं जिसे इस्तेमाल करें। सिवाय सड़क पर मचल जाने के। और उसकी सज़ा में 'अम्माजान' कोठरी में बंद कर देती हैं। अरे ये बातें ज़बानी नहीं समझी जातीं। समझना है तो आ जाओ मैदान में। पर खद्दर पहनना होगा। ये मलमल नहीं चलेगी।" वह उसकी साड़ी के आँचल को झटकने लगा। "आबले[1] पड़ जाएँगे।"

आबलों के ज़िक्र से उसे मिस बोगा याद आ गईं।

"ये मिस बोगा नर्स क्यों बन रही है ?"

"दिल की भड़ास निकालने को। मियाँ और बच्चे न सही मरीज़ ही सही।"

"हटिए, वह तो पाक मुहब्बत की हमेशा से क़ायल है।"

"पाक मुहब्बत से तुम्हारा मतलब ? माँ और बेटे की मुहब्बत ?" आज इफ़्तख़ार लेक्चरबाज़ी पर तुला हुआ था।

"नहीं बल्कि दोस्ती, एक-दूसरे से हमदर्दी।"

"दोस्ती कोई चीज़ नहीं। एक औरत और एक मर्द की सिर्फ़ एक मक़सद के लिए दोस्ती हो सकती है और वह...।"

"...ऊँह जाने भी दीजिए। दुनिया में हर औरत को बीवी नहीं बनाया जा सकता !"

"तुम सच कहती हो...हर औरत को बीवी तो नहीं बनाया जा सकता...मगर..." वह अल्फ़ाज़ ढूँढ़ने के लिए बालों को उँगलियों से सुलझाने लगा। "मगर मिस बोगा को मुहब्बत ही नहीं, न तो उसमें माँ का सा मासूम प्यार है और न महबूबा की पुरजोश[2] गर्मी। वह तो एक बुझे हुए शोले की बेहक़ीक़त गर्मी भी नहीं। बर्फ़ की तरह ठंडी और मिट्टी की तरह बेजान हैं। कुछ बोसीदा और घिसी हुई सी वहशत है।" वह एकदम चुप हो गया !

"और मेरी...मेरी मुहब्बत किस क़िस्म की है ?" उसने सरगोशी में ख़ुद से पूछा, "ये मैं किस क़िस्म की मुहब्बत करता हूँ ! यहाँ किस क़दर हसीन अँधेरा है। तुम हो और मेरी सदियों की प्यासी रूह। मगर एक लम्हे को भी मैं ये गवारा न कर सकूँगा कि तुमको इस बुलंदी पर से घसीटकर नीचे ले आऊँ जहाँ मेरे तख़य्युल ने तुम्हें बिठा रखा है।

---

1. छाले 2. उत्साहपूर्ण

"क्या मैं इतना शरीफ़ हूँ ? हुँ," उसने लफ़्ज़ शरीफ़ को हिक़ारत से थूका।

"ये आप अपनी हर ख़ूबी को कमज़ोरी और ताक़तों को ग़लतियाँ कहकर गोया बड़ा भारी इंसाफ़ करते हैं।"

"लाहौलबिलाक़ूवत, मगर मैं शराफ़त को अपने लिए तौहीन समझता हूँ। क्या तुम समझती हो मैं तुमसे अपनी पारसाई[1] का सर्टिफ़िकेट लेना चाहता हूँ ?" वह वाक़ई झल्ला उठा। "अभी यहाँ इस सुनसान कोने में अगर मैं चाहूँ तो..."

"आप कुछ नहीं कर सकते।"

"क्यों ?" इफ़्तख़ार का मुँह उतर गया।

"इसलिए कि आप इतने बुरे नहीं, जितना आपके वहम ने बना रखा है।"

"क्यों ?"

"इतमीनाने-क़ल्ब[2] के लिए आप उन लोगों में से हैं जिन्हें ख़ुद पर फिटकार भेजकर ये इत्मीनान हो जाता है कि इस तरह उनके गुनाह धुल गए।"

"गुनाह ? मगर कौन बेवक़ूफ़ गुनाह-ओ-सवाब का क़ायल है ?"

"आप का ज़मीर !"

"हिश्त, ग़लत। ज़मीर एक ग़लतफ़हमी है, और कुछ नहीं। मैं जो कुछ करता हूँ..."

"बुरा समझकर करते हैं और अच्छा होता है।"

"ऐं ?" वह चौंका।

"आप मानें या न मानें मगर आप दिल के बुरे नहीं।"

"यानी ज़बरदस्ती।"

"जी हाँ, अगर मुझे इसका यक़ीन न होता तो इस वक़्त मैं आपके साथ कभी न बैठती।"

"बड़ी तंगख़याल[3] हो।"

"जो कुछ भी समझ लीजिए ! चलिए अब ख़ुनकी[4] बढ़ रही है। आपको कुछ हो गया तो..."

"तुम्हारी बला से।"

"जी नहीं। आपकी ज़िंदगी मेरी नज़रों में इतनी सस्ती नहीं जितनी आपने बना रखी है। अभी आपको दुनिया में बहुत कुछ करना है, और दुनिया के लिए मुझे आपको ज़िंदा रखना है।"

"हूँ, दुनिया के लिए ? और किसी के लिए नहीं," वह मुर्दा दिल हो गया। "दुनिया के लिए जीते-जीते तो अब दिल उचाट हो चुका है। तुम्हें क्या ग़र्ज़ मुझे दुनिया के लिए जिलाने की ?"

"मैं भी तो दुनिया ही में हूँ।" शम्मन को अपनी हिम्मत पर सख़्त हैरत हुई।

---

1. संयम 2. हार्दिक संतोष 3. संकीर्ण 4. हल्की ठंड

"ओह !" वह देर तक ख़ामोश सर झुकाए कुछ सोचने और याद करने की कोशिश करने लगा।

इफ़्तख़ार चला गया तो वह देर तक न जाने क्या-क्या सोचती रही। उसने इम्तहान के दो पलड़ों में इफ़्तख़ार और सीतल को तौलना शुरू किया। एक के तख़य्युल ही से पहले को धक्का लगता था और दूसरा एक मस्तकुन[1] गुबार की तरह चारों तरफ़ से उसे मसहूर[2] करता जा रहा था। इतनी देर साथ बैठी मगर एक मर्तबा[3] भी तो उसे वह नीम वहशियाना एहसास न हुआ जो आख़िरी मर्तबा सीतल से मिलकर हुआ था। ये क्या ? जिसने उसकी ज़िंदगी में इतनी ख़ामोश हलचल मचा रखी थी, ये नामालूम सी बेचैन कसक, जो बयकवक़्त[4] शीरीं[5] भी थी और तल्ख़ भी। वह उसके हर इशारे पर सब कुछ दे डालने की ज़बर्दस्त आरज़ू, उसका हर लफ़्ज़ भूखे की पुकार बनकर दिमाग़ में पंजे गड़ा लेता। हर साँस फ़क़ीर की सदा बनकर गूँज उठता। ये सब क्यों ? क्यों ? वह कोई जवाब न पा सकी !

तैंतीस

स्कूल के बिखरे हुए शीराज़े को दोनों हाथों से समेटने की कोशिश में वह बिलकुल पागल हो गई। दोपहर को जो लड़कियों के घरों से खाना आता, उसमें से एक-आध आलू या बोटी चपरासिनें निकालकर उड़ा जातीं। बाक़ी में उस्तानियाँ हिस्सा लगातीं। बेचारी बच्चियाँ भूखी मरतीं। पहले तो चपरासिनों ने सुनी-अनसुनी कर दी, फिर जो सख़्ती की गई तो एक और चाल चली। लड़कियों से कह दिया, "ख़बरदार ! जो पूरा खाना खाया, हमारा हिस्सा ज़रूर छोड़ना।" लेकिन ये बात भी ज़्यादा दिन न छुप सकी और एक दिन चपरासिनों के मज़ालिम की शिकायत के बाद बाज़पुर्स[6] पर चपरासिनों ने फूट-फूटकर रोना शुरू कर दिया।

"क्या करें मिस साहब, छह रुपया और तीन बच्चे, एक अपाहिज माँ और निखट्टू भाई। कैसे गुज़र हो, ये अल्लामारा पेट भी नहीं मारा जाता।"

"जैसे-तैसे तो हम पढ़ा रहे हैं, अपनी बच्चियों को। अपने ही पेट को नहीं, तो इन चपरासिनों का कहाँ से कल्ला गर्म करें।" लड़कियों के वालदैन ने दुहाई मचाई।

"बीस रुपए मकान का किराया, अपना और चार बंदों का खाना-कपड़ा कैसे पूरा करें।" उस्तानियाँ चीख़ीं। शम्मन को ऐसा मालूम हुआ कि वो स्कूल में नहीं, किसी लंगरख़ाने में खड़ी है। दुनिया नहीं, भूखे-नंगों का एक मुस्तक़िल यतीमख़ाना है। जहाँ ऊपर से लेकर नीचे तक हर एक निढाल है। उसने दोनों चपरासिनों को अपने पास से

1. मतवाला 2. मंत्रमुग्ध 3. बार 4. एक ही समय में 5. मीठी 6. पूछताछ

दो-दो रुपए देना शुरू किए। जब कभी मुमकिन होता, उस्तानियों की दावत कर देती। हर माह दो-चार ग़रीब लड़कियों की फ़ीस भी अदा कर देती। मगर उसे बहुत जल्द मालूम हो गया कि जितना-जितना वह पेट भरने की कोशिश करती, उतनी ही भूख बढ़ती जाती। एक फ़क़ीर को पैसा दे दो तो दस और टूट पड़ते हैं। जो न दो तो बाज़ शौक़ीनमिज़ाज गालियों पर भी उतर आते हैं। ग़र्ज़ उस दरियादिली के बदले में बजाए सुर्ख़रूई[1] के, जूतियाँ मिलीं। हर जुमेरात को चपरासिनें मुहल्ले-टोले में भीख ही माँग लातीं। उस्तानियाँ, न बेचारी भीख माँगने की हिम्मत और न उम्र रंडी के पेशे के लायक़। घर, न बार। सिवाए स्कूलों की ख़ैरात के, और क्या वसीला[2] ज़िंदगी गुज़ारने का होता। हर वक़्त ऐसे लरज़तीं जैसी क़साई से गाय।

मगर रज़िया बेगम बिलकुल चंगेज़ी पॉलिसी की क़ायल थीं। बावजूद कोशिशों के, उन्होंने लड़कियों को एक लफ़्ज़ भी पढ़ाकर न दिया। बस हर वक़्त बैठी मैनेजर साहब के लिए कशीदाकारी का जाल तैयार किया करतीं। शम्मन ने उसकी रिपोर्ट में शिकायत की मगर वह रिपोर्ट इंस्पेक्ट्रेस के पास भेजने से पहले मैनेजर साहब नज़रेसानी[3] के लिए ले गए और उनकी शिकायत ही गोलमाल कर दी। रज़िया बेगम शिद्दत से हावी होती गईं। शम्मन का पल्ला उठता देखकर वह उस्तानियों पर क़ाबू जमा बैठीं। बहाली और तरक़्क़ी की कामयाब सिफ़ारिशें होने लगीं। आमों की चटनी के साथ उन्होंने स्कूल की भी चटनी बनानी शुरू कर दी। शम्मन को मालूम भी न हुआ और वह मैनेजर की आड़ लेकर उसकी पीठ में डंक मारने लगी। उसके मिलने-जुलने वालों की रिपोर्ट पहुँचाई और मैनेजर साहब क़ौमपरस्ती पर तुल गए। उसके लिबास और तर्ज़े-रिहाइश[4] से उन्हें शरीफ़ ख़ानदानों की लड़कियों का स्कूल हट जाने का ख़तरा पैदा हो गया। वह ज़रा-ज़रा-सी बात की ख़बर पा जाते।

कै बजे उठती है, कब सोती है, क्या खाती है और क्यों खाती है।

''किसने कहा आपसे ?'' वह हैरतज़दा[5] होकर पूछती।

''मुझे हर बात की ख़बर रखना पड़ती है साहब।'' वह निहायत पुरइसरार मुस्कुराहट चेहरे पर तारी करके कहते। गोया स्कूल के मैनेजर को सीआईडी का काम भी करना पड़ा, ''मुझे अवाम के क़ौमी[6] जज़्बे को उभारकर चंदा जमा करना है लिहाज़ा उस्तानियों का चाल-चलन...''

लफ़्ज़ चाल-चलन पर शम्मन जलकर रह गई। पता नहीं लोग चाल-चलन को क्या समझते हैं। चाल-चलन भी कोई मुक़द्दस[7] मक़बरा है कि उसके आगे माथा टेककर निजात की उम्मीदें लगा बैठे। एक उस्तानी ज़माने-भर की आवारा है मगर काम ठीक करती है। तो इस मुक़द्दस मिट्टी की बनी हुई मुअल्लेमा[8] से हज़ार दर्जा ग़नीमत है जो ख़ुद तो मजबूरन नेकचलन है मगर लड़कियों का हाल[9] और मुस्तक़बिल[10] तबाह करने में मसरूफ़ है।

---

1. सम्मान, इज्ज़त 2. माध्यम 3. पुनर्विचार 4. रहन-सहन का ढंग 5. अचंभित 6. राष्ट्रीय 7. पवित्र 8. शिक्षिका 9. वर्तमान 10. भविष्य

"देखिए साहब, सुना है लड़कियों के पास चिट्ठियाँ आती हैं।"

"कैसी चिट्ठियाँ ?" शम्मन ने ज़ब्त से काम लिया !

"अजी यही ख़ुराफ़ाती परचे, गुंडे भेजते हैं। आप एक काम कीजिए। ऐसी सब लड़कियाँ, जिनके पास ख़तूत आते हैं, जमा करके उन्हें डाँटिए।"

"मगर ये कैसे मालूम हो कि चिट्ठियाँ किसके पास आती हैं। पकड़ी जाएँ तब न !"

"तो साहब पकड़िए, गोया चिट्ठियाँ भी कबूतर हैं कि छापा मारकर पकड़ ली जाएँ। दूसरे, ये चिड़ीमारी तजुर्बे से आती है। ऐसे ख़त डाक से नहीं आते बल्कि लड़कियाँ ही एक-दूसरे की मदद करती हैं। अपने भाई-बंदों की पर्चाबाज़ियाँ जारी करना एक आम बात है। बीस रुपए पानेवाली उस्तानियाँ और छह रुपए में गुज़र करने पर मजबूर चपरासिनें अगर पान तंबाकू का ख़र्चा इस पर्चाबाज़ी से न निकालें, तो और क्या करें। अगर लड़कियों को डाँटो तो वालदैन चढ़ दौड़ते हैं। भला उनकी मासूम बच्चियाँ ये हथकंडे क्या जानें ! और इन मासूम बच्चियों को पकड़ना भी मामूली काम नहीं। हद दर्जे की होशियार होती हैं। कम-अज़-कम वह गिरोह जिन की रहनुमाई में ये फ़ेल[1] करती हैं, ये मासूम नहीं होते। हज़ारों चाल चलकर ख़त लाए जाते हैं। अमूमन तो लड़की की तरफ़ से लड़की के नाम होते हैं, जिन पर बाज़पुर्स[2] करने के लिए ग़ैबदाँ[3] बुलाना होता है।"

साथ ही इम्तेहान आ गए। बेंचें लगवाना, इस चालाकी से कि लड़कियाँ एक-दूसरे की नक़ल न कर सकें। कॉपियाँ बाँटना और फिर सारे दिन चौकीदारी करना।

इंस्पेक्शन का ज़माना भी आ गया। अब ये देखना कि सारे रजिस्टर झूठी-सच्ची कैसी भी फ़ज़ूल मालूमात से पुर हैं या नहीं। लाइब्रेरी की किताबों और कशीदाकारी के नाम से रुपए निकालकर जो मैनेजर साहब ने अपनी सास का क़र्ज़ा उतार दिया इस रक़म की लीपापोती में कौन से गुर इस्तेमाल किए जाएँ। मैनेजर साहब भी कुछ मुकद्दर[4] से रह गए।

"अच्छा साहब, ये कीजिए कि लिख दीजिए रजिस्टर में...कि गमले और फूलों के बीज ख़रीद लिए गए। चलिए छुट्टी हुई।" राय देने लगे !

"मगर हैं कहाँ, गमले और बीज ? इंस्पेक्ट्रेस ने मोआइना किया तो ?"

"कह दीजिएगा कुछ बच्चियों ने तोड़ डाले और कुछ मैं चुंगी के अफ़सर से कहकर ख़ाली टूटे गमले मँगवा लूँगा। बाग़ेआम[5] में बहुत बेकार पड़े हैं। कुछ मेरे यहाँ हैं, वह भेज दूँगा और आप...आप ने भी तो कुछ लगा रखे हैं ?"

"अपने, मैंने तक़सीम[6] कर दिए। कौन छुट्टियों में रखवाली करता।"

"और बीज ?"

"ओह लिख दीजिए—उगे नहीं, ख़राब थे और ये कमबख़्त होते भी हैं घुने-घुनाए। वाहियात। कहिए तो मैं कुछ तो पंसारी के यहाँ से मँगवा दूँ ?"

---

1. कर्म 2. पूछताछ 3. अंतर्यामी 4. दुखी 5. कंपनी बाग़ 6. वितरित

"मगर ये पूरे रुपए का तो हिसाब न हुआ।"

"कुछ बुनने, काढ़ने का सामान—मैं मकान से भिजवा दूँगा।"

"बहुत अच्छा।"

"और कुछ किताबें बुक स्टॉल से मँगा देता हूँ, ख़राब न होने पाएँ। निहायत एहतियात से वापस करना होंगी। कुछ चाय-पानी का इंतज़ाम ?"

"वह तो ख़ैर हो जाएगा। मगर वह बोर्डिंग, उसका क्या होगा। उसके लिए बाक़ायदा रक़म मिलती है।"

"आप फ़िक्र न कीजिए। ऐसा है कि उसका मैंने पहले से इंतज़ाम कर लिया है, वह जो मशरिक़ी[1] बाजू के तीन कमरे हैं। उनमें पंद्रह-बीस चारपाइयाँ डलवा दूँगा... बिस्तरों का भी इंतज़ाम घर में से कर देंगी। कुछ फ़ाज़िल[2] तकिए और चादरें हों तो आप भी निकाल दीजिएगा।"

"मगर ये तो सरासर धोखा देना है। इस तरह फ़रेब[3] देकर इंस्पेक्ट्रेस की नज़रों में क्या वक़त[4] रह जाएगी। अगर उसे किसी तरह पता चल गया।"

"अब साहब पता चलने की कोई राह तो है नहीं, सिवाय...ख़ैर...आप स्कूल की माई-बाप हैं। मुझे उम्मीद है कि स्कूल की बेहतरी के लिए आपको ख़ुद फ़िक्र लगी रहती है। क्या किया जाए साहब ? मजबूरी है। ये देखिए, आपको अगर गौरमेंट से ग्रांट लेनी है, तो सभी कुछ करना पड़ेगा। आप परेशान न हों, मैं सब कुछ भुगत लूँगा। बस जिस वक़्त वह आएँ तों आप...अरे हाँ ! वह नज़्म ?"

"नज़्म !"

"जी हाँ नज़्म...तैयार की आपने ?"

"मैंने ? क्यों ?"

"लीजिए साहब। अजी वही, इंस्पेक्ट्रेस की शान में...बख़ुदा भूल गया। देखिए जब वह आकर बैठ जाएँ तो किसी प्यारी-सी बच्ची से गले में हार डलवा दीजिएगा। उम्दा साफ़ कपड़े हों। सुपरिंटेंडेंट साहब की नवासी ठीक रहेगी। मैं उसे सुबह ही से बुलवा लूँगा।"

"मगर वह तो यहाँ पढ़ती नहीं।"

"अजी सब चलता है, कोई नाम-ब-नाम थोड़ी एक-एक लड़की देखी जाती है। आप ये कीजिएगा की सुबह से बुलवा लीजिएगा...हाँ।"

"जैसी आप की मर्ज़ी।"

"और हाँ, फिर हार वग़ैरा पहनाकर लड़कियों से नज़्म...च्च। लाहौलबिलाक़ूव्वत आपने नज़्म तो तैयार नहीं फ़रमाई।"

"मैंने अर्ज़ किया ना ! कि मुझे नज़्म लिखनी नहीं आती।"

"च्च ! तौबा ऐसी मुश्किल ही क्या है। पिछली बार रज़िया बेगम ने बना दी थी।

---

1. पूर्वी 2. अतिरिक्त 3. धोखा 4. इज़्ज़त

अगर मिल जाए तो वही चला दीजिए। दो-चार लफ़्ज़ों का हेर-फेर करना होगा...वर्ना ठहरिए, मैं ही कुछ सोचूँगा।" और वह चेहरे पर शायराना-जज़्बात तारी[1] करने की कोशिश करने लगे। "ऐ ?...है ?" उन्हें सूझ ही गई।

"वह देखिए, पास जो क़ौमी स्कूल है, उसमें जो जलसे होते रहे हैं, हज़ारों नज़्में पड़ी हुई हैं। मँगवाता हूँ मैं...अबे नन्हें...ओ...साले...ओह, माफ़ कीजिएगा...देख बे, ज़रा मसूद साहब के पास तो जा लपककर। कहना, मैनेजर साहब ने सलाम कहा है और नज़्में माँगी हैं।"

'नज़्में ?"

"अबे हाँ गधे...कहियो...च्च ! उल्लू है उल्लू...माफ़ कीजिएगा...ख़ैर मैं ख़ुद ही ले आऊँगा...और कल तक पहुँच जाएँगी। आप इसमें रद्दोबदल[2] कर दीजिएगा। स्कूल एक दिन पहले से सजवा दूँगा। और इम्तहान पीर[3] से शुरू करा दीजिएगा और उर्दू का पर्चा रख दीजिएगा।"

इंस्पेक्ट्रेस को उर्दू नहीं आती थी। तालीमी[4] इंस्पेक्शन से बचने की यही एक सूरत थी।

इंस्पेक्ट्रेस की आमद की ख़ुशी में पास-पड़ोस के जितने भी गमले थे, आ गए। किसी में पुदीना, तो किसी में हरी मिर्चें। मगर बरामदा हरा-भरा हो गया। कुतुबफ़रोश[5] ने दस रुपए किराया लेकर पाँच सौ किताबें भेज दीं। इतना देखने की किसे फ़ुर्सत या फ़िक्र थी कि उसमें ज़्यादा तादाद[6] ऐसी किताबों की थी जो लड़कियाँ छोड़, किसी के भी पढ़ने के क़ाबिल न थीं। ज़्यादातर सस्ते बाज़ारी नावल 'मियाँ बीवी', 'शादी की रातें' और मुस्तनद[7] कोकशास्त्र थे। जिन्हें बड़ी शान से अलमारी में चुन दिया गया। साथ-साथ और इधर-उधर का कूड़ा जमा कर दिया गया। पहले पुराने मैगज़ीन, जंतरियाँ टेलीफ़ोन डायरियाँ और पुरानी फ़ेहरिस्तें निहायत सफ़ाई से काग़ज़ चढ़ाकर ऐसे मुक़ाम पर रख दी गई थीं जहाँ से देखने वाला किताब की ज़ख़ामत[8] से थर्राकर रह जाए। नीज़[9] उस काग़ज़ चढ़ानेवाली चाल को सलीक़ा समझे। किवाड़ों और खुर्ची हुई बेंचों पर तेल और पानी चुपड़ा गया। जगह-जगह तस्वीरों और कैलेंडर वग़ैरह चिपकाकर दीवारों की मुफ़लिसी[10] पर पैबंद लगाए गए। लड़कियों से कह दिया था कि साफ़ और साबुत[11] कपड़े पहनकर आना। तो वह बरी[12] के जोड़े पहन आईं। झाँझन और चूड़ियों की झनकार से स्कूल इंद्रसभा का अखाड़ा बन गया।

एक और होशियारी की गई। वह ये, कि इम्तेहान की कॉपियों पर आधा-आधा पर्चा उस्तानियों ने बोर्ड पर लिखकर पहले से करवा दिया था कि इंस्पेक्ट्रेस लड़कियों की क़ाबिलियत का अंदाज़ा लगाने पर बज़िद[13] हों और किसी को साथ ले आएँ तो उनमें अदीब फ़ाज़िल की लियाक़त के जवाबात हल किए हुए पाएँ। इन इंस्पेक्ट्रेस के सारे हथकंडों से स्कूलवालों को वाक़िफ़[14] रहना पड़ता है। कोई चाल उनकी नहीं चल सकती।

---

1. छाने 2. परिवर्तन 3. सोमवार 4. शैक्षिक 5. पुस्तक-विक्रेता 6. संख्या 7. प्रामाणिक 8. मोटाई 9. एवं 10. निर्धनता 11. पूरा 12. शादी का जोड़ा 13. ज़िद में 14. परिचित

इसके अलावा मेज़ों और अलमारियों में 'लड़कियों की कशीदाकारी' के नाम से कुछ बाज़ार से ख़रीदी हुई चीज़ें और कुछ माँगे-ताँगे के जहेज़ों के मेज़पोश, पानदानों के कवर, सलमे का बना हुआ ताजमहल और क़रीब-क़रीब सारे नमूने, रज़िया बेगम के काढ़े हुए 'स्वीटड्रीम' और 'गुडनाइट' सजा दिए गए। उनमें से बाज़ चीज़ें तो मशीन की बनी हुई और बैरूनजात[1] की सनतगरी[2] का नमूना थीं। ऐसे पैंतरों से ये सब सामान रखा गया कि सिर्फ़ चीज़ों की तादाद[3] बढ़ा रहा था मगर पहुँच से दूर था। यही नहीं, कुछ नामुकम्मल चीज़ें भी थीं जो पास के स्कूल से मँगाकर सजा दी गई थीं।

बोर्डिंग भी लैस था। चारपाइयों पर ख़ाली ग़िलाफ़ों में अलाबला[4] ठूँसकर तकिए लगा दिए गए। ऊपर से चादरें और पलँगपोश डाल दिए गए। पास दो-चार मेज़ों पर किताबें सजा दी गईं। लीजिए, कमरे सज गए। रही लड़कियाँ, तो वह तीन-चार क्लासों से चुनकर मुक़र्रर कर दीं कि जब उन्हें बुलाया जाए तो हाज़िर होकर इंस्पेक्ट्रेस को सलाम करें।

ख़ुदा-ख़ुदा करके बारात की तरह ज़ोर-ओ-शोर से इंस्पेक्ट्रेस उतरीं। गेट के पास, जहाँ लंबा-चौड़ा 'ख़ुशआमदीद'[5] और झंडियाँ लगी हुई थीं, मैनेजर हेडमिस्ट्रेस ने, मय चपरासी और दो ईसाई उस्तानियों के, ख़ुशआमदीद कहा, ये इंस्पेक्ट्रेस भी दुनिया-ए-तालीम[6] में ख़ुदा का-सा दर्जा रखती हैं। जो शान लाट साहब की, सो उनकी। उनका काम सिर्फ़ धूम-धड़ाके से आना और डाँट-डपट करना है।

"ये जाला क्यों ?...ये ईंट कैसी ? ये गड्ढा किसलिए ?"

अब उनसे कोई पूछे—साल में दो मर्तबा अगर आईं और जाले और गड्ढों में फँस गईं तो कौन-सी क़यामत आ गई। सीधी तरह आओ, हार-फूल पहनो तारीफ़ी नज़्में सुनो, ताज़ा-ताज़ा फल और मिठाइयाँ भेंट के लिए मँगा रखी हैं, वह चखो। कुछ तुम्हारे साथ चुपके से बाँधकर घर पहुँचा देंगे, वहाँ इत्मीनान से खाना। बस इससे ज़्यादा दख़ल दर माक़ूलात[7] की फ़ेहरिस्त में दाख़िल। क्या फ़ायदा बुरी रिपोर्ट से ? चीफ़ इंस्पेक्ट्रेस कब-कब आती है और कितनी देर को आती है। इस सरसरी मुआइने की सरसरी ही रिपोर्ट हो वर्ना ख़्वाहमख़ाह तुम्हारा ही हल्क़ा बदनाम होगा। अव्वल तो हम हिंदुस्तानी हैं। बदइन्तज़ामी, धोखा, जालसाज़ी हमारा पैदाइशी हक़। दूसरे हमारा शुमार पस्त अक़वाम[8] में है। एक तो चिपड़ी और दो दो ! तुम बेकार मग़ज़पाशी[9] कर रही हो। तुम्हारी बला से जो रसीदों पर झूटे दस्तख़त हैं, जो मैनेजर साहब ने ख़ुद उल्टे हाथ से कर लिए हैं और फ़र्ज़ी अँगूठे तनख़्वाह के रजिस्टर में लड़कियों और चपरासिनों से लगवा लिए हैं। तुम क्यों पड़ती हो इन झगड़ों में !

इस पर भी जो तुम न मानी तो मुक़ामी क़ौमी[10] अख़बार के ज़रिए तुम्हारे चालचलन, खुफ़िया रिश्तों और सैरों का पोल खोलकर रख दिया जाएगा। तुम

1. विदेशी 2. कारीगरी 3. संख्या 4. चिथड़े 5. स्वागतम 6. शैक्षिक जगत 7. अड़ंगेबाज़ी 8. पिछड़े राष्ट्र 9. सिर खपाना 10. स्थानीय राष्ट्रीय

फ़िरक़ापरस्त[1] अलग मशहूर कर दी जाओगी ! ज़्यादा नहीं, चार-पाँच रुपए का ख़र्च है। 'सहरुल बयान'[2] एडीटर तुम्हारी सात पुश्तों तक की धज्जियाँ बिखेरकर फेंक देंगे। हम जो झाँसे तुमको दे रहे हैं, बस ऐन-मैन[3] यही लेकर अपने अफ़सरों के सामने रख दो ! इस मुआइने के अच्छे शुक्रिए के इनाम में जो हम यह चाँदी का बक्स अलावा मिठाई के, दे रहे हैं, इसमें से कुछ अपने अफ़सर के बक्स में पहुँचा दो !

सुपरिंटेंडेंट साहब की नवासी के हाथों हार-फूल पहनकर इंस्पेक्ट्रेस ने ज़रा टेढ़ा रास्ता अख़्तियार किया।

"क्या नाम है तुम्हारा ?" प्यार से पूछा।

"ऊँ, हट !" लाडली नवासी ने जवाब दिया और मैनेजर साहब की रूह क़ब्ज़ !

"ओह हो...शरमाती है...बोलो...बेटी नाम बताओ...बोलो," बेचारे मदद को दौड़े। असल में वह ख़ुद बच्ची का नाम भूल गए थे।

"वहीदा !" किसी ने सहारा दिया।

"किस क्लास में पढ़ती हो वहीदा ?"

"बोलो...बोलो बेटी वहीदा...पुच...हाँ, डरो मत...डरती क्यों हो।"

हालाँकि बच्ची निहायत गुस्ताख़ी से इंस्पेक्ट्रेस की आँखों में आँखें डाले घूर रही थी और उधर मारे ख़ौफ़ के दरअसल मैनेजर साहब पीले हुए जा रहे थे। मगर बच्ची टस से मस न हुई।

"अभी यूँ ही आती है। क्लास-वलास में तो कुछ नहीं...बड़े आदमी की लड़की है। ये स्कूल आती है तो अवाम[4] की हिम्मतअफ़ज़ाई होती है।" मैनेजर को तमाम गुर याद थे।

चाय और नाश्ते से साफ़ इंकार ! या ख़ुदा ! ज़रूर किसी ने कान भर दिए हैं। गुज़िश्ता साल जो इंस्पेक्ट्रेस आई थीं, बेचारी कितनी अच्छी थीं। मज़े से बैठी नज़्म सुन-सुनकर गाय की तरह चारा-सानी करती रहीं। पर ये तो पूरी वो थी।

"हें-हें-हें आपको पसंद हो तो बँगले पर पहुँचवा दूँ..."

"जी..."

मैनेजर अपने सूखे हाथों को धोने की नक़ल में एक-दूसरे के गिर्द लपेटने लगे।

"ये चुंगी के गमले हैं," साफ़ ताड़ गई !

"हैं चुंगी...चुंगी वल्लाह !..." मैनेजर साहब मसनूई[5] हैरत और ख़ौफ़ के मिले-जुले हमले से और भी ज़र्द[6] और निढाल हो गए। और बौखलाहट छिपाने को गमले के पेंदे में लगे हुए नंबर को बग़ौर[7] पढ़ने लगे। कमबख़्त चपरासी नंबर मिटाना भूल गया !

"ओह ! जी चुंगी के तो हैं ही।" वह इत्मीनान की साँस भरकर बोले। "सकतर साहब ने इमदाद के तौर पर अता फ़रमाए हैं। लीजिए एक मद और रजिस्टर से कम हो गई और दर्दसरी मुफ़्त की रही।"

---

1. साम्प्रदायिक 2. वाक्पटु 3. जस का तस 4. जनता 5. दिखावटी 6. पीला 7. ध्यान से

शायद ये बताने की ज़रूरत नहीं कि न जाने किस पुरइसरार तरीक़े से रजिस्टर में गमलों की मद के आगे लिखा था—"अभी आए नहीं, अदायगी पेशगी हो गई।" मगर इंस्पेक्ट्रेस तो आज ख़ून पीने के मंसूबे गाँठकर आई थी !

"ये तो गमले काफ़ी से ज़्यादा हैं, और ज़रूरत नहीं—रुपया वापस ले लिया जाए।" उसने गमलों क़ी बाड़ पर छड़ी फेर दी !

ये होता है कि अगर पहले ही बार में इंस्पेक्ट्रेस को घेरकर बदहवास कर लो तो भीगी बिल्ली की तरह हर बात पर म्याँऊ करवा लो। अगर हाथ ओछा पड़ा और निकल गई फटकी से, तो बदमस्त हाथी की तरह गरजती-बरसती सब चीज़ों को रौंदकर खलिहान कर देगी। और यह नई इंस्पेक्ट्रेस तो बिलकुल ताजी घोड़े[1] की तरह चारों तरफ़ टापें डालने लगी। मगर मैनेजर साहब बड़े-बड़े जिन्न खिला चुके थे, न जाने किधर से किताबें उड़ा दीं। कुछ रह गईं। वह ऐसी कि वह क़ीमत का अंदाज़ा ही न कर सकी। दस्तकारी. उसने बावजूद शिद्दत से इल्तजा करने के, न देखी। इम्तहान का वार भी कुछ ओछा पड़ा। पहले तो दो-चार कॉपियाँ देखीं, मुंशी से खुसुर-पुसुर की। फिर कह दिया कि चूँकि इम्तहान हो रहा है, तालीमी मुआइना फिर होगा। किस दिन ? ये मुक़र्रर नहीं, बेकहे गोला आन गिरेगा।

उसके बाद उसने क़तई हलाकू ख़ाँ वाली पालिसी अख़्तियार की। बजाय लड़कियों के, फ़िलहाल उस्तानियों का इम्तहान ले लिया जाए, तो ख़ूब रहेगा। मैनेजर साहब के पैरों तले की ज़मीन सरक गई और सर पर मुसीबत टूट पड़ी। मारे बौखलाहट के, बिदके हुए ऊँट की तरह चारों तरफ़ दौड़ने लगे। इस घबराहट में कई गमले जो सजावट के ख़याल से निहायत ख़तरनाक जगहों पर नाजुक से सहारे से टिका दिए गए थे, फिसल पड़े। और 'वेलकम' मय तमाम बाँसों और तख़्तों के उन पर निछावर हो गया।

रज़िया बेगम का पेट की ख़राबी का पुराना मर्ज़ उभर आया और वह निढ़ाल होकर अपनी पलँगड़ी पर जा पड़ीं। दूसरी उस्तानियाँ भी अज़सरे-नौ[2] राँड हो गईं। सिर्फ़ ईसाई उस्तानियाँ फँसी। मगर वह थीं भी ग़नीमत।

इसी अर्से में घेर-घार कर मैनेजर साहब नज़्मख़्वानी के लिए लड़कियाँ बुला लाए। शायद ढोल-ताशे से मामले की ट्रेजेडी कुछ कम हो जाए। कहते हैं संगीत में बला की ताक़त और जादू है। इससे बुझी हुई शमाएँ जल उठती हैं, बदमस्त हाथी माथा टेक देते हैं। मगर ग़ज़ब हो गया। नज़्म के बंद बग़ैर तबदीली किए, लड़कियों के सुपुर्द कर दिए गए और तालीमी जुलूस का हाथी अपने बदले, सूबे के कमिश्नर की शान में नज़्म सुनकर और भी बदमस्त हो गया। मगर बजाए गुस्सा होने के, वह बड़े ज़ोर-शोर से क़हक़हे लगाने लगी। मैनेजर साहब जो अब तक बेक़ाबू टाँगों को सिर्फ़ क़ूव्वते-मुतख़य्यला[3] के ज़रिए रोके हुए थे, बेतरह लरज़ने लगे और ख़ुद भी बदहवास होकर हँसने लगे।

---

1. घोड़े की एक नस्ल 2. फिर से 3. कल्पना शक्ति

"कोई दूसरी चीज़ गाओ," रसानत[1] से हुक्म मिला।

"हाँ, हाँ कोई दूसरी चीज़ सुनाओ...वह गाओ 'लब पे आती है'...चलो कमबख़्तों, मुँह क्या देख रही हो...शुरू करो," मैनेजर साहब लड़कियों की सफ़ के आगे-पीछे दौड़-दौड़कर हिदायात देने लगे। "गाओ...हाँ लब पे ?" मगर लड़कियाँ मबहूत[2] और शरमाई एक-दूसरे की पीठ में घुसने की कोशिश करती रहीं।

"ये...ये देखिए मिस साहब, मैं तो हार गया इनसे। आपको नहीं मालूम, आप नहीं जानतीं हमारी क़ौम किस क़दर पस्ती में गिरी हुई है। ये सब ग़रीब और निचले तबक़े की बच्चियाँ हैं जिनके घरों में कोई अलिफ़ के नाम बे नहीं जानता। मैं तो थक गया समझाते-समझाते। ओह...अरे ख़ुदा के वास्ते...लड़कियों ने उनकी रिक़्क़त-आमेज़[3] आवाज़ से डरकर 'लब पे आती है,' शुरू की मगर बावजूद कोशिश के कुछ भी लब पे न ला सकीं।

"अच्छा वही गाओ, 'सारे जहाँ से अच्छा'...चलो शुरू करो।"

बड़े जोश से एक लड़की ने पंचम सुर को घसीटकर तार सुर की रे पर गले की आख़िरी झनझनाहट ख़त्म कर दी। सुर बहुत ऊँचा था। ऐसा लगा चील अंडा छोड़कर उड़ी और मँडराकर वापस गिर पड़ी। फिर लाख ख़ुशामदों के बाद, एक-दूसरे के कोहनियाँ मार-मारकर दुपट्टों में नाकें छिपाकर एक लड़की ने अज़सरे-नौ तान खींची और खरज सुरों में हिंदुस्तान के 'सारे जहाँ से अच्छा' होने का अमली सबूत देना शुरू किया। दम बोल उठा।

"बस करो।" इंस्पेक्ट्रेस उठकर चलने लगी। दिलशिकस्ता[4] और शर्मिंदा लड़कियाँ, चोट खाई हिरनियों की तरह उलझती-गिरती भागीं।

"हम जानते हैं कि आपका ये स्कूल क्या है और क्यों क़ायम है। लेकिन हमें जान-बूझकर पस्त अक़वाम के साथ रिआयत करनी पड़ती है। सरकार की यही पॉलिसी है। वरना ये स्कूल दो दिन क़ायम रहने का हक़दार नहीं।" रिपोर्ट पर उसने 'इत्मीनान बख़्श' लिखकर हिक़ारत से कहा। और मैनेजर साहब ने खुलकर साँस ली। ख़ैर से, बला टली और बुरी नहीं टली। जल्दी से उन्होंने गुलाबजामनों की पोटली सँभाल ली, जो इंस्पेक्ट्रेस ने छुई भी न थी।

"अजी ये उजड्ड क्या जाने उन लुक़्मों का मज़ा !" उन्होंने प्यार-भरी नज़रों से मिठाई को देखा और चल दिए।

शम्मन सारा दिन कुछ मुर्दादिल रही। रिआयत ? आख़िर क्यों ? इन नीचे लोगों के साथ हर एक को दया ही सूझती है ! कमज़ोर हैं, जाहिल हैं, नाकारा हैं, इसलिए ख़ैरात के हक़दार हैं तो फिर इन पस्त क़ौमों को दुनिया पर स्याही और उफ़ूनत[5] फैलाए रखने का हक़ ही क्या है। क्यों नहीं उन्हें भी मुल्क के पेड़ की जड़ में लगे हुए ख़तरनाक कीड़े की तरह स्पिरिट डालकर जला देते। यूँ नीचा रखकर और पस्ती में गिराते जाना

---

1. दृढ़ता 2. अचंभित 3. दुखी 4. दुखी 5. दुर्गंध

तो सरासर हैवानियत है। कहते हैं, अगर भारी तूफ़ान और आँधियाँ आएँ तो वह सारे कूड़े-करकट का ख़ात्मा कर जाती हैं। या ख़ुदा, तो फिर यहाँ वह तूफ़ान कब उठेगा जो सारी पस्तियों[1] को कच्चे रंग की तरह धोकर कीचड़ के साथ बहा ले जाएगा। फिर लोग यूँ पस्ती को और पस्ती की तरफ़, धकेलना तो छोड़ देंगे।

चौंतीस

इंस्पेक्ट्रेस ने रिपोर्ट तो निहायत मासूम दे दी। मगर कुछ ज़बानी गुफ़्तगू हो गई कि ग्रांट मिलने में महीने लग गए। नए मुआइनों की आए दिन धमकियाँ आने लगीं। मैनेजर साहब का दौड़ते-दौड़ते बुरा हाल हो गया। इस साल जड़ावल भी बच्चों की न बनी। बीवी ने लाख ख़ुशामद की कि चूल्हे में डालो ये क़ौमी ख़िदमात और वही अपनी पुरानी वकालत सँभालो। जो कुछ आएगा, तंगी-तुर्शी से गुज़र तो हो जाएगी। ये तो नहीं कि अपने बच्चे वीरान सो अलग, दूसरे लोग चारों तरफ़ से बोटियाँ नोच रहे हैं, उस्तानियों की चार माह की तनख़्वाह चढ़ गई, चपरासी ने एकदम बग़ावत कर दी, इस्तीफ़ा दे दिया और पेशा ही बदलकर ईंटें ढोने पर नौकर हो गया, चौकीदार, मेहतर और दूसरे छोटे-मोटे काम करने वाला नौकर भाग ही नहीं गया बल्कि कुछ फ़र्नीचर भी ग़ायब कर गया। वह दे-ले मची कि तौबा भली।

मैनेजर साहब बेचारे हक्का-बक्का चारों तरफ़ मुँह फाड़-फाड़कर लपकने लगे। जैसे जंगली कबूतरों की फटकी एकाएक खुल जाए तो चिड़ीमार कभी इधर और कभी उधर झपटता है। और जब एक भी चिड़िया हाथ नहीं आती तो थककर निहायत इत्मीनान से पालती मारकर बैठ जाता है। और मज़े से उनकी परवाज़ देखता है। ''उड़ो, मेरी बला से। जहाँ जी चाहे उड़ जाओ और मुझे भी उड़ा ले जाओ।''

मैनेजर साहब भी थककर रज़िया बेगम की पलँगड़ी पर लेट गए और मज़े से स्कूल की बरबादी देखते रहे।

थोड़ी देर तो शम्मन इस तूफ़ान की बदहवासी पर भौचक्की खड़ी सिम्त[2] टटोलती रही। गो उसके लिए इससे बेहतर स्कूल, बेहतर मुशाहरा[3] लिए मौजूद थे। मगर जहाँ एक ही बार सराय ही की तरह थोड़ी देर को क़दम रखा वहाँ से आग लगते ही भाग निकलना इंतहाई बुज़दिली मालूम हुई। उसे कुछ मालूम भी न था कि क्या करना चाहिए और क्योंकर करना चाहिए। बग़ैर सोचे-समझे वह इलाहाबाद एजूकेशन डिपार्टमेंट चल दी।

महकमा-ए-तालीम[4] की अज़ीमुश्शान[5] इमारत से ज़रा-सी भी इल्म की ज़ूपाशी[6] नज़र

---

1. थकानों 2. दिशा 3. वेतन 4. शिक्षा विभाग 5. शानदार 6. किरणें

न आई। तालीमी काहे को, कोई कारोबारी डिपार्टमेंट है। एक हिस्से पर अस्पताल का शुब्हा होता था। गैलरी में एक क़तार सहमी हुई औरतों की बैठी थी, जो किसी नौकरी या वज़ीफ़े की उम्मीदवारी में आई थीं। सब की सब निहायत लाग़र[1], बीमार, दुखिया और नादार[2] नज़र आ रही थीं। मालूम होता है कि दुनिया के हर शोबे[3] में नाकाम होने के बाद पेट पालने का आख़िरी सहारा महकम्म-ए-तालीम ही में मिलता है। या तो बदसूरती और ग़ुरबत[4] की वजह से मियाँ न मिला या बेवा हो गईं और जिन पर जा के पड़ीं, उन्होंने निकाल दिया। बाल-बच्चों की ख़ातिर ये पेशा कर रही हैं। चाहे तालीम[5] का रत्ती भर शौक़ नहीं। दिमाग़ गूदड़ है। पढ़ाना तो दरकिनार पढ़ने ही की ताक़त नहीं। मगर चली आ रही हैं। इधर महकमा-ए-तालीम को भी किसी न किसी तरह तालीमेनिस्वाँ[6] को तरक़्क़ी देना है। पहले घान में ये इंसानी मैल-कुचैल और कूड़ा-करकट ही सही, अच्छा माल भी आने लगेगा।

इनमें से एक बैठी अपने बच्चे को दूध पिला रही थी और ऊँची आवाज़ में अपने ससुराल वालों के दुखड़े सुनाती जा रही थी, जिन्होंने उन्हें कचूके दे-देकर इस काम पर मजबूर किया। दूसरी बैठी अपने बच्चे की इस्लाह[7] कर रही थी और पास बैठी हुई तीसरी औरत से ज़माने की तंगियों का दुखड़ा रो रही थी। तीन-चार ऊँची आवाज़ में, मिलने वाली नौकरी में मीन-मेख निकाल रही थीं। और ये सब उस्तानियाँ बनने आई थीं। और दूसरे मायनों में आनेवाली नस्लों का नक़्शा खिंचा हुआ था। कुछ हो जाए, कैसी भी तालीम दी जाए। बरसों ट्रेनिंग पिलाई जाएं। ये घुट्टी में पड़ी हुई छोटी-छोटी कमज़ोरियाँ नस्ल-बाद-नस्ल चलती जाएँगी। शम्मन का जी चाहा ऐसी तालीम के लिए कोशिश करने से तो बेहतर है कि लौट चले। घर जाए और शादी करके नंगों-भूखों की तादाद बढ़ाने लगे, जो उसका क़ौमी विरसा[8] है। क्या हासिल इस मग़ज़पाशी[9] से ? जब बीज ही घुना हुआ है तो पौधे के उगने और फल देने की आस लगाना फ़िज़ूल है... मगर...

वह इतना ही सोच पाई थी कि चपरासी ने आकर उससे चलने को कहा। कई घंटे की मग़ज़मारी के बाद ये तै हुआ कि स्कूल को गवर्नमेंट अपने साया-ए-आतिफ़त[10] में ले ले। हेडमिस्ट्रेस वही रहे, बाक़ी स्टाफ़ बदल दिया जाए। सवाल ये था कि मैनेजर साहब जो अपना रुपया क़ौमी स्कूल की तरक़्क़ी के लिए लगा चुके थे, उसका क्या किया जाए। रसीदों से तो उनका काफ़ी रुपया निकलता था। ख़ैर, ये सवाल बाद के लिए उठा रखा था। स्कूल पर से क़ौमी ठप्पा हटाकर गवर्नमेंट का बना दिया गया।

स्कूल नया चोला पहनकर जो उठा तो थोड़ी ही देर में लोगों की तवज्जो भी उसकी तरफ़ मब्ज़ूल[11] हुई। दाख़ला बढ़ा, मैनेजर साहब अर्से[12] तक अपना रुपया वसूल करने के लिए भाग-दौड़ करते रहे। अजीब कशमकश में पड़ गए। मालूम होता था, उनसे कोई

---

1. कमज़ोर 2. ग़रीब 3. विभाग 4. निर्धनता 5. शिक्षा 6. स्त्री शिक्षा 7. नसीहत 8. राष्ट्रीय धरोहर 9. सिर खपाने 10. अधीन 11. आकृष्ट 12. बहुत समय

काम नहीं हो सकता। बीवी ने और ज़िंदगी तल्ख़ करना शुरू कर दी। इसी मद्दोजज़्र[1] की रौ में गड़बड़ाकर उन्होंने रज़िया बेगम से निकाह करके दो मुस्तक़िल महाज़[2] क़ायम कर लिए। जहाँ उन्हें आम की चटनी से भी ज़्यादा चटपटी ज़िंदगी से दस्त-ओ-गिरेबान[3] होना पड़ा। फिर सुना उन पर मालीख़ूलिया[4] के मर्ज़ के ख़फ़ीफ़[5] से हमले होने शुरू हो गए।

स्कूल में हिंदू और ईसाई लड़कियों की तादाद बढ़ी। मगर मुसलमान लड़कियाँ और कम हो गईं। स्कूल जब तक इस्लामी न हो, इस्लामी पानी की तरह उसकी तहारत[6] पर यक़ीन नहीं किया जा सकता।

उस्तानियों का नया गिरोह कुछ इस शान से वारिद हुआ कि पहले तो समझ ही में न आया कि काहिल हैं या चुस्त। अच्छा पढ़ाती हैं या बुरा। क्योंकि ये उस्तानियाँ गुर्गबारांदीदा[7] थीं। एक-एक महकमे में बीस-बीस साल से जमी हुई थीं। एक छटी हुई, जिनका बीस साल का रिकार्ड देखने से मालूम हुआ कि किसी स्कूल में गुज़ारा न हो सका। चूँकि गवर्नमेंट का मामला धपसट ही होता है। बस एक स्कूल से दूसरे में, दूसरे से तीसरे में और जो वहाँ भी बहुत जूतमपैज़ार हुई तो चौथे और पाँचवें में। एक जगह जमकर रहने की न तो आदत और न शौक़ बाक़ी रह गया था। जब एक स्कूल हेडमिस्ट्रेस से लेकर चपरासन तक से मार कुटाई तक नौबत पहुँच जाती और मुफ़्त सौदा देनेवाले मारे तक़ाज़ों के जीना दूभर कर देते तो ये रोती-पीटती इंस्पेक्ट्रेस के पास जातीं और तबादला करा लेतीं। भला वह शम्मन को किस गिनती में शुमार करतीं।

उनमें से एक बाक़री बेगम तो बस मालूम होता था छुआ और बिखरीं। उम्र की पक्की थीं और कई इंस्पेक्ट्रेस भुगता चुकी थीं। किसी का कहा मानना हतक समझती थीं और पाबंदियों को बेकार की ज़्यादतियाँ। बहुत जल्द उन्होंने किनारों और इशारों से जता दिया कि अगर ज़रा भी चूँ-चरा की तो इंस्पेक्ट्रेस से जड़ देंगी। उन्हें अपनी क़सम पर बड़ा नाज़ था और जिसको तहस-नहस करने की क़सम खाई, पूरी हो गई।

दूसरी मिसेज़ सारकस, अजीब पिटी हुई रोनी सी अधेड़उम्र औरत थीं। ज़रा सी बात पर, फूटकर रो पड़तीं और फिर घंटों मिन्नतें करवातीं। एक दोस्त मिसेज़ शर्मा हर स्कूल में उनके साथ रहने की ख़िदमत अंजाम देती थीं। मिसेज़ शर्मा उतरी हुई उम्र की मरीज़ाशक्ल गुस्सावर औरत थीं। ये दोनों हमेशा अंग्रेज़ी में एक-दूसरे से प्यार-मुहब्बत की बातें करतीं और लड़तीं भी अंग्रेजी में। ज्योंही लड़ाई शुरू होती मिसेज़ शर्मा मुफ़्त रहने का ताना देकर फ़ौरन खाने-पीने का ख़र्चा देने की धमकियाँ देतीं। और मिसेज़ सारकस रोतीं। दुनिया में मालूम होता था उन दोनों का कोई और न था। सारी मुहब्बत और गुस्सा एक-दूसरे पर उतारतीं। उनकी लड़ाइयों के चर्चे दूर-दूर तक फैले हुए थे। और मुहब्बत भी कुछ कम मशहूर न थी। बावजूद इन तमाम बातों के, स्कूल का रहट रूँ-रूँकर लतीफ़ नग़मे की रवानी से चल रहा था। दाख़ला इत्मीनानबख़्श था। नतीजा

1. ज्वार भाटा 2. स्थायी मोर्चे 3. जूझना 4. पागलपन 5. हल्का 6. पवित्रता 7. अनुभवी

इत्मीनानबख़्श, तालीम इत्मीनानबख़्श। इस इत्मीनानबख़्श फिज़ा ने दिल में एक नाक़ाबिले इत्मीनान तकान[1], सुस्ती और मुर्दापन पैदा कर दिया। मालूम होता जैसे पुरशोर नदी दौड़ते-दौड़ते सीधे और सपाट मैदान में रेंगने लगी। इस घिसटती हुई दुनिया में सब आँख बंद किए उम्र की लकीर पर ख़ामोश चलते जा रहे हैं। एक दूसरे से टक्कर हो गई तो भी काँधा बचाकर आगे घिसट गए।

ज़िंदगी धीरे-धीरे खिसक रही है। वही नीम-खुफ़्ता टनन्-टनन् घंटा, वक़्त मुक़र्ररा[2] पर जागकर अँगड़ाई लेता है और फिर ऊँघ जाता है। उसकी हर करवट, दो क़दम आगे या दो क़दम पीछे घसीट लाती है। वह उदास सोया हुआ फ़र्नीचर जिस पर जमाहियाँ लेती हुई उस्तानियाँ जिनका बस नहीं चलता कि इस सुस्त रफ़्तार घंटे को झिंझोड़कर जल्दी-जल्दी दौड़ने पर मजबूर कर दें। ये मिनट की सुई इतनी बोझल क्यों है। क्या आक़बत[3] का तोशा[4] साथ ले जाना है। और अगर ये सेकेंड की सुई ज़रा लपककर चले तो शायद दुनिया उसके हिलकोरों से जाग उठे। ये वक़्त इस क़दर हौले-हौले चोरी छिपे न चलता तो इंसान इतना काहिल कभी न होता। टिक-टिक, वह भी जल्दी-जल्दी मशीन के पुर्ज़ों की तरह चलता।

और फ़िज़ा भी तो भारी-भारी है ! जैसे कोई ख़ौफ़नाक तूफ़ान तुला खड़ा है। ठेस लगी और बंद टूटा। फिर कोई नहीं जानता कि अमृत बरसेगा या शोले। मगर एक ख़ामोश बेअख़्तियार से इंतज़ार ने हर एक को थका रखा है। एक नामालूम बोझ से कंधे टूटे जा रहे हैं। क्या होगा ? कब होगा ? क्यों होगा ? ये किसी को नहीं मालूम। मगर होगा ज़रूर कुछ न कुछ। कपड़ा सस्ता, अनाज कौड़ियों के मोल, मगर कौड़ियाँ ख़ून के मोल भी नहीं। ये आख़िर दुनिया में पैसा इतना कम क्यों बनाया जाता है। ये जो घरों में ताँबे की पतीलियाँ हैं, उन्हें गलाकर पैसा बनाया जा सकता है।

दुनिया सस्ती, इंसानियत सस्ती, हैवानियत सस्ती, फिर भी ये कंगालों की तादात में कमी क्यों नहीं आती !

मालूम होता है अनाज के हर दाने के साथ, दस भूखे लिपटे हुए ज़मीन ही से उगते हैं और इनकी सारी उम्र इसी एक दाने की छीन-झपट में गुज़र जाती है। इतना वक़्त कहाँ, जो किसी और चीज़ के लिए भी हाथ-पैर हिलाए। कहते हैं और लोग लूट-खसोट, ज़रो-जवाहर और इज़्ज़त की ख़ातिर ख़ून की नदियाँ बहा देते हैं, मगर यहाँ तो इज़्ज़त छोड़ अपनी कीचड़ भी नहीं जिसके लिए ये भूखे भी किसी से लड़ पड़ें।

फ़िज़ा की घुटन और बढ़ गई। लोग हवा को सूँघ-सूँघकर मानीख़ेज़ अंदाज में सर हिलाने लगे। जैसे तूफ़ान की बू पाकर कीड़े-मकोड़े पनाहगाहों[5] को भाग निकलते हैं, इसी तरह बाज़ार में भगदड़ सी पड़ गई। बनियों ने सोना-चाँदी समेटकर धरती माता की छाती में छुपाना शुरू कर दिया। तूफ़ान का धमाका इतना गहरा नहीं होगा कि माता

---

1. थकान 2. निर्धारित 3. परलोक 4. वो खाना जो मुर्दे के साथ ले जाते हैं और दफ़न के बाद भिखारियों को बाँट देते हैं 5. शरणस्थलियों

उनकी अमानत भी उगल दे। आसमान पर सुर्ख़ सितारा एकाएक ताज़ा जख़्म की तरह फूट निकला और लोगों ने इसमें से लहू टपकता देखा। चारों तरफ़ ग़ैरमरई[1] घटाएँ उमड़ने लगीं और ख़ामोश गरज ने दिल-ओ-दिमाग़ हिला दिए।

पका फोड़ा फूटा और मवाद का रेला बह निकला। देखना है अपनी रौ में किस-किस को घसीटता है और कौन बच निकलता है। जर्मनी ने पोलैंड पर हमला कर दिया। बनियों ने जल्दी-जल्दी रंग और सोना समेटना शुरू कर दिया। कुछ कहा न सुना, बैठे-बिठाए जर्मनी के दाँतों में क्यों खुजली उठ खड़ी हुई। फ्रांस और इंग्लैंड कमज़ोरों के तरफ़दार सुलह[2] के परचम लेकर दौड़ पड़े।

"आज से हमारी तुम्हारी कट्टी," जर्मनी ने साफ़ बता दिया। मगर वह तो मचले हुए बच्चे की तरह बिखरता ही चला गया। इधर रूस की भी पसली फड़की और ख़ून लगाकर शहीदों में दाख़िल हो गया। मियाँ हिटलर को, मनचली दुनिया ने पूजकर रख दिया। देखते-देखते दो नदीदे बच्चों ने पोलैंड को मीठी टिकिया की तरह बाँटकर खाया। चलिए छुट्टी हुई।

जर्मनी ने पोलैंड पर क़ब्ज़ा कर लिया। ओह हो, ये तो बड़ी बुरी बात की। दुनिया-भर का नुक़सान हो गया। ये लोग क़ब्ज़ा करने के इतने शौक़ीन क्यों हैं ? हालाँकि ये बिलकुल अच्छी बात नहीं। ग्लोब पर कितना हिस्सा गुलाबी है ? जैसे ताज़ा-ताज़ा कोढ़ पर अब ये जर्मनी कोलतार का डिब्बा लेकर चला है। न जाने ये लोग लीपपोत कर इस गोलमोल नारंगी का क्या हाल करेंगे।

और फिर क्या होगा ? पोलैंड भी गुलाम बन जाएगा। हिंदुस्तानी तो ख़ैर सदियों से गुलामी करते चले आ रहे हैं। भूखे रहने से रूह बढ़ती है और मौसम के असरात जिस्म को तवानाई[3] बख़्शते हैं। ये फटी-फटी आँखोंवाले सड़क के कुत्ते जिन्हें हर राहगीर की ठोकरों और फ़ाक़ाकशी[4] की चुटकियों ने ज्ञानी बना दिया है, ये तो उसी में मगन हैं। गोश्त-पोस्त तो बेकार का फ़ुजला[5] है। असल चीज़ है, हड्डी और उसे समेटे रहने के लिए ऊपर से खाल का ग़िलाफ़। ये इंसानी पिंजरा स्याह और टेढ़े बैंगें, खुजली और फुड़ियों से लदे हुए मरक्क़े[6], जिन्हें क़ुदरत ने अपने दस्तख़ास[7] से गढ़ा है और फिर जलती धूप और लू के थपेड़ों से दहकाकर, ख़ाक और धूल में लथेड़कर पक्की खरंजा ईंट की तरह मज़बूत कर दिया है। इन पर गुलामी भी असर नहीं कर सकती। मगर योरप के वह कोमल बदन जो तेज़ निगाह से भी कुम्हला जाते हैं, वह कैसे ताब लाएँगे उन मज़ालिम की !

दफ़्तर के बेकार कामों से सर मारते वक़्त शम्मन के ख़यालात दूर-दूर भटक जाते। खिड़की में नीली ज़ीन का पर्दा लटका हुआ, सड़क पर चलने वालों की नज़रबाज़ियों से पनाह में लिए हुए था। मगर इससे निचले हिस्से में चलनेवालों की टाँगें नज़र आतीं और वह घंटों बैठी उन टाँगों की रफ़्तार देखा करती। काली, पीली, टेढ़ी और ख़ुश्क

---

1. अदृश्य 2. समझौता 3. शक्ति 4. भूखा रहना 5. अवशिष्ट 6. प्रतिमाएँ 7. खास अपने हाथों से

टाँगें, कुछ मैली-फटी धोतियों में उलझी हुई मरघिल्ली टाँगें, कीचड़ और मैल में लिथड़ी हुई कमज़ोर टाँगें और कभी भारी तोंद के वज़न से कराहती हुई मजरूह[1] टाँगें, उसकी खिड़की के नीचे से गुज़रा करतीं। कभी-कभी चिकने पतलून और उजले मोज़ों में लिपटी हुई भी टाँगों की एक आध जोड़ी गुज़र जाती। मगर बहुत कम। वह बैठे-बैठे उकता जाती। दुनिया मुजस्सम[2] टाँगें बनकर इसी खिड़की के नीचे चलती रहती। उसे उन पर तरस आता। थक नहीं जातीं ? कब से चल रही हैं और न जाने कितने दिन और चलेंगी। उन्हें ठंड मे भी कोई नहीं ढँकता, पाले से कोई नहीं बचाता, धूप की आँच से कोई नहीं हटाता...योरप में तो शौक़ीन मिज़ाजों ने नंगे क्लब निकाले हैं और यहाँ तीन चौथाई मख़लूक़[3] जनम से ही बरहना[4] रहने का बंदोबस्त करके आती है। ऐसे भी मुल्क हैं जहाँ मुफ़ीद ख़ुराक मोहैया[5] करनेवाले महकमे क़ायम हैं। पनीर, मक्खन, दूध और घी ने, जो इंसानों को चर्बी की पोटलियों में तब्दील कर दिया है, उसका कुछ तो इलाज होना चाहिए। दौलत का जितना हिस्सा गोश्त और चर्बी थोपने में सर्फ़[6] होता है, कम-अज़-कम उसका निस्फ़[7] तो ऐसी मशीनें ईजाद करने में सर्फ़ होना चाहिए जो मोटापे से आजिज़ बेचारों को ज़रा हल्का कर दे। किंतने मज़े की बात है, जबकि दुनिया के एक हिस्से में गोश्त और पोस्त की इस क़दर क़िल्लत[8] है, दूसरे हिस्सों में उन्हीं अनासिर की ज़्यादतियों को कलपुर्ज़ों से छील-छीलकर दूर किया जाता है। काश ! उन ख़ुशनसीब इंसानों के जिस्म की छीलन ही इन इंसानी ढाँचों पर मँढ़ दी जाए जो यहाँ घूम रहे हैं तो तराज़ू के दो पलड़ों में कुछ तो तवाज़न[9] पैदा हो जाए।

रोज़ दोपहर के बाद टाँगों का नया तूफ़ान बहना शुरू हो जाता है। ये तूफ़ान पास की मिल से उठा करता और शहर की तरफ़ बरस जाता। ये बदबूदार शीरे और सड़ी हुई राब में सनी हुई टाँगों का थका हुआ रेला, अपनी अनथक निढाल रवानी से रोज़ बहा करता। छुट्टी होने से ज़रा पहले एक यक्क-ओ-तनहा टाँग एक लकड़ी की हमराही में रुकती, थमती, काँपती, थरथराती गुज़र जाती। शम्मन का मामूल था कि वह इस टाँग की हमदम लकड़ी की मुसलसल ठक-ठक को क़रीब आता सुनकर एक पैसा खिड़की से नीचे टपका देती और मुंतज़िर[10] रहती कि एक सूखे हुए मुर्दे जैसा स्याह[11] हाथ उसे किस सफ़ाई से ग़लाज़त की नाली में से निकाल लेता है। जैसे उसे नालियाँ ही टटोलते हुए बीती हों। और फिर वह सुस्त और मुकद्दर, इस टाँग को दूर जाता देखती रह जाती। क्यों ? आख़िर क्यों पैदा हुई हैं ये भयानक टाँगें और काले स्याह ढाँचे। फिर उसे ख़याल आता, अगर ये ढाँचे इतने सूखे न होते तो ताजमहल दुनिया का आठवाँ अजूबा कैसे नज़र आता। अगर जामा मस्जिद की सीढ़ियों पर इतने फ़कीर और मक्खियाँ न भिनभिनातीं तो शाहाने मुग़लिया[12] की शान-ओ-शौक़त का सबूत कैसे मिलता ?

---

1. ज़ख़्मी 2. सशरीर 3. जीवधारी 4. नंगे 5. उपलब्ध 6. व्यय 7. आधा 8. कभी 9. संतुलन 10. प्रतीक्षारत 11. काला 12. मुग़ल बादशाह

अगर ख़ुदा-ना-ख़ास्ता[1] जर्मनों का दिमाग़ चल निकले और वह पोलैंड की तरह हिंदुस्तान पर भी नाख़ून तेज करने लगें तो शानदार इमारतें, ये नादिरुलवक़्त[2] मक़बरे और ये मुक़द्दस मिट्टी, जहाँ हम सिर्फ़ बोने के शौक़ को पूरा करने के लिए हरी-भरी खेतियाँ सजाते हैं, ये लंबी-लंबी सड़कें जिन्हें हम मोटरों की धूल फाँकने के लिए ख़ून पसीने की नमी पहुँचाकर कूटते हैं, कहाँ जाएँगे। कारख़ाने से निकलकर गर्मागर्म कबाब उड़ाने के लिए ये जामा मस्जिद की सीढ़ियाँ कहाँ नसीब होगीं और जब बादल उमड़-घुमड़कर आएँगे, अब्रेरहमत[3] रिमझिम बरसने लगेगा, कोयलें पुकार उठेंगी और पपीहे ठंडी साँसें भरने लगेंगे तो नर-नारी प्रेम की प्यास बुझाने उन्हीं अज़ीमुश्शान मक़बरों की आग़ोश में छुप जाएँगे। लेकिन ये फ़ासिस्ट हमारी उन जश्नगाहों को तहस-नहस करके रख देंगे। हमारे बाप-दादा की मुक़द्दस हड्डियाँ उखाड़कर ले जाएँगे, वह हड्डियाँ जिनकी ख़ातिर हम जनम-जनम से ख़ून की नदियाँ बहाते आए हैं, वह मानक मोती से भी ज़्यादा अनमोल हड्डियाँ जिन पर हिंद को नाज़ है। हर हिंदी का फ़र्ज़ है कि उनकी हिफ़ाज़त में ख़ून और पानी एक कर दे। ये हड्डियों का पुजारी ख़ुद भी तो हड्डियों की एक माला है और विरसे में यही माला अपने बच्चों को बख़्श जाता है। जीते जी तो कुछ नहीं मगर मरने के बाद उसमें इतनी शक्ति पैदा हो जाती है कि बाँझ को बेटा और मुर्दे को ज़िंदगी बाँटने लगता है। गो ज़िंदगी भर, जिस्म का कोई कोना मस्तूर न रह सका मगर मरने के बाद अतलस-व-किमख़्वाब की चादरें चढ़ाई जाती हैं और संदल मलकर अर्क़ेगुलाब और केवड़े से गुस्ल करता है। ज़िंदगी-भर जो मैल की पपड़ियाँ और जूँएँ इस पर छाई रहीं, उनका कुछ तो बदला मिल ही जाता है, ज़िंदगी में जिस्म को न सही, मरने के बाद हड्डियों को ही सही।

ये हड्डियाँ ! क्या मरने के बाद इन हड्डियों में दिल नहीं रहता। काश ! दिल भी हड्डी का मज़बूत टुकड़ा होता जो सदियों ज़िंदा रह सकता। तो अगर हिंदुस्तान की ज़मीन पर जन्म लेना है तो रूहों को चाहिए हड्डियाँ बनकर जन्म लें और अगर जीने की ख़्वाहिश हो, तो जितनी जल्दी हो सके मर जाएँ। इस क़ब्रिस्तान में ज़िंदगी का कोई मसरफ़[4] नहीं।

पोलैंड का लुक़्मा-ए-तर, ऊँट की डाढ़ में ज़ीरा होकर रह गया और फ्रांस की हसीना भी झपट में आ गई। शर्म नहीं आती इन हैवानों को औरत ज़ात पर हाथ उठाते। रानी झाँसी भी तो औरत थी। किस क़दर निस्वानियत थी उस जीदार[5] हसीना में। बुझी हुई चिता की आख़िरी चिंगारी...मगर अब्र-ए-रहमत ने एक बार ही बरसकर उसे भी ठंडा कर दिया। इस हड्डियों के देश में इन चिंगारियों का क्या काम ?

घटाएँ बरसीं और ख़ूब बरसीं। बंद खुल गए। सोते जारी हो गए। लेकिन ये हिंदुस्तान क्यों ख़ुश्क पड़ा है। क्या हिंदुस्तानी ख़ून की बू अभी तक अज़दहे की नाक में नहीं पहुँची ? ये स्याह ख़ून, है भी बहुत बिसाँहेदा। गो सफ़ेद ज़र्रात[6] ने मिलकर कुछ

---

1. खुदा न करे 2. अजीबोग़रीब 3. ईश्वरीय कृपा 4. उपयोग 5. साहसी 6. कणों

ख़ाकी हुस्न पैदा कर दिया है, मगर अभी उसे बहुत से इंजेक्शनों की ज़रूरत है। 'ये सारे जहाँ से अच्छा' हिंदुस्तान स्वास्तिका (卐) के चक्कर से क्यों बचा हुआ है। हर क़ौम को इस पर प्यार आ चुका है। सब ही को उसके सुधार की फ़िक्र ने सताया। स्याह द्राविड़ों को इंसानियत सिखाने आर्य आए, सिकंदर तक की पसली फड़की, ईरान-अफ़ग़ानिस्तान को मुहब्बत चर्राई, तातारियों ने दाँत कचकचाकर बोसे लिए, मुग़लों ने इश्क़-ओ-मुहब्बत के मैदान गर्म किए और फिर योरप के बनियों के तराज़ू के पलड़े झूलने लगे। हिंदुस्तान की मेहमाननवाज़ी हर एक की ख़िदमत में ख़्वाने-नेमत[1] बिछा, हाथ बाँधकर खड़ी हो गई। ये सब कुछ हाज़िर है खाओ-पियो और बहोड़े का हिस्सा बाँधकर ले जाओ। हम भूखे सो रहेंगे पर तुम्हारी खत्ती भर जाए। हमें तो बस इतनी इजाज़त दे दो कि तुम्हारे बैरे और आया का ओहदा पाकर तुम्हारी सफ़ेदी के आगे अपनी स्याही का माथा टेक दें।

मौसम बदलने लगा। शम्मन के जी पर ख़फ़क़ान[2] सा उठने लगा। ये उलझी-उलझी फ़िज़ा, जिसने दम घोंट रखा था, कुछ और भी ग़लीज़ होती जा रही थी। जी बुरी तरह घबराता। ग़ुस्सा आता। किस पर ? ये उसे न मालूम था। उस्तानियों की सुस्ती, परेशानी में बदल गई थी। कौन जाने कैसी हवा चले, किधर से चले और किस-किस को उड़ा ले जाए। बेचैन भागमभाग शुरू हो गई थी। जंग कोसों दूर थी मगर ख़तरा दिलों में छिपा हुआ था।

घबराकर उसने पंद्रह दिन की छुट्टी ली और कहीं दूर जाने का इरादा कर लिया। कहाँ ? ये उसने स्टेशन पर पहुँचकर भी फैसला न किया। सबसे पहली ट्रेन मद्रास-कलकत्ता थी। उसने वही पकड़ ली ! कहाँ जा रही है ? किसके पास ? ये उसने सोचने की ज़रूरत ही न महसूस की ! क्या ज़रूरत थी किसी मंज़िल की। जब जाना ही ठहरा तो फिर क्या हाजत[3] है किसी मुक़र्ररा[4] लकीर पर चलने की। उसके पास तीसरे दर्जे का टिकट था। एक हिंदुस्तानी के नुक़्तेनज़र से सफ़र को मुकम्मल करने के लिए ज़रूरत से ज़्यादा काफ़ी सामान है। रेल की अफ़रातफ़री ने थोड़ी ही देर में सफ़र-ए-आख़रत[5] का मज़ा चखा दिया। बीमार टूटे-फूटे बेहंगम इंसान—मैले और बदबूदार चीथड़ों में उलझे हुए, पता नहीं कहाँ और क्यों जा रहे थे ? शायद उन्हें भी अपनी मंज़िल का पता न था। उसे ग़ुस्सा भी आ रहा था और हँसी भी। क्या हिमाक़त है सफ़र करना, और वह भी थर्ड क्लास में ! कभी तो उकताकर जी चाहता कि लौट पड़े। या उतरकर रेल की पटरी पर लेट जाए। ताकि एक बार ही ये लंबा-चौड़ा थका देने वाला सफ़र ख़त्म हो जाए...मगर फिर सोचती उसमें बात ही क्या है ? आवागमन का क्या ठीक, अजीब ऊट-पटाँग सा सिलसिला है दुनिया में। बार-बार थोड़ी रेल के धक्के, ये भीड़, ये सड़े-बुसे खाने और बदबू सूँघने को आना नसीब होगा। जो कुछ भी है, जैसा भी है, इसी ज़िंदगी में दोनों हाथों से लपक लो।

1. व्यंजनों के थाल 2. पागलपन 3. ज़रूरत 4. निर्धारित 5. अंतिम यात्रा

गाड़ी बदलने में भी, एक दुनिया से दूसरी दुनिया में जाने का लुत्फ़ आ गया। क्योंकि थर्ड क्लासवालों के लिए बैलों के बाड़े से भी बदतर जगह मुश्किल से मिलती है। उसे प्लेटफ़ार्म पर बिस्तर से लगकर चार लंबे आहिस्ता-आहिस्ता रेंगते हुए घंटे गुज़ारने पड़े। सेकेंड क्लास के मुसाफ़िरख़ाने में ताला पड़ा हुआ था और फ़र्स्ट क्लास में कोई अंग्रेज़ ठहरा हुआ था। सिवाए उस एक सफ़ेद इंसान के, बाक़ी सारे काले, पीले, नीले जानवर तले ऊपर प्लेटफ़ार्म पर बिखरे हुए थे। ये प्लेटफ़ार्म भी एक क़िस्म की गवर्नमेंट होती है जहाँ चंद फर्स्ट क्लास इंसानों के अलावा वह सारी रिआया गूदड़ ही नज़र आती है हालाँकि आमदनी इसी तीसरे दर्जे वाले से होती है, मगर आराम कभी-कभी मजबूरन सफ़र करने वाला अव्वल नंबर ही ले जाता है।

हर सौदेवाला सारा सौदा उसी के हाथ बेचने पर तुल गया। मना करते-करते भी तो थक गई। फ़क़ीरों के अलावा यतीमख़ानों, बेवा आश्रमों और गोरक्षा का पवित्र काम करने वालों ने भी हल्ला बोल दिया। वह जल उठी। यतीमख़ानों में जाओ तो यतीम आँख में लगाने को किराए पर भी नहीं मिलते। और बेवा आश्रम इतने मर्दों की मौजूदगी मद्देफ़ाज़िल[1] से ज़्यादा नहीं और इन पनाहगाहों की ज़रूरत भी क्या है ? जब तक यतीमों के लिए सड़कें और औरतों के लिए कोठे मौजूद हैं, इन बेकार झगड़ों में पड़ना ही हिमाक़त है। रहीं ये गाएँ, तो जब बच्चों के लिए माएँ और मिठाई में डालने के लिए घास का घी और सिंघाड़े का आटा मौजूद है तो फिर ये गाएँ किसकी चर्बी बढ़ाने के लिए पाली जाएँ।

बार-बार उसकी नज़र एक बच्चे की तरफ़ बहक जाती जो बड़े ग़ौर से कभी उन केलों को तक रहा था जो उसकी टोकरी से दिलकश बेवाओं की तरह झाँककर लुभा रहे थे और कभी उन कुत्तों को जो चहार तरफ़ निहायत ज़रूरी काम से दौड़ते फिर रहे थे। बच्चा निहायत चुलबुला था, उसकी बूढ़ी आया क़ाबू में करने के लिए बराबर उससे कुश्ती लड़ रही थी। बार-बार उसकी मम्मी से डरा रही थी, जो न जाने किस काम को गई हुई थी, मगर बच्चे में बला की परवाज़ थी। बैठे-बैठे उछलकर लोट लगाता और पास रखी हुई हर चीज़ को झिंझोड़ डालता।

"बुरी बात बाबा," आया कहती और वह थोड़ी देर के लिए ठहर जाता। मगर फिर उसके जिस्म में रवानी की लहरें उठतीं। पहले टाँगों को बिस्तर से टकराता फिर हथेलियाँ तसमों[2] से झूलने लगतीं। सुर-कूक भरे खिलौने की तरह आगे-पीछे दाएँ-बाएँ मटकने लगता और थोड़ी ही देर में वह नन्हा-सा, जीता-जागता भूचाल बन जाता।

केलों को वह प्यार-भरी हसरत से ताकता। 'बुरी बात' की मुहर ने उन्हें और भी दिलकश और जाज़िबनज़र[3] बना दिया था। उसकी समझ में नहीं आता था कि इतने शीरीं और लज़ीज़ केलों की पाक ख़्वाहिश में 'बुरी बात' जैसी तल्ख़ी कहाँ से आ सकती है। वह जानता था, आया सदा की झूठी है और हमेशा उसे इसी नागवार क़िस्म के झाँसे

1. फ़ालतू 2. बेल्ट 3. आकर्षक

दिया करतीं है। कितनी ही बार वह दौड़-दौड़कर इंजन की तरफ़ गया। ये कू-कू करता देवहैकल[1] भूत इतनी बहुत-सी गाड़ियों को घसीट ले जाता है। उसे वह नया ब्याहता जोड़ा भी बहुत जाज़िबनज़र मालूम हो रहा था। आगे-आगे दूल्हा और उसके पीछे दुपट्टे के कोने से बँधी हुई औरत। अगर आया इजाज़त देती तो वह एक बार ज़रा उस दुपट्टे के झूले में दो एक पेंगें लेकर देखता। आया ने उसे वज़न करने की मशीन पर भी नहीं कूदने दिया और संदूकों की क़तारों पर भी लेफ़्ट राइट करने पर भी मोतरिज़[2] हुई। हार-थककर कभी वह साकित[3] होकर आने-जाने वालों के मुँह तकने लगता और बेख़बरी में उसका मुँह उनकी नक़ल में नई-नई शक्लें बनाता।

"केला लोगे ?" शम्मन ने तनहाई से उकताकर बच्चे से पूछा।

"नहीं।" उसने चुपके से आया की तरफ़ देखकर कहा, "पराई चीज़ बुरी होती है, है ना आया !" वह जोश में बोला और केलों की तरफ़ उचटती हुई नज़र डालकर फ़ौरन अपनी तवज्जो पास रखे हुए सामान को बिखेरने में लगा दी।

कितनी ही देर से कई दिक़मारे[4] नौजवान गुनगुनाते लतीफ़ इशारे करते शम्मन के सामने से गुज़र रहे थे। दबी-कुचली ख़्वाहिशात नंगी हो-होकर उनके चेहरों पर नाच रही थीं। दिल की भड़ास निकालने के लिए वह एक-दूसरे को क़तई नामुमकिनुल अमल[5] गालियाँ दे रहे थे। प्लेटफ़ार्म पर कई बुर्क़ापोश गठरियाँ बैठीं उनके मफ़लूज[6] दिमाग़ों से फुटबाल खेल रही थीं। पास ही एक क़ुबूलसूरत[7] चंचल-सी दुल्हन घूँघट काढ़े उन पर बमबारी में मसरूफ़ थी। एक मजरूहशक्ल लड़का एक अंग्रेज़ी का कोकशास्त्र इस रुख़ से लिए बैठा था कि शम्मन की नज़र हर बार उसके बातस्वीर उनवान पर पड़ती। घंटा भर से वह इसी एक तस्वीर को हिफ़्ज़ करने की कोशिश कर रहा था। पास बैठी हुई औरतों को, वह ये तस्वीर निहायत अनजान तरीक़े पर दिखाता और ज्योंही किसी से नज़र मिल जाती, अजीब बरहना सी मुस्कुराहट आँखों में पैदा करके निहाल हो जाता। इसी ख़ामोश लासिलकी पैग़ाम के ज़रिए वह सारी गठरियों से भी राज़नियाज़ में मशगूल था। जवाब भी मिल रहे थे। कुछ परेशान, कुछ नफ़रत में डूबे और कुछ हददर्जा मोतहय्यर। इस चुलबुली दुल्हन का मुँह तो छुपा हुआ था मगर थकन से निढाल अँगड़ाइयाँ तोड़ रही थी। बच्चे की मासूम आँखें जो केलों से इश्क़ लड़ाने में मशग़ूल थीं, उन नौज़वानों जैसी फ़हश और गुस्ताख़ होती जा रही थीं। वह झुँझला-झुँझलाकर पैर पटख़ रहा था और गुस्से से ज़मीन पर थूक रहा था। कई बार उसने आया पर भी थूका और फिर उसे जलाने के लिए ख़ूब नाक में उँगलियाँ घँघोलीं, सूट के बटन चूसे और जूते के बंद खोल डाले।

मनचले नौजवानों में किसी बात पर कुश्तम-कुश्ता शुरू हो गई। गालियों की जिद्दत[8] में तरक़्क़ी हो गई। केलों की टोकरी और कई सुराहियाँ लपेट में आ गईं और

1. विशालकाय 2. आपत्ति 3. थमा हुआ 4. दुर्बल, सूखे 5. असंभव व्यवहार 6. लकवाग्रस्त 7. सामान्य 8. नवीनता

बदहवास टाँगें मुख़्तलिफ़ ज़ावियों[1] में फिसलने लगीं। बच्चा ये हालत देखकर पहले तो शशदर रह गया, फिर उसकी आँखें जगमगा उठीं, गाल सुर्ख़ हो गए और चीख़-चीख़कर हँसने लगा।

"केले केले...आहा केले...।" वह कुचले हुए केले देखकर ख़ुशी से दीवाना हो गया और कुश्ती में हिस्सा लेने दौड़ा मगर आया ने उसे पकड़कर बिस्तर पर बिठा दिया।

जब ज़रा सुकून हुआ और बच्चा बिस्तर पर औंधा होकर लेट गया तो प्लेटफ़ार्म भी सूना हो गया। शम्मन ने डिब्बा खोलकर कुछ चॉकलेट और बिस्कुट निकाले।

"बुरी बात," बच्चा बग़ैर बुलाए ही चिल्लाया।

"आया ! बच्चे को मेरे पास ले आओ," शम्मन ने हुक्म दिया।

"मेम साहब बड़ा नॉटी है। उसका मम्मी शॉपिंग गया। बोला दो क्लॉक से आएगा। पन कौन जाने कभी आएगा।" ख़ैर बच्चे को आने दिया।

"क्या नाम है तुम्हारा ?" शम्मन ने बहुत से चॉकलेट उसके दोनों हाथों में भर दिए। "मेम साहब अक्खा दिन मस्ती करता...पढ़ता कुछ नईं...नॉटी...वेरी नॉटी।" बच्चे ने चॉकलेट खाए नहीं बल्कि उन्हें संदूक़ पर क़तारें जमाकर तालियाँ बजाने लगा। आया उसकी शरारतों का रोना रोती रही। शम्मन बग़ौर बच्चे को देखती रही। वह चॉकलेट की बुर्जियाँ बनाकर ज़ोर से एक थप्पड़ मारकर बिखेर देता और अपनी इस फ़ातहाना[2] तख़रीब[3] पर क़हक़हे लगाने लगता।

"जब तुम बड़े जो जाओगे तो क्या बनोगे ?" शम्मन ने एक टीचर का मरग़ूबतरीन[4] सवाल बच्चे से पूछ ही लिया।

"हम...हम सिपाही बनेंगे।" उसने कांस्टेबुल की तरफ़ देखकर कहा। जो थोड़ी देर हुई फ़साद फ़रो[5] करके मज़े से खंभे से पीठ लगाए दूसरे फ़साद के इंतज़ार में खड़ा था। अगर ये फ़साद न हो तो दुनिया कितनी सूनी हो जाए। फिर कांस्टेबुल सिवाए खंभों से पीठ लगाकर ऊँघने के, और क्या करेंगे। अगर बच्चा चॉकलेट की बुर्जियाँ बनाकर न ढाए तो सिवाए असबाब की तोड़-फोड़ और आया पर थूकने के, और क्या करे। काश, कांस्टेबुल और बच्चों को भी कुछ काम होता।

"तुम्हें मम्मी मारती तो नहीं।" न जाने उसे क्यों ख़याल आया कि बच्चे को पीटने की अशद[6] ज़रूरत होती होगी। कई बार उसका ख़ुद जी चाहा, उसके प्यारे-प्यारे सुर्ख़ गालों में चुटकी भर ले और बेअख़्तियार उसे भींच डाले। यक़ीनन वह बड़ा गुदगुदा और गर्म होगा। उसकी आग़ोश में उसे जकड़ने की नाक़ाबिले बयान[7] थकी हुई सी ख़्वाहिश जाग उठी। बच्चे ने मम्मी के नाम पर फ़िकरमंद होकर त्योरियाँ चढ़ाईं।

"वह बड़ी नॉटी हैं...मम्मी।" बच्चे ने झल्लाकर कहा तो उसे ऐसा मालूम हुआ वह इस बच्चे को बहुत दिन से जानती है, उसने पहले भी उसे कहीं देखा है। उसके होंठ कितने शगुफ़्ता[8] थे। बाज़ इंसान फूलों और मिठाइयों से कितने मुशाबह[9] होते हैं; देखते

---

1. कोणों 2. विजय 3. ध्वंस 4. अतिप्रिय 5. झगड़ा सुलटाना 6. अत्यंत 7. अकथनीय 8. प्रसन्न 9. समरूप

ही भुने हुए चनों जैसी सोंधी ख़ुशबू नथनों में आने लगती है। कुछ ऐसे हैं जो ताज़ा अंगूरों और अनन्नास की क़ाशों[1] की तरह महक देते हैं। ये दिलकश गोश्त का लतीफ़ खिलौना जिसे देखकर बेअख़्तियार नारंगी की फाँक की तरह चखने को जी चाहने लगा।

"हमारे पास बंदूक है। बिस्तर में लपेट दी आया ने। देखोगी ?" बच्चे ने मुस्तैदी से बिस्तर पर हमला किया।

"नाई-नाई बाबा, बेडिंग कैसे करके खोलने का।" इंग्लिश ठप्पा लगी हुई आया ने बग़ावत की।

"हम फाड़ डालेंगे।" बच्चे ने आँखें निकालीं।

"कैसे फाड़ेगा ?...मम्मी तुमको इतना करके मारेगा कि बस !"

"हम मम्मी को गोली से मार देंगे...ठाएँ।" शिकस्तख़ुर्दा[2] सिपाही ने सुर्ख़ गालों को फुलाकर कहा।

"च्च...बुरी बात।" शम्मन ने चुमकारा। बच्चे ने उस पर भी एक बेअख़्तियारी की निगाह डाली।

"तुम भी नॉटी हो...मम्मी और आया सब नॉटी...हम सबको ठाएँ-ठाएँ मार देंगे," बच्चे के गुस्से पर शम्मन को प्यार आ गया। इतना-सा बच्चा और इतने दुश्मन... च्च ! बेचारा...काश ये ठाएँ-ठाएँ-ठाएँ मारने की धमकी में कुछ असलियत रहे और ये जज़्बा परवान चढ़ सके।

"आई एम सॉरी !" बच्चे की आवाज़ गले में फँस गई। आने वाली ख़ातून को उसने डाँटकर कहा और ग़ुस्से और बगावत का नन्हा-मुन्ना देव बिस्तर पर सरबुलंद होकर डट गया।

"हैं ! तुम ?" भरे प्लेटाफ़ार्म पर दो बदहवास सहेलियाँ शंट करते हुए रेल के डिब्बों की तरह एक-दूसरे से टकरा गईं।

"इल्मा...तुम ?"

"तुम कहाँ जा रही हो ?" दोनों ने एक साथ पूछा।

"छुट्टी गुज़ारने, और तुम ?" शम्मन ने पूछा।

"घर जा रही हूँ...तो चलो मेरे साथ..."

"मेरे ख़तों का जवाब..." इतने में रेल आ गई और लश्तम-पश्तम दौड़ना पड़ा। एक गार्ड से कहकर शम्मन इल्मा के साथ इंटर में बैठ गई।

बिछड़ी हुई सहेलियों ने बिलकुल नन्हीं बच्चियों की तरह बहुत-सा वक़्त एक-दूसरे से सवाल पर सवाल करने में सर्फ़ कर दिया। जवाब सुनने की किसे मोहलत थी। इल्मा बाँकीपुर जा रही थी। शम्मन ने छुट्टियाँ वहीं गुज़ारने का फैसला कर लिया। रेल में न इतनी फ़ुर्सत और न कहानियाँ इतनी मुख़्तसर[3] कि सुनाने वाला सुनाए और सुनने वाला जी भर कर सुने।

---

1. फाँक 2. पराजित 3. संक्षिप्त

चटाख़ से इल्मा ने बच्चे के गाल पर थप्पड़ लगाया। वह कपड़े बदलने में पैर टेढ़े कर रहा था। एक बार ज़ोर से उसने मुँह फाड़कर दहाड़ निकाली और चुप हो गया। एक आँसू भी न निकला। सुर्ख़ अंगारों जैसी दहकती हुई आँखों से उसने एक बार निहायत गुस्ताख़ आँखों से कुछ कहा। शिद्दते-ज़ब्त[1] से नथुने फड़के, कान सुर्ख़ हो गए। मगर दूध उबलते-उबलते थम गया। ख़ामोशी से उसने कपड़े उतरवा लिए। गोया कोई उसकी खाल उतार रहा हो। शायद खाल उतारने में भी इतनी शिद्दत से जज़्बात न दिखते होंगे।

"हमें भूख लगी है।" बच्चे ने डाँट बताई।

"आया बिस्कुट दे दो।"

"हम बिस्कुट फेंक देगे, चावल खाएँगे," दाँत कचकचाकर इल्मा ने फिर थप्पड़ उठाया। मगर शम्मन ने उसका हाथ पकड़ लिया।

"क्यों मारती हो।"

"तुम...तुम नहीं जानतीं...ये..." इल्मा का गला घुट गया और वह पिटे हुए बच्चे की तरह बिसूर दी ! शम्मन ने कुछ न कहा। ख़ामोश सर मोड़े कुछ सोचती रही और रेल फर्राटे भरती रही।

पैंतीस

"तुम कहती हो, मैं उसे क्यों मारती हूँ।" इल्मा ने सोने से पहले अपने मुख़्तसर कमरे में टहलना शुरू किया। बच्चा आया के पास सोता था। घर साफ़-सुथरा था मगर न जाने क्यों क़ैदख़ाने का-सा हिब्स[2] था। कमरे कुछ पुराने और बरसों से बंद पड़े थे।

"मैं उसे मार डालना चाहती हूँ...जानती हो मैंने उसे ख़त्म कर देने की पूरी कोशिश की। उसे फेंकने की कोशिश में अपने आपको कई बार मौत के कुएँ में ढकेल दिया। मगर मेरी तंदरुस्ती सख़्तजानी बनकर आड़े आ गई। मैंने एक घिनावने मर्ज़ की तरह उसे शिकम[3] में बर्दाश्त किया। हर लहजा मैंने उसके वजूद पर फिटकार दी और बदहज़मी की क़ै समझ कर जन्म दिया।" वह बड़े जोश से बकती रही। उसकी आँखें अब भी उतनी ही दहकती हुई और स्याह थीं। मगर उन पर हल्का-सा तकान[4] का पर्दा पड़ा था जो बहुत ग़ौर से कभी-कभी एक झलक-सी दिखा जाता था। जिस्म ज़रा भारी हो गया था और चीते जैसी खिंची हुई कमर भद्दी पड़ गई थी। वह सुबुक शाख़ गुल अब फल उतरी डाली हो गई थी। वह बेरौनक़ी[5] के धुँधले नक़ूश[6] जो मिटकर भी लकीरें छोड़ जाते हैं...फिर भी उसका दिमाग़ अभी कुँवारा था और कुँवारा रहना चाहता था

---

1. सहना 2. घुटन 3. गर्भ 4. थकान 5. आभाहीन 6. चिह्न

गो जिस्म माँ बन चुका था।

"मैंने उस थूहर के पौधे को सींचने से इंकार कर दिया। मगर दूध की ज़्यादती से अंदेशा पैदा हो गया और जबरन...ओह..." वह सहमकर शम्मन के बिलकुल क़रीब बैठ गई। जैसे उसकी आग़ोश में पनाह लेना चाहती हो। "यक़ीन मानो शम्मन, मैंने नर्क के दुख भोग लिए। जैसे साँप को छाती से लगाया। कहते हैं कि जब बच्चे के पवित्र होंठ माँ के जिस्म को छूते हैं तो स्वर्ग की अप्सराएँ रश्क़ की आग में जल मरती हैं कि वह माँ नहीं बन सकतीं...मगर शम्मन, लोग बड़े झूठे हैं। जैसे इस सँपोलिए के पेट की आग मैंने बुझाई, मैं ही जानती हूँ। जितने दिन ये मेरा ख़ून चूसता रहा, मेरी आत्मा जन्म में थूकती रही।"

"इतनी परेशान न हो पगली।" शम्मन ने प्यार से उसे पास घसीट लिया।

"तुम नहीं जानतीं...ओह तुम नहीं जानतीं।"

"इल्मा तुम इतनी परेशान हो...क्या ये सबकुछ इसलिए कि वह नाजायज़ है ?"

"हिश्त पगली ! अगर सीतल का बच्चा देवताओं के अपने हिरदे[1] की जलाई हुई आँच से भी पवित्र होकर आता तब भी मुझे सूली जैसा दुख देता...कोई मंत्र, कोई पूजा उसे पाक नहीं कर सकती...जब मेरा ज़मीर एक हैवान के जिस्म से चोट खा गया तो..."

"मगर इसमें इस मासूम का क्या क़सूर है ?"

"क़सूर ? हुँह तुमने देखा नहीं, ये वही है।" वह और ख़ौफ़ज़दा हो गई, "वही बिलकुल वही साँप !" और शम्मन को याद आया कि बच्चे को देखकर जो उसे धोखा हुआ था कि वह उसे कहीं देख चुकी है। वह वहम नहीं था। बच्चा बिलकुल छोटा-सा सीतल था। वही तनोमंद[2] जिस्म और मस्ताना चाल। वही ज़िंदादिली और जोश। तो फिर इल्मा हक़-ब-जानिब[3] थी। क़ुदरत उसे चिढ़ा रही थी। अगर बच्चा इल्मा से मुशाबा[4] होता तो शायद ख़ुदपरस्ती आड़े आ जाती। मगर वही शख़्स जो हमेशा उसकी नफ़रत की आमाजगाह[5] बना रहा, ग़ैरअख़्तियारी तौर पर ऐसा छाया कि उसके ख़ून में भी रच गया। मुहब्बत और नफ़रत अपनी बुलंदी पर पहुँचकर ऐसी सूरत अख़्तियार कर लेती हैं कि उन्हें पहचानना मुश्किल है। देवता और शैतान दोनों की परस्तिश[6] एक नुक़्ते[7] पर जाकर टिक जाती है। कितना बारीक है ये नुक़्ता कि तख़य्युल की निगाह भी नहीं देख सकती।

"लेकिन इल्मा, तुम तो बड़ी तरक़्क़ीपसंद हो और अगर समाज एक ऐसे बच्चे के साथ, ऐसा ही सलूक करे तो तुम उसे ज़ालिम कहोगी।"

"समाज ऐसे बच्चे को सिर्फ़ इसलिए बुरा समझता है कि वह ब्याह के मंत्रों के छींटों में नहाए बग़ैर दुनिया में आ जाता है। और मैं..."

"नहीं...सोसाइटी की इजाज़त के बग़ैर दुनिया में आ जाता है...तुम्हें रोली से

1. हृदय 2. हृष्ट-पुष्ट 3. उचित 4. समरूप 5. लक्ष्य 6. पूजा 7. बिंदु

इसलिए नफ़रत है कि वह तुम्हारे हुक्म के बग़ैर दुनिया में आया। इसी तरह सोसाइटी को भी...''

''मगर क्यों ? सोसाइटी को क्या मतलब ?''

''इसलिए के ऐसे इंसानों की तादाद दुनिया में न बढ़े जो बिन वारिस के हों...तुम जानती हो औरत ही तनहा ज़िम्मेदार रह जाती है। बाप के मुँह पर कोई मुहर नहीं पड़ती...अब ज़रा सोचो अगर शादी का स्टाम्प न लिखाया जाए तो औरत जिसकी इक़्तेसादी[1] हैसियत सिफ़र[2] के बराबर है, क्या करे...''

''हूँ, तो तुम्हारी राय में नाजायज़ बच्चे सिर्फ़ माली[3] मुश्किलात की वजह से दूभर मालूम होते हैं ?''

''और क्या। ख़ुद सोचो, एक माँ क़ुदरत के बनाए हुए उसूल के मुताबिक़ आने-वाले बच्चे से क्यों न मुहब्बत करे ? क्या वह उसके जिस्म का एक टुकड़ा नहीं ? देने वाले ने नेमत दी और लेने वाले ने पाई। फिर बाप क्यों डरे और माँ क्यों थर्राए ? सिर्फ़ इसलिए कि उसका पालना-पोसना सरदर्द है ?''

''और शादी के बाद ?''

''तब मर्द उसे अपना फ़र्ज़ समझकर बरदाश्त कर लेता है।''

''सोसाइटी का बाँधा हुआ फ़र्ज़।''

''हॉ...मगर उसका अब वह इस दर्जे तक आदी हो चुका है कि इस बार[4] को अपना समझता है। लफ़्ज़ 'अपना' उसकी ख़ुदपरस्ती के जज़्बे को तस्कीन[5] देने के लिए काफ़ी है।''

''और नाजायज़ को अपना नहीं समझता ?''

''मजबूर नहीं...क़ानूनन भी तो वह उसका नहीं...क़ानून के बग़ैर उसकी माँ भी ग़ैर हुई।''

''इस तरह माँ ? माँ क्यों नफ़रत करे !''

''क्योंकि वह कोई कमानेवाला साथ नहीं लाता। उसकी परवरिश का बार उसकी ज़िंदगी के पैरों में बेड़ी बनकर उलझ जाता है।''

''हिश्त ! ये सब वाहियात है। माएँ ऐसे बच्चों को सिर्फ़ एक वजह से फ़ना[6] कर देना चाहती हैं कि वह उसके लाने वाले से नफ़रत करती हैं। इस नफ़रत का इंतक़ाम[7] वह उसकी गरदन मरोड़कर लेती हैं।''

''तौबा, तौबा। मैं तो ऐसी औरत को हैवान समझती हूँ।''

''तुम बेवक़ूफ़ हो...हैवान इतने बेरहम नहीं होते और न बेवक़ूफ़। उनके यहाँ न भाँवरें पड़ें और न ब्याह रचे...सुना है कभी तुमने क़िसी गधे को सेहरा बाँधे...''

दोनों खिलखिला के हँस पड़ीं। स्याह बादल छँट गए।

''इल्मा, तुम भी सिड़ी ही हो...वह किसी का हो, है तो इतना प्यारा।''

---

1. आर्थिक 2. शून्य 3. आर्थिक 4. भार, बोझ 5. तृप्ति 6. समाप्त 7. बदला

''ख़ाक ! दिमाग़ तो है ही नहीं, बस जैसे गोश्त का ढिम्मा। मैं तो उसकी पढ़ाई की तरफ़ भी नहीं देखती। न जाने क्या झक मारकर आता है !''

''क्या इरादा है तुम्हारा उसके मुस्तक़बिल के बारे में ?''

''मेरा इरादा...'' उसकी आँखों में फिर आग सुलगी।

एक फ़लकशिगाफ़[1] चीख़ बच्चे के कमरे से आई और फिर पै-दर-पै आवाज़ों से सुनसान घर गूँज उठा। दोनों लपकीं। इल्मा आगे, शम्मन पीछे।

''नहीं...नाईं...'' बच्चा मसहरी पर औंधा लेटा था। तेज़ी से इल्मा ने उसे उठा लिया। थोड़ी देर को शम्मन को शुब्हा हुआ कि उसकी आँखें नर्म-नर्म रोशनी से चमकीं। मगर फ़ौरन ही एक दर्दनाक चीख़ मारकर उसके बाज़ुओं से फिसल पड़ा।

''आई एम सॉरी...सॉरी...'' वह हैबतज़दा[2] होकर चिल्लाने लगा। एक हल्की-सी परेशानी इल्मा के चेहरे पर आई और ग़ायब हो गई।

''चुप...ख़ामोश...चुप।'' उसने थप्पड़ों की बारिश कर दी और उसका गला घोंट दिया होता अगर शम्मन और आया उसे धकेलकर कमरे से बाहर न ले जाती। शिद्दते-जज़्बात से वह देर तक लरज़ा की। मालूम होता था, एक बच्चे से नहीं एक देव से कुश्ती लड़कर आ रही है।

''मैं एक दिन उसे ख़त्म कर दूँगी...मैं मौत से नहीं डरती मगर ये उम्र क़ैद...मेरी ज़िंदगी...'' झल्लाई हुई शेरनी की तरह वह बल खा-खाकर मुख़्तसर से कमरे में डग भरने लगी। बिगड़-बिगड़कर वह अपने एक हाथ से दूसरे हाथ की उँगलियाँ जकड़ लेती और फिर ख़ुद ही इस गिरफ़्त से ज़ोरआज़माई शुरू कर देती। मालूम होता उसके दिमाग़ के गिर्द भी किसी ने जाल बुन दिया है। ऐसे कि जितना-जितना वह ज़ोर लगाती है, बंदिश कसती ही जाती है।

''मगर इस बच्चे का...''

''ये बच्चा नहीं है...'' उसने बुलंद आवाज़ से कहा...''ये वह ख़ुद है...मुझे आज़ार[3] पहुँचाने, तबाह करने के लिए वह ख़ुद जनम लेकर आया है। उसने इसी ज़िल्लत को काफ़ी न समझा और मुझे एड़ी तले मसलने...''

''तुम पागल हो गई हो। तुम उसकी माँ हो।''

''नहीं, मैं उसकी माँ नहीं। अगर जनम देने से माँ हो जाती है तो...तो...हर्गिज़ नहीं। अगर चमेली की बेल से थूहर का पौधा लिपट जाए तो तुम उसे भी थूहर कहने लगोगी ?''

''अगर इस गुलदान में कहीं से साँप घुस आए तो वह बाँबी बन जाएगा ?...''

उसने आतिशदान पर रखे गुलदान को दोनों हथेलियों से भींचा। ''तुम नहीं समझ सकतीं मेरे दुख को।'' वह ज़ोर से मुड़ी और गुलदान एक ग़मगीन झनाके के साथ ज़मीन पर आन रहा।

---

1. आर्तनाद 2. भयग्रस्त 3. कष्ट

इल्मा दहशतज़दा होक़र उन परेशान कीड़ों को देखने लगी जो उसमें से निकलकर चारों तरफ़ कोनों में पनाह लेने भाग गए।

"नहीं...नहीं। ये न होगा। ये नहीं हो सकता...ये कभी नहीं हो सकता," उसकी हालत बिलकुल दीवानों जैसी हो गई और वह घबरा-घबराकर गुलदान के बिखरे हुए टुकड़ों को जोड़ने लगी। शम्मन को उससे डर मालूम होने लगा। उसने चाहा उसे घसीटकर पलँग पर बिठाए मगर वह बिगड़ गई।

"इस तरह रेज़ा-रेज़ा होने से पहले मैं उसे ख़ाक में रौंदकर फेंक दूँगी।" आहिस्ता-आहिस्ता दाँत पीसकर उसने कहा। उसकी शक्ल बिलकुल मक्कार चुड़ैलों जैसी हो गई। शम्मन को उससे कराहियत आने लगी।

"तुम बन रही हो इल्मा।" उसने हिक़ारत से कहा।

"ऐं ?" वह गुस्से से मुड़ी।

"हाँ, तुम्हें एक्टिंग में मज़ा आ रहा है, तुम झूठ बोलती हो !"

"शम्मन !"

"बस, इतराओ मत। मुझे तुमसे ये उम्मीद न थी कि तुम मेरे सामने इतनी अजीब बातें करोगी। तुम्हें अपने बच्चे से मुहब्बत है और मुझे उल्लू बना रही हो !"

"क्या ?...मुहब्बत ?" इल्मा बिफर गई।

"मुझसे झूठ न बोलो। इतनी-सी देर में मुझे सबकुछ मालूम हो गया। तुम्हें रोल्फ़ से शदीद मुहब्बत है मगर उसे झूठी नफ़रत के भयानक रूप में लपेटकर दिखाना चाहती हो !"

"तुम।"

"चुप रहो, मैं तुम्हें इतना कमहिम्मत न समझती थी। अफ़सोस तुमने मेरे सारे हसीन ख़्वाबों को आज इस गुलदान के रेज़ों[1] के साथ चकनाचूर कर दिया। तुम बुज़दिल और धोखेबाज़, बड़ी रौशनख़याल हो। नाजायज़ को जायज़ कह तो दिया लेकिन तख़य्युल के बनाए हुए ढकोसले की आड़ लेने लगीं। मुझसे झूठ बोल-बोलकर अपनी इज़्ज़त और कम न करो। सच बताओ तुमने अपनी मामता को हउवा नहीं बना डाला। बड़ी आइडियल वाली बनती हो। मगर ये तुम्हारा आइडियल, तुम्हारा...तुन्हारा ज़मीर, तुम्हारी ज़हानत, तुम्हारी मामता के आगे मात खा रहे हैं। ये झूठ है कि तुम्हें कभी भी सीतल से नफ़रत थी।"

"शमशाद..."

"बको मत तुम उसकी परस्तार[2] थीं...लेकिन तुम्हारी ख़ुदपरस्ती ने कभी तुम्हें इक़बाल न करने दिया। तुम्हारा ये फ़लसफ़ा बिलकुल बेबुनियाद और पोच[3] है कि जिस्म और रूह जुदा-जुदा हैं...ये कैसे हो सकता है कि सीतल को तुम्हारे जिस्म ने चाहा और रूह ने नफ़रत की ? पगली ! दिल-ओ-दिमाग़ धोखा खा सकते हैं मगर जिस्म धोखे

---

1. टुकड़ों 2. पुजारी 3. खोखला

में नहीं रहता। वह वक़्त आने पर सच बोल देता है। मगर तुम नहीं मानती कि तुम सीतल से मुहब्बत करती थी। और अब भी तुम्हारी आत्मा उसकी ख़्वाहिश में तुम्हें ये सज़ा दे रही है। क्योंकि वह तुम्हें नहीं मिलता इसलिए इस फ़िराक़ की जलन तुम उसके बच्चे से इन्तक़ाम लेकर बुझाना चाहती हो और ये भूलना चाहती हो कि ये तुम्हारा भी है। अरी दीवानी, ज़रा ग़ौर तो कर इस ताक़त के मुज़ाहिरे[1] में कितनी कमज़ोरियाँ पोशीदा[2] हैं।''

''मुझे किसी का डर था जो मुहब्बत को छुपाती ?'' इल्मा की आवाज़ शिकस्तख़ुर्दा होकर भर्रा गई।

''ख़ुद अपना। इल्मा जितना तुम अपने आपसे डरती हो, किसी से नहीं डरती। तुम को ख़ुद अपने सामने सच बोलने की हिम्मत नहीं। उसके अलावा तुम्हारी एक ज़बर्दस्त कमज़ोरी है जिसे तुम कभी तस्लीम[3] न करोगी...तुम वैसे बड़ी मज़बूत बनती हो मगर...तुम समाज से भी डरती हो।''

''हुँह, तुम कहो और दुनिया मान ले।'' इल्मा ने वुसूक़[4] से कहा।

''तुम झूठ बहुत बोलने लगी हो। ज़िंदगी को जंतर-मंतर बना रखा है। सच बताओ, तुमने बच्चे का क्या नाम लिखाया है, स्कूल में ?''

''रोल्फ़...क्यों पूछा तुमने ?''

''नहीं, पूरा नाम बताओ।''

''क्या करोगी ?'' इल्मा का चेहरा सुर्ख़ हो गया।

''देखा ! बाप के नाम पर कैसा खिसिया गईं !''

''मतलब क्या है ? ये मेरी निजी बातें हैं।''

''बिलकुल और मुझे दख़ल देने का हक़ क्या है ?...माफ़ी चाहती हूँ, अब कुछ न कहूँगी।''

''उसका बाप इस लायक़ न था...दूसरे...''

''दूसरे तुम्हारे पास उसके नाम का सर्टीफ़िकेट भी तो नहीं था।''

''हाँ।'' इल्मा कुछ ख़ौफ़ज़दा सी ख़ामोश हो गई।

''बस इसी का सारा गुस्सा है। आ गईं न अपनी असलियत पर। देखा अपने आइडियल का हश्र ?''

थोड़ी देर बेतुकी ख़ामोशी छाई रही, जिसमें दो बेचैन सहेलियों की थकी हुई साँसें गूँजा कीं। ऐसा मालूम हो रहा था, दोनों थक गई हैं। बाहर दरीचे में से चाँद एक बादल के नीचे से घिसट-घिसटकर निकल रहा था और हवा टहनियों में सरसरा रही थी। रात काफ़ी गुज़र चुकी थी। सिर्फ़ दूर, बहुत दूर जंगली सियार ख़्वाबआलूदा[5] क़हक़हे लगा रहे थे।

''तुम हमेशा से बुज़दिल थीं, जभी तो हर एक पर गुर्राकर झपट पड़ती थीं और

---

1. प्रदर्शन 2. छिपी 3. स्वीकार 4. आत्मविश्वास 5. नींद में भरा हुआ

ये बच्चे के मुताल्लिक़ जो तुम्हारे ख़यालात हैं, ये कुछ नहीं, सिवाए तुम्हारी मफ़लूज ममता के इंतक़ाम के। तुम इस जज़्बे से ज़ोरआज़माई न करो, बुरी तरह शिकस्त खा जाओगी।''

पलँग पर ख़ामोश बैठी इल्मा अपने हाथों से कुश्ती लड़ती रही। उसके थके हुए चेहरे पर कर्ब[1] और लाचारी तारी हो गई। साधुओं जैसी ज्ञानी आँखें, बिसूरते हुए बच्चों की तरह रो पड़ीं। स्याह सुते हुए गालों पर से लंबे-लंबे ख़ामोश आँसू झिलमिलाती नदियों की तरह रिसने लगे। अज़लात[2] की खींचतान से उसका बालाई[3] होंठ दाँतों पर से सरक गया। वह अब भी इतने ही धारदार थे मगर ज़हरीले नहीं।

''इस वहम को दिमाग़ से निकाल दो।'' इल्मा का सर तकिए से लगाकर उसने कहना शुरू किया।

''...इसमें शर्म की क्या बात है। रोल्फ़ कितना प्यारा बच्चा है। मैं तो कभी सोचती भी नहीं कि उसकी तख़लीक़ में कुछ सीतल का भी हिस्सा है। मुझे तो वह मेरी प्यारी इल्मा का नन्हा-मुन्ना खिलौना मालूम होता है। सुनो इल्मा !''

मगर इल्मा सुनने वाली दुनिया से बहुत दूर गहरी नींद में ग़र्क़ थी। शम्मन की लोरी ने उसकी बरसों की उचाट नींद को बुला लिया और वह मासूम बच्चे की तरह एक ही झपकी में ग़ाफ़िल हो गई। मगर शम्मन की नींद उचाट हो गई। आहिस्ता से उसने इल्मा के पैर सीधे किए और ख़ुद भी जाकर दीवान पर लेट रही। ख़यालात के घोड़े, लगामें तुड़ाकर भाग निकले।

एक ही बच्चे ने इल्मा को बूढ़ा कर दिया था। एक ही पौदे की सिंचाई में वह सब कुछ लुटा बैठी थी। कमर के वह ख़म, जिस्म का वह ठोसपन, मुरझा चुका था। शम्मन ने अपने जिस्म पर नज़र डाली। महकते हुए तैयार अंगूरों की तेज़ ख़ुशबू उसके नथुनों में भर गई और उसे वह अंगूर याद आ गया जो बहुत दिन हुए, इल्मा ने उसके गाल पर दे मारा था तो उसका सारा मुँह नहा गया था। और इल्मा ? उसने गर्दन घुमाकर देखा, जैसे चुसी हुई गुठली। उसने अपनी क्या गत बना ली थी। दो चार अँगड़ाइयाँ लेकर उसने सोने की कोशिश की मगर पक्के अंगूरों की खुशबू ने उसे बेचैन रखा।

उसे सीतल का ख़याल आया, जब वह पिकनिक में सूखी हुई पत्तियों पर ऐंठ रहा था और फिर उसने इल्मा के मुरझाए हुए गालों को देखा। उसका जी दुख गया। चाहा चुपके से उठकर उन शबनम में डूबे उदास गालों को चूम ले। सोते में वह इल्मा जिस पर जागती हुई इल्मा हर वक़्त भुतनी की तरह क़ैंची लिए सवार रहती थी, कितनी मासूम लग रही थी। अबरुओं[4] का तंज़आमेज़[5] खिंचाव ढीला पड़ गया था। और बजाए एलौरा की देवदासी के, वह बिलकुल मामूली औरत लग रही थी। उसका सीधा-सादा सीना मासूम ममता से धड़क रहा था। शायद वह ख़्वाब में उस बच्चे को चूम रही थी जिस पर बेदारी में ख़ुद उसने अपने वहम का पासबान[6] बिठा रखा था।

---

1. तकलीफ़ 2. शरीर के अंग 3. ऊपर का 4. भवों 5. व्यंग्यपूर्ण 6. पहरेदार

सुबह उठकर शम्मन ने रोल्फ़ से दोस्ती शुरू कर दी। बच्चा बला का ज़हीन था और शायद इल्मा को जलाने के लिए उसने सीतल की ज़हानत चुरा ली थी। बात करने में वह बिलकुल उसकी तरह भवें चढ़ाकर गहरी आँखों से देखने लगता। माँ का ठुकराया हुआ बच्चा, शम्मन से पूरे जोश से लिपट पड़ा। इल्मा की तरह वह भी झक्की था। और जिस बात के पीछे पड़ जाता आजिज़[1] कर देता। इल्मा ख़ामोश कनखियों से उसे देखती मगर मुहब्बत जताते ऐसी शरमाती जैसे भरे बाज़ार में नंगी हो गई हो। चार साल की दबी हुई कोंपल, ज़र्द और बेजान हो चुकी थी !

आहिस्ता-आहिस्ता शर्म भी टूटी। बच्चा पहले बेऐतबारी[2] से भड़का और गुस्सा हुआ फिर मुतहइयर[3] होकर मायूस हो गया। नदी का बाँध टूट चुका था। उमड़े हुए तूफ़ान को, जिसे बरसों की रोक ने और भी शहज़ोर[4] बना दिया हो, रोकना आसान काम नहीं। दिन-भर इल्मा की आँखें छिपे-चोरी रोल्फ़ के पीछे भागतीं और ज़रा दूर जाता तो उसकी तलाश में भटकने लगतीं।।

जब शम्मन दो दिन छुट्टियों के अलावा रहकर चलने लगी तो इल्मा उससे लिपटकर रो दी। वह बड़ी नर्म दिल हो चली थी। नदी का धारा जब खुश्क़ ज़मीन पर पूरे ज़ोर से गिरता है तो उसके टुकड़े-टुकड़े करके बिखेर देता है। इल्मा की प्यासी मामता पर भी ये मुहब्बत का धारा इस शान से गिरा कि कुआँ बन गया और वह उसकी गहराइयों में डुबकियाँ लगाने लगी। माँ-बेटे स्टेशन तक उसे अलविदा कहने आए। जब रेल चल दी तो शम्मन ने इत्मीनान से साँस भरी। वह ख़ुश थी, उसने दो रूठे हुए बच्चों का मेल करा दिया था।

छत्तीस

गर्मी शबाब पर थी। मालूम होता था, सूरज घूमते-घूमते रास्ता भूलकर क़रीब आता जा रहा है। दुनिया चकराई जा रही है। जर्मनी ने फ्रांस को भूनकर रख दिया। सदियों से आज़ादी का झंडा लेकर बढ़ने वाली हसीना कान में कौड़ी डालकर झुक गई। अदब और फ़न की देवी ज़ोहरा पर नाज़ी उकाब[5] पंख फैलाकर टूट पड़ा। ये कैसी मजनूं लाइन थी कि उलटी अपने पैरों में बेड़ी बनकर उलझ गई। वह तकिया जिससे पीठ लगाए मज़े से लेटे थे, उलटा दम घोटने लगा। गुलाम फ्रांस को नाज़ी चंगुल में सिसकता छोड़कर आज़ाद फ्रांस, इंग्लिस्तान में जा बैठा। जितने मुल्क नाज़ियों के नीचे दबते गए, उनके आज़ाद वाहिमे[6] इंग्लिस्तान में जमा होते गए। क्या ही अच्छा होता जो ये फ़रज़ंद-दौलत-ए-इंगलिशिया[7] 'ये हिंदुस्तान' भी एक बार इस जान छिड़कने वाली माँ

1. तंग 2. अविश्वास 3. आश्चर्यचकित 4. ताक़तवर 5. एक शिकारी पक्षी 6. भ्रम 7. अंग्रेजी साम्राज्य का उपनिवेश

की गोद से छूटकर आज़ादी की अँगड़ाई ले सके और उसके किसी कोने में आज़ाद हिंदुस्तान पैदा हो जाए !

स्कूल के रहट से आजिज़ आकर उसने क्लब जाना शुरू कर दिया मगर वहाँ भी जी कुछ उखड़ा-सा रहता। सुकूने क़ल्ब[1] न जाने कहाँ जाकर सो रहा था। उम्र ऊँघती-ठेलती चली जा रही थी। उसी ज़माने में उसकी मुलाक़ात मंसूर साहब से हो गई। मंसूर खाते-पीते रईस थे। मगर दिल में क़ौम का दर्द भरा था। खद्दर पहनते थे और शहर में कई खद्दर की दुकानें थीं।

उनके साथ कुछ गाँव सुधार के सिलसिले में गाँव जाने का इत्तफ़ाक़ हुआ। पुरलुत्फ़ पिकनिक का मज़ा आ गया। ज़मींदार साहब ख़ुद तरक़्क़ीपसंद थे और मंसूर के पक्के दोस्त। गो शिकार की धुत दीवानगी की हद तक पहुँची हुई थी। गाँव वाले मुतहइयर आँखें फाड़े अपने मुक्ति दिलानेवालों को जूक़-दर-जूक़[2] देखने आने लगे। मारे अक़ीदत के, बदहवास हो गए थे। जैसे उन्हें यक़ीन न आ रहा हो कि सुधार भी कोई चीज़ है। उसकी ज़रूरत उन्हें किसी तरह महसूस ही न होती थी। जबींसाई[3] की कुछ ऐसी आदत पड़ चुकी थी कि एहसास भी सुन्न हो गया था। ये किसान, जिनकी दौलत हल है और बैल, जो धरती का सीना चीरकर अनाज निकालते आए हैं। अपने पेटों के लिए नहीं बल्कि ग़ारों में झोंकने के लिए। ये तो बस हवन के क़ायल हैं और देवताओं को खुश रखने में ही मुक्ति है।

लेकिन ये भोले-भाले गँवार भी अजीब ख़सलत[4] रखते हैं। ये बहुत जल्द एक मालिक से उकता जाते हैं और जब एक रुख़ से नाक रगड़ते-रगड़ते घिस जाती है तो साँस लेने को दूसरे देवता के आगे दूसरे रुख़ से नाक घिसने लगते हैं। जभी तो उनकी नाकों में इतनी खड़ी धार है। उन्हें रत्ती-भर भी तो एहसास नहीं कि जर्मन भट्टे का चक्का घूमा तो क्या होगा। पिसते रहने की आदत ने उन्हें बिलकुल निडर बना दिया है। उन्हें ज़रा भी तो नहीं मालूम कि जर्मनों ने इंग्लिस्तान पर बमबारी शुरू कर दी है। सुख-चैन के आदी नाज़ुकतबा[5] कैसे झेलेंगे इस आग की बारिश को ? क्या हाल होगा उनका जब उन्हें मालूम होगा कि दुनिया में आरामदेह कमरे ही नहीं—सूरज की तपिश, बर्फ़ की ठंडक और हवा के बगूले भी रहते हैं !

मगर ये नंगे भूखे फ़क़ीर किसी के नहीं। हिंदुस्तान की दौलत और दौलतमंद फ़तह किए जा सकते हैं ! मगर उसके सिसकते हुए गदागर[6] और उनके ख़ामोश मुंतज़िर दिल[7] कोई नहीं जीत सकता।

शाम को सरकार की तरफ़ से सारे गाँव को सरकार की जीत की दुआएँ माँगने का हुक्म मिला। मंदिरों में घड़ियाल झनझना उठे और मस्जिदों में अज़ानें गूँजी। मगर इन मुर्दादिल किसानों के दिल ख़ामोश रहे। वह क्या किसी के दुश्मन को कोसें जो ख़ुद अपने दुश्मनों की दराज़ी-ए-उम्र[8] की दुआएँ माँगते आए हों ! रात का खाना पुरलुत्फ़

---

1. हार्दिक शांति 2. झुंड के झुंड 3. शीश नवाना 4. आदत 5. कोमल 6. भिखारी 7. प्रतीक्षारत हृदय 8. दीर्घजीवी

रहा। ज़मींदार साहब ने शिकार भुनवा लिया था और ताज़ा घी लगी रोटियाँ मौजूद थीं। रात गए तक ग्रामोफ़ोन बजता रहा और सुबह होते ही वापस लौट आए। पहली क़िस्त क़ौम सुधार की बुरी न रही।

तनहाई ने अख़बार को रफ़ीक़[1] बना दिया। वैसे अख़बार हो भी तो गए थे दिलचस्प। योरप में जो अखाड़ा जमता जा रहा था, उसके बारे में छोटी-सी ख़बर भी हलचल मचा देती। जर्मनी के लंबे-चौड़े दहाने में मुल्क फिसलते जा रहे थे। सरकार की गुलाबी अफ़्शाँ पर स्याह बादल मँडला रहे थे। हिटलर की हवस बढ़ती जा रही थी। दुनिया की बहीख़्वाह[2] सरकार घबरा चली थी। इतने बरसों में जो कुछ किया-धरा था उस पर पानी फिरता नज़र आ रहा था। किसी का भरोसा नहीं। यही जर्मनी जिससे बीस-बाइस साल पहले हक़परस्तों ने नाक रगड़वा ली थी, आज मस्त हाथी की तरह रौंदता चला आ रहा था।

सैमाही इम्तेहान सर पर आ गए। न जाने ये इम्तहानों का सिलसिला किसने शुरू किया। तालिब-ए-इल्म और मुमतहन[3], दोनों को बंदी बना देने का आसान तरीक़ा और कुछ नहीं, बस पंद्रह-बीस दिन की पढ़ाई और काग़ज़ की ढेरियों का सत्यानाश लग जाता है। कील-बलूँचे कुछ न कुछ लिखना उनका फ़र्ज़ और इस पर नंबर देना मुमतहन का काम। न जाने इन नंबरों की लेन-देन का मक़सद क्या है।

इम्तहान के कमरे में चक्कर लगाते-लगाते पैर सूज गए। उसे पानी पिलाओ, तो उसे स्याही लाकर दो। एक क़लम भूल आई, तो दूसरी का निब टेढ़ा हो गया। सारे वक़्त इधर से उधर आगे-पीछे घूमो। ये आदतन माँगने की आदत भी ख़ूब है। तआज्जुब है लोग क़लम, दवात, काग़ज़, पेंसिल के साथ-साथ आँख, कान, नाक उधार नहीं माँग लेते।

दिसंबर की छुट्टियों में घर जाने का फ़ैसला कर लिया। शाम को अपना सामान दुरुस्त करके आरामकुर्सी पर जमाहियाँ लेने लेट गई, कि कब शाम हो और कब चिड़िया बसेरा लेने उड़ जाए। इस दफ़ा घर की याद कुछ ज़्यादा ही सता रही थी। पूरा साल गुज़र गया था। न जाने घर का क्या हाल होगा, अम्मा के कितने दाँत और टूट गए होंगे ? मसनूई[4] लग जाएँ तो छुट्टी हो। मंझो बी के कितने बच्चे होंगे कोई ? छठा तो शायद लड़का था या लड़की...चार साल की बात है, कैसे याद... और न जाने इतने दिन में तादाद कहाँ से कहाँ पहुँची हो। मंझो थी भी तो बला की ज़रख़ेज़[5]। सँझली ने कितने जतन कर डाले, चूहे का बच्चा भी न जन सकी। अब तो उसका मियाँ भी सूखकर हड्डी बन गया है। भावजें भी किसी से कम नहीं। मियाँ से घड़ी-भर को नहीं बनती पर बच्चों का सिलसिला ज़रा देर को नहीं रुकता। ख़ैर, आजकल तो बच्चों की ज़रूरत भी है। जंग का ज़माना है, लड़के सिपाही बनकर घायल तैयार करेंगे और लड़कियाँ उन घायलों की मरहम पट्टी करेंगी। न जाने इस तोड़-फोड़ और मरम्मत में क्या लुत्फ़ आता है इंसान को।

---

1. मित्र 2. शुभचिंतक 3. परीक्षक 4. नक़ली 5. उपजाऊ

चपरासी ने एक तार लाकर दिया और शम्मन के ख़यालात मुंतशिर[1] हो गए।

"आन मिलो,

—इफ़्तख़ार।"

बेअख़्तियार दिल धड़का। दो लफ़्ज़ों ने दफ़्तर के दफ़्तर खोलकर बिखेर दिए। कई बार पढ़ा कि कोई लकीर कोई नुक़्ता नज़रअंदाज़ तो नहीं कर दिया। जी जल गया। प्यासे के मुँह पर छींटा और वह भी इस बुख़्ल के साथ कि और प्यास भड़क उठी। उसी शाम वह भुवाली रवाना हो गई।

वह कहाँ जा रही है ? ये वह बहुत जल्द भूल गई। पतंग की डोर खिंच रही है और क़ुदरत के हाथ की ठुमकियों पर लहराती वह चरख़ी से क़रीबतर होती जा रही है। छुपी हुई आरज़ूएँ और बँधे हुए ख़्वाब, रस्सियाँ तुड़ाकर तरारे भरने लगे। इन चंद सालों की खुश्क ज़िंदगी ने उसके जज़्बात पर कारोबारी सीमेंट की एक तह चढ़ा दी थी। सिवाए सादा-भद्दी साड़ी और बदवज़ा जम्पर के उसने लिबास भी तो कोई नहीं रखा था। लड़कियों की एख़लाक़ी[2] हालत को बरक़रार रखने के लिए वह फ़ैशन से परहेज़ करने लगी थी। उसकी ज़िंदगी मुसलसल[3] उदासी और ख़ुश्क़ी में डूब गई थी। मगर आज उसे ऐसा महसूस हो रहा था कि सीमेंट की तह को तोड़कर एक दबा-दबाया किल्ला सिर उठा रहा था। मुरझाई हुई ज़र्दरू[4] कोंपल, एक नई हरारत के एहसास से चौंक रही थी।

गुज़िश्ता चंद माह में उसने इफ़्तख़ार को कुछ रक़म और गर्म कपड़े भेजे थे, कुछ ताक़त की दवाएँ, जिनका ज़िक्र उसके ख़त में बेख़याली से कर दिया गया था और अपने हाथ का बुना हुआ स्वेटर तो हाल ही में भेजा था। उसे वह वक़्त याद था जब इफ़्तख़ार की खाँसी के धमाके उसके दिमाग़ में गूँज उठे थे। उसके मुरझाए हुए जिस्म को गर्म करने के लिए अगर मुमकिन होता तो वह अपनी खाल उतारकर दे देती। अब तो एक जिस्म का ख़ून दूसरे जिस्म में आसानी से पहुँचाया जा सकता है। उसने तय कर लिया कि इस मर्तबा वह पूरी कोशिश करेगी कि थोड़ा-सा अपना ख़ून उसके जिस्म में पहुँचा दे और आँखें बंद करके तख़य्युल[5] में इफ़्तख़ार की नसों में ख़ून बनकर भागने लगी। शरमाई हुई सुर्ख़पोश दुल्हन। वहाँ किस आज़ादी से वह यकजाँ[6] हो सकती थी। ये ख़ूनी जोड़ा पहने, दुल्हन दबे पाँव उसके दिल में रेंग जाती। और फिर इस तरह फैल जाती और गालों को चूमती हुई होंठों पर नाच उठती। इफ़्तख़ार कितना मोहज़्ज़ब[7] था, उसने कभी उसका हाथ भी तो न छुआ ! एक मक़नातीसी कशिश[8] से वह अपनी तरफ़ खींचता ज़रूर था। मगर सिर्फ़ इतने क़रीब, कि धीमी-धीमी मदहोशकुन[9] आँच लगे पर दाग़ न पड़े...और फिर ढील दे देता। ऐसे कि खिंचने वाला धक्का खाकर परे जा गिरता। अगर वह भी दस्त-दराज़[10] होता और सीतल की तरह उसका जिस्म भी हासिल बनकर

---

1. अस्त-व्यस्त 2. व्यवहारगत 3. लगातार 4. पीले 5. कल्पना 6. एक हो जाना 7. शिष्ट 8. चुम्बकीय आकर्षण 9. बेहोश करने वाली 10. झगड़ालू

छा जाता तो वह गर्दन फेरकर भी उसकी तरफ़ न देखती। ये मद-भरा अमृत का घड़ा उसके ऊपर उलट दिया जाता तो फिर ये ख़ुमार कहाँ से आता।

कितना मुक़द्दस था उन दोनों का नाता ! उस दिन इलाहाबाद के कैंप में जब अपनी रेशमी रज़ाई इफ़्तख़ार को सौंपी थी तो उसके साथ-साथ अपने ख़्वाबों की दुनिया को भी लपेट दिया था। तनहाई की अनथक लंबी रातों में चारों तरफ़ से महीब[1] आवाज़ें पुकार-पुकारकर क़हक़हे लगातीं और कहतीं...अकेली...अकेली, तो वह अपनी ठिठुरती हुई लावारिस रूह को चुपके से दूर उस रज़ाई में सरका देती।

उसके पास इफ़्तख़ार की एक पुरानी तस्वीर थी जिसमें वह दूर कहीं ग़ैरफ़ानी[2] बुलंदियों की तरफ़ घूर रहा था। बालाई निस्फ़[3] हिस्सा रोशन था और दाहिना रुख़ तारीकी में था। उसके होंठों पर इस्तक़लाल[4] नाच रहा था और ऐसा मालूम होता था तारीकी का थप्पड़ उसका मुँह मोड़ना चाहता है मगर वह इस्तक़लाल से धारे के बहाव से मुक़ाबला कर रहा था। ये तस्वीर हमेशा उसके बहुत क़रीब होती।

अभी हाल ही में, इफ़्तख़ार ने उसे चंद अशआर भेजे थे। चलते-चलते बाग़ीयाना-अशआर[5] के साथ उसका दिल मुहब्बत के शीरीं नग़में भी गा उठता था। उन रंगीन अशआर में उसने शम्मन की उस बसंती साड़ी को लहराता देखा था जो उसके दिल-ओ-दिमाग़ पर एक रंगीन ख़्वाब बनकर छा गई थी। जिसमें मुसव्वर[6] ने क़ौसे-क़ज़्ज़ह[7] को बिखेरकर वापस एक नुक़्ते पर समेट दिया था और उस दिन से सूनी-सूनी रातों में वह अपने ग़मग़ीन दिल से बातें किया करता था। इससे पहले भी वह उसके ख़्वाबों में नूर बरसाती आ चुकी थी। ये गीत उसने इतनी मर्तबा गुनगुनाए थे कि लौहे-दिमाग़ पर गहरी-गहरी लकीरों की तरह खिंच गए थे। काग़ज़ उसके धड़कते हुए सीने की नमी से भुरभुरे हो गए थे। स्कूल की इस खुश्क़ और चटियल फ़िज़ा में ये आबेहयात[8] के चंद छींटे उस कोंपल को ताज़ादम बनाते रहे जो नाक़दरी से मुर्झा चली थी।

इफ़्तख़ार के ख़तों ने उसकी निस्वानियत[9] को जिलाए रखा वरना वह तो कभी की एक कामयाब मोअल्लिमा[10] बन चुकी होती जिसके रोब से दूसरी उस्तानियाँ लरज़तीं और लड़कियाँ काँप उठतीं। कामयाब मोअल्लमा वही है जो मोअन्नस[11] और मोज़क्कर[12] के सवाल भूलकर लकीरें करने का मुस्तर[13] बन जाए। अक़लीदस के इस ग़ैरशायराना आले को देखकर हँसी लड़खड़ा जाए, चेहरे मोअद्दब हो जाएँ और कंधे न झुकें। क़लम दौड़ने लगे और कॉपियाँ सीधी हो जाएँ। चहार तरफ़ फ़ौजी निज़ाम[14] क़ायम हो जाए और क़वायद[15] हुक्मरान[16] हो जाएँ। मगर इन गीतों की धीमी-धीमी फुवार ने पौदे को सूखने से बचा लिया।

किसी त्योहार या मेले की वजह से रेल खचाखच भरी हुई थी। तीसरे दर्जे में क़यामत जैसी भीड़ और गुल था। लोग मक्खियों की तरह छत्ते के छत्ते बनाकर लटके

---

1. भयानक 2. अमर 3. ऊपरी हिस्सा 4. दृढ़ संकल्प 5. विद्रोही कविताओं 6. चित्रकार 7. इंद्रधनुष 8. अमृत 9. स्त्रीत्व 10. शिक्षिका 11. स्त्रीलिंग 12. पुलिंग 13. सीधी रेखा खींचने की पटरी 14. शासन 15. नियम 16. शासक

हुए थे। रेल डेढ़ घंटे लेट थी और बिलकुल घरेलू हिसाब-किताब से चल रही थी।

सैनीटोरियम के रोशन बरामदे में इफ़्तख़ार उसकी दी हुई रज़ाई पैरों पर डाले और उसका ही बुना हुआ स्वेटर पहने बैठा था और, बहुत से काग़ज़ उसके सामने फैले हुए थे । निहायत तकल्लुफ़ से उसने शम्मन से हाथ मिलाया। ये पहली गुस्ताख़ी थी जो न जाने आज किस रौ में उसने जायज़ समझी। जल्दी से उससे हाथ छुड़ाकर वह पास ही बैठ गई और काग़ज़ देखने लगी।

"तुम्हारे काम के नहीं।"

शम्मन ने देखा, वह अस्पताल के बिल और नुस्ख़े हैं ।

"क्यों ?"

"कहते हैं औरतें चूहों तक से डर जाती हैं।"

"मैं उन औरतों में से नहीं।"

"मगर इनमें चुहियाँ नहीं, अज़दहे हैं !"

मगर शम्मन ने न सुना।

"हाँ भई, वह नया पुलोवर तो आ चुका। हम इसी बेचारे पुराने दोस्त को सीने से लगाए बैठे हैं।" इफ़्तख़ार ने प्यार से पुलोवर को सहलाया। ये वही तो स्वेटर था जिसके एक-एक फंदे के साथ शम्मन ने अपने हज़ारों सपनों को बुन दिया था। किस शान से उसके सीने से चिपका था। वही सूखामारा नहीफ़[1] सीना, प्यार और लतीफ़ जज़्बात का लबालब ख़ज़ाना, जिसके क़ुर्ब के वहम से ही उस पर कँपकँपाहट तारी हो जाती थी।

"थोड़ा ऊन कम हो गया है...यहाँ से जाकर पार्सल करूँगी।"

"दिक़[2] के मरीज़ की छुई हुई चीज़ें खाना नहीं चाहिए मगर ये फल बिलकुल ताज़ा हैं। तुम ख़ुद उठा लो...मुझे भी दो। चाक़ू दराज़ में होगा।"

"मैं इस क़दर वहमी नहीं। अगर आपको मेहमानों की ख़ातिर करनी नहीं आती तो रहने दीजिए।"

"अच्छा तो आप मेहमान हैं !"

"जी।"

"हूँ। उसने उठकर मेज़ से चाक़ू निकाला और निहायत धीमी आवाज़ में कहने लगा। जो हर लम्हा दिल-ओ-दिमाग़ पर सवार रहें, ख़्वाबों में भी पीछा न छोड़ें, नींदें उड़ा दें, मौक़ा मिले तो क्या मज़े से मेहमान बन बैठते हैं...नफ़रत है मुझे ऐसे मेहमानों से।" इफ़्तख़ार ने मसनूई गुस्से से कहा और शम्मन का दिल उछल पड़ा।

"मैंने एक कहानी में पढ़ा था कि ताज़ा फल खाने का मज़ा तो जब है कि उन्हें दाँतों से भँभोड़ा जाए और दो के बजाए चार होंठ एक साथ रस चूसें।" इफ़्तख़ार आज शायरी पर तुला हुआ था।

"सुना कुछ ?"

---

1. दुर्बल 2. टीबी

"क्या।"

"हिटलर ने कितने मुल्क पीट लिए, अब उनकी बारी आने वाली है।"

"तौबा है, इंसान इंसान को चबाए डालता है।"

"यही होगा। अगर शेर को भूखा रखा जाएगा तो वह मौक़ा पाते ही पहले अपने सधाने वाले को चबाएगा। ये नाज़ी शेर हंटर ढीला पड़ने के इंतज़ार में था। अब मौक़ा आ गया है !"

"मगर बेचारा पोलैंड।"

"गेहूँ के साथ घुन को भी पिसना पड़ता है। मगर उनका वक़्त आ गया है। उनको भी दुनिया मिट्टी का तूदा न बना दे तो बात नहीं। बहुत पीस लिया बेगुनाहों को, अब ज़रा चक्की के दो रगड़े ख़ुद भी आज़मा ले। वह भूबल जो साल-हा-साल से ये औरों पर बरसाते आए थे, क़ुदरत ने जमा करके आतिशी गोलों की सूरत में उन्हीं को लौटा देने का फ़ैसला कर लिया तो बुज़दिल कीड़ों की तरह बिलों में घुसे जा रहे हैं और फिर चाहते हैं कि हमें दुख हो, उनसे हमदर्दी हो। उनके दुश्मनों को कोसें। अरे हम अपने ही दुश्मनों की दराज़ी-ए-उम्र[1] की दुआएँ माँगते आए हैं। तुम्हारे दुश्मनों को क्या कोसेंगे ! मगर नहीं, हमें कोई नहीं जानता।...हम बहुत जल्दी एक मालिक से घबरा जाते हैं और अब हिस्ट्री नए फ़रमान बना रही है। नए सिरे से हिस्से बाँटे जाएँगे ! जो बोया है, उसका नतीजा भोगना पड़ेगा। औरों के ख़ून से होली खेलनेवाले ज़रा ख़ुद अपने ख़ून की सुर्ख़ी भी तो देख लें। इस मग़रूर सर को भी थोड़ी-सी नकसीर बहानी पड़ेगी।"

"मगर ये कमबख़्त बड़े ताक़तवर हैं।"

"ख़ाक नहीं, शेख़ीख़ोरे ख़ाली डींगें मारते हैं। नंगे हैं, सर-पैर से। जभी तो चचाजी के आगे हाथ फैला रहे हैं। देख लेना नाकें रगड़ देंगे, एक-एक डॉलर पर और, चचाजी मासूम नहीं। चचा-भतीजे की मिलीभगत से तो ये राज क़ायम है और जब तक ये ज़िंदा हैं—भूखे और लखपति रहेंगे।"

"अबके ये मदद नहीं करेंगे।"

"अरे करेंगे कैसे नहीं। आख़िर को बनिए हैं। रुई का व्यापार नहीं, लाशों का ही सही। दूसरे चपटे के ख़ौफ़ से ख़ुद उनकी सिट्टी गुम है।"

"हटिए, क्या रखा है जापान में। कमबख़्त कोई चीज़ भी तो ढंग की नहीं बनाते।"

"अरे तो तुम उस जापानी माल से उनकी ताक़त का अंदाज़ा लगा रही हो। दीवानी, ये तो हिंदुस्तानियों के लिए है और बहुत है उन बेचारों के लिए। तुम नहीं जानतीं क्या हाल है।" वह चाक़ू से सेब के छिलके का क़ीमा बनाने लगा।

"और तुम देखना आख़िर में मज़दूर का फावड़ा ही जीतेगा। और ये फावड़ा इस झूठे निज़ाम को चकनाचूर कर देगा। बेगुनाहों का ख़ून ज़ाया[2] नहीं हुआ। इस ख़ून से उगी हुई रोटी चबाकर सुर्ख़ क़ौम पैदा होगी। सुकून का दामन चाक हो जाएगा। एक

---

1. दीर्घजीवी 2. व्यर्थ

हंगामा बरपा होगा।''

''सीन-ए-गेती[1] शक़[2] हो जाएगा। फिर क्या होगा ?''

''फिर क्या होगा ?''

''इसका जवाब मेरे पास नहीं लेकिन शायद कभी मैं इसका जवाब दे सकूँ।'' जोश की शिद्दत[3] से इफ़्तख़ार का ज़र्द[4] चेहरा जी उठा।

''ज़ुल्म के अलमबरदार आज तहज़ीब और इंसाफ़ की हिफ़ाज़त को चले हैं। यही जज़्बा 1857 में किसी हसीना की गोद में सो रहा था। लोहे को लोहा काटता है !...और हिटलर फ़ौलाद है।''

''मगर ये कैसे हो सकता है। उनकी ताक़त...''

''शेर के आगे गीदड़ की भभकियाँ। सफ़-ए-हस्ती से मिट जाएँगे ये। तुम ख़ुद देखोगी।''

''मगर हिंदुस्तान को क्या वास्ता इन बातों से। योरप वाले तो हमेशा ही बात-बेबात जूती-पैज़ार में मशग़ूल रहते हैं। हमें क्या, हम तो वैसे ही ग़ुलाम के ग़ुलाम।''

''ठीक कहती हो, हमें क्या। हम क्यों फटे में पैर अड़ाएँ। लेकिन तुम भूल रही हो, हम ग़ुलाम हैं और आक़ा[5] के साथ, बल्कि आक़ा से पहले हमें अपने ख़ून की भेंट चढ़ानी होगी...लेकिन वह दिन जल्दी आने वाला है जब लफ़्ज़ ग़ुलामी तुम्हें लुग़त[6] में भी न मिलेगा। मैंने तुम्हें किसलिए बुलाया है। याद है वह कैंपवाला मोआहदा या भूल गई।''

''इतनी कुंदज़हन[7] नहीं हूँ।''

''मालूम है मुझे, जभी मैंने सबसे पहले तुम ही को चुना था। तुम नहीं जानतीं कि तुम्हारी क़ुर्बानी की मुल्क को कितनी ज़रूरत है और तुममें हिम्मत भी है और ज़हानत[8] भी। तुम मज़बूत दिल-ओ-दिमाग़ की मालिक हो। बोलो क्या दे सकती हो ?''

''मेरे पास है क्या ?''

''जो कुछ भी है। एक पैसा, फूटी-कौड़ी। सुनो हमारी जमात को फ़ंड की ज़रूरत है। चारों तरफ़ से नर्ग़े[9] में है। काम जो तेज़ी से जारी था, बिखरता जा रहा है। मगर डर है कि रुक न जाए। कानपुर सेंटर सख़्त मुसीबत में है। तमाम काग़ज़ात ज़ब्त कर लिए गए हैं। हमारे बहुत से काम करने वाले जेल में सड़ रहे हैं। मगर फिर भी जो आज़ाद हैं, चमगादड़ों की तरह खँडहरों, कोनों-खुदरों में छिपे बैठे हैं। जानती हो सबसे बेहतर पनाहगाहें कहाँ क़ायम हैं ?''

''नहीं।''

''रंडियों के कोठों पर। तुम बड़ी मुतहइयर हो रही हो। किसी शरीफ़ औरत में न ऐसे मुख़बिरों[10] को छुपाने का सलीक़ा है और न हिम्मत। रंडी के कोठे पर शराब में धुत इंसान को कौन पहचान सकता है। लोग समझते हैं, गुंडा है परले दर्जे का।''

---

1. धरती का सीना 2. फट जाना 3. तीव्रता 4. पीला 5. मालिक 6. शब्दकोश 7. मंदबुद्धि 8. बुद्धि 9. घेरे 10. जासूसों

''लेकिन नक़्शा क्या होगा आपके काम का।''

''ये एक शदीद राज़ है। मैं जो यहाँ चुपका बैठा हूँ, किसलिए ? यहाँ किसी की निगाह नहीं पड़ती। मेरी ख़ैरियत पूछने मेरे साथी बआसानी आ सकते हैं। मेरे रिश्तेदार ...माफ़ करना, मैंने तुम्हारा नाम भी रिश्तेदारों में लिख दिया है। गुस्ताख़ी तो नहीं हुई ?''

''बस बनिए मत।''

''शुक्रिया। और फ़ंड की क़िल्लत की वजह से ये बिल...'' वह एकदम चुप होकर काग़ज़ात छुपाने लगा।

''आप मेरी हतक[1] कर रहे हैं।''

''कौन, मैं ?''

''जी।''

''तौबा है, च्च...अरे बाबा, खाल उधेड़ दो मगर ऐसी टेढ़ी नज़रों से न देखो।'' शम्मन हँस पड़ी।

''तो लाइए वह काग़ज़ात।''

''तुम्हारे काम के नहीं।'' इफ़्तख़ार ने टालना चाहा मगर शम्मन ने छीन लिए। पूरे दो सौ पिचहत्तर रुपए का बिल। अगर अदा न हुआ तो चौबीस घंटे का नोटिस।''

''अब पता चला, आप मुझे कैसा रिश्तेदार समझते हैं।''

''तो भई...''

''रहने दीजिए, मुझे आपके ऊपर ऐतबार नहीं।''

''क्या ये आख़िरी फ़ैसला है ?''

''जी,'' शम्मन ने उसकी धीमी आवाज़ की तपिश[2] से पिघलकर ज़बर्दस्ती कहा।

''कुछ जुर्माना नहीं अदा किया जा सकता ? कान पकड़कर उठक-बैठक ?''

''जी नहीं।''

''तो फिर हमने भी फ़ैसला कर लिया, पूछो क्या ?''

''नहीं पूछती।''

''च्च...जी चाहता है मालिश की दवा पीकर उस झगड़े ही को ख़त्म कर दें।''

''बड़े अच्छे मालूम होते हैं बच्चा बनते।''

''तुम मज़ाक़ समझ रही हो। मुझसे दुनिया ख़फ़ा हो चुकी है और अब...अब इस नई दुनिया की ख़फ़गी[3] नहीं। तुम्हीं बताओ एक बेकार इंसान लोगों की नफ़रत की आमाजगाह[4] बनकर क्यों ठूसमठास जिए जाए।''

''तो...फिर आपने मुझसे क्यों छुपाया।''

''ग़लती हुई...बस।'' कान की लौ उमेठकर कहा, ''माफ़ कर दो।''

---

1. अपमान 2. गर्मी 3. नाराज़गी 4. केंद्र बिंदु

"एक शर्त पर।"

"ओह हो, कोई शर्त ऐसी भी रह गई है तुम्हारी जिसे मानने-न मानने का अख़्तियार मैंने ग़सब[1] कर रखा है।"

"जी हाँ, वर्ना ये काग़ज़ मेरे तजस्सुस[2] से छिपाए न जाते बल्कि अगर आप मुझे अपना समझते हैं तो आपको चाहिए था कि मुझे बिल पकड़ाकर हुकुम देते कि इन्हें अदा करो।"

"ओह," इफ़्तख़ार ने रुँधे हुए गले से कहा। उसका सर झुक गया और बावजूद ज़ब्त के, आँखों में नमी झलकने लगी। "लेकिन..."

"प्रायश्चित ?"

"सुनो तो।"

"जी नहीं...आदाब अर्ज़," शम्मन जलकर उठी और जाने को मुड़ी।

"बैठो...बख़ुदा इस तीखेपन पर कहीं कोई गुस्ताख़ी न हो जाए..." इफ़्तख़ार ने बहकी हुई आँखों से उसे देखा। "तुम आग से खेलने की क्यों इतनी शौक़ीन हो ? कहीं ख़ुद एकआध चरका न खा जाओ।" इफ़्तख़ार ने जल्दी से उसका बाज़ू छोड़ दिया। शम्मन बेसहारा होकर वापस कुर्सी पर गिर पड़ी। एकदम बेतुकी ख़ामोशी छा गई जिसे दो दिलों की धड़कन तोड़ती रही !

सौ-सौ के चंद नोट शम्मन ने लिफ़ाफ़े में डालकर मेज़ पर सरका दिए।

"मेरा क़र्ज़ रहा...मय सूद वापस कर दीजिएगा।"

"अच्छा, तो ये सिलसिला भी चलता है ?"

"क्यों नहीं, आप जैसों को क्यों छोड़ा जाए।"

"जो न अदा कर सका तो ?"

"तो हश्र[3] के दिन एक के सत्तर वसूल कर लूँगी।"

"मज़ाक़ न करो...मेरा काम, और फिर ये बीमारी।"

"लिल्लाह, इस कमबख़्त बेचारी को छोड़िए।"

"मैं उसे बहुत छोड़ना चाहता हूँ पर ये भी मुझे छोड़े...होटलों के खानों और फ़ुटपाथ पर सोने का इससे ज़्यादा हसीन तोहफ़ा और क्या मिल सकता है।"

उसकी मुरझाई हुई आँखों में फिर वह पुरानी सुलगती हुई बग़ावत छा गई। "इंतक़ाम, इंतक़ाम।" उसके चेहरे की करख़्त सिलवटें पुकार उठीं। सँभलकर उसने दवा पी और सर थामकर बैठ गया।

"ये कमबख़्त जरासीम[4], क़दम-क़दम पर बेड़ियाँ..." उसने हसरत से शम्मन के चेहरे को घूरते हुए कहा, "अब कब आओगी ? वैसे तो मुझे कोई ज़रूरत नहीं। तुम्हारी इनायत का मोहताज नहीं।"

शम्मन का मुँह उतर गया।

---

1. छीनना 2. जिज्ञासा 3. प्रलय 4. कीटाणु

''क्योंकि जब चाहूँ तख़य्युल के ज़ोर से घसीट लाता हूँ और उस वक़्त न तुम इतना झिझकती हो और न मुझे जरासीम का ख़तरा रहता है।''

वह तेज़ी से बाहर निकल आई।

सैंतीस

वापसी पर उसे एक तार मिला। ''फ़ौरन आओ,'' इल्मा ने लिखा था; क्योंकि वह अपनी डाक के मुताल्लिक़[1] कोई हिदायत नहीं दे गई थी, इरादा था भुवाली से लौटकर सामान लेती हुई घर रवाना हो जाएगी, तार कई दिन देर से मिला। फिर भी वह फ़ौरन रवाना हो गई। रोल्फ़ के लिए उसने एक बंदूक़, रंगीन गोलियों का डिब्बा, थोड़े से चॉकलेट ले लिए।

वह बरामदे ही में थी कि बूढ़ी आया ने उसे दोनों शानों से पकड़कर रोक लिया।

''अंदर जाने का नहीं ! अभी करके सोया है।''

''सोया है तो सोने दो। मैं उसे जगाऊँगी नहीं। मेम साहब कहाँ हैं ?''

''ओही सोता...अक्खा दिन ऐसा-ऐसा करता।'' आया ग़म का मुजस्समा[2] बन गई। यक़ीनन सठिया गई थी। इल्मा से कहकर नई आया का इंतज़ाम होना चाहिए। वह आगे बढ़ी।

''बोलता कि बाई, नहीं जाने का।''

''क्यों ?''

''क्यों ? ओह क्यों ?'' अंदर से मुर्दा आहों में डूबी हुई आवाज़ आई ''क्यों ? ये सब आख़िर क्यों ?'' पर्दा हटाकर इल्मा बाहर आ गई। अजीब वहशियों की-सी हालत। आँखें फटी हुईं। बाल बिखरे, मुर्दे से बदतर। बुख़ार में जल रही थी।

''इल्मा क्या हुआ ?'' पहले तो वह फटी-फटी आँखों से देखने लगी लेकिन शायद अब भी दिमाग़ की कोई रग सलामत थी।

''तुम...तुम आ गईं ? उसे भी ले आईं...मैंने उसके लिए दूध उबाल दिया है और...''

''क्या है इल्मा।''

''च्च...च्च...बोला तुम्हारे को...कैसा फ्रेंड है...डॉक्टर आवे, तबी बोलेगा हम उसको...'' आया ने फिर डाँटना शुरू किया। ''बाई को शॉक लग गया...'' उसने कान में चुपके से कहा।

''तुम क्यों ले गईं मेरे रूफ़ी को...चलो इधर लाओ...बड़ी शरीर हो तुम।'' इल्मा शरमाकर मुस्कुराई।

---

1. संबंध में 2. मूर्ति

"ऐं ?" शम्मन चकराई।

"ओह हो...बंदूक भी ले आई उसकी...अच्छा किया...बेचारा रोता..."

"डेथ हो गया बेबी का...!" आया ने रुँहासी आवाज़ से कहा और सर हिलाने लगी।

"क्या रोल्फ़ !"

"झूठ...बिलकुल झूठ...ये सब झूठे हैं...धोखा देते हैं मुझे...मैं इन सब पर केस चलाऊँगी।...ठाँय-ठाँय...वो मारा।" हवाई बंदूक दाग़ के वह किलकारियाँ मारने लगी।

"लमूनिया हुए...तीन रोज़ेच में...खलास।" चुंधी बिज्जू जैसी आँखों वाली बुढ़िया अपनी सुकड़ी हुई नाक चढ़ाकर बिसूर दी। "ऊँह ! मेम साहब एकदम पागल सरीका हो गया। हम बोला कोई का ज़बरदस्ती नहीं। इसू मसीह का भेड़...उनने बुला लिया। पन हमको तो धक्का मारते ! बोलते जाओ तो, नहीं माँगता तुम्हारे को...हम बोला कहाँ बी जाए...पन मानता बी नई ऐं ?...बोलो कौन दूसरा है अपना...साहब भी मर गया..."

"आजू-बाजू में साहब रैता...बोला मिसेज पाल अनलकी...एकदम करके अनलकी !"

"ऊँह...ज़रा जाकर असबाब उतरवाओ...आया !" शम्मन ने आया की बकवास से बौखलाकर कहा और इल्मा को घसीटकर अंदर ले गई।

"लाओ न...कहाँ छिपा दिया है उसे !" उसने शरारत से मुस्कुराकर कहा।

"इल्मा..." शम्मन का जी चाहा उसे कलेजे से लगाकर जी भरके रोए।

"तुम बोलती क्यों नहीं...देखो मुझसे कोई चाल मत चलना...वरना याद रखो, मैंने वकील कर लिया है और सबके ऊपर केस चलाना...ओह..." वह कुछ सोचकर रुक गई और मुँह पर हाथों का कटोरा ढँककर पुकारा।

"आ...यू...आयू !"

"आता मेम साहब !"

"आया...हॉट वाटर माँगता। बेबी के वास्ते। एकदम अच्छा होना...गुसल होना।"

"क्या मेम साहब बोलता ! बेबी पक्का गुसल कर लिया। अब..." उसने ठंडा साँस भरकर कहा। "उसको इंजील होली वाटर का गुसल देता। ईसू मसी..."

"ग़ारत हो कमबख़्त...चलो यहाँ से।" इल्मा ने डाँटा और झपटी उस पर। मगर आया निहायत लापरवाही से खड़ी बकती रही। "ऐसा-ऐसा क्या चिल्लाता मेम साहब...हम डॉक्टर को बोलने माँगता।"

"चुप रहो आया...इल्मा सब्र करो। क्या हाल बना लिया है !" वह प्यार से उसके बाल सँवारने लगी।

"तो फिर लाओ उसको।" इल्मा ने बच्चे की तरह, आस भरी आवाज़ में इल्तिजा की।

"कौन मानता...हम कितना-कितना बोलता, पन...जब बेबी मर गया तो क्या होना। पर अक्खा दिन मारा-मारी करता।"

"झूठ-झूठ।"

''अब ईसू मसी की बात को झूठा बोलता...क्या होना ऐसे।''

''आया...''

''ईसू का गुस्सा...''

''बाहर चलो...निकलो...'' शम्मन ने उसे ज़बर्दस्ती बाहर घसीटा।

''जाता बाबा, जाता...पन ये देखने का कि अपने को ईसू बुला दे तो...और मेम साहब खाता-पीता कोछ नई...ख़ुदा बाप गुस्सा होता।''

शम्मन ने दरवाज़ा बंद कर लिया।

''ये तुम्हें और बौखलाए देती है। ये क्या हाल बना लिया है तुमने...''

''सब कहते हैं चला गया...तुम ले गई हो ?''

''नहीं।''

''ईमान से,'' इल्मा सहम गई।

''ये दवाई बेबी पीने का...पन हम बोलता डेथ का कोई दवाई बी नईं।'' आया दवा की शीशी के बहाने फिर अंदर आ गई। बुढ़िया को वहशत हो रही थी और तनहाई से ख़ौफ़ज़दा हो रही थी।

''कैसी दवा है ?''

''डॉक्टर देता...फर्स्ट क्लास डॉक्टर...हम मेडवाइफ़ का काम किया इसके अंडर में। पीछे आँखी बिगड़ा। हम बोला, हमारे को दिखता भी नहीं...बोला, आया अब, तुम कोई और काम करो। हम बोला, डॉक्टर! कैसा काम करता...बोला नर्स का काम करता... बेबी का नर्स। हम बोला, कोई बात नईं जरूर से करता। बोला ल्यो ये बेबी...जो डेथ हुआ ना...हस्पताल में दो रोज लेबर हुआ...ऐसा...ऐसा बिलकुल लकड़ी के माफिक टेढ़ा बेबी।'' आया अपने चिपके हुए पेट पर आड़े बच्चे का नक्शा खींचने लगी। ''अक्खा वाटर खलास। एकदम डिसचार्ज !''

''ऐ है, चुप रह कमबख़्त बुढ़िया...चलो बाहर बैठो। मैं दवा पिला दूँगी।'' दवा पिलाकर शम्मन ने इल्मा को कंबल उढ़ा दिया और वह बुख़ार से बेहोश होकर सो गई।

आठ दिन इल्मा मौत और ज़िंदगी की कशमकश में गिरफ़्तार रही। नवें रोज़ बुख़ार टूटा। कमज़ोरी देर तक क़ाबिज़ रही। दोनों ने बीते हुए हादसे का जान-बूझकर ज़िक्र न किया। हालाँकि सारे वक़्त उन्हें एहसास रहता कि वह दोनों एक ही चीज़ के मुताल्लिक़ सोच रही हैं। इल्मा ने उसे वजूद में लाकर पाला पोसा था, मगर शम्मन को भी उससे कुछ कम मुहब्बत न थी। गुज़िश्ता दसहरे की छुट्टियों में दोनों ने बड़े जोश-ओ-ख़रोश से मिलकर उसके लिए तालीमी खिलौने ख़रीदे थे।

''हूँ...आंटी कहो।'' इल्मा उसे डाँटती।

''नईं...चमन।'' वह शरारत से आँखें चमकाता और दूर भाग जाता। उसके होंठों से 'चमन' सुनकर उसे राय साहब याद आ जाते...वह भी तो ऐसे ही वजीह[1] थे और

1. ख़ूबसूरत

शरीर भी...ये चुलबुले इंसानों से ख़ुदा को क्यों इतना बैर है !

जब से माँ-बेटे में मिलाप हुआ था, इल्मा ने उसकी परस्तिश[1] शुरू कर दी थी। बीज की ग़लाज़त[2] को भूलकर पौधे की सेवा में मस्त थी। उसकी हज़ारों तस्वीरें ख़ुद खींची और खिंचवाई थी, जिनकी एक-एक कॉपी शम्मन को भी मिली थी। दूर रहकर भी वह उसकी परवरिश में हिस्सा ले रही थी। जहाँ कोई मुफ़ीद किताब या खिलौना नज़र आ जाता फ़ौरन ख़रीदकर पार्सल कर देती। ख़ास उसकी ख़ातिर, बच्चों की नफ़्सियात[3] पर किताबें पढ़ीं। दोनों घंटों बैठी उसे दिलचस्प पहेली की तरह बूझने की कोशिश करके लुत्फ़-अंदोज़[4] होतीं।

और जब तक उस खिलौने को मिटा देने की कोशिश की, बाल भी बाँका न हुआ। लेकिन ज्योंही उसने चाहना शुरू किया, उसकी मामता का ख़ून करने के लिए वह रूठ गया। बुख़ार उतरा तो इल्मा की वहशत भी कुछ दब गई। रोल्फ़ की ज़िंदगी से नाउम्मीद होकर उसने शम्मन को पुकारा था। उसी ने तो रोल्फ़ से मिलाया था। समझी थी, वह उसे मौत के चंगुल से भी छीन लेगी। कहते हैं, नाजायज़ बच्चे बड़ी सख़्तजान होते हैं। तो फिर रोल्फ़ क्यों हवा के एक झोंके की तरह आया और गुम हो गया। कोई दूसरी माँ होती तो तसल्ली दी जाती कि सब्र करो, ख़ुदा और देगा। मगर नाजायज़ बच्चे की माँ के लिए तो गाली हुई।

"इल्मा शादी कर डालो।" शम्मन ने समझाने की कोशिश की।

"हूँ ! नए रोल्फ़ पैदा करने के लिए...तुम क्या जानो...अपने जिस्म से गोश्त का टुकड़ा काटकर यूँ फेंक देना मज़ाक़ नहीं। ओह शम्मन, वह दुख जो उसे जन्म देने में मैंने सहा, आज उसकी मौत से दस गुना हो गया। उफ़,. वह मौत से बढ़कर दम घोंटने वाला दुख।"

"शायद तुम्हारा दुख इसलिए बहुत मालूम हुआ कि तुम्हारी पोज़ीशन, और माओं से मुख़्तलिफ़ थी। अगर किसी का बच्चा मुहब्बत-भरी निगरानी में जन्म ले तो शायद इतना दुशवार न हो..."

"हो सकता है, मुमकिन है ऐसा वक़्त आए और मैं इतना न डरूँ। यहाँ एक प्रोफ़ेसर मेरे पीछे बहुत दिन से पड़े हैं। उन्हें रोल्फ़ का हाल मालूम है। बेचारे उसे बहुत प्यार करते थे और बड़े रौशनख़याल हैं। वैसे मैं ऐसी बुज़दिल नहीं, जो ताना न सह सकूँ। और न ही अब मुझे रोल्फ़ की माँ बनने में शर्म आती है..." वह फिर ख़ामोश हो गई।

"तो फिर क्यों शादी नहीं कर लेतीं ?"

"इसलिए कि मुझे डर था कि मैं रोल्फ़ के साथ नाइंसाफी न करने लगूँ। माँ बनकर मैंने डाइन के से सलूक किए, मगर बक़ौल तुम्हारे, अपने को भूलकर, अब दोबारा मैं ये भूल नहीं करना चाहती। मैंने फिर भी उसे उतना नहीं दिया जितना उसका हक़ था।"

---

1. पूजा 2. गंदगी 3. मनोविज्ञान 4. आनंदित

इल्मा से रुख़सत होकर वह सीधी घर रवाना हो गई। इतने दिन दूर रहने की वजह से वह बिलकुल ग़ैर होकर रह गई थी। कभी-कभी आनेवाले मेहमानों की तरह उसकी भी ख़ातिर की जाती। मगर कोई ख़ास जगह उसकी मुक़र्रर न थी। ये दो महीने की छुट्टियाँ, वह उठने-बैठने वाले कमरे में गुज़ार देती। वह जो घर की सहूलतें होती हैं, वह न मिल सकतीं। अपने हिसाबों तो वह ब्याही जा चुकी थी।

ये कमरा भी बिलकुल वेटिंग रूम मालूम होता। इसकी चीज़ें अजायब रोज़गार समझकर देखी जातीं और बिलकुल शारएआम[1] पर रहने का लुत्फ़ आ जाता। हज़ार बंदिशों के बाद भी वह ख़िलवत[2] नसीब न होती जिसकी वह आदी हो चुकी थी। लोग भी उसे आरज़ी[3] रुकावट समझकर अपने दिलों पर जब्र करते और अपनी आदतों की लगामें रोकने की कोशिश क़रते। उसका वजूद बार भी गुज़रता तो बिलकुल मेहमान समझकर बरदाश्त कर लेते। क़ुदरती तौर पर उसका कमरा घर-भर में सबसे ग़नीमत होता। लिहाज़ा बच्चों की सारी दिलचस्पी इसी तरफ़ मबज़ूल[4] रहती। कोई मेहमान आता तो उसी के कमरे में मेहमाननवाज़ी की जाती। उसी के पैड, लिफ़ाफ़ों और क़लम से घर-भर की हाजतें पूरी की जातीं। दुनिया इतनी तरक़्क़ी कर गई थी मगर उसके घर में वही अफ़रा-तफ़री[5] मची थी। क़िस्मत से सब भावजें भी ऐसे ही घरानों की थीं, जहाँ खाने की मेज़ पर बच्चों के पोतड़े सुखाए जाते हैं और खाना बावर्चीख़ाने में उकड़ू बैठकर खाया जाता है। गुस्लखानों में अनाज के मटके रखे जाते हैं और अलगनी पर पर्दा डालकर ग़ुस्ल किए जाते हैं। नशिस्त-ओ-बर्ख़ास्त[6] का कमरा उसकी ग़ैरमौजूदगी में टूटी चारपाइयों, रद्दी कुर्सियों, बेकार मोढ़ों और डगमगाते स्टूल रखने के काम आता। अलमारियों में चीनी के बर्तन और चाँदनियाँ वग़ैरा भी यहीं रखी जातीं। जब वह आती तो झाड़-पोंछकर दो-चार तख़्त-कुर्सियाँ बैठने के क़ाबिल बना लेती।

जब से बाबा की पेंशन हो गई थी, घर की हर चीज़ सिर्फ़ इस्तेमाल के लिए रह गई थी। ज्योंही बेकार हो जाती, कोई मरम्मत न करता और लावारिस बनाकर कूड़े में जमा कर दी जाती। इन पेंशनयाफ़्ता चीज़ों से घर भरा हुआ था। साझे का घर कूड़ाख़ाना बना हुआ था। नागुफ़्ताबेह[7] हालत देखकर उसे हिंदुस्तान की आम हालत का अंदाज़ा होने लगा। जैसे सरकारी राज में दफ़्तरों में चारपाइयाँ डाले अफ़सर गप्पें मारा करते हैं, मेज़ों पर दही-बड़े की चाट पकौड़ियाँ और चाय के ख़्वान लगते हैं। सालन और घी के धब्बे लगे ऊट-पटाँग रजिस्टर, सूखी हुई दवातें, उलटे निब, मुड़े हुए होल्डर जिनसे लिखने से ज़्यादा इज़ारबंद डालने की ख़िदमत ली जाती है।

उधर जर्मनी ने दुनिया को ख़ून से नहलाकर पवित्र करने का फ़ैसला कर लिया। पोलेंड का बँटवारा तो हो गया। रह गई बाक़ी की दुनिया, तो कितने दिन की है ? ये मुसल्लस[8] भी परकार के एक चक्कर में स्वास्तिका बना जाता है। बड़े-बड़े लोग मुलाक़ातें करते रह जाएँगे। हिंदुस्तान टूटे या सालिम[9] रहे, बात ही क्या है ! इस सालिम दुनिया

---

1. आम रास्ता 2. एकांत 3. क्षणिक 4. आकृष्ट 5. अस्त-व्यस्त 6. बैठक 7. दयनीय 8. त्रिभुज 9. अखण्ड

में क्या कम फूट है। कभी तो जी चाहता, कोई बड़ी-सी मुगरी लेकर इस तिकोने के परखच्चे उड़ा दे और उसके भी ऐसे ही ज़र्रे बिखर जाएँ जैसे बर्तानी जज़ायर[1] और जापान के।

ख़ुद उसके घर को एक ज़बर्दस्त चोट की ज़रूरत थी। ये एक अनोखा ख़ानदान था, जहाँ खानेवालों की तादाद तेज़ी से बढ़ रही थी और कमाने वाले थककर बूढ़े होते जा रहे थे। सामान रोज़-ब-रोज़ ढीला और बेकार होता जा रहा था। सीढ़ियाँ ख़तरनाक हद तक टूट गई थीं और सीमेंट जगह-जगह से उखड़ गया था। काश, इस खँडहर के काहिल वासियों को कोई सानहा[2] घसीटकर लक़ो-दक़-सहरा[3] में ले जा पटकता जहाँ इस घर की अँधेरी पनाह से आज़ाद होकर वह ख़ुद अपने हाथों से नई पनाहगाहें बनाने पर मजबूर हो जाते। हर चीज़ को तख़रीब[4] की ज़रूरत थी।

जर्मनी ने लंदन पर आग बरसानी शुरू कर दी। जिन भूखों का ख़ून निचोड़कर ये शानदार शहर सजाया गया था, उनके कुचले हुए दिलों में मसर्रत[5] की लहर आग के शोलों की तरह दौड़ गई। आहा, क्या मज़ा आ रहा होगा ! ये जो परबत जैसी ऊँची और जन्नत जैसी हसीन इमारतें नज़र आती हैं, भूसे की गठरियों की तरह बिखर जाएँगी। नाज़ुकअंदाम[6] मेमें और फूल जैसे बाबा लोग क़साई की दुकान से फेंका हुआ मलग़ोबा[7] बन जाएँगे। जिन्हें कुत्ते भँभोड़ेंगे और गिद्ध नोचेंगे। आसमान से ख़ुदा का क़हर बरसेगा और ज़मीन लावा उगलेगी। बड़ी-बड़ी सड़कें रेगिस्तान, और होटल खँडहर बन जाएँगे। 1857 का ख़ून छलकेगा और ये स्याह ख़ून अँधेरा बनकर छा जाएगा।

हिटलर भी तो आर्य है। वही आर्य जिन्होंने हिंदोस्तान बनाया। अब फिर वही आर्य यहाँ आएँगे जैसे हनुमान जी दुम में आग लगाकर लंका को फूँकने गए थे। उसी तरह यहाँ भी आग बरसेगी, जिसमें राक्षस भस्म हो जाएँगे और देवता सोने की मूर्तियों की तरह तपाए हुए निकल आएँगे। फिर हिंदू-मुसलमान एक दूसरे के गले में फूलों के हार डालेंगे। हिंदू, मस्जिदों को पूजेंगे और मुसलमान, मंदिरों को सजदा करेंगे। दो भाई गले मिलकर जी का गुबार निकाल लेंगे।

इस बमबारी से घबराना कैसा ? क़हत[8] और बीमारियों के साथ मुफ़लिसी[9] और लाचारी की मार सहे हुए कीड़ों के सामने इन पटाख़ों की क्या हक़ीक़त है। आए दिन मोटरों ही से इतने कुचलकर ख़ाकेराह[10] में गुम हो जाते हैं। मगर ये राह मुर्दा नहीं, बगूले बन-बनकर एक बेक़रार रूह की तरह बरसों रक़्साँ[11] रहेगी और दुनिया की आँख में खटके जाएगी। कितनी बार ये हिंदुस्तान का मुसल्लस फ़तह हुआ लेकिन उसके दुखे हुए मुफ़लिस दिल किसी के न हो सके। ये दिल उन जीहज़ूरियों के सीने में नहीं, हाकिमों के दरबार में उनकी उतरन पहने अजायब रोज़गार बने बैठे हैं। ये दिल उन सड़ी-बुसी झोंपड़ियों में हैं जो आर्यों के राज में टपकती रहीं, मुग़लों की हुकूमत में भी रोया कीं

---

1. द्वीप 2. दुर्घटना 3. निर्जन वन 4. विनाश 5. खुशी 6. कोमल 7. कचड़ा 8. अकाल 9. निर्धनता 10. रास्ते की धूल 11. नाचती

और अब भी इनमें अनगिनत सूराख़ हैं। इन छलनियों में कोई झाल नहीं लगा सका। ये दिल क्या मुतास्सिर[1] होंगे किसी चोट से, जिन्हें सदियों की 'ठोकरख़ोरी' ने बेहिस चट्टान बना दिया है। अब तो उन्हें ये भी फ़िक्र नहीं कि ठोकर सलीमशाही जूती से ज़्यादा लगती है या फिरंगी बूट से। दुख का असर ही ज़ायल[2] हो चुका है।

सियासी उलझनें ज़िंदगी पर ख़ामोश जंग बनकर छा गईं। मगर इस शिद्दत से नहीं कि बरसों की रची हुई असबी-गुनूदगी[3] से जगा सकें। जब मग़रिब टैंकों की झंकार और तोपों की गरज से गूँज उठा, हिंदुस्तान ने अहिंसा का ड्रामा खेल दिया। जी जलाने का इससे बेहतर और क्या तरीक़ा हो सकता है कि कोई गला फाड़-फाड़कर जगाए और सोनेवाले अफ़ीम का अंटा निगलकर करवट बदल लें !

स्कूल का मैदान भी सियासी अखाड़ा बन गया। आपस में बहस-मुबाहसे होते। फिर बैठकर एक दूसरे को कोसा जाता और आँसू बहाए जाते। हिंदू लड़कियाँ दिल-ओ-जान से अहिंसा की क़ायल। ईसाई ऐसी परेशान, गोया इस्लाम और हिंदू धर्म के साथ-साथ अब उनकी सलीब को भी ख़तरे में पड़ना आ गया। अगर सरकार का साथ न दिया और ये सफ़ेद राज अड़ गया तो क्या होगा। सिर्फ़ रंग ही का तो फ़र्क है वरना ये काली, पीली भी ईसा मसीह की भेड़ें हैं और वैसे भी लिबास में रहन-सहन के साथ-साथ बच्चे मामा, पापा, आंटी और सिस्टर कितनी शुस्ता[4] ज़बान में बोल लेते हैं। हिंदुस्तानी किसी को आती कब है। ख़्वाह थैलियों की शक्ल की हों, मगर हैं तो फ्राकें। काली बकरी जैसी टाँगों में फँसे हुए नीलाम के जूते हैं मगर ऊँची एड़ी मौजूद है। माँगें टेढ़ी और नुचे हुए घुघरऐन में मग़रिबी फ़र्क़ यही है। अगर साहब लोग को हिंदुस्तान से जाना पड़ा तो फिर ये बैरा लोग और आया लोग क्या करेंगे। भला काला आदमी इतनी ऊँची तनख़्वाह दे सकता है ? वह तो बावर्चीख़ाने ही में फसक्कड़ा मारकर लंच और डिनर निगल लेता है और बच्चे, नानियाँ, दादियाँ पाल लेती हैं। दो-चार रईस हैं सो वह भी ऐसा जी खोलकर नहीं देते। दूसरे जब ये चले जाएँगे तो न जाने कौन आए फिर ! बैरे और आया का फ़ैशन रहे या न रहे। ये चर्ख़े की बात और भी टेढ़ी खीर है। कहते हैं, गाँधी जी सबको एक-एक बकरी और चर्ख़ा पकड़ाकर कह देंगे जाओ सूत कातो और दूध पियो। न टी, न चॉकलेट, न बिस्कुट।

मुसलमान लड़कियों को न बकरी से दिलचस्पी और न चर्ख़ा कातने का शौक़। उनका तो पाकिस्तान अलग बनने वाला था। मय ताजमहल, मोतीमहल और लालक़िले के, सारी पाक दुनिया रुपहले चाँद के साए में मज़े से रोज़े-नमाज़ में ग़र्क़[5] जन्नत की तरफ़ खिसकती चली जाएगी। कोई दम में हिस्सा-बख़रा होने ही वाला था। पीतल की पी (P) तो हर पानवाले की दुकान पर बिकने ही लगी थी। बस ख़ामोश बैठे इंतज़ार कर रहे थे।

मगर ये कांग्रेसी हिस्सा देने में बुख़्ल[6] कर रहे हैं। अगर पाकिस्तान की हिर्स[7] में

---

1. प्रभावित 2. समाप्त 3. तंद्रा 4. साफ़ 5. डूबा 6. कंजूसी 7. देखा-देखी

सिक्खिस्तान, महासभास्तान भी बन गए तो चटाख़ से भारतवर्ष के टुकड़े हो जाएँगे और ये हिमालय के माथे पर लटका हुआ तिकोना झूमर, मोती-मोती होकर बिखर जाएगा और फिर कहीं पाकिस्तानी उधर से ख़ान भाइयों की दावत करके फिर महमूद ग़ज़नबी जैसी छेड़ख़ानियाँ न शुरू कर दें !

जमाना तेज़ी से तरक़्क़ी का परचम लेकर आगे दौड़ने लगा। जलसों में नया जोश पैदा हो गया। प्रोग्राम बने। पुरजोश नज़्में पढ़ी गईं। खाने और शराबें उड़ीं। तरक़्क़ीपसंद अख़बार, तरक़्क़ीपसंद अंजुमनें[1], तरक़्क़ीपसंद मज़मूननिगार[2] और शायर पैदा हुए और पूरे ज़ोर-ओ-शोर से इंक़लाब होने लगा। आज़ाद ज़िंदगी और आज़ाद मुहब्बत, आज़ाद मौत और आज़ाद पैदाइश के हुक़ूक़ की हिमायत होने लगी। पुराने बंधनों को तोड़कर नई राहें और नए ज़ाविए[3] खींचे गए। हर वह इंसान तरक़्क़ीपसंद बन गया जिसके बाल बेतुके और आँखें वहशतअंगेज़ हों, लिबास ज़रा अनोखा और मलगजा हो, हाथ में अटैचीकेस जिसमें फड़कती हुई नज़्में और सुलगते हुए अफ़साने, दहकते हुए मज़ामीन और लतीफ़ फ़ोटो। कुछ मासूम यादगारें और शीरीं ख़तूत हों। बात करते में कुछ खो सा जाए। लड़कियों से इंतेहाई बेतकल्लुफ़ी, क़दरे लापरवाही और सख़्ती से बात करे। छूटते ही प्यार का नाम लेने लगे। भूल से ज़नाने कपड़ों पर हाथ डाल दे, फिर उनको ऐसे देखे गोया उम्र में पहली मर्तबा देख रहा है। फिर मानीख़ेज़ मुस्कुराहट के साथ झेंप जाए। उनकी साख़्त[4] और अहमियत पर गुफ़्तगू करने पर आमादगी ज़ाहिर करे। उसके अलावा हर क़ाबिले-ज़िक्र लड़की का ज़िक्र करते वक़्त उसकी जिंसी कशिश और जिस्मानी साख़्त पर रोशनी डाले। उसकी लतीफ़ जुंबिशों पर निछावर हो चुका हो। उसके तमाम गुज़िश्ता से पैवस्ता[5] आशिक़ों की तादाद उसके जायज़-ओ-नाजायज़ तआल्लुकात और उसके अधूरे और सालिम बच्चों की तफ़सील[6] जानता हो। तमाम इंक़लाबी रूसी, फ्रांसीसी, अमरीकी अदीबों के नाम और उनके तराजुम[7] अज़बर[8] हों, उनके तराजुम पेश करके अदब[9] की ख़िदमत भी कर चुका हो। लाज़िम है कि वह ख़ुद भी फ़नकार हो यानी शायर या मज़मूननिगार हो। नाम को जोड़-तोड़ से घुमा-फिरा के लिखता हो। एहसास-ए-कमतरी, जिसने नेपोलियन और हिटलर जैसे मुदब्बिर[10] पैदा किए, बख़ूबी रखता हो। साथ-साथ लाज़मी तौर पर दुखी हो, भूखा और हस्सास[11] हो। दोस्तों के ख़र्च से पेट-भर शराब और नफ़ीस कपड़े पहनता हो। ढिठाई से मेज़बानी पर मजबूर करता हो और उन हिसाबों इश्तराकी[12] हो कि 'जो कुछ तुम्हारा, वह मेरा और जो कुछ मेरा, वह तुम्हारा...नहीं।'

यही नहीं बल्कि गाँव की लड़कियों के भोलेपन और तालीमयाफ़्ता लड़कियों की मक्कारी का भी तजुर्बा रखता हो। मिटी हुई औरत, जूतियों में मसली हुई रंडी का तरफ़दार हो। दौलतमंद शरीफ़ज़ादियों के जिस्म पर थूके मगर उन्हीं रईसज़ादियों के

---

1. संगठन 2. लेखक 3. कोण 4. बनावट 5. संलग्न 6. विवरण 7. अनुवाद 8. कंठस्थ 9. साहित्य 10. राजनीतिज्ञ 11. संवेदनशील 12. समाजवादी

इश्क़ में नाकाम रहकर मजज़ूबियत[1] का दर्जा पा चुका हो। वालदैन की नासमझी और ग़लत तरीक़ा-ए-तालीम की वजह से कोई डिग्री न हासिल कर सका हो। ज़िंदगी की तल्ख़ियों से तंग आकर मुफ़्त की पीने और नालियों में गिरने का आदी हो चुका हो।

एक और शाख़ भी तरक़्क़ीपसंदों की हो सकती है। वह बेचारे जो मजबूरन लंबी-चौड़ी जायदाद के मालिक बना दिए गए हों। तमाम मुक़ाबलों और इंतेख़ाबों में बावजूद पक्की सिफ़ारिश के नाकाम रह गए हों। समझ में न आता हो कि क्या करें, कैसे वक़्त काटें। बाप-दादा के बनाए हुए महलों में जबरन रहना पड़े, आला क़िस्म के फ़र्नीचर इस्तेमाल करना पड़ें। बड़े-बड़े सरकारी और ग़ैरसरकारी जलसों की शिरकत लाज़मी हो। जिसके लिए देश के लिबास को छोड़कर मग़रबी दर्ज़ियों के हाथ का सिला सूट पहनना पड़े। वक़्तन-फ़वक़्तन[2] आलीशान ड्राइंग रूम में बैठकर इटली के चाय के सेट में चाय पीकर इंतेहाई इंक़लाबी अदब से अदीबों और शोअरा की परवरिश करता हो। उनकी ज़ियाफ़त[3] करके उनकी बदहवासियों से लुत्फ़ उठाए। मुशायरों और अदबी जलसों में हसीन लड़कियों को ढूँढ़-ढूँढ़कर लाए और इंक़लाब के बरसने के इंतज़ार में हाथ पर हाथ रखकर बैठ जाए।

ज़िंदगी की दूसरी गाड़ियों की तरह ये इंक़लाब का छकड़ा भी अकेले बैल से नहीं घिसटता, सिन्फ़-ए-नाज़ुक[4] का वजूद लाज़मी है। कोई आज़ाद ख़ुदमुख़्तार[5] ख़ातून जो दुनिया की बकवास का ख़याल न करे।

यही वजह थी कि शम्मन पर चहार तरफ़ से तरक़्क़ीपसंद बरस पड़े। गो इसने अब तक कोई कारहाय नुमाया[6] नहीं किए थे, पर न जाने क्यों उसकी क़ौमपरस्ती की धाक बैठी हुई थी जैसे च्यूँटियाँ मिठास की ख़ुशबू सूँघकर पहुँच जाती हैं। इसी तरह क़ौमी जज़्बे की महक छुपाए नहीं छुपती और लोग ढूँढ़ ही लाते हैं। पहले रोज़ नवाबज़ादा समद, मय चंद जोशीले कारकूनों के, तशरीफ़ लाए। देर तक चाय का बेतकल्लुफ़ दौर चला और पुरजोश मुबाहसे हुए। फिर चंद रोज़ बाद होने वाले जलसे में शिरकत का वादा लेकर रुख़सत हो गए। नवाबज़ादा समद निहायत जोशीले और सजीले जवान थे। बेचारे को मजबूरन ये ग़ैरइंक़लाबी लफ़्ज़ अपने नाम के साथ लगाना पड़ता था। वरना अपने बेतकल्लुफ़ दोस्तों के हलक़े में तो कामरेड समद कहलाते थे। दूसरे कोई इंक़लाबी शायर थे, जिन्होंने फ़रसूदा[7] रविश को छोड़कर लैला-मजनूँ के बजाय नर्स-डॉक्टरनी और स्कूल मिस्ट्रेस से नाकाम मुहब्बतें की थीं और बजाय घोड़े और शमशीर[8] के, रेल और मोटर की शान में क़सीदाख़्वानी[9] की थी।

तीसरे एक प्रोफ़ेसर थे, जिनकी तहरीरें[10] हुकूमत ने मुख़र्रबुल अख़लाक़[11] क़रार दी थीं। वह निहायत फ़ख़्र से बताते थे कि उनके मज़ामीन पढ़कर लोग लरज़ उठते हैं। उरियाँनी[12] की धाक बैठी हुई थी। उनका कहना था कि औरत पर नज़र डालते ही उनके

---

1. संत 2. समय-समय पर 3. दावत 4. स्त्री 5. आत्मनिर्भर 6. विशिष्ट कार्य 7. रूढ़ि 8. तलवार 9. प्रशंसा 10. लेख 11. अश्लील 12. नग्नता

तख़य्युल में उसके कपड़े धुआँ बनकर ग़ायब हो जाते हैं और निगाहें सात पर्दों को चीरकर आर-पार तैर जाती हैं। शम्मन को भी ये सुनकर फुरेरी आ गई और उसका जी चाहा काश, उसके कपड़े ज़रा मोटे और मज़बूत तारों से बुने हुए होते !

एक इंजीनियर थे। सरकारी मुलाज़िम होने की वजह से बेचारे छुपकर इंक़लाब लाते थे। जद्दी[1] गाँव की आमदनी से आजिज़ थे। जब तक इंग्लिस्तान में रहे बराबर वहाँ के क़ौमी मुज़ाहरों[2] में खद्दर पहनकर और झंडे लेकर निकलते रहे। ख़ास तौर पर वह हिंदुस्तान से खद्दर की शेरवानी और चूड़ीदार पैजामा ले गए थे जो उन पर बेतरह सजता था। गो जुलूस लंबे होते और उनकी रूह तक सर्दी की वजह से गुंग हो जाती मगर उस दिन वह विदेशी चिस्टर न पहनते। वापसी पर उनकी लैंडलेडी गर्म पानी की बोतलें और चाय तैयार रखतीं। वह ख़ुद बेचारी उन अंग्रेज़ों को गालियाँ देती थीं जो बेचारे हिंदुस्तानियों को ज़रा से स्वराज के लिए इतनी तकलीफ़ें दे रहे थे। उसे उन लड़कों से ख़ास हमदर्दी थी, जिनकी बदौलत उसकी तीन लड़कियाँ मामागीरी से निजात पाकर हिंदुस्तानी रानियाँ बन गई थीं। उसे कितना अरमान था कि इन काले दामादों के काले मुल्क में जाकर हाथियों पर सवार होकर अज़दहों और बबरशेरों का शिकार खेले, सोने चाँदी की रकाबियों में पुलाव और कबाब खाए और कोठरियों में भरे हीरे-जवाहरात अपने हाथों से छुए।

जलसे के दिन कामरेड समद मय चंद चेलों के आकर अपनी मोटर से उसे ले गए। मजमा ख़ासा था और रूदाद[3] दिलचस्प। इंक़लाबी इश्क़ की पुरज़ोर नज़्में पढ़ी गईं। तरक़्क़ीपसंद इंक़लाबी शायर नशे में धुत, ज़हानत और फ़नकारी का मुजस्समा बना चहक रहा था। नज़्म का एक-एक बंद शोला बनकर लपक रहा था। ज़ोरदार मज़ामीन पढ़े गए, जिनमें ज़ाहिर किया गया कि मौजूदा अदबी-उरियाँनी क़दीम उरियाँनिगारों की तहरीर के आगे सिफ़र की हैसियत रखती है। जब बाप दादा इतने "गलिहर" थे तो क्या वजह है कि सपूत पीछे रह जाएँ। इस अदबी विरसे की क़दर न करना, हद से ज़्यादा नामाक़ूलियत का सबूत होता। अगर कोढ़ भी बाप-दादा से विरसे में मिले तो कलेजे से लगाकर रखना चाहिए।

वैसे तो कई ख़वातीन[4] मौजूद थीं मगर उनमें से एक क़ौमपरस्ती में बुलंद मर्तबा रखती थीं और कई क़साई उनकी नाक तराशने की फ़िक्र में थे। जिस पर बजाए ख़ौफ़ज़दा होने के उन्हें और फ़ख़्र था। नवाबज़ादे की शमा-ए-मुहब्बत का ख़ास शोला थीं। कुछ सुनाई न पड़ा कि उन्होंने क्या कहा, क्योंकि पूरे हॉल में खुसुर-फुसुर गूँज रही थी। लोग उनके मुताल्लिक़ उड़ी हुई अफ़वाहों पर नाक़िदाना[5] मुबाहसे करने में ग़र्क़ थे। उनके बाद दूसरी ख़ातून आईं मगर ये कुछ फीकी-सी रहीं। बेचारी इस शोले के सामने सूरत शक्ल के लेहाज़ से भी मिट्टी के तेल की कुप्पी मालूम हो रही थीं। उलझे हुए परेशान बाल और बहकी-बहकी नज़रें। इंतेहाई चोट खाई और पिटी-सी सूरत। न जाने

1. पैतृक 2. प्रदर्शनों 3. कहानी 4. महिलाएँ 5. आलोचनात्मक

उन्होंने क्या कहा मगर मवाद[1] यक़ीनन इंक़लाबी था। न वह हाँ की तरफ़दार थीं और न नहीं की। एक सिरे से उन्होंने हर चीज़ की मुख़ालफ़त की। यहाँ तक कि ख़ुद अपनी मुख़ालफ़त कर दी। लोग उन्हें झक्की और बदहवास कहते थे।

जलसे के बाद इंजीनियर साहब और कामरेड समद की तरफ़ से पुरतक़ल्लुफ़ डिनर मिला। घर वापस पहुँचते-पहुँचते मिस शमशाद कई होंठों पर शम्मन बन गईं। कामरेड समद ने तो कई मर्तबा इस तरह उसके कान में कुछ कहा कि उनके जलते हुए होंठ उसके कान की लौ से छू गए। इंक़लाबी शायर, मय अपने बदबूदार कपड़ों और उक़ाब जैसी भूखी आँखों के, उसके क़रीबतर आता रहा।

जलसे की थकन ने जल्द ही थपक-थपककर सुला दिया। मगर क़रीब एक बजे उसकी आँख किसी नामालूम खटके से ख़ुद-ब-ख़ुद खुल गई। चोरों से उसे डर नहीं लगता था मगर इस वक़्त तो शाहों से भी कलेजा काँप उठता। हिम्मत करके उसने ज़ोर से पुकारा—कौन ? कोई जवाब न मिला। ख़ामोश लेटकर बग़ौर सुनने की कोशिश करने लगी। दिमाग़ पर ज़ोर डालने से जिस्म भी तनकर मोअल्लक़[2] सा हो गया। एक हल्का-सा खटका सुनाई दिया, जैसे कोई भटकी हुई रूह शीशे पर सरसरा रही हो।

''शम्मन।'' हवा सरगोशियाँ करती उसके कान के पास रेंगी। जैसे किसी की जानी-पहचानी-सी आवाज़ उसे पुकार रही हो। मगर ये आवाज़ तो उसे बार-बार धोखे दे चुकी थी।

''शम्मन !'' इस बार शुब्हा मिट गया। वाक़ई कोई खिड़की के उधर से उसे पुकार रहा था।

''कौन !''

''मैं !...डरो नहीं। मैं हूँ, इफ़्तख़ार ! खिड़की खोलो।''

''ऐं !'' शम्मन ने डरते-डरते खिड़की खोली मगर उसका वहम जिस्मानी सूरत में मौजूद था।

''आप ?''

''अंदर आ सकता हूँ ?''

''आइए।'' वह खिड़की के सामने से हट गई।

''मगर सोच लो...मेरे पीछे ख़तरा है।''

''ख़तरा !''

''जल्दी बोलो...ताकि मैं और कहीं।''

''आइए अंदर,'' उसने झल्लाकर कहा और खिड़की के पट फैला दिए।

''फिर पछताना मत !'' उसने खिड़की की चौखट पर रुककर कहा। मगर फिर अंदर आ गया।

''क्या बात है ?'' शम्मन ने मज़बूती से खिड़की बंद करके कहा।

---

1. विषय 2. त्रिशंकु

"ज़रा साँस लेने दो।" वह ख़ामोश कोच पर बैठकर हाँफने लगा। शम्मन लबादा ओढ़कर कुर्सी पर बैठ गई।

"ये कमबख़्त फेफड़े।" उसने कलेजा भींचकर कहा। "दो क़दम नहीं चलने देते। बाल-बाल बचा।"

"क्या हुआ ?"

"वही, वही...और कौन इस बुरी तरह भगाने का शौक़ीन है। ज़िंदगी एक मुसलसल दौड़ बनकर रह गई है।"

"पुलिस।"

"ऐं ?..." वह चौंका मगर फिर किसी सोच में डूब गया था।

"तुम्हें मैंने आज तक नहीं बताया...और फ़ायदा भी क्या...तुम गर्ल्सस्कूल की हेड मिस्ट्रेस हो, तुम्हें...।"

"मैं डरती नहीं हूँ किसी से। नौकर हूँ, गुलाम नहीं।"

"मगर..."

"रहने दीजिए, ये बताइए कुछ खाएँगे ?"

जवाब में इफ़्तख़ार ने उसे एक बार देखा और ख़ामोशी से जेब में कुछ ढूँढ़ने लगा। शम्मन बावर्चीख़ाना टटोलने चली गई।

"जानती हो ये क्या हो रहा है," उसने जल्दी-जल्दी लुक़मे चबाते हुए कहा। "रूस को कुचलने की तरकीबें हो रही हैं। ये हैस क्यों कूदा है ? रूस, फ़िनलैंड से दुबक गया ना...कमबख़्त ये दाँत निकलवाने पड़ेंगे, बेकार हो गए...ये इम्पीरयलिस्ट मिलकर रूस को निगलना चाहते हैं। अगर कहीं पाँसा पड़ गया तो बस !" वह तख़य्युल में भयानक शक्लें देखकर फुरेरियाँ लेने लगा।

"मगर जर्मनी...जर्मनी इतना उल्लू नहीं कि उनके घिस्से में आ जाए।" उसने जैसे ख़ुद को समझाया।

"मगर हैस ? इस हैस का क्या करेंगे ?" शम्मन ख़ुद अपने बच्चों जैसे सवाल पर झेंप गई। ये सियासत है भी तो अजीब खेल, घड़ी में बड़ी-बड़ी अहम सरगर्मियाँ और घड़ी में बच्चों जैसी शरारतें।

"मैं जा रहा हूँ...शम्मन...मुझे याद रखने की कोशिश करना। अगर भूल भी जाओ तो मुझे न बताना। बरदाश्त न कर सकूँगा मैं। न जाने क्यों मेरा यक़ीन है कि तुम्हारे जिलाए से जी रहा हूँ। नामुरादियों में तुम्हारा ही ख़याल सहारा देता है। अब तो ऐसा मालूम होता है, मैंने तुम्हारी ही आँखों से देखना शुरू कर दिया है...ओह, ये मैं क्या बक रहा हूँ।" उसने निगाहें ज़मीन पर गड़ो दीं।

"कहाँ जा रहे हैं ?"

"कई साल के लिए शाही मेहमानदारी..."

"मगर किस क़सूर में।"

"अख़बार में पढ़ लेना, वही पुराना केस है...कानपुर की स्ट्राइक के बाद का। छोड़ो

इन नागवार बातों को...मैं उन लग्वियात[1] से तुम्हें परेशान करने नहीं आया बल्कि..." वह ख़ामोश हो गया।

"जाने से पहले मज़बूती और हिम्मत माँगने आया हूँ...दुआ करना कि कहीं बधिया रास्ते में ही न लेट जाए।" शम्मन का गला घुटने लगा।

"ज़रा सी छालिया दो।"

"अच्छा तो मैं जाऊँ ?" मगर वह खड़ा पशोपेश में हाथ मलता रहा।

"ख़ुदा हाफ़िज़ !" मगर वह फिर भी ग़ैरफ़ैसलाकुन[2] अंदाज़ मे परेशान खड़ा रहा। शम्मन का दिल बेतरतीबी से धड़कता रहा।

"अच्छा, ख़ुदाहाफ़िज़ !" वह आहिस्ता-आहिस्ता खिड़की की तरफ़ मुड़ा और सुस्त हाथों से पट दूर किए ।

"मैं जा रहा हूँ...तो मैं ये कहना चाहता था कि...डॉक्टरों ने कह दिया है, अब मेरा मर्ज़ ख़तरनाक नहीं रहा...अब जरासीम..." वह बुरी तरह लड़खड़ा गया और एकदम खिड़की में से ग़ोता मारकर तारीकी[3] में ग़ायब हो गया। शम्मन ने एक झलक उसके तमतमाए हुए चेहरे को देखा। वह आँसू रोकने के लिए होंठ चबा रहा था। उसके नथुने चौड़े हो गए थे और गर्दन की रगें शिद्दत-ए-ज़ब्त से तनी हुई थीं।

वह दोनों हाथों में मुँह छुपाए ख़ामोश खड़ी रही। फिर पलँग पर औंधी गिरकर गहरी-गहरी सिसकियाँ लेने लगी।

अड़तीस

इंक़लाबी जलसों की ग़ैरइंक़लाबी हरकतों से वह जल्द ही आजिज़ आ गई। दो-चार जलसों की सदारत भी की और निहायत जोश से काम में हिस्सा लिया। लेकिन अगर ज़रा ग़ौर से देखा जाता तो उसका हिस्सा, बस नाम का था। आम क़ायदा था कि ख़वातीन[4] के लिए मुंतज़मीन[5] ख़ुद ही तक़रीरें लिखते, रिज़ोल्यूशन[6] तज़वीज़ करते और तमाम काग़ज़ात तैयार करते और वह वहाँ जाकर कठपुतलियों की तरह, बताई हुई लकीरों पर चलने की कोशिश करती, वह भी ऐसे डगमगाते हुए क़दमों से कि ऐन वक़्त पर मददगार को आकर पेंसिल, खोया हुआ अशद ज़रूरी पर्चा मोहैया करना पड़ता। ये औरतज़ात भी किस क़दर ग़ैरज़िम्मेदार जिंस है। वह लेक्चर देने का वादा करके बिलकुल भूल जाती है। ऐन वक़्त पर लोग उसे लेने भागते और याद आता कि जो स्पीच उसे तैयार करने को दी गई थी, उसका सरसरी तौर पर भी मुताला[7] नहीं किया।

---

1. अनर्गल 2. अनिर्णय 3. अँधेरा 4. महिलाएँ 5. प्रबंधक 6. प्रस्ताव 7. अध्ययन

"क्या बताऊँ बिलकुल भूल गई। बड़ी से बड़ी ग़लती करने के बाद मुस्कुराकर कह देती। ये उसका जिंसी हक़ था जिसका इस्तेमाल न करना हिमाक़त थी। कितना ही ज़रूरी मरहला हो, उनका रवैया नहीं बदलेगा। बस ये समझेंगी बावाजी का घर है। मज़े से बैठी हैं। खाना देर में फीका-सीठा पके, बावर्ची का क़सूर। घर मैला हो, नौकरों का क़सूर। कपड़े गंदे हों, धोबी का क़सूर। किसी बात में भी तो उनका अपना क़सूर नहीं। रंडी बन जाएँ, समाज का क़सूर। धोखा खा जाएँ, निस्वानियत और भोलेपन का क़सूर। लुट जाएँ, चोरी चली जाएँ, भगा ली जाएँ, लौंडी बनाकर बेच दी जाएँ, सब ज़ालिमों का क़सूर।

कई असहाब[1] ने उसके नाम से मज़ामीन[2] और नज़्में लिखकर छपवाईं। किताबें छपवाने पर तैयार हो गए। मगर इस खुश्क़ तोहफ़े की तरफ़ उसने इतनी भी तवज्जो न दी जितनी चाँदी के बुंदे पाकर उनकी चमक पर होती। नए ज़माने की नई उलझनों ने लोगों के पास छोड़ा ही क्या है, सिवाए हस्सास दिलों और बेचैन दिमाग़ों के। पहले लोग साड़ियाँ, बुंदे, झूमर, टीका तोहफ़े में दिया करते थे। अब अशआर, मज़ामीन और अफ़साने हाज़िर हैं। दौलत से मतलब। सौदा पटाने के लिए कुछ तो चाहिए। कभी उन सब पर तरस आ जाता। वह भी तो इंसान थे। जवान थे। ख़्वाब देखना चाहते थे। क़सूर ये था कि बटँवारे के वक़्त उनके हिस्से में एहसास ज़्यादा और वुसअतें[3] कम पड़ी थीं। अगर अमीर पैसे के ज़ोर से दस औरतें रख सकता है तो क़लम वाला क़लम को क्यों ज़ंग लगाए। क़लम भी तो वैसे शमशीर[4] का तवाम[5] भाई है, वह क्यों न मुल्कगीरी करे ?

छुट्टी का दिन था और फ़ुर्सत थी। वैसे हेड मिस्ट्रेस को काम करने की ज़रूरत नहीं। उसमें तो थानेदारी का माद्दा होना चाहिए। अगर वह चार उस्तानियों से घुमा-फिराकर आठ का काम ले सके तो वह सही मायनों में महकमा-ए-तालीम की बहीख़्वाह[6] है। मुख़्तलिफ़ थ्योरियाँ चिपकाकर, उल्लू बनाकर ज़्यादा से ज़्यादा बेगार लेना, वक़्त मुक़र्ररा के बाद भी काम कराना और फिर भी उस्तानियों में इंतहाई दर्जे का एहसास-ए-कमतरी पैदा कर देना कि उन्हें अपने दिमाग़ और क़ूवत-ए-मोतख़इयला पर भरोसा न रहे और बिलकुल ही पिसकर रह जाएँ मगर उफ न करें। सारे इल्ज़ामात उनके सर थोपना और सुर्ख़रूई अपने लिए रख लेना। बदइंतज़ामी जंगली लड़कियों और नालायक़ उस्तानियों के हिस्से में। क़ब्रिस्तान जैसी ख़ामोशी और सरकस के जानवरों जैसी सधाई हुई तालिबात[7] हेड मिस्ट्रेस की मेहनत और जाँफ़िशानी[8] का नतीजा !

चपरासी ने आकर इत्तला दी कि कोई औरत मिलना चाहती है। कहलवा दिया नहीं मिल सकती। इन औरतों की आमद भी कई क़िस्म की आफ़तें लाती है। कहीं दुश्मन की जासूस तो नहीं। कहीं जाकर लगाई-बुझाई कर दें। किसी लड़की की माँ या बहन हुई तो, या तो फ़ीस माफ़ करवाएगी या ज़बर्दस्ती दर्जा चढ़ाने को कहेगी। न जाने ये

---

1. सज्जन 2. लेख 3. सामर्थ्य 4. तलवार 5. जुड़वाँ 6. शुभचिंतक 7. छात्राएँ 8. अथक प्रयास

जाहिल माएँ दर्जों को बाँस की सीढ़ियाँ क्यों समझती हैं ! जिन्हें पार कराना हेडमिस्ट्रेस का काम है। जहाँ सालाना इम्तहान शुरू हुए और कमज़ोर और बदशौक़ लड़कियों की माओं को हेडमिस्ट्रेस की मुहब्बत चर्राई। मिठाइयाँ चली आ रही हैं, तोहफ़े नाज़िल[1] हो रहे हैं, हाथ-पैर जोड़े जा रहे हैं। अगर नहीं मानतीं तो धमकियाँ और गालियाँ भी मौजूद हैं।

चपरासी ने आकर कहा कि अजीब टेढ़ी क़िस्म की औरत है, नहीं मानती। साथ-साथ वह ख़ुद ही आ गई। मजबूरन मिलना पड़ा। बुर्क़ा उतारकर घर की तरह हो बैठी।

"आप मिस गुप्ता है ?" छूटते ही सवाल किया।

"नहीं।"

"नहीं, तो शायद मिसेज़ नूरानी !"

"जी नहीं !" ज़रा सख़्ती से कहा गया।

"कामनी देवी ?"

"आपको ग़लतफ़हमी हुई...मैं..."

"तो आप यक़ीनन ज़ोहरा होंगी...क्यों ?"

"जी...नहीं ! मतलब क्या है आपका ?" जलकर कहा।

"या अल्ला ! तो फिर आप कौन हैं ?"

"आप की बला से। आपको कुछ कहना हो तो..."

"अरी भन्नो, कहना तो बहुतेरा है, पर ये भी तो मालूम हो कि कौन-सी हो... च्च...अच्छा आप...ओह। वह...वही...अबे वह क्या भला-सा नाम है अल्लामारा... च्च...हाँ तसनीम...तसनीम...ख़ुदा की मार इस याद पर।"

"जी नहीं, मैंने कहा ना कि आप को ग़लतफ़हमी हुई..."

"नहीं जी। ऐसी भी क्या ग़लतफ़हमी ! इस हल्क़े में तो...यही नाम हैं। अच्छा जाने दो, ये बताओ कोई सुन तो नहीं रहा है !"

"जी नहीं। आपको जो कुछ कहना है जल्दी कहिए और बराहेकरम[2] तशरीफ़ ले जाइए।"

"हाँ, हाँ, घबराओ मत। तशरीफ़ भी ले ही जाऊँगी मगर...ख़ैर जो कुछ भी हो तुम्हारा नाम, ख़ाक़ पड़े मुझे क्या। तुम उसे तो जानती होगी, इफ़्तख़ार अहमद को।"

"ऐं ?" शम्मन समझ गई सी.आई.डी. से पाला पड़ा। मगर वह बच्चा न थी।

"मुकरना मत, तुम्हें क़ुरानपाक की क़सम...पाक पंजतन का वास्ता...देखो बहन ख़ुदा को भी मुँह दिखाना है...अपने प्यारों की क़सम !"

"क्या मतलब है तुम्हारा...फ़ौरन चली जाओ वरना..."

"बीवी मुझे इन गीदड़ भभकियों से तो धमकाओ मत। तुमसे ज़्यादा ज़माना देखा

---

1. आ रहे हैं 2. कृपया

है और भुगता भी है, जो इन जले नसीबों में लिखा था। फिर क्या फ़ायदा। ये तो बताओ उसने तुम्हें माँ बनाया था, या बहन, या माशूक़ा[1] ?"

"तुम दीवानी मालूम होती हो...जाती हो कि फिर..."

"अंदाज़े से तो यही मालूम पड़ता है कि...कि...बहन। .ख़ूबसूरत नहीं, हाँ ग़नीमत हो।"

"तुम नहीं जाओगी ?"

"जाऊँगी क्यों नहीं, पर अपनी कहकर और तुम्हारी सुनकर...तो मेरे ख़याल में माशूक़ा ही होगी...ढंग भी बताते हैं। अल्ला रखे शर्म आ गई !" वह तंज़ से मुस्कुराई।

"तुम्हें इन बातों से क्या वास्ता ?"

"कुछ भी नहीं, मुझ उजड़ी को क्या वास्ता होता...बस यही कि मैं उस बदज़ात की बीवी हूँ।"

"तुम...तुम।"

"हाँ मैं। यक़ीन न आए तो ये सर्टीफ़िकेट देख लो...मैं जानती थी कि तुम यही कहोगी झूठ। तो लो ये...हसीनबी ज़ौजा[2] इफ़्तख़ार अहमद...क़ौम सैय्यद..."

"तुम क्या चाहती हो ?" आँखें झुक गईं।

"यूँ कहो...हाँ तो बिन ब्याही हो या माशाअल्लाह..."

"तुम अपनी कहो...क्या कहना है।"

"तो माशाअल्लाह कुँवारी हो। मुँह से तो यही लगता है। ग़ैब[3] का हाल अल्ला जाने। आजकल कुँवारी-ब्याही में अल्लामारा फ़र्क़ ही क्या रह गया है..."

"बकवास बंद करके अपना मतलब बयान करो।"

"तो बहन मतलब ये कि तुम्हें उस कीड़ों भरे कबाब में क्या दिखाई दिया जो रीझ गईं। बुरा न मानना अगर मुँह से कोई बात निकल जाए तो। चौदह बरस की उम्र से तो मैं उसे भुगत रही हूँ। एक घड़ी भी सुख-चैन की गुज़ारी हो तो बारह इमामों की मार...दीदार नसीब न हो। तीन बच्चे हैं...तेरे-मेरे घर इतनी उम्र गुज़ार दी...बाप के हुक़्क़े भरे, भतीजों के गू-मूत किए, भावजों की फटकारें सहीं। अल्ला ने जैसा कुछ भी डाला, भुगता...पर अब भन्नो मेरी..."

शम्मन के हाथ-पैर फूल गए। उसकी हिचकियों ने, आए हवास ग़ायब कर दिए।

"मैं हार गई, पर तुम माशाअल्लाह पढ़ी-लिखियाँ, उसे भुगत रही हो। तुम्हारा इसमें क़सूर नहीं, वह है ही ऐसा। ख़ुदा की फिटकार उस पर, सूरत न शकल। अल्ला जाने ये औरतें उस पर क्यों लट्टू हुई जाती हैं। ऐ ! और तो और बूढ़ी-बूढ़ी ढड्डो, कोई बेटा बनाकर कलेजे से लगाए लेती है। किसी का बीरन बना हुआ है। सुनती हूँ कि कहीं निकाह भी कर रहा था।"

"तुम ये किस इफ़्तख़ार का ज़िक्र कर रही हो ?"

---

1. प्रियतमा 2. पत्नी 3. ओझल

"ऐसा दीवाना न समझो। मैं ख़ूब समझती हूँ।" कॉलेज में पढ़ता था तुम्हारे संग...शमशाद है न तुम्हारा नाम...ख़ूब याद आया...फ़ोटो भी है उसके पास। और...तुम झूठ न समझो। मैं पक्का सबूत दे दूँगी। पहले सुन लो। ये जो नवाब...हैं ना ! उनकी बीवी का भाई बना हुआ है और मैं नन्हीं नादान नहीं कि इन बहनों और अम्माओं के छल-बट्टे न पहचानूँ, अल्लामारियाँ अम्मा-बहिनिया के रिश्ते को शरमाती हैं। अरे काम करो तो खुलेबंदो करो, जब जानें।"

"ख़ैर...आप क्या चाहती हैं।"

"ये बताइए, आप उसे रुपए देती रही हैं ?"

"नहीं !"

"झूठ न बोलो...मेरे पास आपके ख़त मौजूद हैं जिनमें हवाले दिए गए हैं। यही नहीं बहन माफ़ करना, आपने उसके लिए बैठकर स्वेटर बुने हैं। हाथ जला-जलाकर हलवे तैयार किए हैं...और..."

"मेरे ख़त दिखा सकती हो..."

"मुझे पहचान तो नहीं मगर आपके शहर की मुहर से शायद..." वह मदारी की तरह थैले में कुछ ढूँढ़ने लगी और ख़तूत के बंडल निकालकर गोद में रख लिए...

"मैं...आप छीनने की कोशिश न करना..." उसने बेऐतबारी से एक तरफ़ मुड़कर कहा और शम्मन शर्म से पानी-पानी हो गई। क्योंकि एक सानिये[1] को उसके दिल में ये ख़याल ज़रूर आया था कि क्यों न झपट्टा मारकर ज़ालिम से अपनी बेवक़ूफ़ियाँ छीन ले और...

"ये...नीले लिफ़ाफ़ों में....आप ख़ुद देख लीजिए।"

शम्मन ने कँपकँपाती उँगलियों से लिफ़ाफ़ा ले लिया। खोलकर देखने की ज़रूरत न थी। हक़ीक़त नंगी होकर नाच रही थी।

"ख़ातिरजमा[2] रखो...मैंने कोई ख़त नहीं पढ़ा। मेरे भेजे में कहाँ इतना बूता कि छलिए के मुहब्बतनामे पढ़ूँ। और बन्नो ! शुरू-शुरू में चुराए भी, पढ़े भी, जलाए भी पर अब तो सब चीज़ों पर ख़ाक डाल दी...उसे लिखनेवालियाँ न थकीं पर मैं तो हार गई।"

"आप क्या चाहती हैं ?" शम्मन ने भीगी बिल्ली की-सी म्याऊँ की।

"अरी बहिनिया मैं क्या चाहूँगी। तुम ख़ुद सोच लो।" पलँग पर आलती-पालती मारकर कहा।

"ये देखो कि निखट्टू को तो आँख का तारा बनाकर रखा है और मुझ दुखियारी को तो लोग घर में नहीं घुसने देते। चलो चलो हट्टी-कट्टी भीख माँग रही हो। लो भई जैसे हमें शौक़ ही तो है दर-दर ठोकरें खाने का, लोगों के आगे हाथ पसारने का। कभी हमारा भी ज़माना था। लाख का घर ख़ाक हो गया। ससुर की आँखें पलट गई थीं।

---

1. क्षण 2. निश्चिंत

कौड़ी-कौड़ी फूँक दी और ये कंगाल बेटा मैके में पटककर, ख़ुद निकल खड़ा हुआ। वैसे बच्चे दिलाने बरस के बरस पहुँच जाए। अभी गए महीने तुम्हारे पास आया था। रात गए मैंने स्टेशन पर पकड़ा और वह वेटिंगरूम में से हवा हो गया। पर मैं भला छोड़ने वाली थी ? फाटक के पास छुप गई। जैसे ही बाहर निकला, मैं साथ चली कि पता तो लगाऊँ उसके ठिकानों का। जब वह तुम्हारी खिड़की में कूदा तो मैं संग थी। वह तो मैं उसी वक़्त आ जाती पर फ़ायदा क्या था। दूसरे, सुना है यार के साथ मिल के औरतें काम तमाम करने से भी नहीं चूकतीं। वह तो ख़ाक बचाता मुझे। उसका बस नहीं वरना गला घोंट दे ख़ुद। मगर बहन तब तक मैंने तुम्हें देखा नहीं था। पर अब मालूम हुआ। अगर अंदाज़ा ग़लत नहीं तो शरीफ़ घराने की बेटी मालूम होती हो। आँखों में शरम है।''

शम्मन का जी चाहा काश ! वह अंधी होती और कान भी फूटे हुए होते।

''तुम क्या जानो उसके कितने सिलसिले चलते हैं। जमाने भर की औरतों ने वज़ीफ़े बाँध रखे हैं। हुकूमत को अलग तिगनी का नाच नचा रखा है। ये जो भुवाली गया था, ये भी कोई चाल थी। मैं तो ख़ुश हो गई थी कि अल्लामारा अब तो मरेगा। बला से राँड हो जाऊँ तो ख़ैर-ख़ैरात की तो हक़दार हो जाऊँ। बच्चों का पेट तो पले।''

''आप फ़रमाइए भी कुछ...'' शम्मन ने सहमी हुई आवाज़ निकाली।

''या अल्ला इतना जो फ़रमाया, तो कुछ भी नहीं। माशाअल्ला इतने दिन बाप को भरा, थोड़ा बहुत बच्चों का हक़ भी समझ लो। अगर नहीं तो तुम्हारी मर्ज़ी। तुम से मिल ली। जी ख़ुश हो गया। शरीफ़ हो, शराफ़त को हाथ से न जाने दोगी। ये नहीं की स्पूडेंट साहब की बीवी की तरह लगीं ग़र्रे-डिब्बे दिखाने। मैंने कहा होश में रहकर बात करो बेगम। किस भुलावे में हो। पराए मर्द से आँख लगाते शर्म नहीं आती ? अपना छह हाथ का अच्छा भला छोड़कर इस क़ब्र-बिज्जू पर जी दे बैठी। फिर ऊपर से ऐंठी तो बंदी भी ऐसी-वैसी नहीं, साफ़ कह दिया कि ख़तों का बंडल जाता है स्पूडेंट के पास कि मियाँ दूसरे के हथकड़ियाँ पड़वाते फिरते हो, घर में क्या मज़े से ख़ुद अपनी इज़्ज़त पर डाका डलवा रहे हो। आस्तीन में साँप पाल रहे हो। बस निकल गई सारी हेकड़ी।''

झट हाथ के कड़े उतार के देने लगीं। मैंने कहा, ''बीबी ऐसी कच्ची गोलियाँ किसी और को खिलवाना। उल्लू नहीं हूँ। ऐसा भी क्या, कड़े ले जाऊँ। जो कल को ख़सम से कहकर जेल में धरवा दो तो कैसी हो—ज़रा पानी मँगवा दो...ख़ुदा की फटकार हलक़ भी तो सूख गया।''

शम्मन ने पानी उँड़ेलकर बर्फ़ डाली और पेश किया।

''जुग-जुग जियो बहन, दुखियारी की ख़ातिरदारी का अज्र[1] मिलेगा।''

''ये मेरी बैंक की किताब है, ये बुंदे और चूड़ियाँ...इसके अलावा जो कुछ भी आपको नज़र आ रहा है...आपको जो कुछ चाहिए ले जाइए।''

देर तक हुसैन बी बैठी किताब के वर्क़[2] उल्टा कीं।

---

1. प्रतिफल 2. पृष्ठ

''कुछ तुमने जमा ही नहीं किया।''

''जो कुछ भी है, यही है।''

''हूँ।'' वह सोचने लगी, ''मगर मैं तो कल जा रही हूँ।''

''आज तो छुट्टी की वजह से पोस्ट ऑफ़िस बंद है।'' शम्मन ने सूखी आवाज़ से कहा।

''ये बुंदे तो अच्छी वज़ा[1] के हैं। पहन लूँ, कान बूचे लगते हैं। चूड़ियाँ दिल्ली की बनी मालूम होती हैं। क्यों ?''

''हाँ।'' शम्मन ने जबरन कहा।

''अच्छी हैं। कुदसिया के लिए ऐसी ही बनवाऊँगी। बिन बाप की बच्ची है पर देख लेना, जो कुछ भी कमी रह जाए। उसे तो वह ख़ुदाईख़्वार भी चाहे है। पार साल सौ रुपए दे गया था। दे क्या जाता, मैंने ऐंठ लिए। वह ज़िंदगी अजीरन की कि उगलना ही पड़े। दो स्वेटर भी दिए थे कि उधेड़कर बच्चों के बना ले, तो मैंने मुन्ने और असलम के लिए बना दिए। इत्ता-सा ऊन बच गया। ख़ुदा की सँवार इन औरतों पर, क्या दरियादिली से उस बदनसीब के लिए बुनती हैं। ऊन भी तो महँगा है।''

शम्मन ख़ामोश सुनती रही।

''अच्छा बहन, तो मैं चली...ये लो अपने ख़त-पत्तर। गिन लो सँभालकर।''

''और रुपए ?''

''अब जाने भी दो रुपए। मेरे आगे भी कुँवारी बेटी है। बेरी की तरह बढ़ रही है। बीबी, दुनिया नहीं देखी तुमने। ऐसा ही है तो कुछ ऊपर पड़ा हो तो दे दो।''

शम्मन ने बटुआ झाड़कर एक सौ चालीस रुपए गिना दिए।

''अल्ला तुम्हारा भला करे। तुम भी ब्याह कर डालो बन्नो। बाप-दादा का नाम उछालने से क्या फ़ायदा ! ये मुँह पर मुँहासे निकल रहे हैं। सरसों दूध में घिसकर लगाओ। अल्ला ने चाहा तो चिट्टी खाल निकल आएगी...तो मैं चली–''

दरवाज़ा खुला और वह तेज़ क़दम मारती निकल गई...शम्मन मिट्टी के ढेर की तरह बेजान बैठी ख़तों के लावारिस बंडल को तकती रही। तो ये थी उसके गुलशन-ए-मुहब्बत की उम्र भर की कमाई !

चपरासी ने आकर बताया कि जलसे की कार इंतज़ार कर रही है। उसे आज एक ज़रूरी लेक्चर देना था।

''कह दो, नहीं हैं।''

और वाक़ई उस वक़्त उसकी हक़ीक़त 'नहीं' से भी कम हो रही थी।

---

1. बनावट

उनतालीस

चौंककर उसने देखा तो शाम की धुँधली स्याही कमरे को मुख़्तसर बनाती जा रही थी। दहशतज़दा होकर वह पीछे सिमट गई। ये इतनी देर वह कहाँ रही ? जब हसीन बी उसे छोड़कर गई तो ख़ासी धूप थी। तो फिर ये तीन-चार घंटे उसके वजूद[1] ने किस तबक़े में डूबकर गुज़ारे। एहसासात के साथ उसका दिमाग़ भी सुन्न हो गया था। न हिली, न डुली मगर दिल धड़कता रहा। फेफड़े फूलते-पिचकते रहे। ख़ून का दौरान क़ायम रहा, मगर ख़ुद ? न सोई न जागी। न ही इतनी देर कुछ सुना, देखा और सोचा। न ही कोई ख़्वाब देखा। तो फिर क्या करती रही ?

ज़ब्त के तनाव से जुमलाए-हवास मअदूम[2] होकर किसी नामालूम गहराई में ग़ोता मार गए और अब वहाँ से आहिस्ता-आहिस्ता उभर रहे थे। दफ़अतन[3] उनकी रफ़्तार तेज़ हुई जैसे सतह की कशिश बढ़ गई और वह ऊपर की तरफ़ दौड़ने लगे। सड़क पर लालटेनें जल उठीं। ताँगे आगे-पीछे दौड़ने लगे। दूर कहीं रेल की सीटी भी गूँजी। कंकर कूटने का इंजन दिन-भर की जाँफ़ेशानी[4] के बाद भारी क़दमों से अड्डे की तरफ़ लौट रहा था। उसकी फूली हुई साँस धौंकनी की तरह हाँफ रही थी। पास के क़स्बों की तरफ़ जाने वाली ठसाठस लारियाँ हाथियों की तरह झूमती चली जा रही थीं। नए-नए सुर और नग़मे कानों में लशतम-पशतम घुसने लगे और ऐसा मालूम हुआ कि वह ज़मीन की साँसों को आज पहली बार सुन रही है। इतनी देर मुर्दा रहने के बाद कानों के पर्दे इन आवाज़ों से ना-आशना[5] हो चुके थे ! और बिलकुल ग़ैरों की तरह परागंदा[6] होकर हर नई आवाज़ पर चोट खाकर चौंक उठते तो दुनिया मौजूद थी वैसी ही जानदार और हट्टी-कट्टी। सिर्फ़ वह गुम हो गई थी। उसे बड़ा दुख हुआ। उसकी ग़ैरमौजूदगी से कुछ भी तो निज़ाम दरहम-बरहम[7] न हुआ।

मशीन के लखोखा[8] पुरज़ों में से अगर एक नन्हा-सा बेहक़ीक़त पेंच थोड़ी देर को ढीला होकर गिर गया तो सफ़र रुक नहीं गया। कुछ भी तो न हुआ। जुमला अनासिर[9] की मौजूदगी में, सिर्फ़ उसकी ख़ातिर ये कारवाने-हयात[10] क्यों सुस्त पड़ जाता ! रोज़मर्रा का भयानक इंजन तो इसी तरह सीटी बजाता, पटरियाँ बदलता, दनदनाता रहा। वह जल्दी से खड़ी हो गई। इम्तहान के लिए दो-चार क़दम उठाए। हाथ-पैर हिलाकर देखे। हर टुकड़ा सालिम था। पुर्ज़े चल रहे थे। कीलें दुरुस्त थीं। खोते वक़्त तो पता न चला। खट से बिजली का बटन दब गया होगा। मगर पाते वक़्त वह सब कुछ देख रही थी, किस तरह उसकी भटकी हुई हस्ती झिझकती-शर्माती वापस लौट रही थी। किसी ने कमरे में रोशनी भी नहीं की थी। अदब[11] की वजह से कोई उसके कमरे में आ भी न सकता था और जो इसी तरह वह बिलकुल ही खो जाती तो ये मोअद्दब[12] ख़ादिम

---

1. अस्तित्व 2. नष्ट होना 3. अचानक 4. अथक प्रयास 5. अपरिचित 6. परेशान 7. छिन्न-भिन्न 8. असंख्य 9. पंच तत्व 10. जीवन का कारवाँ 11. साहित्य 12. शिष्ट

उसे ढूँढ़ने भी न आते और शायद ढूँढ़ते भी तो इतनी देर से कि पाने का वक़्त गुज़र चुका होता। यहीं इस बिस्तर पर वह खो जाती। कीड़े-मकोड़े अपना हिस्सा बटोरने आ पहुँचते।

मारे दहशत के वह काँपने लगी। जी चाहा उस घुटे हुए नन्हें-से डब्बे में से भागकर ज़म्मेग़फ़ीर[1] से लिपट जाए। उन्हें दोनों हाथों से पकड़ ले और कहे, "मुझे ख़ुद में जज़्ब[2] कर लो...छिपा लो। चारों तरफ़ से घेरकर इस डरावने अकेलेपन को मार भगाओ...और अब मुझे न खोने देना। और फिर शायद इनकी ज़िंदगी के मस[3] से ये मुर्दनी छँट जाएगी जो उस पर बरसों की पड़ी ख़ाक की तरह ज़र्रा-जर्रा गिरकर जमा हो गई थी।

ये उसके कमरे में क़ब्रिस्तान जैसी पुरानी और ठंडी बू कैसी ? जैसे बरसों से बंद पड़ा हो। चपरासी ने आज लोबान भी तो नहीं जलाया। मगर फिर उसे एकदम लोबान की ख़ुशबू से डर लगने लगा।

उसकी मुर्दा ख़ुशबू से तो ये कमरा बिलकुल पुरानी क़ब्र बन जाएगा। वह क्या करे ? क्या करे ? कहाँ जाए ? किसके पास ? देर तक वह यही सोचती रही कि अब अपने इस टूटे-फूटे वजूद का क्या करे। किस तरह उन बिखरे हुए ज़र्रों को समेटकर जोड़ डाले।

"माँ...माँ।" वह ख़ामोशी से पुकारने लगी। उसका जी चाहा चीख़-चीखकर माँ को पुकारे। उस माँ को नहीं जो अपने बाप के घर में बैठी उसकी ख़्वाहिशात को तस्कीन[4] पहुँचाया करती थी और जिसने उसे जन्म देकर दूसरा जीव पेट में डाल लिया था, फिर उसे फ़रामोश[5] कर दिया था। बल्कि वह माँ जिसकी प्यार-भरी गर्म आग़ोश में गोल-मटोल होकर वह रूह की इस ठिठुरन को दूर कर सके। जिसके नर्म-ओ-नाज़ुक हाथ उसकी थकी हुई कमर को सहलाएँ और दहकती हुई आँखों को भींचकर उन आँसुओं को निकाल दें जो मई-जून के बादलों की तरह उसकी कनपटियों में फँसे हुए थे। गर्म-गर्म लू जैसे थपेड़े कानों के पीछे से उठकर उन्हें झुला रहे थे, पर बरसने नहीं देते थे।

"ठहरो...ठहरो, ज़रा देर ठहरो।" उसने ख़ुद को नर्मी से चुमकारा, "ज़रा-सी देर ठहरो, सब कुछ गुज़र जाएगा...ये धूल-भरी आँधी बैठ जाएगी। तूफ़ान उतर जाएगा... एक गिलास पानी पी लो...ठंडा-ठंडा।"

फ़रमाबरदार[6] बच्चे की तरह चलकर उसने एहतियात[7] से थर्मस खोला। बर्फ़ के टुकड़े हीरों की तरह पानी में डुबकियाँ लगा रहे थे। खिड़की में से आती हुई कमज़ोर रोशनी उन्हें आबगीनों[8] की तरह चमका रही थी। ख़ुद उसकी साँसें थर्मस के ख़ाली हिस्से से टकराकर हीरों को चूमती हुई वापस उसके चेहरे पर फैल गईं। चेहरे के अज़लात[9] ख़ुद-ब-ख़ुद मुस्कुराहट में डूबकर ढीले पड़ गए। जान-बूझकर उसने थर्मस से मुँह लगाकर लंबी-लंबी साँसें खींचना शुरू की। ठंडी हवा की चादरें-सी हलक़ से सीने

---

1. भीड़ 2. सोख लेना 3. स्पर्श 4. शांति 5. विस्मृत 6. आज्ञाकारी 7. सावधानी 8. हीरों 9. मांसपेशियाँ

में उतर गईं। डरते-डरते उसने एक चमकीली शफ़्फ़ाफ़ डली को छुआ। अरे ! एक ठंडा बोसा[1] सारे जिस्म में बिच्छू के ज़हर की तरह चढ़ गया, और हिम्मत बढ़ी। उँगली लपकाकर उसने एक डली को पकड़ लिया जो फिसलती मछली की तरह ज़ोर मारने लगी। मगर झट से उसने हथेली पर डाल दिया। जिल्द[2] में से होती हुई ठंडी-ठंडी गुदगुदी कुहनी तक फैल गई। शफ़्फ़ाफ़ डली आँसुओं में तैरने लगी। हथेली की गर्मी से बेचैन होकर वह इधर-उधर मचलने लगी। न जाने क्या ख़याल आया कि उसने बरसों के प्यासे होंठ उस पर चिपका दिए। इतनी देर बेकार पड़े रहने से ज़बान बेमज़ा हो गई थी। सारा मुँह कड़वा हो गया था। जैसे किसी ने कच्चा-कच्चा ख़ून लेकर हलक़ में पोत दिया। हाथ डालकर उसने भागते हुए टुकड़ों को मुट्ठी में भींच लिया और मुँह में भरकर चबा डाला। यहाँ तक कि उसका हलक़ ज़बान और खुराक़ की नाली यख़[3] हो गई। मगर वह बर्फ़ीले चने चबाती रही। डलियाँ ख़त्म करके उसने गँदला पानी गिलास में उँड़ेला। नदीदे शराबी की तरह वह एक-एक जुर्आ[4] निचोड़ लेना चाहती थी। थर्मस छोड़कर उसने गिलास की तरफ़ हाथ बढ़ाया। ज़रा ओछा पड़ा; और—गिलास एक शीरीं झनाके से उछलकर ज़मीन पर गिरा। टुकड़े बिलकुल जानदार परिंदों की तरह फड़फड़ाने लगे।

वह सचमुच बिसूर दी, जैसे किसी ने नन्हें से बच्चे का दूध लुढ़का दिया। और वह उस वक़्त बहुत हस्सास और नन्हीं बन गई थी। बचपन और मामता के सारे जज़्बात गडमड होकर न जाने क्या बन गए थे। ग़म और गुस्से का जोश सोडे के उबाल की तरह फ़ौरन बुझ गया। एक बार बेअख़्तियार जी तड़पा कि गिलास के बिल्लूरीं टुकड़ों को भी ठंडे चनों की तरह चबाकर निगल जाए। मगर 'बुरी बात' किसी ने अंदर से टोका और वह चिढ़े हुए बच्चे की तरह बिगड़ खड़ी हुई। दाँत पीसकर उसने पूरी ताक़त से टुकड़ों में ठोकर मारकर उन्हें सारे कमरे में बिखेर दिया। चमकीले ज़र्रे हवा में नीम-मुर्दा चिंगारियों की तरह चटख़कर तैर गए !

बड़ा लुत्फ़ आया। जैसे कनपटियों में उड़े हुए बादल ढीले होकर बह गए। मेज़ पर से उसने दूसरा गिलास उठाया। पहले रोशनी की तरफ़ करके उसके आर-पार झाँका। बूँदों के चारों तरफ़ क़ौसेकज़्ज़ा[5] की गोट, आगे पीछे दौड़ते हुए रंगों के डोरे, दूर रखी हुई मेज़...कितनी नन्हीं-सी बालिश्तियों जैसी लग रही थी। पलँग और कुर्सी भी...अरे वह ख़ुद भी तो इतनी ही मुन्नी सी हो गई। जभी तो उन छोटे-छोटे खिलौनों पर सोती और बैठती है और ये सारी दुनिया उस गिलास में आकर कस गई है...वह ख़रबूज़े के बीजों बराबर किताबें, बटन बराबर स्टूल और कपड़ों की खूँटी। क्या अच्छा होता जो वह ख़ुद भी नन्हीं-सी गुड़िया की तरह कुर्सी पर दराज़ नज़र आती। ये बारीक दुनिया उसकी रसाई से क्यों दूर थी। वह किस दरवाज़े से घुसे अंदर ? जलकर उसने गिलास छोड़ दिया। अलमारी खोलकर जल्दी से नया सेट निकाला, हल्के आसमानी रंग के गिलास उसने एक करके रुपहली क़हक़हों में ग़र्क़ कर दिए।

1. चुंबन 2. त्वचा 3. ठण्डा 4. घूँट 5. इंद्रधनुष

तो क्या हुआ वह कल और नया सेट ले आएगी। नीला, पीला, गुलाबी हर रंग का गिलास और फिर उनके टुकड़ों के साथ ख़ुद भी क़हक़हे लगाएगी।

किसी ने दरवाज़ा खटखटाया, डरकर वह टुकड़ों को छिपाने लगी।

"सितार मास्टर आए हैं।" चपरासी ने कहा।

"भगाओ कमबख़्त को।" उसने कहना चाहा, पर ख़याल बदल दिया। "आती हूँ।" उसने अपने खोए हुए रौब को ढूँढ़कर कहा। जल्दी-जल्दी साड़ी की शिकनों को हाथों से दूर किया। चप्पल पहनकर आइने के पास गई। रोए हुए शरीर बच्चे जैसे चेहरे को जल्दी से पाउडर थोपकर धुँधला कर दिया। ज़ायद पाउडर तौलिए से पोंछकर उसने बाल कंघी से ऊँचे किए। बाईं आँख के पपोटे पर से पाउडर रगड़कर वह एकदम खिलखिलाकर हँस दी।

सितार पर जयजयवंती की नई गत के तोड़े लेते वक़्त उसकी नज़र पैर के अँगूठे पर पड़ी। ख़ून से डरकर उसने हाथ नहीं रोका।

ठोकर लगाते वक़्त मज़बूत टो का जूता पहनना चाहिए। उसने ख़ून को क़ालीन पर रगड़ दिया। सोने से पहले उसने दोनों दरवाज़े एहतियात से बंद करके चटखनी चढ़ा दी। खिड़की का सारा पर्दा भी खेंच दिया। हर तरफ़ से मुतमइन होकर वह दबे पैर पलँग के पास आई। आहिस्ता से बिस्तर घसीटकर ज़मीन पर डाल दिया। छत का पंखा खोलकर चित लेट गई। रीढ़ की हड्डी ख़ास ख़मों में झुकने की आदी, सीधे फ़र्श पर लेटने लगी।

नहीं... हर ख़म मिटा दिया जाएगा। इस लहरिए को सीधा होना पड़ेगा। उसने हुक्म दिया और ऐसी गहरी नींद में डूब गई जो बरसों से सिर्फ़ आरज़ू बनकर रह गई थी।

चालीस

सोकर उठी तो मालूम हुआ दिन बहुत चढ़ आया है। ख़बरों का वक़्त निकल चुका था। रेडियो पर कोई धीमे सुरों में किसी ताज़ादम राग का आलाप कर रहा था। इत्मीनान से चाय की प्याली ख़त्म की और सुबह का अख़बार उठा लिया।

"जर्मनी ने रूस पर हल्ला बोल दिया।"

वह जल्दी से तकिए का सहारा लेकर बैठ गई और दोबारा उन मोटे-मोटे हरफ़ों को पढ़ा जो तारीख़ के माथे पर ख़ूनी लकीरों की तरह खिंच चुके थे। उसे हसीन बी को देखकर इतना ताज्जुब हुआ था, जितना इस ख़बर को पढ़कर हुआ। मगर न जाने वह क्यों मुस्कुरा दी। ख़बरें अगर नई सूरतें अख़्तयार करके आएँ तो इंसान मुस्कुरा ही पड़ता है। कल तक रूस और जर्मनी गले में बाहें डाले एक-दूसरे को चुमकार रहे थे,

और आज ये जूतमपैज़ार शुरू हो गई। शुब्हा तो था मगर इतना क़रीब नहीं। बाईस जून भी तारीख़ में यादगार रहेगी। किसी को मालूम ही नहीं कि रूस के अलावा किसी और की सल्तनत को भी ताराज[1] कर दिया गया था। आने वाली पौध इस तारीख़ को रटते वक़्त इस सल्तनत की शिकस्तख़ुर्दा रानी के ख़्वाब से भी वाक़िफ़ न होगी। मगर फिर भी ये दिन किसी न किसी सूरत में दुनिया के दिमाग़ में बसा रहेगा। और इस ख़याल से उसे एक गूना तसल्ली हो गई। जो कुछ भी किया हिटलर ने, ठीक किया वरना याददाश्त के लिए उसे अपनी डायरी ख़राब करनी पड़ती। इस हसीन ख़्वाबों की डायरी में ये धब्बा कितना बदनुमा मालूम होता।

अरे उसे उठना चाहिए। दुकानें खुल गई होंगी। जंग का ये नया रुख़ ज़रूर क़ीमतों पर असर डालेगा। जाड़े का सामान भी अगर ख़रीद लिया जाए तो क्या हर्ज है ! ज़रूरी काम का बहाना करके वह फ़ौरन स्कूल की लॉरी में बाज़ार चल दी।

आज उसे ज़रा शोख़ रंग पसंद आ रहे थे ! उस दिन न जाने किसने कहा था कि साँवले रंग पर गंदला सब्ज़ रंग बहुत ज़ेब[2] देता है, कासनी नफ़ासत का पता देता है और सुनहरा शाही कहलाता है।

बनारसी फ़ीते आगे चलकर ज़रूर महँगे हो जाएँगे। साटन भी चढ़ रही है। दो कोट जल्द ही बेकार हो जाएँगे। हर चीज़ दुगनी ख़रीदनी चाहिए। निस्फ़[3] से ज़्यादा पूँजी कपड़ों में तबदील हो गई। बाक़ी कुछ नए सेट कटलरी और चटपट में उड़ गई। उसने एक ख़ातून को रुपहला रोग़न नाख़ूनों पर चढ़ाए देखा। काले स्याह हाथ, रावण की बहन जैसे ख़ूँख़ार लग रहे थे। बाक़ी के चार-पाँच रंग उसे पसंद आए। टैनी रद्दी होती है। ब्लैक मैचिंग का मुक़ाबला नहीं कर सकती मगर मैक्सफ़ैक्टर का पूरा सेट क्या बुरा रहेगा। उम्र में पहली मर्तबा एक माह के कुल ख़र्च के बराबर रुपया उसने उन्हीं लवाज़मात[4] में झोंक दिया। सिंघार में देसी बिदेसी सब चलता है और कपड़ों में भी कौन पूछता है। कह सकती है कि पहले का ख़रीदा हुआ पड़ा है, तरक़्क़ीपसंद बनने से पहले का है। जलाना बेवक़ूफ़ी है। मजबूरन पहन ही डाला जाए।

बग़ैर आस्तीन के ब्लाउज़ में कितने ही फ़ायदे हैं। कपड़ा कम, गर्मी कम और आराम ज़्यादा। जाड़ों में भी कोट के नीचे पहन लो तो कंधे बहुत नहीं फूलते। बाज़ुओं की आदत नहीं और जिल्द भी दुरंगी है। कोहनी तक गहरी और जहाँ छुपी रही वहाँ हल्की ठीक हो जाएगी। लोग समझ जाएँगे कि नया-नया ही सीखा है तो बला से, कर क्या लेंगे ?

वही कॉमरेड समद की पाँच सीट जिसमें हमेशा दम घुटता था, आज ज़रूरत से ज़्यादा वसीअ मालूम हुई। एक तरफ़ कॉमरेड और दूसरी तरफ़ शायरे-इंक़लाब। फिर भी काफ़ी जगह थी और उसे ज़रा भी एतराज़ न हुआ। जब वह दोनों बार-बार एक-दूसरे की सिगरेट जलाने या किसी और बहाने से उसे दोनों तरफ़ से भींचने लगते, उनकी

---

1. मिटाना 2. शोभा 3. आधी 4. चीज़ें

गर्म साँसें गर्दन और बाज़ुओं को सेंकतीं या उनकी बेकल पिंडलियाँ उसकी साड़ी से टकरातीं तो वह बिलकुल अनजान बनकर बाहर देखने लगती, ऐसे कि उसके दोनों रुख़ हसीन ज़ाविए[1] पेश कर सकें।

साटन की सदरी में ये बड़ा ऐब है कि आँचल बहुत फिसलता है और इंक़लाबी शायर की आँखें लट्टू की तरह नाचती हैं। समद की गर्दन में बार-बार क्या चीज़ रेंगती है कि जिसे हटाने के लिए उसे अपनी कोहनी शम्मन के पहलू में अड़ानी पड़ती है और शायर की रानों में खुजली होती है तो वह अपने जिस्म से ज़्यादा क़रीब बैठने वाले के जिस्म को खुजा डालता है। आगे झुककर वह प्रोफ़ेसर रहमान से वक़्त पूछने लगी, गो कॉमरेड और शायर दोनों घड़ियाँ बाँधे थे। मगर रहमान के सर पर जाकर नए क़दमों से दौड़ रही थी।

जलसे में ज़ोर-शोर का मुबाहसा रहा। मगर सब कुछ बौखलाए से थे। समझ में नहीं आता था कि किसे बुरा कहे और किसे अच्छा। जितने मुँह उतने बोल।

''बेवक़ूफ़ है, रूस को चाहिए था जर्मनी से मिलकर इम्पीरियलिज़्म का ख़ात्मा करता।''

''दिखावे की है लड़ाई, उड़ा दी है दुश्मनों ने।''

''नहीं जी, ख़बर सच्ची है। पड़ोस में रात-भर गोरे ख़ुशी से नाचते रहे। अपनी बला दुश्मन के सर। सबसे पुराना दुश्मन है। अब देखो जर्मनी के साथ मिलकर ख़ुद पीटेंगे उसे।''

''अरे आज तो ये अमन के ठेकेदार दूनी चढ़ाएँगे। बरसों की मुराद[2] बर आई।''

''नहीं जी रूस का साथ देंगे। अमलन न सही ज़ुबानी ही सही। और ख़ुद चमगादड़ की तरह दूर खड़े जीतने वाली पार्टी का इंतज़ार करेंगे।''

''आख़िर में पिटे हुए रूस और जर्मनी को सब मिलकर बाँट खाएँगे।''

''फ़िलहाल तो ये रूस की तरफ़दारी करेंगे और करना भी चाहिए। रूस की मौत इंसानियत की मौत होगी और मालूम होता है इंसानियत का बुढ़ापा आन पहुँचा।''

''ज़्यादा से ज़्यादा दो माह लगेंगे रूस को पीटने में।''

उधर स्वास्तिका लट्टू की तरह घूमता अपना दायरा बढ़ाता रहा। इधर शमशाद ने पट्टा बाज़ी शुरू कर दी। आज कॉमरेड समद की मोटर में, कल इंजीनियर साहब के साथ, एक दिन शायर के शेरों में रचकर किसी बोसीदा रेस्टोरेंट में, तो दूसरे दिन प्रोफ़ेसर रहमान की नीम तारीक लाइब्रेरी में। एक हफ़्ता सुपरिंटेंडेंट के ख़ेमे में तीतरों का शिकार तो दूसरे हफ़्ते नहर के किनारे नन्हीं-सी छोलदारी में कॉफ़ी के घूँटों के साथ ऊँचे-ऊँचे क़हक़हे। वह बड़ी डरपोक हो गई थी। कमख़ोरी से जिस्म भी हलका हो गया था। उँगलियाँ दराज़[3] और लोचदार हो गई थीं और पैरों के जोड़ नाज़ुक। ज़रा-सी दूर चलने से टख़नों में टीसें उठने लगतीं और मसलने से इतनी गुदगुदी होती कि वह अपने रोग़नी

---

1. कोण 2. अभिलाषा 3. लम्बी

नाख़ूनों से मसीहा के हाथ की खाल उतार लेती। कॉमरेड समद इन गहरे निशानों को तनहाई में चूमते थे। इंक़लाबी शायर ने इन नन्हें-नन्हें गढ़ों की कुएँ से तशबीह[1] दी थी, जहाँ उनका उदास दिल शाम की तनहाइयों में डूबा-उछला करता था। इंजीनियर साहब का ख़याल था कि ये निशान, बहुत दिन बाद जब ज़िंदगी उन्हें एक-दूसरे से बहुत दूर भगा ले जाएगी तो सहरा[2] में गिरे हुए ढाँचों की तरह किसी शानदार कारवाँ की याद दिलाएँगे। प्रोफ़ेसर अदीब थे और उनके हर जुमले से अदब टपकता था। वह उन्हें एक गुमराह रूह के क़दमों के निशानों से ताबीर[3] करते थे। कहाँ-कहाँ पहुँच चुके थे ये अछूते छापे ! निगाह-ए-तख़य्युल[4] भी उनका पीछा करते-करते भटक जाती थी। दौरान-ख़ून भी अपनी गर्मी से उन्हें नहीं पिघला सकता। यही सारे खरोंचे उनके दिलो-दिमाग़ पर भी तो खिंचे हुए थे। मरने के बाद उनकी हड्डियाँ भी इन दाग़ों की गवाही देगी। वह इन सबसे बेतकल्लुफ़ थी। वह उसके कमरे में बग़ैर इजाज़त घुस आते थे, फिर उसकी परेशानी पर झेंप जाते। उसके बिस्तरों पर मेमनों की तरह कुलेलें करते। मज़ाक़ में उसकी साड़ियाँ ओढ़ते, उसकी चूड़ियों से जुआ खेलते, एक-एक चूड़ी दस-दस रुपए का नोट बनकर एक जेब से दूसरी जेब में जाती। उसके कपड़े नाकों से भींचकर उसकी मख़सूस ख़ुशबू दिमाग़ों में महफ़ूज करते जाते। ताकि उससे बिछड़ जाने के बाद वही ख़ुशबू सूँघकर उसकी याद में बेचैन हो सकें और गुज़रे जमाने की याद ताज़ा हो जाए।

अपनी घिनदार पेचीदा काकुलें[5] उसने कितनी बार तराशकर उनके सीने के तावीज़ों के लिए दे दीं। यहाँ तक कि उसे बालों के लँडूरे हो जाने का ख़दशा[6] पैदा हो गया। जहाँ कहीं उसकी चूड़ी टूट जाती, तबर्रुक[7] की तरह बाँट ली जाती। अशआर में आमद के लिए शायर उन्हें होठों पर लिपस्टिक की तरह नचाया करते और गो होंठ बेरंग रहते दिल-ओ-दिमाग़ क़ौसे-क़ज़्ज़ह के रंगों में डूब जाते। जूड़े के फूलों की आवारा पंखुड़ियाँ, मैले रुमाल और ऐसी ही एक ग़ैरशायराना दिमाग़ को वाहियात नज़र आने वाली चीज़ें, किताबों में निशानी के तौर पर रखी जातीं। न जाने इसने कितने ही लाल, सफ़ेद और पीले फूलों को अपना कुँवारा तोहफ़ा बनाकर दे दिया। कितने ही सेब और शरबत के गिलास साथ मिलकर चार होठों ने चूसे।...अगर वह फिर भी प्यासी ही रही।

इफ़्तख़ार ने उसे एक नायाब नुस्ख़ा सिखा दिया था—अगर शेर को सधाना हो तो भूखा रखो। हुकूमत करना हो तो भूखा रखो। ये जो गिनती के सफ़ेद, करोड़ों कालों पर राज कर रहे हैं ये सब भूख की पॉलिसी की बदौलत। नथनों में ख़ुशबू आए, राल टपक पड़े, ज़बान बाहर निकल आए मगर खाना मत दो। पेट भर जाता है तो खाने वाला लुक़मों का मज़ा दोबारा नहीं याद रखता। हलक़ से उतरा सो गया। बस होठों तक बात करो, हलक़ से दूर !

---

1. उपमा 2. जंगल 3. कल्पना 4. कल्पनादृष्टि 5. बाल 6. संदेह 7. प्रसाद

वह उनसे औंधे-सीधे काम लेने से भी न चूकती। रात को दस-ग्यारह बजे उसे एकाएक नारियल के ख़ुशबूदार तेल की ज़रूरत होती। मौजूदा तेल या तो बदबू देने लगता या जी से उतर जाता। वह उसी वक़्त उन्हें मोटर में दौड़ाती, पेट्रोल की क़िल्लत के बावजूद। अगर जूही की ख़ुशबू नापसंद होती तो वापस करवा के मौलसरी की महक का लाते और गवर्नमेंट से 'ज़रूरी कामों' के नाम से पेट्रोल लेते या फिर काला बाज़ार चौपट खुला था। नए-नए रंगों की जारजेट की तलाश में उन्हें दिल्ली, कलकत्ते तक हलकान कर देती। इसके अलावा वह उनसे तकियों के ग़िलाफ़ बदलवाती, गद्दे झटकवाती परदे टँगवाती, नन्हें से हेयर पिन से शलवार में कमरबंद डलवाती और उलझा हुआ ऊन सुलझाने को दे देती।

सर में तेल सिवाए शायर के किसी से न डलवाती क्योंकि उन्हें चम्पी करनी बहुत मज़े की आती थी। साथ-साथ कंधे, बाजू और कमर भी बड़ी अच्छी दबाते थे। वह उन्हें इस मामले में छोटी-मोटी महदूद रियायतें दे देती, और कंघी करने में जब वह हर बाल की शान में फिलबदीह[1] आज़ाद नज़्म कहते तो वह हैरतज़दा होकर दाएँ गाल के तिल के क़रीब छुगलिया का रोग़नी नाख़ून रखकर बैठ जाती। उसे आइने में बग़ैर देखे इस तिल के पास नाख़ून पहुँचाने की मश्क़ हो गई थी। इस सफ़ाई से कि छिप न जाए और ये हरकत बिलकुल ग़ैरइरादी मालूम हो।

अगर वह किसी से जल उठती तो शायर पर अपने लाड़ की बारिश शुरू कर देती। वह बेचारा सबसे कमतर समझा जाता था। लिहाज़ा उसको यूँ चढ़ता देखकर लोग ज़ब्त के दायरे में से फिसल पड़ते। लेकिन अगर हंटर बहुत ज़ोर से पड़ जाता तो पह फ़ौरन बिसूरने वाले को मना लेती।

बावजूद इन मज़ालिम के, उसने हर एक को यही यक़ीन दिला रखा था कि वह इंतेहाई दर्जे का बेरहम सख़्तदिल और गुस्सावर है। जब चाहे बेचारी का दिल तोड़कर ला सकता है। लिहाज़ा वह सब यही शेख़ी मारा करते थे कि जब चाहे उसे तड़पाकर रुला सकते हैं और ये था भी ठीक। ज़रा सा कनपटियों पर ज़ोर डालती और आँसू झलक पड़ते। सबका यही क़ौल था कि उसकी आँसुओं में तैरती हुई आँखें बिलकुल जलपरियाँ मालूम होती हैं। और जब रोते-रोते उसका बुरा हाल हो जाता तो वह ख़ुद भी रो पड़ते। फिर दो मुहब्बत-भरे दिलों के आँसू एक ही रुमाल में जज़्ब हो जाते।

जो उसूल उसने बना रखे थे, अगर किसी बेसबरे ने तोड़ने की हिम्मत की तो वह एकदम बासी हार की तरह उतारकर फेंक दिया गया। अगर चाहते हो तो जितना मिलता है कलेजे से लगाओ और सब्र करो। नहीं चाहते तो...ठंडे-ठंडे घर सिधारो।

कौन कहता है कि बे-पिए नशा नहीं होता। बाज़ ऐसे भी हैं जो सिर्फ़ सूँघकर मस्त हो जाते हैं, बाज़ औरों को पीता देखकर झूम लेते हैं। कुछ ऐसे हैं कि शराब व कबाब के अशआर पढ़कर ही मदहोश हो लेते हैं। यही हाल जिंसी[2] ज़िंदगी का है। बाज़ ऐसे

1. आशु कविता 2. शारीरिक

हैं जिन्हें क़िस्से-कहानियों ही से चैन पड़ जाता है! चंद कुंदज़हनों को तस्वीरों और फ़िल्मों से मदद लेनी पड़ती है और अच्छे-भले तजुर्बेकार भी इन चीज़ों को देखकर न जाने कौन-सी बची ज़रूरत पूरी करते हैं। तो बस ये लोग भी इस तबक़े के थे जो पाने की उम्मीद में कमंडल लिए दरवाज़े पर टूटे हुए थे! वह ये ख़ूब जानती थी कि वह ख़्वाह उन्हें कितना भी उल्लू बनाए, आज या फिर कभी वह ख़ुद अपने ज़मीर से भी अपनी बेवक़ूफ़ियों का एतराफ़[1] न करेंगे।

मगर ऐसे लोगों को ठुकरा देना बड़ी हिमाक़त है। नाउम्मीद होकर वह फ़ौरन ही कुछ न पा सकें, तख़य्युल[2] में पा लेंगे और वक़्त आने पर असल जैसी नक़ल करके डींगें मारेंगे। हज़ार बातें दिल से जोड़कर लगा देंगे।

वह यह भी जानती थी कि उनकी मजाल नहीं जो वह जुदा होकर उसे भूल सकें। कम-अज़-कम उसका ख़याल उनके अकेलेपन को तो दूर ही कर दिया करेगा। उसका ज़िक्र करके वह बीवी और दूसरी माशूक़ाओं को हसद[3] की आग में जला लिया करेंगे। जब जी चाहा, माशूक़ पुलिस के डंडे की तरह बीवी की चाँद पर दे मारा। मौक़ा-ब-मौक़ा किसी की याद में एक खौलती हुई फुंकार मारकर नीम ग़नूदगी में डूब गए।

दुख-भरी रंगीन मुस्कुराहट के साथ सबको छोड़कर दूर रोमान की गोद में उड़ गए।

"आह क्या साड़ी पहनी थी उस रंगीन शाम को। रग-रग महक रही थी। बालों में न जाने क्या नशाआवर[4] इतर झिड़क रखा था कि दिल मचला जाता था। कई बार मैंने चुपके से झुककर बालों में नाक गड़ा दी।"

बस काफ़ी है एक बदबूदार और बदशक्ल बीवी को जलाकर भस्म कर देने के लिए।

वह इन सब पर ये ज़ाहिर किए रहती थी कि औरों से तो सिर्फ़ मुरव्वत की वजह से मिलती है। असल चोट तो उसी ने लगाई है। अगर एक से बेतकल्लुफ़ होती तो चाहती थी दूसरा भी देख ले, कि एक चूल्हे पर खाना पके तो उपले की आँच बेकार न जाए, कुछ न कुछ वहाँ भी भुनता रहे। ये बड़ा कारगर हर्बा था और उसकी फ़तेह का सबसे बड़ा राज़।

वह अब अकेली कहीं न जाती। इन पनाहगाहों के बग़ैर उस पर वहशत तारी हो जाती। बाज़ार भी जाती तो उन्हीं की मोटरों में। वह फ़ख़्रिया पीछे-पीछे ख़रीदो-फ़रोख़्त की पोटलियाँ—जूतों के बंडल, बिस्कुटों के डब्बे, ताज़ा तरकारियों की गठरियाँ लादकर चलते। महीने की जिंस मोटर में पहुँचा जाते। धनिया घुना होता तो दूसरे फेरे में बदला जाते। यही नहीं, वह सैकड़ों ऐसे काम करते जिनका अगर इनकी बीवियाँ ज़िक्र भी कर देतीं तो मारे शर्म के डूब मरना बेहतर समझते।

शायर बेचारे के पास अपने शेरों के सिवाए और रखा ही क्या था जो उसके क़दमों

1. स्वीकार 2. कल्पना 3. ईर्ष्या 4. नशीला

पर निछावर कर देते। लिहाज़ा उसने अपनी नई तस्नीफ़[1] उसके नाम मानून[2] करने का इरादा ज़ाहिर किया। इस अनोखे तोहफ़े में उसे बड़ी दिलचस्पी नज़र आई और बड़े सोच-विचार के बाद उसने ख़ुद निहायत रसीले और चटपटे जुम्ले ढूँढ़कर निकाले।

"उसके नाम, जिसका नाम मैं नहीं ले सकता।"

"शरारत भरी आँखों के नाम।"

"उस बर्क़सिफ़त[3] के नाम जिसकी निगाहों के ताज़याने[4] मैं बर्दाश्त न कर सका।"

"उस बर्क़सिफ़त के नाम जिसकी निगाहों के ताज़यानों ने मेरे दिल पर गहरी लकीरें खींच दीं।"

"उस शोला-ए-रुख़ के नाम जिसने मेरी ज़िंदगी के तारों को अपने हुस्न की मिज़राब से लरज़ा दिया।"

"उस सीमाबवश के नाम जिसने मेरी रगों में पारा भर दिया।"

गो उसे क़तई यक़ीन था कि वह न ही बर्क़सिफ़त है और न ही सीमाबवश, फिर भी उसे बड़ा लुत्फ़ आया, मगर आख़िरी जुम्ले से न जाने क्यों वह ख़ुद ही चिढ़ बैठी। ऐसा मालूम हुआ वह किसी मशहूर दवाख़ाने का लंबा-चौड़ा इश्तहार है। उसे शायर से ख़्वामख़ाह का बैर होने लगा। वह इन सबसे उकता चुकी थी और समझ में न आता था अब उनसे किस रुख़ नाक घिसवाए। वह इन सब को जल्द-अज़-जल्द सूखे पत्तों की तरह झाड़ देना चाहती थी। मगर उसे डर था कि कहीं वह उसे भूल न जाएँ। फिर ये हंटर-कोड़े सब फ़रामोश हो जाएँगे। ये गहरी लकीरें धुँधली पड़ जाएँगी और रगों में भरा हुआ पारा ठंडा पड़ जाएगा फिर वह लोगों से उसका ज़िक्र बिलकुल बेस्वाओं की तरह करेंगे। नाकामियाँ उन्हें गंदादहन[5] और दरोग़गो[6] बना देंगी।

प्रोफ़ेसर से उसकी अमूमन कटती छनती रहती थी। वह बेरहमी की हद तक साफ़ गो और फक्कड़ इंसान था। कभी-कभी तो शम्मन को शुब्हा होने लगता कि वह शिकार है या ख़ुद शिकारी भेस बदले हुए है। न जाने क्यों जब वह ख़ामोशी से उसे घूरता तो उसका जी चाहता, वह लोहे की चादर से लिपट जाए। बारहा उसने भूले से उस पर तीरअंदाज़ी की मगर मालूम होता था, तीरों की नोकें किसी चट्टान से टकराकर लौट पड़ती थीं। इस पर प्रोफ़ेसर की उक़ाबी आँखों की तंज़िया मुस्कुराहट। वह चराग़पा होकर पलट आती और पहले से ज़्यादा मोहतात हो जाती।

मगर उसने हार तो न मानी। ग़नीम[7] की कमज़ोर रग टटोलती रही। एक बार पूरा असासा[8] दाँव पर लगा देने की ठान ली। जी धुकड़-पुकड़ करता था कि अगर उसने इस थाल को ठोकर मार दी तो ? दो-चार चिकनी-चुपड़ी बातें करके एक दिन प्रोफ़ेसर को टटोला।

"आप अपनी नई किताब किसके नाम मानून करेंगे।" मगर प्रोफ़ेसर ने बिदककर देखा। गोया खाने से पहले सूँघता है।

---

1. रचना 2. समर्पण 3. आसमानी बिजली की विशेषता रखनेवाला 4. चाबुक 5. दुर्भाषी 6. झूठा 7. दुश्मन 8. सम्पत्ति

''जो भी इम्तेहान में पूरा उतरे।''

''क्या फ़ीस-दाख़ला है ?''

''कुछ भी नहीं और बहुत कुछ।''

''उँह भई, आप लोगों से कौन जीतेगा। भला ये जवाब मजज़ूब की बड़, हम कूढ़मग़ज़ों के क्या समझ में आए।''

''फिर वही बनाने की...''

''तौबा है, आप तो बड़े बेएतबार हैं।'' प्रोफ़ेसर ने एक गहरी-सी निगाह उस पर डाली और शम्मन जल्दी से खिसककर शायर के पहलू में हो रही। ''ना बाबा ये साँप खेलने का नहीं।'' मगर थोड़ी ही देर गुज़री थी कि प्रोफेसर भी कंधे पर आन खड़े हुए।

''क्या बिगड़ गईं ?'' उन्होंने उसके पैर में चुटकी भरकर पूछा।

''नहीं तो।''

''फिर इस तनतने का मतलब ? किताब तो वाक़ई छप रही है और मानून...''

''किसके नाम मानून करेंगे; अपनी मरी हुई माँ के नाम ?'' जलकर पूछा।

''मेरी वालदा ज़िंदा हैं !'' प्रोफ़ेसर बुरा मान गए।

''ओह माफ़ कीजिएगा, तो बाप के नाम ?''

''वह मर चुके।''

''च्च ! क्या मुसीबत है। जिसे मुर्दा समझो वो ज़िंदा और जिसे ज़िंदा समझो वो मर जाता है। तो फिर अपनी बीवी के नाम ?''

''बीवी नसीब ही नहीं।''

''वरना करते ज़रूर आप ये हिमाक़त।''

''सुनने से पहले बोलने से क्या हासिल। मैं कहता हूँ बीवी ही सरासर हिमाक़त है और अगर हो तो फिर किताब क्या, इंसान अक़्ल-ओ-ख़िरद[1] सब ही उसके नाम मानून कर देता है।''

''ऊँह शौक़ से कीजिए। बीवी छोड़ सास के नाम कर दीजिए।''

''बिगड़ती क्यों हो ! महबूबा के नाम क्यों न कर दूँ।''

''हटिए !'' उसे अपने कानों पर ऐतबार न आया।

''मगर भई, मैं शायर जैसे जुम्ले सख़्त नापसंद करता हूँ।''

''आप निरे गूदड़ हैं।''

''हो सकता हूँ, मगर भई, न तो मेरी ख़ुश्क और उजड़ी ज़िंदगी में तार और न इन पर कोई मिज़राबें मारे। माफ़ करना अगर बुरा लगे तो...'' वह मक्कारी से मुस्कुराया।

''मुझे क्यों बुरा लगता।'' हालाँकि उसे सख़्त बुरा लग रहा था और जी चाहता था कि उसका मुँह खसोट डाले। ''अच्छा वह दूसरा 'छलाँग'। उसका डैडी किशन, वह तो पसंद है।''

---

1. बुद्धि और कौशल

''अजी लाहौलवलाक़ूव्वत...खुरशीदताबाँ फ़र्सूदा और ताज़याने...इनहेतात पसंदी।''

''जाइए मैं आपसे नहीं बोलती। क्या बिगाड़ा है इसने। आप हर वक़्त बेचारे का मज़ाक़ उड़ाते हैं, माना कि वह आप जैसा मक्कार नहीं।''

''मैं मक्कार हूँ।'' प्रोफ़ेसर ने चहककर कहा।

''और क्या इतना तो सीधा है।''

''तुम नहीं जानतीं कितना चलता हुआ है। जानती हो नवाब...की बेगम साहिबा का कितना मुँहचढ़ा है। चार जगह से वज़ीफ़ा पीटता है।'' एक धक्के के साथ चंद गुज़रे हुए वाक़यात आगे बढ़े मगर शम्मन ने दोनों हाथों से उन्हें दूर झटक दिया। शुक्र ख़ुदा का कि उसने शायर पर कभी रहम नहीं खाया था।

''वह दिन याद है जब आपने मेरी सारी चूड़ियाँ तोड़ दी थीं।'' वह तेज़ी से बात टालकर बोली।

''याद है।'' प्रोफ़ेसर ने बुरा मानकर कहा। गोया ऐसे अहम वाक़यात को भूल जाना जुर्म था।

''आपको रंज[1] हुआ था ?''

''तुम्हारे आँसू देखकर ख़ुद कितने बहाए थे। वह सब मोती मेरे रूमाल में जमा हैं।''

''अब तो धुल गया होगा।''

''नहीं, दूसरे पानी में तो इतनी ताक़त नहीं कि इन मोतियों को बहा सके।''

''खैर तो...सुनिए आप किसी नए मजमुए[2] को देखिए और ऐसे लिखिए तो कैसा मालूम हो।''

''उन टूटी हुई चूड़ियों के नाम...नहीं सिर्फ़ टूटी हुई चूड़ियों के नाम।'' वह भी तैयार बैठी थी कि अगर प्रोफ़ेसर कुछ कहेगा तो फ़ौरन मज़ाक़ की तरफ़ बात पलट देगी। मगर न जाने आज वह किस मूड में था !

''बड़ी तेज़ हो तुम।''

''और ख़ानपोश पर टूटी हुई चूड़ियाँ बिखरी हुई...क्यों ?''

''ऊँह मुसव्वरी[3] में भी दख़ल है ?''

''क्यों नहीं,'' उसने बात बनते देखकर पूरे ज़ोर से हल्ला बोल दिया।

''लाइए आपकी तस्वीर बना दूँ।'' उसने प्रोफ़ेसर की कलाई पकड़कर उसमें अपने लंबे नाख़ून गड़ो दिए और क़ब्ल इसके कि उनका बिलबिलाता हुआ हाथ उसे पकड़ता, वह तड़पकर बाहर रविश पर निकल आई। जहाँ आम नौकरों के सामने उन्हें निहायत तहज़ीब के साथ ऊँची आवाज़ में मौसम और सियासत के मुताल्लिक़ गुफ़्तगू करनी पड़ी। बेचारे देर तक प्यासे बैल की तरह हाँफते रहे, फिर चल दिए।

''टूटी हुई चूड़ियों के नाम,'' छपकर आ ही गई। मगर वाक़यात ने दूसरी ही करवट

---

1. दुःख 2. संग्रह 3. चित्रकारी

ले ली। शायर फ़ौरन खटक गया। कुछ दिन से प्रोफ़ेसर बड़े बेवक़्त ज़रूरी बातें करने आने लगे थे। वह ग़रीब और कोई तोहफ़ा न दे सकता था तो ये गीतों की माला ही अपनी देवी के चरणों पर चढ़ा दी थी। मगर सब ही ऐरे-ग़ैरे नत्थूख़ैरे रूमानी बनने लगे तो ये तो ज़्यादती है। भन्नाता हुआ आया। थोड़ी देर तो ख़ामोश ज़ब्त किए बैठी रही फिर जल उठी।

"मगर इसमें आप का क्या नुक़सान ?"

"नुक़सान तो नहीं मगर तुमको हर एक को ऐसे सर न चढ़ाना चाहिए। गोया...गोया..."

"कुछ नहीं गोया-गोया। ऊँह जल गए। आपकी बारीक़ी-ए-ख़याल में वह आपसे बहुत आगे निकल गए।"

"टूटी हुई चूड़ियों के नाम, ओह कितना हसीन तख़य्युल !"

"श्श ! बिलकुल निकम्मा और बेमानी जी !"

"ऊँह, आप ख़ुद निकम्मे और बेमानी जी।"

"आपका ये हुस्नेज़न[1] है मेरे मुताल्लिक़...चोटी के शोरा में मेरा नाम है..."

"ऊँह सब उल्लू हैं चोटी के शायर..."

"मिस शमशाद !"

"मिस्टर शायर !"

"आपको मेरी हतक करने का कोई हक़ नहीं..."

"और आपको मेरा भेजा चाटने का कोई हक़ नहीं है। दिमाग़ पक गया आपके औंधे-सीधे शेर सुनते-सुनते..."

"मैं...मैं...आप..."

"क्या मैं...आप...कुछ नहीं...कोई बात भी हो...अच्छी आशिक़ी ठहरी कि गज़-गज़ भर लंबी ग़ज़लें सुनो...सलाम ऐसी मुहब्बत को...हम लँडूरे ही भले।"

"मैं आपको अदबपरस्त और..."

"जी माफ़ कीजिए मैं कुछ अदबपरस्त नहीं। यूँ ही आपको उल्लू बनाने के लिए सुन लेती थी...तशरीफ़ ले जाइए और आइंदा गर्ल्स कॉलेज की चहारदीवारी में क़दम रखने की कोशिश न कीजिएगा। शरीफ़ों की लड़कियाँ पढ़ती हैं, कोई चकला नहीं ये..."

"और अब तक..."

"अब तक मेरी मर्ज़ी।"

"मैंने...मैंने ख़ुद अपना गला घोंट लिया..."

"बहुत अच्छा किया। आप जाइए ख़ुद अपने आपको दफ़न भी कर दीजिए... जाइए..."

---

1. सद्‌विचार

"जा रहा हूँ...मगर आपको इतना इनहेतातपसंद[1] नहीं समझता था...मगर..."

"जाइए भी, और इस अगर-भगर को मेरी तरफ़ से घूरे पर डाल दीजिएगा। जाइए और दुनिया वालों से कह दीजिए कि मैं बदमाश और आवारा थी...और आपकी दाश्ता[2] रही...जाइए..."

शायर के चले जाने के बाद हँसी का दौरा पड़ गया। शुक्र है इस दिन और कोई मिलने न आया वरना वह तो शमशीरेबुर्रां[3] बनी बैठी थी। वैसे फ़ुर्सत भी लोगों को न थी। कॉमरेड समद की रियासत में सिपाहियों की भरती शुरू हो गई थी, लिहाज़ा वह कॉमरेडी छोड़कर नए सिरे से नवाबज़ादा बनकर ख़ान बहादुरी का पौधा सींचने लगे। अदबी और तरक़्क़ीपसंद जलसे भी फीके पड़कर दरहम-बरहम हो चले। दो-चार को जेल में भरा और पॉलिसी बदल गई। ज़्यादातर वह क़ौमी जंग के मुताल्लिक़ 'काम' करने लगे। रूस की जंग दुनिया-भर की जंग बन गई। और इसलिए इंसान की जंग हो गई थी। इंजीनियर साहब चौगुनी तनख़्वाह पर बैरूत सिधार गए। दुनिया कुछ सूनी होती गई। हिटलर छलाँगें मारता दौड़ने लगा। इधर जापान को छींकें आने लगीं। मशरिक़ी जज़ाएर में ख़ुनकी बढ़ रही थी, अलाव की ज़रूरत महसूस होने लगी।

बेबात जली बैठी थी। प्रोफ़ेसर आ पहुँचे। वह कुछ हुदूद[4] से बढ़ने लगे थे। और अब मुँड़ी शाख़ की तरह यहीं रह गए थे। ये शायद छठी बार उसकी जुल्फ़ के बाल या और कोई दूसरी निशानी माँगने आए थे। असल में राज़ोनयाज़ के सब कलपुर्ज़े घिस-घिसा चुके थे। एक ही रोमान दस-दस बार दोहराए जाने की वजह से सड़ चुका था। जुमले चिपचिपा उठे थे। सियासी गर्मी भी कुछ मुर्दा हो चुकी थी। भूख का सवाल तेज़ी से उठता जा रहा था। फ़ौजी भरती अंधे, लूले, लँगड़े, काने सब समेटकर हड़प किए जा रही थी। जो कल तक कौड़ी-कौड़ी को मोहताज थे आज वर्दी पहने रोब गाँठते फिरते थे। जिसे देखो लेफ़्टीनेंट बना अकड़ रहा है और जब भूख कम हो गई तो तनाव भी ढीला पड़ गया और ये ज़िंदगी की दौड़-भाग है भी तो इस पेट के भाड़ ही की ख़ातिर ! ज़्यादा से ज़्यादा पेट भर दो और इन पेट भरे हुए पेटों को तोप के आगे धर दो, चीं भी न करेंगे। उसके बावजूद एक बेग़र्ज़ी और लापरवाही छाई हुई जैसे लड़ाई नहीं सट्टे का बाज़ार लगा हुआ है। जितना हो सके पैसे घसीटकर ले जाओ, मौक़ा है। लोगों को ज़रूरत है, ख़रीदने को पैसा है। कूड़ा-करकट भर दो इनकी जेबों में वैसे वॉर फ़ंड भी जमा हो रहे हैं। नाच-तमाशे के ज़रिए पैसा भी जमा किया जा रहा है...सबकुछ हाज़िर है मगर दिल हाज़िर नहीं। क्यों दिल लगाएँ ? किसकी ख़ातिर लगाएँ ? इतनी बार जो ख़ून की नदियाँ बहाईं तो इसका क्या अजर[5] मिला ? यहाँ तो भूख और बरहनगी वैसी की वैसी ही रही। जहालत एक क़दम पीछे न हटी। मर्ज़ एक इंच दूर न हुए। जर्मनी मरे या रूस, जापान मरे या फ्रांस, इन अज़ली[6] सिसकनेवालों को किसी के दुख का क्या एहसास ! दुख से घबराना कैसा ? यहाँ दुख भोग लो तो वहाँ जन्नत

1. घटिया 2. रखैल 3. स्पष्टवक्ता 4. सीमाएँ 5. प्रतिफल 6. हमेशा से

मिलेगी। ख़ैर वैसे जो आक़ा का हुकुम, अपने बस नहीं भूख के डंडे के बस ही सही।

प्रोफ़ेसर के लाड़ ज़रूरत से ज़्यादा हो चुके थे। हर चीज़ से जी कभी का उकता चुका था। सब टल गए थे मगर न जाने किस आस में ये तैनात थे।

"नई, किताब के लिए कोई नाम तजवीज़[1] करो," एक दिन इठलाकर बोले।

"नाम ?...क्या ज़रूरत है नाम की ! क्या बेनाम की किताब नहीं छप सकती !" जली तो बैठी ही थी।

"नाम से मेरा मतलब है टाइटिल।"

"जी इतनी उर्दू जानती हूँ। कुछ भी हो, एक ही बात हुई।"

"तुम्हारा मतलब है बेनाम..."

"हाँ, क्या हर्ज है। ऐसी गुमनाम रहने वाली किताब का नाम रखना बेकार।"

"क्या मतलब ?"

"मतलब ये कि लोग चुराए हुए ख़यालात लफ़्फ़ाज़ी में डुबोकर मुसन्निफ़[2] बनने की कोशिश करें तो..."

"ये किसके मुताल्लिक़ कह रही हो, मेरे ख़यालात तजुर्बात पर मबनी[3] हैं !

"ज़रूर...ज़रा बताइए तो कितने गाँव देखे हैं जाकर। लस्सी पी है और चने का साग खाकर आक के ठूँठे सूँघे हैं ? कितनी मासूम देहातियों की इज़्ज़त लूटी और हराम के बच्चे पैदा करवाए हैं? सब बकवास। बैठे-बैठे बड़े हाँकने लगे। बड़े क़ौम को सुधारने चले हैं...हुँ...।"

"मैं क़ौमसुधार का क़तई क़ायल नहीं। मैं लीडर नहीं हूँ।"

"तो फिर फ़ायदा काग़ज़ काले करने से, सिवाए रंडी की हिमायत के और मंज़ूर ही क्या है आपको। ये आप रंडियों के क्यों इस शिद्दत से तरफ़दार हैं ?"

"मैं..."

"आप वहाँ जाते हैं तो तबीयत मुकद्दर[4] हो जाती है और चाहते हैं गवर्नमेंट बजाए जंग से सर मारने के रंडियों के कमरे सजाए, वहाँ टिमटिमाती लालटेन के बजाए बिजली के हंडे लगाए, सस्ते तेल की जगह ईवनिंग इन पेरिस के कंटर लुढ़ाए।"

"क्यों नहीं..."

"मगर आपको अपना घर भूलकर रंडियों की बेहतरी की क्यों पड़ गई ? दुनिया में और भी भूखे हैं, सबको छोड़कर बस इन बेचारियों पर रहम आता है !"

"कुछ भी कहो, वह दुनिया के जिस्म का एक हिस्सा हैं और किसी आज़ा[5] को सड़ते देखकर मेरी हस्सास तबीयत...।"

"कुछ नहीं, बड़ी बेचारियाँ ! ऊँह...न जाने कितनी इससे बदतर बेचारियाँ घरों में पड़ी सड़ रही है !"

---

1. सुझाव 2. लेखक 3. आधारित 4. दुखी 5. अंग

''भला उनके बारे में क्या लिख या जान सकता हूँ ! मुझे क्या मालूम पर्दे के पीछे कितने रंडीख़ाने क़ायम हैं और क्या हो रहा है। दूसरे, भई न ही मुझे इस घरेलू औरत से कोई दिलचस्पी...''

''क्यों होगी, बस आपकी सारी दिलचस्पी रंडी में जज़्ब हो गई।''

''बेशक वह मेरे काम की है...वह मेरी है...ये पर्दे में छुपी हुई परी या वह औरत जिसे हम ग़लती से तालीमयाफ़्ता[1] कहते हैं...इनसे मुझे क्या मिलता है।''

''ख़ैर, ये भी माना मगर आप तो हक़ीक़तनिगार[2] बनते हैं !''

''फिर ? कोई एतराज़ है ?''

''जी मुझे एतराज़ का हक़ तो नहीं मगर पूछती हूँ, इन रंडियों की तो आप रग-रग से वाक़िफ़ हैं। क्या मर्द ऐसे ही नहीं होते ? ज़रा उन्हें भी तो ढूँढ़कर सामने घसीट लाइए। या बस उन्हें हमेशा ज़ालिम, बेरहम, दग़ाबाज़ हराम के बच्चे पैदा करने वाला ही दिखाते हैं। बड़े रौशनख़याल बनते हैं। मगर आपका भी यही ख़याल है कि इज़्ज़त और इस्मत सिर्फ़ औरत ही की होती है, मर्द इन फ़िज़ूलियात[3] से पाक है...''

''ऐं ?''

''जी। और आप अपनी दानिस्त में औरत की हिमायत करते हैं। यानी उसे यक़ीन दिलाते रहना कि वह चीज़ जो मर्द के लिए बाइस-ए-फ़ख़्र[4] है, उसके लिए गुनाह है। बस यही है आपका इंसाफ़ और तरक़्क़ीपसंदी...''

''हर बात को उल्टे देती हो। सुनती कम हो।''

''क्यूँकर सुनूँ ? कोई बात भी हो सुनने के लिए। कुछ नहीं सब ज़बान के चटख़ारे के लिए है। क्यों साहब, आपकी उरियानी औरत के सीने तक क्यों रह जाती है।''

''ऐं ?''...प्रोफ़ेसर ज़ोर से हँसे।

''नहीं, मगर कभी अपनी उरियानी पर भी तो नज़र डालिए...बस भूखे कुत्तों की तरह...''

''आज बड़ा मिज़ाज बिगड़ा हुआ है...पानी पी लो ग़ुस्सा ठंडा हो जाएगा।''

''मैं बताऊँ क्यों लिखते हैं ये उरियाँ चीज़ें ?''

''मेरे मना करने से क्या मा़न जाओगी...बताओ।''

''सीना मरकज़-ए-हुस्न[5] है। बस इसे खोलकर जी ठंडा करते हैं...''

''अच्छा बाबा, क्या बात थी और कहाँ पहुँच गई...मालूम होता है...''

''क्या...''

''कोई ताज़ा चोट खाई है ?''

''चोट ! ऊँह आपने कैसे जाना।''

''तुम्हारी खिसियानी सूरत और रोनी बातों से। ये तुम जी के जले फफोले मेरे सर क्यों फोड़ रही है। क्या मेरी जिंस का बदला मुझ ही से ले लेने का इरादा कर लिया

1. शिक्षित 2. यथार्थवादी 3. फ़िज़ूल बातें 4. गर्व का विषय 5. सौंदर्य का केंद्र

है। मुझे तो बहुत सुना चुकी, कुछ सुनने की भी हिम्मत है या सिन्फ़-ए-नाज़ुक[1] की ढाल आगे कर दोगी।''

''मैं बुज़दिल नहीं, दूसरे आपसे तो...''

''तो सुनो, मुझे तुम्हारे ऊपर रहम आता है।''

''शुक्रिया ! मगर वजह इस दरियादिली की ?''

''रहम, बाज़ वक़्त बेवजह भी आता है...''

''तो मुझे आपकी अक़्ल पर...''

''हाँ, शायद हम दोनों क़ाबिल-ए-रहम हैं। तुम अपने आपको ढूँढ़ने की कोशिश में खो बैठी हो और मैंने तुम्हें पहचानने की कशमकश में अपना बहुत-सा क़ीमती वक़्त बर्बाद कर दिया। एक बार बाज़ारी औरत को छोड़कर, बक़ौल तुम्हारे शरीफ़ औरत का मुताला[2] करने की कोशिश की तो क़दम-क़दम पर आँखों में ख़ाक झुँकती गई...और इतने दिन झक मारने के बाद पता चला कि औरत, ख़्वाह वह कोई हो, कहीं हो, उसे समझने की कोशिश करना हिमाक़त है। वह समझने के लिए नहीं इस्तेमाल के लिए है। हाँ इतना अंदाज़ा हो गया कि तुम मामूली क़िस्म की औरत नहीं मगर बड़े रंगीन मुग़ालतों में मुब्तिला हो। अपने आपको इन्तेहाई ज़हीन समझती हो, हालाँकि हो क़तई नहीं। सिर्फ़ ज़रूरत से ज़्यादा चर्बज़ुबान[3] हो, बड़ी लच्छेदार बातें करती हो।

''हूँ...और...''

''और ज़्यादा हस्सास बनने की कोशिश न करो। मेरे ख़याल में जितने दुख सहकर तुम ढिठाई से हँस सकती हो, क़ाबिल-ए-दाद हैं। मगर इसका ये मतलब नहीं कि तुम बहादुर और मज़बूत हो ! इन्तेहाई बुज़दिल हो। सुई के ज़ख़्म को भाला बना लेती हो। तुम समझती हो कि ये तुम्हारा रवैया, जो हम सबके साथ रहा है, ये ताक़त का सबूत है ? क़तई नहीं। ये ख़ौफ़, ये तुम्हारा अपनी निस्वानियत को छुई-मुई बनाकर रखना, ये तुम्हारी सबसे बड़ी बुज़दिली है !''

''अपनी बेवक़ूफ़ियों को मेरी बुज़दिली बना रहे हो।''

''बेवक़ूफ़ियाँ ? तुम इसे बेवक़ूफ़ी कहती हो। तुम जैसी दहकती हुई आँच के सामने से बर्फ़ के टुकड़े की तरह सही व सालिम निकल आना बुज़दिली और बेवक़ूफ़ी नहीं बल्कि बहादुरी की इंतेहा है। और ये जो हमने तुम्हारे काँच के गिलास की क़दर की, अपने जी पर पत्थर रखकर, तो तुम समझती हो, तुम हमें उल्लू बनाती रहीं। हालाँकि हम जान-बूझकर उल्लू बनने में बड़ा लुत्फ़ उठाते हैं। हम जो कुछ तुमसे लेने आते थे मिल जाता था। बख़ुदा मेरे दिल में एक बार भी इससे आगे क़दम बढ़ाने की ख़्वाहिश पैदा न हुई और क्यों होती ! कौन सी नायाब-शै[4] तुम हमें दे देतीं जो हमें बाहर इससे सस्ती न मिलती। वैसे तुम ख़ुद जानती हो कि तुम्हारी कशिश इतनी शदीद[5] नहीं कि मसलन समद को ख़ानबहादुर के ख़िताब से ज़्यादा तुम अज़ीज़ नहीं। इंजीनियर तुम्हें

1. स्त्री 2. अध्ययन 3. चापलूसी 4. दुर्लभ वस्तु 5. बहुत

छोड़कर बेरूत चला गया। क्या तुम समझती हो, तुम उसे रोक सकती थीं ! तुम जैसी न जाने वह हर स्टेशन पर कितनी छोड़ गया होगा। तुम्हें वह रुतबा हासिल नहीं हो सकता जो उसकी जाहिल और बेवक़ूफ़ बीवी को है। तुम शोला हो, मगर माँ के सीने जैसी पुरसुकून गर्मी तुम्हारे पास नहीं। तुम जला सकती हो, मरहम नहीं लगाना जानतीं। तोड़ सकती हो, बनाना नहीं आता...हा, हा, हा...सच बताओ, तुम्हारे माँ-बाप तुम्हें बहुत ही चाहते हैं ?''

''मारो घुटना, फूटे आँख...''

''मुझे यक़ीन है, बिलकुल नहीं चाहते।'' प्रोफ़ेसर ने सख़्ती से बात काटी। ''यक़ीनन तुम उनकी फूटी आँख का तारा नहीं। जभी तो मुल्क में इतना ख़तरा फैल रहा है, लोग अपने प्यारों को दूर ले जाकर छिपा रहे हैं मगर किसी को मालूम भी नहीं...कि तुम भी जानदार हो, तुम्हें भी हिफ़ाज़त की ज़रूरत है।''

''मैं अपनी हिफ़ाज़त करना जानती हूँ।''

''हाँ, हाँ, ये तो मैं भी समझता हूँ कि तुम इतनी होशियार हो कि अपने साथ और अपने चार-छह को बचा ले जाओगी। नाक़दरी[1] और दूसरों की बेमुरव्वती की तुम अच्छी तरह आदी हो चुकी हो। दुनिया ने तुम्हारे ज़ख़्म दुखा-दुखाकर बेहिस[2] बना दिया है इसीलिए, तुम्हारा वार ज़्यादा ख़तरनाक होता है। ज़रूर शायर से तुमने अपने किसी आशिक़ का बदला लिया है जो तुम्हें नामुराद सिसकता छोड़ गया।''

''बड़े अक़्लमंद मालूम होते हैं।'' जैसे शम्मन की ज़बान सूख गई हो !

''छोड़ो मेरी अक़्ल को। मुझे तुम्हारी तनहाई पर तरस आता है। बिलकुल उस सड़क की तरह जिसके सीने पर रात-दिन राहगीर चलते हैं फिर भी वह ख़ुद अकेली ख़ामोश और बेजान है...माफ़ करना, मैंने बारहा[3] तुम्हारे चेहरे पर मजमे में तनहाई का कर्ब[4] देखा है। जब तुम्हें दुख होता है तो क़हक़हे लगाती हो। जब ख़ुशी होती है तो आँसू बहाती हो। हर चीज़ को तुमने धोखा बना रखा है। ख़ैर, दुनिया को धोखा देने में कोई हर्ज नहीं, लेकिन अपने आप को धोखा देना कहाँ की अक़्लमंदी है ?''

''जी, शायद अपनी नई कहानी का प्लॉट बना रहे हैं। ''

''मेरी कहानियों में इंसान हैं, मुर्दे नहीं। मैं ज़िंदा या क़ुदरती मौत मरे हुओं पर लिख सकता हूँ मगर तुम्हारे जैसे ख़ुदकशी किए हुए ग़ैरइंसानी वाहमे के मुताल्लिक़ सोच भी नहीं सकता। हाँ, इतना ज़रूर मानता हूँ कि तुम जैसे हँसते-खेलते मुर्दे बहुत कम देखे...बुरा ना मानना जो कुछ कहा है जज़्बा-ए-रहम से मजबूर होकर...कल जा रहा हूँ, बी.बी.सी. से दावतनामा आया है...काश ! मैं इससे क़ब्ल तुमसे सच बोल सकता।''

''तो आप मानते हैं कि आप झूठे हैं !''

''और क्या...झूठे के सामने सच्चा हमेशा मंद पड़ जाता है। इसलिए झूठ ही चमकाया। पर आज जब तुम सच बोलने लगीं तो मेरा हिजाब[5] भी टूट गया...अच्छा

---

1. असम्मान 2. संवेदनहीन 3. बार-बार 4. कष्ट 5. शर्म

ही हुआ, वैसे सच बात तो ये है कि...''

''कहिए कहिए, आप लोगों की दरोग़बानी[1] ने उकता दिया है और जी चाहता है किसी के होंठों से सच सुनूँ। कहिए, ख़्वाह वह सच मेरे मुँह पर जूता बनकर ही लगे।''

''तो सुनो...बात ये है कि...मैंने...माफ़ करना तुम्हारी तौहीन[2] होती हो तो...तुमसे कभी शादी की दरख़्वास्त तो नहीं की, और न ही ऐसे बेउसूल फक्कड़ इंसान से कोई लंबा-चौड़ा मुआहदा किया जा सकता है। कम-अज़-कम अपने होशो-हवास में तो तुम जैसी ग़ैर-मुस्तक़िलमिज़ाज[3] औरत से सिवाए वक़्ती दिलचस्पी के कोई गहरा ताल्लुक़ क़ायम करने की कोशिश करूँगा नहीं। शादी तो बड़ी चीज़ है। मैं तो तुम्हारे पड़ोस में भी नहीं रह सकता...देखती हो हमारी एक मिनट नहीं बनती। हम एक-दूसरे को ख़तरनाक हद तक ताड़ चुके हैं।''

''अच्छा, तो यही थी आपकी साफ़गोई, जिससे मुझे नुक़सान पहुँचने का डर था !''

''हाँ, मगर न तो तुम्हें नुक़सान पहुँचा और न ही दुख हुआ। मैं जानता हूँ, तुम एहसास की हदों से बाहर हो चुकी हो। तुम्हारी खुद्दारी को इतनी ठोकरें लगी हैं कि वह एक बेहया कुतिया बन गई है। तुमसे इतना छीना गया है कि अब तुम ख़ुद ही सबकुछ उठाकर फेंक देती हो। कूड़ा जमा करने से फ़ायदा ? हीरे भी तुम्हारी नज़रों में पत्थर बन चुके हैं।''

''इनमें से एक दरख़्शाँ[4] हीरा तो शायद आप हैं...'' शम्मन ने इंतक़ाम[5] भरा क़हक़हा लगाया।

''मेरा ज़िक्र छोड़ो। हम एक-दूसरे के लिए कोई अहमियंत नहीं रखते। मगर तुमने शायर को ठुकरा दिया, बुरा किया। मालूम है वह छह सौ रुपए पर वॉर प्रोपगैंडे के सिलसिले में नौकर हो गया है।'' प्रोफ़ेसर शरारत से मुस्कुराया।

''तो आपका ख़याल है, छह सौ रुपए ने उनकी सारी कसाफ़तों[6] को धो डाला है ?''

''क़साफ़तें क्या सिर्फ़ ग़ुरबत से होती हैं वरना तुम क्या जानो उन लैवेंडर में बसे हुए सीनों में क्या-क्या घिनावनी गंदगियाँ पोशीदा हैं ! मैं तो इतना कहना चाहता था कि जंग हमारा दरवाज़ा खटखटा रही है। हर चीज़ महँगी और अनमोल होती जा रही है ! अच्छा है एक कारिंदा फाँस लो, वक़्त-बेवक़्त काम आएगा...मैं तो बेकार इंसान हूँ, वैसे तो शिद्दत से तवायफ़ों का हामी हूँ !''

''कभी उनके हमदर्द बनकर...''

''हाँ, हमदर्द बनकर ही तो चाहता हूँ कि उनकी हालत पेरिस की तवायफ़ों जैसी हो जाए। जैसे तुम तालीम-ए-निस्वाँ[7] को ज़रूरी समझती हो...।''

''तो आप उनके वजूद पर मुसिर[8] हैं।'' शम्मन ने बात काटी।

''मैं बेचारा कौन मुसिर होनेवाला ! दुनिया मुसिर है और रहेगी। उन्हें दुनिया से मिटाने की कोशिश करके तो देख लिया। मर्ज़ मिटा नहीं। दबकर पहले से ज़्यादा सड़ाँध

1. झूठी बातें 2. अपमान 3. गंभीर 4. चमकता हुआ 5. प्रतिशोध 6. गंदगियाँ 7. स्त्री शिक्षा 8. ज़िद करनेवाला

फोड़ा बनकर सोसायटी की जड़ में छुपा रहा। जिसकी लपेट में सदहा[1] आ चुके हैं और आते रहेंगे। हमारा फ़र्ज़ है कि इस ज़ख़्म को कम से कम खोलकर मरहम-पट्टी तो करें शायद साफ़ हवा से उफ़ूनत कुछ कम हो जाए।''

''एक तरफ़ इश्तराकी बनते हैं, दूसरी तरफ़ तवायफ़ों के पैग़ंबर।''

''इश्तराकी दुनिया में इन बातों का झगड़ा ही न होगा। हर एक को हस्ब ज़रूरत राशन...'' प्रोफ़ेसर मुस्कुराया।

''ग़लत, बिलकुल ग़लत ! ये आपने न जाने इश्तराकियत को क्या समझ रखा है...ख़ूब ! आपका ख़याल है, वहाँ औरतें मुफ़्त दाल-चावल की तरह बँटा करेंगी। ग़लत। आप लोग बड़े ज़बर्दस्त मुग़ालते[2] में हैं। समझते हैं जैसे जन्नत में हूरें मिलेंगी वैसे ही इश्तराकियत औरतें बख़्शने लगेगी। हूँ, बस थ्योरी पढ़ ली और इश्तराकी बन गए। ऐसे इश्तराकी, हिंदुस्तानी इश्तराकी ही बेशक हो सकते हैं। मगर असल मक़सद इश्तराकियत का किसी की समझ में नहीं आया। आपकी किस बात का यक़ीन किया जाए ? इतने बड़े इश्तराकी बनते हैं और इतनी ज़बर्दस्त तनख़्वाह समेटने जा रहे हैं !''

''ये मेरी क़ाबिलियत के दाम हैं।''

''जब आपसे ज़्यादा क़ाबिल और मेहनती आपकी तनख़्वाह का पचासवाँ हिस्सा भी नहीं पाते, आपने इस बेहूदा निज़ाम में शिरकत ही क्यों क़बूल की ?''

''मसलेहत-ए-वक़्त है।...देखना क्या होता है !''

''कुछ नहीं। बड़े-बड़े दावेदार रुपयों के ढेर में दबकर गुम हो गए तो आपकी क्या हक़ीक़त है ! अपने काम से कब फ़ुर्सत मिलेगी जो कुछ सोचें। याद है वह दिन जब आप गवर्नमेंट अफ़सरों को गालियाँ दिया करते थे ? उन्हें ग़ुलाम कहते थे और इसी गवर्नमेंट की नौकरी की शेख़ी मेरे सर पटख़ने आए हैं। बात ये थी कि जब तक आपको चालीस रुपए की नौकरी मिली, आप ग़ुस्सा रहे। ज्योंही ये क़ारून की दौलत मिली, हुकूमत के प्यारे बन बैठे। हूँ, ये है हमारे नौजवानों की ज़ेहनियत का ख़ुलासा। ये सारी हाय-हाय, ये किसानपरस्ती, ये गाँव-सुधार अपनी नौकरी तक रहे। अब तो हर तरफ़ आप को शांति नज़र आती है। कोई ख़ूनआशाम[3] आँधियाँ उठाता नहीं, कोई सुर्ख़ बारिश नहीं बरसाता, नई सुर्ख़ी इतनी ज़र्द क्यों पड़ गई ? रूस को मार खाता देखकर सबके मुँह उतर गए। अभी रूस जीतने लगे, दाँत निकालकर हँसना शुरू कर दें।''

''रूस ने हिमाक़त की...जो हिटलर से लड़ बैठा...जाने दो, सियासत में टाँग अड़ाना औरतों को नहीं भाता। मुर्ग़ी अज़ान देने लगे तो ज़िबह कर देना ठीक है...हाँ, तो मेरे ख़याल में सारे काम छोड़कर तुम जैसे मोअम्मे[4] हल करना चाहिए। तुम जैसी औरतें ही इस पस्ती की ज़िम्मेदार हैं। जब पेट से ही बच्चा तुम्हारे जैसे तोड़-फोड़ और ख़ुदग़र्ज़ी के मंसूबे बाँधकर आएगा तो दुनिया में इसके अलावा और क्या करेगा ! मगर तुम क्या करो...तुम्हारा क़सूर नहीं, क़सूर बस पगले निज़ाम का है जहाँ तुम जैसे बच्चे पैदा होने

---

1. सैकड़ों 2. भ्रम 3. रक्तरंजित 4. पहेलियाँ

पर मजबूर हैं। भला सोचो इस ज़ेहनियत के साथ हमें क्या एहसास हो सकता है कि हमारा मुल्क ख़तरे में है ? इससे क़ब्ल कि दूसरे इसका क़ीमा करें, हम ख़ुद ही मिटा देना चाहते हैं ! हम क्यों अपने मुल्क को हमेशा ग़ैरों के हाथ बेचते आए ? इसलिए कि हम जानते हैं ये हमारा नहीं, हमारे मालिकों का है और हम बस अदना ख़ादिम[1] हैं। फिर मालिकों की चीज़ से मुहब्बत कैसी और उसकी तबाही पर दुख कैसा ? क्यों न उसे बेहतर दामों उठा दें ! भला फ़र्क़ ही क्या है ! काले नहीं पीले, पीले नहीं सफ़ेद; कैसे ही हों, हमें तो आक़ा से मतलब है। हमारे मुल्क की हैसियत हमारी नज़रों में कभी भी एक बेस्वा से ज़्यादा न रही। ख़ुदग़र्ज़ों के हाथ हमेशा बिकता रहा। माँ, गाय और ज़मीन की जितनी बेक़दरी यहाँ है, कहीं न होगी। फिर भी हम उनकी पूजा की डींगें मारते हैं। ख़ैर तो मुझे एजाज़ मसीहाई का यक़ीन नहीं मगर सोचता हूँ शायद जड़ों का एक-आध तार ज़िंदा रह गया हो और बारिश से जाग उठे...और वह पौधा जिसे ईंधन समझ लिया गया है...''

''ईंधन ?''

''हाँ...तुम जैसी हस्तियाँ दुनिया की भट्टी को गर्म रखने के लिए सिवाए ईंधन के और किस काम आ सकी हैं ! यही ना कि मरने से पहले दो-चार सौ लड़कियों को चूड़ियों के जोड़ मिलाना और साड़ी बाँधना सिखा जाओगी। यही होगी तुम्हारी क़ौमी ख़िदमत...लेकिन शायद...एक बात पूछूँ ?''

''जल्दी से पूछिए और...''

''तुम्हें कभी किसी ने प्यार किया...और जवाब देने की ज़रूरत नहीं। तुम्हारे मुक़द्दस होंठ तुम्हारी पारसाई की गवाही दे रहे हैं...मैं सोचता हूँ...तुम्हारे ऊपर तजुर्बा किया जाए तो कैसा रहे ?'' प्रोफ़ेसर ने सिगरेट फेंक दिया और अजीब नज़रों से शम्मन को देखा और इससे क़ब्ल कि वह कुछ सोच सके उन्होंने उसके सर को दोनों हाथों से सँभालकर नर्मी से उसके बाग़ी होंठों को चूम लिया।

''हटिए...बदतमीज़...जंगली...'' मगर वह किसे धक्का दे रही थी। लंबे-लंबे क़दम रखते, वह बाहर अपनी साइकिल लेकर सड़क के मोड़ पर ग़ायब हो गए। 'ठहरो... ठहरो...' उसने अपने दिमाग़ के अंदर किसी बाग़ी घोड़े को टापें मारते पाकर चुमकारा। सब ठीक हो जाएगा...कोई बात नहीं...ऐसी कोई बड़ी बात नहीं, सब ठीक हो जाएगा। मगर अब क्या हो ?...क्या हो ? बिगड़े हुए राहवार[2] ने लगामें तुड़ाते हुए पूछा।

'कुछ नहीं...इस वक़्त जाने दो...सोचने की बिलकुल गुंजाइश नहीं। रगें बहुत ज़ोर से तन रही हैं...ज़रा दबाव डाला तो चटाख़ से टूट जाएँगी...चलो चुपके से पलंग पर लेट जाओ...नींद पास ही खड़ी है। ज़्यादा इंतज़ार न करना पड़ेगा।'

फिर अच्छी बेटी की तरह वह पैर उठाती पलँग के पास पहुँची। सर सँभालकर तकिए पर रखा और आँखें पपोटों से ढँक लीं।

---

1. तुच्छ सेवक 2. घोड़ा

''आज तो उसने कहना मान लिया और जो आइंदा न माना तो ? मुश्किल हो जाएगा इस बिगड़े हुए दिमाग़ को मनाना।'' उसने सोने से पहले फ़िकरमंद होकर सोचा।

हाथ-पैर आराम से ग़ुनूदगी[1] में डूब गए। मगर दिमाग़ सोते में भी सहमी हुई सुबकियाँ भरता रहा...दूर अपने पीछे उसने घूमके देखा। वह लंबी-चौड़ी सड़क, जिस पर मालूम होता था किसी अज़दहे के घिसटने के लहरिए खिंचे हुए हैं...उसके पीछे दौड़ती चली आ रही थी। दहशतज़दा होकर उसने चाहा लौट जाए और इस भयानक निशान को मिटाकर साफ़-सुथरी सीधी लकीर खींच दे...मगर ये ख़म तो फ़ौलाद के तार की तरह ज़िद्दी हो चुके थे, एक ही चोट में चटख़ जाएँगे ! मुँह फेरकर उसने टेढ़े-मेढ़े रास्तों पर दौड़ना शुरू किया, और नाक की सीध में आँखें बंद किए भागती चली गई।

इकतालीस

''ये उल्टा, ये सीधा।'' उसने लड़कियों को कशीदाकारी सिखाते वक़्त कपड़ा फ़र्श पर फैलाकर बग़ौर देखा मगर वह फैसला न कर सकी। काश ! उसे मालूम हो जाता। कोई ऐसी ताक़त जो कभी झूठ नहीं बोलती, कभी धोखा नहीं देती, उसके कान में आकर बता देती कि कपड़े का रुख़ कौन-सा सीधा है। अगर ग़लत रुख़ पर कशीदा बन गया तो फिर क्या होगा ? जंग की इमदाद[2] के सिलसिले में जो मीनाबाज़ार लगाया जाने वाला था, उसमें ये चीज़ें बेकार हो जाएँगी।

वैसे ही उसका काम कितना सुस्त पड़ गया था। मालूम होता था, मशीन में हौले-हौले ज़ंग लगता जा रहा है। पेंच अड़ गए हैं और हैंडिल नहीं घूमते। लाइब्रेरी की नई किताबों पर अभी नंबर दर्ज नहीं हो सके थे। रजिस्टर अधूरे पड़े थे। हाज़रियों को जोड़कर मीज़ान[3] निकालना। उसका दम घुटा जा रहा था इस जमा-तफ़रीक़[4] से। रसीद की किताबें बग़ैर दस्तख़तों के जमा होती जा रही थीं और फ़र्नीचर की सालाना जाँच नहीं हुई थी। क्या होगा ? ये मशीन कैसे घसीटी जाएगी ?

और ऊपर से ये कपड़ा ! सुबह से कई बार वह काम रुकवाकर इसी ग़ौर में डूब गई कि कपड़ा सीधा है या उल्टा। कई उस्तानियों ने एक रुख़ के बारे में राय दी और किसी ने दूसरे रुख़ को सीधा बताया...मगर वह रायआम्मा[5] के ऊपर इस वक़्त भरोसा नहीं कर सकती। अवाम कुछ नहीं जानते। आँख बंद करके हाँ में हाँ मिला देते हैं।

कई बार उसने सबसे छुपकर बज़रिए-क़ुर्आ[6] भी सही रुख़ मालूम करने की कोशिश की। चुपके से दो पर्चियाँ लिखकर पेनों के डिब्बों में डालीं। हेड-टेल किया पर इत्मीनान नहीं हुआ। इतनी बार धोखा खाने के बाद उसे किसी पर यक़ीन न आता था। क्या

1. नींद 2. सहायता 3. योगफल 4. जोड़-घटाव 5. जनमत 6. लॉटरी के द्वारा

पता जो ये क़ुआँ भी झूठ बोल रहा हो, उसे फँसाने के लिए कोई चाल चल रहा हो। और इतनी बारीक कशीदाकारी ग़लत रुख़ पर कढ़ गई तो कैसे उधेड़ी जाएगी। तमाम कपड़े का क़ीमा होकर सूराख़ हो जाएँगे और फिर उन गड्ढों को कैसे पुर किया जाएगा ? ये नन्हें-नन्हें मुहाँसे आँखों में खटकेंगे और उसकी नींदें तल्ख़[1] कर देंगे।

ये इतना खचर-पचर काम हिंदुस्तान में क्यों पसंद किया जाता है ? योरप वाले कैसे बड़े-बड़े फूल काढ़ते हैं ! दिलकश भी, आसान भी और सूफ़ियाना भी। लेकिन यहाँ तो हर चीज़ एक दूसरे से चिपकी हुई ऐसी कि साँस भी न ली जाए। एक जान और ऐसी मीनाकारी ! हर चीज़ उलझी जा रही है। उलझे हुए दिमाग़ से निकली हुई सारी चीज़ें आपस में गुथ-मुथ हुई जाती हैं। कोई उन्हें कैसे बिखेरे ?

ज्यों-ज्यों फ़रोख़्त का वक़्त क़रीब आता गया उसकी परेशानी बढ़ती गई। ग़ारत[2] हो ये वार फ़ंड और मीनाबाज़ार। क्या होगा इस पैसे से। लड़ाई में जाएगा और मरहम-पट्टी के काम आएगा। एक तरफ़ ज़ख़्मी करने के लिए नए-नए आले ईजाद होंगे, दूसरी तरफ़ उनका मुक़ाबला करने के लिए नर्सें दौड़ेंगी। ये ख़ूबसूरत कशीदाकारी, लाखों टैंकों और बमों की सूरत में इंसान की तरफ़ से इंसान पर बरसाई जाएगी। जिस्म पिसेंगे, ख़ून के धारे बहेंगे, ज़ालिम और मज़लूम सब ही एक ही दही से मथ दिए जाएँगे।

और ये भोले-भाले सिपाही। जंग शुरू हुई और उनके दाम बढ़े। फिर तो सब ही कुछ उनका, मुल्क उनका...आलीशान इमारतें उनकी, क़ौम ख़तरे में...इनके बाप दादा की हड्डियाँ ख़तरे में...शानदार इमारतें, ये मंदिर और मस्जिदें सब इनकी। जब तक सुख चैन रहा, उन्हें बेमौसम का फल समझकर किसी ने आँख उठाकर भी न देखा और आज जंग के भूखे देव का मुँह भाड़ की तरह खुला हुआ है। झोंके जाओ धान पर धान ! उसके बाद ? जब खेल ख़तम तो पैसा हज़म। तोपें पिघलाकर रेल की पटरियाँ बना ली जाएँगी और बंदूक़ों के फर्राटे भरते मोटर बनेंगे...थोड़ी-सी धात इनके हिस्से में भी तमग़ों की सूरत में आ जाएगी, जिनसे आने वाले बच्चों के झुनझुने बनाए जाएँगे। जब कटते-मरते इंसान थक जाएँगे, मिलाप हो जाएगा। सिपाही अपना कटा हाथ या पैर लेकर घर जा बैठेगा और जब तक मनचले फिर न लड़ें, वह कभी-कभी इस्तेमाल होने वाले हथियार की तरह पड़ा ज़ंग खाया करेगा।

जब लड़ाई ख़त्म हो जाएगी, स्कूलों में छुट्टियाँ होंगी, डिनर पार्टियाँ होंगी। और सिपाही ? इस सिपाही का क्या होगा। उसे पिघलाकर चोर-उचक्के, नंगे-भूखे फ़क़ीर ढाले जाएँगे !

कोई उनसे पूछे, क्यों लड़ते हो कमबख़्तो ! माना कि आबादी ज़रूरत से ज़्यादा बढ़ गई है और तुम्हें कुछ सूझता नहीं; ज़रा तो ये भी सोचो की जिन माँओं ने जनम दिया है, उनके जी पर क्या गुज़रती होगी। ख़ुशक़िस्मत हैं वह माँएँ जो बाँझ रहीं। ये सब इन मर्दों का किया-धरा है। उन्हें ये सिपाही जनना पड़ते तो पता चलता क्या बीतती

---

1. कड़वी 2. बरबाद

है जी पर !

मीनाबाज़ार की कामयाबी का सेहरा बाँधने से पहले ही सर चकरा उठा। ताक़त-ए-ज़ब्त[1] हार गई। तवाज़न-ए-दिमाग़[2] डगमगाने लगा। लिहाज़ा छुट्टी लेकर घर, आराम करने के इरादे से चली गई। ये जंग के ज़माने में अपनों की ज़रूरत कितनी बेरहमी से महसूस होती है ! जी चाहता है, किसी में जज़्ब होकर छुप जाओ। और फिर उम्र में एक बार फिर कोशिश करके देखना चाहिए कि अपनों की मुहब्बत का क्या मज़ा है। शायद यहाँ ही उसे वह सब कुछ मिल जाए जिसकी तलाश में वह इतना भटकी कि कोई कूचा नाआशना[3] न रहा।

ये भाई-बहन ! उसने उन्हें भूलने की क्यों कोशिश की थी ? एक ही शिकम[4] में सबने तकमील[5] पाई। एक ही घर में बढ़े-पले, जैसे कि एक ही पेड़ की बहुत-सी पत्तियाँ। मगर जब डाल से टूटकर एक पत्ती गिरी तो ज़माने की हवा उसे कितनी दूर उड़ा ले गई। लुढ़कते-लुढ़कते जब थक गई तो उसने फिर उचककर शाख़ पकड़ ली। आदत नहीं रही थी ना ! इसलिए बड़ा ज़ोर लगाना पड़ा। कंधे खिंच गए मगर वापस माँ की गोद में कितना सुकून मिला ! नींद सी आ गई।

हैं ?...सारी दुनिया तो उसके घर में मौजूद थी ! इसी एक ख़ानदान में कुछ विलायतियों जैसे गोरे भबूका, कुछ हब्शी निज़ाद[6], किसी में मंगोली ख़ून की कड़वाहट, तो किसी में ईरानियों जैसा तीखापन। और ये सब चार-पाँच औरतों की मेहनत की कमाई थी। अगर जर्मनी की तरह हिंदुस्तान को भी मुसफ़्फ़ि-ए-ख़ून[7] की ज़रूरत महसूस हो तो ख़ालिस देसी माल कितना रह जाएगा ? यही जितनी तिल पर सफ़ेदी, या शायद इतना भी नहीं। आर्यों का हिस्सा, ईरानियों का हिस्सा और फिर अफ़ग़ानी, मंगोली और अरबी ख़ून और फिर ये जो ताज़ा-ताज़ा विलायती ख़ून सामान-ए-जंग के साथ-साथ लाल कंटरों में भर-भरकर आ रहा है, ये ?...हिंदुस्तानी मिट्टी हर बीज को निगल लेती है।

इन ऊदे-पीले रिश्तेदारों से इसने मज़हबी अक़ीदत[8] के साथ जुटकर मुहब्बत करनी शुरू कर दी। इसने कभी बच्चों को चूमा न था इसलिए पहले-पहल सख़्त उबकाइयाँ आईं और जी घबराया। क्या नाक-थूक में लिथड़े हुए नामुकम्मल इंसान ! इनसे तो कुत्ते बदरजहा[9] बेहतर।

अगर ख़िज़ाँ की मारी पत्ती दोबारा पेड़ में लटकने की ज़िद करे तो क्या ये मुमकिन है कि एक बार फिर से बहार लौट आए ? गिरा हुआ फल तश्तरी से भागकर डाल में लटकना चाहे तो क्या वह कामयाब हो सकता है ? ये मुर्ग़ियाँ ही अगर अपनी माँ के पोटे के नीचे घुसने की कोशिश करें तो क्या समा सकती हैं ? लटके-लटके उसके शाने टूटने लगे। जितनी-जितनी गिरफ़्त मज़बूत की, हाथ फिसलते गए और जल्द ही उसे

1. सहनशक्ति 2. मानसिक संतुलन 3. अपरिचित 4. गर्भ 5. पूर्णता 6. नस्ल 7. रक्तशुद्धि 8. श्रद्धा 9. बहुत

मालूम हो गया कि पैसा ख़र्च करके सबकुछ ख़रीदा जा सकता है। जिंसी भूख मिटाई जा सकती है। पेट नाक तक भरा जा सकता है। मगर मामता किसी दामों नहीं मिलती। किसी के बच्चे को अपनाने की कोशिश ऐसी ही अहमक़ाना हरकत है, जैसे कव्वा दुम में मोर के पर लगाकर, मोर बनने की कोशिश करे। कव्वे ठोंगे मारते हैं सो अलग। उल्टे मोर मौक़ा पाकर शामत बुला देते हैं। नाजायज़ बच्चे की माँ ! फिर माँ तो है वरना अगर गूलर फूल लगा ले तो क्या हो ?

सबसे पहले उसने बड़े चाव से बड़ी बहन की बच्ची पर दस्तेशफ़क़त[1] फेरना शुरू किया। माँ बनने के बाद शायद दुख झेलने की तमीज़ भी अपने आप आ जाती है। मगर शम्मन को तो उल्टे लटकने का मज़ा आ गया। टें-टें...बच्ची दिन और रात रोती। जी चाहता इस जानदार रेडियो की एक बार ही ऐसी कल मरोड़े कि सदा के लिए चुप हो जाए। घुटने पर लिटाकर बच्चे को थपकना भी एक फ़न है। ऐसी मशीन जैसी रफ़्तार हो कि सर झटका ना खाए, सिर्फ़ झूमता रहे और फिर साथ-साथ मुँह और तालों की मदद से इंतेहा से ज़्यादा वह अजीबो-ग़रीब बेमानी आवाज़ें निकाली जाएँ ताकि बच्चे को बयकवक़्त इंसान, मुर्ग़ी और चर्ख़े की गोद में सोने का मज़ा आ जाए। थोड़ी-सी साँस मुँह में जमा करके लफ़्ज़ 'रे' पर छोड़ दी जाए। ऐसे कि एक फुआर की सूरत में 'रे' ढलते हुए सिक्कों की क़तार की तरह दौड़ते चले जाएँ। फिर तालू से ज़बान लगाकर अंग्रेज़ी के लफ़्ज़ 'क्यू' को बार-बार एक ख़ास तनाव से निकाला जाए और उसके साथ-साथ बच्चे की कनपटियों पर थपकियाँ भी लगाई जाएँ। अगर ये तमाम हरबे बेकार साबित हों तो दो-चार आदमियों की मदद से क़रीब रखी हुई अशीया[2] को हिलाकर, झिंझोड़कर जितनी भी आवाज़ें मुहैया हो सकें, मय ऊपर दी हुई तरकीब के, एक शोरे-क़यामत की सूरत में बच्चे के दिमाग़ पर नाज़िल की जाएँ। अगर थपकियाँ बाक़ायदा हैं, घुटने की रफ़्तार साइंस के मुक़र्ररकर्दा उसूल की पैरवी कर रही है तो इंशाअल्लाह बच्चा सो जाएगा। और इस तरह से सोया हुआ बच्चा अमूमन जागते में भी, दिमाग़ी तौर पर सोता रहेगा।

बच्ची को सही व सालिम वापस करके उसे एक गूना इत्मीनान हुआ। भले को बच्ची आरिज़ी[3] थी अगर ख़ुदानाख़ास्ता कहीं ख़ुद उसके वजूद से मुस्तक़िल तौर पर फोड़े फुंसी की तरह फूट निकली होती तो क्या हाल होता ? कुछ ताज्जुब नहीं जो इस हिंदुस्तान में इस कसरत से बच्चे मरते हैं। ख़ुद उसके दिल में कई बार ख़याल आया कि अगर चुपके से वह बच्ची की रज़ाई उतारकर खिड़की खोल दे। सुबह तक निमोनियाँ और फिर शाम तक झगड़ा ख़त्म। चैन से पैर फैलाकर सोए। ख़ुद इन बच्चों की माँएँ आनेवाले जी की ख़बर सुनते ही पास-पड़ोस की दाइयों से राज़ोनयाज़[4] शुरू कर देतीं। मर्ज़ तो न जाता, उल्टे नई-नई लतें लग जातीं और जब वह नया जीव जन्म लेता तो भी हर मुमकिन कोशिश उसे ख़त्म करने की करतीं। मगर आख़िर को माँ हुई ना !

1. स्नेह का हाथ 2. वस्तुओं 3. क्षणिक 4. प्यार मोहब्बत की गुपचुप बातें

मारना भी चाहतीं तो न मारा जाता। ज्योंही नज़ा[1] की हालत शुरू होती, मामता बेक़ाबू कर देती। जाती हुई रूह वापस घसीट लाई जाती। सारी उम्र घिसटने के लिए।

जब पहली बच्ची की हैबत[2] ज़रा ख़त्म हुई तो उसने फिर एक बच्चे की सरपरस्ती शुरू की। ये बदक़िस्मती से ज़रा कमज़ोर था। सेहत ख़राब थी और गंदगी से ख़ास उन्स[3] रखता था। बहुत दवा-दारू की मगर जुमला-अमराज़[4] उसके जिस्म में जड़ पकड़ चुके थे। कोई ही ऐसा मर्ज़ होगा जो दायमी[5] तौर पर उस पर क़ाबिज़ न हो चुका हो। वैसे मरने-वरने का कोई ख़ास इरादा न था।

मजबूरन मंझो बी की चीनी की गुड़िया जैसी बच्ची के नाम क़ुर्आ पड़ा। बड़ी तैयारियों से कपड़े बने और अबके शम्मन ने संजीदगी से गोद लेने के मसले को सोचा। जाते वक़्त मंझो ऐसा रोई जैसे वह बच्ची को ज़िंदा दफ़न कर चली। हज़ारों नसीहतें "मारना मत, तुम्हारा गुस्सा बहुत तेज़ है।" वह कह गई। अल्ला की शान, ये वही मंझो बी थीं जिसने ज़रा-सी उम्र से उसे अन्ना से लेकर पाला था। यक़ीनन वह मंझो बी की बदज़ात[6] बच्ची से तो हज़ार गुना बेहतर होगी। तभी तो पल भी गई। पर उसे तो दो दिन पालना दूभर हो गया।

अब ली ख़बर कव्वों और मोरों ने। वह चोंचें धार रख-रखकर जमाईं कि मज़ा आ गया। बच्ची भी साँप के मुँह की छछुंदर बन गई, न उगलते बने, न निगलते।

"च्च...च्च...ऐ है, इतनी-सी जान को माँ से छुड़ा लिया...तौबा।"

"ऐ है...पराए बच्चों से क्या चोंचला ! ऐसा भी ज़ुल्म नहीं करना चाहिए।" जितनी ज़बानें, उतनी बकवास। वह जलती और इस उम्मीद में सर झुका लेती कि शायद लोग थककर चुप हो जाएँगे।

वह ताने भी बर्दाश्त कर लेती क्योंकि बच्ची ग़ज़ब की प्यारी थी। मगर रात को ज़ालिम ने वह सितम ढाया कि जाड़ों की रात में ओला-बर्फ़ पानी से नहलाना पड़ा। दूसरे दिन निमोनियाँ और दो-चार दिन में बच्ची ख़त्म।

ऐसा मालूम होता था कि बच्ची उसे शर्मिंदा करने की शर्त लगाकर मर गई। रंज को शर्म और गुस्से ने दबा लिया। जी चाहा, काश ! वे दिन वापस लौट आते, जब मंझो बी उसे पाल रही थी। क्या-क्या ज़ुल्म जोता करती थी। अगर उसे मालूम होता तो मंझो बी के मुँह पर तमाचा मारने को ही मर जाती। दो दिन बाद मंझो रोती-पीटती कालिख मलने आ पहुँची।

ऐसी-ऐसी बातें सुननी पड़ीं जो कभी वहम-ओ-गुमान में भी न थीं। मंझो ने सारा इलज़ाम उस पर थोप दिया। बस न था जो वह उसे क़त्ले-उमद[7] के जुर्म में गिरफ़्तार करा देती। शम्मन के बस में होता तो वह ऐसी-ऐसी दस बच्चियाँ चुन कर मंझो के मुँह पर खेंच मारती। तौबा, इतना छिछोरा न समझती थी मंझो को। उसका दिल रखने को रोने की भी कोशिश की। बच्ची के सारे नए-नए कपड़े ख़ैरात कर दिए और धूमधाम

---

1. आख़िरी हिचकियाँ 2. भय 3. स्नेह 4. विभिन्न रोग 5. स्थायी 6. नालायक़ 7. जानबूझकर हत्या

से फूल चालीसवाँ किया। गोया बच्ची नहीं, गुनाहों की पोट[1] मरी थी जिसकी बख़्शीश दुश्वार थी।

और इस पर तुर्रा ये कि लोगों ने समझाते वक़्त साफ़ कह दिया कि यही बच्ची मंझो को उँगली पकड़कर सीधी जन्नत में ले जाएगी। ये मासूम बच्चे, जन्नती ही नहीं बल्कि, ज़बर्दस्त सिफ़ारिशी भी होते हैं। मगर ये जो कुछ शम्मन ने फूल चालीसवें पे रुपया बहाया, सब मंझो के तोशेख़ाने[2] में जमा हो गया। फिर भी मंझो कलेजा फाड़-फाड़कर रोती रही।

एक सिरफिरा ज़िद्दी बीज चट्टान के सपाट सीने से चिपककर फलने-फूलने की आस लगा बैठा। लाखों मौजें आईं कि बहा ले जाएँ मगर चट्टानों से सिर फोड़कर लौट गईं। फिर एक दिन वह बीज भी पत्थर बन गया। प्रोफ़ेसर का ख़त आया, "यहाँ लड़कियाँ इतनी फ़ैयाज़[3] हैं कि शादी फ़िज़ूल मालूम होती है। अगर तुम बतौर मेहमान (याद रहे लफ़्ज़ मेहमान) आना चाहो तो मकान काफ़ी वसीअ[4] है।"

पत्थर बन जाने वाला बीज उस थूहर के बेहया झाड़ से बदरजहा ग़नीमत है जो घुन बनकर सोसायटी की जड़ काट रहा है। वह इंसानी भेड़िया जो कुर्सियाँ तोड़ने का किराया हज़ार रुपए वसूल कर रहा है, दूसरों को किस मुँह से नसीहत कर रहा है ?

शम्मन ने जवाब दिया, "मेहमाननवाज़ी का शुक्रिया। अगर ऐसा वक़्त आन पड़ा तो देखा जाएगा।"

"वक़्त छप्पर फाड़कर नहीं आ पड़ेगा। तुम्हें ख़ुद लाना पड़ेगा। वरना याद रहे, ये वक़्त आने में तो देर करता है, जाने में ऐसी तेज़ी दिखाता है कि सिवाए हाथ मलने के कुछ नहीं रह जाता। डरो उस वक़्त से, जब तुम्हें कहना पड़े :

जब किश्ती साबित-ओ-सालिम[5] थी, साहिल[6] की तमन्ना किस को थी
अब ऐसी शिकस्ता[7] किश्ती पर, साहिल की तमन्ना कौन करे।"

इस अर्से में उसने एक और बच्चे को अपनाना चाहा मगर जल्द ही मालूम हो गया कि इंसान यकसानियत[8] से क्यों उकता जाता है। जितनी उसने परवरिश की, यही अंदाज़ा हुआ कि उसकी हैसियत बिलकुल उस ज़मीन जैसी थी जिसकी छाती पर चढ़कर हर एक अपना पेट भर लेता है मगर फिर उसे बंजर कहकर छोड़ जाता। यूँ तो ये बच्चा बिलकुल सीधा-सादा था मगर बावजूद कोशिशों के, उसने अपनी माँ के आँचल से झूलना न छोड़ा। शम्मन से अपनी ख़ातिर करवाकर वह सीधा माँ के कलेजे से लग बैठता।

"पराया...पराया," उसके कानों में बार-बार गर्म सलाख़ों की तरह घुसने लगा। एक बार ही उसने झटका मारकर सारी बंदिशों को तोड़ डाला...कोई नहीं उसका, और उसे ज़रूरत भी किस की है ? वह ख़ुद क्या नाकाफ़ी है ?

---

1. पोटली 2. खाने-पीने की चीज़ों का स्टोर 3. दाता 4. बड़ा 5. सही सलामत 6. किनारा 7. कमज़ोर 8. एकरसता

दूसरे दिन शाम की गाड़ी से इस बिखरे हुए 'ख़ुद' को समेटकर रवाना हो गई। कहाँ ?...वह कहाँ जा रही है ? ये उसने बिलकुल न सोचा। इतनी लंबी-चौड़ी दुनिया में वह जहाँ चाहे जा सकती है, और क्यों न जाए ? माना कि कोई मंज़िल नहीं। ये और भी अच्छा है। क्यों हो कोई मंज़िल ? इन बादलों की भी तो कोई मंज़िल नहीं। जहाँ और जिधर जी चाहा, बग़ैर प्रोग्राम बनाए चल निकलते हैं। जहाँ जी चाहा, बरस गए। जी चाहा तो भीगे को भिगोया और जी न चाहा तो प्यासों को तरसाते निकल गए। इन आँधियों का भी तो कोई घर नहीं। इधर का कूड़ा उधर घसीट ले जाना, सुनसान ग़ारों में चीख़ें मार-मारकर दौड़ना, चट्टानों पर सिर फोड़ना, दरिया की चंचल मौजों से उलझना और यूँ ही उठते-गिरते रहना लुत्फ़ भी तो है। इस ख़ानाबदोशी में शायद कभी कहीं साहिल मिल जाए, और ये भी भटकती हुई नाव पार लग जाए। जो न लगी तो भी क्या है ? कुछ हर्ज है इसी तरह बहते चले जाने में ? न पतवार न बादबान[1] और न नाखुदा का एहसान।

आगरा !

वह उतर पड़ी। न जाने क्यों जी चाहा, ताजमहल को देखे। शायद इश्क़-ओ-मुहब्बत की उस अज़ीमुश्शान निशानी को देखकर दिल का बोझ कुछ हल्का हो। क्या लोग थे। बीवी की मुहब्बत में क्या कुछ बनाकर छोड़ गए ! कितना मुक़द्दस रिश्ता है ये भी। मगर ऐसी ही यादगार कोई दुनिया वालों की मुहब्बत में नहीं बना देता जबकि लाखों हज़ारों सड़क के पत्थरों पर सर रखकर ज़िंदगी गुज़ारते हैं; शहंशाह और मलिका की रूहें क्योंकर चैन से पैर फैलाकर संगमरमर के साएबान[2] तले सो सकती हैं ? बाक़ी इमारत में चमगादड़ें और उल्लू बसते हैं। मज़े हैं इनके। इन उल्लुओं से तो कोई टैक्स भी नहीं वसूल करता। बस यहाँ तो मुर्दों और चमगादड़ों के ही ठाठ हैं। अगर सुख उठाना मंज़ूर हो तो ऐसे कर्म करो कि दूसरे जन्म में चमगादड़ या उल्लू के रूप में आना मिले। यही मुक्ति का बुलंदतरीन दर्जा है।

हमेशा सुना करती थी कि चाँदनी रात में ताज सचमुच इंद्र की पेशानी पर जगमगाता हुआ मुकुट दिखाई पड़ता है। लेकिन दिन ही में उसके, इस अज़ीमुश्शान लाश को देखकर रोंगटे खड़े हो गए। शाम होते ही शौक़ीन मिज़ाज, कोने-खदरों में दाद-ए-इश्क़ देने को, आ मौजूद हुए। सस्ते माल से आरास्ता 'हूरें', जिनके चेहरे सफ़ेद पाउडर की इफ़रात[3] से भूबल में दबाई हुई शकरकंदी की तरह मटियाले हो रहे थे और वह इस जश्न-ए-इश्क़ में भूतनियों का किरदार अदा करने के लायक़ न थी।

ये मुर्दे के सीने पर बैठकर जीने में उन लोगों को ख़ास लुत्फ़ क्यों आता है ? क्या कशिश है उन क़ब्रिस्तानों में जो ज़िंदगी की हर हसीन अँगड़ाई उन ही के सर पर तोड़ने

---

1. पाल 2. छत 3. आधिक्य

को जी चाहता है ? शायद जज़्बए-इंतक़ाम[1] कुछ तसकीन[2] पा जाता है। तुमने अपनी नामवरी के लिए सदियों का ख़ून इन इमारतों की बुनियादों में निचोड़ दिया...और हम...किसी फ़ेल[3] के करने से नहीं झिझकते। काश, इंतक़ाम सीधे रास्ते पर चल सकता और यूँ न भटकता।

लाहौर !

उसका और भी जी घबराया। अगर उसे अख़्तियार हासिल होता तो शालीमार इससे ज़्यादा दिलचस्प बनाया जा सकता था। नूरजहाँ के मक़बरे की अर्से से धूम सुनी थी मगर उसे ये देखकर हँसी आ गई कि वहाँ भी गधों को ही सुकून नसीब था।

नूरजहाँ। दिल की गहराइयों में एक औरत की फ़तह[4] दूसरी औरत के दिल में कुछ खटक सी पैदा कर देती है। आख़िर ऐसी कौन सी बात थी जो नूरजहाँ, सलीम की हस्ती पर यूँ छा गई और कौन जाने उसे शेर अफ़गन से ज़्यादा इश्क़ था या जहाँगीर से...या पहले शेर अफ़गन से और फिर जहाँगीर से ! और हो सकता है एक ही वक़्त में दोनों से रहा हो। औरत के दिल में मुहब्बत की जुदा-जुदा कोठरियाँ हैं। किसी में मामता की, किसी में शौहर की मुहब्बत...और किसी में आशिक़ की ! और फिर उसने ख़ुद अपने दिल में झाँककर देखना चाहा। ये इन कोठरियों में क्या ठुँसा हुआ था।

धुंध और बादल के सिवा कुछ न सूझा। काश, वह इन उलझे हुए डोरों को सुलझाकर अलग-अलग पिंडियाँ बनाकर रख सकती। आशिक़, महबूब और दुश्मन सब ही के चेहरे धुँधले हो चुके थे। पेंसिल लेकर सिर्फ़ ज़रूरी नक़ूश गहरे कर देती और बाक़ी वक़्त के घिस्सों से आप ही मिट जाते।

देहली !

उसे हर चीज़ बीमार और बदनुमा नज़र आई। टूटे मकान, बना जाने वालों को खड़े कोस रहे हैं। सड़ती हुई मोरियाँ[5] जो किसी की मिल्कियत नहीं। भूखे कुत्ते, सड़क के बदनसीब बेटे, न जाने किस की फ़रमाबरदारी में किसकी रखवाली कर रहे हैं। लंबे चौड़े, दीवारों पर फैले हुए घिनावने अमराज़[6] के इलाज, जो पुकार-पुकारकर बसने वालों की मर्दानगी की दाद दे रहे हैं। उसकी सौतेली बहन नई देहली ? साफ़ सुथरी उजाड़ सुनसान। मालूम होता है चमगादड़ें या रूहें बसती हैं। बिलकुल जदीद ताजमहल का नमूना। कभी...बहुत और नए आक़ा आएँगे तो उसे उनके अबदी मालिकों को सौंपकर नए स्थान बनाएँगे।

---

1. प्रतिशोध की भावना 2. संतुष्टि 3. कर्म 4. विजय 5. नालियाँ 6. बीमारियाँ

मगर ये क़ुतुबमीनार। इतना बुलंद, मगर कितना बेकार ! ये अकेला पागल-सा दरवाज़ा, इसके क्या मानी। ये क्यों भूत की तरह हाथ फैलाए किसके लिए आग़ोश वा[1] किए हुए है ?

कहाँ ? कहाँ ? वह कहाँ जाए ? इस भूल-भुलैया में रास्ता क्यों नहीं मिलता ? जी चाहा पर्दा फाड़कर बाहर निकल जाए पुर-सुकून-ख़ला[2] में। कुछ नहीं होगा और कितना सुकून होगा। रुपया ख़त्म हो चला था। वापस जाकर कहीं नौकरी तलाश कर लेना मुश्किल काम न था। मगर क्यों ? ये वह किससे पूछे। इल्मा, उसे एकदम याद आ गई। यक़ीनन उसने अपनी क्यों का जवाब पा लिया होगा। वह उसे ज़रूर तस्कीन पहुँचाएगी। वह सीधी बाँकीपुर रवाना हो गई।

इल्मा को देखकर उसे रश्क हुआ। वह कितनी सँभल चुकी थी। वह मुसलसल थकान के आसार मिट चुके थे और बड़ी चुस्त नज़र आ रही थी। था ही क्या एक-दूसरे को बताने के लिए, सिवाए तनहा और न गुज़रनेवाली ठोस घड़ियों के। फिर भी इल्मा ख़ुश थी। अपने हिसाबों वह रोल्फ़ की बेवा बनी ज़िंदगी के दिन गुज़ार रही थी। ससुराल, मैका, शौहर सब उस एक जान के वजूद से मिला और खो गया।

प्रोफ़ेसर नाथन अब भी उस पर मेहरबान थे। शाम होते ही आ जाते और रात गए तक गपशप रहती। किताबों के इस कीड़े को इतना ज़िंदादिल देखकर वह मोतहैयर[3] रह जाती। उसके साथ और भी चंद प्रोफ़ेसर आ जाते।

''इनसे मिलो शम्मन, रूफ़ी टेलर।'' इल्मा ने उसे एक तरफ़ बुलाकर कहा। और शम्मन ने देखा, वह एक छोटे से सिर और शरबती बालोंवाले गोरे से हाथ मिला रही है। उसने मजबूरन रस्मी तआर्रुफ़[4] का जवाब दिया। उसे इल्मा का ये तरीक़ा क़तई पसंद न आया। टेलर को वह इस क़दर इज़्ज़त और अक़ीदत से देख रही थी, गोया कोई मामूली गोरा नहीं, भगवान घर में पधारे हैं। उसे इन हिंदुस्तानियों से अज़ली नफ़रत[5] थी जो इन सफ़ेद चमड़ी वालों के ज़रा से मुँह लगाने से फूले नहीं समाते। इतना नहीं जानते कि ये लोग हमसे मिलते जुलते हैं तो सिर्फ़ इसलिए कि वापस अपने मुल्क जाकर लोगों को हैरतज़दा करें कि वह हम दरिंदों के इतने क़रीब पहुँचकर मुताला[6] करते रहे, पर न ही हमने उन्हें काटा और न हमारी स्याही ने उनकी सफ़ेदी को गँदला किया। हमारी तस्वीरें दिखाएँगे कि ये हैं वह जंगली बंदर जिन्हें इनकी तहज़ीब की हवा ने कपड़े पहनना सिखा दिए हैं।

इधर-उधर की बातें होती रहीं। शम्मन कुछ उदास हो रही थी। इसने कई बार गुफ़्तगू में दिलचस्पी लेने की कोशिश की मगर फिर दिली उलझन में खो गई। उकताकर वह किताबों की अलमारी टटोलने लगी कि कहीं लोग उसे बिलकुल अहमक़[7] न समझें।

---

1. गोद लेने की चाह 2. ख़ामोश वादियाँ 3. आश्चर्य में 4. परिचय 5. हमेशा की घृणा 6. अध्ययन 7. मूर्ख

''ज़रूर पढ़ो...लाजवाब है।'' उसने मुड़कर देखा। टेलर उस किताब की तरफ़ इशारा करके कह रहा था जो शम्मन के हाथ में थी।

''शुक्रिया।'' उसने बेतवज्जही[1] से किताब रख दी और दूसरी उठा ली।

''एक बात...'' टेलर ने उसकी तवज्जो अपनी तरफ़ मबज़ूल[2] कराई। ''मैं अंग्रेज़ नहीं आयरिश हूँ।''

सफ़ेद रंग का हर आदमी अंग्रेज़ ही हो सकता है। इस रंग की कुछ ऐसी अजीब हैबत[3] बैठी हुई है कि दोबारा सोचने की ज़रूरत महसूस नहीं होती। दूसरे उसे आज तक कुत्तों, घोड़ों और सफ़ेद इंसानों की कभी पहचान न मिल सकी। सब ही एक जैसे होते हैं। गो बहुत से लोग दाँतों, खुरों और चाल से नस्ल पहचान लेते हैं पर न जाने कैसे ?

''उसकी क्या ज़रूरत थी !''

''ओह मैं ख़ूब जानता हूँ।'' उसने शरारत से अपनी बेपलकों वाली आँख मारी कि बड़ी आसानी से शम्मन उसे एक़दामे-जुर्म[4] में पकड़वा सकती थी। ''तुम लोग सफ़ेद चमड़ी देखकर ही बदज़न[5] हो जाते हो और इसमें तुम्हारा क़सूर नहीं।''

''बदक़िस्मती हमारी !'' जलकर शम्मन फिर किताबों की तरफ़ झुक गई।

''मेरे पास कुछ ताज़ातरीन किताबें हैं। अगर शौक़ है तो...'' शम्मन को बेऐतबारी से देखता पाकर वह कुछ खिसियाना-सा हो गया, ''माफ़ करना अगर कोई गुस्ताख़ी हो गई हो। कहते हैं औरत को सलाम भी करो तो गाली समझती है...मगर मैं समझा था तुम इल्मा की दोस्त हो...शायद तुम भी उसी की तरह...''

इतने में इल्मा ने चाय के लिए पुकार लिया।

''अरे तुम टेलर से नहीं मिली शम्मन...''

''हम मिल चुके !'' टेलर ने मसख़री[6] शक्ल बनाकर कहा।

''अरे नहीं...शम्मन, ये जर्नलिज़्म के बहुत शौक़ीन हैं। लड़ाई में शरीक़ होने से पहले...क्या लिखा करते थे टेलर ?''

''नुमाइंदे थे अख़बारों के।'' प्रोफेसर नाथन बोले।

''बड़ा लायक़ आदमी है, और...हाँ भई उठो, सिनेमा नहीं मिलेगा फिर।'' इल्मा ने बेवक़ूफ़ों की तरह सबको गड़बड़ाना शुरू किया।

फ़िल्म रद्दी ही नहीं इंतहा से ज़्यादा लचर थी। चंद गोरे, जंगलियों के बीच में दाद तलब बहादुरी, सख़ावत[7] और इंसानियत के जौहर दिखा रहे थे। टेलर चंद सीटें छोड़कर बैठा था मगर कई दफ़ा जब शम्मन ने उसकी तरफ़ देखा तो उसे भी अपनी तरफ़ देखता पाया और कई बार बेसाख़्ता[8] दोनों को हँसी आ गई।

''अब ये भी मेरे आमालनामे में लिख लेना,'' खेल के ख़त्म होने पर टेलर ने

---

1. बेध्यानी 2. आकृष्ट 3. भय 4. अपराध के लिए आगे बढ़ना 5. भड़कना 6. जोकरों जैसी 7. दान 8. अचानक

मुल्ज़िमाना सूरत बनाकर कहा। और शम्मन ज़ोर से हँस दी।

रात को इल्मा ने टेलर की बेइंतेहा तारीफ़ की।

"तुम भूल रही हो कि ये सफ़ेद चमड़ी वाले क्या होते हैं। यही देखो, ये दुनिया के मारे धुतकारे, यहूदी, पोलिश और न जाने कौन-कौन, सिर्फ़ अपनी चमड़ी के बलबूते पर यहाँ आकर ऐंठने लगे। आजकल तो जिसे देखो शेर की खाल ओढ़े शेर बना फिरता है। यहाँ तो जो मेहमान बनकर आता है, आक़ा[1] बन बैठता है।"

"कुछ इसमें हमारा भी क़सूर है। ज़रा बाज़ार में जाकर देखो, हज़ारों फ़क़ीर भिखमंगे और दुकानदार 'साहब', 'सरकार' कहकर दौड़ पड़ते हैं।"

"वह बेचारे क्या जानें, कौन हैं ये। चाहे वह उन्हीं की तरह कुँजड़े-जुलाहे हों मगर मालूम तो साहब होते हैं और रहते भी ठाठ से हैं। हमसे तो हमारे मेहमान ही अच्छे। हम ख़ुद भूखों मर रहे हैं। मगर ये देख लो मेज़बानी में फ़र्क़ नहीं आता। जब उन्हें तमीज़ से रहना नहीं आता तो फिर धक्का मारकर निकाल देने को क्यों न जी चाहे ?"

"अरे ये भी मज़लूम ही हैं हिटलर के मारे।"

"हिटलर के मज़लूम भी हमारे ज़ालिम हैं। ज़रा सोचो, हमें इनसे क्या हमदर्दी हो सकती है ! हम हिटलर से बचकर कहाँ जाएँ ? हमें तो कोई अपनी ज़मीन पर क़दम भी न धरने देगा।"

मगर इल्मा ऊँघ चली थी। न जाने उसको क्या होता जा रहा था। कॉलेज की वह जोशीली इल्मा मर चुकी थी और अब ये हारी हुई इल्मा हर मजबूरी के आगे सर झुकाने लगी थी।

सुबह उठकर इल्मा ने कहा कि नौकर को लेकर शहर से जिंस[2] ले आए क्योंकि उसे कुछ हरारत मालूम होती थी। अनाज की क़िल्लत[3] ने बुरी तरह परेशान कर रखा था। और जगह तो राशनिंग हो गई थी मगर इस हिस्से की तरफ़ कोई तवज्जो नहीं कर रहा था। रोज़-ब-रोज़ अनाज अपनी मर्ज़ी से महँगा होता जा रहा था। घर में जितना पहले घी का ख़र्च था उससे चौगुना तो सिर्फ़ गेहूँ पर सर्फ़[4] हो जाता था। और घी का तो क्या पूछना। घास का घी भी अनमोल हुआ जा रहा था।

"हैलो !" किसी ने पुकारा। शम्मन ने मुड़कर देखा तो टेलर अपनी चुंधी आँखों में जाज़्बियत[5] पैदा करने की कोशिश कर रहा था।

"थक गया हूँ इस रेंगते हुए सुस्त हिंदुस्तान से। सोचा, लाओ कोई मुसीबत ही मोल लूँ।" वह शरारत से मुस्कुराए और शम्मन को भी हँसी आ गई।

"अरे मुझे सख़्त नाउम्मीदी हो रही है।"

"क्यों ?"

"मैं समझता था गरजकर बरस पड़ोगी...ख़ैर, फ़ाल[6] अच्छी रही इसलिए दूसरी तरकीब चलना पड़ेगी।"

"वह क्या ?"

---

1. मालिक 2. सामान 3. कमी 4. व्यय 5. सुंदरता 6. शगुन

''कि चलो मेरे साथ चाय पियो।''

''मगर मैं सामान खरीदने आई हूँ।''

''चलो, पहले सामान ख़रीद लें फिर नौकर को चलता करेंगे।''

हर दुकान पर टेलर को देखकर दुकानदारों ने चौगुने दाम कर दिए। चारों तरफ़ से वह ले-दे मची कि शम्मन को उसे रुख़सत करना पड़ा।

''तुम सामने होटल में ठहरो। मैं सामान ख़रीद कर आती हूँ।''

''क्यों ?'' वह बिगड़ा।

''तुम्हारी मौजूदगी से भाव बिगड़े जा रहे हैं !''

''अरे वह कैसे ? अच्छा, अब मैं कुछ बोलूँगा भी नहीं।''

''वह तुम कुछ भी करो। तुम भी तो शाही ख़ानदान से हो इसलिए !''

''मैं क्यों होता शाही ख़ानदान से, हिश्त !''

''यहाँ वाले, हर सफ़ेद चमड़ी वाले को बादशाह सलामत का भाई-भतीजा ही समझते हैं...इंकसारी[1] हमारी घुट्टी में पड़ चुकी है...और तुम जानते हो ये घुट्टी क़रीब सौ साल से हमें कौन पिला रहा है।''

मुँह ही मुँह में बड़बड़ाता टेलर जाकर होटल के दरवाज़े पर खड़ा होकर इंतज़ार करने लगा। शम्मन ख़ूब भाव-ताव करके सामान ख़रीद चुकी तो गाड़ी करके रवाना हो गई। टेलर बिलकुल उसके ज़ेहन से उतर गया। लेकिन ज्यों ही वह घर पहुँची उसे फ़ौरन याद आया और जल्दी से सामान उतरवाकर उसने उसी गाड़ी में वापस भागना मुनासिब समझा। ज्यों ही गाड़ी मुड़ी, फाटक में दाख़िल होती हुई दूसरी गाड़ी से क़रीब-क़रीब हम-आग़ोश हो गई। गाड़ीबान एक दूसरे को खूबसूरत रिश्तों से नवाज़ने लगे। देखने के लिए सर बिलकुल बाहर निकाला तो टेलर को उतरता देखकर सन्न से रह गई।

''मैं बिलकुल भूल गई।'' उसने लजाजत[2] से कहा, ''सामान की गड़बड़ में।''

''ये मेरी इज़्ज़तअफ़ज़ाई[3] है।'' टेलर ने तंज़िया[4] अदब से झुककर कहा। ''मुझे पता न था कि एक ज़िंदा इंसान से तुम्हें हल्दी, धनिया और चावल ज़्यादा दिलचस्प मालूम होते हैं। मैंने तुम्हारा वक़्त ज़ाया करने की कोशिश की, मगर मैं दाद देता हूँ कि तुम नागवार चीज़ों को बड़ी ख़ुशअस्लूबी[5] से टाल देती हो।'' वह मुड़कर चला।

''मगर...'' शम्मन के मुँह से बेअख़्तियार निकल गया। और वह फिर लौटा।

''किस गाड़ी में चलोगी...अपनी में या जो मैं लाया हूँ ?'' उसने बिलकुल ऐसे पूछा जैसे कोई बात ही नहीं हुई।

जब गाड़ी काफ़ी दूर निकल गई तो टेलर एकदम हँसने लगा।

''ओफ़्फ़ो...ये लड़कियाँ।''

''तुम दिल ही दिल में हम हिंदुस्तानी लड़कियों को जंगली और ग़ैर-मोहज़्ज़ब[6] और न जाने क्या-क्या कह रहे हो...मगर...''

---

1. विनय 2. ख़ुशामद 3. मान बढ़ाना 4. व्यंग्यपूर्ण 5. कुशलता 6. अशिष्ट

"मगर हिंदुस्तान पर क्या मौक़ूफ़ है। दुनिया-भर की लड़कियाँ ऐसी ही वहशी होती हैं।" वह शरारत से मुस्कुराया। "तुम समझती हो, हमारी लड़कियाँ, इधर बुलाया और दौड़ीं।"

"कम-अज़-कम हिंदुस्तानियों का तो यही तजुर्बा है। देख लो यहाँ तक बँधी चली आती हैं।"

"ग़लत, बिलकुल ग़लत। जो हिंदुस्तानी ये कहते है, वह ऐसी-वैसी लड़कियों से मिलते होंगे। वहाँ की अच्छी तालीमयाफ़्ता लड़कियाँ बड़ी .ख़ुश्क़ होती हैं और ये नंगी-भूखी फ़क़ीरनियाँ कहाँ नहीं गिरतीं !"

"तो वहाँ भी लोग नंगे-भूखे हैं ?" शम्मन ने बनकर ताना दिया।

"क्यों नहीं। तुम समझती हो, वहाँ सब लॉर्ड और बैरन ही रहते हैं ! तुम जो मुट्ठी-भर अंग्रेज़ देखती हो, ये तो हिंदुस्तान की क़िस्मत से ऐसे नज़र आते हैं वरना जब तक दुनिया में शैतान मौजूद हैं, लोग नंगे भी रहेंगे और भूखे भी।"

"इस हद तक ?" गुज़रती हुई गाड़ी में से शम्मन ने मुरझाए हुए सड़ैंदे फ़क़ीरों की तरफ़ इशारा करके पूछा।

"नहीं, इस हद तक तो नहीं।" टेलर ने फुरेरी ली। "हिंदुस्तान आने से पहले न जाने क्या-क्या सोचा करता था..."

"यही कि बस नवाब, राजा, सोने-हीरे से मुरस्सा[1] हाथी..."

"बिलकुल ये तो नहीं, पर हाँ, ख़याल था, इतने दिन की हुकूमत में इन लोगों ने कुछ तो किया होगा। मगर यहाँ आने से कुछ दिन पहले ही मैंने एक-आध किताब हिंदुस्तान के मुताल्लिक़ पढ़ी थी, फिर भी ये देखने की उम्मीद न थी।"

"और अब ये सब कुछ देखने के बाद सारा इल्ज़ाम हमारे ही सर रहा ना।"

"सारा तो नहीं...कुछ ज़रूर..."

"लेकिन ये भी सोचा कि वह कुछ भी हमारे सर मढ़ने का..."

"...ये तुम लोगों की मैंने अजीब ख़सलत देखी है कि तुम अपने आपको ज़रूरत से ज़्यादा बेगुनाह और ग़ैरज़िम्मेदार ज़ाहिर करने में फ़ख़्र समझते हो। आख़िर इंसान हो, हैवान तो नहीं।"

"हैवानों के हाथों मजबूर तो हैं।"

"और जैसे हिंदुस्तानियों में ऐसे हैवान नहीं।"

"हैं उन्हीं के पिट्ठू।"

"तो ये कहो यहाँ के और वहाँ के हैवानों के जत्थे ने, एक दूसरे की मदद से मुल्क का ये हाल बना रखा है। मगर सच बताना, अपनी ज़ात से तुमने अब तक इस जत्थे को तोड़ने की क्या कोशिश की है ? कौन-सी क़ुर्बानी दी है ?"

"क़ुर्बानी करने वालों की गत देखी तुमने ? क्या हाल किया गया उनका !"

---

1. अलंकृत

और वाक़या बिलकुल ताज़ा था। मुल्क की सबसे बड़ी जमात[1] ने अलम[2] बग़ावत बुलंद किया। ये बग़ावतें रेल के डिब्बों में पूरे ज़ोश-ओ-ख़रोश से रूनुमा[3] हुईं। सफ़ेद क़ौम को 'खुला हुक्म' मिल गया कि भाग जाओ यहाँ से। नहीं माँगते तुमको। वरना बसें जला डालेंगे। रेल की पटरियाँ उखाड़ देंगे। ये तुम्हारी हैट और टाइयाँ जला देंगे। मगर सफ़ेद बादशाहत इस बग़ावत के ज़ुकाम को बजाए गोला-बारूद के, लाठियों से ही राह-ए-रास्त पर ले आई। चूहेदान का पट खुला और बालाई ग़ायब। दो-चार ही दिन में बेसुरी फ़ौज को हुकूमत के हाथी ने रौंदकर सफ़ेहस्ती[4] से मिटा दिया। अहिंसा भी इतनी बेज़रर[5] न थी जितनी ये बग़ावत साबित हुई। ऐसा मालूम हुआ, चंद नासमझ बच्चे मचल गए थे कि हम तो चाँद लेंगे। ऐसे बच्चों को तो बस दो तरह से दुरुस्त किया जा सकता है—या तो पन्नी का चाँद दे दो...मगर ये बच्चे बड़े होशियार हैं। साफ़ पन्नी को पहचान गए। दूसरी तरकीब ये है कि लगाओ एक थप्पड़ और कह दो, जब अब्बा बाज़ार से आएँगे, तब चाँद मिलेगा।

मगर कौन जाने जब अब्बा बाज़ार से आएँ तो थके हुए हों या एक सिरे से चाँद की ज़रूरत ही न समझें।

इतना सलीक़ा नहीं उन्हें कि चाँद सच्ची-मुच्ची का दे दिया जाए। फाड़-फूड़कर अलग कर देंगे। आपस में भाई-भाई झगड़ेंगे, नोंच-खसोटकर फेंक देंगे। हमारे पास सेफ़ में रखा है चाँद, हिफ़ाज़त से, जब बड़े हो जाओगे तब मिलेगा।

मगर कब बड़े होंगे, ये तो अब्बा ही जानें। कितने ही बड़े हो जाओ, इत्मीनान दिलाओ मगर माँ-बाप के दिल में तो वह कल के बच्चे ही रहेंगे। और फिर जाने अब्बा बाज़ार से लौटेंगे भी या वहीं धरे रह जाएँगे। हिटलर तो कबड्डी उड़ा रहा है। पाले पर पाला मारता जा रहा है। कौन जाने चाँद भी वही मार ले जाए।

"हाँ...और तारीख़ हमेशा उनकी इस हरकत पर लानत भेजेगी।" टेलर ने संजीदगी से कहा।

"मगर मोअर्रिख़[6] भी तो ये ख़ुद ही हैं। हम तो वही पढ़ेंगे जो आज तक पढ़ते आए हैं। यानी उनकी अक्लमंदियाँ और अपनी बेवक़ूफ़ियाँ...हर ज़माने में आँख खोलकर उन्हीं की शान में क़सीदे पढ़ने शुरू किए।"

"मगर इस मर्तबा अमरीका मौजूद है।"

"अमरीका कब मौजूद न था। मगर वहीं तक जहाँ तक एक डॉलर के दस बनने की उम्मीद है। रुई का व्यापार नहीं, जंग का सही। अब उनके गुन और गाने पड़ेंगे। गिरतों को सँभालना, हारतों को जिताना, कमज़ोरों को ताक़त बख़्शना उन्हीं का काम है। अब हमारी पिटती हुई सरकार के सर पर उन्होंने हाथ रखा।"

"नहीं, ऐसा न होगा...हम में से बहुत से नामालूम किन मुग़ालतों[7] में मुब्तिला[8] रहे। अब हमारी भी आँखें खुलती जा रही हैं...मैं ये नहीं कह सकता कि वाक़ई कुछ हो ही

---

1. संगठन 2. झंडा 3. प्रकट 4. अस्तित्व 5. निरापद 6. इतिहासकार 7. भ्रमों 8. ग्रस्त

जाएगा। हममें से गिनती के चंद हैं जो ऐसी बातों में दिलचस्पी लेते हैं। उनमें से न जाने कितने तो वापस जाकर भूल-भाल जाएँगे। शायद चंद ऐसे भी हों जो कुछ याद रखें।''

''कहीं किपलिंग की तरह याद न फरमाने लगें। ये ज़माना किपलिंग नहीं पैदा कर सकता...तुम देखना इस जंग में इंसानियत नई रोशनी लेकर पैदा होगी। अरे हम कहाँ निकल आए...गाड़ीवाले।''

बातों-बातों में पता भी न चला और गाड़ी काफ़ी दूर निकल गई। गाड़ीवाला भी कुछ मुतहैय्यर[1] इन दो मुख़्तलिफ़ अनासिर[2] को टकराता देखकर खो-सा गया था। दोनों ने उतरकर एक होटल में चाय पी।

''इल्मा के बाद मैं दूसरी हिंदुस्तानी लड़की से मिला हूँ...और मुझे नाउम्मीदी नहीं हुई। न जाने क्यों हम लोगों से इतना परहेज़ किया जाता है !''

''इसमें हमारा क्या क़ुसूर है ? तुम लोगों की लड़कियाँ तो हमारे लड़कों को क़ीमती समझती हैं क्योंकि शौहर की हैसियत से वह बड़े कारामद[3] साबित होते हैं। उन्हें वह अपने ही रंग में समोकर बआसानी ज़िंदगी गुज़ार सकती हैं।''

''तो क्या हिंदुस्तानी लड़कियाँ ऐसा नहीं कर सकतीं ? वो चाहें तो यूरोपियन लड़कों को हिंदुस्तानी बना सकती हैं। अरे इस औरतज़ात में बड़े-बड़े मोजज़े[4] दिखाने की ताक़त पोशीदा है। वह चाहे तो दुनिया से ये क़ौम और नस्ल का फ़ित्ना[5] मिटा सकती है।''

''ये मैं मानने के लिए तैयार नहीं। आम क़ायदा है कि ऊँची नस्ल को बेटी दे देते हैं मगर लेते नहीं ताकि धब्बा न आ जाए।''

''हिश्त...बिलकुल पुरानी बातें। तुम सोचती होगी ऐसा, मैं तो बड़ी ख़ुशी से हिंदुस्तानी लड़की से शादी कर सकता हूँ।''

''क़ौल[6] से फ़ेल[7] मुश्किल है !''

''मगर मैं यक़ीन दिलाता हूँ।''

रात ज़्यादा होती जा रही थी। लिहाज़ा लौट आए दोनों। शम्मन जब घर पहुँची तो इल्मा देखकर मुस्कुरा उठी।

''बड़ी गाढ़ी छन रही है...''

''साहब लोग जो हुए न ! समझते हैं इस तरह हमारी इज़्ज़तअफ़ज़ाई होती है...कहाँ हम ख़ाक[8] के ज़र्रे और कहाँ वह आफ़ताबे आलमताब[9] !''

''टेलर ऐसा नहीं।''

''अजी सब एक ही मिल के निकले हुए हैं !''

''तो फिर क्यों गई थीं उसके साथ !''

---

1. आश्चर्यचकित 2. तत्व 3. उपयोगी 4. चमत्कार 5. झगड़ा 6. वादा 7. कर्म 8. मिट्टी 9. चमकता सूर्य

"ये दिखाने कि हम इतने जाहिल नहीं जितना तुम्हारे व्यापारियों ने बना रखा है। ...इल्मा जी उक्ता गया, भई मेरे लिए भी कोई काम ढूँढ़ दो।"

"फ़ौज के दफ़्तर में..."

"भई ये फ़ौज-वौज से तो मुझे माफ़ रखो। मुझे दूसरों की जंग लड़ने में क्या दिलचस्पी !"

"क्या मतलब है, क्या चपटे को आ जाने दोगी ?"

"मेरी बला से चपटे आएँ या चुंधे।"

"वो लूटमार करेंगे कि तौबा भली।"

"और ये क्या कम लूट रहे हैं ? दूसरे, लूटेंगे उन्हें जिनके पास कुछ है। और जो आप ही मर रहे हों, उन्हें वह क्या मारेंगे ? उन नंगे-भूखे किसानों का न किसी ने अब तक कुछ बिगाड़ा और न कोई बिगाड़ सकता है। अच्छा है ये दौलतमंद लुटें तो।"

"अरे भाई अपने दौलतमंदों को ख़ुद लूटो तो एक बात भी है। दूसरों से लुटवाने में क्या अक़्लमंदी है !"

"ख़ुद नहीं ताक़त तो दूसरों की मदद से सही।"

"अरे कहीं बंदर ने बिल्लियों में बँटवारा किया है। देख तो रही हो ये बाहर की मदद का नतीजा। तारीख़ गवाह है कि जिसकी मदद माँगी, वही ज़ालिम बन बैठा। अब तो तब ही कुछ होगा जब हम ख़ुद करेंगे !"

"तुम दिल्ली के चावल बहुत कम लाईं।" इल्मा ने एकदम सियासत के मैदान से घर की चहारदीवारी में छलाँग लगाई।

"मिले ही नहीं।"

"लालू ने तुम्हें दुकान नहीं बताई। एक बनिया है, प्रोफ़ेसर की जान-पहचान का, वह दे देता है जितने भी माँगो। ये मोटे चावल से तो घिन आती है।"

मगर ये घिन आनेवाले चावल भी बाज़ार से उड़कर न जाने वहाँ रूपोश[1] होने लगे। कुछ ऐसा मर्ज़ फैला कि अंदर ही अंदर चावल चाट गया। गेहूँ को भी घुन लग गया। घुन भी ऐसा-वैसा नहीं, भैंसा घुन !

"अरे उठो ना।" इल्मा ने झिंझोड़कर जगाया। रोज़ तो वह उसे दिन चढ़े तक सोने देती थी।

"क्यों ?" शम्मन ने करवट बदल ली।

"अरे। वह तुम्हारा साहब बहादुर खड़ा है।"

"कौन साहब बहादुर ?"

"अरे बनो मत। वही टेलर, उठो ना।"

"लानत। तुम्हारा होगा साहब ?"

---

1. अंतर्धान

''देखना है।'' इल्मा छेड़ने को हँसी।

''क्या ?'' शम्मन उठ बैठी।

''कुछ नहीं, तो फिर उठती क्यों नहीं !''

''चुड़ैल !'' शम्मन ने तकिया खींचकर मारा।

प्रोफ़ेसर को भी ले लिया और चारों मिलकर टेलर की लाई हुई टैक्सी में रवाना हो गए। पिकनिक का इरादा था।

''हम लोग तो अमूमन मक़बरों में पिकनिक मनाते हैं।'' शम्मन ने कहा।

''या ख़ुदा, ये क्यों ?'' टेलर हैरत से बोला।

''ताकि बरकत मिलती रहे।''

''भई, हमें लाइब्रेरी में ज़रूरी काम है। तुम और टेलर चले जाओ...'' प्रोफ़ेसर और इल्मा शायद घर ही से कोई साज़िश करके आए थे।

''तो मैं भी साथ चलूँ !'' प्रोफ़ेसर को ख़ामोश और इल्मा को बेतवज्जही से दूसरी तरफ़ देखते पाकर उसने जल्दी से बात पलटी, ''मैं घर चली जाऊँगी। मुझे ज़रा काम भी है, कपड़े वग़ैरा ठीक करना है।''

''वाक़ई ?'' जब प्रोफ़ेसर और इल्मा चले गए तो टेलर ने पूछा।

''क्या ?''

''कि तुम्हें घर जाना है और बहुत ज़रूरी काम है !''

''हाँ, क्या कुछ ऐतराज़ है ?'' शम्मन ने भी मज़ाक़िया जवाब दिया।

''बहुत सख़्त, क्योंकि...''

''क्या ?''

''मेरे साथ खाना खाओगी ?''

''अभी खाने का वक़्त दूर है।''

''क्या भद्दा जवाब है।'' वह बुरा मान गया। शम्मन को हँसी आ गई।

''हमारे यहाँ इन बातों को अच्छी नज़र से नहीं देखा जाता। मुझे तुम्हारे साथ घूमते देखकर लोग न जाने क्या कहेंगे।''

''छोड़ो इन लोगों को...अगर तुम जैसी लड़कियाँ ही लोगों से डरती रहेंगी तो फिर मिल चुकी आज़ादी तुम लोगों को।''

''गोया इसी तरह घूम-फिरकर ही तो हमें आज़ादी जीतना है।''

''यक़ीनन...जितने मुल्क इन लोगों की हैबत से पाक हैं, सब आज़ाद हैं।''

''बेशक तुम चाहो तो सब ही कुछ कह सकते हो। आज़ाद हो ना।''

''छोड़ो इस आज़ादी के झगड़े को और थोड़ी देर के लिए मेरी रंगत-क़ौमियत को भूलकर मेरी कोई बात सुनने और उसका जवाब देने की कोशिश करो। ज़रा के ज़रा इस नफ़रत को भूल जाओ जो हमारे-तुम्हारे दरमियान बरसों से पल रही है। मोरचे पर लड़ने वाले सिपाही तक, एक बार सब कुछ भूलकर आपस में इंसानों की तरह घुल-मिल जाते हैं। इतना सोचो एक परदेसी इंसान, अपनों से दूर, तुम्हारी मेहमान-

नवाज़ी का तलबगार[1] है।"

"की तो थी, एक दफ़ा तुम्हारे ही भाई-बंदों की मेहमानदारी...बनिए बनकर आए...और..."

"च्च, च्च...बड़ी ख़राब ज़बान है तुम्हारी !" वह ख़ुशमिज़ाजी से हँसा।

"दूसरे हर्बे बेकार पड़े रहने से सारी तेज़ी इसी पर धार रखने में सर्फ़ होगी। वह मसल सुनी है—किसी के हाथ चलें और किसी की जीभ !"

होटल के सामने टैक्सी ठहरी। किराया छह रुपया हुआ था। मगर टेलर ने दस रुपए दे दिए। उसने जब रेज़गारी के लिए लाचारी से जेबें टटोलीं तो टेलर ने हाथ के इशारे से मना कर दिया और चलने लगा। ड्राइवर ने झुककर सलाम किया और शम्मन की गुस्से से भरी नज़रों को देखकर सिर्फ़ मुस्कुराने पर इक्तफ़ा[2] की। गोया कहता है आ गई भाँजी मारने को। हो ना कलूटी। रोज़ाना इतनी मेमों को लाता हूँ, वह कुछ भी नहीं सोचतीं।

"यही तो है वह चाल जिसकी बदौलत तुम लोग यहाँ हुकूमत कर रहे हो।" उसने टेलर से कहा।

"या ख़ुदा, क्या हुआ ?"

"ये तुमने चार रुपया बख़्शीश देकर उसकी रूह तक ख़रीद ली।"

"अरे, मगर मैंने क़तई इस ख़याल से रुपया नहीं दिया। बल्कि मुझे मालूम था वह ज़्यादा से ज़्यादा दो रुपया नोट में से वापस करता, बाक़ी के लिए वह कह देता—नहीं हैं। और ये भी जानता है कि मैं कहाँ नोट भुनाने दौड़ता फिरूँगा। मैंने कहा जहाँ दो, वहाँ चार...मसरफ़ ही क्या है हमारे रुपये का ? किसके लिए कमाएँ ?"

"ऐश उड़ाने के लिए, जिसके लिए तुम लोग बने हो।"

"यही होते हैं हमारे ऐश, कुछ ताँगों पर, कुछ मोटर पर, इसी तरह रुपया उड़ जाता है।" उसके ताने की परवाह न करते हुए टेलर ने ख़ुद से कहा।

खाना कुछ सूना सा रहा। टेलर बड़ा हस्सास[3] और ख़ामोश-सा हो गया। शम्मन को बड़ी ख़ुशी हुई, कमबख़्त फ़्लर्ट करने की कोशिश में उसे यहाँ लाया है। होटल से वह सीधा उसे घर पहुँचा गया। इल्मा रात गए, जब वह सो गई तब आई।

दूसरे दिन, सुबह ही सुबह जब वह ड्राइंगरूम में गई तो देखा टेलर बैठा इल्मा को अपना एलबम दिखा रहा है। मामूली साहब-सलामत हो गई। जब इल्मा देख चुकी तो उसने एलबम शम्मन को पकड़ा दिया और ख़ुद चाय लाने चल दी।

मालूम होता था, एलबम नहीं, कूज़े[4] में शहर के शहर भर दिए हैं !

"बम ! बम !" उसके दिमाग़ में गूँजा। कितना लुत्फ़ आए, ये खिलौने ज़र्रा-ज़र्रा होकर उड़ जाएँ। पर हिंदुस्तान का तो ये बम भी कुछ नहीं बिगाड़ सकते। कच्ची मिट्टी का सीना चीरकर क्या लुत्फ़ लिया जा सकता है ! वह तो उन्हें गर्म-गर्म निवालों की तरह

1. इच्छुक 2. संतोष 3. संवेदनशील 4. कुल्हड़

निगल जाएगी। पर ये अज़ीमुश्शान सर-बफ़लक[1] इमारतें क्यों न लरज़ें, बमों के ख़ौफ़ से ?

''तुम इन इमारतों के लिए ख़ुद लड़ रहे हो, पर हमें भी बारूद की जगह झोंक रहे हो।'' उसने इंतेहाई ज़हरीले अंदाज़ से कहा कि टेलर, जो पुरशौक़[2] निगाहों से तस्वीरों को देख रहा था, खिसियाना हो गया और उसका मुँह उतर गया।

''ऐं !'' शम्मन को अपनी कमज़र्फ़ी पर शर्म आ गई।

''कितनी अजीब इंसान हो, मैं तो तुम्हें अपने कैमरे की चालाकियाँ दिखा रहा हूँ और तुम सियासत को ले बैठी...'' वह रूठकर खिड़की में जा खड़ा हुआ।

''सच कहा था मेरे एक हिंदुस्तानी दोस्त ने कि अगर मग़रिब मशरिक़ से दोस्ताना मआनक़ा[3] करना चाहे तो वह उसे ज़िना[4] समझ कर परे झटक देगा।'' वह आहिस्ता से मुड़कर बोला। ''कल से मैं बराबर तुम्हारी जली-कटी बातों को टालने की कोशिश कर रहा हूँ। मगर तौबा है...क्या तुम सब हिंदुस्तानी इसी ज़हनियत के मालिक हो ? अगर ऐसा है तो तुम्हारा मर्ज़ भी लाइलाज है। हर बार तुम हाथ मारकर दवा गिरा देते हो और फिर बावेला[5] मचाते हो।''

''ये करप्शन की दवा पीने से तो बेहतर है, हम बीमार ही रहें।''

''मगर यहाँ करप्शन कहाँ है ? तुमसे सियासत कौन बेवक़ूफ़ पूछ रहा है ! तुम समझती हो कि तुम्हें सियासत से लगाव है इसलिए ऐसी बातें कर रही हो ! क़तई नहीं, सियासत को तुम बिलकुल नहीं समझतीं। बस दूसरों पर इल्ज़ाम देकर ख़ुद बच निकलना, ये कहाँ का इंसाफ़ है। माना कि अंग्रेज़ तुम्हें भड़काते हैं। आपस में लड़ाते हैं। मगर तुम क्यों इतने अहमक़[6] हो जो लड़ पड़ते हो। मालूम होता है अभी सौ-दो सौ साल तुम्हें और गुलामी की ज़ंजीरें घसीटनी पड़ेंगी। बेवक़ूफ़ है वह हुकूमत जो तुम्हें आज़ाद कर दे। दुश्मन है तुम्हारी। क्योंकि तुम आज़ाद रहने के क़ाबिल नहीं। अपनी हिफ़ाज़त करना तुम्हें न आया है, न कभी आएगा। तारीख़ के सफ़े[7] उलटो और मुझे दिखाओ कि कहाँ किस मौक़े पर तुमने दुश्मन का अकेले मुक़ाबला किया ! आज अगर ये चले जाएँ तो दूसरे आ जाएँगे। नए सिरे से हाथ फैलाकर खड़ा होना पड़ेगा।''

''ऐसा मिला भी बहुत है जो छीन लेने की धमकी देते हो।''

''अरे भाई मेरे बस में होता तो क्या कुछ न दे देता।'' टेलर ने बात का रुख़ बदलकर शरारत से कहा।

''बस देख लिया। तुम सब एक ही थाली के चट्टे-बट्टे हो। वह आज़ादी भी देखी जो अमरीका ने नीग्रो को दे रखी है।''

''मैं बताऊँ, एक तरक़ीब। तुम सियासत में टाँग न अड़ाओ। ये खेल नहीं कि सुनी-सुनाई राय पर यक़ीन करके मैदान में कूद पड़े। सख़्त मुताले[8] की ज़रूरत है और मैं शर्त बदता हूँ कि दुनिया की कोई औरत संजीदगी से मुताला कर ही नहीं सकती।''

---

1. गगनचुंबी 2. जिज्ञासापूर्ण 3. हाथ मिलाना 4. बलात्कार 5. शोरशराबा 6. मूर्ख 7. इतिहास के पृष्ठ 8. अध्ययन

"और मेरी राय में औरत से बड़ा सियासतदाँ[1] कोई नहीं। वह जो घर में हुकूमत कर सकती है, मुल्क में भी राज कर सकती है। तुम्हारे ख़याल में ये सारे निस्वानी हर्बे[2] जिनकी बदौलत औरतें मर्दों की कमाई, शख़्सियत यहाँ तक कि तख़य्युल[3] तक को ग़सब[4] कर लेती हैं, कोई अहमियत ही नहीं रखते ?"

"ग़लत, बिलकुल ग़लत। कोई औरत हमारी कमाई ज़बर्दस्ती नहीं छीन सकती। हम जैसे जी चाहता है ख़ुद ख़र्च करते हैं। रही शख़्सियत, तो वह औरत की अक़्ल से बालातर शै[5] है। हाँ तख़य्युल की मलिका वह ज़रूर है। मगर सिर्फ़ हमारी दिमाग़ी अय्याशी के लिए !"

"बड़े लतीफ़ मुग़ालते[6] हैं। अच्छा है आप लोग इन्हीं मुग़ालतों में मुब्तिला रहें। जब ही तो क़माल है कि बेवक़ूफ़ बने इंसान और अपने आप को अक़्लमंद समझता रहे।" सियासत से हटकर गुफ़्तगू ने ज़िंदगी के रोमानी दायरे में क़दम रख दिया।

"कहा तो मैंने, जहाँ तक दिल की हुकूमत का फैलाव है, तुम्हारा ही डंका बजता है।" टेलर ने ऐसे वाज़े तौर[7] पर शम्मन की तरफ़ इशारा किया कि वह हँस पड़ी।

"और दिल की सल्तनत का फैलाव चादर की वुसअत[8] को देखकर महदूद[9] किया जाता है या मशरिक़ मग़रिब...जितना मग़रिब !" "दिल की हुकूमत सिम्तों की पाबंद नहीं। इसके लिए मशरिक भी उतना ही हसीन और रोशन है जितना मग़रिब !" टेलर की आँखों की शरारत बढ़ी और शम्मन ने ग़ौर किया कि उसकी आँखें इतनी बुंडी नहीं और भवों की जगह भी ख़ासे घने बाल हैं।

इतने में इल्मा चाय लेकर आ गई। आज वह कुछ बेचैन सी नज़र आ रही थी। उसे बार-बार किसी के इंतज़ार में ख़ामोश होकर पैरों की चाप सुनते देखकर. टेलर ने छेड़ा।

"बड़ा अहमक़ है," टेलर ने घड़ी देखते हुए कहा।

"कौन ?" इल्मा चौंक पड़ी।

"प्रोफ़ेसर।"

इल्मा झेंप गई। शम्मन ने देखा कि ये रंगीन निस्वानी जज़्बा उसके चेहरे को नर्मी और शीरीं[10] से मुनव्वर[11] बना गया। वह करख़्त[12] और खुश्क़ इल्मा, गोया मौसमे-बहार की आमद से शगुफ़्ता[13] होती जा रही थी। वह उसकी बाग़ियाना[14] आँखें एक इत्मीनान भरी उम्मीद में डूबी हुई पहले से ज़्यादा बड़ी और जानदार मालूम होती थीं जैसे किसी ने फूँक मारकर उन पर से बरसों की पड़ी हुई गर्द झाड़ दी हो। इतने में प्रोफ़ेसर लंबे-लंबे डग भरते आन पहुँचे। उनकी ज़र्द पेशानी[15] धुले हुए शीशे की तरह चमक रही थी।

"हम लोग देहली जा रहे हैं।" उन्होंने बच्चों की तरह कहा।

"मुबारक हो।" टेलर ने जोश से प्रोफ़ेसर का हाथ झटका।

---

1. राजनीतिज्ञ 2. औरतों की चालें 3. कल्पना 4. अनाधिकार हड़प जाना 5. श्रेष्ठ वस्तु 6. खुशफ़हमियाँ 7. स्पष्टतः 8. आकार 9. सीमित 10. मीठा 11. प्रकाशमान 12. कड़ा 13. खिला हुआ 14. विद्रोही 15. माथा

“ऐं ?” शम्मन बेवक़ूफ़ों की तरह देखती रही।

फिर इल्मा ने उसे बताया कि आख़िर को प्रोफ़ेसर ने उसे उस तारीक बिल से खींच ही निकाला जिसमें वह ख़ुद खौफ़ज़दा होकर जा छुपी थी। उनकी दोस्ताना हमदर्दी ने उसे मजबूर कर दिया कि वह अपनी परेशानियों का थोड़ा-सा बोझ उनके काँधों तक फैला दे। प्रोफ़ेसर इब्तिदाई तालीम[1] पर रिसर्च कर रहे थे। उन्हें वैसे भी अपनी स्कीम को अमल में लाने के लिए एक मददगार की ज़रूरत थी। वैसे अगर कोई कहता कि उनकी अपनी निजी ज़िंदगी में इल्मा का वजूद कारामद[2] साबित हो सकता था तो ये बात मुश्किल से यक़ीन आती। प्रोफ़ेसर कुछ अजीब घरेलू इंसान था। ख़ुद वह अपने वजूद[3] में कहीं नुमाया[4] नज़र न आता था। शायद वह इन किताबों की देखभाल के लिए इल्मा को मुफ़ीद[5] समझता हो, जो उसे अपने जिस्म से ज़्यादा अज़ीज़ थीं। ये इल्मा का कहना था।

“मैं अर्से[6] से तुम्हारी ज़रूरत महसूस करता हूँ।” प्रोफ़ेसर ने सिर्फ़ इतनी बात को बार-बार दोहराया। “और ये ज़रूरत उसी तरह महसूस होती रहेगी, जब तक कि उसे पूरा न किया जाएगा।”

“मैं उसके इत्मीनान और सुकून से थोड़ा हिस्सा अपने लिए चुरा लूँगी और वह मुझे ज़िंदा रखने के लिए काफ़ी होगा।” इल्मा ने कहा।

शम्मन के जाने के सवाल को इल्मा ने एक सिरे से सुना ही नहीं।

“तुम चाहती हो, मैं न जाऊँ।” वह मुँह बनाकर बोली।

“नहीं भई, ये कैसे कह सकती हूँ...मगर...”

“तो इतने दिन घर की देखभाल तुम्हारे सुपुर्द।” इल्मा ने बात काटकर कहा। “ज़रा बावर्ची को दिन-दिन भर ताश मत खेलने देना और आस-पास के गुंडों को जमा न करने पाए। पिछली दफ़ा मैं एक दिन को गई, रात को लौटी तो जुआख़ाना बना हुआ था घर...” इल्मा ने बात को तै समझा।

“मगर इल्मा ! आख़िर मुझे जाना तो है ही।” वह डरी कि इल्मा मंज़िल का निशान न पूछ बैठे।

“तो पंद्रह दिन में घिस नहीं जाओगी।”

“मुझे नौकरी के लिए भी तो कोशिश करना है।”

“हाँ हाँ, कर लेना। ज़रा चलकर पहले सामान तो दुरुस्त करवा लो।”

“प्रोफ़ेसर कह रहा था कि,” कपड़े रखते-रखते इल्मा एकदम कुछ कहते-कहते रुक गई।

“क्या ? कहो ना, बन क्यों रही हो।”

“ऊँह, शर्म आ रही है!”

“हिश्त...मेरी बात थोड़ी है। वह तो टेलर को कह रहा था।” शम्मन के कान खड़े हुए।

---

1. प्रारंभिक शिक्षा 2. उपयोगी 3. अस्तित्व 4. प्रकट 5. लाभदायी 6. लम्बे समय

"क्या ?"

"कि...कि...अच्छा आदमी है टेलर। है ना ? मुझे तो वह अंग्रेज़ लगता ही नहीं..."

"हाँ...वह आयरिश है...मगर ये कैसे, कि वह लगता नहीं ?"

"उसकी बातों से। शम्मन ! अगर हम ऐसे अंग्रेज़ों से भी मिलें तो उनसे नफ़रत न कर सकें।"

"ऐसे से तुम्हारा क्या मतलब ?"

"ऐसे से मेरा मतलब, जैसा टेलर है।"

"बड़ी गधी हो..."

"ऊँह, बनो मत। तुम ख़ुद समझती हो कि वह, और सफ़ेद चमड़ी वालों से मुख़्तलिफ़[1] है।"

"मुख़्तलिफ़ हो सकता है। मगर ये ख़ुसूसियत[2] उनकी ज़िल्लत[3] पर असर नहीं डालती। बहुत से साँप काटते नहीं मगर निगल जाते हैं। रहे तो फिर भी साँप।"

"अरे तो निगल ही गया आख़िर।" इल्मा बड़े ज़ोर से हँसी।

"पागल हो गई ना ! अरे चल, वह मुझे क्या निगलेगा !"

"मगर तू उसे ज़रूर निगल गई...प्रोफ़ेसर कह रहा था कि..."

"लानत तेरे प्रोफ़ेसर पर कि...कि...इसके सिवा कुछ नहीं कहता।"

"तुम्हें जैसे कुछ नहीं मालूम ? हूँ, मुझसे बनती है...ड्राइंगरूम में वह कोई चुपके-चुपके तो बोल नहीं रहा था।"

"अरे वह तो मज़ाक़ कर रहा था।"

"मैं उसे तीन साल से जानती हूँ। वह ऐसे मज़ाक़ करने का आदी नहीं। अजीब इंसान है। ख़ैर जी, इसमें बात ही क्या है। वह तुम्हें पसंद करता है तो इसमें गुनाह कौन-सा है।"

"गुनाह क्यों होता। सच बताना इल्मा क्या तुम्हें पसंद है वह।"

"टेलर ?...हद से ज़्यादा।"

"टेलर की ख़ुसूसियत से बात नहीं कर रही हूँ...दरअसल मुझे तो इस सफ़ेद चमड़ी से ही घिन आती है।"

"सफ़ेद चमड़ी में अगर सुर्ख़ दिल हो तो ?"

"हुआ करे...वह हम कालों के मज़ाक़ से बहुत मुख़्तलिफ़ है।"

"वह इतना बंदर जैसा तो सफ़ेद है भी नहीं...हमारे यहाँ उससे कहीं गोरे आदमी होते हैं मगर उनसे हमें घिन नहीं आती, फिर आख़िर इसमें क्या बात है ?"

"ख़यालात। हमारे दिल ने इन सब योरपवालों को भूत बनाकर नफ़रत शुरू कर दी है...ज़रा बंद करवा लो संदूक़। कपड़े बहुत ठुँस गए।"

---

1. भिन्न 2. विशेषता 3. अपमान

दोनों मिलकर संदूक़ बंद करने लगीं। इल्मा बड़े जोश-ओ-ख़रोश से सामान बाँध रही थी। आज़ाद चिड़िया की तरह धीमी आवाज़ में कोई हल्का-फुल्का राग गुनगुनाने लगती और फिर किसी सोच में डूब जाती। शायद माज़ी[1] बार-बार उसे कचूके देने के लिए उभर आता था। जिसे वह अपनी क़ूवत-ए-इरादी[2] से दूर झटक फेंकती।

सुबह ही सुबह टेलर मिलेट्री का ट्रक लेकर आन पहुँचा। मज़दूरों की तरह सामान भरता रहा। जब चाय पीने बैठा तो उसने बताया कि दो रोज़ बाद वह भी रवाना होने वाला है। वह कुछ ग़मग़ीन था। लेकिन इससे ज्यादा वह देख रहा था कि शम्मन ने भी ये बात सुनी कि नहीं।

''सुना शम्मन, टेलर भी जा रहे हैं।'' इल्मा ने शम्मन को टालते देखकर निहायत भद्देपन से कहा।

''ओहो...च्च, बड़ा अफ़सोस है।'' शम्मन ने बड़े तपाक से कहा।

''मेहरबानी से इस क़दर सदमा[3] लोगों को न पहुँचाओ।'' इल्मा से टेलर ने तान से कहा और शम्मन भी तक़ल्लुफ़ से मुस्कुरा दी।

''भई देर न हो जाए।'' प्रोफ़ेसर बड़े-बड़े चाय के घूँट पीने लगे।

''अच्छा ख़ुदा हाफ़िज़। शायद फिर हम न मिल सकें।'' टेलर ने बड़े तक़ल्लुफ़ से कहा और मुसाफ़े[4] के लिए हाथ बढ़ा दिया।

''बनो मत टेलर।'' इल्मा ने जलकर कहा।

''मगर तुम तो परसों जा रहे थे।'' उसने मुसाफ़े के लिए फैले हुए हाथ को देखा और बड़ी मासूमियत से नमकदानी पेश कर दी।

''शुक्रिया...'' उसने बिगड़कर हाथ जेब में डाल लिया।

''अरे, मैं समझी तुमने नमक माँगा।''

''ज़ख़्मों पर नमक...ख़ूब-ख़ूब...भई वाह।'' टेलर ने क़हक़हा लगाया।

''वाक़ई तुममें किसी नमक की ज़रूर कमी है...बदमज़ाक़[5] हो टेलर।'' इल्मा ने उठते हुए उसका कंधा हिलाकर कहा।

इल्मा की गाड़ी रवाना हो गई तो टेलर निहायत ख़ामोश मोटर चलाता रहा। मालूम होता था वह बड़ी तनदही[6] से उसे घर पहुँचाना चाहता है। मगर मोटर की रफ़्तार ज़रूरत से ज़्यादा धीमी थी।

''कहाँ जा रहे हो ?''

''पूना।'' मुँह मोड़े-मोड़े जवाब दिया।

''अच्छी जगह है ?''

''बहुत, जन्नते-अरज़ी[7]।'' टेलर ने जलकर कहा।

''बहुत ख़ुशनसीब हो।''

''शुक्रिया !''

---

1. अतीत 2. इच्छाशक्ति 3. दुख 4. हाथ मिलाना 5. असभ्य 6. तन्मयता 7. धरती का स्वर्ग

"क्या पेट्रोल ख़त्म हो गया ?" शम्मन ने मोटर की सुस्ती को टोका और एकदम से टेलर ने स्पीड इतनी बढ़ा दी कि मालूम हुआ मोटर उलट गई।

"आख़िर मतलब क्या है ?" शम्मन ने ज़बर्दस्ती गुस्सा होने की कोशिश की।

"ये कि हम इंसान नहीं, पत्थर के टुकड़े हैं। चंद भेड़ियों की ख़ुदग़र्ज़ी और मक्कारी ने पूरी क़ौम के मुँह पर कालिख मल दी और इस हद तक कि अब कोई कोशिश उसे नहीं मिटा सकती।"

"कुछ तो इन भेड़ियों ने ऐसा दिमाग़ी दुख पहुँचाया है जिसने इस हद को पहुँचा दिया।"

"मानता हूँ...मगर अक़्ल भी तो कोई चीज़ है।"

"दूध का जला छाछ को फूँक-फूँककर पीता है।" शम्मन ने बमुश्किल उसे समझाया।

"तो क्या वाक़ई तुम्हारे दिल से मेरे लिए नफ़रत नहीं मिट सकती।" टेलर ने बड़ी नर्मी से कहा।

"नफ़रत तो नहीं है मुझे," शम्मन ने जैसे ख़ुद को बताया।

"तो फिर तुम सिर्फ़ मुझे जलाना चाहती हो।" वह मुस्कुरा दिया। "जी चाहता है इसी बात पर मोटर लड़ा दूँ किसी पेड़ से।" उसने मोटर की रफ़्तार धीमी कर दी।

"हमारे दिल दुखे हुए हैं !"

"खुसूसन इस अगस्त के वाक़ये के बाद से।" टेलर ने बड़ी हमदर्दी से कहा।

"तुम भी ये सोचते हो कि ये सब फ़साद[1] कांग्रेस ने करवाए..."

"हाँ, और कांग्रेस क़ाबिले-मुबारकबाद है।" शम्मन फिर बेऐतबारी से भड़की। "इतने मजबूर और निहत्थे गिरोह से इतना पुरजोश इज़हार[2] एक मोजज़ा[3] सा मालूम होता है। लाठियाँ भी तो पूरी नहीं।"

"तो तुम्हारे ख़याल में ये बेवक़ूफ़ी न थी।"

"आज़ादी से मुहब्बत रखना अगर बेवक़ूफ़ी है तो उसके पाने के लिए जद्दोजहद करना महाबेवक़ूफ़ी है।"

"मगर हिमाक़त तो थी। इस तरह ऊधम मचा देने ओर बेमौत मरने से आज़ादी नहीं मिला करती।" वह उससे जवाब माँगना चाहती थी।

"आज़ादी की देवी भेंट चाहती है और अगर उसे राम करना है तो ऐसी-ऐसी लाखों क़ुर्बानियाँ देनी होंगी। जो कुछ उन सिरफिरे जोशीले बच्चों ने किया वह वाक़ई बहुत मामूली नज़र आता है। क्योंकि जो कुछ हुआ बेतरतीबी से और बदइंतज़ामी[4] से हुआ। अगर ये क़ुर्बानी बाक़ायदा दी जाती तो आज़ादी के मैदान का थोड़ा-बहुत हिस्सा ज़रूर हाथ आ जाता।"

"मगर ये गाँधी जैसे लीडर भला हमारी जंगे-आज़ादी में क्या रहनुमाई[5] करेंगे !

1. झगड़ा 2. उत्साहजनक प्रदर्शन 3. चमत्कार 4. अव्यवस्था 5. नेतृत्व

अहिंसा ! ऊँह कहीं अहिंसा से भी मुल्क जीते गए हैं।'' वह ख़ुद अपनी मुख़ालफ़त करने लगी।

''गाँधी नहीं, अगर इस वक़्त चंगेज़ ख़ान भी होता, ऐसे कि हाथ में तिनका नहीं, तो वह क्या कर लेता। देखा नहीं तुमने, कुछ न करने पर तो ये सज़ा मिली और कहीं हाथ भी हिला देते तो साफ़ उन्हें मौत के घाट उतार दिया जाता।''

''हुँह ! हैं भी किस काम के ये लीडर। कुछ किया है इन्होंने आज तक ? बला से, मर जाएँ तो सच्चे लीडर पैदा हों।''

''लीडर अंडा फोड़कर नहीं निकल आते। अगरचे तुम्हारे ये लीडर कुछ नहीं कर रहे मगर फिर भी उनकी ख़ामोश ज़िद अवाम[1] के जी में ढाढ़स बँधाए हुए है। आज़ादी की ख़्वाहिश नहीं मरी। गो जेल में जाने से बहुत कुछ अवाम पर से उनका भरोसा उठ गया...बहुत से नाउम्मीद होकर मुनकिर[2] हो गए। चिढ़कर बिगड़ बैठे। मगर फिर भी एक ज़माना आएगा जब वह महसूस करेंगे कि हमारे लीडर फ़िज़ूल नहीं, बल्कि मजबूर थे !''

''तो फिर ये जेल में गए ही क्यों ? क्या क़ौम की ख़िदमत की ?'' शम्मन ने बच्चों की तरह पूछा।

''बहुत बड़ी ख़िदमत की। जो कुछ वह ज़बान से न कह सकते थे, ड्रामे के ज़रिए दिखा दिया।''

''ऐं ?'' शम्मन ने बेवक़ूफ़ों की तरह पूछा।

''कि ज़ालिम जब ज़िद पर आ जाते हैं तो वह क्या नहीं करते ! वह नफ़रत जो उनके इस फ़ेल से इस वक़्त अवाम के दिलों में पैदा हो गई है उसे कोई मेहरबानी, कोई रिआयत दूर नहीं कर सकती। अगर इस वक़्त हुकूमत तुम्हारे ऊपर मज़ालिम न करती तो तुम उसके ज़रूर गुन गाते रहते और आज़ादी की वह लगन जो आने वाली पौध के दिल को लगेगी, वह एक ऐसी चीज़ होगी कि...अरे हम किधर निकल आए ? ठहरो, कार मोड़ने दो।''

टेलर ने उसे घर पर उतार दिया और शाम को आने का वादा करके चला गया।

अभी धूप काफ़ी थी। बैरे ने आकर कहा कि वह आ गया।

''अरे इतनी जल्दी ?'' वह हल्के सफ़ेद कपड़े पहने हुए था। आँखों से मालूम होता था कि बुख़ार है। ''बुख़ार है क्या ?''

''शायद यहाँ हर वक़्त बुख़ार का ही लुत्फ़ आता रहता है। चलो, जल्दी चलो पिक्चर देखेंगे...और वह...वह लगा लेना—सुर्ख़ बूँद।'' उसने अबरुओं[3] के बीच में उँगली रखकर कहा।

---

1. जनता 2. कृतघ्न 3. भवों

"अच्छा बिंदी ?"

"हाँ हाँ !" उसने ज़ोर-ज़ोर से सर को झटका।

"क्यों ?"

"अच्छी लगती है।" उसकी सुर्ख़ थकी हुई आँखें, हँसते में बिलकुल ग़ायब हो गईं और दाँत चमक उठे।

बजाए पिक्चर जाने के वह होटल में बैठे कॉफ़ी पीते रहे। टेलर ने बताया कि उसकी मँगेतर जिसे छोड़ते वक़्त उसका दिल टूट गया था, उसे यकलख़्त[1] भूल गई।

"उसने मेरे ख़तूत के जवाब भी देना बंद कर दिया।" उसने अफ़सुरदगी[2] से कहा।

"हम यहाँ मैदान-ए-जंग में वतन से दूर, एक उनकी याद में ज़िंदगी की घड़ियाँ गुज़ारते हैं और वह झूठ-मूठ को भी हमारा दिल रखने की कोशिश नहीं करती।"

"कोई घड़ी, कोई लम्हा ऐसा नहीं गुज़रता, जब वह हमारे ख़यालों से दूर रहती हों मगर...ये बेवफ़ा, ऐश क़ी मतवालियाँ, हमें इंसान ही नहीं समझतीं।"

शम्मन ख़ामोश सुनती रही।

"तुम्हें अब भी उस लड़की से मुहब्बत है ?" उसने नर्मी से पूछा।

"मुहब्बत एकतरफ़ा नहीं होती। यूँ तो मुझे लफ़्ज़ लड़की से ही शदीद मुहब्बत है।" वह फिर शरारत से मुस्कुराया, "गुज़िश्ता चंद सालों ने और भी कमज़ोर बना दिया है..."

घंटों बकवास करके जी ज़रा हल्का हो गया। फिर वह अपने बचपन और अपनी माँ की बातें बताता रहा। उसे अपनी माँ से बड़ी मुहब्बत थी और बहन को प्यार-भरी मलामतें भेजने में लुत्फ़ आता था। वह बहुत शरीर मगर प्यारी थी। हज़ारों लड़के लगा रखे थे और टेलर को बुद्धू समझती थी क्योंकि वह हमेशा का झेंपू था।

दूसरे दिन टेलर इतनी सुबह आया कि शम्मन को उसे घंटा-भर बैठाए रखना पड़ा। नहा-धोकर जब वह बाहर निकली तो वह लॉन पर चाय की किश्ती[3] के क़रीब लेटा हुआ था।

"मैं ख़ुदा हाफ़िज़ कहने आया हूँ। कल सुबह जा रहा हूँ।"

"ख़ुदा हाफ़िज़।" शम्मन ने जवाब दिया।

"ओह...बस तुम्हें इतना ही कहना है।" वह उठकर बैठ गया। "ये भी पूछने की तकलीफ़ गवारा नहीं की कि मैं कहाँ जा रहा हूँ...वैसे नहीं तो रस्मन[4] सही।"

"मुझे रस्म-ओ-राह बढ़ाने की ज़रूरत ?"

"हूँ, ठीक कहती हो।" वह घास पर माथा टेककर उदासी से बोला।

"रात को साइकिल पर चलें ?"

"रात को...भई मुझे रात से डर लगता है।" उसे बुरा मानते देखकर वह जल्दी से बोली। "अगर तुम्हें शाम को फ़ुर्सत हो तो चलो घूम आएँ।"

---

1. सिरे से 2. उदासीनता 3. ट्रे 4. रस्मी तौर पर

"सुनो, बावर्ची से कोई मज़ेदार खाना मँगवाओ। गर्मी ने ज़ुबान भी तो सुन्न कर दी है।"

"मिर्चें खाओगे।"

"हाँ।" उसने सिर हिला दिया और ज़ोर से आँखें हथेलियों से भींचने लगा।

"क्या सोए नहीं रात भर ?"

"नहीं।" वह रूठकर बोला। "न जाने क्या हो गया । मैं मानता हूँ कि तुम मुझे पसंद हो लेकिन...मैं उसे मुहब्बत नहीं बल्कि कोई सख़्त बेरहम तकलीफ़देह मर्ज़ कहूँगा।"

"मालूम होता है लू लग गई।" शम्मन बात टालने को ज़ोर से हँसी।

"क्या, ऐसी कोई बीमारी है हिंदुस्तान में, जिसमें शदीदतरीन[1] मुहब्बत वबाले-जान[2] बन जाए ?"

"हाँ, लू की तरह यहाँ इश्क़ की लू भी चलती है। मगर आजकल नहीं, वह बरसात के दिनों में जब काली घटाएँ घिरकर आती हैं, कोयलें कूकती हैं और पपीहे शोर मचाते हैं।"

"तो फिर मुझे ख़िज़ा का कोई मर्ज़ लग गया होगा ?"

"हो सकता है। काफ़ी ख़तरनाक मर्ज़ है। तुम भूतों में यक़ीन करते हो ?"

"मैं? हिश्त ! तुम भी नहीं करती। मगर यहाँ बहुत-सी ऐसी जगहें हैं जहाँ सिर्फ़ भूत रहते हैं। तुमने वह मरघट देखा है ? वहाँ खोए हुए इंसानों की रूहें सदियों से भटक रही हैं। हड्डियों के ढेर रात को जाग उठते हैं और हर आने-जाने वालों के सर पर सवार हो जाते हैं !"

"किसी का रूप धरना, मसलन तुम्हारे रूप में।"

"हाँ," दोनों हँस पड़े।

"अगर मैं तुमसे शादी के लिए कहूँ तो !"

"तो...तो...अरे, तुमने अभी जो मिर्चेदार खाना मँगवाने को कहा था...मँगवाऊँ।" उसने चाहा मज़ाक उड़ाए।

"मैं सोचता हूँ हम और तुम मिलकर इंसानियत के लिए बहुत कुछ कर सकते हैं।" उसने पूरी संजीदगी[3] से कहा।

"मगर उसके लिए शादी ज़रूरी है ?" उसे संजीदा होना पड़ा।

"ऐं ?...मुझे नहीं मालूम। मगर न जाने क्यों मेरा ख़याल है कि वैसे हम दोनों साथ नहीं रह सकते। तुम्हें मुझसे मुहब्बत भी नहीं, क्यों ?"

"झूठ बोलने से क्या फ़ायदा। मैं तो हिंदुस्तानी हूँ और यहाँ के मौसम की आदी हूँ। मुझे लू भी नहीं लगी।"

"बको मत। तुम मुहब्बत नहीं कर सकती क्योंकि मैं सफ़ेद हूँ।"

---

1. तीव्रतम 2. जान की आफ़त 3. गंभीरता

"हमारे मुल्क में तुमसे ज़्यादा सफ़ेद इंसान हैं। हम उनसे मुहब्बत भी करते हैं और शादी भी।"

"तो अगर मुझसे शादी कर लो तो बाद में मुहब्बत कर सकोगी। मेरा मतलब है अगर कोशिश करो तो ?"

"मुझे मुस्तक़बिल[1] के बारे में पेशीनगोई[2] करना नहीं आती।"

"तुममें इतनी हिम्मत है कि मुझसे शादी कर लो ?"

"कह नहीं सकती।"

इतने में बावर्ची फुलकियाँ और चटनी लेकर आ गया। टेलर ने ढेर-ढेर सी चटनी लगाकर तेज़ी से खाना शुरू की। मारे मिर्चों के नाक-आँख से पानी बह निकला और मुँह कच्चे गोश्त की तरह लाल भभूका हो गया।

"तुम्हारे सवाल का जवाब मिल गया ?"

"ऐं ?" वह बच्चों की तरह नाक पोंछकर बोला।

"ये मिर्चें क्या कहती हैं ?"

"कहती हैं...कि तुम...तुम बेवक़ूफ़ हो। शमशम।" उसने पहली दफ़ा उसका नाम लिया, वह भी बिगाड़कर।

"इतना बड़ा जुआ खेलते डरती हो ?" उसने तान से पूछा।

"जुआ !" शम्मन का दिल नामालूम मसर्रत[3] से चौंका। "ज़िंदगी का लुत्फ़ ऊँचे-ऊँचे दाँव लगाने में है।" उसने जैसे ख़्वाब में दोहराया।

"हिम्मत है इतनी ?" वह झुककर उसकी आँखों में देखने लगा।

"हिम्मत तो कुछ ऐसी महँगी चीज़ नहीं। मगर तुम ये सट्टा क्यों लगा रहे हो ?"

"मेरे लिए ये सट्टा नहीं मुझे हिंदुस्तान से लगाव है। उसे ज़ख़्मी देखकर मेरा दिल दुख रहा है। मुझे वह दुनिया का एक अज़ो[4] नज़र आ रहा है। उसी दुनिया का एक टुकड़ा, जो मेरी है..."

"ज़िंदगी की तरफ़ से तुम्हारा रवैया भी सिर्फ़ शायराना है। तुम जानते हो ये सट्टा है मगर उसके नतीजे का ख़ौफ़ अभी से तुम्हारे ख़ून की हरकत तेज़ किए दे रहा है। इस ख़ौफ़ में बड़ी लज़्ज़त है। मगर तुम्हें इस लज़्ज़त का चस्का कहाँ से पड़ा।" शम्मन न जाने कहाँ से कहाँ पहुँच गई। दूर इलाहाबाद के कैंप में जो उसने ख़ूनी वादा किया था उसकी लज़्ज़त अब तक उसके दिमाग़ में महफ़ूज़ थी।

"तुम मेरी फ़िक्र न करो।"

"मैं न करूँगी। तुम ख़ुद ही कर लोगे। तुम पछताओगे।"

"मैं ?"

"हाँ...और अभी यहाँ से जाकर तुम अपनी हर बात को याद करके शर्मिंदा होगे। ये नशा ज़्यादा देर क़ायम नहीं रहेगा।"

---

1. भविष्य 2. भविष्यवाणी 3. प्रसन्नता 4. अंग

"कैसा नशा ?"

"ख़ुदफ़रेबी[1] का नशा, कि ये तुम अजीब-ओ-ग़रीब बात करने जा रहे हो। मैं हिंदुस्तानी, तुम..."

"चुप रहो...मैं तुम्हारे और अपने दरमियान किसी दुनिया को नहीं लाना चाहता। एक ख़याल है, और वह ये कि मैं और तुम क़रीबतर हो जाएँ...मेरी माँ बड़ी अच्छी है, वह बहुत ख़ुश होगी।" वह एकदम चहककर बोला। "हम साथ-साथ सारे योरप का सफ़र करेंगे...ओह..कितना लुत्फ़ आएगा। ये कमबख़्त लड़ाई ख़त्म हो जाएगी। मैं फिर से अपनी पढ़ाई शुरू करूँगा। तुम भी वहाँ कोई डिग्री ले लेना...फिर हम दोनों हिंदुस्तान आकर..."

"अरे बड़े तेज़ हवाबाज़ हो। दम भर में सैर करके लौट भी आए ?" शम्मन ज़ोर से हँसी और टेलर भी खिलखिला उठा।

"चलो ज़रा बाहर चलना..." उसने हाथ पकड़कर उसे घसीटा। दो नन्हें बच्चों की तरह वह क़हक़हे लगाते दीवानों जैसी बातें करते दूर तक निकल गए।

"तुम हाँ कह दो और हम अपनी जन्नत में..." ज़ोर से एक लारी गुज़री और धूल के भभके उसके हँसते हुए हलक़ को घोंट गए। बात अधूरी छोड़कर वह शम्मन के कंधे का सहारा लेकर खाँसने लगा। मुसाफ़िर इस अजीब-ओ-ग़रीब सीन को आँखों में जज़्ब करने के लिए लारी में से लटक-लटककर झाँकने लगे।

"देखा तुमने ?" शम्मन ने तल्ख़ी से कहा।

"मैं इन कुत्तों की परवाह नहीं कर सकता। मैं किसी की परवाह नहीं करता।" वह भी झल्लाकर बोला।

कमरे में पहुँची तो वह सारे क़हक़हे, जो थोड़ी देर क़ब्ल[2] शिगूफ़ों[3] की तरह दिल में फूट रहे थे, यकलख़्त[4] मुरझा गए। जैसे किसी ने बटन दबाकर बिजली गायब कर दी। वह ख़ामोश पलँग पर पाँव लटकाकर बैठ गई। बार-बार उसके शाने में कोई चीज़ चुभती जैसे कोई रग चढ़ गई हो !

"ये क्या हो रहा है ?" किसी ने पूछा।

"इम्तेहान !" उसने सहमकर जवाब दिया।

"कोई रास्ता ?"

"नामुमकिन, खिज़िर[5] भी भटक रहे हैं।"

"इलाज ?"

"कोई नहीं।"

"दुआ ?"

"बेकार !"

जल्दी से उसने अटैची में साड़ियाँ डालीं। कोई तो गाड़ी जा रही होगी, दुनिया

---

1. आत्मछल 2. पूर्व 3. कलियों 4. अकस्मात 5. भटकों को राह दिखाने वाले

के क़िसी कोने में ? बस यहाँ से दूर। सामान फिर आता रहेगा। वैसे है ही क्या सामान ख़ानाबदोश का ?

''क्या हिमाक़त है ? ऐसा भी क्या खौफ़ ? हिश्त ! क्या निगल जाएगा, वह तुम्हें ? कह दो साफ़-साफ़, दिन और रात कभी साथ नहीं रह सकते !''

उसने अटैची दूर फेंकी। देर तक इल्मा की किताबें दुरुस्त करती रही। फिर लेटकर सो गई। जब आँख खुली तो काफ़ी अँधेरा हो चुका था। बैरे ने कहा टेलर आया है। जल्दी से साड़ी लपेटकर बाहर आ गई।

''क्या है रूफ़ी ?''

''इधर...इधर आ जाओ...'' वह सहमा हुआ और परेशान था। चेहरा बहुत लंबा और ज़र्द हो रहा था। बार-बार सिगरेट झाड़ने के बहाने वह हाथों की लरज़िश[1] को छुपा रहा था। बरसाती से निकलकर दोनों घास पर पहुँच गए।

''मैं...मैं सोचता हूँ। मैंने अभी किसी से ज़िक्र नहीं क़िया।''

''क्या बात है ?''

''यही...यही...'' वह बुरी तरह घबरा गया।

''रूफ़ी घबराने की क्या बात है।''

''मैं बच्चा नहीं और न ही तुम नन्हीं हो। हम ये शादी क्यों कर रहे थे ? सिर्फ़ इसलिए कि हम दोनों मिलकर बहुत कुछ दुनिया में कर सकते हैं। इसमें मुहब्बत का दख़ल नहीं। तुम्हें मुझसे मुहब्बत नहीं हो सकती।''

''मैं...मैं आज तक मुहब्बत को नहीं समझ सकी और अब तो मैंने इस फ़िज़ूल मसले पर ग़ौर करना भी छोड़ दिया।'' उसने आहिस्ता से कहा। टेलर ग़ौर से उसका मुँह तकता रहा।

''मैं तुम्हें मुहब्बत करना सिखा दूँगा।'' उसने शम्मन का हाथ हमदर्दी से दबाया।

''सिखा दोगे ?''

वह ज़ोर से हँसी। उसकी आवाज़ में तल्ख़ी और ख़ौफ़ के मिले जुले साज़ बज उठे, ''मुहब्बत सिखाई नहीं जाती। ये एक एहसास है जो पैदा होता है, परवान चढ़ता है और...ओह छोड़ो इस क़िस्से को...तो देखो कोई ऐसी हिमाक़त करना कहाँ की अक़्लमंदी है।''

''हिमाक़त क्यों कहती हो।''

''याद है वह लारी...जो हमारे पास से गुज़री तो लोग ऐसे आँखें फाड़-फाड़कर देख रहे थे जैसे हम बंदर हो मगर इंसान बनने की जुर्रत कर रहे हों।''

''मगर मैं तो इनकी परवाह नहीं करता।'' वह दाँत पीसकर चीख़ा।

''तो तुम ग़लती करते हो, क़ुदरत से जंग करते हो।''

''मगर ये ऐसी अनहोनी बात तो नहीं। हज़ारों सफ़ेद लड़कियाँ हिंदुस्तान में मसर्रत[2]

---

1. कंपन 2. प्रसन्नता

की ज़िंदगी गुज़ार चुकी हैं और गुज़ार रही हैं। क्या वजह कि मैं और तुम ख़ुश न रहें।''

''लड़कियों और लड़कों में बड़ा फ़र्क़ होता है। एक बार औरत अपना सबकुछ छोड़कर एक मर्द के साथ हो जाती है तो ख़्वाह उसे कितना भी नीचे उतरना पड़े... वह वहीं अपना घर बना बैठती है। मगर मर्द ? मर्द बड़ा नाज़ुकमिज़ाज होता है। ज़रा-सी बात पर चिढ़कर मचल जाता है।''

''मगर...''

''हम तुम मिले...ज़िंदगी के तजुर्बात में अज़ीमुश्शान इज़ाफ़ा हो गया। सुनो तुम कल ही वापस लौट जाओ। अरे हाँ, मैंने तो ये पूछा ही नहीं कि कहाँ जा रहे हो।''

''वापस पूना।''

''सुबह गाड़ी जाती है। मैं तुम्हें .ख़ुदा हाफ़िज़ कहने पहुँच जाऊँगी। देखो हमारी दोस्ती ख़त्म न होगी।'' उसने टेलर को सर से पकड़कर गहरी साँस भरते देखकर सहारा दिया।

''हमारी दोस्ती बड़ी कारामद साबित होगी। मुझे ही नहीं पूरे हिंदुस्तान को तुम जैसे दोस्त मिल जाएँ तो भाग खुल जाएँ।''

''तो तुम सुबह आओगी ? स्टेशन पर।'' शब्बख़ैर[1] कहने से पहले उसने इल्तिजा[2] की।

''ज़रूर।''

समझा-बुझाकर वापस लौटी तो मालूम हुआ, सिर पर लदा भारी बोझ फेंक आई। सूरदास जी एक बार रस्सी के धोखे में साँप को पकड़कर बेस्वा[3] के मकान पर पहुँच गए थे। क्या दुनिया में ऐसे भी जज़्बे मौजूद हैं जो हमें इस हद तक अंधा बना सकते हैं !

हल्की-फुल्की ग़ुब्बारे की तरह मगन वह पलँग पर जा पड़ी। जैसे किसी ने बालोपर के झगड़े से आज़ाद कर दिया। मगर नींद न आई और ऐसा मालूम हुआ कि ग़ुब्बारे की डोरी जड़ से टूटकर रह गई। और वह दूर ख़ला में उड़ता चला। किधर ? कहाँ ? हवा भी तो नहीं चल रही कि कोई रुख़ का अंदाज़ा लगा सके।

एकदम न जाने किधर से बादल उठे। न गरजे, न चमके, बस बरस ही निकले। न जाने कब के घुटे हुए परनाले बह निकले। तकिए में मुँह घोंटकर वह हिचकियों में मिली हुई आहों को जज़्ब[4] करती रही। उसे नहीं याद था, वह कब रोई थी। और आज जैसे पहली बार ज़ब्त का चुटियल बंद एक नन्हीं-सी चोट से फट पड़ा। उसका रोवाँ-रोवाँ बिलक-बिलककर सिसकियाँ भरने लगा। तनहा हमदम ग़नूदगी[5] ने सर पर हाथ फेरा और आहें गहरी साँसों में डूब गईं।

---

1. शुभरात्रि 2. प्रार्थना 3. वेश्या 4. आत्मसात 5. नींद

सुबह उसकी आँख बजाए सात के, आठ बजे खुली। एक इत्मीनानबख़्श धक्के से उसे याद आया कि टेलर जा रहा होगा। रेल का इंजन उसे हर लम्हा दूरतर घसीटता ले जा रहा है। दूरी दम-ब-दम बढ़ रही है। और कुछ ही दिन में ये इतना लामुतनाही हो जाएगा कि नापे न नपेगा !

रात को मचल जाने वाली बच्ची को मलामत करती वह उठी। नीम गर्म पानी से ग़ुस्ल किया। थके हुए कंधे भींचकर उसने रही-सही सुस्ती को भी झटक दिया। बड़ी तेज़ भूख लग रही थी। रात वह खाना भी तो भूल गई। बावर्ची ने न जाने क्या कहा था और पता नहीं उसने क्या जवाब दिया था। तौबा, कहीं बैरे ने उसकी सुबकियाँ तो नहीं सुन ली हों। नाश्ते के बाद वह देर तक बैठी टोकरी में से चिलग़ोज़े और बिस्कुट के टुकड़े चुन-चुनकर खाती रही। इसी टोकरी में से कल उसने और टेलर ने लॉन पर बैठकर नाश्ता किया था। कितना लापरवाह था टेलर ! कॉलर तंग था तो ऊपर का बटन निकालकर उसने चनों की पुड़िया में गिरा दिया था। नीचे का हिस्सा किधर गया। दो उँगलियों के सिरे से बटन को पकड़े वह फिराती रही और फिर उसे अपने बटुवे की नन्हीं-सी जेब में डाल दिया।

आज वो क्या करे, जो ये लंबा चौड़ा दिन कटे। मालूम होता था हिंदुस्तान की ज़मीन ही ख़त्म हो गई। और, है भी क्या इस खंडहर में ? तो फिर क्या किया जाए ? ख़ैर इस वक़्त तो बाज़ार का एक चक्कर बुरा न रहेगा।

कमरे में ताला लगाते हुए उसके हाथ से चाबी छूट पड़ी। टेलर का भूत, मय अपनी तमाम मुर्दनी के, दीवार से सहारा लिए खड़ा था।

"तुम झूठ बोल गई। स्टेशन पर नहीं आई।" उसने रूठे हुए अंदाज़ में ग़ुर्राकर कहा।

"हैं ? तो इसलिए तुम नहीं गए।"

उसने नीममुर्दा मुस्कुराहट से नफ़ी[1] में सिर हिला दिया।

"मगर...।"

"लानत है इस अगर और मगर पर !" वह ज़ोर से भूँका।

कमरे में इत्मीनान से बैठकर टेलर ने बताया कि सुबह छह बजे से स्टेशन पर पहुँच गया था। शम्मन का जी दुख गया।

"च्च, हाए...मय तमाम असबाब[2] के ?"

"नहीं।" वह शरारत से मुस्कुरा दिया और शम्मन के बिगड़ने पर ज़ोर से चिल्लाया, "मुझे मालूम था, तुम हिंदुस्तानी बड़े धोखेबाज़ होते हो और तुम ज़रूर धोखा दोगी इसलिए सामान लादकर ले जाना..." वह ज़ोर से हँसा।

"देखो रूफ़ी।"

"चुप रहो। कुछ नहीं देखता मैं...तुम औरत नहीं, पत्थर हो। तुम्हें मालूम है कि

---

1. इन्कार 2. सामान

मैं तुम्हें इतना चाहता हूँ। फिर भी...फिर भी तुम मुझे लेक्चर दिए जा रही हो ! बस हो चुकी तुम्हारी नसीहत...और हाँ, तुम्हें ये भी बताने आया हूँ कि अब मैं पूना वापस क़तई नहीं जाऊँगा।''

''तो मैं जा रही हूँ शाम को।''

''चलो...कै बजे की गाड़ी से।'' वह मसर्रत[1] से बोला।

''चलो से क्या मतलब। गोया आप भी...दिमाग़ तो नहीं ख़राब हो गया है।''

''दिमाग़ सलामत होता तो कहना ही क्या था। कुछ खाने को मँगाओ।''

''खाने के कमरे में चलो।''

''नहीं हम तो यहीं खाएँगे।'' उसने बिस्तर पर लेटकर कहा।

''टैक्सी ? या फिर वह कल वाला प्रोग्राम—साइकिल ?'' उसने नाश्ता ख़त्म करके कहा।

''तुम्हारा सिर।''

''मेरा सिर बहुत दुख रहा है।'' टेलर ने आहिस्ता से अपना थका हुआ सिर उसके घुटने पर टिका दिया।

''नींद कम आई ?''

''आई ही नहीं बिलकुल।'' उसने सिर बिलकुल गोद में सरका दिया।

''एस्प्रो लाऊँ।'' उसने आहिस्ता से उसके भूसे के रंग के बालों को छुआ।

''तीन और तीन छह और तीन नौ गोलियाँ खाईं।'' टेलर ने मासूमियत से उसकी कमर में हाथ डाल दिया।

दिन आँखें मींचे चुपचाप गुज़रते चले गए। इल्मा ने बहुत मलामत की कि उसका इंतज़ार करने की क्या ज़रूरत थी। रजिस्ट्री का दफ़्तर कोई नामालूम जगह तो न थी।

ग्यारह बजे जब वह सिविल मैरेज के दफ़्तर से निकले तो सड़कें काफ़ी भरी हुई थीं। टेलर बार-बार मुस्कुरा रहा था। मगर वह वहशियाना मसर्रत, जो दफ़्तर की मेज़ पर से सिर उठाते वक़्त बिजली की तरह उसकी आँखों में कौंधी थी, अब मादूम[2] हो चुकी थी। उसका अंदाज़-ए-गुफ़्तगू[3] निहायत नर्म और प्यारा था। और चेहरे पर शानदार फ़तह के एहसास को क़ायम रखने की कोशिश कर रहा था। शम्मन कुछ शशदर[4], कुछ परागंदा[5] तेज़-तेज़ बातें करके उन अजनबी आवाज़ों को न सुनने की कोशिश कर रही थी जो उसके कानों में हथौड़े की चोट बनकर पड़ रही थीं।

''ग़लत...सब ग़लत...आग और पानी कभी बग़लगीर[6] नहीं हो सकते।'' कोई बार-बार सरगोशियाँ करके याद दिला रहा था।

शिमले में चीड़ के दरख़्तों के दरमियान छुपे हुए छोटे से बँगले में जब शम्मन ने नया सब्ज़ काही शब का लिबास पहना तो ऐसा मालूम हुआ, किसी ने उसे बर्फ़ के

1. खुशी 2. समाप्त 3. बातचीत का ढंग 4. हक्का-बक्का 5. परेशान 6. पार्श्ववर्ती, पड़ोसी

तूदे[1] में दफ़न कर दिया। बाहर के कमरे में टेलर बैठा देर तक ज़रूरी ख़तूत[2] लिखता रहा। और वह संदूक़ में से कपड़े निकालकर जमाने लगी।

ज़ोर-ज़ोर से खाँसने और मुँह धोने की आवाज़ों ने उसे बताया कि टेलर ग़ुस्लख़ाने में है। बाहर ख़ुश्क हवाएँ, सूखी चादरों की तरह फड़फड़ा रही थीं। नामालूम ख़ौफ़ व हिरास[3] फ़िज़ा में तैर रहा था। ख़ामोशी मौत की तरह उदास थी। मालूम होता था कायनात[4] किसी भयानक सानहे[5] से लरज़कर एकदम चुपचाप रह गई है। दो बिल्लियाँ आगे-पीछे दौड़ती हुईं खिड़की से बाहर कूद गईं। खिज़ाँरसीदा[6] पत्तियाँ, मुर्दा चिड़ियों की तरह पेड़ों से टपक रही थीं।

"खिड़की बंद कर दो।" उसने लजाजत[7] से टेलर से कहा। बड़बड़ाकर न जाने वह क्या बोला और चिटख़नी लगा दी। जब वह मुड़ा तो शम्मन ने देखा वह बहुत पिए हुए था मगर उसका चेहरा बिलकुल सफ़ेद हो रहा था जैसे काग़ज़ का टुकड़ा जो बारिश में पड़े-पड़े धुलकर बेरंग हो गया हो।

बयालीस

वह जाग पड़ी, मगर आँखें बंद किए चुपचाप पड़ी रही। दूर कहीं बहुत से घुँघरुओं की झंकार हवा को जानदार बनाए हुए थी। ये घुँघरू चिड़ियाँ बजा रही थीं। बेताल सुर चीं-चीं भी मिलकर भैरवी का आलाप मालूम हो रही थी। सब ही सुर कोमल थे। नीम-ख़्वाबीदा[8] एहसासात को जमा करने के लिए उसने जागने की कोशिश की। जिस्म को आहिस्ता से समेटा और फिर फैला दिया। पपोटे खोलने चाहे, मगर न खुले। जैसे सूरज उसकी आँखों में घुस रहा हो। एकदम उसे कुछ याद आया। दिमाग़ में सुई-सी चुभी और भाला बन गई। आँखें बुज़दिल चिड़ियों की तरह बचती-बचती खुल गईं। कमरा ख़ाली था।

वह जल्दी से उठकर बैठ गई। वहाँ था ही क्या ? रात जहाँ टेलर के कोट टँगे थे वहाँ सिर्फ़ एक मलगजी[9] सी सुर्ख़ टाई लटकी हुई फाँसी लगे मुलज़िम की तरह झूल रही थी। जूतों की क़तारें जो उसने अपने हाथ से सीधी की थीं, ग़ायब। सिर्फ़ एक मैला मोज़ा कोने में पड़ा मुँह चिढ़ा रहा था।

ख़ामोश और मफ़लूज[10] वह एक मैले मोज़े को घूरती रही जो बढ़ते-बढ़ते एक मटियाले पहाड़ की तरह फूल गया। हवा के ख़ामोश झोंके से टाई गोश्त के लोथड़े की तरह फिसलकर ज़मीन पर आ रही। जल्दी-जल्दी उसने सिर में घुसते हुए मिर्चोंदार धुएँ

1. ढेर 2. पत्र 3. हैरानी 4. सृष्टि 5. दुर्घटना 6. पतझड़ से गिरी 7. विनम्रता 8. अवचेतन 9. मटमैला 10. लकवाग्रस्त

को दोनों हाथों से परे हटाया और बीच कमरे में खड़ी हो गई।

"गया...वह गया !!" दर-ओ-दीवार क़हक़हे मारकर चीख़ उठे।

"तो फिर अब ?...अब क्या हो ?" उसने लजाजत से जवाब माँगा।

"वह गया ! तुम भी जाओ...कौड़ी भी तो नहीं तुम्हारे पास। अभी मालिक मकान जब सुनेगा कि तुम रह गई और वह गया तो वह तुम्हें कोई बेस्वा[1] समझेगा। जिन्हें ये सफ़ेद चमड़ी वाले आए दिन चंद सिक्कों के एवज़[2] लाते हैं। धक्के मारकर निकाल देगा।

"तो फिर ?...अब क्या करना चाहिए।"

"भागो ! जितनी ताक़त तुम्हारे पैरों में है वह सब एक बार लगा दो और भागो। वहाँ बाग़ के कोने में जो बावली है, वहीं जिसमें कल आते वक़्त तुम दोनों ने झाँका था कि देखें ये दिन-रात का मिलाप कैसा नज़र आता है, पानी के आइने में ? तो तुम चमगादड़ों और मकड़ियों की ग़ारतगरी[3] देखकर दहशतज़दा[4] हो गई थीं। बदबू तो है उसमें और अनजाने कीड़े-मकोड़े भी। मगर ये रास्ता बड़ा सीधा है। इस टूटी हुई कमर के लिए इससे सीधा रास्ता नहीं।"

सिर पकड़कर उकड़ूँ बैठ गई। वह एक दिन की ब्याही दुल्हन मगर न उबटन की महक न मेहँदी का रंग। एक चूड़ी भी तो नहीं कलाई में। उसका सहमा हुआ दिमाग़ और झिझका। ये ब्याह है या रँडापा ? लड़खड़ाती हुई वह बाहर भागी। बरामदे में बहुत से हाथों ने उसे लपक लिया। बहुत से नहीं सिर्फ़ दो ही तो थे, मगर कितने सुकून-बख़्श और मुहाफ़िज़[5]। और टेलर का भूत कितना सुर्ख़ और ताज़ादम हो रहा था।

"तुम उठ आई..." उसे सीढ़ियों के पास खड़ा करके वह बरामदे के नीचे कूद गया। "मैंने कहा तुम्हें क्यों जगाऊँ।" उसने नीचे से उसकी कमर दोनों हाथों से थाम ली। "तुम्हें एक चीज़...हैं ?"

"रूफ़ी !" उसने तूफ़ान के नीचे से निकलकर लंबी साँस खींची।

"क्या हुआ ?" उसने नर्मी से नीचे उतारकर उसे ऐसे देखा गोया वह कोई चीनी का खिलौना है जिसके टूट जाने का ख़दशा[6] हो !

"कुछ नहीं..." वह आँसू पीकर हँसने लगी। डरी हुई धड़कन से भरी हुई मसनूई[7] हँसी।

"रूफ़ी...तुम्हारे जूते और कपड़े कहाँ गए।" चाय पीते वक़्त उसने रुक-रुककर पूछा।

"जूते...कपड़े ?...क्या करोगी। अभी मैं तुम्हें इस झगड़े में डालना नहीं चाहता...लो।" उसने बहुत सा मक्खन लगाकर टोस्ट दिया।

"यूँ ही पूछा था।"

"क्या बात है शम।" उसने संजीदा होकर पूछा।

---

1. वेश्या 2. बदले में 3. विध्वंस 4. भयग्रस्त 5. संरक्षक 6. संदेह 7. नक़ली

"आ...कुछ नहीं...मैं उठी...तो तुम्हारी सब चीज़ें ग़ायब...तो..."

"तो मैं समझी... कि चोर ले गए।" उसने बच्चों की तरह बहाना बनाया।

"झूठ...मुझसे झूठ मत बोलो।"

टेलर का मुँह उतर गया। "मैं समझता हूँ।"

"ख़ाक समझते हो।"

"अगर ये हाल रहा तुम्हारी बेएतबारी[1] का...तो..."

"हिश्त...बहुत अक़्लमंद बनते हो...।"

"हाँ, तुम समझी मैं चला गया, तुम्हें छोड़कर।"

"बहुत समझे। इतनी समझ होती तो शादी ही क्यों करते...सच बताओ कहाँ गए कपड़े ? वाह ये भी कोई बात है।" उसने ऐसे बात पलटी कि टेलर सीधा हो गया।

"बैरा ब्रश करने को ले गया है। देखो भाई, मैंने शादी अपने लिए की है न कि इन कमबख़्त जूतों के लिए। सुबह-सुबह मेरी तो बात भी न पूछी और जूतों पर निसार[2] हुई जा रही हैं !"

"अच्छा, कहीं चलोगे घूमने ?"

"नहीं...बस यहीं तुम्हारे पास..." वह उससे लगकर घास पर लेट गया।

पूरा महीना चुटकियों में सोते, जागते, हँसते, बोलते गुज़र गया। दिन-भर उजड़े हुए बाग़ के सुनसान कोनों में सिर से सिर जोड़कर कीट्स और बायरन के अशआर[3] और उमर ख़य्याम की रुबाइयाँ पढ़ी जातीं। टेलर की आवाज़ बहुत नर्म और भारी थी। धीमी आवाज़ में मुहब्बत भरे नग़मे और फिर फड़कती हुई नज़्में सुनाया करता।

वह क्या सोचा करती थी और क्या निकला ! उसका ख़याल था कि अंग्रेज़ आमतौर पर गंदादहन रहते हैं। दाँतों की सफ़ाई के लिए हज़ारों दवाएँ ईजाद करने के बाद भी उसकी नज़र से कोई चमकीले सफ़ेद दाँतों वाला अंग्रेज़ न गुज़रा। उनके स्याही-मायल ज़र्द दाँत देखकर हमेशा रोंगटे खड़े होने लगते। टेलर के दाँत सफ़ेद न थे, मगर बिलकुल हमवार[4] और बीमारी से पाक थे।

"सबसे पहली चीज़ जिसने मुझे तुम्हारी तरफ़ मुतवज्जा होने पर मजबूर किया, तुम्हारे नीलगूँ सफ़ेद दाँत थे !" वह शम्मन से कहता।

दाँतों का रंग बदलना मुमकिन न था। मगर वह सिर्फ़ ज़रूरत से ज़्यादा इनकी सफ़ाई में मुनहमिक[5] रहता। अख़रोट की छाल चबाकर वह शम्मन के दाँतों से मुक़ाबला करने लगता और शिकस्त[6] खाकर बच्चों की तरह बिगड़ उठता और उदास होकर कहता "मैं दाँत उखड़वाकर दूसरे लगवा लूँगा।"

"तुम हिंदुस्तानी न जाने किस मिट्टी से बनाए गए हो कि हम दवाओं से भी इसकी नक़ल नहीं उतार सकते।" वह उसके साँवले रंग को देखकर कहता। "इस रंग में कितनी कशिश है। आँखें झपकने लगती हैं।" वह नीमबाज़[7] आँखें बना लेता। उसे पाउडर और रंग से बहुत नफ़रत थी।

1. अविश्वास 2. समर्पित 3. शेर 4. समतल 5. व्यस्त 6. पराजय 7. अधखुली

"इससे जिल्द की हस्सास[1] मुलायमियत छुप जाती है।"

"मैं तो खुशबू के लिए लगाती हूँ।"

"ओह...खुशबू ! इस जिल्द की खुशबू से भी नशाआवर[2] कोई खुशबू है ? अगर ऐसा ही है तो उसे तेज़ करने के लिए शराब छिड़क लो।"

"जी चाहता है ज़िंदगी की लम्बान लामुतनाही[3] हो जाए। यही चीड़ के लंबे दरख़्त हों, अख़रोट की छाँव हो, वह हो और टेलर शेली के नग़्मों में उलझकर खोया रहे।"

ज़िंदगी इतनी नर्म-ओ-नाजुक भी हो सकती है ! ये उसे मालूम न था। बेमानी क़हक़हे, गहरी नींदें, बढ़ी हुई भूख। और क्या चाहिए था !

टेलर रोज़-ब-रोज़ बदलता जा रहा था। शम्मन समझती थी कि इस उजड्ड गँवार को हिंदुस्तानी रंग में रँगना क़तई नामुमकिन न सही मगर दुशवार ज़रूर है। मगर वह तो खुद बड़ी तेज़ी से हिंदुस्तान की आब-ओ-हवा, खुराक और तर्ज़े-रिहाइश की तरफ़ खिंचता जा रहा था।

ये मर्द भी कितने सहल होते हैं। जो ज़िंदगी उन्हें देना चाहो, दे दो। इस मामले में न उनका मुल्की इख़्तेलाफ़[4] आड़े आता है, न क़ौमी। जिस आग़ोश में गए, आँखें बंद करके सिर डाल दिया। अब जो चाहो करो।

दिन रात एक ही लिबास पहने सुस्ती का इश्तहार बना पड़ा रहता। शेव करना भूल जाता। वह तो दाढ़ी छोड़ देता मगर शम्मन ने शिद्दत से मुख़ालफ़त की। लेहाज़ा मजबूरन शेव करता। पानी से घबराहट होती। खूब मिर्चोंदार सालन खाकर तीन-चार घंटे दोपहर को सोता। बड़ी मुश्किल से शाम को उठता। बाहर जाने के लिए हज़ारों बहाने बनाने लगता और जो शम्मन ज़बर्दस्ती घसीट ले जाती तो वह बिलकुल सुनसान और ग़ैरदिलचस्प राहों में गुम होकर क़ुदरत की रानाइयों की तारीफ़ करने बैठ जाता। उसने चुपके से दो हफ़्ते की छुट्टी और मँगा ली। शम्मन ने पूछा तो बहस करने लगा कि उसकी छुट्टी वाजिब है।

दहशतज़दा होकर शम्मन ने देखा कि वह एक पेचीदा मोअम्मा[5] बनता जा रहा है। ज़्यादातर ऊँघता रहता है। मगर ज्योंही जागता है, खौफ़ज़दा हो जाता है और फिर जल्दी ही इस मदहोशकुन[6] तारीकी में डूबने की कोशिश करता है। रात गए तक ख़ामोश बैठा पीता रहता। अगर शम्मन कुछ बात भी करती तो हूँ-हाँ करके टाल देता। लंबी-लंबी ज़म्हाइयाँ लेकर आँखें बंद कर लेता।

"मैं योग का अमल[7] सीख रहा हूँ।" वह मज़ाक़ करता।

"योग का अमल ?"

"हाँ, निर्वान हासिल करने का एक ही रास्ता है।"

"दिमाग़ ख़राब हुआ है ?" वह बिगड़ जाती।

"ये दुनिया फ़ानी है।" मज़ाक़ हद से गुज़र जाता और वह रूठ जाती तो बच्चों

---

1. संवेदनशील 2. नशीली 3. असीम 4. विरोध 5. पहेली 6. बेहोश करने वाला 7. व्यवहार

जैसी हरकतें करके मनाता। बेवक़ूफ़ नामों से चुमकारता जिस पर वह बुरा मानती और उठकर बाहर चली जाती। जब तनहा घूम-फिर कर आती तो उसे कुर्सी पर उसी तरह सोया पाती।

उसकी तवज्जो[1] और मुहब्बत भी अजीबतर होती गई। शिद्दत में तसन्नो[2] की मिलावट मा!लूम होती। वह जितना ख़ामोश रहता, उतनी ही पुरजोश इज़हारे-मुहब्बत करता। मालूम होता था, किसी चीज़ को दूर झटककर वह जमा खड़ा रहना चाहता है। एक नामालूम सा ख़ौफ़ और उकताहट उसे निढाल कर देती और वह झल्लाहट भरी मुहब्बत शम्मन को ख़ार[3] बन खटकने लगती।

एक दिन बड़ी ज़बर्दस्ती से वह उसे आबादी की तरफ़ घसीट ले गई। थोड़ी देर को उसकी नींद दूर हो गई। बिलकुल पुराने टेलर की तरह कॉफ़ी पीकर क़हक़हे लगाता रहा मगर ज्योंही हँसी ख़त्म हुई एक अजीब क़िस्म की झिझक उसकी हरकत में मालूम हुई। जैसे वह रस्सियाँ तुड़ाकर भाग जाना चाहता हो, रोशनी से आँखें चुँधियाई जाती हों। थोड़ी देर में वजह मालूम हो गई। लोग चुपचाप बैठे इस अनोखे जोड़े को मुस्कुरा-मुस्कुराकर देख रहे थे। बैरा अपना फ़र्ज़ भूलकर उनके क़रीब किसी बहाने से खड़ा रह जाता। काउंटर पर रेज़गारी लेते हुए गाहक का हिसाब-किताब गड़बड़ नज़र आता और दो-चार परनुची सूखी-मारी मेमें तो खुल्लमखुल्ला नाराज़ बैठी थीं।

"न जाने ये लोग क्या सोच रहे हैं।" उसने ज़बर्दस्ती मुस्कुराकर कहा।

"क्या सोच रहे हैं ?"

"यही कि...न जाने मैं कौन हूँ...और तुम...ओह...सोचने दो...आओ।" वह शम्मन के चेहरे पर रंग आता देखकर टालने लगा।

"वापस चलो !" शम्मन ने दुरुश्ती[4] से कहा।

"क्यों ? अरे वाह !"

"मैं कहती हूँ वापस चलो।"

"मगर..." वह कुछ झेंपा हुआ सा उसके पीछे-पीछे बाहर निकल आया। रास्ते-भर ख़ामोशी रही।

"हम इनसे डरते हैं।...क्या इनका दिया खाते हैं।" वह मारे ग़ुस्से के लरज़ने लगा। "जाहिल कमीने !" वह बुरी-बुरी गालियाँ बकने लगा। आख़िर लोग इतने कोताहनज़र[5] क्यों हैं ? आख़िर इंसान है तो एक ही बीज का फल। क्या छोटा, क्या बड़ा, क्या काला, क्या सफ़ेद ! मगर कौन समझाता ! काश वह इस शादी के पीछे छिपा हुआ शानदार मक़सद मोटे-मोटे हरफ़ों में लिखकर अपनी पुश्त पर टाँक लेते ताकि ये कूढ़मग़ज़ यूँ मुतहय्यर आँखों से तो न घूरते। ये बेरहम आँखें जो मालूम होता है, पीठ में सूराख़ करके दिल में घुसी जाती हैं।

---

1. ध्यान 2. बनावटीपन 3. कांटा 4. कठोरता 5. संकीर्ण

''उनका कोई क़सूर नहीं, अजायबात देखकर हैरत होती है।'' शम्मन का दिल बैठने लगा।

''मगर उन्हें क्या मतलब ? ये क्यों मरे जाते हैं ? मैं सब जानता हूँ, इन लोगों की सफ़ेदी को। दिल की स्याही तो कोई देखे।''

''वह मुझे क्यों बाज़ारी औरत समझते हैं।''

''मैं...मैं गोली मार दूँगा इन हरामज़ादों को...जैसे इनकी सफ़ेद पुतलियाँ तो बस देवियाँ हैं।'' शम्मन ने उसके दिल की बात कह दी। इसलिए उसका गुस्सा इन्तेहा से ज़्यादा बढ़ गया। फिर वह शम्मन से लड़ पड़ा। गोया वही उन सबको भड़का आई थी।

''तुम झिझकती क्यों हो।'' वह चीख़ा।

''मैं कहाँ झिझकती हूँ।''

''और क्या तुम घबराकर उन्हें और शेर बना देती हो।'' अपना इलज़ाम वह शम्मन पर थोपना चाहता था। ''मगर मैं इन कमीनी हरकतों की ज़र्रा[1] भर परवाह नहीं करता। अगर ये लोग मुझे ज़लील समझेंगे तो मैं खुद उनके मुँह पर थूक दूँगा।'' उसने इस ज़ोर से चिंघाड़कर कहा कि हर लफ़्ज़ उनकी ज़हनी कोफ़्त का आईनादार बन गया। गो वह मुँह से बकता रहा मगर उसका चेहरा उतरा हुआ था और साफ़ ज़ाहिर था कि वह दिल में मानता है कि इन लोगों का कोई क़सूर नहीं। शम्मन को सहमा हुआ देखकर जी दुख गया और वह उसे समझाने लगा।

उस ज़हनी कोफ़्त को उसने शराब और ज़बर्दस्ती की मुहब्बत में डुबोना शुरू किया। मगर इस तरह वह अकेला क़रार पा जाता। शम्मन इसके रवैये से आजिज़ आ जाती। उकता देनेवाला इश्क़, मसनूई और फ़िज़ूल मालूम होता। अपने होश-ओ-हवास में होते हुए वह उस मदहोश के पास क्योंकर पहुँच सकती !

''पूना कब चलोगे ?'' उसने एकदम नर्मी से पूछा।

''नहीं,'' उसने अपने पोशीदा ख़ौफ़ को और छुपाना चाहा। ''तुम्हें छोड़कर कैसे काम कर सकूँगा।''

''मुझे कौन छोड़ने को कहता है।'' शम्मन ने जबरिया ज़िल्लत[2] बरदाश्त करके कहा।

''ऐं ?...हाँ...मगर वहाँ ड्यूटी पर मुझसे न जाया जाएगा।''

''फिर क्या इरादा है ? इसी तरह मिट जाने का फ़ैसला कर लिया है ?''

''अगर तुम्हारी आग़ोश में मिट भी जाऊँ तो...''

''बकवास मत करो रूफ़ी...तुम मुझे धोखा नहीं दे सकते।''

''धोखा...कौन कमबख़्त धोखा दे रहा है ? ऊँह !'' वह मुजरिमाना[3] अंदाज़ में नज़रें बचाकर कहने लगा।

---

1. कण 2. अपमान 3. आपराधिक

"तुम मुझे ही नहीं बल्कि खुद अपने आपको भी धोखा दे रहे हो...तुम पछता रहे हो।"

"ग़लत...ग़लत...ये सरासर बुहतान[1] है।" उसकी तेज़ी और झल्लाहट ने बात को और पुख़्ता और यक़ीनी बना दिया।

"मैं तुम्हारी हर बात सह सकती हूँ मगर रूफ़ी, ये झूठ मुझमें बरदाश्त करने की ताक़त नहीं। अगर तुम साफ़ कह देते कि तुम मुझे साथ ले जाने में ज़िल्लत महसूस करते हो तो मुझे इतना दुख न होता।"

"मैं, मैं तुम्हारे बग़ैर कभी नहीं जाऊँगा। ये बात तै है। और कैसे कहती हो कि मुझे तुम्हें साथ ले जाते ज़िल्लत महसूस होगी !"

"इसमें तुम्हारा क़सूर नहीं। इस चितकबरे जोड़े को देखकर जब लोग मुस्कुरा उठते हैं, आँख बचाकर इशारा करते हैं तो ज़ाहिर है कि तुम..."

"तो फिर तो तुम भी झूठ बोलती रहोगी। गो ज़ाहिर तो ये करती हो कि न तो तुमने कुछ देखा और न समझा।"

"ये...ये मैं इसलिए करती हूँ कि...मैं..." वह कुछ न बता सकी।

"तुम मुझे धोखा देना चाहती हो। तुम खूब देखती हो कि मेरे हमवतन मुझे तनफ़्फ़ुर[2] से भरी हमदर्दी के साथ देखते हैं। गोया तुम एक बीमारी हो जो मेरी हिमाक़त से मेरे सिर मढ़ दी गई और तुम्हारे भाई-बंधु समझते हैं कि तुम्हारे पहलू में एक इंसान नहीं, उनकी सारी क़ौम की शख़्सियत पर एक मोटी-सी गाली है।"

"लोग मुझे कमीना समझते हैं..."

"शम...मगर तुम मुझसे क्यों लड़ रही हो ! गोया इसमें मेरा कोई क़सूर है...तुम जानती हो, मैं तुम्हारे लिए सबकुछ करने को तैयार हूँ।"

"हूँ, ये जो तुम पस्ती की तरफ़ गिरते जा रहे हो, ये भी सिर्फ़ मेरी ख़ातिर...तुम नीचे उतरकर मेरे बराबर होना चाहते हो। मुझे इतना ज़लील समझते हो कि मेरे बराबर आने के लिए तुम्हें उठने की नहीं बल्कि गिरने की ज़रूरत है ?"

"ये तुम्हारा वहम है।"

"नहीं ये मेरा वहम नहीं है। देख रही हूँ, तुम इस दूरी और फ़र्क़ को मिटाने के लिए खुद मिटे जा रहे हो।"

"तुम्हारी मुहब्बत की ख़ातिर। सोचो तो अगर तुम्हें चाहता नहीं तो फिर..."

"मगर ये मुहब्बत कैसी जो तुम्हें मिटा रही है। मैं समझती हूँ ये क्या है। तुम्हें मुहब्बत हो या न हो, मगर इतना यक़ीन है कि मुझे उठाकर अपने बराबर करने की कोशिश बेकार है। तुम सफ़ेद इंसानों की दुनिया इतनी बुलंद है कि मेरे स्याह वजूद को इस मुक़द्दस[3] दर्जे तक ले जाकर अपनी और अपनी क़ौम की तौहीन नहीं कर सकते, लेहाज़ा खुद अपनी हिमाक़त[4] के हुज़ूर में अपनी ही क़ुर्बानी दे रहे हो।"

---

1. आरोप 2. नफ़रत 3. पवित्र 4. बेवक़ूफ़ी

"तुम्हारे वहम सीधी बात को भी भूत बनाकर खड़ा कर देते हैं। ये ज़हनियत..."

"हिंदुस्तानी है, कह दो।" लहजे में इंतेहाई तल्ख़ी पैदा करके कहा।

"च्च...च्च...इतना एहसास-ए-कमतरी ! तुम हिंदुस्तानियत को तौहीन समझती हो। यक़ीन मानो शम, मैंने जो कुछ किया अनजान होते हुए किया।"

लेकिन ये ही क्या कम था कि 'किया'। आख़िर क़ुदरत को उसके हर शोबए-ज़िंदगी[1] से ख़्वामख़ाह[2] का बैर क्यों हो गया था। तल्ख़ियाँ बढ़तीं, फिर दब जातीं मगर हर चरका एक दाग़ छोड़ जाता। मुहब्बत और इंसानियत हर वक़्त मैदान में डटे नहीं रह सकते। वैसे दोनों का जी भी उकता गया था। मुहब्बत लीचड़ मालूम होने लगी थी। एक दूसरे के वजूद से घबराहट होने लगी। हनीमून ही में एक सिरे से जुदाई के सपने तरसाने लगे और ये छोटे-मोटे झगड़े इस नफ़रत को बढ़ाते गए जो दोनों के लाशऊर[3] में हुलूल[4] हो चुकी थी मगर वक़्ती तौर पर दबी हुई थी।

ऐसा मालूम होता कि दोनों अपनी भूल पर हैरतज़दा हैं। पछताने में खुद्दारी को ठेस पहुँचने का अंदेशा है, लेहाज़ा सुकूने-क़ल्ब[5] का ये नुस्ख़ा भी ठुकराया हुआ है। यक़ीनन टेलर पर तो किसी क़िस्म का कोई सौदावी[6] मर्ज़ काबू किए हुए था वरना वह इस क़दर आसानी से ये ड्रामा न खेल जाता। ऊपर से मिर्चों और शराब ने धार रख दी। झुँझला कर वह एहसास-ए-शिकस्त[7] से बचना चाहता।

बहुत ज़ब्त करते मगर ज़रा-सी ठेस से पक्का फोड़ा फूट निकलता और दोनों को अपनी ख़ूबियाँ और दूसरे के ऐब नज़र आने लगते। वही ताने जो उन्हें लोगों की आँखों में नज़र आते थे, अल्फ़ाज़ की मदद से एक दूसरे पर पटख़ने लगे। शक्ल-ओ-सूरत की वही खूबियाँ जो कभी दीवाना बना गई थीं, आँख में शहतीर बनकर खटकने लगीं। टेलर के बाल बेजान और बदरंग नज़र आते। आँखें ग़ायब मालूम होतीं और जिल्द[8] कच्चे गोश्त जैसी लगती। उधर टेलर को उसके स्याह बाल और आँखें डरावनी मालूम होने लगीं।

ख़ुदा-ख़ुदा करके हनीमून का मुसीबत-भरा ज़माना ख़त्म हुआ और मजबूरन पूना रवाना होना पड़ा। टेलर का खौफ़ ताज़ा हो गया गोया वह निहायत पुरख़तर[9] और अजनबी महाज़[10] पर जा रहा है। शम्मन उसे महसूस करती और सारा ग़ुस्सा और नफ़रत लावे की तरह सीने में जमा कर लेती, जो ग़ूले-बियाबानी[11] की तरह दिल-ओ-दिमाग़ में हलचल मचाए रखता।

स्टेशन पर एक दूसरे से रिश्तेदारी ज़ाहिर करने की कोई ज़रूरत न थी और कम्पार्टमेंट में भी अगर कोई ग़ौर से देखता तो दोनों को इंसानियत से ज़्यादा क़रीब रिश्ते में मुनसलक[12] तसव्वुर न करता। वह एक-दूसरे से बेतवज्जो अपनी तनहाई ज़ाहिर

---

1. जीवन के क्षेत्र 2. अकारण 3. अवचेतन 4. प्रवेश 5. हार्दिक शांति 6. पागलपन 7. पराजय की भावना 8. त्वचा 9. ख़तरनाक 10. मोर्चा 11. भूतप्रेत 12. आबद्ध

करने में कोशाँ[1] थे। कोई न देखता होता तब भी हस्सास[2] बने गुस्सा होने को तैयार रहते। आवाज़ों पर कान लगाए रहते कि कहीं उनके ही मुताल्लिक़ तो काना-फूसी नहीं हो रही है ? ग़ैरों की तरह डाइनिंग कार में खाना खाया और बिल अदा करते वक़्त टेलर के कान सुर्ख़ हो गए। शम्मन ने बैरे की नाक़िदाना[3] नज़रों का बड़ी मुश्किल से मुक़ाबला किया। दो बेजोड़ इंसान अपने जोड़ के बेतुकेपन को शिद्दत से महसूस कर रहे थे।

कभी भूले से वह बेतक़ल्लुफ़ी से कोई दिलचस्प बात एक-दूसरे से कहते तो फ़ौरन डर कर इर्द-गिर्द देखने लगते कि लोगों की हैरत का क्या हाल है ! इस बहादुरी और जोश से क़ायम किए हुए इस जायज़ रिश्ते को गुनाह की तरह छिपाना पड़ रहा था। जब टेलर का सिर सोते में तकिए से ढलककर मुड़ गया तो शम्मन की हिम्मत न पड़ी कि इस बेचैन सिर को सीधा कर दे। गो उसे ख़ौफ़ था कि कहीं बेचारे की गर्दन न रह जाए। वह मामूली-सा ख़याल जो बरसों के पुराने मियाँ-बीवी में भी थोड़ा बहुत रह जाता है यानी एक दूसरे की तकलीफ़ से बेचैन हो जाना, इसके इज़हार का हक़ भी छिन चुका था और वह अभी दुल्हन-दूल्हा थे। सामने एक अधेड़ उम्र का जोड़ा बैठा खुलेबंदों नन्हें बच्चों जैसे इख़लास[4] कर रहा था। अगर अभी उसकी जगह कोई सफ़ेद क़ौम की लड़की होती तो सरे-बाज़ार अपने स्याहभट् मियाँ को चटापट चूमने का हक़ रखती थी बल्कि फ़ख़्रिया कहती कि, "लो देखो मेरे रुपहले हुस्न की ताक़तें, कहाँ-कहाँ का जानवर फाँस कर लाती हैं।" और वह स्याह आदमी भी इस रुपहली बारिश से खुलकर फ़ख़्रिया कहता कि देखो तुम हमको काला समझते हो मगर याद नहीं कृष्ण जी भी तो काले थे और गोपियाँ उनकी मतवाली थीं...मगर वह हक़ीर थी।

उसका जी चाहा, सबके मुँह पर थूक दे और इसी वक़्त सबके सामने झुककर टेलर के दुखते हुए सिर को आराम से रख दे। उसकी पेशानी पर बिखरे हुए शरबती बालों की रेशमी नर्मी को उँगलियों में जज़्ब होता महसूस करे। उसकी पलक का एक बाल जो टूटकर पपोटे पर चिपक गया है जैसे सोने का बारीक-सा तार, वह उसे उँगली से हटा देती तो कितना अच्छा होता, कहीं आँख खुले तो अंदर न जा पड़े। वैसे ही क्या कम कोयले पड़ चुके हैं जो उसने ग़ुस्लखाने में आँखें मसल-मसलकर निकाले। कितना उसका जी चाहा कि साड़ी का पल्लू तह करके मुँह की भाप से गर्मी पहुँचा दे मगर उसे ये तजवीज़[5] टेलर के सामने पेश करने की हिम्मत न पड़ी क्योंकि उसे मालूम था कि वह इस ज़िल्लत को बरदाश्त करने से पहले मर जाना बेहतर समझेगा।

और ये वही टेलर था जो ज़िद्दी बच्चे की तरह रोज़ाना आ खड़ा होता था। धुन के पक्के भिखारी की तरह उसने दरवाज़े पर धरना देकर उसे हासिल किया था और फिर अपने को दुनिया का खुशक़िस्मततरीन इंसान समझता था; कि ये वही इंसान था जो उसके घुटने पर सर टिकाकर तेल मलवाने के लिए मुसिर[6] होता था। पेड़ों की जड़ों से

1. प्रयत्नशील 2. संवेदनशील 3. आलोचनात्मक 4. निश्छलता 5. प्रस्ताव 6. ज़िद

कुश्ती लड़कर सब फाँसें लगा लेता तो शिमले की खुनक[1] शामों को, बिजली के सामने वह सुई से उन्हें निकाला करती और उस वक़्त वह ज़रूरत से ज़्यादा शरीर बन जाता। हर फाँस किराया वसूल करके निकलवाता और दूसरे दिन जान-बूझकर नई फाँसें लगा लेता। लेकिन अगर इस वक़्त सबके सामने वह उसका सर छू भी देती तो वह मारे ज़िल्लत के मर ही जाता और वह खुद ? उसे अपने आप पर कुछ कम रहम न आता।

वह पहले सोचा करती थी कि भला क्या जाने ये अंग्रेज़ कि इश्क़-मुहब्बत क्या चीज़ है। हवा-ओ-हवस[2] के बंदे। न शर्म न हया, भला रोमान क्या बाक़ी रहता होगा इनमें ! कितनी सख़्त खुरदुरी और मतलबी मुहब्बत होगी। लेकिन रूफ़ी बिलकुल मुख़्तलिफ़ था। वह हर हिंदुस्तानी और ग़ैर हिंदुस्तानी मज़ाक़ को समझ जाता और उसमें वह सारी हिमाक़तें मौजूद थीं जिन्हें वह बचपन से इश्क़-मुहब्बत से वाबस्ता समझती थी। वह बदमज़ाक़ न था। वो घंटों एक-दूसरे के बचपन के क़िस्से सुनकर हँसते। दुनिया के दो मुख़्तलिफ़ टुकड़ों पर बसने वाले, एक ही जैसा बचपन और जवानी गुज़ार चुके थे। वही छोटी-छोटी शरारतें और सज़ाएँ, मासूम दिलचस्पियाँ और एक ही जैसे खेल।

इतने क़रीब होते हुए भी फिर वह दूर-दूर हो जाते और एक दूसरे के साए से भागते। थोड़ी देर में कम्पार्टमेंट ख़ाली हो गया तो बजाए क़रीब आने के, वह एक-दूसरे को बुज़दिल[3] और बे-उसूला[4] साबित करने लग गए और वह नर्म-गर्म जज़्बात जो थोड़ी देर क़ब्ल शम्मन के दिल में जन्म ले रहे थे कुम्हलाकर ख़त्म हो गए।

पूना पहुँचकर ज़िंदगी सुलझने के बजाए और उलझकर बोझल हो गई। सबसे पहले तो नौकरों की हैरत का मुक़ाबला करना पड़ा। पास-पड़ोस की मोतअज्जिब[5] आँखों के तीर सहने के लिए गैंडे की खाल की जिरहबख़्तर[6] पहनना पड़ी। जो आता, टोह लेने आता। और कुछ नहीं तो बेकार के सौदा बेचने वाले ही जान-बूझकर नाक लगाते सूँघते चले आते। टेलर के दूर-दराज़ के मिलने वाले, उनके दोस्त और दोस्तों के दोस्त, आँखें फाड़ मुबारकबाद देने दौड़े आते। उनकी आमद[7] और तल्ख़ियाँ बढ़ाती। वह लोग बड़े मोहज़्ज़ब[8] तरीक़ों से इस अजीब-ओ-ग़रीब सानहे[9] का ज़िक्र अव्वल से आख़िर तक सुनना चाहते। उनके चेहरे तजस्सुस[10] से परेशान हो जाते और अक़्लें परागंदा[11]। ये हुआ तो कैसे हुआ ?

जितने मुँह, उतनी बातें। पुराने घाघ अंग्रेज़ों का ख़याल था कि वह कोई आवारा औरत थी। नौवारिद[12] उसे किसी रियासत की महारानी समझते। चंद ऐसे भी थे जो कुछ फ़ैसला न कर सकते मगर दोनों को ख़ालीउज़्ज़ेहन[13] ज़रूर समझते। इन्तेहा हो गई कि टेलर के अफ़सर ने उसको बुलाकर इस वाक़ये को सियासी नुक़्ता-ए-निगाह[14] से

1. ठण्डा 2. भोगविलास 3. कायर 4. मूल्यविहीन 5. अचंभित 6. कवच 7. आगमन 8. शिष्ट 9. दुर्घटना 10. खोज, जिज्ञासा 11. परेशान 12. नवागंतुक 13. ख़ाली दिमाग़ 14. दृष्टिकोण

मायूब[1] हिमाक़त साबित करने की कोशिश की। उसने आक़ाओं[2] की क़दीम रवायतों[3] को ठेस लगाने की कोशिश की थी। जवाबदेही करते-करते टेलर थक ही नहीं गया बल्कि ख़ुद अपने ऊपर जो एतमाद[4] था, खो बैठा।

ये बात यहीं तक न रही, बल्कि डाक के परों पर उड़ती हुई अमरीका में टेलर की बेवा माँ तक पहुँच गई। वह कमअक़्ल और कट्टर न थी मगर फिर भी मुफ़स्सल[5] ख़त माँगा। टेलर इस पर भी चिराग़पा[6] हो गया।

''मगर इसमें ऐसी क्या बुरा मानने की बात है।'' उसने बुढ़िया की हिमायत की।

''कुछ नहीं, तुम उसकी हिमायत ज़रूर मेरी ज़िद में कर रही हो। मैं उसे मुँह भी न दिखाऊँगा। अगर वह मुझे अब तक बच्चा समझे हुए है तो ये उसकी भूल है।'' टेलर का गुस्सा नाक पर धरा रहने लगा था, वह बिलकुल जाग उठा था और शराब भी नशा न ला सकती थी। वह अमूमन हर जलसे और पार्टी से जान चुराता। या तो उसे कोई मर्ज़ आन दबाता या मजबूरन शम्मन को एकआध बहाना तलाश करना पड़ता। दुनिया को छोड़कर एक-दूसरे से और भी उकताते गए। ज़्यादा वक़्त एक दूसरे को ताने देने और अपने हाल पर रहम खाने में सर्फ़[7] होता। दोनों इस मुसीबत का इल्ज़ाम अपने ऊपर से उठाकर दूसरे के सिर मढ़ना चाहते थे। बहुत जल्द ज़िंदगी ख़ौफ़नाक हद तक बार[8] बनकर रह गई। अगर वह हिम्मत करके किसी के यहाँ चले भी जाते तो घुमा-फिराकर उनके बेतुके इश्क़ का ज़िक्र निकल आता।

एक बार हमारे एक रिश्ते के चचा ने एक रेडइंडियन से शादी कर ली थी। बड़ी बावफ़ा और नेक थी। हमें अपनी ज़बान के गीत और ख़ौफ़नाक जंगलों के क़िस्से सुनाया करती थी। वह बड़े जोश से कहते—''हिंदुस्तान से दोस्ती बढ़ाने का यही तरीक़ा है कि काले और गोरे का इम्तयाज़[9] उठा दिया जाए।'' वह बड़े फ़राख़दिल[10] बनकर कहते मगर उनकी ये सख़ावत[11] दोनों को और भी दुख पहुँचाती। वह ख़ूब समझते थे कि इसके असली मानी ये हुए कि मशरिफ़ और मग़रिब को मिलाने की कोशिश इतनी मुश्किल और बेसूद है, जितनी स्याह को सफ़ेद बनाने की आरज़ू।

हर मुलाक़ात के बाद नई मुलाक़ात का ख़याल भयानक बनकर ख़ून खुश्क़ करने लगा। कई दिन तक दिलों पर मुर्दनी छाई रही जो आपस की तल्ख़ियों की शक्ल में फूट निकलती। अलग-अलग दोस्तों का हलक़ा बनाया, ताकि एक-दूसरे की मौजूदगी जो सवाल दिलों में पैदा करती है, उसकी गुंजाइश ही न रहे। मगर लोगों से निजात कहाँ थी ! लाख समझाते कि सब हिमाक़त मुहब्बत के ज़बर्दस्त हाथों से मजबूर होकर की गई। अब भी बहुत खुश हैं और क़तई नहीं पछताते। हर मुख़ालफ़त को तैयार हैं, मगर इस तरह मुस्तैदी से तैयार होना ही साफ़ ज़ाहिर करता था कि उन्होंने एक कभी न ख़त्म होने वाली कशमकश में खुद को डाल दिया।

---

1. घृणित 2. मालिकों 3. प्राचीन परम्पराओं 4. विश्वास 5. विस्तृत 6. क्रोधित 7. व्यय 8. बोझ 9. श्रेष्ठता 10. उदार 11. दानशीलता

और इधर जापानी पटाखों ने बुरी तरह फ़िज़ा को मोकद्दर[1] कर रखा था। बम तो ख़ैर जहाँ गिर रहे थे, तबाही मचा रहे थे, मगर जो इंसान उनसें बचने के लिए भाग रहे थे, उनकी हालत क़ाबिल-ए-रहम थी। जैसे खटका सुनकर बदहवास भेड़ें चारों तरफ़ भागना शुरू कर देती हैं, और बजाए महफ़ूज़ होने के, खुद ख़तरा बन जाती हैं; ये घबराए हुए कमअक़्ल जानवर, एक शहर से भागकर दूसरे शहर में पनाह लेने दौड़ पड़े। औने-पौने सामान बेचकर रेलवे पर हमला कर दिया। बंबई के लोग कलकत्ता और कलकत्ता के बंबई। इस कोठी के धान उस कोठी में बदलकर ये समझ लिया कि अब घुन नहीं लग सकता। हादसों से जितनी जानें गईं उतनी शायद साल-भर की लगातार बमबारी से भी न जातीं। घुप्प अँधेरा, सड़कों ही पर नहीं, अक़्लों पर भी छा गया।

मगर ये क्या हुआ ? ये ढाल पर से उतरते-उतरते रोड़े पर से पैर फिसल गया। बर्फ़ के बेजान सफ़ेद भूत ने चारों तरफ़ से हाथ फैलाकर हिटलर की बढ़ती हुई जुरात[2] को आग़ोश में भींच लिया। हड्डियाँ तक जमाकर रख दीं। मौजें उमड़-हुमड़कर चढ़ती हैं और सफ़ेद चट्टानों से सर फोड़कर लौट आती हैं। ऊपर से बर्फ़ के बेटों की दीदादिलेरियाँ[3] अल-अमान। पीछे हटते-हटते एकदम लौट पड़े। जैसे चालाक कबड्डीबाज़ अपने पाले में दूर तक दौड़ा लाए, फिर जो रपटाया है, तो चीं बुलाकर ही छोड़ा। तमाम दुनिया की टूटती हुई हिम्मतें बँध गईं। हारते और पीछे भागते हुए भी सँभलकर डट गए। सुर्ख़ सितारा ख़ून में लतपत मगर साँस लिए हुए निकल आया। वह दो महीनों में ख़त्म होने वाला मरीज़ सँभाला लेकर चाक-औ-चौबंद हो गया।

''हम जानते थे, आख़िर में फ़तह[4] हमारी ही होगी।'' टेलर ने अख़बार देखकर ग़ुरूर से कहा।

''तुम्हारी ? यानी ये फ़तह तुम्हारी रही, और शिकस्तें जिनका मज़ा शायद अब तक वहाँ पर होगा, वह किसके हिस्से में लगा दें।'' शम्मन ने चिढ़कर कहा।

''ऐं ?...हार और जीत तो हुआ ही करती है...''

''अच्छा तो कभी हार भी हुई है। मुँह से तो यही कहते रहे कि जीत रहे हैं। वह बहादुरी से पीछे हटना कुछ तुम ही लोगों की सिफ़त[5] है। तुममें तो क्या दम था कि हिटलर जैसे जिन से लड़ते। ये हिंदुस्तानी भेड़ें इस देवता के कलेजे की आग क्या बुझा सकतीं !''

''तुम पॉलिटिक्स नहीं समझ सकती ! इत्तेहादी[6]...''

''जब तक हारने का ख़ौफ़ है, इत्तेहादी बने हुए हो। इधर जीते, उधर सारा इत्तेहाद चूल्हे में डालकर हिस्सा लेने दौड़ पड़ोगे। और फिर न देखोगे भाई, न भतीजा। बस सरकारे-आलिया रह जाएँगे और उनके चेले-चाँटे।''

''अबके ऐसा न होगा।''

''अजी, ख़सलतें भी कहीं बदली हैं। जर्मनी ख़त्म हो ले, फिर रूस की बारी रखी

1. उदास 2. हिम्मत 3. दुस्साहस 4. विजय 5. गुण 6. संगठित

है। आज रूस के गुन गाए जा रहे हैं। कल तक उसे इंसानियत का दुश्मन कहते थे। आज चाइना की मुहब्बत में फ़िदा गले में प्यार से हाथ डाले खड़े हैं। कल तक यही चीनी चोर, ज़ालिम, वहशी और बदमाश थे। सिवाए 'डाकुओं के मक्कार चेले' के कभी कोई दूसरा ओहदा न मिला। आज वही चीनी, इत्तेहादियों की फ़ेहरिस्त[1] में गिने जा रहे हैं। जापान के मज़ालिम का गुल मचा हुआ है और, अपने फ़ेल इंसानियत की हिफ़ाज़त बनाकर पेश किए जा रहे हैं। मगर याद रखो जुल्म की एक इंतेहा[2] होती है, जहाँ पहुँचकर ज़ालिम .खुद अपने हाथ से अपना गला घोंट लेता है।''

''ठीक है ज़ालिम तो होते हैं लेकिन मेरे ख़याल में इन ही से फ़ायदा है। ग़ौर से देखो तो बावजूद मज़ालिम के हिंदुस्तान बहुत तरक़्क़ीयाफ़्ता हो गया है और होता जा रहा है !''

''ये जो चंद करोड़ इंसान अंग्रेज़ी बोलने लगे हैं, इसी को तुम तरक़्क़ी कहते होगे। काश इसी तरह तुम्हें हिटलर जर्मन सिखाकर मुहज़्ज़ब[3] बना सकता।''

''इसे ज़ाती लड़ाई क्यों बना रही हो।'' टेलर चिढ़ गया।

''क्योंकि ये हमारी ज़ात से वाबस्ता है।''

''सुकून चाहते हैं तो हमें बहुत कुछ बर्दाश्त करना होगा।''

''मैं सबकुछ बर्दाश्त करूँगी मगर अपने मुल्क को इन सफ़ेद चमड़ी वालों की एड़ी तले मसलता देखकर ज़रूर मेरे दिल से खून टपेकगा, मेरा दिल रोएगा, आँखें रोएँगी और रूह हमेशा रोती रहेगी। ये न समझो, ये भूबल ठंडी पड़ गई है तो चिंगारियाँ भी बुझ गईं। कभी तो ज़माने की हवा रुख़ बदलकर चलेगी। फिर इंतक़ाम[4]... ।''

''मगर तुम ले तो रही हो, अपनी सारी क़ौम का दबा हुआ जज़्बा-ए-इंतक़ाम तुम मेरे ही सिर पर ख़त्म कर दोगी।''

''और तुम ?...मेरी क़ौम को दिमाग़ी, माली और जिस्मानी तौर पर पीसने के बाद अब उसकी रूह पर हमला कर रहे हो। ख़ैर अब तक तो इक़्तसादी[5] और सियासी दुनिया के मालिक थे। अब मुझ जैसी बदनसीब औरतों ने अपनी आख़िरी दौलत भी तुम्हारी जूतियों में डाल दी है !''

''मगर मैं कौन-सा खुश हूँ। मुझे तो ख़ूब इनाम मिला। मेरी क़ौम मेरे मुँह पर थूकती ही है। तुम्हारे वजूद की सज़ा मुझे उनकी फटकार की सूरत में भुगतनी पड़ रही है। सड़े हुए उँगली के पोरों की तरह उन्होंने मुझे काटकर जिस्म से दूर फेंक दिया है !''

''और...और मुझे ? रंडी भी इतनी कमीनी नहीं समझी जाती, जितनी मैं अपनी क़ौम की नज़रों में हो गई हूँ। मैंने उनके पुरग़रूर सिर को तुम्हारी ठोकरों में डाल दिया। वह मेरी परछाईं भी अपनी शरीफ़ औरतों के ऊपर पड़ना गवारा न करेंगे !''

''मगर इसमें मेरा क्या क़सूर है। तुम बच्चा तो नहीं थी। तुम्हारे कमबख़्त मुल्क की ग़लीज़[6] आब-ओ-हवा और .खुद तुम्हारी स्याह कशिश ने मेरे दिमाग़ को मफ़लूज कर

1. सूची 2. हद 3. शिष्ट 4. प्रतिशोध 5. आर्थिक 6. गंदा

दिया। मैंने बहुत बरदाश्त किया। अब वह वक़्त आ गया है कि मुझसे ज़ब्त नहीं होता लेकिन कोई इलाज भी तो नज़र नहीं आता। मैं उस राह पर गुम हो गया हूँ जो मुझे लौटने भी नहीं देती।''

''ये अलफ़ाज़ तुम्हारे मुँह से निकल रहे हैं ? तुम, जो मेरी जूती पर नाक रगड़ते थे ! मैंने तुम्हारी चापलूसियों को सच समझ लिया। तुम पर भरोसा किया। एक बार तुम्हारे बर्फ़ के तूदे[1] जैसे वजूद में इंसानियत को पालने की कोशिश की, और इसी हिमाक़त की सज़ा भुगत रही हूँ। मगर मालूम हो गया, तुम लोग इंसान हो ही नहीं सकते। लाखों ख़ोल चढ़ा लो, हक़ीक़त तुम भेड़ियों का राज़ फ़ाश करके रहेगी। ख़ूँख़ार, दरिंदे, झूठे और फ़रेबी कहीं के।''

''ख़ामोश बदतमीज़।''

''हूँ बदतमीज़ ! चोर को चोर और हैवान को हैवान कहना बदतमीज़ी नहीं रास्तगोई[2] है। तुम जैसे लुटेरे...।''

''मैं कहता हूँ ख़ैरियत इसी में है कि चुप रहो।'' रूफ़ी की जुबान हार गई और गुस्से से आँखें दहक उठीं। उसकी शक्ल घिनौनी हो गई।

''ओह। तो तुम समझते हो कि तुम्हारे भूँकने से मैं डर जाऊँगी। चाहे कुछ हो मैं तुम्हारे फ़रेब का हाल ज़रूर खोलूँगी। इस तरह धोखा देकर...''

शोले की तरह भड़का हुआ चेहरा और भी स्याह पड़ गया। पूरी ताक़त से चौड़ा चकला हाथ कनपटी और रुख़सार[3] को कुचलता हुआ शम्मन को ज़मीन पर गिरा गया। टेलर काँपता-लरज़ता बाहर चला गया। शम्मन ने एक आह भी न भरी। वह बड़ी एहतियात से सँभलकर कुर्सी पर सहारा लेकर बैठ गई।

वह क्या करे ? अब क्या करे ?

''ठहरो इतना मत सोचो, ज़रा ठहरो। तुमने गुनाह किया है तो ख़ामियाज़ा[4] भुगतने से इतनी मत डरो। थूहर का पेड़ सींचकर अँगूर तोड़ने की उम्मीद न करो। ठहरो।''

सिर पकड़े वह कई घंटे रोती रही। टेलर रात गए आया। नशे में धुत था। उसके लड़खड़ाते हुए क़दमों की आवाज़ सुनकर ही वह काँप उठी और जल्दी से कुंडी लगाकर पलँग पर गिर गई। टेलर तो पलँग पर गिरते ही सो गया। मगर वह आँखें फाड़े सुबह तक खिड़की से काली भयानक रात को घूरती रही। सोचते सोचते कनपटियाँ सुन्न हो गईं, दिमाग़ दुख गया। पर वह क्या सोच रही थी। सिवाए शदीद ग़म के कोई दूसरा एहसास ज़िंदा भी तो नहीं रहा था। जिस्म पककर पक्का फोड़ा हो गया। काश किसी ग़ैबी जर्राह का मश्शाक़ हाथ उस टपकन को ठंडा कर सकता।

सुबह उसने चाय की प्याली बिस्तर पर पड़े-पड़े हलक़ से नीचे उतार ली। टेलर के जाने के बाद वह उठी। आज वह बहुत ख़ुशवज़ा कपड़े पहनकर गया था। जाने से पहले उसने सीटी भी बजाई थी, जिसकी हर तान से मसर्रत[5] टपक रही थी। दोपहर

1. ढेर 2. सत्यवाद 3. गाल 4. परिणाम 5. खुशियाँ

को उसने फ़ोन पर लंच को मना कर दिया और सीधा रेसकोर्स चला गया। वहाँ से खूब हारकर, पीकर रात गए लौटा। बैरे को मारते-मारते छोड़ा। ये एक नई अदा थी। उसका रवैया नौकरों से आम सफ़ेद लोगों से बहुत मुख़्तलिफ़[1] रहा था। वह उनसे बहुत नर्मी से बोलता और अमूमन मज़ाक़ किया करता था। आज वह टेढ़ी-मेढ़ी ऐन-मैन अंग्रेज़ी-उर्दू में एहकामात सादिर[2] कर रहा था।

दो दिन इसी तरह आँख-मिचौली होती रही। अगर भूले से सामना हो जाता तो नफ़रत से मुँह मोड़कर दूर हट जाते। टेलर बज़ाहिर बड़ा बहादुर बन रहा था। मगर शम्मन को ये देखकर बड़ी मसर्रत हुई कि वह भूल-भूलकर सर थामकर परेशानी में डूब जाता, बार-बार चीज़ें पटख़ देता और नौकरों पर झल्लाता। वह दुखी थी तो टेलर भी कुछ तो भुगत रहा था।

शम्मन खोई बुत बनी बैठी थी। जैसे वह किसी मज़बूत पुल पर दौड़ते-दौड़ते एकदम ठिठक गई। आगे तख़्ते उखड़े हुए थे और नीचे लामुतनाही गहराइयाँ और बेरहम चट्टानें। शब-बेदारी से उसकी आँखों के गिर्द भूरे हल्क़े पड़ गए थे। कपड़े मैले हो गए थे। मगर वह बेख़बर न जाने क्या सोचने की कोशिश किए जा रही थी। जो कुछ उसने किया था उसकी सज़ा वह तनहा भुगतना चाहती थी। वैसे उसने अपनी किसी सहेली को उस बेवक़ूफ़ी की ख़बर भी न दी थी। हमदर्दी वसूल करते-करते उकता गई थी और ख़तों में भी उसकी मौजूदगीं नहीं चाहती थी। उसके घरवालों को बेशक ख़बर मिल गई थी। मगर वह भी सन्नाटे में ख़ामोश हो गए थे।

जब तुम्हीं इतनी मज़बूत हो तो हम कौन ? उनके रवैये से साफ़ ज़ाहिर होता था। एक तरह वह लोग उसकी तरफ़ से एक अर्सा हुआ था, नाउम्मीद हो चुके थे। और कोई भी ख़बर उन्हें मुतहैय्यर न कर सकती थी। अगर उन्हें इस अंजाम की ख़बर मिलती तो भी शायद कुछ ज़्यादा मुतास्सिर न हो सकते। गोया वह पहले ही से इस अंजाम की परछाइयाँ देख चुके थे !

रुपए की उसने कभी परवाह न की। और आज उसे मालूम हुआ कि अगर पास रुपए ही होते तो ज़िंदगी इतनी घुटी हुई न नज़र आती। गो उसे नौकरी आसानी से मिल सकती थी। कोई मामूली-सी पढ़ाई की नौकरी। उसे दुनिया से दूर बोसीदा[3] किताबें बदशौक़[4] लड़कियाँ और लामुतनाही[5] अकेलापन। वह इस आख़िरी हयूले[6] से बहुत ख़ायफ़[7] हो चुकी थी। मगर इस दम घोटने वाली ख़ला में गिरते हुए लरज़ा चढ़ता था। लेकिन अब क्या होगा ? सोचते-सोचते सर की रगें सूज गईं। मगर कोई धुँधली सी शोआ[8] भी रोशनी की न मिली !

"शम...शम..." रूफ़ी की आवाज़ घबराहट और ख़ुशी से लरज़ रही थी !

"कहाँ हो तुम डियर..." वह गैलरी में बेतहाशा दौड़ रहा था। "शम," उसने दरवाज़े

---

1. भिन्न 2. आदेश जारी करना 3. पुरानी 4. जिसे पढ़ने लिखने का शौक़ न हो 5. अंतहीन 6. छवि 7. भयभीत 8. किरण

से ही उसे चीख़कर पुकारा। "ये...ये देखो...मम्मी प्यारी का ख़त।" जल्दी से आकर पलँग पर बैठ गया। शम्मन ने चिढ़कर पैर समेट लिए।

"ये देखो...ज़रा देखो क्या लिखा है। मैं अपनी प्यारी बेटी के लिए अपने ब्याह का ब्रोच और लॉकेट भेज रही हूँ...असली हीरे का है। मेरे बाप को हीरों से इश्क़ था...अच्छा सुनो...मैं खुद अपने हाथों से अगर पहनाती तो... ओह मम..." वह शम्मन की गोद में सर रखकर क़हक़हों में मिले हुए आँसू बहाने लगा।

"मम्मी हीरा है, हीरा...शम।"

और फिर न जाने कैसे मिलाप हो गया। टूटे हुए पुल के तख़्ते जुड़ गए और फिर एक बार ज़िंदगी की गाड़ी दनदनाने लगी। टेलर ने अपने आपको ख़ूब गालियाँ दीं और कोसा। सारा इल्ज़ाम अपने सर ले लिया। बिलकुल नन्हा-सा रूफ़ी बन गया और सिवाए 'मम्मी' और 'शम' के उसके मुँह से दूसरी बात न निकलती थी। रात को दोनों ने लॉरेल और हार्डी की एक बदमज़ाक़ी से भरी हुई फिल्म देखकर बच्चों की तरह तालियाँ बजाईं। बावजूद सख़्ती से मना करने के, वह बेधड़क उसे सबके सामने चूमे जा रहा था। लोगों की तहय्युर[1] से फटी हुई निगाहों का जवाब वह गुस्ताख़ क़हक़हों से दे रहा था। आज दुनिया में बस तीन इंसान थे। दो ये बिगड़े दिल और एक मुहब्बत करने वाली माँ जो हज़ारों कोस दूर अमरीका में बैठी उन्हें अपनी आग़ोश में लिए चूम रही थी। शायद उसे मालूम भी न होगा कि उसने ग़रीबुलवतन[2] बेटे और ग़ैरक़ौम की बेटी को अपने कितने क़रीब खींच लिया था। दोनों के दिल सफ़ेद बालों वाली मासूम-सूरत बुढ़िया के ख़याल से नाच रहे थे। वह अब दुनिया में अकेले नहीं थे, एक तीसरी जान उनकी ज़िंदगी में आ गई थी। आज उनका भी एक राज़दार पैदा हो गया था जिसने नसीहत को भूलकर रंग और क़ौमियत पर लेक्चर दिए बग़ैर उन्हें प्यार-भरी मुबारकबाद दी थी। उसकी बहू एक औरत थी जिसे उसके चहेते बेटे ने चुना था। उसके अलावा उसने कुछ भी तो न सोचा। और ज़रूरत भी कब थी, कुछ सोच-विचार करने की। आज तक उस बेटे ने कौन-सी ग़लती की। हमेशा उसकी राय पर अमल किया और कामयाब जवान बनकर अब इंसानियत के लिए हथेली पर जान रख वतन से दूर पड़ा हुआ था। वह औरत जिसने इस अनजान ग़रीबुलवतन से प्यार किया होगा, वह ज़रूर क़ाबिल-ए-मुहब्बत होगी। ख़्वाह कितनी ही काली हो, मन की ज़रूर गोरी होगी। बस वह इसीलिए अपने ख़ानदानी ज़ेवरात उसके सुपुर्द कर रही थी।

"न जाने रूफ़ी ने उसे क्या लिखा होगा, आख़िर माँ है, बेटे की ज़िद से मजबूर हो गई।" और ये सोचकर उसका दिल डूबने लगा। बदगुमानी ने सिर उठाया तो ये माँ भी बेटे की तरह मक्कार थी ! उफ़ सफ़ेद चमड़ी !

मगर जब रूफ़ी ख़र्राटे लेने लगा तो सिरहाने का धीमा लैंप जलाकर उसने ख़त दोबारा पढ़ा। एक बार, दो बार और आँसू न रोक सकी। दूर बिछड़ी हुई माँ का आँसुओं

---

1. विस्मय 2. अप्रवासी

से भीगा हुआ ख़त। दुनिया के किसी झगड़े का इसमें ज़िक्र न था। न उस ख़ून-आशाम[1] जंग का, न क़ौमी ख़िदमत का, न आफ़तों से डराया था, न कहीं हिम्मत दिलाई थी। जैसे दुनिया में तीसरी चीज़ का वजूद ही नहीं। एक माँ है और उसका इकलौता बेटा। हाँ एक चीज़ और...वह उनकी कभी न मिटने वाली मुहब्बत, एक-दूसरे पर पक्का एतमाद और उसकी नई बहू जिसे हर सतर में लाखों प्यार और दुआएँ भेजी थीं। बग़ैर देखे-भाले वह मुहब्बत का बेशक़ीमती ख़ज़ाना उस पर लुटा बैठी थी ! कितना फ़राख़[2] था उस माँ का दिल। जिसे शम्मन अपने प्रोफ़ेसरों से मिलती-जुलती नकचढ़ी बुढ़िया समझे बैठी थी, बिलकुल अपनी मालूम हो रही थी। बल्कि अपनों से भी ज़्यादा। वह पार्सल भी दूसरे दिन आ गया। अगर शम्मन न रोकती तो वह पुलिस के दफ़्तर में ही चीर-फाड़कर खोल डालता। इसमें माँ की एक तस्वीर भी थी। ढीले-ढाले कपड़े पहने एक कुर्सी पर बैठी अख़बार पढ़ रही थी। नज़रें ऊपर किए अपने दोनों बच्चों को देख रही थी। उसके चेहरे की एक-एक शिकन में मामता का ख़ज़ाना पोशीदा[3] था। वह छलकती हुई आँखें हिज्र[4] की दास्तान बनी हुई थीं। वह किसी ऊँचे ख़ानदान की औरत न थी। बेवगी[5] के बाद उसने अपनी सारी तवज्जो अपने बच्चे की परवरिश की तरफ़ मब्ज़ूल[6] कर दी थी। उसके करख़्त जिस्म और उभरी हुई चेहरे की हड्डियों से सख़्त मेहनती होने का पता चलता था। उसकी उम्र क्लर्की और टाइप करते बीती थी। और अब आख़िरी उम्र में अलावा और छोटी-मोटी जंग की बख़्शी हुई फ़िकरों के, ये बेटे की जुदाई भी जान को आज़ार बन गई थी। आख़िर क्यों भेज दिया उसने अपने इकलौते को जंग की भट्टी में फुँक जाने के लिए ? क्या बुढ़िया को इस बेटे से भी कोई चीज़ ज़्यादा प्यारी थी जिसकी ख़ातिर वह सारी उम्र की कमाई को दाँव पर लगा बैठी थी !

एक बड़ा-सा आँसू ख़त पर टपका और काग़ज़ काँप उठा। दूरदराज़ पड़ी हुई दो अजनबी औरतें एक-दूसरे से बग़लगीर हो गईं। रूफ़ी सोते में नींद से थकी हुई करवटें ले रहा था। उसके होंठ लरज़ाँ[7] थे और आँखों के कोने भीगे हुए थे।

तो इन बर्फ़ के तूदों में भी मुहब्बत छुपी हुई है। इनके सीनों में भी दिल है और इनमें टीसें भी उठती हैं। वह समझती थी कि ये ईसार[8] और क़ुर्बानी सिर्फ़ मशरिक़ी[9] औरत का विरसा[10] है। ये मग़रबी[11] मोम की पुतलियाँ क्या जानें मुहब्बत क्या चीज़ होती है ! ख़ुसूसन[12] औलाद की मुहब्बत। सुना है बड़ी बदमाश होती हैं। बूढ़ी हो जाती हैं और हवस नहीं जाती। जानवर होती हैं। किसी मुल्क किसी क़ौम का हो, गले में लानत का तौक़[13] बनकर चिमट गईं। अव्वल तो बच्चे पैदा ही नहीं होने देतीं और अगर बदक़िस्मत रूहें आन ही टपकें तो कुत्तों से बदतर गत बनाती हैं।

मगर शम्मन ने ये सब कुछ कहाँ से देख लिया। न ही वह कभी इनके मुल्क में गई और न ही हिंदुस्तान में आए हुए बाशिंदे मुल्क और क़ौम के सही नुमाइंदे कहलाए

---

1. रक्त-रंजित 2. उदार 3. छिपा हुआ 4. विरह 5. विधवा 6. व्यय 7. कंपित्त 8. त्याग 9. पूरब 10. उत्तराधिकार 11. पश्चिमी 12. विशेषतया 13. गले में पहनने का आभूषण

जाने के हक़दार हैं। तो फिर किसने बताई ये सारी बातें ! यही बातें फ़ौलादी दीवारें बनी इंसानों के बीच में अड़ी हुई हैं। क्या कोई आँच उन्हें पिघला सकती है ? क्या ये लाखों करोड़ों सफ़ेद और काले इंसानों का ख़ून उन्हें घुला सकता है ?

सास ! सास के नाम पर उसे हँसी आ गई। बचपन से उसने मरखनी सासों के क़िस्से सुन रखे थे। हर सड़ी-गली चीज़ को उसकी सास का सिर या कलेजा बताया जाता था। मगर उसे ख़्वाब में भी कभी शुब्हा न हुआ था कि उसे ऐसी भोली गुड़िया जैसी सास मिलेगी। काश, उसका ससुर भी ज़िंदा होता। डिकेंस के नॉवेलों जैसा वह गर्दन हिलाता, मुँह में पाइप दबाए, बाग़बानी में धुत्त बुड्ढा।

कौन कहता है वह खो गई। सामने लंबी सीधी और रौशन सड़क कहकशाँ की तरह जगमगा रही है। इस पर दो नहीं तीन खिलौनों जैसे नन्हें-मुन्ने इंसान आगे क़दम बढ़ाते चले जा रहे हैं। रूफ़ी, वह ख़ुद और माँ।

सुबह ख़त दोबारा पढ़ा गया। साथ-साथ हज़ारों लंबे-चौड़े क़िस्से याद आ गए। टेलर ने छुट्टी मनाने की राय दी मगर शम्मन के इसरार पर बादिल नाख़्वास्ता[1] जबरन दफ़्तर गया। जाते वक़्त टेलर ने ताकीद[2] कर दी कि क़लम और बहुत-सा काग़ज़ ख़त लिखने के लिए तैयार रहे। आते ही लिखाई शुरू हो जाएगी। दोपहर के खाने पर शामी कबाबों और दही की ख़ास फरमाइश थी। ये मर्द रूठ जाते हैं तो खाने से पहले रूठते हैं।

शाम को ख़त लिखा गया। दो लफ़्ज़ लिखकर वह सोच में पड़ गया। प्यारी माँ...नहीं ! काग़ज़ फेंक दिया। बहुत प्यारी माँ, सबसे प्यारी ! अब ? आगे क्या लिखे। जैसे आगे कुछ कहना ही न हो। इन तीन लफ़्ज़ों में दुनिया समा गई। कई घंटों की कोशिश के बाद ख़त लिखा गया। टेलर ने काग़ज़ पर कलेजा निकालकर रख दिया। निस्फ़ से ज़्यादा ख़त शम्मन के बारे में था।

जैसे बादल छँट गए। अब बाहर जाने-आने में कोई ख़तरा नहीं। माँ छतरी फैलाकर खड़ी हो गई। बूँद नहीं पड़ सकती। ज़िंदगी मज़े से हिचकोले खाती गुज़रने लगी। जैसे रबड़ टायर वाली गाड़ी कँकरीली सड़क पर ठुमकती चलती जा रही हो। शकररंजियाँ[3] आतीं और गुज़र जातीं। हर झटके पर दूर हो जाते मगर फिर सर टकरा जाते। दिल मिल जाते। क़हक़हों में आँसू सूख जाएँ तो कभी आँसुओं में हँसी डूब जाए। दुनिया भी अजायबात की आदी हो जाती है। ख़ुसूसन जबकि ढिठाई पर उतर आएँ। अब सड़क पर गर्दन मोड़कर भी कोई नहीं देखता और अगर देखता है तो उन्हें नहीं दिखाई देता। जलसों पार्टियों में भी जाते और कोई मोतहैय्यर[4] न होता। लोगों को एक बार मशरिक़ और मग़रिब के मिल जाने का गुमान होने लगा। उनकी शादी ज़र्बुलमसल[5] बन गई। हवाले दिए जाने लगे।

घर से बार-बार तक़ाज़ा हो रहा था कि आ जाओ। चाहे दो-चार ही दिन को आओ

1. अन्यमनस्क 2. निर्देश 3. नाराज़गियाँ 4. अचंभित 5. उदाहरण

और उसका भी जी चाह रहा था। इतनी दूरी पर भी खून की कशिश मजबूर किए देती थी। इरादा भी किया मगर फिर ऐसी वहशत हुई कि नींद उड़ गई। यहाँ के लोग तो आदी हो चुके थे पर ये अब नए पहाड़ कैसे खोदे जाएँगे और फिर इन चट्टानों को हमवार[1] करने के लिए जिस माथा-फोड़ी की ज़रूरत थी, वह किससे झेली जाएगी ! बड़ी बूढ़ियों के ताने कैसे सुने जाएँगे। सब की सब टेलर की माँ नहीं बन सकतीं। बहन, भाई, छोटे बच्चे-बच्चियाँ क्या कहेंगे ! उन्हें कौन समझाएगा। चिड़ियाघर ही चले जाते हैं तो जानवर बौखला उठते हैं। भला ये खूगीर[2] की भरती, क्यों न दुंद[3] मचाएँगी ! तो वह नहीं जा सकती।

वक़्त बदल जाने से ज़्यादा फुर्सत भी कम मालूम होने लगी। इधर जंग की आग लपकी, उधर वक़्त की रफ़्तार में भी कोक भर दी गई। हर वक़्त यही मालूम होता था कि घंटे-मिनट-सेकेंड हाथों से फिसले जा रहे हैं। सप्लाई की निगरानी के साथ-साथ आए हुए माल की भी देखभाल करनी पड़ती। इसके अलावा जब एक टोकरी में दो बर्तन रखे हों तो आबाई हक़[4] के बलबूते पर टकराते हैं। सिनेमा ही ऐसी चीज़ रह गई थी जहाँ बग़ैर एक-दूसरे से उकताए हुए, वक़्त काटा जा सकता था। शम्मन बेकारी से और भी उकता गई थी। आँख खोलकर पढ़ना और पढ़ाना, कुछ न कुछ ज़िंदगी का मसरफ़[5] रहा। और अब ये हाल कि दिन गुज़र जाता तो रात दूभर हो जाती। टेलर तो थका-माँदा आकर मज़े से सो जाता और वो पड़ी जागा करती। दिन को लाज़मी तौर पर नींद आ जाती और ये लंबी-लंबी रातें और थका देने वाली तनहाई उसका दिमाग़ हिला डालती। टेलर का वजूद तो न होने के बराबर होता। दिन को वह काम में रहता और रात को नींद में। और शम्मन उसकी दुनिया से निकली हुई, बावजूद साथ रहने के, तनहा ही रहती। जैसे वह उसकी बीवी नहीं पड़ोसन है जिससे बवक़्त-ज़रूरत बात कर ली वर्ना नहीं।

मगर सिनेमा में भी चख़[6] हो जाती। 'ग्रेट डिक्टेटर' पर कुछ ज़ाती झगड़ा उठ खड़ा हुआ।

''ये बुज़दिली और छिछोरापन है...मज़ाक तो हर एक का बनाया जा सकता है।'' टेलर, जो बग़ैर सोचे-समझे हँस रहा था, इस फ़लसफ़े पर चिढ़ गया।

''अरे मीन केंफ़ पढ़ो तो तुम्हें मालूम हो कि ये नाज़ी क्या हैं। शैतान हैं पूरे।'' शम्मन ने बड़े वुसूक[7] से कहा।

''कुछ ज़्यादा फ़र्क़ तो नहीं नाज़ियों में और उनके भाई बंदों में। शैतान नए-नए रूप धरकर जन्म लेता है।''

''मगर इतना कोई नहीं।''

''हुँह...भला तुम क्यों कहोगे। उनके चेले जो ठहरे। शाही पासबान[8] जो हुए।''

''हम...मैं...हम लोग बर्तानवी राज की हिफ़ाज़त में बिलकुल नहीं लड़ रहे हैं !''

---

1. समतल 2. निरर्थक 3. हंगामा 4. पैतृक अधिकार 5. उद्देश्य 6. बहस 7. आत्मविश्वास 8. पहरेदार

"कह दो इंसानियत की हिफ़ाज़त में लड़ रहे हो। हूँ, चोट्टी बिल्ली जलेबियों की रखवाली करने चली है। नौ सौ चूहे तो पूरे हो गए अब हज बाक़ी रह गया है। क्या कहने हैं ?"

"लेकिन इस मर्तबा इंसाफ़ होगा।"

"क्यों नहीं। लुटेरे ही इंसाफ़ न करेंगे तो फिर और कौन करेगा।"

"मगर भई मैं तो लुटेरा नहीं। मेरे मुल्क ने तुम्हारा क्या बिगाड़ा है।"

"तुम लुटेरों का साथ दोगे तो ज़रूर लुटेरे कहलाओगे। बड़े इंसानियत के पहरेदार बने हो। ज़रा हिंदुस्तानियों को भी इंसान समझकर देखो।"

"कौन कहता है हम हिंदुस्तानियों को इंसान नहीं समझते ?"

"तो फिर इन चालीस करोड़ इंसानों को नाज़ियों की चक्की में पिसता देखकर तुम्हारे कान पर जूँ क्यों नहीं रेंगती ! फ्रांस को तुम बचाने दौड़े। पोलैंड की मौत पर छाती कूट-कूटकर रोए। बर्तानिया के हाथ से दो-तीन सोने की चिड़ियाँ जापानियों ने छीन लीं तो कलेजे मसल गए। मगर ये कैसी इंसानियत है जो बस तुम्हें सफ़ेद चमड़ी ही में नज़र आती है !"

"क्यों, हम चीन के लिए भी लड़ रहे हैं।"

"जैसा लड़ रहे हो वह ख़ूब मालूम है। रूस की भी तो मदद कर रहे हो। दूसरा महाज़[1] कब से क़ायम हो रहा है...पर न जाने क्या बात है कि कुंजी ही नहीं मिलती। हम जानते हैं कि यह दूसरा महाज़ कब खुलेगा...जब जर्मनी पिसने लगेगा। रूस थक जाएगा।"

"तुम्हारा तो दिमाग़ ख़राब हो गया है। अब सिनेमा भी तुम्हारे साथ देखना हिमाक़त[2] है।" तै हुआ कि फ़िल्मबीनी[3] बंद। मगर ये अहद ज़्यादा दिन क़ायम न रहा और फ़रमाइश टेलर की तरफ़ से शुरू हुई। ये तै पाया कि अगर एक अंग्रेज़ी फ़िल्म देखी जाए तो दूसरी हिंदुस्तानी। बिलकुल खरा सौदा। ये नहीं कि वहाँ से तो दुनिया भर का कूड़ा समेटकर हिंदुस्तानियों के सर पटखा जाए और यहाँ की एक तस्वीर भी न देखी जाए। ख़ैर हुकूमत के आगे बस नहीं, तो घर में तो चलेगा अपना क़ानून। टेलर राज़ी हो गया। वह आसान हिंदुस्तानी बखूबी समझ लेता था।

मगर दो-एक स्टंट पिक्चर तो झेल गया, फिर तो ये हाल हो गया कि दो रीलें देखीं और खफ़क़ान[4] उठा। "यही फ़िल्म तो पिछले हफ़्ते देखी थी।" वह ज़िद करता।

"कैसे हो सकता है। इसी हफ़्ते तो बनकर आई है।" शम्मन लड़ती।

"नहीं जी, यही था वह चुग़द सा आशिक़। क्या मैं उसे पहचानता नहीं ? जंगलों में गाता फिर रहा था। वह चटपटी सी हिरोइन गिर पड़ी थी तो...चलो-चलो ये तो वही है। कोई दूसरी अंग्रेज़ी फ़िल्म देखें।"

अब शम्मन का पारा चढ़ जाता। "यूँ तो हर फ़िल्म में यही होता है। हीरो जंगल

---

1. मोर्चा 2. मूर्खता 3. फिल्म देखना 4. पागलपन

ही में गाता है। हीरोइन गिरती है तो उसे उठाना ही पड़ता है।'' मगर टेलर तो उसे जान-बूझकर जलाना चाहता था। जो फ़िल्म अच्छी भी होती तो वह पूरे वक़्त सोता रहता और शम्मन जली-भुनी मुँह सुजाए बैठी ज़िद से देखा करती और जान-बूझकर अंग्रेज़ी की अच्छी फिल्म में आजिज़ बन जाती। ग़र्ज़[1] कोई भी हो दोनों का मज़ा किरकिरा रहता।

''ये तुम्हारे यहाँ हर करेक्टर गाता है या रोता है।''

''और तुम्हारे यहाँ सिवाए ठी-ठी के और क्या होता है।'' वह बहस करती।

''ये कहना चाहिए कि अमरीकन फ़िल्मों की नक़ल उतारें।''

''हूँ अमरीकन फ़िल्में बड़ी गंदी ग़लीज़। सिवाए नंगेपन के और है भी क्या।''

गो उसे मालूम था कि आमतौर पर जो हिंदुस्तानी ज़रा बेहतर होती हैं उनमें यही चालाकी इस्तेमाल की जाती है। मगर वह बनती रही।

''लाजवाब होती हैं। तुम्हारी फ़िल्मों में तो कुछ होता ही नहीं।''

''ये तुम्हारी समझ का क़सूर है, न कि फ़िल्मों का। तुम हम लोगों की ज़िंदगी का फ़लसफ़ा ही नहीं समझते। तुम लोग तो बस जज़्बात में हेजान[2] पैदा करने को फ़िल्म देखते हो।''

''अव्वल तो हमारे जज़्बात बम के गोले नहीं कि ठेस लगी और भक से उड़ गए। दूसरे इसमें मुज़ायक़ा[3] ही क्या है।''

तल्ख़ियाँ[4] और बढ़तीं। बहसें आम मौज़ू[5] से हटकर घर की चहारदीवारी में आन जमतीं। निजी बातें फूट निकलतीं और एक सिरे से सिनेमा से बाइकाट करना पड़ता। मगर रेडियो ही जान को रोग की तरह लग गया। इन दोनों को तो बस किसी बहाने की तलाश रहती। टेलर हिंदुस्तानी ग़ाना सुनते ही पागल होने लगता। उसकी ज़िद में शम्मन ने पक्के राग सीखने के लिए मास्टर रख लिया। वक़्त भी कट जाता और जंग का मवाद भी मुहैया[6] हो जाता। वह ढूँढ़-ढूँढ़कर उस्तादों के राग सुनती, हर तान पर झूम उठती, हर गतकारी पर लरज़ जाती और अलंकारों पर खो जाती मगर ज्यों ही टेलर आता, वह खट से लंदन जा पहुँचता। ''यह है असल नग़मा,'' वह झूमकर कहता। ''हुँह जैसे पिटा हुआ कुत्ता रो रहा हो।'' वह जलकर कहती।

''जभी तो कहता हूँ, समझना सीखो, कान पैदा करो।''

''तुम हिंदुस्तानी गाना समझने लगो तो ये काँय-काँय सुनो भी नहीं।''

''हिंदुस्तानी गाना किसी अक़्लवाले दिमाग़ में तो समा नहीं सकता।''

इस पर बात बढ़ जाती।

''तुम मेरे मुल्क की हर चीज़ को हक़ीर समझ कर मुझसे दूर करना चाहते हो।''

''मेरे साथ तो तुम्हें मेरे ही रंग में रँगना पड़ेगा।''

''कोई ज़रूरी नहीं कि मैं तुम्हें अपने रँग में रंगने की कोशिश नहीं करती तो तुम

---

1. अतः 2. हलचल 3. हर्ज, कठिनाई 4. कड़वाहटें 5. आम विषय 6. उपलब्ध

मेरे ऊपर जब्र करो।''

''तुम जानती हो कि तुम्हारा रंग फीका है। तुम्हारे मर्द ज़्यादा अक़्लमंद हैं, वह योरोपियन लड़की से शादी करके किस क़दर मोहज़्ज़ब[1] हो जाते हैं। खाना-पीना रहना-सहना बोलचाल सबमें सलीक़ा आ जाता है।''

''हूँ, खूब ! ये एक और इम्पीरियलिज़्म को फ़ैलाने की चाल है कि अपनी लड़कियाँ तो उल्लुओं को फाँसने के लिए लगा दी हैं। इसी तरह अंग्रेज़ियत का प्रचार हो जाता है। उनका लिबास पहनकर, उनकी ज़ुबान मुँह में लेकर उनकी औरतों की आग़ोश में भला उनके ख़िलाफ़ चूँ करने की सकत रह जाती है। फिर न वह हिंदुस्तानी ही रहते हैं और न उनकी स्याह चमड़ी अंग्रेज़ बनने देती है। बीच अधर में मोअल्लक़[2] हो जाते हैं। उनकी औलादें या तो अपने दोग़ले हुस्न के बलबूते पर पेशा चला लेती हैं या आने-जाने वाले टामियों की जूतियाँ चाटतीं फिरती हैं। एक तरीक़ा थोड़ी ही मेटने का है ! यूँ जज़्ब करके भी तो फ़ना[3] किया जा सकता है !''

''तो भई तुम ही मुझे अपने निज़ाम में जज़्ब कर लो। गो इस कीचड़ में रहने की आदत ज़रा मुश्किल से पड़ेगी।''

''मगर...''

''मगर असल बात ये है कि...ख़ैर जाने दो।''

''कहो, मैं कोई बच्चा नहीं जो तुम चिढ़ाओ और रो दूँ !''

''ये कि योरोपियन तर्ज़-ए-रिहाइश[4] बहुत बुलंद है और तुम्हें यक़ीन है कि वह जज़्ब होने के लायक़ है। इसलिए तुम जान-बूझकर बजाए ऊपर उठने के नीचे कैसे घसीट सकती हो ! तुम लोग दिल से योरोपियन मआशरत[5] के मद्दाह[6] हो।''

''बड़े हसीन मुग़ालते[7] हैं।''

झक-झक होती। मगर शम्मन दिल से ज़रूर नादिम[8] होती। ये क्या बात थी कि वह योरप की इतनी बड़ी मुख़ालिफ़ होते हुए भी अनजान तौर पर उसी रंग में रँगती जा रही थी। वह मेज़ पर छुरी-काटों से खाना खाती, बेड पर सोती और छोटे-छोटे क़ायदों पर अमल भी करती। ये उसने कभी सोचा भी नहीं। इस नदामत ने ज़िद को और भी बढ़ा दिया। वह जान-बूझकर उसूल तोड़ती। मामूली बीमारी के बहाने से खाना बिस्तर के पास मँगा लेती। बजाए नाइट सूट के उसने ग़रारा और कुर्ता पहनना शुरू किया। मगर टेलर ने महसूस भी न किया। उसे ग़रारा बेइन्तेहा[9] पसंद आया। बिलकुल स्कर्ट मालूम होता था।

तो गोया जिस चीज़ में उसे अपनी मआशरत की झलक नज़र आती थी वह अच्छी और क़ाबिल-ए-पसंद थी। इतना रौशनख़याल होते हुए भी वह अनजान तौर पर किस क़दर कोताहबीन[10] था। जहाँ तक होश-ओ-हवास का ज़िक्र था, वह वसीअनज़र[11] था।

---

1. शिष्ट 2. त्रिशंकु 3. समाप्त करना 4. रहनसहन का ढंग 5. समाज 6. प्रशंसक 7. भ्रम 8. शर्मिंदा 9. बेहद 10. संकीर्ण 11. उदार

मगर ये लाशऊर[1] की पासबानी[2] उसकी ताक़त से बाहर थी। ये सदियों की जमी हुई काई आसानी से नहीं खुरची जा सकती थी। ये हाल है इन रौशनख़यालों का तो कोताहनज़र वालों का तो कहना ही क्या ! वह कितना भी चाहे, एहसासे-बरतरी[3] दिमाग़ से नहीं निकल सकता। इंसानियत हमागीर बराबरी को मानती है। ये दिमाग़ में जो चोर बैठा है वह कभी-कभी झाँककर देखता है। पाँच उँगलियाँ इकसार नहीं। उन्हें खींच-तानकर या काट-छाँट से बराबर न करो...हाथ बदवज़ा और भोंडा हो जाएगा। दुनिया की शोभा इसी ऊँच-नीच से क़ायम है। इस मामले में रौशनख़याली ख़ाम-ख़याली से ज़्यादा अहमियत नहीं रखती।

और घर में एक अजीब कशमकश शुरू हो गई। जैसे गामा और जबस्का जुटे हुए हैं। वो अपनी तरफ़ खेंचता है, ये अपनी तरफ़। कभी ये दाँव लगाकर चित करने लगता है, वह पलटा मार जाता है। साथ-साथ ज़हनी रस्साक़शी भी बढ़ती गई। कैसे पार लगेगी ये दो अजनबियों की किश्ती, जिसमें दोनों इंजन मुख़ालिफ़ सिम्त को दौड़ रहे हैं। कभी दो इंच मशरिक़ की तरफ़ बहती है, तो कभी दो इंच मग़रिब की सिम्त। नतीजा वही इंजिमाद[4]। घुटन और कोफ़्त। ऊपर से तूफ़ान तुला खड़ा है। मौजें मुँह फाड़-फाड़कर दौड़ रही हैं और नाख़ुदा ने जन्म ही नहीं लिया।

ज़िंदगी से थकी-हारी टहलती हुई दूर निकल गई। आज ही टेलर से चख़ हुई थी। ज़ख़्म ताज़ा-ताज़ा थे। पार्क में बेंच पर ज़रा देर को सुस्ताना चाहा मगर जैसे साँप ने चुटक लिया। ये बेंच ! आख़िर बेंच क्यों, चबूतरा क्यों नहीं। ये सारे नोटिस, ये सारे ऐलानात अंग्रेज़ी में क्यों ? उसने चारों तरफ़ नज़र दौड़ा डाली। ज़र्रा-ज़र्रा मालिकों की दस्तदराज़ियों[5] से कुचला हुआ। मैले-कुचैले थैलों की वज़ा[6] के पतलून, भद्दी फ्राक, टूटे हुए पाएवाली कुर्सियाँ और खुरची हुई मेज़ें। इन दरिंदों के ख़ूनी पंजों के निशान चप्पे-चप्पे पर खुदे हुए हैं। कैसे भरेंगे ये घाव !

उसका जी चाहा, बेंच को एक ठोकर लगाए और ज़मीन पर लोट लगा दे, ये इम्पीरियलिज़्म के ठप्पे ! काश कोई ग़ैबी हाथ इन गंदगियों को चुनकर समुंदर में फेंक देता और इसके साथ-साथ इन सफ़ेद बर्स[7] के दाग़ों को भी धो डालता जो स्याही और गर्मी से तपकर कोढ़ के ज़ख़्म बन गए हैं। जिनकी उफ़ूनत[8] ने इंसानियत का दम घोंट रखा है।

''ओह हो, अस्सलाम वालेकुम...ये मैं क्या देख रहा हूँ।'' किसी जानी-पहचानी सी आवाज़ ने पहलू से पुकारा। और वह चौंक पड़ी।

''अरे...तुम...आप,'' वह हैरतज़दा होकर प्रोफ़ेसर के बिगड़े हुए हुलिए को पहचानने की कोशिश करने लगी। पहले तो वाहमा[9] की साज़िश मालूम हुई; कहाँ वह नुक-सुबुक से दुरुस्त छैल-छबीले प्रोफ़ेसर और कहाँ ये ढीले-ढाले खद्दर में ग़र्क बदवज़ा शायरनुमा लेकिन इंतहाई ग़ैरशायराना इंसान।

---

1. अवचेतन 2. पहरेदारी 3. श्रेष्ठताबोध 4. जड़ता 5. अत्याचार 6. फैशन 7. कोढ़ 8. दुर्गंध 9. भ्रम

''मगर आप तो चले गए थे।''

''हाँ और आ भी गया। तो इसमें इस क़दर हैरत की क्या बात है। तुम तो ऐसे चौंकी जैसे मैं कोई मुर्दा हूँ जो कफ़न फाड़कर आन खड़ा हुआ।''

''कुछ नहीं असल में यूँ एकाएकी मिलने की उम्मीद तो न थी मगर ये...''

''कहो कहो...'' वह ख़ुशमिज़ाजी से मुस्कुराया।

''कुछ नहीं जाने भी दीजिए, इतने दिन बाद मिले और फिर वही जंग शुरू कर दी। कहिए खैरियत तो रही !''

''पूछो मत खुद देखने की कोशिश करो।''

''बस, अब देखिए मुझे इल्ज़ाम न दीजिएगा। आप ही छेड़ रहे हैं। कोई बात मुँह से निकल गई तो तनतना उठेंगे।''

''आज़माओ तो एक बार। अब वह नाजुकमिज़ाजियाँ न रहीं।'' प्रोफ़ेसर ने ठंडी साँस भरी।

''मालूम होता है किसी से इश्क़ हो गया।''

''अजी ऐसा-वैसा इश्क़ ? शदीद क़िस्म का।''

''मुबारक हो। मगर ये हुआ कैसे ?''

''इश्क़ होने में भी क्या कोई हल-बैल लगते हैं।''

''मगर माफ़ कीजिएगा। ये ढोंग तो कुछ क़ौमपरस्तों जैसा रचाया है।'' उसने सर से पैर तक निगाह दौड़ाकर देखा।

''मालूम तो ऐसा ही होता है।'' प्रोफ़ेसर चुपके से बोला।

''मगर ये बात क्या हुई। कम-अज़-कम आप से तो ये उम्मीद न थी।''

''क्या उम्मीद...ये ढोंग रचाने की।''

''जी...ये लिबास, ये काकुलें और ये लटका...कमाल कर दिया आपने तो। तब तो आप कम्युनिस्ट भी हो गए होंगे।''

''लाज़मी तौर पर।'' प्रोफ़ेसर अब भी मुस्कुरा रहा था।

''वह तेरह सौ की नौकरी।''

''वह छिन गई।''

''वजह ? आप तो...''

''सख़्त नालायक़ निकला। तभी तो ये रूप धार लिया।'' प्रोफ़ेसर की आवाज़ में तंज़ की तल्ख़ी न छुप सकी।

शम्मन ने बेएतबारी से प्रोफ़ेसर को घूरा। ये वो क्या पैंतरे चल रहा था। उसे इस शख़्स पर भरोसा न था। दम-भर में उल्लू बना देता और पता भी न चलता। पर आज तो वह खुद बगुलाभगत बना बैठा था।

''कुछ आपबीती भी तो सुनाओ। हाँ भई, शादी की मुबारकबाद देना तो भूल ही गया।''

''जी हाँ, आख़िर को एक कारिंदा फाँस ही लिया। जंग का ज़माना है, हर चीज़

महँगी हो रही है।''

''मेरा ही जूता, मेरे ही सर ? लेकिन मुझे तुमसे यही उम्मीद थी। बुरा न मान जाना, दरअस्ल शादी-ब्याह के मामले में मेरी राय कोई हक़ीक़त नहीं रखती, मगर भई तुमने शादी सिर्फ़ इसलिए तो नहीं कर डाली कि तुम्हें ज़रा अजीबोग़रीब बनने का शौक़ है...सुनो, सुनो बीच में न बोलो अगर इस वजह से की होती तो तुम खुश और इस क़दर मुतमइन न नज़र आती।''

''मैं खुश नज़र आती हूँ ?'' वह खोखली आवाज़ में हँसी।

''कम-अज़-कम सूरत और सेहत तो यही कहती है। ख़ैर छोड़ो इन बातों को... ये बताओ कुछ करती भी हो या काम छोड़ दिया।''

''बहुत दिन हुए छोड़ दिया। आप क्या कर रहे हैं...ओह भूली...आप तो काम कर रहे होंगे।''

प्रोफ़ेसर मुस्कुराया और कोई जवाब न दिया।

''अब तो आप सरकारी कम्युनिस्ट हैं। अब तो राज होंगे।''

''क्यों नहीं !''

''क़ौमी जंग का भी काम जारी होगा ?''

''बड़ी तेज़ी से।''

''बड़े मज़े हैं आप लोगों के। एक बेचारे वो कम्युनिस्ट थे, जो चूहों की तरह बिलों में छुपे फिरते थे। पागल कुत्तों की तरह दौड़ाए जाते थे। एक आप हैं कि...।''

''मज़े से वायसराय के साथ डिनर उड़ा रहे हैं...मोटरें...घोड़ा...गाड़ी। कमी क्या है हम लोगों को।''

शम्मन ने फिर तंज़ की कड़वाहट पर मुँह बनाया। मगर प्रोफ़ेसर की मक्कार धँसी हुई आँखों और बेमानी मुस्कुराहट ने गड़बड़ाकर रख दिया।

''अच्छा, तो वो आपकी महबूबा कौन हैं ?''

''है एक बंगाल की हसीना।''

''बंगाल की ?''

''हाँ...तुम्हें नहीं मालूम। अरे बंगाल ही में तो मेरा तक़र्रुर हुआ था। बस वही एक काफ़िरा के तीरेनज़र का घायल...'' शम्मन घबराकर दूर हट गई। प्रोफ़ेसर की आँखें भयानक तौर पर सिकुड़ गईं, उनमें अजीब नामालूम-सा ख़ौफ़ छा गया। जैसे वह किसी डरावने ख़्वाब को नीमबेदारी[1] में दोहरा रहा हो। उसका जिस्म पहले से निस्फ़ भी नहीं रह गया था। चेहरे पर उम्र के आसार अचानक बरस पड़े थे। इसलिए मस्ख़[2] हो गया। बाल इतने सफ़ेद हो गए थे जैसे वह पनचक्की झाड़कर चला आ रहा हो। वह चकरा गई !

''सर्दी बढ़ गई है। घर चलेंगे या देर होने का डर है।'' उसने बेंच पर से उठते हुए पूछा।

---

1. अवचेतन 2. विकृत

"चलो ?" प्रोफ़ेसर ने जागकर जवाब दिया।

"हाँ क्यों नहीं..." टेलर तो शायद देर से आए।

"तिल्ली न फाड़ दे, काला आदमी देखकर !"

"मगर तुम तो सरकारी काले हो।"

"फिटकार हो...क्यों ?" वह ख़ुशमज़ाक़ी से हँसा।

घर पहुँचे तो वह देर तक घूम-फिरकर मकान देखता रहा। खाने पर उसने हौकज़दा[1] होकर एकदम निवाले निगलना शुरू किए। मगर फिर ठिठक गया। जैसे एकदम उबकाई ने गला दबोच लिया हो और फिर निगलना शुरू कर दिया।

"ज़रा हाज़मा बिगड़ गया है, मुरग़्ग़न खाते-खाते," वह फिर बेमानी तौर पर मुस्कुराया। खाना खाते ही वह रवाना हो गया जैसे कोई ज़रूरी काम याद आ गया हो।

"फिर आऊँगा, अब तो घर देख लिया है। फ़ीरनी ख़ूब थी।" वह उल्टी-सीधी बातें करता रहा। उसके जाने के बाद शम्मन चुपचाप उदास बैठी रही। रूस बढ़ता जा रहा है। वह क़तई मुतास्सिर न हुई। सब ढोंग। बगुलाभगत कहीं के ! इंसानियत के सगे बनकर चले हैं हिमायती। कहीं रही-सही इंसानियत को भी न हड़प कर जाएँ !

रोब जमाने आया होगा मेरे ऊपर। वह कोई और होगी जो इन हथकंडों पर रीझ जाती होगी। ग़बन-वबन किया होगा कमबख़्त ने, जो निकाला गया तो अपनी स्याही का पर्दा ढाँकने को लाल झंडे की आड़ में आन दुबका। कुछ ऐसी हूरें तो होती भी नहीं ये बंगालिनें। बंगाल में सिवाए आँखों के और होता ही क्या है। मगर ये दो टके के शायर इन्हीं पर मरते हैं। लेकिन बंगाल में तो क़हत[2] पड़ रहा है।

और ये कौन-सी नई बात है। क़हत पड़े या हरियाली हो, बेवा की माँग तो वैसे ही उजड़ी रहती है। रूफ़ी थका-हारा चिड़चिड़ाता हुआ आया और सो गया। कोई और दिन होता तो वह कोई बात निकालकर इस बंगाल के क़हत का थोड़ा-सा बदला तो उसका खून जलाकर ले लेती। मगर प्रोफ़ेसर ने जैसे इसकी रूह तक को कुचल दिया हो।

जली-भुनी बैठी थी कि बैरे ने प्रोफ़ेसर के आने की इत्तला दी। जी चाहा कह दे कि धक्का मारकर निकाल दो। मगर फिर सोचा दो-चार चुटकियाँ तो कमबख़्त की ढीट बोटियों में ली ही जाएँ, चुनांचे बुला लिया।

प्रोफ़ेसर को देखकर वह फिर चौंकी, "या ख़ुदाया, दुनिया है या मदारी का थैला। मुर्ग़ी का पर डालो, कबूतर का बच्चा निकाल लो।"

"मेरे बालों को देख रही हो...बहुत काट दिए कमबख़्त नाई ने। मैंने कहा, भइया ज़रा अच्छे काट देना। उसने गुद्दी खुरच डाली।" गर्दन सहलाकर उसने शम्मन से कहा और शम्मन के मुँह पर तमाचा सा लगा गोया कहता है, तुम समझती थी मुझे ढोल ताशों की ज़रूरत है। वैसे मुझमें कुछ दमख़म नहीं। ये लो मैंने ये हथियार भी फेंक दिए, अब आ जाओ मैदान में।

---

1. अत्यधिक 2. अकाल

''मैं तुम्हारे पास एक ग़र्ज़ से आया हूँ। तनहाई से उकता जाती होगी।'' शम्मन के कान तमतमा गए और वह भी समझ गया इसलिए जल्दी से बोला।

''इतनी हस्सास[1] न बनो। ज़रा ग़ौर से सुनो। मज़ाक़ को छोड़ो। हाँ पहले मेरी उस दिन की बकवास को माफ़ कर दो। मैं मज़ाक़ कर रहा था। मगर मालूम हुआ तुम बड़ी बद-मज़ाक़ हो गई हो। वह तुम्हारी क़याफ़ाशनासी[2] क्या हुई या सिर्फ़ बना करती थीं। दो लफ़्ज़ों में मेरी दास्तान सुन लो, यक़ीन न आए तो कोई परवा नहीं। हमारे तआल्लुक़ात[3] निजी बातों पर नहीं बिगड़ना चाहिए।

''मैं कलकत्ता भेजा गया था। वहाँ क्या कुछ देखा और कैसे देखा ये न पूछो और न ही कोई बयान कर सकता है। भूतों में यक़ीन नहीं करता। मगर कोई है आसेब जो चिमट गया और मुझे इस्तीफ़ा देकर भागना पड़ा। *आमदम बरसरे मतलब* ![4] हमारे यहाँ कुछ क्लर्कों की कमी आ गई है। बहुत मामूली काम है, हफ़्ते में दो-तीन रोज़ काम देखना। दफ़्तर का काम नहीं। वह तो हमने इन्तज़ाम कर लिया है बल्कि...अगर तुम तैयार हो तो ख़ैर। वर्ना...''

''क्या, 'काम' है ?''

''जी चाहता है कह दूँ...'' वह शरारत से मुस्कुराया।

''कहिए, कहिए न।''

''रहने दो कहने-सुनने के लिए तो बहुत वक़्त पड़ा है...सुनो काम ये है कि हमने चंद सेंटर मुक़र्रर किए हैं जहाँ हमारे आदमी जाकर अनाज बँटते वक़्त इंतज़ाम करते हैं।''

''कैसा अनाज ?'' लेकिन वह झेंप गई। उसे वह लंबी-लंबी क़तारें, भेड़ों की तरह एक-दूसरे से टक्करें मारती हुईं, अनाज की दुकान के सामने खड़ी याद आ गईं।

''ऐसा मुश्किल काम नहीं। बस औरतों को एक क़तार में सीधा रखना और ये देखना कि मुंतज़मीन ख़्वामख़ाह तंग तो नहीं करते। अनाज के सेंटर कम हैं इसलिए भीड़ नाक़ाबिल-ए-बयान होती है। सँभाल सकोगी ?''

''सँभालने का क्या हुआ मगर...''

''क्या तुम अपनी इस मगर को दो-चार महीने के लिए सँभालकर नहीं रख सकतीं ! मैं कोई भाग नहीं जाऊँगा। जानता हूँ तुम्हारे दिल में हज़ारों-लाखों सवाल खलबली मचा रहे हैं मगर ये वक़्त इन सवालों को हल करने का नहीं।''

''बे समझे-बूझे कोई काम...''

''नहीं किया जा सकता, ये तुम्हारा ग़लत ख़याल है। अव्वल तो ज़रा-सा मुताला करो। ज़रा ख़बरों में दिलचस्पी लो तो खुद-ब-खुद सारे जवाब मिल जाएँगे। और वैसे अगर मैं तुमसे बहस करने बैठा तो ख़ूब जानता हूँ कि हार जाऊँगा।''

''तो आप खोखली बुनियादों के बूते पर बहस करेंगे। बुनियादें खोखली तो निज़ाम

---

1. संवेदनशील 2. ज्योतिष 3. संबंध 4. अब मैं असल मतलब बयान करता हूँ

भी खोखला।''

''वह देखो मैं हार गया। कहता हूँ तुम इसे कम्युनिस्टों का काम नहीं, ख़ुदातरसी[1] का काम समझकर करो। अगर जी चाहे तो। वरना ज़बर्दस्ती नहीं।''

प्रोफ़ेसर ने हथियार डालकर जो सत्याग्रह की पालिसी पकड़ ली उस पर शम्मन झुँझलाई तो बहुत मगर समझ में न आया कि कैसे क़ायल करे। ग़नीम बहस पर ही तैयार नहीं वरना दो लफ़्ज़ों में परखचे उड़ जाएँ।

''क्या है ज़रा मशग़ला ही हाथ आ जाएगा। जवाब दो ताकि फिर कोई दूसरा रास्ता निकालूँ।''

''मैं आऊँगी।''

''तो मैं कल ही तुम्हारे पास हफ़्ता-भर का प्रोग्राम भेज दूँगा।''

और दूसरे दिन वह आठ बजे रवाना हो गई। अभी अनाज बाँटने में दो घंटे बाक़ी थे। मगर हजूम[2] का ये हाल था जैसे किसी बड़े देवता के दर्शन का जमाव लगा हुआ है। नोच-खसोट धक्कम-धुक्का। बस नहीं जो एक-दूसरे को निगल जाएँ। ज्यूँ ही मंदिर के पट खुले, ख़लक़त[3] तूफ़ान के रेले की तरह टूट पड़ी। हटो-हटो...पीछे हटो। पुलिस ने कोड़ा घुमाकर यात्रियों को पीछे धकेलना चाहा। मगर तौबा कीजिए। अन्न देवता की कशिश यूँ कोड़ों से कमज़ोर की जा सकती तो फिर मुश्किल ही क्या थी। ये फड़कते हुए भूखे खुद अपने हाथों से जिस्म की खाल उधेड़ लेते। बदन देखो तो ऐसे सूखे जैसे घिसे हुए कपड़े में खपच्चियों का ढेर लपेट दिया हो। चावल का दाना देखते ही जिस्म में भूत जाग उठते हैं। वही खपच्चियाँ जो पट खुलने से पहले ठठेरे से भी ज़्यादा बेजान हो रही थीं, बिजली की सुरअत[4] से जी उठती हैं और फिर जबानें तो ख़ुदा की पनाह। तेल नहीं मिलता तब तो इस तेज़ी से चलती हैं अगर दो चार चटपटे निवाले छू जाते तो न जाने कहाँ पहुँचतीं। और फिर ये ज़बानें औरतों की क़तार में चल रही थीं।

बड़ी मुश्किलों से इन बेकल कीड़ों को क़तार में खड़ा करने की कोशिश जारी थी। अगले हिस्से का इन्तज़ाम शम्मन के हाथ आया। गो यहाँ क़दरे सकून था क्योंकि अनाज क़रीब था मगर पिछले हिस्से में बावजूद तीन-चार लड़कियों की जद्दोजेहद के, ऊधम बरपा थी। डेढ़ दो फ़र्लांग लंबी लकीर ज़हरीले साँप की तरह दुम पटख़-पटख़कर तिलमिला रही थी।

ये औरतें थीं या भूखी कुतियाँ ! सिन्फ़ेनाजुक[5] इस तरह बदहवासी से उछल-कूद मचाए तो जी बुरा हो ही जाएगा। शम्मन ने कई बार उन्हें समझाने की कोशिश की मगर शायद वह ज़बान भी न समझतीं थीं और न जाने क्या-क्या कुछ जंगली ज़बान में चीख़ पड़ीं। धूप तेज़ थी, मालूम होता था सूरज से गीली-गीली भूबल बरस रही है, कोई पिघली हुई राख जिस्म पर पोत रहा है और फिर उन गवारिनों की खट्टी-खट्टी सड़ाँध—सिर भन्ना गया।

---

1. वालंटियर 2. भीड़ 3. जनता 4. तेज़ी 5. स्त्री

सबसे अगली औरत, सख़्त लड़ाका मिट्टी की बनी हुई थी। न जाने दुकानदार से क्या चख़-चख़ लगा रखी थी और खिसकने का नाम नहीं लेती थी। कभी पैर पकड़ती थी, कभी उसी हाथ से सर को कूटने लगती थी। जमादार जी का हंटर घूमा और वह रोती-बिसूरती घसीटकर दूर फेंकी गई। कुछ अनाज की बुराई कर रही थीं। बाज़ार में दो सेर का था तो यहाँ साढ़े तीन सेर। फिर भी हाय-हाय बंद न होती थी। लेकिन सबसे पहली औरत का मर्ज़ मोतअद्दी[1] मालूम होता था क्योंकि जो आगे बढ़ी, अड़ के रह गई और दो-चार को हंटरों से हटाने के बाद क़तार में बज़रिए लासिल्की[2] ख़बर दौड़ गई कि माल घुना हुआ है !

इतने में उसने देखा, प्रोफ़ेसर भीड़ में कुहनियाँ चलाता तैरता चला आ रहा है। एक बार उसने शम्मन को देखा। मगर आगे बढ़ गया। आगे पहुँचकर उसने हाथ चला-चलाकर दुकानदार से बिलकुल ऐसे लड़ना शुरू किया जैसे वह आलिम-फ़ाज़िल प्रोफ़ेसर नहीं बल्कि क़तार वालियों का कोई भाई-बंद है। ज़बान भी तो वह कोई नई बोल रहा था जिसमें गुजराती, मराठी, उर्दू और अंग्रेज़ी उलझी हुई थी। इसका ये असर हुआ कि अनाज मिलना बंद हो गया। साँप ने पेचोताब[3] खाने शुरू किए और कुंडली मारकर एक बार दुकान ही में घुसने की कोशिश की। ठीक शम्मन के मोहाज़[4] पर ही वह प्रोफ़ेसर की तरफ़ मोतवज्जा हुई और बलवा हो गया। बाड़ बिखर गई। आहें और सुबकियाँ चारों तरफ़ फैल गईं। भूखे हाथ फिर एक दूसरे की बोटियाँ नोचने लगे। ज़बानें फड़फड़ाने लगीं।

पिछले हिस्से का इन्तज़ाम करने वाले आगे दौड़े। प्रोफ़ेसर भी दुकानदार से निबटकर मौक़े पर आ गया।

"अभी मिलेगा अनाज...ये बोरियाँ ग़लती से आ गई थीं। थोड़ा सब्र करो बहनों।"

उसने चीख़-चीख़कर आगे-पीछे लपकना शुरू किया। मगर मालूम होता था सब्र भी जंग के साथ कुचल-कुचलकर ख़ाक हो गया था। आहें चीख़ें बन गईं। न जाने क्या होता मगर मालूम हुआ कि अनाज आ गया और फिर लंगर जारी हो गया।

टैक्सी में बिठाते वक़्त प्रोफ़ेसर ने शर्मिंदा होकर उसकी नफ़ीस जारजट की साड़ी को देखा जो क़रीब की मोरी में डूबकर मरे हुए चूहे की तरह लटक रही थी।

"आज तो तुम तमाशा देखने आई थीं, मगर मुझे यक़ीन है, बुध के दिन जब आओगी तो असल लुत्फ़ आएगा। आओगी ना ? दो दिन आराम कर लो।"

"कोशिश करूँगी।" उसने अपने दुखते कंधे तकिए पर टिकाते हुए कहा। साड़ी का लिथड़ा हुआ कोना पिंडली पर रेंगा और उसे फुरेरी आ गई।

---

1. छुतहा 2. वायरलेस 3. बल 4. मोर्चा

तैंतालीस

काम ग़ैरदिलचस्प था और तकलीफ़देह भी। लेकिन इतना तो हो गया कि शाम की थकी हुई ख़ामोशी टूट गई। टेलर बड़ी दिलचस्पी से इन मआरकों[1] का हाल सुनता। आए दिन नया ड्रामा देखने में आता। इंसानों की ऐसी-ऐसी फ़ाश[2] कमज़ोरियाँ देखकर कभी तो जी जल उठता। आख़िर हिंदुस्तानियों को तरतीब से क्यों इस क़दर नफ़रत है ! हर काम में बस गूदड़ भर जाता है।

"उन्हें सधाना मुश्किल है।" टेलर ने सब कुछ सुनकर कहा।

"जाहिल हैं ना बिचारे।" शम्मन रसानियत से बोली।

"हाँ। और दूसरे, कुछ है ही इनकी ख़सलत में।"

"भूख के आगे क्या याद रहे !" शम्मन ने ज़रा ज़ब्त से कहा।

"मगर अनाज तो बराबर मिल रहा है। दरअसल ये लोग होते ही बेउसूल हैं।"

"ख़ाक मिल रहा है अनाज। सारा फफूँद लगा हुआ चावल और घुना हुआ गेहूँ।"

"मगर हमने पंजाब से ताज़ा गेहूँ मँगाया है।"

"मँगाया होगा मगर मिलता नहीं वह ताज़ा गेहूँ, तो क्या खेतों में जब सड़ जाएगा तब निकाला जाएगा ?"

"ये तो बड़ी मुसीबत है।"

"और क्या, फिर सरकार सुनती भी तो नहीं।"

"सरकार क्या कर सकती है, जब डाकू ताक में लगे हुए हों।"

"ये डाकू भी तो सरकार के ही पिट्ठू हैं। हर साल इंसानक़शी के सिलसिले में ख़िताबात[3] मिलते हैं उनको।"

"तुम तो ऐसे कह रही हो गोया मैं ही सरकार हूँ।"

"सरकार के हिमायती[4] तो हो।"

"यूँ तो तुम भी सरकार की हिमायती बन गईं। राशन स्कीम में काम करती हो जो सरकारी है।"

शम्मन ज़रा इस जिरह[5] से लाजवाब हो गई।

"तो इसमें ऐब ही क्या है।" टेलर सुलह[6] के अंदाज़ में बोला। "तुम तो बिलकुल बच्चों सी बातें करती हो।"

"मैं सरकारी हथकंडे से दूर ही रहना चाहती हूँ।" उसने उदास होकर कहा।

टेलर आज उसे मनाने पर तुला था।

"सब्र करो। वह वक़्त भी आ जाएगा।"

"कौन सा वक़्त ?"

"जब तुम इन हथकंडों से आज़ाद हो सकोगी। न जाने तुम लोग इस क़दर कम

---

1. युद्धों 2. प्रकट 3. सम्मान 4. समर्थक 5. बहस 6. समझौता

हिम्मत क्यों हो। ज़रा सी बात पर नाउम्मीद हो जाते हो। हमारे मुल्क की तारीख़ पढ़कर भी तुमने कोई सबक़ न हासिल किया...ये एहसासे-शिकस्त कब दूर होगा तुम्हारे दिलों से ?''

''शिकस्त खाकर भी महसूस न करें, ये अच्छा ज़ुल्म है।''

''शिकस्त खाकर अगर दोगुने जोश से आगे बढ़ो तो एहसास खुद-ब-खुद ज़ाएल[1] हो जाएगा। अगर सिर्फ़ रोने से काम चल जाया करता तो शायद ये कभी का क़िस्सा ख़त्म हो जाता। हिंदुस्तान में कितनी आँखें हैं जो दिन-रात खुश्क आँसू नहीं बहातीं !'' आज टेलर में खोया हुआ इंसान वापस लौट रहा था। घर के झगड़ों ने उन्हें किस क़दर हैवान बना दिया था। दोनों तरफ़ मोर्चाबंदी शुरू हो गई थी। और इस आपस की जंग ने दुनिया-भर में भड़कती हुई आँच को माँद[2] बना रखा था। अपनी खरोंचों के आगे इंसानियत के कलेजे में रिसता हुआ घाव नज़रअंदाज़ कर दिया गया था।

वह पानी पीने के बहाने से उठी। लौटकर उसने जैसे बिलकुल अनजान बनकर टेलर के सुनहरे बालों में उँगलियाँ डुबो दीं। कितना नर्म-गर्म एहसास था। गले में अटकी हुई गिरह दुखने लगी।

''रूफ़ी !'' वह आगे कुछ न कह सकी और न ही टेलर ने कहने दिया।

''मम्मी का ख़त,'' टेलर ने उसे जागता पाकर डाक उठाकर दे दी। ''ज़रा देखना...बड़ी बी ने क्या-क्या लिख मारा है। समझती हैं, मैं अब तक वही दो फ़ीट ऊँचा रूफ़ी हूँ जिसे पूरे वक़्त निगरानी की ज़रूरत है।''

रूफ़ी चला गया तो वह लेटी ख़त पढ़ती रही। माँ ने लिखा कि क्या-क्या खाने टेलर को पसंद हैं और किस चीज़ से नफ़रत है। वह रुमाल बहुत खोता है और ये चीज एक बीवी के लिए बवाले-जान है। उसके मोज़े भी बहुत फटते हैं। अगर रोज़ रात को सोने से क़ब्ल गर्म पानी से पैर धुलाकर टेलकम पाउडर छिड़क दिया जाए तो...''

हारा हुआ दिमाग़ नींद में लिपटा धानों के हरे-भरे ख़्वाब देखता रहा। साँवली-साँवली मिट्टी के गुदाज़[3] सीने पर धानों के नन्हें-नन्हें सुनहरे दाने घुँघरुओं की तरह टपके। कंजूस मिट्टी कब तक ज़िद किए मुँह मोड़े रहती। आन की आन में सूरज की नुकीली किरनों ने उन्हें गुदगुदाकर ज़िंदगी की रमक़[4] पैदा कर दी। रुपहला पानी छलछल नाचता इन में जज़्ब हो गया। देखते ही देखते हरे-भरे धान शराबियों की तरह झूमने लगे !

अब कशमकश ढीली पड़ जाएगी। नया धान आ गया। फटी-फटी आँखें शिकम-सेरी[5] की नींद में नशीली हो जाएँगी। नया धान आ गया। अब सिसकते हुए बंगाल के हलक़ में भी अमृत टपकेगा। नया धान आ गया...अब क़हत ख़त्म ! ख़ाली मुट्ठियों में ये नए धान सोने के टुकड़े बन जाएँगे। ख़ाली ढंडार ख़ज़ाना भी दौलत से मालामाल हो जाएगा...करवट लेने में उसकी गर्दन ढुलककर टेलर के सीने पर टिक गई।

---

1. समाप्त 2. धीमा 3. भरे हुए 4. चाशनी 5. पेट भरना

आँख खुली तो टेलर की नाचती हुई सीटी कान में गूँजी। वह आइने पर झुका हुआ सेफ़्टी रेज़र से गाल खुरच रहा था। उसकी आँखें सच्चे नीलम के टुकड़ों की तरह जगमगा रही थीं और शम्मन को वह काँच की नीली गोलियाँ याद आ गईं जिन्हें बचपन में उसने कुद्दन के साथ मिलकर क्यारियों में बो दिया था। वह एकदम मुस्कुरा पड़ी।

शम्मन को ज़ोर से हँसी आ गई। ये माँएँ इतनी बेवकूफ़ क्यों होती हैं, सब की सब एक ही जैसी। लेकिन ठीक भी कहती हैं, कितने दिन हो गए शम्मन ने टेलर के कपड़ों की मरम्मत नहीं की। बटन टूट गए हैं, कालर घिस गए हैं। मोज़ों की पचास जोड़ियाँ होंगी मगर सबकी एड़ियाँ और पंजे ग़ायब। देर तक बैठी वह कपड़ों से खेलती रही।

चाहती थी कि किसी तरह काम से गुलूख़लासी[1] हो जाए। प्रोफ़ेसर से ही झड़प हो जाए कि इस बहाने मुसीबत से जान छूटे। अब उसे बड़ी थकान हो जाती थी और मौसम भी नागवार[2] होता जा रहा था। हफ़्ते में दो की जगह तीन दफ़ा जाना पड़ा क्योंकि मलेरिया की वजह से मददगारों में और कमी आ गई थी। और काम भी किया। गोया बंदर सुधारने पड़ रहे हैं। स्कूल में हमेशा वह आला जमाअतों को पढ़ाया करती थी। बदतमीज़ फूहड़ बच्चे उसे कभी न भुगतने पड़े। लेकिन इन औरतों को क़तार में खड़ा रहना सिखाने से तो बकरियों को पढ़ाना आसान था। खोपड़ियाँ ही न थीं। बस सारी क़ूवत समेटकर धान के दाने समेटने की तरफ़ लगी हुई थीं। ख़ैर दो-चार दिन की बात होती तो कुछ न था। मगर यहाँ तो महीनों का सिलसिला था !

बेवक़्त के मेहमान सब ही को खलते हैं। मगर प्रोफ़ेसर को आता देखकर तो जी ही लौट गया। कमबख़्त भूखा तो आया ही होगा। चाय पर दो वक़्त के खाने का इन्तज़ाम कर लेगा। बजब्र[3] ख़ुशआमदीद कहना पड़ा।

''नहीं चाय पीने की फ़ुर्सत नहीं। शैला रह गई थी, उसे भी आज एक सौ चार बुख़ार चढ़ आया। औरतों का मामला है, वरना वैसे तो काम चल रहा है।''

वह कुछ मजबूर और शर्मिंदा-सा हाथ मलते हुए बोला, ''एक तुम मुसलमान हो जो इस काम में दिलचस्पी ले रही हो। सुना है पर्दा छोड़ दिया है मुसलमानों ने भी। मगर शायद सिर्फ़ जलसों-पार्टियों के लिए छोड़ा है।''

''मगर जब लड़कियाँ मौजूद हैं तो फिर हिंदू-मुस्लिम का सवाल क्यों उठाते हैं !''

''यूँ ही...कोताहनज़र हूँ। इस गिरोह से ताल्लुक़ रखते हुए कभी-कभी ख़याल आ जाता है कि...ख़ैर तुम तो आओगी ?''

''क्या ख़याल आ जाता है ? क्या अब राशनिंग में भी पाकिस्तान क़ायम करने का इरादा है।'' उसने सुई चुभो ही दी।

''फिर बहरा।''

''बात न टालिए। ये आप के कौन से लेनिन या स्टालिन ने बताया है कि हिस्से-

---

1. छुटकारा मिले 2. अप्रिय 3. ज़बर्दस्ती

बख़रे कर दिए गए तो सारी बलाएँ दूर हो जाएँगी।''

''मगर...''

''हिंदू-मुस्लिम फ़साद नहीं होते तो तुम लोगों ने ये चाल चली।''

''तुम समझती हो कि पाकिस्तान दे दिया तो हिंदू-मुस्लिम फ़साद होंगे...मेरी बात भी तो सुनो। कौन दे रहा है पाकिस्तान ? है किसके पास कुछ देने को।''

''आप ही लोग बर्रा रहे हैं !''

''जी हाँ हमारी जेब में रखा हुआ है पाकिस्तान, कि माँगे कोई और हम दे दें।''

''मगर आप उनके मुतालबे[1] तो मानते हैं।''

''मानने न मानने से क्या होता है। अगर इंसानों का एक गिरोह किसी ख़ास क़िस्म की हुकूमत पसंद करता है, तो हमें क्या हक़ कि इनकार करें। हमें इनके बहुत से मुतालबात से इख़्तेलाफ़[2] है लेकिन इसका ये मतलब तो नहीं कि सिरे से पाकिस्तान का मुतालबा ही मानने से इंकार कर दें। हम फ़ैसला करने वाले कौन ?''

''मगर मज़हबी ढोंग रचाकर...''

''कह तो दिया इख़्तेलाफ़ ज़रूर है। इनका फैसला हो जाएगा। अभी तो सिर्फ़ पाकिस्तान का मसला दरपेश है।''

''और अगर सिखिस्तान, ईसाइस्तान और बुद्धिस्तान का मसला खड़ा हुआ ?''

''तो इस पर भी ग़ौर किया जाएगा। किसी मसले पर, ख़्वाह कैसा ही फ़िज़ूल हो, ग़ौर न करना...''

''मगर मक़सद क्या है इस तरह की तसनीह अवक़ात[3] से।''

''मक़सद सिर्फ़ एक है—इत्तेहाद[4]।''

''हूँ। किस क़दर घिसा हुआ लफ़्ज़ है। कानों को भी मुतास्सिर नहीं करता।''

''हाँ घिसा तो बहुत गया है मगर तराशा नहीं गया। अभी शीशे का धुँधला-सा टुकड़ा है। मगर मैंने कहा तो कि फिर कर लेना बहस।''

''ये ख़ूब है। आप तो दलाएल[5] से घबराते हैं। इंसान की क़ूवत-ए-मुतख़य्यला को मफ़लूज किए देते हैं।''

''अब मैं कैसे हर मुनकिर[6] को दलाएल से क़ायल[7] करता फिरूँ। फिर तुम ही सोचो, अगर दो-चार भी तुम जैसे ज़िद्दी पल्ले पड़ जाएँ तो अपनी ज़िंदगी तो उन्हीं को क़ायल करते-करते गुज़र जाए, ख़ैर ये भी कर लेते, मगर ज़रा देखो तो कैसी अफ़रा-तफ़री पड़ रही है। जो बंगाल में हो गया, क्या चाहती हो यहाँ भी हो जाने दें ! मुझे तुम्हारी मदद की ज़रूरत न होती तो भला अपना क़ीमती वक़्त यूँ बरबाद करता ! ख़ैर, अगर तुम्हें फ़ुर्सत नहीं तो...''

''चाय तो पीजिए, ज़्यादा देर न लगेगी।'' उसने चाय बनाते हुए कहा।

''अब देखो, अगर मुझे इत्तेहाद मंज़ूर न होता तो तुम्हें इतनी ख़ुशामदें करवाने की

---

1. माँग 2. विरोध 3. समय नष्ट करना 4. एकता 5. तर्क 6. कृतघ्न 7. लाजवाव

हिम्मत न होती।'' चाय के घूँट लेकर प्रोफ़ेसर मुस्कुराया। ''किसी क़ीमत पर भी हम मिलाप कराकर रहेंगे। गो ऐसा करना आसान नहीं। दोनों ही तरफ़ से जूते पड़ रहे हैं। मगर तुम देखना हमारी ढिटाई को।'' वह ज़ोर से हँसा।

''अच्छा अब चलिए...''

''तो ज़रा जल्दी आना सुबह...'' बग़ैर कुछ खाए-पिए वह तेज़ क़दम उठाता बाहर निकल गया। शम्मन ने देखा कि इसके बाल फिर गुद्दी पर शायरों की तरह बढ़ आए थे, और कपड़े मैले थे।

शम्मन को डांस-पार्टियों से कोई दिलचस्पी न थी और टेलर भी यही कहता था। पता नहीं दिल से या मजबूरन वह अमूमन कतरा जाता। मगर ये पार्टी अफ़सरों की तरफ़ से थी और उसे कामयाब बनाने की ज़िम्मेदारी भी उन्हीं के सर थी। ख़ुशक़िस्मती या बदक़िस्मती से शम्मन को बुख़ार भी आ गया और उसका झगड़ा तो यूँ हल हो गया। पिछले कुछ दिनों से सेहत वैसे ही ख़्वामख़ाह गिरती जा रही थी, ऊपर से ये बुख़ार और फिर टेलर की लापरवाह मसरूफ़ियतें[1]। प्रोफ़ेसर भी ग़रज़[2] से आता था। जब से बुख़ार आया, वह रस्म पूरी करने को एक-दो मिनट के लिए आता और भाग जाता। शायद दूसरी लड़कियाँ भी रू-बसेहत[3] हो रही थीं। और शम्मन की अशद[4] ज़रूरत न रही थी। चिढ़ी हुई बैठी थी। आगे ही दो तश्तरियाँ और एक प्याली फेंक चुकी थी कि टेलर चाक-ओ-चौबंद टाई उतारता, ज़ोर-ज़ोर से पैर पटख़ता आन पहुँचा।

''ओ हो, बड़े तर माल उड़ा रही हैं।'' उसने मुस्कुराकर कहा और शम्मन का जी चाहा कश्ती[5] उसकी थूथनी पर दे मारे। सुबह से एक निवाला हलक़ से नहीं उतरा। और ये समझ रहा है वह दिन-भर चरा ही करती है।

''मम्मी का ख़त पढ़ा ? पागल हो गई है।'' वह शरमाए हुए अंदाज़ में मुस्कुराया। ''बेकार की चीं-चीं, न जाने इन औरतों को क्या अच्छी लगती है। हिश्त, फ़िज़ूल।'' मगर शम्मन ने ख़त नहीं उठाया। ख़ामोश चाय में चमचा चलाती रही—न जाने क्या बक रहा है !

''बेकार का जंजाल—जी घबराता है मेरा बच्चों से।''

''हूँ...एक हिमाक़त[6] हो गई, अब दूसरी...''

''ऐं ?'' वह कुछ खिसियाकर चौंका।

''और क्या जो हमने बोया है, हम ही भुगतें, और बेगुनाहों के माथे पर स्याह धब्बा क्यों थोप जाएँ !''

''मम्मी...उनकी ख़्वाहिश है...'' कुछ कहते-कहते रुक गया। शिद्दते-एहसास से कान सुर्ख़ हो गए।

''मम्मी बच्चा तो नहीं जो समझ न जाएँ। वह ख़ुद ख़िलाफ़ होंगी।''

''कौन मम्मी...अरे तौबा करो। दीवानी हैं वह बच्चों की...तमाम इधर-उधर के

---

1. व्यस्तताएँ 2. स्वार्थ 3. स्वस्थ 4. अत्यंत 5. ट्रे 6. मूर्खता

बच्चों को चिमटाए रखती हैं।''

''तो अब भी इधर-उधर के बच्चे मौजूद हैं। शौक़ से चिमटाएँ।''

''हूँ।'' वह चुप हो गया।

''आधा तीतर, आधा बटेर, हूँ,'' उसने इंतेहाई मक्कारी से कहा।

''हमने सख़्त ग़लती की।'' टेलर बुझी हुई आवाज़ में बोला।

''हद से ज़्यादा बड़ी हिमाक़त।''

''कैसे भुगती जाएँगी ये दोज़ख़ें।''

''क्या ज़रूरत है कि भुगती ही जाएँ। अगर ज़हर खा लिया जाए तो क़ै क्यों न कर दी जाए।''

''क्या मतलब है तुम्हारा ?''

''मतलब ये कि दो ज़िंदगियों को क़ब्र में झोंकने से बेहतर है, तुम अपना मुँह उधर कर लो, हम अपना मुँह इधर कर लें।''

''किसी हिंदुस्तानी से कहती तो मज़ा चखा देता।'' इस वक़्त टेलर ने दाँत पीसकर कहा।

''शायद।''

''और फिर तुम्हें ऐतराज़ भी न होता।''

''शायद।''

''किस क़दर नीच हो तुम।'' उसके मुँह में झाग आ गई, ''ज़िब्ह कर डालना चाहिए इस क़िस्म की हैवान औरतों को। उफ़...मुझे तुमसे कितनी नफ़रत है !''

''हूँ। और जैसे मैं तुम्हारे इश्क़ में दीवानी हो रही हूँ !''

''तुम...तुम बेस्वा[1] से भी बदतर किसी ख़ब्बीस तबक़े से हो...काश ! एक बार कोई तुम्हारा गला घोंटकर मुझे आज़ाद कर दे !''

''और तुम्हें क्यों न मसल डाले, जोंक बनकर सारे मुल्क का ख़ून चूस रहे हो। ज़रा अपनी माँ-बहनों को तो देखो !...बदमाश ज़माने भर की।''

''चुप कमबख़्त...गुलाब के फूलों को छोड़कर मैंने थूहर से नाता जोड़ा...''

''और तुम...बड़े हुस्न के पुतले हो। कोढ़ जैसी रंगत। सड़े हुए दाँत। बंदर कहीं के।''

''तो फिर किसी भील-चमार से जा लिपटो। ऐसी ही बाहया[2] हो तो निकल जाओ यहाँ से !''

''भील-चमार तुमसे लाख दर्जा बेहतर हैं, टामी कहीं के।'' वह उठकर जाने लगी।

मज़ाक़-मज़ाक़ में शम्मन बता चुकी थी कि टामी हम हिंदुस्तानी उस सफ़ेद नाजायज़ औलाद को कहते हैं, जो फ़ौज में भर्ती करके तोपों के सामने रख दी जाती है। टेलर उसके मुँह से इतनी नीच गाली सुनकर काँप उठा। थोड़ी देर वह साकित[3] व बेहिसो-हरकत[4] बैठा रहा। उसकी रंगत सफ़ेद पड़ गई जैसे किसी ने पिचकारी से ख़ून

1. वेश्या 2. लज्जावान 3. चुपचाप 4. स्थिर

खींच लिया हो। शम्मन ने जल्दी से कमरे में जाकर दरवाज़े बंद कर लिए। वह चीख़-चीख़कर गालियाँ बकता रहा। शम्मन ने उसे कभी इतना ग़ुस्से में नहीं देखा था। वह बिलकुल पागल मालूम होता था। जैसे ज़ब्त की लगाम तुड़ाकर ग़ुस्सा दिमाग़ पर फूट पड़ा हो। शम्मन पैर लटकाए पलँग पर बैठी थरथर काँपा की। इतनी बात बढ़ गई। नौबत यहाँ तक पहुँच गई !

रात-भर टेलर के क़दमों की चाप सुनाई देती रही। वह ज़ख़्मी चीते की तरह तेज़-तेज़ क़दमों से चलता रहा। बार-बार अलमारी खोलकर कुछ उँड़ेलने की आवाज़ आती, मगर वह भी जल्दी ख़ामोश हो गई क्योंकि एक बोतल आने-जाने वालों के लिए रखी थी। आदतन टेलर नहीं पीता था।

और, फिर सिसकियों की आवाज़ आई, जैसे कोई दम घोंटकर रोना ज़ब्त कर रहा है। शम्मन का जी हिल गया। वह रो रहा था। टेलर, हट्टा-कट्टा क़द्दावर जवान मर्द, एक औरत के मारे हुए डंकों पर सुबकियाँ भर रहा था। उसका जी चाहा जाकर...मगर वह लरज़ उठी। वह नीली-नीली काँच की गोलियों जैसी आँखें, वह तमतमाया हुआ चेहरा।

दूसरे दिन सुबह ही उठकर नौकर ने बताया कि वह अचानक सामान तैयार करवाकर दिल्ली रवाना हो गया। कोई ट्रंक कॉल भी की थी। शम्मन का बुख़ार भी न उतरा और कमज़ोरी हद से ज़्यादा बढ़ गई।

पूरा हफ़्ता गुज़र गया और टेलर का न ही कोई ख़त आया, न ख़ैर-ख़बर। उसने इधर-उधर टेलीफ़ोन करके कुछ मालूम करने की कोशिश की मगर पता न चल सका। वह किसी अहम काम के सिलसिले में गया होगा जिसमें शायद राज़दारी का झगड़ा शामिल होगा।

दो हफ़्ते...और टेलर का नाम-ओ-निशान नहीं। सिर्फ़ सरकारी तौर पर उसकी तनख़्वाह तो शम्मन को मिल गई। ज़रा सी चिंगारी को पंखा झल-झल उसने कितना बड़ा शोला बना दिया कि दम-भर में सब कुछ भक से उड़ गया। टेलर एक बार वापस आ जाए फिर ? फिर ये तारीख़ कभी न दोहराई जाएगी। वह आ जाए तो...बन जाएगा। सबकुछ बन जाएगा। खंडहर इतने बोसीदा[1] नहीं हो गए कि मरम्मत न हो सके।

"ज़्यादा नहीं बस एक बार...आख़िरी बार...आख़िरी मौक़ा !" वह न जाने किससे और क्या माँगती रही। दिन गुज़रते गए। वह काम पर भी चली जाती मगर जी खोया-सा रहता। उसने टेलर के सारे कपड़े निकलवाकर धूप दी। कमज़ोरी बाक़ी थी इसलिए दूर बैठी हिदायत देती रही। ब्रश ख़ुद किया और गोलियाँ डालकर बंद कर दीं। दिन में कई बार एहसास-ए-तनहाई ख़ौफ़ बनकर छाया और वह ख़ामोश आँसू बहाया की।

और दिन गुज़रे। उसका कोई नहीं दुनिया में। वह सबको खो चुकी। एक-एक करके सारे डोरे ज़हरीले दाँतों से कतर डाले। मगर उम्मीद का आख़िरी तार सलामत था, गो बार-बार लरज़ता कि अब टूटा कि तब टूटा।

---

1. जीर्ण-शीर्ण

उसकी नींद बिलकुल उचाट हो गई थी। सारा निज़ाम दरहम-बरहम हो गया था। रात-भर यही मालूम होता...वह मिल गया रास्ता ! टेलर की मोटर आकर रुकी...वह उतरा...अब ज़ीने पर चढ़ रहा है। सीढ़ियाँ तै कर चुका...अब दरवाज़े पर आ रहा है। मगर नहीं। सारा हिसाब गड़बड़ मालूम होने लगता। नहीं, भला इतनी जल्दी मोटर से कैसे उतरेगा ! मुँह से कहना और बात है। फ़ेल[1] के सर-ज़द[2] होने में तो वक़्त लगता है। वह खट से उसने मोटर का दरवाज़ा बंद किया...अब...चला...सीढ़ियों पर चढ़ा, साफ़ जूतों की चाप सुनाई दे रही है...मगर ये सीढ़ियों पर क़दमों की चाप ख़त्म न हो चुकती। दस-बारह सीढ़ियाँ, हज़ार चापों में भी तै न हो पातीं...और फिर उसे मालूम होता, जिसे वह पैर की चाप समझ रही थी वह नल की बूँद टब में गिर रही थी। टप-टप मुतवातिर ये बूँदें इंसानी क़दमों की तरह चलती मालूम होतीं। झुँझलाकर वह उठती और नल को खूब मरोड़कर बंद कर देती, ताकि गला घुट जाए कमबख़्त का। दिमाग़ी ख़लजान[3] बढ़ता गया। खाने की अकेली मेज़ पर एक निवाला भी उसके हलक़ से न उतरता। ज़ुबान पर काई लग गई थी। हर चीज़ कड़वी बदमज़ा बिसैंदी और छछाँदी मालूम होती। थक गई थी वह इन खानों से, मेज़-कुर्सी से, नर्म-नर्म सोफ़ों से। जी चाहता एक बार ही सब कुछ दूर झटककर खड़ी हो जाए। आख़िर था क्या इन उलझनों में ? इस फीकी कसैली ज़िंदगी से तो यक़ीनन मौत ज़्यादा चटपटी होगी—शामी कबाब का छोटा-सा टुकड़ा मुँह में सड़ैंदी ग़लाज़त का पहाड़ बनकर फैल गया। बैरे की नज़रों से उबकाई बचाती हुई वह जल्दी से अपने कमरे में चली गई। ये कबाब टेलर को किस क़दर पसंद थे। रूखे-रूखे निगल जाता था। लेकिन अब ये न पकेंगे, जब तक टेलर न आ जाए। वर्ना यूँ ही गले में उबकाई बनकर अटकते रहेंगे।

ये ज़रा-सी बात इतनी लंबी क्यों हो गई ! कितनी बार तो उसे अधूरा छोड़ दिया गया मगर फिर भी क़िस्मत में इसकी तकमील यूँ लिखी थी। माना कि वह एक-दूसरे से उकता जाते थे। मगर ये कौन-सी नई बात है, और लोग भी तो लड़ते-भिड़ते हैं मगर यूँ ज़िंदगी की रवानी ठोकर खाकर मुँह के बल नहीं गिर पड़ती। अब के टेलर आ जाए तो ? तो...कितना अरमान-भरा ख़्वाब था ! मगर वह उससे माफ़ी माँग लेगी। गो माफ़ी तो कुजा[4] अगर वह सिर्फ़ एक मामूली से इशारे से भी अपनी ग़लती का एतराफ़[5] कर लेती तो टेलर रेशाख़तमी[6] हो जाता। इतना गुस्सैल था पर जहाँ आँसुओं की चमक देखी और अक़्ल की आँखें चुँधियाईं। उल्टी माफ़ियाँ हिस्से में आतीं।—और क्या हर्ज है जो माँ की भी बात मान ली जाए। ये वही तो माँ थी जिसने दूर बैठे-बैठे दो मुख़्तलिफ़ ताक़तों को खींचकर मिला दिया था। तुफ़[7] है इसकी औक़ात पर कि वह उसकी नन्हीं-सी आरज़ू न पूरी कर सकी। ख़ैर, वक़्त इतनी दूर नहीं भागा है। अब भी तलाफ़ी[8] की जा सकती है।

लेकिन...! एक भयानक 'लेकिन' ने उसके जमा होते हुए ख़यालात को बिखेरना

---

1. कर्म 2. घटित 3. उथल-पुथल 4. कहाँ 5. स्वीकार 6. शरमाना 7. धिक्कार 8. प्रायश्चित

शुरू कर दिया। सरकारी तौर पर उसे मालूम हुआ कि टेलर अभी पंद्रह-बीस दिन न आ सकेगा। जी कड़ा करके चाहा, ख़त लिखे मगर ये कमबख़्त क़लम बड़ा मजबूर आला[1] है। इसके पास वह ताक़तें कहाँ जो एक रूठे को मनाने के लिए इस्तेमाल करना पड़ती हैं।

प्रोफ़ेसर का फ़ोन आया कि फ़ौरन आओ। जी तो न था, मगर करने को कुछ न था। बेकार दिन ऊँघते गुज़ारना क़यामत से कम न था। राशनिंग के दफ़्तर पर छोटी-मोटी महाभारत छिड़ी नज़र आती थी। चंद बेपर की ख़बरों ने उड़कर भूखों के पेटों की आग और भड़का दी थी। बंगाल की भूख हैबत बनकर सहमा रही थी। लोग अनाज पर टूटे पड़ते थे। रहा-सहा सब भी मफ़क़ूद[2] हो चुका था। इंसानियत को इतना नीच देख, जी झुँझला उठता। आख़िर इतनी काँटों-भरी ज़िंदगी इतनी प्यारी क्यों थी ! आख़िर दूसरे मुल्क़ों में भी तो भूख है, पर इतनी अंधी और बेहया नहीं। अगर ज़रा सब्र से मर लिया जाए तो क्या हर्ज है !

धूप तेज़ होने लगी। मुरझाए हुए ज़र्द चेहरे तेल जैसे चिपचिपे पसीने से दमक उठे। जैसे लाशों पर बर्क़ी[3] रोशनी फैल गई। आँखें ज़्यादा खुश्क़ और बेरौनक़ हो गईं। थकी हुई टाँगें ठोस तपिश के बोझ से लरज़ने लगीं। मजमा हँडिया की तरह खदबदा उठा। तअफ़्फ़ुन[4] के भभके शम्मन के भेजे को घोंटने लगे। दो ट्रामें चीख़तीं-कराहतीं, शोर पुर ताशे-बाजे का समा बाँधतीं, गुज़र गईं। पौं-पौं...हज़ारों मोटरें शम्मन के कानों में घुसने लगीं। लड़खड़ाकर उसने पानवाले की दुकान का सहारा लिया।

चूना। सादा देसी ?...वाई...भनेली सुपारी ? पानवाले ने जल्दी-जल्दी कत्थे चूने की कुल्हियों को बजाया। भीड़ के गुच्छे ताश की गड्डियों की तरह बिखरे-सिमटे हुए से हवा में लहराए। पैर के नीचे से पथरीली पान की पीकों से लिथड़ी हुई ज़मीन किताब के वर्क़ की तरह फड़फड़ाकर मुँह पर आन चिपकी...और कहीं आग बुझाने का इंजन टन-टन करता ख़ामोशी में डूब गया !

जब उसकी आँख खुली तो उसने अपने आप को एक नए कमरे में पाया। घूमता हुआ दिमाग़ ठहरा तो मालूम हुआ कि वह अस्पताल में है। पास ही प्रोफ़ेसर झुका हुआ बर्फ़ तोड़ रहा था। दो-तीन और नावाक़िफ़ चेहरे मौजूद थे। ''ऐसी हालत में बाहर नहीं निकलना चाहिए।'' रबर की नलकियों वाला आला तह करते हुए कहा गया।

''हालत ? कैसी हालत ?'' मगर शायद ये डॉक्टर अपनी कहने में जो मज़ा पाते हैं वह मरीज़ की सुनने में नहीं पाते ! डॉक्टर ने लंबी-चौड़ी फ़ेहरिस्त एहतियातों और दवाओं की सुना दी।

दवाएँ...ताक़त की दवाएँ।

ओह—मारे हैरत के वह उठ बैठी। वह बच्चा तो नहीं थी मगर परेशानियों में वह कितना कुछ भूली हुई थी ! इस अज़ीमुश्शान[5] इंकशाफ़[6] ने जैसे भागते-भागते उसे

---

1. उपकरण 2. समाप्त 3. विद्युत 4. दुर्गंध 5. शानदार 6. रहस्योद्‌घाटन

एकदम पकड़ लिया। प्रोफ़ेसर कुछ ख़िजल[1], कुछ मुजरिम सा खड़ा था। वह उठी तो उसे सहारा देने दौड़ा। गोया वह नाज़ुक सा काँच का गिलास है और फूँक मारने से टूट जाएगी। वह खिसियाकर तेज़-तेज़ चलती टैक्सी में आन बैठी।

मोटर की तेज़ हवा ने उसे जगा दिया। चौंककर उसने फुरेरी ली और एकदम उसका दिमाग़ भी मोटर के साथ भागने लगा। जी चाहा कि या तो ज़ोर-ज़ोर से रोए या ज़ोर-ज़ोर से हँसे। मगर वह ड्राइवर से झेंप गई—"जल्दी, जल्दी," उसने ड्राइवर को टोका। बस न था जो वह अपने दिल की तेज़ धड़कन मोटर की ताक़त में शामिल कर देती। आज उसका जिस्म एकदम हलका होकर उड़ जाने पर तुला हुआ था। बार-बार आँखों में बेमानी आँसू छलके आ रहे थे। सामने आईने में उसकी शक्ल कितनी मुर्दा और उजड़ी हुई नज़र आई। मगर कुछ परवाह नहीं। हुस्न और बदसूरती एकजान होकर इस नई चमक के सामने माँद पड़ चुके थे। बदसूरत थी तब भी...तब भी उसका दिल एकदम कितना हसीन हो रहा था। वहाँ सिर्फ़ एक मुतहैय्यर[2] सा ख़याल था रूफ़ी... रूफ़ी टेलर...कहाँ हो तुम। मुझसे माफ़ी माँगो...बेरहम कहीं के...उसका गला घुट गया।

वह डाँट बताएगी रूफ़ी को। आने तो दो ज़रा। अपनी बदनसीबी का सारा इल्ज़ाम उस पर थोप देगी और ये रूफ़ी ! उसे इतना होश कहाँ रहेगा कि बुरा मान सके। जंगली कहीं का। खुदगर्ज़, वहशी ! चला गया इतने दिन के लिए। ये भी नहीं सोचा कि आजकल पेटेंट दवाएँ कहाँ मिलती हैं। कैल्शियम इंजेक्शन लाना जूए-शीर[3] से कम न होगा। और इस वक़्त ये लापरवाही...मगर फिर उसे रूफ़ी पर प्यार आ गया। इतनी दूर होकर कहीं बिलकुल ही क़रीब था। और माँ ! च्च, बेवक़ूफ़ प्यारी सी माँ, लिखा था, "तुम लोग घबराना नहीं। ऊनी सामान मैं खुद सब तैयार कर लूँगी।" हिश... दीवानी बड़ी बी, मारे अरमानों के मरी जा रही हैं। समझती हैं जैसे उसे तो है नहीं सलीक़ा पालने का। लाड़ में बिगाड़कर नास मार देगी। रूफ़ी से भी बदतर ज़िद्दी और मुँहचढ़ा बना देगी। और फिर बड़ी बी है, हम कहाँ होंगे जो रात-बिरात हवा लग जाए—कहती हैं, आएँगी। मगर ये बदनसीब जंग भी दम ले जभी तो जीने की फुर्सत मिले। जब ही तो। न जाने कमबख़्तों को क्या मिल रहा है। एक-दूसरे का ख़ून बहाते हैं। वह सोचती रही। इस ख़ून में लिथड़ी हुई दुनिया का ख़याल करके जी दहल गया। काश, ये जंग जब तक ख़त्म हो जाती। खुदा किसी को इन क़यामत के दिनों में जनम न दे। कौन बचा हुआ है ? और कब तक ? न जाने किस वक़्त आग बरसने लगे। परेशान होकर वह अपने लंबे-चौड़े क़ुनबे को बचाने की फ़िक्र में पड़ गई।

अरे...और कोई एहतियात नहीं करता। रोशनियाँ धड़ाधड़ जलने लगी हैं। शीशों पर से काले कागज़ उतर गए। तहख़ाना क़ब्र बना पड़ा है। माना कि ख़तरा क़रीब नहीं मगर चील झपट्टा मारने से पहले नज़रों से ग़ायब हो जाती है।

---

1. शर्मिंदा 2. आश्चर्यचकित 3. दूध की नहर

और उसे ऐसा मालूम हुआ कि कोई दम में बमबारी होने वाली है। स्टोर में भी तो कुछ नहीं। रूफ़ी के पाइप को तंबाकू न मिला तो वह सर खा ही जाएगा। पागल आदमी ठहरा—और जो वह रूफ़ी को कुछ न बताए तो ? मज़ा आ जाए, एकदम मारे हैरत के पागल ही तो हो जाएगा और जो अभी से मालूम हो गया तो जीना दूभर कर देगा। जान खा लेगा। "ये न करो, वह न करो," उसे एकदम हँसी आ गई। कैसी इतराई हुए बातें सोचने लगी थी। वह भला आजकल बम कहाँ ?

मगर अहाते में दाख़िल होकर वाक़ई उस पर बम फट पड़ा। मिलेट्री की भूरी गाड़ी बरसाती में खड़ी थी। बेक़ाबू होकर वह भागी—रूफ़ी...रूफ़ी ..हाँफती हुई सीढ़ियों पर चढ़ने लगी। साड़ी पैर में लिपटी और वह सहमकर रुक गई—"रूफ़ी !" उसने ड्राइंगरूम ज़ोर से ढकेलकर खोला, "रूफ़ी !"

"गुडईवनिंग मैडम !" एक कलफ़ लगे हुए फ़ौजी ने सलाम किया।

"रूफ़ी !" उसके हलक़ में अटककर रह गया।

"मिस्टर टेलर बज़रिए हवाई जहाज़ महाज़ पर रवाना हो गए। ये ख़त।" उसने अदब से ख़त बढ़ाया और जल्दी से सलाम झाड़ता हुआ लौट गया।

हाथ में ख़त लिए वह ठहरी हुई सोचने की कोशिश करने लगी। हवा में हवाई जहाज़ों के पर हज़ारों-लाखों बबर शेरों की तरह ग़ुर्राए। चीख़ते-चिंघाड़ते बम लाखों की तादाद में बरस पड़े। जंगी गरज कानों को सुन्न कर गई।

"रूफ़ी...रूफ़ी।" उसकी भटकी हुई रूह कराहती हुई मौहूम[1] से वाहमे[2] के तआक़्क़ुब[3] में डूब गई।

रूफ़ी सारे अख़्तियारात सौंपकर जंगी महाज़ पर रवाना हो गया था। वह आज़ाद था, जिस्म से निकली हुई रूह की तरह आज़ाद ! लावारिस और खोई हुई। "तुम नहीं गए, रूफ़ी...रूफ़ी, ये नहीं हो सकता। ज़ालिम, अब तुम कहीं नहीं भाग सकते।" उसने बड़े वुसूक़ से पुकारा ! गोया वह उसे क़ैद कर चुकी हो। सुनो रूफ़ी...मगर वह किसी को न सुना सकी और घनघोर घटाएँ ज़ोर-ओ-शोर से घिरकर मँडराई—ठहरो, ठहरो ...उसने मुँहज़ोर तूफ़ान को लजाजत[4] से चुमकारा। "सब ठीक हो जाएगा। ठहरो। इतना ज़ोर न लगाओ...वर्ना ये तनी हुई डोरियाँ टूट जाएँगी। तुम गए रूफ़ी !" उसने घुटे हुए कलेजे का ज़ोर लगाकर पुकारा। मगर आह भी न निकली और फिर एकदम नई जान ने उसकी पुकार सुन ली...ज़िंदगी की पहली फुरेरी, लहरों की तरह थर्राती उसके जिस्म में तैर गई। डूबती हुई ताक़तें तारीकियों से उभरने लगीं। तनी हुई रगें आप ही लचककर ढीली पड़ गईं।...आँखों की वहशत आँसुओं से धुलकर बह निकलीं। सिसकियाँ हँसी के फ़व्वारे बन गईं और बमबारी का भयानक एहसास दूर झटककर वह बोसीदा मलबे के ढेर के नीचे से रेंग आई...अकेली !

अमरीका में बैठी हुई ऊनी कपड़े बुनने की शौक़ीन माँ, हवाई अज़दहों के परों पर

1. काल्पनिक 2. भ्रम 3. पीछा करना 4. विनम्रता

मौत के दहाने की तरफ़ उड़ता रूफ़ी...वह ख़ुद...और...उसके अपने वजूद से इस क़दर क़रीब एक नई जान ! इतनी लंबी-चौड़ी बिरादरी में वह अकेली कहाँ है ! माना कि बहुत दूर हैं वह एक-दूसरे से। हज़ारों मील का सफ़र हाएल[1] है। मगर इस वक़्त उसको ऐसा मालूम हुआ जैसे उसकी सारी दुनिया सिमटकर ख़ुद उसकी हस्ती में समा गई। आज उसकी बेबसी की तनहाई में भी कितनी चहल-पहल थी। इस बे-सरो-सामानी में भी कितनी सुलझी हुई सजावट थी। आज वह कितनी मुतहैय्यर[2] मगर खुश थी। इससे क़ब्ल उसने अपने आपको इतना कमज़ोर, इतना बहादुर, इतना परेशान...मगर इतना मुतमईन[3] कभी न महसूस किया था। और दुनिया कितनी हसीन हो गई ! ज़िंदगी कितनी अज़ीज़ !

"और रूफ़ी ?"

उसका जी मसल गया। ख़ाली हाथ, अकेला रूफ़ी ! उसकी मुफ़लिसी[4] पर उसे तरस आ गया जैसे किसी रईस-ए-आज़म को अपने महल की खिड़की से किसी क़ल्लाँच[5] फ़क़ीर को नादारी[6] की सर्दी में ठिठुरता देखकर रहम आने लगे !

"ठग कहीं की।" उसने नई दौलत से मालामाल हस्ती को ताना दिया। "एक हरजाई लुटेरे को भी लूट लिया !"

नशीले क़दम उठाती, जैसे उसके टख़नों पर नुक़रई[7] घुँघरुओं के गुच्छे आ बँधे हों, वह पलँग की तरफ़ मुड़ी और निहायत एहतियात से अपना थका हुआ सर तकिए पर टिका दिया।

●●●

1. बीच में 2. आश्चर्यचकित 3. आश्वस्त 4. विपन्नता 5. दरिद्र 6. ग़रीबी 7. रुपहले